中国博物馆协会博物馆学专业委员会
2023年“博物馆新定义与中国博物馆高质量发展”
学术研讨会论文集

中国博物馆协会博物馆学专业委员会　编

中国美术学院出版社
CHINA ACADEMY OF ART PRESS

责任编辑：林　群
执行编辑：苏晓晗
装帧设计：杭州联沣文化创意有限公司
责任校对：李　颖
责任印制：张荣胜

图书在版编目（CIP）数据

中国博物馆协会博物馆学专业委员会 2023 年“博物馆新定义与中国博物馆高质量发展”学术研讨会论文集 / 中国博物馆协会博物馆学专业委员会编 . -- 杭州 : 中国美术学院出版社 , 2024.6

ISBN 978-7-5503-3293-5

Ⅰ . ①中… Ⅱ . ①中… Ⅲ . ①博物馆学—中国—学术会议—文集 Ⅳ . ① G269.2-53

中国国家版本馆 CIP 数据核字 (2024) 第 057882 号

中国博物馆协会博物馆学专业委员会
2023 年“博物馆新定义与中国博物馆高质量发展”
学术研讨会论文集

中国博物馆协会博物馆学专业委员会　编

出 品 人：祝平凡
出版发行：中国美术学院出版社
地　　址：中国 · 杭州南山路 218 号 / 邮政编码：310002
网　　址：http://www.caapress.com
经　　销：全国新华书店
印　　刷：杭州佳园彩色印刷有限公司
版　　次：2024 年 6 月第 1 版
印　　次：2024 年 6 月第 1 次印刷
印　　张：31
字　　数：600 千
开　　本：889mm × 1194mm　1/16
书　　号：ISBN 978-7-5503-3293-5
定　　价：480.00 元

中国博物馆协会博物馆学专业委员会
2023 年“博物馆新定义与中国博物馆高质量发展”
学术研讨会论文集

主　编：蔡　琴

编　委：毛若寒　吕　军　张枫林　徐　玲　黄　洋　蔡　琴（以姓氏笔画为序）

编　辑：季一秀

序

党的十八大以来，在习近平新时代中国特色社会主义思想指引下，在以习近平同志为核心的党中央坚强领导下，在各级党委、政府的关心重视下，在社会各界的支持协作下，通过广大博物馆人的努力奋斗，我国博物馆事业得以蓬勃发展，全面融入党和国家事业发展大局，日益成为人民美好生活不可或缺的一部分。

在此背景下，2023 年 5 月，由中国博物馆协会指导，中国博物馆协会博物馆学专业委员会主办，扬州中国大运河博物馆与浙江省博物馆共同承办的 2023 年“博物馆新定义与中国博物馆高质量发展”学术研讨会在扬州召开。来自国家文物局、中国博物馆协会、江苏省文化和旅游厅、相关博物馆、高等院校的近百位代表参会。

本次学术研讨会成果丰硕，共收到论文 122 篇，经专家筛选，共有 57 篇论文入选。这些论文从博物馆的开放性、兼容性、在地性、公益性、可持续性等多个角度，深入探讨了中国博物馆高质量发展的理论方向与实践路径，对提升博物馆业务水平、充分发挥公共文化服务功能提供了有力学术支撑。

在《中国博物馆协会博物馆学专业委员会 2023 年“博物馆新定义与中国博物馆高质量发展”学术研讨会论文集》付梓之际，我热切期望此书能助力我国博物馆界进一步深化藏品管理、陈列展示、社会教育及开放服务等方面的研究，逐步构建博物馆高质量发展学术体系，通过理论提升推动实践进步，为我国博物馆事业的高质量发展做出积极贡献。

中国博物馆协会博物馆学专业委员会主任委员
浙江省博物馆副馆长

目录

开放与兼容的博物馆

博物馆促进地方文化多样性

非营利性与博物馆可持续运营

革命文物与博物馆新定义

其他

中国博物馆协会博物馆学专业委员会
2023年“博物馆新定义与中国博物馆高质量发展”
学术研讨会论文集

开放与兼容的博物馆

互融共生：新定义下博物馆与公众关系演变的再思考

覃思捷（怀化市博物馆）

摘要：博物馆新定义从多角度整合了未来发展路径，尤其突出了与公众关系的主动营建与积极维系，展现了博物馆开放、多元、包容特征的新高度。通过对博物馆与公众关系演变进行阶段性观察，可从三个阶段分析、证实博物馆与公众一路走来，在运营理念、功能构建、社会效应上演变的一种必然趋势。在“为社会服务”的使命引领下，博物馆只有从内至外不断突破发展限制与完成自我调适，保障公众权利，包容公众表达，鼓励公众参与，协同公众成长，才能持续不断地寻求到更具开放性与包容性的机构定位与价值表达。

关键词：新定义；博物馆；公众

一、引言

20世纪70年代初期，美国布鲁克林博物馆馆长邓肯·卡梅伦（Duncan Cameron）曾将博物馆比作天平，天平的两端分别托举着“神庙”（temple）与“论坛”（forum）。不论是被文化朝圣意味笼罩的“神庙”，还是自由民主气息弥漫的“论坛”，二者实则体现着博物馆在与公众关系演变过程中的不同角色定位。但博物馆不同角色的出现并非顺沿着前后相继、非此即彼的单向抉择轨迹，而是相互裹挟、交织在变化着的时空坐标里。事实上，此类“身份界定”之下寻觅的是博物馆与公众关系未来走向的出口。数十年后，在2022年8月24日，国际博协（ICOM）向世人展示了博物馆自身发展历程上，前所未有的开放、多元与包容的新姿态，以全新定义从另一角度为我们提供了博物馆“天平”之论的最佳诠释。

新定义从前段的设置标准、后段的实现途径和未来愿景三方面整合了多数人对博物馆发展的最大诉求。可以看到，除了继续沿用“为社会服务”“向公众开放”等传统表述上的基础底色，该定义还明确了不少具象化的行动指向。其中，相对于2007年定义的范式，此次在博物馆功能排序上，更侧重于对外公众关系的主动营建与积极维系。特别是93%的ICOM委员会和附属机构都认同把“研究”作为博物馆的首要功能[1]，这不仅显示出博物馆传统功能结构发生了重组调整，更代表了博物馆社会责任意识的强烈觉察：只有不断强化、保证自身可持续性的专业输出，才能源源不断地高效激活、稳固链接与公众的亲密关系。此外，“可及性”“包容性”“多样性”“交流”“社区参与”“深思”“共享”这类意义输出，则更多的是从博物馆与社会公众的深度关系中来寻求延展、提升空间的。不难发现，此次定义修改，不管是前半段的传统表达，还是后半段的创新探索，均突出了博物馆强烈的目的导向：全方位、多层次拓宽公众服务新路径，以主动作为的拳拳之心最大程度地回应社会、包容争议、谋求共识。由此，卡梅伦的选择题在当下就被赋予了现实意义。

ICOM 自 1946 年成立以来，不仅承担起向全世界定义与诠释博物馆形象的责任，更立足于社会变化，保持着大约每十年一次的修订频率，不断完善博物馆新形象。此次定义修改前的 15 年间，国际政治、经济、文化环境的迅速变化给博物馆带来了新的机遇和挑战；其次，国际社会对去殖民化、地区与国家认同、城镇化、数字化、社会平等、气候变化、知识均等化、人权问题、政治干涉、公共资金减少、人才流失、媒体失信等问题愈发关注；此外，自 2020 年起，肆虐全球、“余震”不断的新冠疫情也深刻改写了人类命运进程。以上诸多社会变革因素的累加作用，致使 2007 版定义在涵盖博物馆面临的新变化与新实践时显得捉襟见肘。简·杰利内克曾说，只有当博物馆能够真正关注其所处时代的一些重大问题时，它们才能够全面发挥其潜能并付诸行动。[2]

因此，在此期间，作为社会服务机构存在的博物馆，紧紧跟随着社会变革脚步，切中时代需求，以更大的张力包容当下。特别是在与社会公众相处的过程中，博物馆始终坚守着一份清醒的对外观察力与内在自省力，在观念与行动上，均为其与公众关系的深度探究指明了清晰之途。

正如斯蒂芬·魏尔（Stephen E Weil）在其《不断发展变化的美国博物馆》的结尾处写道：“博物馆拥有巨大潜能，具有很强的适应性，能够为公众提供多种用途的服务，它应当被理解为博物馆的一大优势。”[3] 即在社会变革力量的驱动下，博物馆在公众服务工作中应及时审时度势，充分利用自身“优势条件”稳步前行。而在这其中，博物馆与公众关系是如何随时间演化的？其演化过程表现出了怎样的阶段性特征？引发不同阶段特征的深层机制是怎样的？在这一过程中，社会因素、博物馆、公众之间是如何相互作用、相互影响的？鉴往知来，或许我们能从博物馆与公众关系演变的历史轨迹中寻求到往昔智慧、当代价值与指引方向。

二、博物馆与公众关系的演变阶段与特征

（一）权势与恩泽：古希腊时期——1793 年卢浮宫开放前

古希腊是欧洲文明的摇篮，其发展一度伴随着亚历山大南征北战、拓宽版图达到了全盛期。公元前 290 年前后，托勒密·索托（Ptolemy Soter）创建了亚历山大博学园，供奉着各类战利品及艺术珍品的“缪斯神庙”就坐落其间，连同园内的图书馆、动植物园、研究所，该学园被认定为世界上最早的博物馆。在国家权力的庇护下，藏品来源得以保障，收藏空间得以稳固。这不仅勾勒出亚历山大博学园的早期雏形，其馆藏与馆舍的初始设置也对后世博物馆功能规划影响深远；另一方面，这类上层力量控制下的收藏行为，为地中海沿岸国家的精英

学者开辟了“优先通道”。他们常年聚集于此，通过行使对藏品的绝对使用权，牢牢掌控了知识的话语权。从一开始就打下阶级烙印的博物馆，循着“目光向上”的阶级意识，将智识开化作为权力的一部分与普通民众隔绝开来。至此，作为“文化圣殿”的博物馆，俯视着公众对智慧的尊崇，高高在上地延续了下来。

14世纪以来，商品经济随着大航海时代的到来欣欣向荣，自然科学的突飞猛进让人类的理性之光持续上升。与古希腊时期不同的是，此期收藏活动的主体从政权顶端的统治阶级逐渐扩散至经济实力膨胀的新兴资产阶级。作为资源的少数掌控者，他们同时将收藏目光锁定至海外各类奇珍异宝。在好奇心与虚荣心的驱使下，“折射了大千世界的无奇不有”[4]成为这一时期权贵竞相追逐的收藏形式。但与亚历山大博学园内的分散布局不同，其发展成了完全独立、封闭的私人收纳空间。其收藏稀缺性、空间私密性，让“奇珍室”成为所有者们与世隔绝“独乐乐”的私人喜好，更让它成为“一个学者献身于学术与孤独的场所”[5]。甚至有学者直言：“文艺复兴时期，‘博物馆’一词指向人文主义学者或君主的书斋。”[6]但不容否认的是，大量兴起的“奇珍室”及其广博的收藏体系为后世历史、艺术、自然类博物馆的专业化发展奠定了物质基础。从与公众关系的视角来看，包罗万象的展品同时也透露出了人们对其背后知识体系的探索追求、全面归纳。因此，藏品作为维系人与知识的媒介作用日益明显，其寻求表达、交流、分享的对外功能也随之启动。尤其是17世纪以后，随着“奇珍室”收藏大家剧增，越来越多的收藏家、研究者慕名相互观摩、研讨，顺势就迈出了收藏行为“公共化”的发展脚步。

事实上，隐匿于个人居室一角、逼仄的“奇珍室”与日益扩增的收藏规模之间存在着不可调和的现实矛盾。如何更好地安置毕生收藏，使其免于流散，成为困扰17世纪后期收藏家们的头疼问题。其中，英国人埃利亚斯·阿什莫尔（Elias Ashmole）与汉斯·斯隆（Hans Sloane）将个人与各自受托人的共同收藏分别转交予牛津大学与英国国会，使私人珍藏不再局限于自我欣赏，而是在更为稳妥的保管下，转换成公共财产。之后，以各自收藏为基础分别成立的阿什莫尔博物馆与大英博物馆，其划时代的先驱意义首先体现在作为独立建筑实体的博物馆的确立上，这使博物馆的社会公共形象得到对外彰显和传播，特别是化私为公的公共意识得到迅速普及。其次，自然科学的理性思维持续渗透、影响收藏体系，使博物馆的研究功能逐渐凸显。作为大学教学实验基地的阿什莫尔博物馆，其延伸出的教育传播功能也随之并行，这意味着博物馆的部分注意力切实转移到了以“物”沟通“人”的功能上，其对外的社会公共服务职能已呼之欲出。

我们知道，尽管上述两家博物馆都迈出了近代公共博物馆对外开放的第一步，但与此同时也保留了不少前代私人收藏的权贵习气。阿什莫尔博物馆仅定期对外开放，其学究氛围浓厚的展示内容只为迎合院校师生。[7]成立于1757年的大英博物馆名义上宣称对外开放，但无差别面向所有公众则是一百年以后的事了。其间各种参观须知在无形之中反而隔开了博物馆与公众的距离：不仅要提供烦琐的信息、审核耗时的书面参观申请，每日开放时间与放票数量均非常有限。1784年伯明翰书商威廉姆·霍顿回忆起他的参观经历：“我们获得的只有懊丧……进去时的好心致荡然无存，出来时全然垂头丧气。”[8]可以看到，开放制度的确立并没有符合公众预期，它更像是来自昔日私有藏家尚未转变的等级蔑视——为拒绝一般观众故意制造的限制门槛。即便是入馆参观，也需怀揣着感恩戴德之心，接受来自作为“文化圣殿”的博物馆的文化恩泽。

（二）转型与完善：1793 年卢浮宫开放——19 世纪末

18 世纪的欧洲，除了上述公共博物馆，炫耀实力的宫廷收藏也成为了独树一帜的收藏典型。但阶级意识控制下的国家博物馆，其目的在于通过世人瞻仰，维护与加强政治合法性。在向公众开放的过程中，参观者扮演的是觐见者或朝圣者的不对等角色，无异于之前等级下的差别化对待。但 1793 年卢浮宫宣告开放，打破了博物馆中的阶级魔咒，在“开放精神”上携同普通公众，走出了不一样的前进步伐。

经过启蒙运动在思想文化上的层层推进，天赋人权、人民主权说、社会契约论被相继提出，公民意识开始迅速萌发蔓延，为特权社会向民主社会的转变提供了有力的理论依据。特别是“百科全书派”极力推崇科学理性思维，作为智识传播阵地的博物馆在此时被寄予厚望，其满载社会呼声的“对外开放”随着 1793 年大革命的彻底爆发而得以真正实现。与阿什莫尔博物馆与大英博物馆不同的是，卢浮宫的对外开放饱含着对公众的普世关怀。首先，无差别地敞开践行了大革命的思想成果——保证了《人权与公民权利宣言》中的“权利”惠及所有参观者。正如时任内政部长罗兰所说：“任何人都有权利去欣赏。”[9] 不仅如此，卢浮宫的公共性贯彻得更为彻底，从外部参观行动上的保障，落实到了内部所有权的归属上。过去来自王家权势下的收藏在此阶段被赋予了全新社会身份：属于全体国民，是全民共有的“文化遗产”[10]。如果说 17 世纪公共博物馆的对外开放带有明显的剥夺公众“权利”的时代印记，那么百年后，以卢浮宫为代表的博物馆，在“公共性”的认知上走出了一条时代认同感更强、社会认可度更高的转型之路，并通过内外并举的一系列措施，不断自我完善，以社会公共机构的全新面貌，获得了公众的认可与尊重，在接下来的 19 世纪迎来了属于自己的时代。

首先，博物馆社会教育职能迅速崛起。伴随着工业革命成长起来的劳动人民循着“淘金梦”纷纷涌入城市。职业的频繁流动要求相适应的多次、不断学习，特别是在以科技更新为特征的知识经济的环境下，学习成为持续不断、终其一生的事。因此，除了正式教育，以实物为材料、非正式教育为特征的博物馆教育变得日益重要。[11]1873 年，美国皇家艺术学会提出“使所有的公共博物馆，皆具有教育及科学的目标”。1880 年，美国博物馆学者鲁金斯著《博物馆之功能》明确提出博物馆应成为一般人的教育场所。[12] 一方面，博物馆社会教育职能的扩大化体现在对展览内容与展出形式的调试上，使其更易于公众理解。如 1852 年建立的德国纽伦堡日耳曼博物馆，就是按史前时代、罗马时代、德国时代三个系统六个展室组织陈列，帮助普通观众了解不同时代的社会面貌。[13] 另一方面，这种“调试”还体现在博物馆内部使用空间的重新规划上。19 世纪中期以后，前期收藏、研究、陈列同处一室的“三位一体”的空间使用模式在此期逐渐淘汰。博物馆功能的拓展，特别是对外教育功能的提升，展览厅、储存室、工作室、图书馆，以及各种侧室逐步完善，[14] 让博物馆的知识建构与公众教育得以有效结合。

其次，博物馆引发作为参观者的公众的关注与重视。这是与博物馆承担对外社会教育职能直接相关的管理要求，同时也为公众入馆学习提供一定的便利条件。美国丹佛自然史博物馆阿明塔·尼尔率先测量了美国男女的平均身高和平均视平高度，并确定了一般视距下的正常观看视域。[15]利物浦博物馆的Higgins，早在1884年，就开始作分类研究，他将该馆观众分为1—2%的学生、78%的观察者（observers）和20%的闲逛者（loungers）[16]，这为接下来20世纪广泛开展观众行为调查提供了研究思路。

再次，尝试探索全新的博物馆运营模式。挪威人类学家阿图尔·哈塞柳斯（Artur Hazelius）敏锐地察觉到工业革命带来的负面影响，原本和谐、独特的斯堪的纳维亚乡村生活在工业洪流的席卷下一去不复返。哈塞柳斯于1873年在斯德哥尔摩郊区建立起了斯堪森（Skansen）露天博物馆。哈塞柳斯的收藏范围不再囿于阶级观念下为少数人服务的奇珍异宝。他更关注普通人所使用的家具、服饰、绘画装饰等日常之物。此外，他还萌发了前瞻性的思考：收藏并非仅仅挽留逝去之物，更要通过及时保存当代生活方式构筑起博物馆与公众的另一种相处模式：以博物馆的视角记录、反思当下的社会变化，帮助人们更好地面对和适应生活剧变。诚如他本人所言：“把历史文物放置在其原本的功能背景之中，即原来的整个文化背景之中。”[17]

（三）反思与革新：20世纪初——至今

20世纪上半叶，战后民族国家迅速独立与崛起，新兴政权巩固与民族文化认同成为各国谋求的共识。此外，除了要应对战后世界范围内的满目疮痍，数百年以来过度工业化累积下的环境恶化与生态危机也在告诫人们发展方向的偏离。20世纪60年代以后，全球化进程加快，但在社会发展面貌趋同的形势下，却涌动着各类不同的忧患呼声。经过前期酝酿，种族民族主义、解放主义、民权运动、环保主义运动等社会思潮此起彼伏。传统与革新、主流与边缘、冲突与妥协等错综复杂的社会动态因子纷纷撞击着现有社会结构，也顺势冲破了博物馆的高墙壁垒，驱使其正视社会变革，重新反思与社会公众的关系。

1967年，美国博物馆学者约翰·R·基纳德（John R Kinard）指出：“我们的国家以及它的博物馆从未向我们展示西方社会的真实情况……所有的展示内容都是关于美国白人中产阶级的，这一切也正是由他们所撰写。美国白人中产阶级研究和撰写他们感兴趣的东西，他们对我们社会的描述，主要聚焦在歌舞升平的生活以及对成就和征服的赞颂。”[18]其他艺术家、社会学家也纷纷诟病博物馆长期以来的固化模式与精英属性。接下来，在1971年，ICOM适时将当年协会全体会议的主题确定为“为人服务的博物馆：今天与明天”和“博物馆的教育与文化责任”，特别突出了博物馆的人文取向与社会责任，为博物馆未来发展指明了方向。

集结了众多呼声的“新博物馆学”在此时脱颖而出。从1972年智利圣地亚哥圆桌会议中正式亮相，到呼吁“为服务社会”促成1974年博物馆定义改写，再到十年后《魁北克宣言》对外发布、“新博物馆学国际运动”组织成立，新博物馆学不仅获得业内肯定，更在此期将其倡导理念迅速普及开来。

具体而言，新博物馆学呼吁跨学科研究，在多学科介入之下，形成更具整合性的理论视野。以人为本，从知识的“立法者”转变为“阐释者”。通过选择、分类、关联、研究、发现、诠释、呈现，以不同领域视角扩大现有藏品负载信息量，在传播扩增的基础上生产出公众接受度更为宽广的知识构成，并致力于社会民众生活的改善与文化认同感的提升。美国阿纳卡斯蒂亚邻里博物馆曾在此期间举办过一系列著名展览。如“老鼠：人类自己招致的灾难”“走向自由：1954 年以来的民权运动”等主题展览展示，旨在帮助提升此地区人民的生活质量与文化保障。[19]

其次，不断消除壁垒、拆除“门槛”、突破边界，增强公众对博物馆的可及性与参与性，以此弥合二者在沟通上长期存在的嫌隙。从定时开放、周末开放、缩短闭馆日、延长开放时间、夜间开放，到社区博物馆、“流动博物馆”、博物馆总分馆的纷纷出现，博物馆不断打破时间与空间上的设置，慢慢消弭与公众之间的距离。特别是在科技的赋能之下，当代的数字博物馆与智慧博物馆更以“无边界”同步共享的形式充盈着公众的日常生活。

再次，博物馆积极广泛地参与到当地文化遗产的保护工作中。博物馆运作不能仅限于内部机构职能，还应成为构成地方、区域和国家发展的积极要素。而生态博物馆的提出，则表明博物馆界对于环境保护和可持续发展问题的紧迫态度，回应了人们对遗产与环境保护、社区重建等时代热点的关切与期盼，突出了博物馆在社会发展现实问题中的角色和作用。如 20 世纪 70 年代初期，建在半工业、半农业区域的克勒索蒙特索矿区生态博物馆旨在为当地失业工人提供就业机会、激发他们对未来生活的信心。[20]

三、博物馆与公众关系演变的认识与启示

通过对上述博物馆与公众关系演变的阶段性观察与分析，可知卡梅伦对博物馆角色定位产生的困惑，实则也映射着博物馆与公众在漫长相处过程中直面的迷惘。博物馆最新定义中，透露出的面向广泛公众、包容不同声音、参与社会发展的角色调适方向，正将天平慢慢倾向了“论坛”一端。博物馆开放、包容、多元的“论坛”精神正日益受到重视，这不仅饱含了世人对其未来发展的深切期许，更证实了博物馆与公众一路走来，在运营理念、功能构建、社会效应上的一种必然演变趋势。

古希腊时期的亚历山大博学园在国家权力的保障下，其先天性的“精英特质”“典藏价值”“知识权威”得以神圣化且不容置疑。这类由上至下的俯视视角造成博物馆与公众之间的精神分割。14 世纪之后，精神分割逐渐往空间隔绝的路径上延伸。在社会权贵的把持下，博物馆的收藏积累与知识传播仅为私人领域服务，博物馆与公众关系的成长还未具备社会培育环境。值得注意的是，阿什莫尔博物馆与大英博物馆的相继开放打破了长期以来其对外的物理阻隔。博物馆与公众之间的直面彼此在此刻有了历史性突破，但二者之间的对立之意并未同步消减。托尼·本内特（Tony Bennett）曾一语道破：博物馆一方面扮演着区隔资产阶级和大众的工具，另一方面又试图通过开放吸引各个阶层的公众在这一场所内完成行为的规训，成为“文明人”。[21] 对外开放确定了博物馆作为“社会公共领域”的合理性，但公众作为参观者，行动与接触上的受限似乎更类似于对博物馆的“近距离仰视”。准入制度之下博物馆与公众的关系走向并不乐观：长期为权贵发声的博物馆，携带着阶级优越感，早已完成了原始收藏积累。姿态放低之下公众簇拥着的一瞥，在一定程度上是为满足所谓“赏赐者”虚荣心的历史注脚。此期，博物馆完成了从私人收藏到公共机构的外部形态转变，但与之相适应、引发内部结构质变的功能调整尚未同步到位，博物馆对公众居高临下的不对等态度依然横亘其间，破除、消融根深蒂固的权势腔调仍需时日。

1793年卢浮宫的对外开放在博物馆与公众关系发展历程上具有破冰意义。它将前一阶段中博物馆附着的阶级尘垢涤荡殆尽，首次以平等姿态给予公众“天赋权利”的尊重。公众不仅获得了人格上的公平对待，也在权贵收藏归属权自上而下的转移中，完成了公民意识的自觉萌发与自我认同。新型公众关系下的参观者不再因为阶级恩赐，而是因为法律保证，行使与生俱来的“权利”，博物馆与公众之间的平等关系被制度稳固了下来。紧接着，19世纪的博物馆在社会变革的驱动中不断探索与完善机构职能与运营模式，促成自身内部结构质变，以适应新型公众关系。可以说，前一阶段相对保守、紧张的公众关系在此期得以纾解。难能可贵的是，处在19世纪末的少部分博物馆，能主动跳出内部设置，突破机构边界，搁置精英视角，接纳他者视角，以更具亲和力的俯身姿态尝试自身与公众的另一种相处模式。如果说之前的博物馆更关注作为机构的内部成长，面对公众开展的智识教化只是作为职能发挥的惯性延伸；那么，19世纪末的博物馆则萌生出了难能可贵的传统机构边界之外的公共意识。这种直面当下社会的新型运营模式反映了博物馆开始重视公众面的扩大与崛起，更反映了博物馆社会职能外向化的突破。在接下来的20世纪，这种外向化思路在公众关系处理上延展出了更多的可能性。

经历社会思潮的涤荡，20世纪上半叶的博物馆对公众的关注、反思、重视超乎寻常。之前作为工作要素的社会公众，在此期被确定为工作的服务对象被认真对待。工作态度的转变直接渗透、促成了博物馆在与公众关系处理上的职能结构及工作目的的进一步优化。我们知道，尽管博物馆通过早期的制度设立、功能调整回应了不断扩大的公众群体，建立起了相互维系的渠道。但绝大多数博物馆作为智识的实际掌控者，仍把持着传播渠道的“单一流向”。博物馆与公众关系的建立维系似乎从某一程度而言，更便于博物馆实施自上而下的单向灌输，以完成自身智识教化使命。本内特敏锐地觉察到：博物馆是“民享”（museum for people），而不是“民有”（museum of people）。[22]对公众一厢情愿的文化输出显示了在关系处理上博物馆从始至终强烈的自我中心意识。因此，从之前以“物”为基础，搭建起的自上而下、单向输出的固定职能设置，转向以满足“人”的需求为目的，主动性、融入性、互动性更强大的社会功能模式，自觉深入的整合、构建和谐公众关系是这一阶段博物馆与公众关系发展的突出特点之一。此外，博物馆在扮演知识供给者的同时，还积极承担起社会直接参与者、建设者的职责，以此打破传统博物馆实体设定，构筑起新的超越型公众沟通平台。

四、新定义下构建博物馆与公众关系的路径分析

博物馆与公众逐步从对立、试探、交流、互信走到现如今的相融共生，使博物馆成为博物馆人和公众共同营建的一项具有广泛社会实践意义的文化建构活动。新定义也特别融入了博物馆为社会和公众服务的具体工作目标，为我们从多个方面探明了博物馆与公众关系未来发展的方向与路径。

（一）保障公众权利

尽管向公众开放被确定为博物馆“公共价值”的核心要义。但正如前文所述，博物馆在保障公众参观权利上依旧任重道远。尤其是随着公众精神文化需求日益高涨，与之相配套作为公共文化服务供应端的博物馆却难以高效承

接。例如，长期不变的对外参观时间与有限的场地承载量，在应对新增公众到来时倍感乏力。因此，博物馆在保障公众参观权利上，应积极提升开放效能，提供优质服务。一方面，逐渐消解博物馆对外开放中的“时空壁垒”。尝试延时开放、错峰开放，探索夜间开放。在开放形式上努力实现机制化、制度化、常态化。另一方面，可在博物馆资源实现本区域内流动、传播的基础上，积极探索跨域分馆运营模式。探索开展博物馆资产所有权、藏品归属权、开放运营权改革试点。尝试从内部循环向“内外双循环”的博物馆资源平台搭建转变，使更广泛的公众文化诉求得以均衡实现。

其次，在保障公众文化权利上，博物馆应在保证文物安全的首要前提下，加强数字文物资源的利用与开发，加快数字资源采集和文化内容生产力度，提高智能化管理，丰富数字文化内容供给和普惠传播方式，特别要保障数字资源对公众的有效联结与高效畅通。通过消除线上权限边界，让所有人无差别享受到博物馆优质资源的可及性。

此外，博物馆在保障公众权利的工作过程中，需注意全面覆盖、合理细分受众人群，开展分众服务，在确保服务普惠均等的基础上建立个性化需求输出。在保障大多数公众的参观需要下，还应关注特殊参观群体与少数参观群体的诉求，加强对残疾人、低收入群体的参观保障力度。此外，尽管依托数字技术，博物馆已渗透、融入我们的日常生活，但在实际工作中，我们仍需以人为本。在借助科技力量提升精神生活质量的同时，也需同步帮扶起那些数字技术下的“失语者”与“缺席者”，协助他们寻回博物馆应有的人文关怀。

（二）包容公众表达

作为“文化圣殿”，博物馆统摄起了对公众进行知识传播与教化的威信。长期以来，“参观博物馆”是一种被动、单向、刻板的受教行为，无异于拜谒神庙。然而，直至今天，博物馆以所谓收藏研究专断，占据文化诠释、输出制高点，对周遭充耳不闻的强势态度仍屡见不鲜。事实上，专业视角与社会导向并无矛盾。作为社会职能机构存在的博物馆需要潜心学术、贡献成果；但学术研究并非纸上谈兵，它是对各类声音的高度融汇与提炼，最终还需反馈社会。因此，处在社会传播体系链条上的博物馆，应主动舍弃传统表达中居高临下的知识给予者姿态，学会换位思考、亲近公众，包容多元表达。

首先，要创新性地以跨学科、跨领域、跨视角的多元解读来扩容现有表达方式。除了继续关照传统历史、科技、审美研究维度，还允许让不同声音参与阐释，释放多重意义，搭建多维表达，增进全面理解。另外，还可将解读思路交付给公众自身：你还知道它的其他用途吗？你还知道其他类似物品吗？你还知道什么东西与这件物品有相同的功能吗？你家里有类似的物品吗？……以此强化与公众经验的直接关联，以更具包容、共享、开放的方式，鼓励公众去探索不一样的意义呈现方式。最后，还需及时回应公众在知识获取之外，寻求心理慰藉、情绪小憩的情感诉求。特别是在现有传统理性色彩浓厚的图文符号呈现之下，可考虑增设部分侧重引导观众舒缓情绪、释放压力的内容表达，向公众释放出博物馆更有态度、温度的文化疗愈力。

其次，博物馆的表达方式不能只回溯过去，还应积极着眼当下、面向未来。需注意结合当代社会与时俱进的时代需求，把握公众对藏品的理解诉求，建立藏品与当下社会的关联性，使解读能融入现代生活与现代人的理解语境。在此基础上，去探讨隐匿于藏品身后的人群、环境、观念等抽象、隐性的意义构成，从而唤起共情，被公众认可与内化。而对藏品可能潜在的不确定意义导向，则采取开放探索式的研究态度，不轻易取舍、决定藏品的意义定位，在尽可能全面解读的基础上，为今后的深入研究提供参考思路。博物馆人要积极“走出书斋”，关注社会发展趋势，适时做出预判，在“为明天收藏今天”的基础上，广泛思考“为明天解读今天”。尽可能全面客观地延展现有意义输出链条，最终熔铸出一种能够整合多方诉求的表达方式，包容公众声音，增进沟通理解，获得公众认同。

（三）鼓励公众参与

美国博物馆学者妮娜·西蒙（Nina Simon）曾提出“参与式博物馆”（participatory museum）。她认为博物馆是一个观众能围绕内容进行创作、分享并与他人沟通交流的场所。[23]伴随着博物馆与公众之间的信任感逐渐加深，博物馆对公众的“文化赋权”日益增多，越来越多的公众乐于以参与者的身份被博物馆认可，在互动中不断贡献个人力量。但目前，公众参与形式仍多见于以博物馆为主导的展览策划、互动项目与社教活动中。公众参与形式单一，参与程度较低，参与主动性受限。因此，突破现有形式，实现博物馆与公众“深度合作”，实际上是为博物馆文化“话语权”适度松绑，增强公众的智慧渗透力，让公众与博物馆成为知识的同步生产者和共享者。

早在20世纪60年代，美国华盛顿特区内就建立了以黑人为主的贫民区博物馆，作为“社区博物馆”“邻家博物馆”的早期形态，其规划管理的事宜已由当地居民接管，馆长由社工人员担任。博物馆不仅收藏居民的移民资料和物件，还通过有计划的教育，让少数群体共同研商解决问题的策略，克服他们社会经济上的弱势。[24]事实上，社区博物馆与公众参与相结合，可将博物馆功能运转与公众管理需求最大程度地衔接起来。社区博物馆不仅承载着所在区域居民的共同记忆，也是居民沟通联系、开展活动和参与治理的社交场所。鼓励居民积极投身于社区博物馆建设，不仅增强了居民的文化自主权与责任感，也为居民自主保护传承、学习探索、提升发展提供了实现空间。这是距离公众生活最近的博物馆，更是博物馆鼓励公众深度参与最便捷的可行路径。

可见，博物馆对公众参与的认识不能局限于博物馆内的固定人群，目光所及之处还应包括所在区域的潜在公众。此外，博物馆还可灵活运用线上社交媒体平台。作为现实生活的延伸，社交媒体具有参与人数多、传播速度快的优势特点，其用户以多种形式表达观点、传递资讯、共享经验。目前，越来越多的博物馆开始参与社交媒体的建设与运营，将馆内文化资源转化成深入浅出的线上数字体验，以不断更新的服务内容、方式吸引更多用户，增强用户黏度，拓宽公众参与渠道。此外，除了进行自我宣传，还应及时倾听、收集、筛选、整合来自线上渠道的各类建设性反馈意见。实时互动的高度参与体验，令公众的表达更趋向于主动且目标明确。个体观点也可汇聚成集体效应，这使得公众在参与过程中，能从传统的“知识消费者”转变为“知识传播者”，再成长为“积极意义的创造者与建设者”。

（四）协同公众成长

作为伴随着社会进步出现的一类机构形态，博物馆具有对环境与生俱来的警觉与敏感，并在不断调整中适应发展变化。在新冠疫情笼罩之下，全球局势震荡给博物馆的内部运行机制带来了诸多冲击与挑战，也导致博物馆与公众的相处模式被限制、改写。因此，对于公众而言，博物馆在继续扮演传统信息与知识架构者、供给者角色的同时，应更加深入地思考、调整与公众的关系，使自身转变为成长性极强的公共机构，以其包容性与可持续性为当下和未来发展赋予更多的创意和可能。

博物馆不仅要保存记忆，更要积极参与塑造当代价值观。发挥传统功能优势，培育公众自主学习能力，让追求、探索历史、科学、艺术奥义与精神成为公众普遍的文化自觉。博物馆在传统权威机构与专家表达之外，还可寻求一种公众自主阅读、体验、建构的自助“文本”呈现形式，通过积极地指引、沟通和建议，协助而非主导参观者透过展品感受其背后的文化意蕴，使博物馆成为公众的自主“品读”空间。

其次，将自己塑造成回应公众多元文化诉求的开放空间。上海博物馆新馆在建设期间，就向公众推出了“24 小时博物馆”的办馆理念。在保留传统展区的同时，还增设了“不打烊”的文创休闲体验区。与传统文创销售不同的是，在文创展示区内还打造了休闲社交场景，使其成为人们日常生活中的一部分。此外，上博整体设计的通透感不仅为城市精致的生活基调赋予了一定时尚氛围，其弥漫的自由开放气息更让人们乐于在此驻足流连，通透的馆舍环境也包容了每个人对参观博物馆的理解、思考与诉求。博物馆可以成长为一处惠及社会公众的城市公共文化空间，探索发现、启发深思、价值谋求、道德引领、情操陶冶在此不断汇聚，又朝着怀揣各类文化诉求的人们散播与传递。

五、结语

正如房龙在其名著《宽容》中所记述的，人类进步的历史从某种意义上来说，就是不断走向多元与宽容的历史。博物馆作为人类文明与进步的产物，坚守着历史与真实的本源。从“神庙”出发，听循着时代的呼声，在兼容并包、内修外拓的发展之路上越走越远。在最新的博物馆定义中，博物馆与公众的关系被指向了更高的维度。通过回溯博物馆与公众关系的演变历程，可知博物馆在社会驱动力的推动下，逐渐卸下层层阶级裹挟，从内至外不断突破发展限制与完成自我调适，最终以平等、包容的姿态呈现在公众面前，并与之共同成长。在未来的征途中，博物馆将以社会发展为导向，以公众需求为依托，在“为社会服务”的使命引领下，持续不断地寻求更具开放性与包容性的机构定位与价值表达。

【注释】

[1]杜歆雨，杨智茹，魏峻．定义博物馆：关于国际博协博物馆定义提案的若干探讨[J].文博学刊，2022（3）.

[2]亚历山大EP，亚历山大M.博物馆变迁——博物馆历史与功能读本[M].南京：译林出版社，2014:313.

[3]亚历山大EP，亚历山大M.博物馆变迁——博物馆历史与功能读本[M].南京：译林出版社，2014:317.

[4]李军．从缪司神庙到奇珍室：博物馆收藏起源考[J].文艺研究，2009（4）.

[5]瓦达荷西F.博物馆学——德语系世界的观点[M].台北：五观艺术管理有限公司，2005：107.

[6][20][21] 邹文杰．博物馆公众性研究[D].济南：山东大学硕士学位论文，2021.

[7]黄洋，陈红京．博物馆陈列展览设计十讲[M].上海：上海交通大学出版社，2019：20.

[8][15]严建强．博物馆与观众——介绍肯尼思·赫德森的《博物馆社会史》[J].中国博物馆，1987（1）.

[9][10] 李军．地域的中心化：卢浮宫与普世性博物馆的生成[J].文艺研究，2008（7）.

[11] 严建强．从秘藏到共享：致力于构建平等关系的博物馆[J].中国博物馆，2020（2）.

[12][13]苏东海．博物馆演变史纲[J].中国博物馆，1988（1）.

[14]瓦达荷西F.博物馆学——德语系世界的观点[M].台北：五观艺术管理有限公司，2005：126.

[16]程露．从现代博物馆的历史看博物馆与公众关系的转变[J].社会纵横，2021（3）.

[17]亚历山大EP，亚历山大M.博物馆变迁——博物馆历史与功能读本[M].南京：译林出版社，2014：130.

[18]亚历山大EP.美国博物馆：创新者和先驱[M].南京：译林出版社，2016：175.

[19]亚历山大EP.美国博物馆：创新者和先驱[M].南京：译林出版社，2016：180.

[22]徐坚．名山——作为思想史的早期中国博物馆史[M].北京：科学出版社，2016：223.

[23]西蒙N.参与式博物馆——迈入博物馆2.0时代[M].杭州：浙江大学出版社，2018：4.

[24]瓦达荷西F.博物馆学——德语系世界的观点[M].台北：五观艺术管理有限公司，2005：147.

公众参与、知识共享与社群构建
——日本博物馆“市民学艺员”项目探略

于 晖（中国妇女儿童博物馆）
杨 城（工业和信息化部工业文化发展中心）

摘要：为不同身世和背景的人们创造有意义的体验，已然成为各博物馆实现社会价值的重要内容。如何策划并实践这些体验，承担更多的社会责任，在世界经济、政治、社会、文化领域发展中扮演积极的角色，是值得每一位博物馆人深思的问题。与我国隔海相望的日本，在实现博物馆社会教育责任方面开展了多年探索，成果卓著。一些博物馆在积极与大学、研究所等机构建立合作伙伴关系的基础上，也逐渐重视博物馆/学艺员与公众之间的对话与合作。“市民学艺员”正是在如此背景之下出现的公众参与博物馆事物的新机制，既可以看作是博物馆志愿者/博物馆之友的扩展版，也可以视为一种博物馆为确保其公共属性而开展创新尝试的成果。下文即以日本博物馆开展的市民学艺员项目为例，结合相关理论，探讨其对于国内博物馆的借鉴意义。

关键词：博物馆；市民学艺员；参与体验；社群构建

随着越来越多的人走进博物馆，博物馆观众结构日益多元化，博物馆已经成为满足多元需求、推动公众服务公平化、均等化的重要力量。2021年5月24日，由中央宣传部、国家发展改革委等9部门联合发布的《关于推进博物馆改革发展的指导意见》中明确提出了“鼓励社会参与”——“发展壮大博物馆之友和志愿者队伍，构建参与广泛、形式多样、管理规范的社会动员机制”，如何让作为重要社会力量的公众更加深度地参与到博物馆共享共建中，也成了新时代博物馆亟需面对的问题之一。

与我国隔海相望的日本，在公众参与博物馆共享共建方面，开展了多年探索，成果卓著。20世纪70年代以来，日本学界针对社会教育中国民学习权保障的讨论日益高涨，博物馆在保障公众学习权中发挥的作用颇受热议。博物馆同公民馆、图书馆一样，是帮助市民培养自治能力与保障市民学习权的基础设施，其应以“激发、培养公众的自学能力，形成培养自主学习的能力”[1]为课题，以培养“独立自主、自力更生之人”[2]为教育观，通过收藏、展示和教育活动为公众提供接触地方文化的机会，引领公众参与地方文化建设。在各类教育实践活动之中，市民学艺员是持续开展且成效卓著的一种形式。下文以日本博物馆开展的“市民学艺员”为研究对象，结合日本博物馆学家伊藤寿朗所提出的“第三世代博物馆”的相关理论，探讨其对国内博物馆的借鉴意义。

一、“市民学艺员”概述

学艺员是指博物馆内负责资料的收集、保管、展示及调查研究等相关工作的专职人员。[3]鹤田总一郎从专业性的角度将学艺员定义为“研究人员、充分将‘物’与‘人’联系起来的教育人员，以及征集和保护的相关技术人员”[4]。这种强调学艺员“研究、教育、技术”三重属性的论述得到了学界的普遍认可。仓田公裕指出，博物馆研究人员（学艺员）如果仅仅作为资料的研究者，相对较为片面，他们还必须兼具教育者的身份，通过对所研究资料的有效利用，逐步实现其在广义教育范畴的价值。[5]应当说，学艺员所具备的“资料研究、科学保存、教育普及”三个业务能力是与博物馆调查与研究、收藏与保护、展览与教育的职能相重叠的，这也是学艺员承担馆内各类活动的具体表现。

受限于客观条件，很多博物馆特别是中小型博物馆中仅有几名甚至一名学艺员，他们要独自承担馆内业务工作，导致他们难以精通各个领域。[6]此时，公众的协助就变得极为重要。20世纪90年代，伴随着终身学习概念的展开，博物馆也被要求具备更加多元化的职能，如“着力发掘具有独创性的主题以传递后世，并努力将其发展为可用于当今社会的资源”[7]。2000年，日本博物馆协会发布了题为《“对话与合作”的博物馆——以对话促理解·以合作促行动——与市民携手打造的新时代博物馆》报告书，提出了博物馆的内外对话与合作的活动原则。[8]同时，部分博物馆在积极开展与大学、研究所等机构建立合作伙伴关系的基础上，也逐渐重视博物馆/学艺员与公众之间的对话与合作。“市民学艺员”便是在这一时代背景下应运而生的公众参与博物馆事务的新机制。

与地方居民共同调查，拓宽地方居民生活范围，是博物馆的核心目标之一，“市民学艺员”中的“市民”便是指居住地域内自愿自发地参与社会治理的人群（地方居民），而“市民学艺员”这一活动形式让公众适当地参与明确而稳定的知识生产体系，以博物馆相关工作为媒介、扩展专家与公众、公与私的协作关系。[9]在此过程中，公众并非仅仅发扬了志愿服务的精神，还将活动作为一种喜好和生活的实践。所以，“市民学艺员”可以看作是博物馆的利用者中最接近博物馆立场的一群人，既可以视为博物馆志愿者/博物馆之友的扩展版，也可以视为确保博物馆公共属性的创新群体。换言之，公众将博物馆视为一个利用自己兴趣和擅长领域进行社会参与和自我实现的平台。应当说，在双方之间形成了如此的价值循环，这正是公众参与最理想的形式。

值得注意的是，早在“市民学艺员”出现前，日本就已存在“市民参加型调查”这一形式的活动，该类活动多以生物型调查为主，是由普通公众参与的对鸟类、植物、昆虫等的调查活动，目的是通过生物生息状况了解和掌握如气候变化、外来物种和濒危物种分布、水质监测等环境变化。一般认为，日本的“市民参加型调查”首见于1971年兵库县，民间社团“自然保护协会”为了促进居民关心周遭环境问题，开始尝试规划一种让一般市民也可参加的环境生物调查模式。[10]经过多年的尝试与拓展，“市民参加型调查”已经成为促进公众参与地方建设的有效手段，包括知名度极高的“萤火虫调查”、大规模参加型调查“荇菜计划”以及持续二十余年的“蒲公英调查”，从传统的对生物和自然现象的科学调查，到公众从自身角度出发对人与自然的相互关系开展的社会调查，在生态系统保护、城市规划、环境教育等多个领域展开。

“市民学艺员”与“市民参加型调查”在本质上并无不同，皆可以看作是为公众提供终身学习机会的一种形式，但二者的内容与方式方法各有侧重。“市民学艺员”是对博物馆正式学艺员的补充，参与者必须完成博物馆相关的培训课程（更偏向于对地方文化的深入解读）；“市民参加型调查”则多由地方企业、行政机构及市民团体（特指“为了进行市民运动在民间组成的集体”）共同主办，且没有类似的强制性要求。

二、“市民学艺员”的个案研究

（一）饭能市立博物馆

埼玉县饭能市是自然风光与历史文化遗迹并重的城市，位于日本埼玉县西南部，森林覆盖率达76%，被称为“森林文化城市”，该地区自古以来即以发达的林业和纺织业闻名。随着城镇化的不断推进，饭能市逐渐发展为埼玉县内面积第三大的城市。作为饭能市最重要的文化机构之一，饭能市立博物馆成立于1990年4月，初名“饭能市乡土馆”，2018年改陈后更名为“饭能市立博物馆”并重新对外开放，开馆以来累计接待观众超过80万人次。

饭能市立博物馆始终致力于为市民搭建终身学习的平台。为了更好地讲述地区的历史与文化，饭能市立博物馆的“市民学艺员”项目自2000年启动。该馆将“市民学艺员”定义为“既是给市民提供学习机会的新机制，也能协助学艺员的工作，同时对博物馆与市民之间的联结与沟通有所助益”。饭能市立博物馆“市民学艺员”活动主要由“馆校联合”“古籍整理”以及“麦作文化探索”三类研究项目组成。由于饭能市立博物馆“市民学艺员”所参与的各类活动完全和博物馆关注地方历史文化的定位相匹配，地方居民对活动内容也给予了很高的评价，从“内部的视角”向我们展示了学艺员项目的魅力和意义。

1.“馆校联合”项目

“馆校联合”是指博物馆与学校联合开展的教育活动，由市民学艺员协助正式学艺员为来馆参观的小学生制订学习计划，并引导他们参观博物馆。饭能市立博物馆的“馆校联合”活动内容包括“基本陈列讲解”“工具探秘”和“石磨、烙铁体验”等。活动中的学习计划根据博物馆的现有课程每年进行小幅调整，在这一过程中，市民学艺员的建议必不可少，是完善博物馆教育课程的重要构成。

参与第二期“馆校联合”的市民学艺员柳户淳吉表示，他本人年轻时工作早出晚归，对地方文化几乎没有什么了解，如今年岁渐长，便想通过这样的机会充分学习和感受地域文化，并为地域发展做些贡献。而“市民学艺员”恰恰为他提供了一个能够了解饭能市历史与文化，并且通过各类活动接触到更多的地域特色的机会。特别是在“馆校联合”的活动实践中，大家一起共事，相互学习和提升，从而实现个人的社会价值。

2.“古籍整理”项目

参加“古籍整理”的市民学艺员则通过整理博物馆收藏的各类古籍及誊抄，加深对当地历史和文化的了解，并应用于博物馆的实际业务之中。在2017年的改陈中，市民学艺员利用此前参与活动的实践和研究成果在“地区遗产”单元中制作了展示旧中山村魅力的相关内容。此外，参加该项目的市民还轮流负责查阅居住地区的历史文献，并基于所调阅的史料举办“地区巡游”活动。这一活动旨在对本地区的特色文化进行推广和宣传，也能够发掘很多此前不为人知的地域魅力。

市民学艺员富泽武男认为，博物馆所开展的“古籍整理”为地方居民提供了一个深度了解地域文化的机会。尽管这些古籍确实非常晦涩难懂，工作进展也较为缓慢，但只要是有些许的进展，大家就能够感受到其中的乐趣。同为“古籍整理”第四期成员的伊藤美津江把这项工作看成是对历史的延续和传承，尤其是对于某一地区而言，随着人们一代代老去，很多人文历史也会变得日渐模糊，而古籍中所记载的内容多与市民生活相关，有序地整理和誊抄古籍，有助于该地区的文化传承。如此一来，市民也会因彼此认同而产生更强的凝聚力，对地区发展大有裨益。

3.“麦作文化探索” 项目

“麦作文化探索”项目启动于 2015 年，项目参与者在博物馆西侧开垦农田并实践种植活动，高粱、玉米、稗子、薏苡、番薯、土豆等这些过去种植于山区的农作物在此被小范围种植。农作物成熟后，市民学艺员不仅能品尝到收获的喜悦，还能利用这些食材制作具有当地传统特色的食物，以供分享。此外，收获的大麦经处理之后还可用于小学生的石磨体验活动。由此可见，“麦作文化探索”项目的开展，让市民学艺员通过实践加深了对麦作文化相关知识的认识和理解，为进一步探索和传承本地区的麦作文化打下了基础。此外，麦作文化探索的活动成果也能够灵活应用于博物馆开展的其他教育项目之中。

市民学艺员子安修二在参与“麦作文化探索”项目后表示：文化是民族生存发展之基，这项活动是了解地域文化非常好的机会。“麦作文化探索”项目使参与者获得了亲身体验的机会，同时也学到了很多知识。一些人可能担心，上了年纪的老年人不能够适应种植工作的强度，但实际的农场面积并不大（36 平方米），加之参与人数较多，所以并不会给身体带来太多负担。在他看来，正是博物馆的市民学艺员项目使他的退休生活更加丰富多彩。

（二）伊达市喷火湾文化研究所

伊达市位于北海道西南部，临近内浦湾（即喷火湾），是北海道中南部的粮食主产区和蔬菜、水产的科研推广基地，素有北海道的“湘南”之称。优良的自然环境孕育了伊达市独特的地域文化，如以北黄金贝冢为代表的绳文文化、以有珠莫希利遗址（有珠モシリ）为代表的续绳文文化、中世纪至近代在有珠湾发展起来的阿伊努文化，以及亘理伊达氏第 14 代家主伊达邦成于明治初年在此开拓定居后围绕喷火湾及周边自然环境构筑起的特色文化。

为推动当地历史遗址合理有序地为公众所用，伊达市政府相关部门联合伊达市乡土史研究会、刀剑保存会、古文书解读会、喷火湾考古学研究会、自然观察俱乐部等由地方居民结成的研究型社团开展了众多文化活动，形成了政府与公众共同思考和活用地域文化的良好氛围。正是在如此背景之下，当地以伊达市喷火湾文化研究所为首的博物馆机构积极推进“市民学艺员”项目，意在将地方居民所拥有的信息与能力运用到地方文化管理及地区发展建设之中，同时也是对地方居民深入参与博物馆活动的需求的回应。

伊达市喷火湾文化研究所作为该市博物馆设施（伊达市开拓纪念馆、史迹北黄金贝冢公园、宫尾登美子文学纪念馆等）的主管机构，其主要职责是对全市的考古遗址、物质与非物质文化遗产、文物古迹等进行调查、保护及研究，并将研究成果用于城市规划的各个方面。所以，“市民学艺员”的研究方向也侧重于将地方居民自身掌握的知识与信息有效利用至地方建设之中。

例如，伊达市有很多提供“手工荞麦面”的面馆，为什么会有这么多面馆出售这种食品呢？市民学艺员围绕这一问题展开实地调研，通过向面馆老板及荞麦工匠咨询，并结合历史文献，探寻当地手工荞麦面的起源以及其中所蕴含的文化价值。调研成果则将用于地方文化建设——将手工荞麦面的历史印在各家面馆的宣传页上，或是在餐具的包装上印上一些知识小贴士，能够很好地起到宣传当地“手擀荞麦文化”的作用；也可以制作“手工荞麦面”主题地图，为来到此地的游客提供多样化的旅游体验。

这种“自主活动型学习”对博物馆、公众、地区都极有益处，可谓“三赢”。有求知欲的地方居民在研究、展示等方面得到了博物馆/研究所的支持，以此实现自我价值。“市民学艺员”的研究成果被合理利用于地方建设之中，则能够提升地方的形象魅力。博物馆也在这一过程中收获了新的有价值的研究成果，并能够将其应用至今后的展览及教育活动之中。

三、“市民学艺员”对我国的启示

培育具有地方意识与地方关怀的市民，通过博物馆活动使市民得到期待中的成长，是日本博物馆界长期以来关注的课题。“市民学艺员”作为公众参与博物馆共享共建的实践成果，体现了博物馆与地方居民共同学习的坚定意志。从表面上来看，“市民学艺员”为公众提供了接触当地自然景观与人文历史的机会，是博物馆开展终身教育的一种形式，在此过程中，博物馆也表明了自己的发展愿景，即与公众携手共建博物馆的未来。深层次来看，“市民学艺员”为公众搭建了一个互相交流的平台，通过进一步加强人与人之间的接触，促进地方居民的社群构建，进一步增强公众对地域文化的认同感。综合来看，“市民学艺员”这一形式的现实意义不仅仅限于博物馆领域，还有着更为广泛的社会价值。我国博物馆也在发展过程中进行了一些有益的尝试与探索，可为我们带来以下几方面的启示。

首先，用好社会资源有助于缓解博物馆人力短缺的现状。“市民学艺员”产生的时代背景之一便是日本中小博物馆学艺员的从业数量和专业方向不足以满足博物馆发展以及公众需求。我国博物馆也面临着相同的情况。进入新时代，我国社会主要矛盾已经转化为人民日益增长的美好生活需要和不平衡不充分的发展之间的矛盾，发展中的矛盾和问题更多体现在发展质量上。截至 2021 年，我国备案博物馆总数达 6183 家，排名全球前列。[11] 与中国博物馆蓬勃发展态势相对的是博物馆专业人才较少、专业结构不合理等普遍存在的人力资源短缺问题。博物馆所开展的志愿者工作虽在一定程度上补充扩展了博物馆的人才队伍，但其所涉及的工作内容主要集中在展览讲解、教育活动等开放工作上，并非完全对公众开放。为推动博物馆资源的开放共享，探索博物馆与社会互动的新模式，部分博物馆也在实践中进行了有益的尝试。如广东省博物馆于 2016 年发布“青花之约——广东省博物馆特展策展人招募计划”，在此基础上从 2018 年起推出“微展览”行动计划，面向全社会招募策展人，每年度选择并资助 2 至 3 个创意展览的实施。北京市文物局也从政策层面鼓励博物馆开放更多的志愿服务岗位，要求本地区博物馆“要加强博物馆志愿岗位的挖掘与研究，在讲解、科研、策展、管理等涉及博物馆工作的各方面加大志愿者参与的力度，形成结构合理、适应新时期博物馆事业发展需要的志愿服务队伍”[12]。这些尝试与探索将为博物馆如何利用社会资源拓展自身业务提供有益借鉴。

其次，与公众建立深度关联，有助于推动地域文化的保护与传承。“市民学艺员”对于地域文化的保护与传承具有非常重要的意义。通过参加“市民学艺员”活动，地方居民能够得到广泛且深入地了解地方传统文化的机会，也能够在这一过程中增强自身的地方认知感。人文主义地理学中认为地方感是人与环境作用的产物，是一个不断进行且活跃的地方作用过程，由人赋予但又反作用于人的体验和行为。[13]在我国，博物馆作为体现区域文化的代表性场所，是一座城市丰富内涵和文化品位的关键体现，也是表达地域文化的重要场所。因此，作为一种具有长久生命力的文化载体，博物馆理应成为传承地域文化的最佳媒介之一。[14]近年来，地域文化逐渐成为全国各类博物馆着力建设和推广的重要课题，博物馆也根据自身特点开展了地域文化保护与传承方面的实践。最具代表性的是首都博物馆的“读城”品牌展教项目，该项目以传播北京历史文化为宗旨，包括系列主题展览、系列教育活动和文化衍生品等方面，通过这一系列以观众为中心的举措，让观众在参与、体验、沉浸、探索中与博物馆建立了联系，在反思、感悟中与城市产生了关系，将历史、现实与未来连接在一起。[15]自 2015 年启动以来，“读城”已成功举办三期。在第二期“发现北京四合院之美”的组织实施过程中，创造性地采用招募智囊团的方式，汇集了老北京团、教师团、大学生团和学生社团四类团组 200 人，为展览内容、形式设计、社教活动、宣传推广、讲解服务等多方面献计献策。

此外，相关研究表明，“市民学艺员”的魅力在于不仅能够满足老年人的求知欲望，还能够满足老年人与他人交流的诉求。[16]因此，为一般公众特别是“银发族”提供参与博物馆各项业务的机会，还能够在一定程度上缓解老龄化社会中存在的问题。众所周知，我国的人口老龄化已然成为一个极为严峻的社会问题，我国已经采取了相关的政策，以加强老年人文化活动方面的建设，从硬件设施的基础性建设和优秀护理人员的培养这两个方面出发，为老年人搭建起了“文化养老”的平台，这对于保障老年人的身心健康来说意义非凡。[17]博物馆作为社会公益机构，在当代已经远远不只是一般意义的收藏、保护、研究古物的机构或展览的场所，而是一个服务于“人的全面发展”、面向未来的公众文化教育机构。[18]如何在教育实践活动过程中，秉持文化养老的观念，推进形成一种全社会共识的养老机制，力争使老年人老有所为、老有所乐，进而创造有价值的“第二人生”，这是博物馆急需思考和解决的问题。为了更好地给予社区老人、儿童以及特殊人群以精神支持，充分发挥博物馆在文化传承中的“中枢”作用，国内一些博物馆已经率先展开探索，比如 2022 年南京博物院就携手江苏省成人教育协会在本地区开展“博物馆 + 社区”共同体建设项目，面向南京市各区公开招募 10 个试点单位，通过发挥各自优势，多方位、多层次、多角度、多形式地将博物馆文化送进社区，项目内容包括与社区联合制作适合社区受众的文博微课程、指导社区定期举办流动博物馆展览、根据地区历史渊源辅助社区开展相关文化活动等等。

四、结语

“市民学艺员”项目为博物馆进一步拓展公众参与和社群共建提供了大量实践经验。第 26 届国际博物馆协会大会通过了新的博物馆定义：“博物馆是为社会服务的非营利性常设机构，它研究、收藏、保护、阐释和展示物质与非物质遗产。向公众开放，具有可及性和包容性，促进多样性和可持续性。博物馆以符合道德且专业的方式进行运营和交流，并在社区的参与下，为教育、欣赏、深思和知识共享提供多种体验。”新的社会背景促使博物馆行业在新一轮的自我审视与思考中寻得共识，于变革中求得机遇。博物馆应当更加重视社区参与和可持续性，积极寻求与公众的联系，确保自身的公共属性，谋求博物馆资源的社会共享，为自身发展注入新的活力。

【注释】

[1]伊藤寿朗.市民のなかの博物館[M].東京：吉川弘文館，1993：160.

[2]伊藤寿朗.市民のなかの博物館[M].東京：吉川弘文館，1993：161.

[3]中川友理绘.博物館学芸員の力量形成の過程に関する一考察:1970年代以降の学芸員の専門性の議論を中心に[J].生涯学習基盤経営研究，2020（44）：7-16.

[4]鶴田総一郎.博物館学芸員の専門性について[J].月刊社会教育，1971，15（11）：13-14.

[5]倉田公裕.学芸員における学芸とは何か—その専門性をめぐって[J].博物館研究，1975，10（5）：10.

[6]伊藤寿朗.イポ・地域博物館の創造：十日町史博物館紀行[J].月刊社会教育，1979，23（10）：47.

[7]伊藤寿朗.市民のなかの博物館[M].東京：吉川弘文館，1993：19.

[8]佐々木秀彦.学校・地域・家庭との連携に果たす学芸員の役割—連携を進めるための拠りどころ"[J].社会教育，2012，67（9）：19－20.

[9]黄贞燕.日本的「市民學藝員」，為什麼？做什麼？[EB/OL].[2023-2-16].https://www.cam.org.tw/notice20190525/.

[10]黄贞燕.博物馆、知识生产与市民参加——日本地域博物馆论与市民参加型调查[J].贵州社会科学，2014(06):39-45.

[11]国家文物局.2022年5·18国际博物馆日中国主会场活动在湖北武汉开幕[EB/OL].[2023-2-16].http://www.ncha.gov.cn/art/2022/5/18/art_722_174346.html.

[12]北京市文物局.北京市文物局印发《关于进一步做好博物馆志愿者工作的意见》的通知[EB/OL].[2023-2-16].http://wwj.beijing.gov.cn/bjww/362679/362686/325959267/index.html.

[13]许振晓，张捷，Geoffrey Wall，曹靖，张宏磊.居民地方感对区域旅游发展支持度影响——以九寨沟旅游核心社区为例[J].地理学报，2009（6）.

[14]朱歌敏.地域文化视野下博物馆临时展览的思考——以西安博物院为例[C].中国博物馆协会博物馆学专业委员会2020年“博物馆与中国特色话语体系构建”学术研讨会论文集，2020:177-183.

[15]王新迎.读城，连接你我——首都博物馆“读城”项目发展理念刍议[J].博物院，2018（4）：33-42.

[16]于晖.老龄化社会进程中博物馆的职能拓展——日本学者相关研究及启示[J].东南文化，2021（2）：184-190.

[17]王靓.搭建“文化养老”平台 实现“文化养老”目标[J].河北企业，2013（4）.

[18]宋新潮.今天博物馆的社会责任[J].中国博物馆,2013(3).

基于“分众化”的博物馆信息无障碍设计研究

张 珂（上海世博会博物馆）

摘要： 无障碍博物馆，是世界范围内现代化博物馆建设的重要内容之一。所谓无障碍环境是指为保障残疾人、老年人、儿童等特殊人群的安全通行、便利使用、顺利交流而设立的各种设施和服务，其中主要包括建筑无障碍、信息无障碍和心理无障碍。本文从分众研究的视角，梳理了博物馆针对不同特殊人群进行信息无障碍设计的内容和策略，以期探索真正满足特殊人群在博物馆参观游览常态化的解决方案。

关键词： 博物馆；特殊人群；信息无障碍；分众化；常态化

在中国，截至 2020 年底，中国残疾人的总数量已达 8500 万余人，堪比一个中等规模的国家总人口数量（数据来源于中国残疾人联合会官网数据 https://www.cdpf.org.cn/zwgk/zccx/index.htm）。残疾，是人类繁衍和社会文明进步过程中不可避免而又不得不付出的一种代价。这是笔者在查阅残障相关资料经常看到的一句话。战争、流行病以及那些避无可避的意外永远存在，因而全社会也开始正视他们的存在。本文将要做分众研究的特殊人群，不仅包括数以千万计的残疾人，还包括老年人、儿童、偏远地区文化弱势群体等，他们在博物馆的安全通行、使用各种设施的便利及对文化服务的需求不容忽视。

20 世纪 50 年代末期，美国最早提出“无障碍设施建设”这个概念，并且率先进入实施领域。这一理念逐渐影响并扩展至欧洲各个国家。近年来，日本、韩国、马来西亚、菲律宾的无障碍设施在政府的大力扶植下也迅速发展。我国无障碍设施建设起步相对较晚，但发展速度很快。自 1989 年 4 月 1 日，我国建设部等四个部门颁布了《方便残疾人使用的城市道路和建筑物设计规范（试行）》后，我国各界对无障碍设施的建设也日益重视起来，博物馆也将“无障碍”纳入了建设范围内。[1]2022 年 10 月 27 日，《中华人民共和国无障碍环境建设法（草案）》提请十三届全国人大常委会第三十七次会议初次审议，这是中国首次就无障碍环境建设制定专门性法律，这部法规的出台将对各行业，特别是博物馆等公共文化服务机构的无障碍建设和改造提出更高要求。[2]

博物馆是一个保存人类知识和财富的地方，更是人们终身学习及促进社会不断发展的地方。关心每一位社会成员是博物馆应有的职责与使命，尤其是对弱势群体的关心更是体现了博物馆以人为本的服务理念，对每一位来馆观众的尊重与关心也是每一座博物馆应有的使命。[3]在公共文化事业迅速发展的今天，博物馆更应严格遵循以人为本的设计原则，加强无障碍设施设计，以期满足各类人群的使用需求。

博物馆的无障碍建设主要包括三个方面：建筑无障碍、信息无障碍和心理无障碍。建筑无障碍建设主要包括出入口坡道、电梯、低位咨询台、专设无障碍卫生间等，现今多数博物馆已有相关的设置；信息无障碍则主要包括无障碍导向标识、语音导览讲解系统、口述影像资料、盲文触摸板、手语服务、无障碍门户网站等为特殊人群提供的专项服务；心理无障碍则是指营造平等和谐的参观氛围，尊重所有参观的观众，让他们感受到关切，并提供力所能及和适度的帮助，避免因过分关注而让特殊人群有不适感。[4]本文主要探讨如何为有不同障碍的特殊人群提供信息无障碍服务。

一、博物馆信息无障碍建设现状分析

博物馆信息无障碍建设贯穿着从建筑到设施、从信息引导到参观导览、从入馆到出馆等方方面面的细节。近年来，在筹建或翻修博物馆建筑时，往往会配备基础的无障碍设施，能够具备无障碍出入口、无障碍通道、无障碍厕所等基础设施；无障碍理念贯彻执行较好的场馆，还会注意设置侧位和低位服务台、低位饮水机、无障碍导向标识、无障碍停车位、无障碍信息设备等设施。我国博物馆的无障碍建设目前所面临的最主要问题并不是无障碍设施的缺乏，而是我国的残障群体几乎不到博物馆进行参观与学习，只有解决了这个问题，博物馆才会面临诸如到馆后遇到的相应问题。这主要体现了博物馆在信息无障碍建设方面的不足，尚有较大的提升空间。

首先是进出馆的无障碍引导标识，其设计应当让残障人士感受到博物馆开放欢迎的姿态及贴心的关爱，如无障碍出入口、通道都应当有醒目的无障碍标识。以上这些硬件设备的指示标识传递，需设置视障导向系统，如设置触觉地图，或者采用显眼的颜色形成强烈对比，如明黄和大红色，方便低视力人士和色弱人士使用。

硬性设施上的信息无障碍解决了特殊人群出入馆，以及在馆内安全、便利地移动的问题，但特殊人群要更好地在博物馆中参观游览，收获愉快的参观体验，还离不开多项软性设施的信息服务。在门票的预约、取票及核验方式上，很多博物馆都采取线上预约与现场取票或直接核验电子门票相结合的方式来让游客快速入馆，对于老年人、残障人士、儿童等特殊人群往往采取免票或现场人工服务的方式，这在避免拥堵的同时，也让特殊人群能够顺利入馆。但笔者也注意到，一些博物馆官方网站、微信公众号等平台上展示的针对特殊人群的无障碍服务页面并不容易找到，其原因是未遵循 WCAG 2.0（指《Web 内容无障碍指南 2.0》，即 Web Content Accessibility Guidelines 2.0，简称 WCAG 2.0。该指南提供了 Web 无障碍的共同标准，满足国际上个人、组织和各国政府的需要）。官网和公众号作为博物馆面向全人群的重要信息入口，更需把信息无障碍建设纳入考量，以服务更多受众。

当观众抵达博物馆之后，最首要的需求就是获取导向服务。而协助特殊人群在参观的进程中判定方位、确认目的地以及行进路线的导视系统也需要充分考虑无障碍设计。馆内的宣传导览手册等资料，除了展示各个展厅、展品的内容介绍，还需涵盖无障碍信息的导览导视图。通过导览图上的清晰标注，可以快速找到无障碍洗手间、升降梯等服务设施的具体位置，方便特殊人群在馆内观赏学习活动。除了纸质版手册及资料外，电子版也必不可少。对于特殊人群，如果能利用定位导航技术，通过APP、小程序等应用的语音导航，为其规划一条无障碍参观路线，并在参观过程中提醒其注意转弯拐角和避开障碍物，会是一项非常贴心的服务。

在语音讲解服务方面，大多数博物馆在该项服务上都较为健全，一般在博物馆的展厅入口处都设置了咨询服务台，每天会有讲解员定时开展讲解服务。与此同时，大部分博物馆都提供了语音讲解器租赁服务，且近年来随着信息技术的发展，越来越多的博物馆也将手机自助扫码讲解服务列为标配，游客只需要通过手机扫描二维码就可收听讲解。但对大多数老年人来说，通过手机扫码来获取讲解信息不如使用场馆提供的讲解器简单易用，因为手机字体较小，且老年人普遍对智能手机操作不熟练，扫码前还需要连接WiFi或打开手机移动数据消耗手机流量。因此，应为老年人及听力、视力不佳的人群准备语速慢、音量大、按键操作简单的特殊讲解器或兼容以上功能的通用讲解器，并有专门服务人员帮助使用者佩戴和讲解使用方法。另外，博物馆可以针对性地为视觉上有缺陷的游客录制音频资料，这类音频资料与一般的讲解内容有所区别，讲解内容具体形象，语调平和轻松，配乐贴切主题。

无障碍建设是公共文化服务机构的基本要求，作为社会文化和非正式教育机构，博物馆相当于一个大众信息传播中心，如何使所有观众，特别是身体感官方面有障碍的观众，能更好地享受博物馆，是博物馆人应该考虑的，这就包括为特殊人群设计相宜的文化服务项目。文化服务项目是博物馆向特殊人群传递信息的有效途径，而目前，针对特殊人群开展的相关文化服务项目只集中在我国少数几家大型博物馆，主要是借助专题展览、活动等形式，活动类型还较为单一，具体内容设计的深度与广度还不够，在常态化参观及适合不同障碍特殊人群的无障碍导览和讲解服务方面还处于空白。要让特殊人群的服务活动项目更加普及，并能成为博物馆常态服务，还需要有关部门立法的推进及整个社会观念的进一步转变。

当然，在无障碍建设中，最基本、最重要而又最无形的还是心理或者说态度的无障碍，这是信息无障碍建设的前提。尊重所有来馆观众，让所有观众都感受到热情的欢迎和服务，诚心为需要帮助的观众提供帮助，但又避免态度上的居高临下和因过分关注而造成的伤害。因此，对特殊人群的服务态度和服务方式也是十分需要注意的。

二、基于“分众化”的博物馆信息无障碍设计

了解了博物馆信息无障碍建设的现状后，便可以探讨如何更好地进行博物馆信息无障碍设计，以真正实现博物馆的公共性，让特殊人群有尊严地融入社会生活。

这里，先简单阐述下对博物馆特殊人群进行分众化研究的必要性。博物馆是公共文化服

务机构，强调公共文化服务的均等化发展。为了实现均等化，必须设置满足特殊人群特殊需求的公共文化服务。

博物馆免费开放政策施行后，特殊人群的参观数量已大幅上升[5]，为了更好发挥公共文化服务的作用，博物馆需要做好分众教育和分众服务，只有详细了解不同观众的特质，倾听他们的需求,才能为他们提供契合需求的服务。

所谓“分众化”，是博物馆为了扩大接纳量，通过对其观众的全面了解和分析，从多种层面细致划分对象，同时对馆方所拥有的资源进行合理调配与建设，以配合各种学习项目，加强教育的力度和广度。[6]在这个视角下，“观众”不再是一个模糊的概念，而是由许多个性鲜明的个体组成的复杂群体。

特殊人群存在着各自不同的障碍，在其参观及参观前后面临行动障碍、获取展览信息障碍、掌握位置信息障碍、感知藏品障碍及沟通交流障碍等问题，使他们无法充分享用博物馆的文化服务。博物馆需要从他们各自的特质、实际参观博物馆的经验和需求出发，破除不同群体接触博物馆所隐藏的各项障碍，提供符合特殊人群所需的专业服务，建立和维系良好的互动关系。所以针对特殊人群的博物馆信息无障碍设计，同样也需要进行“分众化”。

（一）针对视障人群的信息服务

针对视力障碍人群在获取信息上的局限性，博物馆可以提供调动视力之外感官的服务。比如，可以设置专门的语音导览系统，以方便视障者了解博物馆空间状态以及具体的展品信息;可以制作展品的复制品，让视障者近距离接触，让他们在触摸的过程中，更深入地理解其听到的语言叙述;还可以制作盲文版本的导览手册，同时在电梯的按钮及展品介绍等方面，增加盲文的释义，从细节入手，让视障人群更好地参与到博物馆活动之中。

南京博物院专门为视障人群设置了专题数字体验区，提供语音解读、手感触摸、助残车等个性化、无障碍的参观体验服务。上海博物馆2019年的特展《浮槎于海》，也有五件复制作品供任意参观者碰触，并在导视牌上设置了盲文解说，便于视障人士了解展品本身内容。

另外，为视觉缺陷人群提供的语音导览，应与常规的讲解内容有所区别。20世纪90年代，从美国兴起的口述影像服务（audio description or descriptive video service）是一种非常好的为视力障碍者服务的方式。这是一种透过口语或文字叙述解说影像讯息，协助视力障碍者克服生活、学习和就业环境中各种影像障碍的专业服务。博物馆可以借鉴口述影像解说方法，同时配以模型、凹凸版等触摸服务及体验活动，让视力障碍者有一个完美的参“观”体验。[7]

在服务视障人群方面，上海世博会博物馆（以下简称“世博馆”）做了较多尝试。2019年，世博馆观众智慧服务系统——“智慧世博馆”小程序上线。在技术层面，这款导览小程序特别为视障人群定制了“视觉辅助导览模式”，以方便盲人及视力不佳的游客参观使用；在内容层面，馆方对展出的200多件展品解说词进行了二次编写和重构，采用的正是口述影像的方法。[8]

此外，世博馆还开发了一系列面向特殊儿童的无障碍导览应用，上线了两档自制节目——音频广播剧节目“听TA说世界”和短视频节目“知识视频咖”。该节目也是通过口述影像的叙事方式，重点描绘场景、人物、事件等元素。节目中既有适合在展厅参观场景下收听、收看的导览内容，也有不局限于馆内空间、随时随地可获取的藏品故事。

无障碍的理念已经贯穿世博馆方方面面的

工作中。在开展面向视障儿童的教育活动时，世博馆主要遵循“有爱无障”的理念，运用多媒体和信息技术调动视障儿童的感官体验，同时开展线下和线上两类教育活动实践。

不同于偶尔地、随机地走进特殊学校，世博馆力图打造常态化、强体验的“世博课堂”。虽然盲童学校的孩子都是低视力甚至是全盲，但世博馆通过口述影像并搭配数字多媒体课件，尝试情景还原，带领视障儿童“看世界”。截至目前，世博馆已与上海市盲童学校、扬州市特殊教育学校建立了长期合作关系，这些尝试为世博馆后续进一步开展馆校合作项目打下了良好的基础。[9]

（二）针对听障人群的信息服务

对于听障者，设置手语导览、提供手语讲解以及在多媒体视频展项中加入字幕等都是比较理想的方式。目前已有个别博物馆配备了专职手语讲解员，比如成都金沙遗址博物馆聘请了一位会多国手语的讲解员，其本身是先天听障人士，专门针对听障参观者进行手语讲解。对于大多数场馆，在服务听障人群时可联合手语志愿服务机构，如天津博物馆就采用招募志愿者的方式，与残疾人协会共同组织手语讲解志愿者培训基地，在必要时寻求志愿者的帮助，为听障者提供服务。[10]

上海博物馆曾面向听障人士推出系列线上手语导览视频。首集《如何参观博物馆》通过展馆实景拍摄帮助参观者快速熟悉博物馆空间和基本服务设施、无障碍设施等，增加安全感和舒适感；并通过回答“我们为什么要参观博物馆”“参观博物馆的方法”“参观博物馆需要怎样准备”等问题，打消参观者的顾虑，鼓励残障人群走进包括上海博物馆在内的各类文化场馆。系列视频更是打破展厅界限，转换传统参观视角，以多维度挖掘文物内涵，选取目前开放展厅内的文物精品组成主题参观路线。通过“十件必看文物精品”“青铜器上的神秘纹饰”“古代陶瓷烧造的奥秘”“唐代人的生活”等主题，以手语导览配合文物细节展示，使听障人士也可以用双眼“听懂”文物和文化，帮助他们感知历史文物精粹，均等共享博物馆的历史文化资源和公共文化服务。[11]

（三）针对老年人的信息服务

对于老年人来说，从手机预约参观开始就是个难题。这几年，受新冠疫情影响，国内大多数博物馆已采用线上预约方式入馆参观，游客可根据预约的时间段进入博物馆。但在服务过程中，很多博物馆发现，年轻人早已习以为常的智能手机，对老年人却是一个不小的障碍，面对陌生而复杂的操作系统，各式各样的窗口界面，他们无所适从、心生畏惧。有不少博物馆积极采取措施，比如山西博物院特意为老年人取消预约环节，老年人凭身份证或老年证在现场工作人员的协助下完成个人信息登记即可进馆参观。而上海博物馆在入口外设置了“现场预约服务点”，志愿者们会帮助老年人完成预约。

而在馆内，针对老年人视力、听力衰退，还可能存在行动不便利的情况，可以在信息标识上适当放大字体，在语音导览的呈现方式和音量上也考虑到老年人的需求。此外，在馆内可以多设置一些休息处，让老年人在感到疲惫的时候可以就近休息。

（四）针对儿童的信息服务

对于儿童，由于其身高的限制，以正常成人身高标准设计的展台无法满足儿童获取展品内容信息的需求，博物馆可以设置一些类似于梯形的展台，以满足儿童获取信息；或者设置专门的儿童展览区，以儿童的身高设置展柜，以方便儿童参观；同时利用信息技术，使用显示屏、互动触摸屏等补充展品所传递的信息，让儿童能更好地了解展品背后的故事，产生更好的学习效果。[12]例如，安徽博物院专为儿童开设的“安博智时空”数字体验展区，应用巨幅投影、全景漫游、体感互动、虚拟现实、透明影像等数字展示与系统集成技术，让儿童在交互体验中了解青铜文化。[13]

博物馆对于儿童的关爱也可以在卫生间上有所体现，比如儿童卫生间和亲子卫生间的标识简单易懂，马桶的大小尺寸、手纸器的位置与普通卫生间有所区别，并且用相应的图像信息代替文字来指引儿童如何使用卫生设施，都会让儿童及家长感到贴心。

（五）针对认知障碍者的信息服务

对认知障碍者（认知障碍指记忆、语言、视空间、执行、计算和理解判断等方面一项或者多项受损。认知障碍通常是由阿尔茨海默病、脑血管病、焦虑、抑郁等原因引起），可以选择特定展品设置相应主题，围绕主题提供特殊导览服务。认知障碍者面对难以理解的问题时，要经过长时间的指导训练才能理解，此时，需要在导览服务中把事先录制好的视频或制作好的动画重复播放，反复传递信息，这不仅能增强认知障碍者的感官认识，也有助于提高其学习效率。[14]另外，可以使用辅具来帮助学习、增强记忆，比如使用文物嗅觉盒（按动不同的按钮，可以闻到不同的味道，如檀香、龙涎香等，并配有相应的图画），增加有声出版物、绘本出版物的类型等。

2018年国际博物馆日的主题为“超级连接的博物馆：新方法、新公众”，各大博物馆全面提升博物馆文化服务能级，拓展服务渠道。浙江省博物馆就为认知障碍者量身定制了参观服务活动，让这一群体也能走进博物馆感受文化，帮助他们回忆过去、治愈现在、连接未来。[15]

（六）针对文化弱势群体的信息服务

除了视力、听力等生理上有障碍的公众，以及感官未发育成熟的儿童或者已经衰退的老人外，还有一类人群值得注意，那就是文化上的弱势群体，包括城市文化弱势阶层和偏远农村地区人口。

在这方面，世博馆也积累了丰富的经验。世博馆自2018年开启了每周一次的网络公益课堂，利用信息技术为偏远山区儿童开设博物馆远程教育，让教育相对薄弱地区的儿童也能接触到优质的博物馆资源。世博馆根据当地儿童的认知水平设置课程难度，将常规1个课时的课程分解成2至3个课时来讲解，在授课时也注意尽量减少专业词汇的使用，并更多地以多媒体内容代替文字表述。同时，世博馆也加强课堂互动，通过线上情景还原式表演、口述影像等方式来加深偏远山区儿童对课程的理解和记忆，调动他们的多感官体验。

除了线上直播课，世博馆还制作了一系列线上的音视频课程，在喜马拉雅音频平台推出了世博会主题的音频广播剧，还在世博馆官网、学习强国平台开设自制的知识类短视频专栏，用情景还原的形式为偏远地区的学校输送教育资源，供学校根据自身情况自行点播。

三、信息无障碍设计的原则

无障碍博物馆建设为的是针对特殊人群开展服务，是博物馆与观众之间新型平等关系的要求，也是博物馆开放性、包容性的体现。在进行博物馆信息无障碍设计的时候，也应当注意遵守以下两项基本原则：

（一）参与性

当与多元化的群体沟通和互动时，仅仅张贴“欢迎”标志是不够的。有意义的共融意味着，从一开始，特殊人群就有机会就无障碍服务项目、社教活动和展览提出建议并参与设计。特殊人群应主导关于他们自己兴趣和需求的对话。这一原则如果无法满足的话，来自他人的观点和想法，无论多么友善，都会掩盖对话本身，使得刻板印象和误解延续，进一步阻碍特殊人群无障碍地进入对话和参与项目。

为了避免这种情况的发生，博物馆可以通过组建专项小组，组织专业人员一起开展这项工作。然后，在策划、实施过程中务必与不同类型的障碍人士交流，毕竟没有人可以代表所有人。同时采用最少消耗资源的方法，甚至可以用最为简单直接的询问和聆听，譬如创建一个单独的电子邮箱，以接收无障碍的相关问询、意见和建议，并将这个邮箱加印在导览图、手册、名片等宣传物料上，放置于服务台或者由工作人员随身携带，以便更广泛地发放给参观者。

上海博物馆编写的《上海博物馆无障碍探索手册》就是由博物馆社教人员与特殊教育一线教师共同完成的，不仅配有文物的文字、图片介绍，还印有二维码，扫描后可以打开一个手语视频，由手语老师带听障儿童游览博物馆。[16] 而上海世博会博物馆在对讲解词进行口述影像式编写时，也得到了多位盲人志愿者的倾力协助，他们会帮助馆方工作人员打造出真正适合这个群体的内容。在小程序导览的测试阶段，也邀请了数位盲人体验者开展测试评估，在他们的帮助下不断进行优化和修改。

当然，除了特殊人群的参与外，参与性还体现为所有博物馆工作人员的参与。一线员工需要为满足特殊人群现场需求做好充分准备，信息技术或宣传部门相关工作人员需要保证博物馆的网站可顺利访问，教育工作者需要确保每个孩子都能得到一流的参观体验，展陈人员可以了解不同障碍类型观众的兴趣点和好奇点是什么……毕竟，无障碍博物馆建设，是每个博物馆人的责任。

（二）通用性

20 世纪 70 年代，无障碍理念作为一种为特殊人群提供方便和安全的环境设计方法萌芽于建筑学界，后来作为针对具有生理伤残缺陷者和正常活动能力衰退者的专属设计。[17] 但如果只是将无障碍设施与通用设计简单叠加，并不是一种理想的设计。

信息无障碍设计的出发点是使特殊人群也能够平等、方便地参与社会生活，但是如果过于强调专门针对某些使用者而设计，在某种程度上忽略了使用者的心理感受，便带有潜意识的歧视或心理孤立，这种针对性会造成使用者与社会其他群体的隔离。因此，在实际生活当中，适用者们反而会抗拒使用这些功能设施。

再者，信息无障碍设计与通用设计如果不能很好地融合，不但无法成为一种解决方案，还会增加设计成本和今后的维护费用。毕竟在现实生活中，不仅是残疾人、老年人和儿童等弱势群体会遇到限制和阻碍，健全人同样也会受到各种障碍的制约而束手无策：身处陌生环境而找不到目的地，面对导视牌却因为语言不通而无法识别，双手抱着东西而无法按动电梯按钮等情况时有发生。

所以需提倡一种通用设计理念。“通用（universal）”并不是简单的平均对待或同一处理。它的出发点是尽可能地考虑到不同使用者在使用过程中遇到的障碍或困难并通过设计来消除这些障碍，从而使更多的人能够享受同样的产品或服务。[18] 这种注重使用者心理、生活等多层面的思考方式，拉近了不同层次使用者之间的距离，对使用者是一视同仁，从而避免给不同层次的使用者造成不一样的心理感受。这一原则也当格外注意。

四、结语

综上，近年来中国博物馆的无障碍环境建设发展较快，但在信息无障碍建设方面，还没有很好地解决特殊人群主动参观和常态化参观的问题。本文从分众研究的视角，针对不同障碍人群的参观障碍，基于参与性和通用性的原则，提出信息无障碍设计的思路，并辅以实例阐述具体解决方案。

当代博物馆学界存在一个共识性的命题，即博物馆“以人为本”的理念，博物馆开始追求更广泛的、更深入的对“人”的关注。[19]2023年国际博物馆日的主题为“博物馆、可持续性与美好生活”，何尝不是博物馆面对纷繁的文化现实的回应。博物馆不同方面的分众化策略，虽然有着不同的受众群体与发展方向，但却存在着共性：让博物馆带来更美好的生活。通过将信息无障碍设计纳入整体的无障碍博物馆规划和建设，能为不同障碍的人群提供更多平等获取知识的机会，在消除其信息获取障碍、提升参观体验、拥有真实获得感等方面有巨大价值。博物馆应当充分利用各种信息服务的功能特点，发挥自身馆藏资源及服务优势，有针对性地消除特殊人群获取信息的障碍，帮助他们全方位地体验博物馆文化。

盲人作家海伦·凯勒（Hellen Keller）在《假如给我三天光明》中写到，如果给她三天光明，她第二天就要去参观博物馆。创造无障碍参观体验，保障人人都有欣赏美的权利，是我们博物馆人的责任和义务；构建平等、开放与包容的博物馆，是我们未来努力的方向。

【注释】

[1] 刘卫华，曹敏．无障碍博物馆——理念与实践[J]. 中国博物馆，2008(01):23-27.

[2] 徐航．无障碍环境建设法草案：面向全体成员 突出重点人群[J]. 中国人大，2022(22):48-49.

[3] 王裕昌．博物馆无障碍设施建设的理念与思考[J]. 丝绸之路，2009(24):87-90.

[4] 张宜金，吕娟利，彭杰．平等、共享：试论博物馆的"分众化"[J]. 丝绸之路，2021(01):162-166.

[5] 吴昌稳．免费开放与博物馆事业大发展[J]. 博物馆管理，2021(03):16-25.

[6] 郑奕．博物馆教育空间与活动的"分众化"规划[J]. 自然科学博物馆研究，2016(01):49-56.

[7] 黄洋，孙岱萌．博物馆服务视觉障碍群体的意义与策略[J]. 东南文化，2020(06):162-168.

[8] 张珂．如何让博物馆无障碍参观常态化[N]. 中国文物报，2019-07-26(003).

[9] 弘博网．"有爱无碍"的博物馆：走进特殊群体[EB/OL]. (2021-05-16).http://www.hongbowang.net/news/yj/2021-05-16/19237.html.

[10] 蔡一晨．"博物馆的力量"如何发挥？——2022年"5·18国际博物馆日"纵览[J]. 美术观察，2022(07):31-33.

[11] 汤世芬．人民至上 有爱无障——上海博物馆推进高质量文化服务的卓越实践[J]. 文物天地，2022(12):11-15.

[12] 严建强，周婧景．满足更广泛的需求——博物馆分众教育的实践[J]. 自然博物，2014(00):68-74.

[13] 饶永，李新宇．数字技术时代体验性博物馆展示设计研究[J]. 家具与室内装饰，2021(12):127-129.

[14] 张微．博物馆对身心障碍者的导览服务——以伪满皇宫博物院为例[J]. 博物馆研究，2007(3):6.

[15] 浙江省博物馆官网．浙博邀请残障儿童走进博物馆感受历史文化魅力[EB/OL](2018-03-19).https://www.zhejiangmuseum.com/News/Snews/ActNews/729.0.

[16] 文汇报．给你直接的"体验"！申城多个博物馆为老人孩子特殊人群定制专属服务[EB/OL].(2022-01-09). https://wenhui.whb.cn/third/baidu/202201/09/443189.html.

[17] 董明虎．无障碍设计在市政道路设计中的应用[J]. 中国高新科技，2022(12):78-79+84.

[18] 李京擘．论博物馆导视系统的通用设计研究与应用[J]. 设计艺术研究，2013(04):41-45.

[19] 尹凯．"从物到人"：一种博物馆观念的反思[J]. 博物院，2017(05):6-11.

对话与融合：
关于博物馆服务国际移民的探究

杜雨婷（长春博物馆）
马宇婷（昆明市晋宁区博物馆）
李亚蓉（神木市石峁遗址管理处）

摘要：自新博物馆学运动兴起以来，博物馆在接受文化多样性和促进不同社群之间的对话与理解方面发挥着越来越积极的作用，关注社会特殊群体成为其义不容辞的使命与责任。本文基于国际移民群体的认知特点及需求，梳理西方及国内博物馆的具体实践，进一步分析我国博物馆服务国际移民的路径与方法，以期为博物馆服务少数群体、促进社会平等包容提供借鉴。

关键词：博物馆；公共服务；特殊群体；国际移民

博物馆作为公共文化服务机构，需要不断去边界化，以包容的心态、以文化平权为宗旨，与不同的社会共同体展开对话并提供多样化的服务，[1]国际移民就是其中一个不可忽视的社会群体。自20世纪90年代以来，尤其是“一带一路”倡议实施之后，随着我国国际影响力的增强，来华外国人数迅速增长，其居留模式也日渐产生变化。从最初的零星往来到两地旅居，到如今大规模的长期居住，其中部分已持有中国“绿卡”，说明事实上中国已在由传统的移民输出国向输出和输入并行转变。[2]据2020年11月国家统计局第七次全国人口普查公报（第八号）显示，我国境内长居外籍人员已达84万余人[3]，形成了北京望京“韩国城”、上海古北新区、广州小北路、浙江义乌等多个外籍移民聚居区。然而，由于中国一直被视作移民输出国而不是接收地，导致国际移民在我国移民研究中并没有得到足够的重视，相关研究也比较缺乏[4]。

这种情况也同样反映在博物馆学研究中。长期以来，我国博物馆界较为关注国内区域性移民或是迁至国外的移民。就博物馆的建设而言，与前者对应的有重庆三峡移民博物馆、宁夏移民博物馆、东江移民博物馆等，后者有华侨博物馆等。然而迄今为止，国内仅有上海犹太难民纪念馆等极少数面向外籍移民建设的纪念馆，专题性的展览和社教活动更是少之又少。有鉴于此，本文试图基于国际移民群体的特点及需求，分析博物馆服务该群体的必要性，并在此基础上探讨博物馆如何为国际移民提供文化服务，以期提升博物馆服务社会的潜力，建设更包容、公正与互敬的社会。

一、国际移民的概念及参观动机分析

移民是全球化的表征，也是全球化的结果。目前我国对“国际移民”尚无官方定义，仅将在华居住到一定时间的外籍人士称为在华常住外国人[5]，而这里的“一定时间”还未有定论。刘国福省略了“时间”的分歧，将国际移民定义为“离开本人祖籍国或常住国，跨越国家边界，迁徙另一国家的人。既包括主动延揽的世界优秀人才、技能人员和劳工，也包括被动接受的难民和其他非常规移民”[6]。由于本文的研究重点是博物馆如何服务国际移民，因此对移民在华居留时间暂时不予讨论，后文中提到的“国际移民”，均以此定义为准。

在明确国际移民的概念后，我们需要进一步研究该群体的参观动机。博物馆参观动机是指“激励公众朝向特定目标行动的内在驱动力量，驱使满足个人的社会与心理需求，是个人选择参观博物馆的重要原因”[7]。对于博物馆来说，积极探索目标观众群体的参观动机，从而满足其多样化需求，策划更具针对性的文化产品，是博物馆服务观众的必由之路。

在伦敦移民博物馆（Migration Museum）的观众留言墙上，一位移民伦敦的律师虽已进入了中产阶级行列，但依然用这样的文字描述自己的生活：“我在这里很好，但世界上属于我的地方却在他处。”这充分反映出移民的心理和生活状态。[8]当原居住国和移入国的社会形态有显著不同时，移民者往往会承受极大的认同震撼和适应压力，面临一系列语言不通、文化差异等跨文化适应困扰和问题，“移民孤岛”现象在许多国家一再出现[9]。在这种情况下，国际移民极易出现认同感低、归属感弱、思乡心切、社交需求高等心理特征。

基于国际移民的心理特征，该群体的参观动机与其他观众相比，既有共性，又存在一定的特性。按照参观动机的不同，约翰·福克（John Falk）与林恩·迪尔金（Lynn D.Dierking）将博物馆观众分为探索者（explorers）、导览者（facilitators）、专业人士/发烧友（professionals/hobbyists）、寻求体验者（experience seekers）、充电者（rechargers），基本囊括了绝大多数观众的参观动机。然而，随着专门展示特定民族、族裔或关系团体的展览和博物馆数量持续增加，还有两类观众的比例逐渐提升：一类是“虔诚的朝圣者”（respectful pilgrims），此类观众完全出于一种义务感或责任感而参观，借此缅怀和追思；另一类是“寻求关联者”（affinity seekers），此类观众参观某个特定的博物馆或展览，是为了唤起他们的某种传承感及对“自我”的认同[10]。显然，在国际移民观众中，除了普遍存在前五种参观特征，后两种参观动机体现得更为突出。在此基础上，不同种族、不同境况移民群体的参观动机也会呈现出各种细化的差异。因此，博物馆需要借助观众调查等方式，更加深入、全面地研究目标社群的参观动机，不断地提高服务质量，为观众带去更好的参观体验。

二、博物馆服务国际移民的优势

国际博物馆协会在其道德准则中这样描述：“社区与博物馆之间的互动及其对遗产的

推广是博物馆教育作用中的重要组成部分。”[11]当代博物馆承担着更多的社会功能，也被赋予了更多样的社会角色。从文化视角看，它已经演变成“多职能的文化复合体”[12]，响应社区需求、保存民族文化是其中不可或缺的一部分。博物馆服务国际移民的优势主要有以下三个方面：

（一）有利于保护与发展多元文化，推动跨文化理解

面对移民文化，我们不应有缺位或失语，应该努力推进其与本地文化融合。从纵向来看，它是我国移民史的一部分，逐渐成为我国社区、城市甚至中华文化的一部分；从横向来看，它又是世界现当代史上移民大迁徙浪潮的一部分。博物馆具有得天独厚的专业背景，在利用展览及其他活动为国际移民服务时，必然会促进文化的交流与碰撞，推动跨文化对话和理解，增强社会凝聚力。

2008年，荷兰阿姆斯特丹博物馆（Amsterdam Museum）的工作人员发现，自20世纪90年代以来，社区中的大多数小商铺陆续被移民接管经营，促进了社区内部和不同社区之间的社交互动。为此，博物馆特别策划了“邻里商店”（Buurtwinkels）项目，包括一个馆内展览和两个社区临时展览，以及专题网站与文创产品，以促进本地居民与移民文化的交融。值得一提的是，该项目还开展了一些后续活动：专题网站在展览结束后依然保持更新状态，持续上传移民与商店的故事；另外，展览的原址由一位移民店主经营和维护，继续收集展示当地商铺的历史文化。通过“邻里商店”项目，博物馆在社区内成功建立了社交网络，促进了移民商店的经营与发展。可见，这些活动不仅促进了多元文化融合，增强了跨文化理解，还取得了良好的长尾效应。

（二）有利于完善展览与社教体系，拓宽博物馆服务边界

自新博物馆学运动兴起以来，其“以人为本”的价值取向及服务社区与社会发展、关注社区日常生活、保护社区集体文化等理念逐渐被引入人们的视野[13]，博物馆、展览、活动的题材和类型也变得越来越精细化、专门化。而迄今为止，在中国本土博物馆及纪念馆中，以跨文化交流、跨民族融合为特色的博物馆、展览和活动并不多见，“移民”仍属于一个比较小众的主题。博物馆为国际移民群体提供文化服务，不仅有助于丰富和完善博物馆、展览、活动的类型与体系，也是拓宽公众服务边界的必然要求。

美国历史博物馆（National Museum of American History）于1987年策划了“从田野到工厂：美国黑人移民·1915—1940年”展览，这是史密斯学会所属博物馆举办的第一个从非裔美国人的角度深入关注社会和人口历史的展览，对于追溯美国移民大迁徙的历史具有里程碑式的意义，获得了空前的成功。该展览本被设定为展期一年的临时展览，因太受观众欢迎，由史密斯学会巡展中心组织，在全美二十多座场馆巡展[14]，直到20世纪90年代初才停展。这项创举不仅促进了馆际和人才交流，拓宽了博物馆运营思路，完善了社会服务体系，也将少数族裔这一小众话题引入公众的主流讨论之中，打开了新的社会对话空间。

（三）有利于消弭情感隔阂，促进社会和谐稳定

社会融合与移民群体的心理健康之间存在一定的相关性，良好的社会融入对移民群体的心理健康会产生积极作用[15]。外来人员及移民的本质是人口的跨境流动，最初可能属于一般性社会问题，但随着时间推移，往往会对流入

国带来政治、经济、文化等方面的影响，甚至影响国家安全[16]。作为公共文化机构，博物馆能够通过独有的方式服务国际移民，使他们建立归属感和认同感，形成正确情感价值观，也能帮助本地居民正确理解移民文化,减少民族、文化对立，促使移民由经济融入向心理融入、文化融入迈进,形成多元互动的深度融合格局。

为了反映20世纪20年代因战乱流亡到捷克斯洛伐克的俄国移民生活，捷克文学博物馆（Museum of Czech Literature）举办了“流亡的生活”主题展览，既展示了移民为捷克斯洛伐克带来的多样文化与社会贡献，也弘扬了当地政府对移民的包容与扶持，受到了移民群体及本地居民的热烈欢迎。对于移民来说，该展览是一个能够直接参与创作和展示祖辈、父辈的命运相关信息的机会，不仅加深了他们对自己的身份的感知，也从侧面反映出捷克斯洛伐克社会对移民群体的认同；就本地居民来说，展览突出了其自身的光辉形象——捷克斯洛伐克是当时唯一一个向战乱流民伸出援助之手的地方。这不仅能增强他们的民族自豪感，也促进了他们对移民现象认识的积极转变[17]。从这个角度来看，该展览为社会和谐与稳定带来的积极影响是不可估量的。

三、对话与融合：博物馆服务国际移民的路径

罗伯特·帕克（Robert E.Park）[18]认为，融合是个体或群体相互渗透、相互融合的过程，在此融合过程中彼此共享历史，获得对方的记忆、情感，接受对方的态度，整合于一个共同生活体中。[19]在此基础上，多元文化论者强调多民族、多文化与多语言在同一个社会中共生，移入地的文化应当有更大的包容性，新移民可以维持其原有的文化价值，并在新的定居地塑造其身份认同[20]。因此，博物馆应积极与国际移民社群进行深入对话与沟通，使其在保留本民族文化的基础上，在心理和行为上不断认同中华文化，最终实现文化融合。

（一）重视调查研究，夯实史料基础

博物馆在制定服务策略之前，首先要与目标移民社群进行深度对话与调研，最大限度地理解他们的生活，响应他们的呼声。此外，还要与大使馆、移民管理局、研究所、高校等专业机构合作，召集民族学、人类学、历史学、政治学等各方面的专家及移民代表召开论证会，解构目标群体的历史与民族特色文化，不断探讨方案的科学性和可及性，进一步确定展览及其他活动的主题与方向。

为了策划关于黑人奴隶历史的展览，伦敦博物馆码头区分馆（Museum of London Docklands）聘请了专门的顾问团，从2006年3月开始进行筹备工作。顾问团由从事黑人历史研究的专家及当地社区的成员组成，他们定期召开研讨会议，对展览中涉及的学术、政治、社会等方面内容进行深入讨论。与此同时，馆内工作人员积极与伦敦乃至英国的整个黑人和少数族裔圈子接触并进行合作,鼓励公众和机构参与策划，并逐渐获得了目标观众群体的信任。2007年11月，“伦敦、糖与奴隶”展览正式开放，在开放后的四周内便接待了超过一万名观众，与平时相比，参观量大大提升。该馆馆长戴维·斯彭思谈道：“我们与社区的合作、互联并由此建立起的关系对我们博物馆的工作方式、展示内容和展示方式的选择、对观众的构成都产生了极大的影响”。[21]

美国移民博物馆（American Museum of Immigration）于1962年破土动工，但直到1972年才正式开幕，又经过二十年的惨淡经营，最后在

1992 年宣布闭馆。究其失败原因，很大程度上源于该馆对自身的定位失误。馆内展览采用伟人历史的阐释模式，大力宣扬美国社会团结，对移民群体遭受的不公与歧视避而不谈，出现了种族和族裔偏颇。然而，尽管展览受到了学者和大众的多方反对，馆方始终不肯改变叙事模式，无视各族裔的呼声，最终黯然落幕[22]。此案例表明，移民类展览的定位、理念至关重要，不应自以为是、强硬地输出政治观点，而需要多方把关与考证，树立正确的移民史观。

（二）深度诠释记忆，精心策划展览

博物馆要基于目标移民群体的当代历史和日常生活，精心征集并展示具有象征意义的展品，如移民的行李、信件、照片等，着力内容与形式设计，将移民的历史背景、过程和贡献尽数呈现，反映他们的困惑、喜悲与希望。欧美数家博物馆的移民专题展览都倾向于强调移民为了适应、同化和融入新国家而采取的各种方法，以及对于构建有活力的多元社会所发挥的重要作用。[23]在此过程中，博物馆作为“叙事者”，要时刻保持自身的客观性与可信度，使人们相信博物馆所述和所示的内容是真实有效的。值得注意的是，移民类展览拟面向的群体不是仅仅移民，而是所有社会公众，因此应该考虑到各个年龄、职业的观众，注重专业性与可及性的结合。

瑞典西曼兰省博物馆（Västmanland County Museum）于 2015 年举办了名为“遗产”的移民主题展览，旨在提高瑞典芬兰人[24]的身份认同感，并提高本地人对该民族的认识。该展览描绘了芬兰文化和瑞典文化的相遇与融合，展示了来自芬兰的第二代移民如何看待他们的民族文化遗产，以及移民在瑞典维护民族特色的奋斗历程。展览共分为四部分，参观者首先会看到关于展览的整体介绍，然后观看芬兰语速成课程的影片；第二部分展示了从幼儿园、工作场所和政府机构收集的信息和材料，包括学龄前儿童的绘画（图 1）、对瑞典芬兰人社区的划分，等等；第三部分通过海报、图片和采访，讲述了瑞典芬兰人中的知名人士对于本民族遗产的思考；第四部分展示了学生的图画、海报和文章，讨论了儿童如何以不同的方式与芬兰建立关系。[25]“语言”是本次展览最突出的主题，展览以关于语言和身份的个人叙述作为基本特征，所有文字叙述都用瑞典、芬兰双语进行。实际上，保护和发展少数民族的语言与文化正是瑞典少数民族政策的基本目标，瑞典政府不仅立法保护少数民族语言，还不断促进少数民族语言、文化教育，推动少数民族文化传承。[26]可见，此次展览不仅深度诠释了瑞典芬兰人的民族记忆，展示了文化的多样与融合，也呼应了国家政策，达到了双赢的效果。

图 1　儿童用文字和图画描述心中的芬兰：对我来说，芬兰是钓鱼、爷爷奶奶、糕点和愤怒的小鸟的家园

随着移民问题的凸显，国内的策展人对国际移民群体也逐渐有所关注。在苏州寒山美术馆主办的“地方音景：苏州的声音地理”展览中，移民文化研究者林意欣通过装置艺术的形式，将自己对移民状态的理解进行了视觉化的呈现。在她的作品《漂流者》（图 2）里，所有的组成部分都是从废品站与拆迁房中收集而来的，

是人们迁移到另一个地方时遗留下的真实生活物品。面包车内还置入了多种声音，播放生活在苏州的韩国人、日本人同苏州本地人之间的对话[27]。虽然该展览并非移民主题，但展出了反映国际移民生活的物品，蕴含着对少数群体的关切，是一次有意义的探索。

图2 林意欣的装置艺术作品《漂流者》

（三）聚焦公众需求，开展特色社教活动

国际移民之所以难以融入当地社会，一是由于制度不完善，如就业政策限制、多语言服务缺乏、社会保障机制缺失等；二是移民的文化特性所致，如生活习惯、心理、宗教乃至意识形态等方面具有明显的民族个性，造成移民对当地社会产生心理和生理上的主动排斥。[28]博物馆作为公共文化服务机构，有责任根据移民面临的各类困境，有针对性地策划活动，以便更有效地帮助他们克服困难、融入社会。从时间节点来看，博物馆为国际移民策划的活动主要有两类：一类是展览或相关节庆、纪念日的衍生活动，如“非遗”的展演与制作、馆校合作活动、亲子活动、出版物发行、研讨会与讲座；另一类则贯穿观众的日常生活，如语言与技能培训、心理辅导、合作项目、信息服务，等等。

从1998年开始，英国在每年6月20日“世界难民日”前后设立了“难民周”（Refugee Week），通过一系列的文化、艺术、体育和教育等创意活动，让来自不同背景的人们超越种族的隔阂，感受多元文化。根据2022年难民周的主题“治愈”，英国国家海事博物馆（National Maritime Museum）策划了一系列活动，包括播放移民主题纪录片、召开移民诗歌研讨会、表演伊朗民俗舞蹈，以及邀请有移民背景的喜剧演员举办脱口秀等[29]，大大提升了移民的身份认同感，增加了当地居民对城市及社群历史文化的认识和了解。

如果博物馆体验切合实际，并且在观众离开博物馆之后能贯穿于他们的日常活动之中，那么随着时间的推移，观众能对该主题产生较为深入的认识。[30]为了评述、收集并展示移民文化，墨尔本移民博物馆（Immigration Museum）与移民社区合作，策划了“社区联盟”项目，每年在社区举办一次展览会。为了展览会的顺利召开，博物馆从当地各个社区和团体中招募志愿者，并发动社区、企业、个人多方捐款，以获取资金支持。2005年，博物馆在波斯尼社区举办了展览会，并邀请社区居民参与其中。一位波斯尼亚移民说出了自己的感受：“展览把波斯尼亚人社区推到了更广阔的澳洲社会背景下，我们第一次适当地介绍了自己，受到了尊重。”[31]在这些展览会中，社区的特色文化得到了广泛认可，充分增加了移民的归属感和认同感。

（四）联合专业机构，深入调研评估

博物馆是具有错综复杂的责任使命和管理内容的公共性、公益性机构，博物馆评估是促进博物馆科学管理与发展的重要途径。[32]在观众抵达博物馆或访问博物馆网站之前，博物馆应该深入移民社区，对目标观众群体进行前期评估和调研，以了解他们的参观倾向、兴趣爱好和知识获取方式。在展期内或活动期内，博

物馆的展览、社教、综合、餐饮、安保等部门需要定期研讨，通过线上和线下调查问卷等方式，回顾该时段中观众的反馈和需求，及时调整策略，提升观众体验。展览结束后，博物馆依然要通过网站、社交媒体等平台关注观众的反馈，为下一次观众服务提供依据。国家及相关部门可以设置以社区服务质量为主要衡量指标的评奖评优活动，以促进博物馆整体及相关业务的健康持续发展。

1938 年—1941 年，上海接纳了为逃离纳粹屠杀和迫害而从欧洲来沪的犹太难民，为他们撑起了一艘“诺亚方舟”。虹口地区曾生活着近两万名犹太难民，他们与当地居民和谐相处、共渡难关。为了再现和纪念这段历史，促进中外文化交流，上海犹太难民纪念馆于 2007 年向国内外公众开放。[33]2015 年，在馆内展览改造升级之前，博物馆对当年的上海犹太难民进行了走访调研，部分犹太难民提出意见，要求博物馆妥善保管捐赠物品，博物馆为此专门更新了展览设备，改善展品的保存条件[34]，最大限度地满足了捐赠者的需求。展览期间，博物馆与复旦大学旅游学系合作，通过问卷调查等形式，研究中外旅游者对上海犹太难民纪念馆的认知体验（表 1），为上海犹太难民纪念馆和政府相关管理机构提供量化科学依据及精准营销策略[35]。展览结束后，研究者还根据相关英文评论，梳理分析了外国观众的参观感受。分析结果显示，外国观众对此馆整体评价很高，基本能接受“中国人在二战中救助了犹太难民”这一主题叙事，并产生情感共鸣，认同纪念馆传达的“和平友善、包容开放”理念，并衍生出对西方难民问题、宗教问题、多民族共存共荣等现实话题的思考。[36]总体来说，该展览在调研评估方面兼具科学性与专业性，真实、客

表 1　中国旅游受访者对上海犹太难民纪念馆认知体验维度的探索性因子分析

维度	公因子	特征值	方差贡献率（%）	累计方差贡献率（%）	Cronbach's Alpha	KMO	P
动机	社交娱乐	2.739	12.434	12.434	0.862	0.787	0.000
	计划行程	2.406	10.934	23.368			
	外部影响	2.381	10.825	34.193			
	新颖好奇	2.219	10.085	44.278			
	媒体宣传	1.966	8.937	53.216			
	警示教育	1.943	8.830	62.046			
	历史意义	1.919	8.725	70.771			
认知性	民族文化认知	3.972	39.716	39.716	0.921	0.886	0.000
	民族发展认知	3.163	31.629	71.346			
原真性	建构主义原真性	4.380	20.858	20.858	0.929	0.905	0.000
	存在主义原真性	3.519	16.758	37.615			
	展品客观原真性	3.052	14.531	52.147			
	建筑客观原真性	2.715	12.931	65.078			
参与度	方法参与	2.946	26.779	26.779	0.823	0.856	0.000
	人际参与	2.895	26.318	53.098			
	内容参与	1.778	15.615	69.262			
满意度	满意度	4.735	59.192	59.192	0.899	0.887	0.000
忠诚度	推荐重游	2.516	35.942	35.942	0.848	0.801	0.000
	宣传反馈	2.482	35.452	71.394			

观地收集并采纳了观众的部分建议，为博物馆今后的服务策略指明了方向。

四、小结

现代意义的博物馆不仅仅是保护物质及非物质文化遗产的场所，还应该是一个底蕴深厚的社会文化机构，社会责任是博物馆的生命价值所在[37]。在这一时代背景下，博物馆要充分发挥其主观能动性，从多元群体视角与需求出发，有意识地在策展、教育活动等方面采取有针对性的服务措施，在借鉴国外先进经验的同时，探索中国博物馆服务国际移民的独特方法，改善移民融合状况，为小众人群及各种亚文化提供发声的平台，为建设更加平等包容的社会做出应有的贡献。

【注释】

[1]李博雅．多元与包容——“和”“同”语境下的博物馆与社区、社群关系审视[J].中国博物馆,2020(02):22-26.

[2]刘云刚，陈跃．广州日本移民族裔经济的形成及其社会空间特征[J].地理学报,2014(10):1533-1546.

[3]第七次全国人口普查公报（第八号）——接受普查登记的港澳台居民和外籍人员情况[EB/OL].[2023-01-22].http://www.stats.gov.cn/tjsj/tjgb/rkpcgb/qgrkpcgb/202106/t20210628_1818827.html.

[4]刘云刚，谭宇文，周雯婷．广州日本移民的生活活动与生活空间[J].地理学报,2010(10):1173-1186.

[5]朱雪娜．来华外国移民的社区意识培育——以G社区境外人士服务OW项目为例[D].厦门：厦门大学,2018:7.

[6]刘国福．中国国际移民的新形势、新挑战和新探索[J].山东大学学报（哲学社会科学版）,2015(01):45-54.

[7]林咏能．台北市立美术馆观众参观动机研究[J].博物馆与文化,2013(06):170.

[8]弘博网，于奇赫．伦敦移民博物馆对“地方”的想象与实践[DB/OL].2021-03-23.

[9]刘国福．试论移民融合制度：以移民融入中国的法律问题为视角[J].太平洋学报，2011(07):63-75.

[10] 福克 J H, 迪尔金 L D.博物馆体验再探讨[M].马宇罡等，译.北京：社会科学文献出版社,2021:29.

[11] ICOM-International Council of Museums,Code of Ethics for Museums[DB/OL].[2023-01-31]https://icom.museum/en/resources/standards-guidelines/code-of-ethics/.

[12] 苏东海.博物馆演变史纲[J].中国博物馆,1988(01):10-23.

[13] 孙佳.新博物馆学理念下社区型文化遗产地可持续发展[J].长江大学学报(社会科学版),2021(06):45-52.

[14] HEININGER M L S.A Trip Worth Taking: An Exhibition Review[J].Winterthur Portfolio, 1988(2/3): 169-182.

[15] 李树茁，任义科，靳小怡，费尔德曼.中国农民工的社会融合及其影响因素研究——基于社会支持网络的分析[J].人口与经济,2008(02):1-8，70.

[16] 王雷，刘宏斌.我国内地外来人员及移民流入的社会风险研究[J].中国人民公安大学学报(社会科学版),2019(05):133-141.

[17] HAUSER J.Výstava v letohrádku Hvězda o emigraciz porevolučního Ruska a její možné přesahy[J].MUZEUM,2017(2):52-53.

[18] 注：罗伯特·E·帕克(Robert Ezra Park 1864-1944)，美国社会学家，芝加哥学派的主要代表人物之一。芝加哥学派是20世纪美国社会科学领域最有影响的学派。

[19] PARK R E.Human Migration and the Marginal Man[J].American Journal of Sociology,1928,33(6):881-893.

[20] 陈玲.支持网络与社会融合：基于在杭外国人调查的分析[D].杭州：浙江大学,2019:11.

[21] 洛曼 J，古德诺 K，陆建松.博物馆设计：故事、语调及其他[M].吴蘅,译.上海:复旦大学出版社,2018:140-150.

[22] 刘阿龙.美国埃利斯岛国家移民博物馆建立分析[D].长春，东北师范大学,2021:43-46.

[23] 纳吉布 S A，王海波.采集人生瞬间——博物馆与移民非物质遗产[J].国际博物馆(中文版),2015(1-2):70-77.

[24] 注：瑞典芬兰人是瑞典最大的少数民族，主要由芬兰移民组成，人口约45万人。

[25] INSULANDER E.Representations of migration, borders and memories in exhibitions: a multimodal text analysis[J].Museum & Society, 17(1):117-132.

[26] 杨洪贵.瑞典少数民族政策评述[J].世界民族,2008(05):28-34.

[27] 同[8].

[28] 刘云刚，谭宇文，周雯婷.广州日本移民的生活活动与生活空间[J].地理学报,2010(10):1173-1186.

[29] royal museums greenwich.Refugee Week 2022[DB/OL].https://www.rmg.co.uk/whats-on/national-maritime-museum/refugee-week-2022.2023-02-14.

[30] 同[10]:13.

[31] 塞巴斯第安 P.动员社区，共享故事：移民博物馆在世界最具文化多样性城市之一的作用[J].国际博物馆(中文版)，2007(1-2):152-160.

[32] 曹兵武.博物馆评估与博物馆管理[J].博物馆管理，2020(01):5-11.

[33] 上海犹太难民纪念馆.展馆介绍.[DB/OL] http://www.shhkjrm.com/node2/n4/n5/n7/n13/index.html.2023-02-14.

[34] 杜捷欣."苦难"中的"幸"——上海犹太难民纪念馆空间的生产[D].上海：华东理工大学,2015:37.

[35] 郭英之，肖嘉颖，谭慧敏，林立军.黑色旅游原真性认知体验的跨文化路径机理差异研究——以上海犹太难民纪念馆的中外旅游者为例[J].泰山学院学报,2019(05):41-55.

[36] 张珊珊，张翊晨.外国游客对上海犹太难民纪念馆的感知研究——基于"猫途鹰"网站英语评论的文本分析[J].东南文化,2020(05):151-160.

[37] 单霁翔.博物馆的社会责任与社会发展[J].四川文物，2011(01):3-18.

开放与兼容
——试析博物馆新定义下的特殊群体服务

程　龑（台州市博物馆）
赵丽丽（台州学院）

摘要：2022年8月，国际博协公布了博物馆新定义，强调了博物馆可及性、包容性等层面的重要性。与此同时，自2008年实施博物馆向全社会免费开放政策以来，作为公共文化服务重要阵地的博物馆也迎来了越来越多不同类型的观众，其中不乏残障人士、老年人、儿童等特殊群体，近年来，博物馆界越来越关注特殊群体的诉求，在基础设施、展览、活动供给等方面对服务特殊群体进行了相应的创新和发展。相较于西方，国内学界如何定义特殊群体？目前有哪些政策支持并引领博物馆加强面向特殊群体的服务？国内博物馆面向特殊群体，在基础设施及教育活动方面已经提供了哪些支持？博物馆未来可以在哪些方面加强对特殊群体的服务？本文拟结合“特殊群体”这一概念的内涵和外延，从基础设施、展览、活动供给等方面，对国内博物馆特殊群体服务的情况进行梳理，最后结合自身实践做一些浅要的思考。

关键词：博物馆；特殊群体；服务能力；开放与兼容

本研究为基金项目：台州市哲学社会科学规划项目“基于台州地方文献整理的台州饮食文化研究”（22GHB41）；浙江省文旅厅“博物馆赋能育儿友好型社会建设的研究与实践——以浙江省为例”（2022KYY025）研究成果。

一、引言

新的博物馆定义于2022年8月24日在国际博物馆协会（以下简称国际博协）布拉格特别全体大会上获得通过，这一定义历经18个月的修订，深刻回应了博物馆界对当下社会的关切。新定义强调“博物馆向公众开放，应具有可及性和包容性，促进多样化和可持续性。”其中强调的可及性与包容性，提醒博物馆人要关注现实社会，运用多种形式和方法，让公众得以便捷地利用博物馆资源，用高质量发展的博物馆力量，积极参与社会可持续发展进程。而国家文物局在2020年初公布的《博物馆定级评估办法》（2019年12月）[1]中也提出博物馆要具备“特殊人群服务设施”并且要“有针对特殊观众群体的讲解服务”。因此，博物馆不仅仅关于过去，更是关乎当下和未来。可及性与包容性，给博物馆业务工作带来革新，也要求博物馆在物理空间、设施设备及服务供给上更加全面友好地面向不同人群。

随着第十四个五年计划的开启，特殊群体越来越受到社会的关注，《第二期国家手语和盲文规范化行动计划(2021—2025)》《“十四五”残疾人保障和发展规划》《“十四五”提升残疾人文化服务能力实施方案》《无障碍环境建设“十四五”实施方案》等一系列围绕特殊群体的政策文件密集出台。习近平总书记更是多次在各种场合强调要“促进残疾人全面发展和共同富裕”，在全面建设社会主义现代化国家的新征程中，“决不能让残疾人掉队”[2]。2021年11月24日，央视新闻联合百度智能云打造的首位AI手语主播正式亮相，这一尝试希望能用技术消弭声音的障碍，为听障人群带来便利。

国际博协将2023年国际博物馆日的主题设定为“博物馆、可持续性与福祉”，这一主题旨在告诉博物馆界乃至全社会，博物馆是包容的，它有力量改变我们周围的世界，消除社会隔阂、改善心理健康。回溯近几年的国际博物馆日主题（表1），我们不难发现一个特点，那就是博物馆越来越注重场馆的情感价值、注重它作为不同的角色，为不同的群体带来的精神动力，而这一点恰恰与十四五规划和博物馆高质量发展的主旨相呼应。因此，笔者希望通过梳理国内博物馆界对于特殊群体的研究和服务供给情况，为博物馆的“开放与兼容性”建言献策。

表1　2019—2023年国际博物馆日主题诠释

年度	主题	解读
2019年	作为文化中枢的博物馆：传统的未来	聚焦博物馆作为社区、社群、社会活跃参与者的角色定位，倡导博物馆以高质量的文化供给，增进公众的文化认同感和归属感，增强公众的幸福感和获得感。
2020年	致力于平等的博物馆：多元和包容	为不同身份和背景的人创造有意义的体验。
2021年	博物馆的未来：恢复与重塑	面向未来社会、经济、环境等挑战，博物馆对于自身功能定位与发展方向，开启新思考，探索新模式，提出新方案。
2022年	博物馆的力量	博物馆有能力改变我们周围的世界。
2023年	博物馆、可持续性与福祉	博物馆是促进社区的福祉和可持续发展的关键因素，包括支持气候行动、培育包容性、消除社会隔阂、改善心理健康等。

二、博物馆语境下的特殊群体释义

特殊群体(special groups)虽然是一个在日常生活中被广泛使用的概念，但是国内外关于特殊群体的定义标准不一，因此对该群体的划分也不尽相同。在不同的语境下，“特殊群体”具有不同的内涵和外延。（表2）

在笔者看来，就博物馆领域的服务而言，

表 2　不同语境下的特殊群体概念释义

	内涵和外延	语境
特殊群体概念释义	特指某些在社会结构中地位和生存状况较为特殊的群体	社会学概念
	指图书馆一般读者之外的读者群，具体讲就是残疾人、老年人、农民工、未成年人、下岗工人，以及其他特殊人群[3]/ 国际图联图书馆特殊人群服务委员会给出的定义是包括但不限于以下人群：在医院、疗养院和其他护理设施中的人；监狱中的人；无家可归的人；身体残疾的人；聋人、重听或聋盲的人；具有阅读障碍症的人；认知和精神残疾者[4]	公共图书馆
	刑法中的特殊群体，主要是指未成年人和老年人群体。同时，孕妇、新生儿母亲、精神障碍人等也应属于刑法中特殊群体的范围。[5]	刑法视域下
	未成年人、老年人、残疾人等群体	公共文化服务保障体系视域下
	disabled　people，handicapped groups	美国博物馆研究

特殊群体可以依照《公共文化服务保障法》的释义，包括未成年人、老年人、残疾人。但是考虑到博物馆领域，针对普通未成年人已经开展了较多丰富多彩的活动和服务，而针对特殊儿童的服务则处于起步阶段。因此，本文所指的博物馆服务的特殊群体特指在社会结构中处于低位和生存情况较为特殊的群体，即残疾人、孤儿、孤独症患者等人群。

三、国内外博物馆特殊群体服务研究现状

（一）政策法规层面

美国是最早提出无障碍设施建设的国家，于 1961 年制定了世界上第一个《无障碍标准》法规，随后又相继通过了《建筑无障碍条例》和《康复法》，并在 1990 年出台《残疾人保障法》之后对包括白宫在内的公共场所进行改造。我国的无障碍设施建设相对晚于西方国家（图 1）。《方便残疾人使用的城市道路和建筑物设计规范（试行）》于 1989 年颁布，可以视为我国第一部关于无障碍的法规。随后，国家建设部、民政部、中国残联于 2001 年 8 月发布了《城市道路和建设无障碍设计规范》，建设部等部门于 2004 年 11 月 22 日公布了《全国无障碍设施建设示范城（区）标准》，住建部于 2012 年正式颁布了《无障碍设计规范》。伴随无障碍工

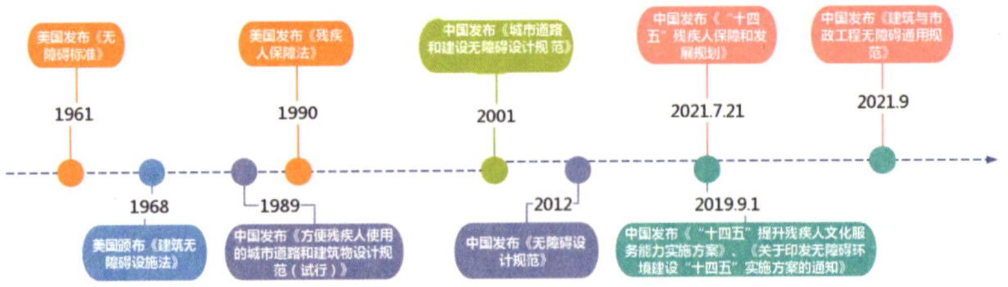

图 1　中美两国无障碍政策法规出台时间脉络图 笔者自绘

作的推行及时代的发展，住房和城乡建设部更新了无障碍的工作标准，并在2022年4月1日正式实施《建筑与市政工程无障碍通用规范》[6]。无障碍设施作为一种以人体工程学为原理的新型建筑设计方式，能够营造一个“平等参与”的环境。上述法规的出台为特殊群体更好地融入日常社会生活提供了法律层面的保障。

具体到文博类公共文化服务场馆。中共中央办公厅、国务院办公厅在2015年1月发布《关于加快构建现代公共文化服务体系的意见》，指出要“保障特殊群体基本文化权益，将老年人、未成年人、残疾人、农民工、农村留守妇女儿童、生活困难群众作为公共文化服务的重点对象。”中国残联、中央宣传部等多部门在2021年7月发布的《第二期国家手语和盲文规范化行动计划（2021—2025）》[7]中提出，要“推进国家通用手语和国家通用盲文在社会生活中的推广使用。启动国家通用盲文数字阅读推广计划。”国务院于2021年7月21日发布的《“十四五”残疾人保障和发展规划》[8]指出：提升残疾人公共文化服务。鼓励残疾人参加公共文化活动。为盲人、聋人提供无障碍文化服务。发展特殊艺术，鼓励残疾人参与文化艺术创作和非物质文化遗产传承。中国残联、中央宣传部、中央网信办、中央文明办、文化和旅游部、国家广播电视总局于2021年9月1日印发《“十四五”提升残疾人文化服务能力实施方案》[9]，要求公共文化场所和残疾人综合服务设施为残疾人提供文化服务的能力明显提高。各级公共图书馆、文化馆（站）、博物馆（纪念馆）、美术馆、非遗展示馆和文物建筑及遗址类博物馆等公共文化设施要有为残疾人提供服务的场地和内容，要免费或优惠向残疾人开放，并提供无障碍服务。中国残疾人联合会、住房和城乡建设部、中央网信办于2021年9月1日发布《关于印发无障碍环境建设“十四五”实施方案的通知》[10]，要求加强文化和旅游设施无障碍建设和改造。加快推进残疾人服务设施、老年人服务设施等无障碍设施建设和改造。不难看出，国家自2021年开始，密集出台了一系列关于提升残疾人公共文化服务供给水平的政策，同时出台了手语盲文规范化行动、残疾人保障和发展规划及提升残疾人文化服务能力方案，博物馆作为公共文化服务的重要阵地，理应在开放与兼容维度对政策作出呼应。

（二）学术研究层面

美国最早提出无障碍设施建设，关于特殊群体服务的学术研究也相应最早出现。马苗在硕士学位论文《基于特殊群体的博物馆服务研究》中对美国博物馆特殊群体的学术研究脉络进行了详尽的梳理，从最早可见的 Harrison,Molly. “Handicapped Children and Museum”[11]梳理至21世纪发表的 Geraldine Kendall Adams. “Museum Need to Do More to Welcome Disabled Visitors.”[12]从零星的期刊类文章延展至博物馆联盟出版综合类著作、出现专门致力于特殊群体服务的研究人员，美国的博物馆特殊群体服务已经走向专业化、常态化。

国内的特殊群体服务可追溯至1983年，郑州大学荊三林在《博物馆学（第一辑：通论之部 附参考资料汇编）》[13]中提到了博物馆对残障人士及儿童的服务，列出部分国家为残障人士及儿童提供的教育与服务，可以视为我国博物馆界最早关注残障群体服务的文章。随后，学界将国外的先进理念与国内情况进行结合，探索适合我国的特殊群体服务。

硬件设施层面，现有研究主要从无障碍设施的设计维度展开，侯良[14]提出博物馆要重视对残疾人的社会教育，建立供残疾人使用的公共文化设施。欧阳丽莎[15]以故宫的无障碍设计研究为案例，结合标识导向系统设计给出了针对肢体残疾和视力障碍人群的设计方案。沈晓琳[16]探讨了无障碍设计的内涵，指出要做到空间、信息以及心理上的无障碍，提供给特殊群体可听、可触摸的展览。王雯[17]的硕士论文关注了听障人群，通过视听障碍人群的生理行为、心理需求等理解分析，结合信息交互等特性，将无障碍设计运用到博物馆展示设计中。韩颖[18]的博士论文《博物馆建筑室内环境的无障碍流程研究》选取了南京博物院室内环境为案例进行实证分析，并在此基础上拟定了《博物馆室内无障碍设计导则》。付毓[19]则提出无障碍设计应该面向大众的观点，认为博物馆作为重要的公共空间，应实现道路路线、建筑空间、信息交流、心理感受等层面的无障碍。

服务层面，彭力中[20]提出博物馆要多为伤、残老年人服务，如提供轮椅服务，电梯接送等。艾赖文[21]指出对外服务工作一定要抓住服务对象的基本特点，对一些特殊群体如儿童、残障群体和特殊兴趣参观群体等可以提供专门的服务项目。李孟洋[22]梳理了文化场馆中的残疾人配套基础设施。对展厅如何更加人性化地为残疾人群体服务进行思考，提出了展品选择、展览解说词、盲文触摸以及志愿者讲解服务等维度，以及将高科技产品运用到博物馆的设想。赵世峰[23]基于无障碍交互设计策略，以博物知行导览服务的设计实践为案例，开发了适合残疾用户使用的博物馆无障碍交互系统，意图为特殊群体提供个性化无障碍交互导览服务。

综上所述，美国在特殊群体服务的政策法规和服务能力方面居于领先地位，并且逐渐趋于细分化、专业化。我国在出台关于特殊群体服务的政策法规后，也涌现出了一批关于博物馆特殊群体服务的研究著作，但就目前已有的研究现状而言，硬件设施层面的探讨已有多篇学位论文予以关注，软件及配套服务层面的探索相对较少，且尚未对细分人群开展更为深入的研究。

四、我国博物馆支持特殊群体的案例及分析

自 2008 年实施博物馆向全社会免费开放政策以来，作为公共文化服务重要阵地的博物馆也迎来了越来越多不同类型的观众，其中不乏残障人士、老年人、儿童等特殊群体 . 近年来，博物馆界越来越关注特殊群体的诉求，在基础设施、展览、活动供给等方面对服务特殊群体进行了相应的创新和发展。笔者根据中国知网及各馆官方网站、公众号资讯，汇总了各个场馆提供的针对特殊群体的基础设施、服务及活动资源（见附表 1、附表 2）。结合所服务的特殊群体类型，分析如下：

硬件设施部分：《城市道路和建筑物无障碍设计规范》明确了建筑中无障碍设计的各项标准，作为文化建筑的博物馆，需要符合：至少一处无障碍出入口；设置可以放置轮椅的无障碍休息区；室内走道及检票口应为无障碍通道；公共厕所每层至少在其附近设置 1 个无障碍厕所；报告厅等观众席位至少应设置 1 个轮椅席位；在无障碍入口、服务台、楼梯间和电梯间入口等处应设行进盲道和提示盲道。上述硬件设施标准对于建馆较早的场馆而言，改造提升的困难相对较大。近十年以来新建的博物馆大致已经按照无障碍设施建设的理念进行了建设，并按照新的要求加以提升。如南京博物院，除了与普通观众通道区分开来的专用无障碍通道、盲道、无障碍电梯、无障碍卫生间之外，还专门打造了“博爱馆”展厅。浙江省更是在政府层面将“重要公共服务场所无障碍改造”

列为民生实事项目，要求“十四五”期间，全省推进重要公共服务场所无障碍改造2000个，建设从硬件环境到信息交流的全链条无障碍环境。以此为契机，台州市博物馆在内外通道、服务设施、休息区域、卫生间、楼梯电梯、停车场地等九个方面开展全方位排摸，在原有无障碍设计的基础上全方面提升了场馆的无障碍硬件设施。

服务供给层面：博物馆对于特殊群体的可达性建立在基础设施无障碍的基础之上，然而仅有无障碍设施、无障碍空间还远远不够。还应提供包括展览、展项、教育活动等层面的具体服务。按照已有搜集到的博物馆无障碍服务情况，本文将服务供给细分为专题展览、可触摸展品、手语讲解、流动课堂等维度，叙述如下：

（一）专题展区以及可触摸的展品

南京博物院是国内第一个为特殊群体打造专属展厅的文博场馆，博爱馆展厅还向特殊群体提供可触摸地图和嗅觉盒。上海博物馆在“浮槎于海”展览中设置了无障碍展区。辽宁省博物馆在“山高水长——唐宋八大家”展览中放置了宋代花式盏托和定窑白瓷孩儿枕两件文物的复制品供观众触摸，并配有盲文解说说明牌。济宁市博物馆在新馆增设了博爱区供特殊群体参观。

（二）微视频、手语讲解服务

近年来各博物馆关注到特殊群体的参观诉求，发布了一系列为特殊群体服务的微视频以及参观解说的手语服务。如上海博物馆录制了主题手语视频等系列微课；重庆自然博物馆录制了69个展厅手语讲解视频，并在展厅门口设置二维码供扫描了解；大渡口博物馆录制镇馆之宝的手语讲解视频；成都金沙遗址博物馆除了发布手语导览视频外，还聘请了听障人士担任手语讲解员，常态化提供手语讲解服务；中国三峡博物馆制作了14个手语讲解视频导览，发布于公众号；上海自然博物馆自2020年起增设了“上海故事”展区手语讲解项目及科普影片的无障碍解说；上海世博会博物馆自2019年推出无障碍导览小程序；浙江省博物馆启动博物馆无障碍手语讲解项目；潍坊市博物馆更是聘请了两位聋哑女孩在馆工作，并教授讲解员手语。

（三）流动课堂等主题活动

上海博物馆编印了《上海博物馆无障碍探索手册》，该手册是国内第一本为特殊学生打造的参观博物馆指南。在此基础上，上海博物馆结合制作的手语视频，针对听力障碍人群开展了“乐游上博”研学活动，同时，结合展览、手工体验课程走进特殊学校。金沙遗址博物馆面向视力障碍人群开展了“触摸金沙 感知金沙 体验金沙”为主题的古蜀文化教育活动。正佳自然科学博物馆面向视障人群打造了“换个角度看世界”的非视觉工作坊项目。广东省博物馆与导盲犬基地合作，开启了接纳视障人群和导盲犬走进博物馆的服务机制。浙江省博物馆通过“无障碍美育课程”供给博物馆教育体验活动。

综合笔者所收集到的场馆信息，不难看出，国内博物馆主要从无障碍设施、展览、教育活动内容等方面为特殊群体提供教育服务。中国国家博物馆、上海博物馆在特殊群体的教育活动供给和组织方面走在了国内博物馆界的前列。上海博物馆的《上海博物馆无障碍探索手册》几经修改，尽可能与特殊儿童的认知和感受相吻合。大渡口博物馆、金沙遗址博物馆等场馆以听力障碍人群为服务对象，响应《第二期国家手语和盲文规范化行动计划（2021—2025）》的号召，开发了手语导览手册和小程序，这都具有一定的推广价值。南京博物院通过二期改建，在历史馆设置了带有盲文介绍的高仿文物触摸区，并在艺术馆一楼特别增设了博爱馆用以专门服务视障人士，按照畏光、弱视、全盲的不同视障程度进行不同布展和设置。

五、启示与建议

我国的博物馆事业已经进入一个新的历史发展时期，文旅融合的发展模式促使越来越多元的观众走进博物馆。在迎接多元观众的同时，博物馆也应不断拓宽服务范围，将服务延伸至社会弱势群体，让特殊群体感受到文博机构的人文关怀。笔者在学习特殊群体服务理论的基础上，结合个人工作实践和志愿服务经历，对博物馆服务特殊群体提出如下思考：

（一）加强无障碍设施建设，创设良好的参观氛围

提升博物馆特殊教育服务水平的第一步无疑是加强无障碍设施建设。2023是国家《无障碍环境建设条例》颁布的第十一年，无障碍设施建设无疑已初具成效，例如公共场所中盲道和无障碍坡道的增设等，这些硬件设施的改造让特殊群体使用公众资源的便捷度得到了提升。但是博物馆的无障碍设施提升，仍然有很长的一段路要走，即使是走在全国前列的南京博物院，也仅仅只在“博爱馆”展区内才具有完备的无障碍设施。当然，随着《无障碍环境建设“十四五”实施方案》的出台以及国家对公共文化服务场馆全民友好的关注，相信在不久的未来，博物馆会变得更加无障碍化。

（二）借力数字化技术、云展览，开辟教育参观活动的新天地

目前我国数字化建设开展得如火如荼，国内各大博物馆都在思考“如何让文物活起来”，并且在实践方面颇有建树。不少博物馆在特殊群体服务提升方面，通过录制手语导览视频等形式加以扩充，证明数字化技术运用得当，可以成为有效的助力。以特殊儿童群体的参观为例，考虑到特殊群体在博物馆参观中面临着诸多挑战，如果特殊学校、福利院可以借力云展览，那无疑会在特殊儿童心中播撒下一颗热爱文化的种子，也会让他们后续在实地参观时与藏品、场馆建立起稳固的情感连接。不仅如此，数字化技术作为一项创新性的便民举措，还会打破实地参观的时间限制，有效解决实地参观缺乏前期准备等问题。以上海博物馆（简称上博）制作的《如何参观博物馆》和《上博十件必看精品推荐》为例，《如何参观博物馆》回答“我们为什么要参观博物馆”“参观博物馆的方法”“参观博物馆需要怎样准备”“如何提前预约参观”等问题，结合实景拍摄，介绍上海博物馆的各项无障碍设施。《上博十件必看精品推荐》从不同门类文物当中挑选出十件不可错过的馆藏精品，以手语导览配合文物细节展示的方式，使听障人士也可以用双眼“听懂”文物。上博与上海市第四聋校开展的“乐游上博”主题研学活动即采用了参观前在老师的指导下学习《上博十件必看精品推荐》《青铜器上的神秘纹饰》和《古人陶瓷烧造的奥秘》相关微课，再前往上博参观的形式。这一搭配数字化技术的方式，便利了特殊儿童尽快熟悉陌生的空间，顺利地开启探索之旅，使他们在实地观展的时候能确切地找寻到自己感兴趣的文物，更好地感受文物的精华与魅力。

（三）整合资源、跨界合作，灵活应用社会力量助力特殊教育服务

国内大型博物馆与中小型博物馆之间存在发展不平衡的问题。包括上博在内的大型博物馆，已经在特殊教育服务方面围绕基础设施、活动供给等方面进行了充分的探索且成效显著，

但是这种高质量的特殊群体服务水平是国内大部分博物馆难以达到的；在现有人力物力下，场馆专门招聘特殊教育专业的工作人员也有些不太现实。据笔者了解，社会组织本身就在特殊群体服务方面积累了一定的经验，对服务对象和服务内容也较为熟悉。博物馆如果能够与社工组织、社会组织开展合作，邀请他们向特殊群体推介博物馆的优质展览及教育活动，无疑可以提升现有资源的利用程度，使博物馆的特殊群体服务更具针对性和应用性。

我们所处的时代，正值博物馆事业繁荣发展、蒸蒸日上。作为博物馆人，我们欣喜地看到博物馆在宣传推广、教育活动上取得了巨大进步。我们期待日后博物馆可以面向特殊群体开展更为优质的教育服务，真正彰显博物馆的可及性、包容性。

附表1：　笔者汇总的国内各大博物馆提供的特殊教育服务内容及受众特点分析[24]

博物馆	供给资源	特殊群体类型	特点
中国国家博物馆	“爱心公益行”教育项目	聋哑、孤独症青少年特殊群体	馆方与东城区特殊教育学校达成合作，以“送课进校园”形式开展活动。
上海博物馆	主题手语视频、“乐游上博”主题研学活动	听力障碍	同学们首先在老师的指导下学习了《上博十件必看精品推荐》《青铜器上的神秘纹饰》和《古人陶瓷烧造的奥秘》等微课，然后再前往上海博物馆实地参观。
	文创空间里的无障碍展厅、“浮槎于海”展的无障碍展区	视力障碍	创设空间。
	校园展览、手工体验课程进特殊学校	智力障碍	馆校合作。
	《上海博物馆无障碍探索手册》	综合障碍	由上海博物馆与上海人民美术出版社联合策划，由博物馆专业教育人员与特殊教育一线教师共同编写，是国内第一本专为特殊学生打造的参观博物馆实用指南。
四川博物院	特殊群体讲解案例	听力障碍	讲解导览首次创新性地从观众的多感官体系出发，重塑特殊群体对历史文化的深刻认知。
南京博物院	博爱馆	视力障碍、行动障碍、听力障碍	提供手语讲解视频、盲文介绍、可触摸地图、嗅觉盒。
	“南博元素，我的灵感”等活动	听力障碍	服务对象为南京市聋哑学校及南京市特殊教育职业技术学院美术和设计专业的聋哑学生。
西安博物院	“闻”物“声”活——关爱特殊群体流动课堂	孤独症特殊群体、盲人和脑瘫儿童	与延安市残联合作，依托西安博物院志愿者，开设流动历史课堂。

博物馆	供给资源	特殊群体类型	特点
成都金沙遗址博物馆	“触摸金沙·感知金沙·体验金沙”	视力障碍	以古蜀文化为主题的博物馆教育活动。
	手语导览小程序	听力障碍	馆内聘有听障人士担任手语讲解员，常态化提供手语讲解服务。2020年国际博物馆日，以“中文＋手语”、线下手语互动等形式开展直播，在公众号上线手语导览小程序，发布手语讲解导览视频。
重庆中国三峡博物馆	手语讲解视频导览	听力障碍	制作了“手说史物”手语讲解视频导览发布于公众号，包括十大镇馆之宝和四个基本陈列介绍，合计14个手语讲解视频。
广州正佳自然科学博物馆	视障人士服务项目	视力障碍	由文化工作者与视障群体共创的“换个角度‘看’世界”非视觉工作坊项目。
敦煌市博物馆	专场服务特殊观众	/	更为精细化的讲解接待服务。
上海自然博物馆	无障碍自然之旅	肢体障碍、听力障碍、智力障碍、视力障碍、精神障碍	于2019年，根据残疾人群体特点开设“深度自然之旅”“观察自然之旅”“童趣自然之旅”“感官自然之旅”“体验自然之旅”五条主题线路。2020年增设“上海故事”展区手语讲解项目及科普影片的“无障碍电影解说”项目。
上海世博会博物馆	有爱无碍	视力障碍	于2019年推出了一款应用于全展区的智能无障碍导览小程序。专门为视障人士定制了“视觉辅助导览模式”，可一键切换无障碍导览。并与上海市盲人协会联合发起常态化活动，让博物馆文化融入视障人士生活中去，提升视障人士的生活品质。
中国湿地博物馆	整改无障碍设施	行走障碍	增设无障碍服务台、无障碍卫生间、无障碍引导标志。在电梯轿厢的三面设扶手、侧壁上设置了高0.9~1.1m带盲文的选层按钮。
广东省博物馆	“口述影像”服务、导盲犬走进粤博	视障人士	自2018年开始，与中国导盲犬南方示范基地合作，通过视频、现场介绍等方式，与导盲犬现场交流互动，开启粤博接纳视障人士和导盲犬走进博物馆的服务机制。

博物馆	供给资源	特殊群体类型	特点
浙江省博物馆	无障碍美育课程	听力障碍	于2017年5月启动"博物馆无障碍手语讲解"项目，随后通过"无障碍美育课程"量身定制教育体验活动，用艺术之美润泽心灵，帮助身心障碍人士提高参与社会的能力。
重庆自然博物馆	展品讲解可视化服务	听力障碍	扫描展厅门口二维码，就能够无障碍参观馆内展品,并且了解这些展品的生活习性、年代，甚至挖掘它们的背后故事。共包含69个重点展品、展厅的手语讲解视频，以及科普互动。
大渡口区博物馆	可视化（手语）讲解系统	听力障碍	选取八大"镇馆之宝"中的五件展品，录制"手语讲解"导览视频。
台州博物馆	提升无障碍设施	肢体障碍、听力障碍、视力障碍	对内外通道、服务台、休息区域、卫生间、停车场地等设施设备全面改造。增设无障碍席位,前台增配电子放大镜、手持放大镜、辅听器、液晶写字板等设备。
	编印《台州博物馆视觉无障碍导览手册》	视力障碍	邀请特殊教育学校专业人士协助编写。
潍坊市博物馆	文化助残服务活动	听力障碍、视力障碍	邀请潍坊盲校和潍坊聋哑学校的学生先后走进博物馆参观体验，并且聘请了两位聋哑女孩在馆工作，包括教讲解员手语及制作拓片。
济南博物馆	网络课堂直播线上"走进"博物馆活动	听力障碍、视力障碍	云直播"无障碍视听展馆直播""探究镇馆之宝前世今生""镇馆之宝卡通形象彩泥制作"。
济宁市博物馆	博爱区	听力障碍、视力障碍	新馆的博爱区配盲文版教育手册及可触摸的文物，针对特殊青少年群体，推出"青铜礼器——列鼎"课程。
中国港口博物馆	设置孤独症儿童开放日	孤独症儿童	将每年5月的第三个星期一设定为孤独症儿童开放日，邀请20组家庭参加博物馆主题活动。
辽宁省博物馆	展品可触摸服务	视力障碍	在"山高水长——唐宋八大家精品文物展"中复制两件瓷器作为触摸品展出。

附表2： 笔者汇总的国外博物馆提供的特殊教育服务内容及受众特点分析[25]（节选）

博物馆	供给资源	特殊群体类型	特点
美国史密森尼学会	“博物馆的早晨”	所有类别的儿童及其家庭	“博物馆的早晨”感官友好项目在每周六或周日上午提前面向特殊儿童及其家庭免费开放。选取博物馆相对安静的参观时间和馆内区域为特殊儿童及其家庭的来馆参观提供实时建议，结合丰富的感官友好材料（提示表单、感官地图、视觉友好时间表和导览指南），帮助亲子家庭获得优质的博物馆参观体验。
美国自然历史博物馆	“探索小队之旅”教育活动	孤独症儿童	与专业医疗机构西弗孤独症中心合作开发的该项活动面向年龄５～１４岁的孤独症儿童及其家庭开放。在经过专业训练的工作者引导下进行为期４０分钟的博物馆探索之旅。
澳大利亚当代艺术博物馆	“Artful”教育项目	阿尔兹海默病患者	在访谈及充分了解需求的基础上开发了各种各样的教育活动。
博茨瓦纳国家博物馆	面向特殊群体的展览	视力障碍	盲人策展人负责与特殊群体相关的展览策划。他对特殊群体的需求有着亲身体会——通过这种方式，博物馆可以充分地了解盲人观众的切实需求。
大英博物馆	无障碍项目和ESOL等	所有类型	在其宗旨中表明为每一个人提供无障碍的服务与教育。为视障人士提供语音解说，配备支持手语讲解的声音增强系统；导盲犬可进入，并在问询处提供狗食盆。
维多利亚艾尔伯特博物馆	触觉课程、每一个季节的生活教育活动等	视力障碍、痴呆症	全年都举办特别教育活动，满足不同类别特殊观众的特定需要，为视障观众研发“tactile sessions（触觉课程）”，为痴呆症患者及其照顾者设计的“living each season（每一个季节的生活）”的教育活动。
柏林美术馆	触觉展览	视力障碍及视力低下人群	德国盲人和视力低下人群联合会成立专门服务该人群的工作组，以解决导航方面的问题。

【注释】

[1] 国家文物局博物馆与社会文物司．国家文物局关于公布施行《博物馆定级评估办法》（2019 年 12 月）等文件的决定 [EB/OL].（2020-01-20）[2021-11-27].http://www.ncha.gov.cn/art/2020/1/20/art_2318_43606.html.

[2] 人民网．习近平讲故事：促进残疾人全面发展和共同富裕 [EB/OL].(2020-08-06)[2021-11-27].https://baijiahao.baidu.com/s?id=1674230992973144483&wfr=spider&for=pc.

[3] 韩晓瑛．浅谈公共图书馆对特殊群体的服务举措 ——以资阳市图书馆为例 [C]// 胥文哲．融合·发展·创新 中国西部公共图书馆联合会首届年会暨学术讨论会论文集．北京：朝华出版社，2014：452.

[4] 黄嘉琦，束漫．英国公共图书馆面向特殊群体的阅读推广 [J]. 图书馆论坛，2020（5）.

[5] 赵秉志，袁彬．论特殊群体从宽制度的完善：以《中华人民共和国刑法修正案（八）(草案)》为视角 [J]. 法学杂志，2010（12）.

[6] 住房和城乡建设部关于发布国家标准《建筑与市政工程无障碍通用规范》的公告 .[EB/OL].（2021-09-08）[2022-03-30].http://www.gov.cn/zhengce/zhengceku/2022-03/30/content_5682480.htm.

[7] 安徽省教育厅．关于转发《第二期国家手语和盲文规范化行动计划（2021-2025）》的通知 [EB/OL](2021-08-12)[2021-11-15].http://jyt.ah.gov.cn/tsdw/ahsyywzgzwyhbgs/zcfg/40456948.html.

[8] 国务院．国务院关于印发“十四五”残疾人保障和发展规划的通知 [EB/OL].(2021-07-21)[2021-11-15].http://www.gov.cn/zhengce/content/2021-07/21/content_5626391.htm.

[9] 中国残疾人联合会．关于印发《“十四五”提升残疾人文化服务能力实施方案》的通知 [EB/OL].(2021-09-08)[2021-11-20].https://www.cdpf.org.cn/zwgk/ghjh/eafb73f71b7e44928355d78b7e399440.htm.

[10] 中国残疾人联合会．关于印发无障碍环境建设“十四五”实施方案的通知 [EB/OL].(2021-11-01)[2021-11-20].https://www.cdpf.org.cn/zwgk/zcwj/wjfb/9d33d24ae2f040d88911785587d279ee.htm.

[11]HARRISON M. Handicapped Children and Museum[J]. Museums Journal, 1959(05). 转引自马苗．基于特殊群体的博物馆服务研究 [D]. 吉林大学，2019：5.

[12]ADAMS G K.Museum Need to Do More to Welcome Disabled Visitors[J].Museum Journal, 2017(02). 转引自马苗．基于特殊群体的博物馆服务研究 [D]. 吉林大学 ,2019：6.

[13] 荊三林．博物馆学（第一辑：通论之部，附参考资料汇编）[M]. 郑州：郑州大学：1983．

[14] 侯良．试论博物馆社会服务的方式和内容 [C]// 湖南省博物馆学会会议论文集．湖南：湖南教育出版社，1986:6-14.

[15] 欧阳丽莎．中国特色无障碍设计研究——以故宫无障碍设计研究为例 [J]. 湖南美术学院院报，2011(02):102-105.

[16] 沈晓琳．无障碍设计在博物馆展示设计中的应用 [J]. 牡丹江大学学报，2010(10):110-112.

[17] 王雯．博物馆面向视听障碍者的无障碍设计研究 [D]. 武汉理工大学硕士学位论文，2014:01-57.

[18] 韩颖．博物馆建筑室内环境的无障碍流程研究 [D]. 东南大学博士学位论文，2016:01-257.

[19] 付毓．现代博物馆中的无障碍设计研究 [D]. 鲁迅美术学院，2017.

[20] 彭力中．博物馆要努力做好为观众服务的工作 [C]// 湖南省博物馆学会会议论文集．长沙：湖南教育出版社，1986:206-211.

[21] 艾赖文．现阶段我国博物馆发展的两个问题 [J]. 中国博物馆，1998(04):10-15.

[22] 李孟洋．我国博物馆对残障人士服务的研究 [D]. 辽宁大学，2021.

[23] 赵世峰 . 基于行动者网络的博物馆无障碍交互设计策略研究 [D]. 江南大学，2021.

[24][25]笔者注：该表格是笔者结合学术文章检索以及互联网平台信息检索汇总整理而成，考虑到一些场馆可能未在公共场合渠道宣传其特殊教育服务，因此国内博物馆推出的特殊群体服务和教育活动可能不仅限于本表，特此说明。

【参考文献】

[1]郑奕.博物馆与中小学教育结合:制度设计研究[M]. 上海:复旦大学出版社，2020.

[2]美国新媒体联盟 . 新媒体联盟地平线报告博物馆版 2016[M]. 曹莉，等译 . 北京：中国科学技术出版社，2017.12.

对话和互动的博物馆
——博物馆公共文化服务中公众参与的路径研究

戴 铖（云南省博物馆）

摘要： 博物馆的高质量发展，最根本的是获得社会广泛认同、让群众有更多参与感、获得感的发展。国际博物馆协会对博物馆的最新定义指出，面向公众开放的博物馆应具有开放性和包容性，并需要社会各界的参与。缺少公众的参与和对话，博物馆提供的公共文化服务将是单向而盲目的，只有文化服务的提供者、参与者，这些不同视野之间保持持续的对话和互动，才能推动博物馆自身时刻保持反思与批判，走出一条完全为公众负责的道路。文章通过文博行业典型实例，提出现代博物馆面向公众、吸纳社会参与的可行性路径：鼓励社会组织和个体公众积极参与博物馆公共文化产品生产过程；公共场馆面向行业和机构团体开放，向社区或景区输送科研人才和成果等。

关键词： 博物馆；公共文化服务；公众；参与；路径

21世纪的博物馆，走过了最初的“大型珍宝馆”、只对少数精英人士开放的神殿阶段，也走过了作为客观知识和文化宝库，对公众进行价值规训和单向度教育的“社会教育”阶段，步入了更具论坛属性，强调公共服务，注重与公众的双向沟通和协商，欢迎公众的自主性思考和贡献的“公共服务”和“公共参与”阶段。

我国于2016年公布的《公共文化服务保障法》强调，应当充分利用公共文化设施，促进优秀公共文化产品的提供和传播。博物馆作为公共文化服务场馆，拥有完善的公共文化设施网络，理应承担着全民科普、艺术普及和文化传承传播等文化服务的排头兵使命。现代社会的公共文化服务亦是文化治理的一种形式，意味着政府文化职能从传统的宣传、灌输、教育，向通过公众参与来建构公共性、培育公民精神的转变。新时代博物馆功能和定位的发展趋势，是指引博物馆从业者将注意力集中到服务、公众、参与、对话上来，规划博物馆整体业务时注意视角的转换，在实施收藏、研究、展览、教育、文创开发等职能时力求获得广泛的社会认同，让群众有更多参与感、获得感。在公众充分参与的文化服务情境下，“即使公民社会精神与国家的主流价值存在一定的差异，但两者的互动无疑会推动文化治理的不断进步。”[1]公共文化服务涉及政府、社会和市场多元主体关系以及这些关系的协调和合作，也体现了现代多元合作治理的精神。

2022 年，国际博物馆协会公布了博物馆最新定义：“博物馆是为社会服务的非营利性常设机构，它研究、收藏、保护、阐释和展示物质与非物质遗产。向公众开放，具有可及性和包容性，博物馆促进多样性和可持续性。博物馆以符合道德且专业的方式进行运营和交流，并在社区的参与下，为教育、欣赏、深思和知识共享提供多种体验。”博物馆的最新发展趋势强调社会服务、可及性和包容性、为公众提供尽可能多样的体验。当代综合类博物馆的职能围绕协助政府开展文化治理、提供文化服务产品、为公众提供文化参与的平台而展开。基于此，当代博物馆必须更加重视社会组织和社会公众的参与度和主体性，扩大公众体验文化服务的广度，加强公众参与文化内容生产的深度。其最终目的乃是贯彻文化治理的使命，与社会组织、公众在互动中共同构建公共理性、公共精神、公共价值。

博物馆新定义反映了博物馆定位和职能的转向；不过对新的使命有了足够的认识，要走出一条不偏不倚的公众可及性路径却并非易事。下文试从参与主体、参与方式等方面探讨深化现代博物馆公众可及性的路径。

一、嵌入与购买：与机构团体合作产出公共文化服务产品

近年来，政府主导、社会参与提供公共文化服务的理念日益深入人心。通过社会组织引导社会力量参与，以志愿服务团体嵌入、向民营企业采购服务等形式推进公共文化服务事业，能够满足群众个性化的文化需求。

（一）与社会公益团体建立嵌入式合作关系。

社会公益团体辐射基层，贴近群众，能够精准识别群众需求，有着为数众多、构成丰富的优势[2]，政府的公共文化服务嵌入这些社会组织的资金、资源和服务产品，能够以最经济的方式共同提供在地化、差异化的公共文化服务，从而提升社会效益。

云南省图书馆积极引入社会力量，向中国古籍保护协会争取政策支持，吸纳浙江财通证券股份有限公司、京东方科技集团股份有限公司的公益资助，联合发起“傣文古籍文献提供中心”项目，招募志愿者深入村寨、寺院搜访民间古籍文献，推进傣文古籍普查、数字化扫描和影印工作。这种多方合作关系，能够争取到足够的政策、资金、人力资源和政府机构的支持，有利于大型文公文化服务项目的可持续开展。2022 年，云图“社会力量参与云南傣文古籍保护志愿服务行动”入选文化和旅游部公布的年度文旅志愿服务典型案例。

（二）运用政府采购，与企业团体合作提供公共文化服务

国家全额拨款的公立博物馆，运用政府拨付的开放资金购买公共文化服务，也称为文化服务的政府采购。公共教育活动、数字博物馆系统都是博物馆业务中适合引入政府采购的板块。大型公共教育活动的策划和管理需要一个足够大的团队维持运营，需要专业的演职人员，还要与社会公众持续不断地沟通、反馈，如果不借助民营企业的策划组织力量和专业人才，凭借一两个博物馆专职人员是很难组织一次大型活动的。而数字博物馆、智慧博物馆系统，由于其自身技术性强，更需要依靠专业的技术服务公司来深化落实。

云南省博物馆引进世界文明大展“永恒之城——古罗马的辉煌”期间，以政府采购的形式，组织了一系列沉浸式先锋艺术体验活动，让静默的展览得以“动起来”，与社会公众达到了良好的“互动—参与”效果。博物馆引入“剧变昆明”等专业的现代戏剧艺术团体，深耕展览主题：数十位知名艺术家根据古罗马时期著名建筑、雕塑、画作、文学、美学作品，结合云南省博物馆展览展厅，把自己化为“活体雕塑”，游走于场馆各处。他们策划呈现了 12 幕沉浸式现代艺术表演，让观众看到了当代艺术与古罗马艺术的巅峰对话，展览与沉浸式表演动静结合，为观众提供了前所未有的观展体验。

二、个体公众参与公共文化服务产品的供给

随着公民文化公平和文化权利意识的苏醒，公民参与公共文化服务的实践在各地蓬勃发展。在吴理财的研究中，对公共文化服务的“文化福利”和“文化权利”阐释倾向进行了理论检讨。相对让公民被动享受文化福利，他更强调公共文化服务的治理属性[3]，提倡公众与政府关系的互动与重新建构，通过邀请公众参与，在认同、协商的基础上达成文化治理。妮娜·西蒙（Nina Simon）撰写《参与式博物馆》一书，较早意识到“参与”是博物馆的最新发展趋势，而参与的目的是既能满足观众参与的需求，又能传播馆方的使命、推广馆方的核心理念。其中，社会策展人制度、担任博物馆志愿者、青少年参加博物馆职业体验等模式，是较容易实施和推广的。

（一）社会策展人制度的实践和推广

博物馆常设展相对稳定而审慎，基本只调用博物馆的永久馆藏，鲜明地展现博物馆的基本定位和宗旨；临时展则灵活地应对时势变迁，既可能调用自身的馆藏，也可能临时借助他人的馆藏，准确甚至颇具有戏剧技巧地发表群体意见。[4] 甚至进一步说，常设展是神庙，临时展是论坛。[5] 策展人制度、社会策展人制度作为概念已引入国内多年，然而将这两种制度真正成功运用的博物馆尚属少数。现代博物馆的临时展览中积极引入社会策展人制度，将能够达到良好的与公众“对话”效果。

广东省博物馆自 2012 年开始实施策展人制度，亦率先引入社会策展人制度，于 2017 年引入社会策展人团队，邀请中山大学朱铁权的科技考古团队策划呈现了“青花瓷：科技、文化、贸易”展览[6]。策展团队充分利用高校和考古专业优势，将展览打造成融人文与科技于一体、展示内容与故事情节并驾齐驱的展览，其风格特点让观者耳目一新。

青岛市博物馆近年来也在积极探究参与式博物馆的业务实践。2018 年，青岛市博物馆与青岛市广播电视台共同发起，联合市委宣传部等部门，开展了“美丽青岛 40 年”大型全媒体寻访体验活动，号召市民捐展，提供改革开放以来有故事、有时代特色、有文化价值的实物与影像资料作为展品，成功举办了一个邀请市民合作参与的博物馆展览。[7]2020 年以来，青博推出的原创展览均成功引入相关领域研究的专家、志愿者、学生等参与策展。参与型展览模式激发了媒体和观众的好奇心和参与热情，持续推动了展览的受欢迎度。

（二）招募志愿者，提供公共文化服务的参与平台

2022 年，中国历史博物馆首次公开招募社会志愿者，标志着我国博物馆志愿者制度化的开端。博物馆建立志愿服务组织，可以有效弥补因免费开放带来的人员和资金不足，更重要

的是为志愿者提供了一个参与公共文化服务产出的平台。博物馆的志愿服务不仅仅局限于传统的讲解、寄存、问询等，现代博物馆更积极引入愿意无偿提供智力和技能资源的各行业专业志愿者，服务于博物馆公共文化服务产出过程的方方面面。例如有收藏和文物研究专业背景的志愿者，就能参与到博物馆社会策展项目和公共教育活动项目中；有法律法学专业背景的志愿者，可以为博物馆提供义务法务咨询。通过志愿服务组织的建设，博物馆为广大志愿者提供了一个施展才华和技能的平台，同时通过持续优化的志愿者队伍管理方式，为平台打造价值。

云南省博物馆自2005年招募第一批志愿者，至今团队规模已逾300人。采用“志愿者管理志愿者”的队伍管理模式，充分发挥志愿者的自主性，成立不同的项目开发小组，志愿者产出了很多品牌活动项目。如面向青少年观众的“科普活动”项目，立足于常设陈列和临时展览，开发社科普及青少年体验活动。来自各行各业的志愿者发挥所长，开发出科普课堂、科普小剧场、线上云科普等系列活动，丰富了博物馆社会教育活动的产品内容。流动博物馆项目由志愿者团队策划和完成，将博物馆的公共文化服务带给边远地区的群众，助力博物馆文化惠民职能的落实。此外，云博志愿者还面向社会、家庭观众策划开发各种活动项目，如文化沙龙、戏剧表演、服饰文化节、临展观众体验活动等。多年来，云博志愿服务组织用一项项殊荣证明了自己的价值，志愿者的红马甲成为观众眼中坚强有力的依靠。

（三）职业体验，为青少年提供参与机会

对于青少年而言，博物馆作为社会教育体验的提供场所，是介于学校教育和家庭教育两者的中间地带，为青少年提供一扇认识社会、提升社会交流与协作能力的窗口。文博单位积极开发青少年公共文化服务活动，以职业体验为切入点，通过向青少年开放专业工作场景、过程和角色，让青少年观众通过切身体验接近文博的专业工作，树立正确的职业观和劳动观。

云南省文物考古研究所2014年启动全国第一家青少年公共考古体验平台“南南考古学院”，招募4—18岁的青少年儿童考古职业体验系列公共教育活动。一直以来，考古、文物、博物馆专业工作机制，对于普罗大众来说都是神秘、冷门的，南南考古学院的开放，打破了公众与考古之间的壁垒，青少年亲历考古发掘过程，让“考古”走出象牙塔，诉说着中华文明云南地区的古老信息。经过多年的品牌和产品建设，平台开发了“我是小小考古家”夏令营、“考古时光机”、“蒲公英计划”、“考古进校园”四大板块内容，活动地点已基本覆盖昆明市及云南省大部分地州，省外地区有陕西省西安市，目前已累计有3000余名小学员从这里“毕业”。他们从这个平台上学到考古入门知识，获得项目沟通管理的技能，习得探究性思维，内心深处求真务实的世界观得到启发，切实反映了主办方公共文化服务效能的提升。博物馆行业近年来兴起的小志愿讲解员、文物小主播、小小策展人等青少年职业体验营活动，无一不是文博行业提升青少年公众参与度的绝佳案例。

三、开放场馆区域，释放“论坛”属性

作为城市的文化地标性建筑，大型博物馆通常拥有面积大、数量多的公共空间，如咖啡厅、会议厅、报告厅、影视放映厅、展示舞台等，在博物馆未举办相关活动时，这些公共场馆可

以尝试以租用、置换的方式向社会组织、民间团体开放，博物馆做好活动内容的品质把控，将社会化的活动纳进公共空间，也可作为向观众提供的公共文化服务产品。

（一）开放对话空间，引入民间论坛

近年来，为了满足民间组织的场馆需求，充分发挥博物馆公共空间的文化展示功能，云南省博物馆建立了一套开放空间面向社会租用、借用的政策，社会组织或民间企业、艺术家团体如有场馆使用需求，只需提供其活动方案，在博物馆专业人士审核通过后，便可将其自主策划的民间论坛、会议等活动（一般情况下这种活动要具备适合观众参与的条件）放置到博物馆开放空间中举办，并向博物馆观众开放，发挥博物馆作为“论坛”的城市对话功能。

2019 年，云南省博物馆引进“穆夏：新艺术运动先锋”特别展览，云南本土艺术家自发组织了一场与展览主题相呼应的文化沙龙活动，落地云南省博物馆咖啡厅。活动的召集人是本土艺术家刘亚伟先生，云南大学艺术与设计学院教师张光华女士担任客座主持人，云南油画学会副主席毛杰先生和云南艺术学院美术学院副院长杨一江先生担任主讲嘉宾。在他们的召集下，云南最有影响力的艺术家齐聚云博咖啡厅，开展“穆夏”主题文化沙龙，讨论为何穆夏能够拥有如此广泛的受众群体。出席沙龙的特邀嘉宾如姚钟华、唐志冈等都是全国具有影响力的知名艺术家。此次展览本就吸引了广泛的群众关注，艺术家文化沙龙的举办，向社会大众提供了一场从内行人视角解读穆夏的公共论坛，更加符合观众的学习需求。本次活动还录制成视频线上播放，获得了大量的浏览，显著提升了展览的宣传效果。

（二）开放舞台空间，为公众提供沉浸体验

博物馆是文化遗产的收藏、展示中心，不少非物质文化遗产以舞蹈、歌曲等表演形式为载体在民间传承，如果能够将这些表演类的非物质文化遗产，或基于物质文化遗产进行的表演型文化创作在博物馆的舞台上呈现，将能够提供一种沉浸式的文化遗产观感。表演内容的创造者、观众的参与度都将在博物馆空间中得以落实。

云博在举办国内大型引进展览“南方霸主——庄蹻故国楚文物大展”期间，将大厅展演区域向“楚乐宫”楚国宫廷乐舞表演项目开放，观众可以现场观看楚乐复原表演，在观展外收获楚国风情的沉浸体验。乐舞由荆州博物馆自主开发，呈现春秋战国时期楚国作为南方霸主，其物阜民丰、文化灿烂、音乐文化独领风骚的盛况。这项楚宫大型乐舞在精研“楚辞”“楚声”“楚歌”“楚舞”之后，创造性地将楚乐、楚舞搬上舞台，艺术性地再现了两千多年前楚国宫廷乐舞的独特风采，其用于演奏的主要乐器是根据楚墓中出土的古代乐器复原复制的，如青铜编钟、彩绘编磬、虎座凤架鼓等。古朴的器乐旋律，卓越的楚舞风姿，向现场观者展示了楚文化的博大精深，给人以余韵不绝的审美愉悦。

四、推动“馆区共建”，培育科研人才和成果输送机制

20 世纪 80 年代以来，在“新博物馆学”理念的影响下，博物馆工作的重心由“物”转移到“人”，一种新的社区模式“社区博物馆”或“生态博物馆”兴起。单霁翔先生指出“本土化是中国社区博物馆发展建设的必由之路”，社区博物馆在中国本土化过程中被赋予了两重含义：其一是保护与传承地域特色文化，其二是通过文化资源的转化，推动社区经济社会发展，并激发居民投身社区发展的主动性和积极

性。[8] 博物馆与社区的紧密联系，社区博物馆理论和实践的本土化成为博物馆拓展公共文化服务的重要方向。

博物馆积极推进“馆区合作”，文博专家深入乡村参与指导“社区博物馆”的建设，能够以其专业视角保护传承传统文化，提炼文化资源，推动文化资源转化为经济发展动力，从而避免片面追求旅游资源的过度开发、片面追求短期经济效益的弊端。“对话”和“互动”强调博物馆与公众或社区之间的持续互动关系，在激励公众积极参与文博建设各项活动的同时，博物馆也理应为社区、景区的发展输送科研人才和成果。

2006 年，云南西双版纳州布朗村寨章朗村生态博物馆建成开馆，其建成受到中国著名博物馆学家苏东海先生的学术指导，建设过程由政府领导、专家指导、村民主导，建设过程和建成后的开放服务都是政府、博物馆、社区居民共同深度参与的过程，也取得了文化保护和经济效益提升的双重效益。杜韵红引入文化遗产真实性理论和表演理论，阐述了章朗生态博物馆对在地社区发挥的作用和机理。在社区博物馆语境下，博物馆以文物为展示物，为游客提供一个静态的、传统的“前台”，而博物馆后方的村落常态作为“后台”，为游客提供一种动态的、当下的真实性体验。在这种双重语境下，章朗村的文化遗产真实性得到彰显。博物馆作为社区地标的存在，有效推动了章朗村的品牌推广和建设，当地干部表示：“博物馆让他们获得了‘千年古寨’‘千年古茶’‘千年古寺’，同样的茶叶，章朗村的就是好卖，价格也起得来。”[9] 这种效益并不是一直就有，而是受益于社区博物馆的建设。虽然博物馆是一个具有现代性的概念，但经过多年的融合参与，村民已接纳并渐渐受益于此。他们围绕博物馆展开了旅游服务、茶叶贸易、客栈餐馆经营等一系列经济活动去留住游客，他们一致认同博物馆所能带来的文化影响力，并认同博物馆通过符号象征意义来体现和构建自己的文化身份。

社区博物馆突破了传统博物馆“建筑 + 收藏 + 专家 + 观众”的组织模式，以“地域 + 传统 + 记忆 + 居民”的模式重新组织保护与展示活动，不仅适用于乡村社区传统文化的传承，亦适用于文化景区的系统规划和开发。通过博物馆科研人才、科研成果的输送，在地居民主动参与维护，文化乡村和特色景区建构起文化和品牌的高度，也拥有了可持续发展的经济推动力。

结语

我们很幸运地处于博物馆转型时代，有幸见证博物馆从“立法者”到“阐释者”角色转换，民主化的呼声让博物馆试图走出等级结构的桎梏，在主导者与参与者之间、博物馆与社区居民之间建立一种趋于平等的关系。新时代的博物馆人，唯有时刻保持反思与批判，才能在夹缝中走出一条社会相关、公众参与和负有责任的机构道路。[10] 未来一段时间，博物馆与公众将通过对话与互动建立更加深度的链接，维持一种动态的平衡。这种平衡一方面对学术化、专业化和权威保持警惕，一方面也要避免走上消费主义式的唯数量论和哗众取宠的吆喝之路。

【注释】

[1] 吴理财 . 把治理引入公共文化服务 [J]. 探索与争鸣，2012（6）.

[2] 李少惠，邢磊 . 社会组织嵌入：农村基层公共文化服务效能提升路径研究 [J]. 图书馆学研究，2021（5）.

[3] 吴理财 . 把治理引入公共文化服务 [J]. 探索与争鸣，2012（6）.

[4] 徐坚 . 名山——作为思想史的早期博物馆史 [M]. 北京：科学出版社，2016：25.

[5] 张崇山 . 博物馆特展的根本问题和策略规划 [J]. 博物馆学季刊，2003，17（1）.

[6] 广东省博物馆 . 青花瓷：科技、文化、贸易 [M]. 广东：岭南美术出版社，2018.

[7] 邱玉胜，史韶霞 . 研究型和参与型博物馆的建设思考——关于青岛市博物馆转型发展的探索与实践 [J]. 中国博物馆，2022（2）.

[8] 单霁翔 . 本土化是中国生态博物馆发展建设的必由之路 [N]. 中国文物报，2010-08-25（1）.

[9] 杜韵红 . 何以可能：乡村博物馆文化遗产保护真实性研究——以云南章朗生态博物馆为例 [J]. 中国博物馆，2022（2）.

[10] 埃姆斯 M.《博物馆、公众与人类学——博物馆人类学论文集 [M]. 尹凯，译 . 北京：科学出版社，2021（10）：导读部分 .

数字信息的可及与包容
——首都博物馆国际网站无障碍化建设

赵 婧 沈 铭 唐思瑶（首都博物馆）

摘要： 博物馆是服务公众的机构，残障人群是公众的重要组成部分，占世界人口总数的 15%。国际博协在 2022 年发布了博物馆的最新定义，其中着重强调了博物馆应“向公众开放”，并“具有可及性与包容性”，其背后就暗含着对少数人群的重视。尽管我国博物馆近年来的建设成就颇多，但就提升对残障人士的可及性与包容性而言，仍前路漫漫。针对这一点现状，首都博物馆在 2021 年立项决定对其国际网站进行无障碍改造，定制了一系列助残功能，包括读屏、文本替代图像、全键盘、视频内容添加字幕、十字光标、色彩调节等功能，从而成了国内第一家自带无障碍功能的博物馆网站。为了确保首博官网无障碍功能的兼容性与实用性，笔者参考了一系列欧美博物馆网页无障碍的实现路径和所遵循的指导方针，再从国内用户的实际情况出发，设计了既符合国际通用标准，又能保障网站可操作性、可感知性、可理解性和可兼容性的一套无障碍功能。

关键词： 无障碍；数字信息；可及性；博物馆网站

一、博物馆新定义与信息传播的公平性

2022 年 8 月，布拉格举行的第 26 届 ICOM 大会通过了新的博物馆定义。与前八版博物馆定义相较，新定义认为博物馆是“向公众开放，具有可及性和包容性”的 [1]。对“可及性”和“包容性”的强调进一步地延伸了博物馆定义中的“公众性”内涵，这是与以往版本的博物馆定义的最大区别。博物馆是“向大众开放”的，这种对博物馆公众性的表述率先出现在 1974 年颁布的博物馆定义中，类似的表达一直延续 2007 年的定义中。2022 年，博物馆新定义中才增加了“可及性和包容性”的表述。笔者认为，这是在强调“公众性”背后所辐射的多样人群，以及博物馆在对待多样人群时的公平问题，这也是本文试图关注的问题。博物馆在面对人群中的少数群体时的信息可及与包容问题，本质上是博物馆信息传播的公平性问题，是博物馆资源向所有公众均等开放的问题。

具体而言，本文聚焦的问题是在面对残障人士时博物馆资源时的可及与兼容，特别是在

大量博物馆资源被数字化后，这些残障人群在面对数字化资源时的信息公平问题。残障人群是博物馆受众的重要组成群体之一。博物馆既然是服务公众的机构，要体现“可及性”与“包容性”，那么为残障人士提供必要的服务是责无旁贷的。针对这一点，首都博物馆的英文官网为听障、视障、老年等群体开发了一系列无障碍化功能，从而成了国内第一家具备助残模式的博物馆官网。为了确保首博官网无障碍助残功能的兼容性与实用性，我们率先参考了欧美一系列博物馆的网页无障碍实现路径和所遵循的指导方针，再从国内用户的实际情况出发，设计了既符合国际通用标准，又能保障网站可操作性、可感知性、可理解性和可兼容性的一套无障碍功能。

二、国内外研究现状

自 20 世纪 70 年代起，西方学界就已经开始了关于博物馆可及性、包容性和无障碍化的系统探讨。到 80 年代，美国博物馆教育领域已出现关于残障人群的专题研讨、实践调研和案例分析。进入 21 世纪，英国博物馆学界将视角转向博物馆与社会公平，站在文化平权与博物馆的社会责任上审视该问题。[2] 而我国博物馆相关研究起步较晚，自 2006 年之后，关于中国博物馆无障碍设计的文章逐年激增（表 1）。在中国知网中对关键词“博物馆”与“无障碍”交集运算，得到 415 篇文献，主要的研究主题为“无障碍设施”“无障碍环境”“无障碍设计”等。

显而易见的是，博物馆的“可及”与“包容”不仅仅是物理环境上的。在“博物馆”和“无障碍”交集检索的文章中，多涉及三个层次，分别为环境、信息和心理（文化）无障碍设计。检索结果中的多数文章涉及了其中的两或三类，多为概括性描述。它们通过国内外案例，简述了无障碍博物馆的设计原则和设计方式。如河北省博物馆的刘卫华和曹敏提出了建筑、信息、文化、心理四方面的无障碍建设，其中文化上的无障碍特指对教育水平较低的人群的专属服务。[3] 张珂以上海世博会博物馆的设施、手机辅具和服务态度为例，说明了该馆的环境、信息和态度的无障碍设计。[4] 于红在简述了无障碍设计的意义后，将我国目前的无障碍建设分为了空间展示、信息交流和心理感受三类。[5] 清华美院的李鑫则将我国的无障碍设计分为硬件和软件两类，并进而阐述了目前存在的问题。[6] 苏州博物馆的张帆和沈琳介绍了德国历史博物馆和波特兰艺术博物馆的无障碍案例，并引入了虚拟可达性（Visual Accessibility）和空间可达性（Spatial Accessibility）的概念[7]，实为信

表 1 中国知网中对关键词“博物馆”与“无障碍”的交集运算

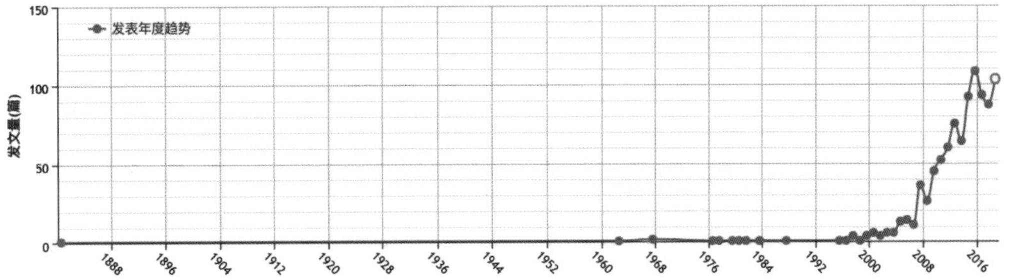

息的无障碍与环境的无障碍。贾祝军、申黎明、沈怡君也简述了博物馆建筑交通、信息交流、文化传播和心理感受四个方面的无障碍设计。[8]

也有一部分研究成果是专攻环境、信息和心理（文化）无障碍设计中的一项的。由于早期无障碍研究主要是解决残疾人在身体或生理上遇到的问题，所以检索结果中有相当一部分研究是从环境、建筑的无障碍出发的。李孟洋在其学位论文中着重对博物馆实体空间中的无障碍设计进行了评析，她聚焦国内博物馆的硬件设施，如可触摸展品、展厅展线的导盲地图、展厅照明、展柜高度等，对国内博物馆展厅的无障碍设计提出了新要求。[9] 施徐华以浙江自然博物馆为例，描述了建筑环境中，特别是展厅中为各类残障人士专门设计的通道、标识、可触摸展示、音效、多语种等功能。[10]

20 世纪 90 年代，信息无障碍理念在西方开始流行，随着互联网科技日益普及，单单实现实体环境的无障碍已经不能完全满足大众需求，因此人们逐渐把对实体设施无障碍的要求转移到虚拟的网络。而针对博物馆的无障碍建设，其研究热点也逐渐转向了包括展陈的数字化设计，预约系统、导览系统、宣传材料、说明文字、网站等信息无障碍设计。赵世峰在梳理了博物馆无障碍交互设计策略后，别出心裁地设计了一个名为"博物知行"的导览系统，通过可视化的用户界面，用实例阐释了一个无障碍系统的架构和功能设计。[11] 沈裔通过介绍 Kano 模型，按不同的需求将观众划分为不同的类型，设计了一款无障碍的语音导览设备。[12] 王晓蒙着重对比了中美的无障碍设施，特别是导览设备的适残和适老功能的对比。[13] 窦孟君介绍了档案馆建设无障碍博物馆的必要性，并提出了具体的建设方法和相应的制度性保障体系。[14] 范瑾则探讨了所有教育类网站的无障碍设计与实现，对设计网站的技术语言和技术流程进行了描述。[15]

心理（文化）无障碍设计多指通过对博物馆工作人员的培训，提升他们对残障人士的服务意识和态度等，如《对话与共情：无障碍视角的博物馆多感知叙事研究》一文，探讨了通过沉浸式叙事和多感知的交互叙事，提升对残障人士的全人关怀[16]。撰文专述心理（文化）无障碍设计的研究很少。

三、信息无障碍建设的必要性

据统计，全球残障人口占人口总数的 15%。根据中国残联的第二次全国残疾人抽样调查数据推算，我国的残障人口已经达到了 8500 万，占全国总人口比例的 6.34%。[17] 在残疾人口占比越来越大的今天，对残障人士的定义也更加多元和包容。显然，残障类别不只是物理上的，也有心理上的。中国残联将残疾人分为视力、听力、言语、肢体、智力、精神和多重残疾人，不同的残疾类别又按轻重程度分为不同级别。万维网联盟中规定的残疾种类同样有六种：视觉的、听觉的、肢体的、语言的、认知的和神经的残疾。[18] 针对不同的残疾类别，覆盖更广、类型更多的信息无障碍功能也有待开发与供应。

毫无疑问，新技术的出现与发展对于残障人士是一个挑战。联合国教科文组织曾在 2015 年将博物馆与通信技术列为博物馆面临的四大挑战之一。[19] 既是挑战，自然有利有弊。其利在于：21 世纪的新技术革命给当代社会和生活带来了翻天覆地的变化，特别是网络及通讯技术的迅猛发展，已明显改变了博物馆行业的运作模式，它们消解了传统博物馆中时间、空间，以及专业知识的壁垒，提升了信息的可及性，最终带来了知识和教育的民主化。其弊在于：快速迭代的技术反过来为人们带来了新的壁垒，设计糟糕的网站、软件、技术或工具难以对残障人士进行适配。在大量博物馆信息被搬到线上时——如线上展览、藏品数据库、预约系统、导览系统、网站、社交平台等，这些新技术与数字信息没有配备的对应无障碍设计。鉴于以上问题，加强我国博物馆行业的信息无障碍建设是必要且重要的。

四、网页无障碍设计

（一）定义

据万联网联盟的《网页无障碍倡议》（Web Accessibility Initi-ative）：网页无障碍设计是指网站、工具和技术按照残疾人需求设计和开发；具体而言，是指人们可以感知、理解网页内容，可以在网页中导航和互动。网页无障碍包括了所有会影响网页使用的残障种类，包括听觉、认知、神经、肢体、语言和视觉残疾。网页无障碍也有益于非残障人群，比如使用移动手机、智能手表、智能电视，以及其他使用小屏幕、不同输入模式的人群，能力衰退的老龄人口，临时性“残障”人群（丢失眼镜或手臂骨折），受环境限制的人群（在高光环境或嘈杂环境中），网速迟缓或带宽受限的人群，等等。

（二）指导方针

幸运的是，网页的无障碍设计有着一系列成熟完整且广泛应用的指导原则，这让我们的网站设计有了一系列可遵循的规则。

应用最普遍、覆盖人群最广的是由万维网联盟发布的“网页内容无障碍指导方针（Web Content Accessibility Guidelines，下简称 WCAG）”[20]，最新的版本为 WCAG 2.1。WCAG 面向各类残障人士，包括盲人、弱视群体、聋哑人、听力损耗群体、行动受限群体、光敏群体、学习认知障碍群体等，并制定了相应的内容设计原则。设计原则共分为四类：可感知性、可操作性、可理解性和可兼容性。其下共有约 60 条规定无障碍设计的细则，比如在可感知性中要求为所有非文本内容提供替代性文本，转为大字印刷、盲文、语音或简单表达；又比如可操作性中要求所有的网页内容功能可以通过键盘操作实现；还比如在可兼容性中要求使用标记语言实现的内容，要求元素有完整的开始和结束标签。所有的细则都被分为三个等级，等级越高则无障碍程度越高。目前大多数欧美博物馆的无障碍等级均为 WCAG 2.0 的 AA 级别。

除了 WCAG 之外，各国也分别制定了适应各国国情的网页无障碍标准。例如英国的《公共机构（网页和移动应用）可及性规定 2018》（Public Sector Bodies [Websites & Mobile Applications] Accessibility Regulations 2018），美国的《康复法案》条例 508 的修正案（Section 508 of the Rehabilitation Act of 1973），加拿大 2005 年颁布的《安大略残疾人可及性法案》（Accessibility for Ontarians with Disabilities Act, 2005）。

我国的信息无障碍认识起步较晚，但迄今为止，也制定了一系列的网页无障碍设计标准，为我们的技术实现提供了大量理论化依据。2008 年，《中华人民共和国残疾人保障法》和《中共中央、国务院关于促进残疾人事业发展的意见》，都提出了要推动信息和交流无障碍以及一些具体做法。同年，工信部出台了《信息无障碍身体技能差异人群网站设计无障碍技术要求》，对网站的无障碍功能制定了一系列技术指标。[21]2012 年，国务院常务会议通过《无障碍环境建设条例》，该条例是中国无障碍建设的法制里程碑，也是社会公共事业建设进步的一个重大体现，其中对“无障碍信息交流”提出了提纲挈领式的规定。2013 年由中国残疾人联合会等颁布了《网站设计无障碍技术要求》（标准编号：YD/T 1761-2012），同年发布了《网页内容可访问性指南》（标准编号：GB/T 29799-2013）。2016 年发布了《信息无障碍》标准（标准编号：GB/T 32632.2-2016），其中第 2 部分“通讯终端设备无障碍”对信息交流无障碍设备作出了进一步规定。同年，中国残疾人联合会、全国老龄工作委员会办公室等 13 个部门联合印发了《无障碍环境建设“十三五”实施方案》，其中专门对“获取信息系统无障碍化建设”提出了要求。此外，还有 2021 年由中国互联网协会发布的《Web 信息无障碍通用设计规范》[22]。

（三）欧美博物馆网站的无障碍设计

相当数量的大、中型欧美博物馆网站都具备网页无障碍功能，其网站上都有对网页可及性的描述。如上所述，这些博物馆网站多遵循 WCAG 的无障碍指导方针，大多数声称自己能够达到 AA 级别及以上级别的标准，如英国的自然历史博物馆（Natural History Museum）、美国波士顿艺术博物馆（Museum of Fine Arts Boston）、美国纽约的皇后区博物馆（Queens Museum）、美国塔博曼艺术博物馆（Taubman Museum of Art）、美国佛罗里达博物馆（Florida Museum）、美国自然历史博物馆（American Museum of Natural History）、美国沃兹沃斯艺术学院博物馆（Wadsworth Atheneum Museum of Arts）、英国科学博物馆集团（Science Museum Group）、英国时装与纺织博物馆（Fashion and Textile Museum），等等。

但这些博物馆网站多采用浏览器的自带功能，或使用浏览器拓展元件，或利用第三方软件来实现网页的无障碍浏览，均未设计嵌入网站的无障碍模块。以大英博物馆（The British Museum）和英国的自然历史博物馆为例，它们的网站实现方式，是通过浏览器的自带功能，来调整网页的颜色、对比度、字体，进行非溢出式的放大和缩小，并使用键盘浏览大多数的页面。此外还通过使用第三方的读屏软件，如 JAWS，NVDA 和 Voice Over 进行网页发声浏览。威尔士国家博物馆（Amgueddfa Cymru）采取了类似的方式，其网站的字体大小可通过浏览器自带功能调整。网站使用 CSS 布局，因此网页展示有一贯规律，方便使用键盘导航。网页设计使用了标准代码，因此第三方读屏软件能够顺利发声。所有的图片都具有提示标签，无法浏览图片的用户也能轻易读取信息。[23] 伦敦博物馆（Museum of London）给出的网页无障碍建议则更直接一些，一是要升级浏览器，二是要修改电脑设置。[24]

欧美博物馆网站的无障碍实现方式对用户的技术门槛要求较高，例如对电脑和浏览器的版本有要求，这样才能使用浏览器的最新无障碍功能，或使第三方的无障碍软件与浏览器相适配。此外，许多第三方无障碍软件是收费的，例如一个名为 Helperbird 的浏览器拓展软件，它可以让用户自由修改主流网页浏览器上的风格元素，比如字体、字间距、行距等，这些基础功能是免费的，但高级功能均要付费。

（四）首都博物馆网站的无障碍设计

考虑到 WCAG 是功能覆盖最全面的无障碍指导方针，加之世界上大多博物馆网站的无障碍设计均遵循该方针，首都博物馆网站的无障碍功能也依照 WCAG2.1 方针来设计。但与欧美主流博物馆网站的无障碍设计不同，首博网站没有依赖于网页浏览器的自带功能和拓展元件，

图 1 网页顶部的无障碍模块

而是选择了单独设计无障碍模块，充分降低了残障用户使用网站的技术门槛和各类成本。下文将详细阐述首博网站无障碍模块的嵌入和模块功能设计的技术流程：

1. 开启 / 关闭网站无障碍模块

首次打开本网站时，无障碍模块处于关闭状态，用户可通过网页中提供的无障碍模式（Assistive Mode）开关开启本工具（图 1）。此时无障碍模块的操作栏会固定于网页最上方，网页原始内容则整体下移以避免被操作栏遮挡。在本工具或本网站被关闭时，系统会记录本模块的开关状态和各项功能的当前状态，当用户再次打开本网站时（无论期间浏览器是否有过关闭），这些状态会立刻恢复。这个效果称为状态的持久化保存。每当本工具的状态发生改变时，都会立刻将最新状态保存到浏览器的本地存储区中；每当用户打开本网站时，则会从本地存储区读取上述状态信息，作为本工具的初始状态，由此实现了状态的持久化保存。

由于浏览器中访问了相同域名的多个窗口会共享同一个本地存储区，因此多个窗口得以共享本工具状态的同一份记录。本网站会监听本地存储区中状态的变化，当用户并未与当前页面交互，但监听到了变化发生，意味着用户与另一个打开本网站的页面发生了交互，此时读取本地存储区中的最新状态值并应用于本工具即可。

2. 大字幕显示屏模式

大字幕显示屏模式是指浏览者鼠标指向网页中的图像、文本文字等内容时，将自动调入到位于页面下部的“显示屏”区域，进行字体放大显示（图 2）。在功能设计时，首先在窗口底部添加一个大字幕显示屏，并让网页内容区域的底部边缘上移，避免网页内容被显示屏遮挡（尤其在网页滚动到底部时）。其次，采用与朗读功能中相同的方法提取被聚焦或被指向的元素的类型与（纯文本形式的）内容，并通过 JS[25] 将这些文本设置为大屏幕显示屏元素的 innerText 属性，并用 CSS[26] 保证这些文字被以合适的外观显示出来。

在该功能开发中通过用替代本文来传达图片信息，利用简练的语言以大字幕显示屏去描述图片内容，让老龄人士能快速获取信息，在脑海里形成画面。

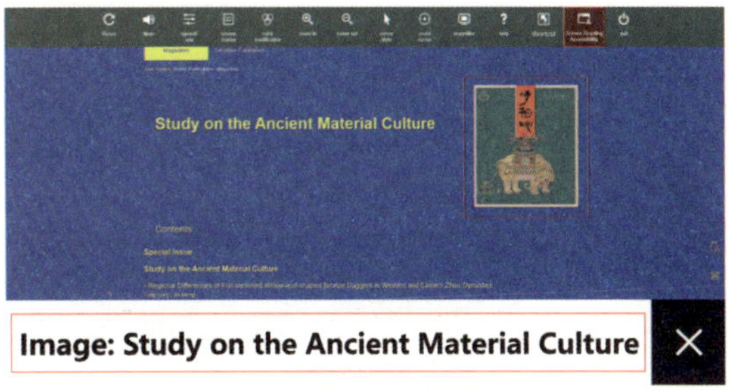

图 2 大字幕显示屏功能

3. 辅助线阅读辅助功能

辅助线是帮助视力障碍用户在使用网站过程中校准位置、完成阅读使用的，本站提供的辅助线是横竖两条基准线，为视觉障碍用户校对阅读位置提供了帮助（图 3）。设计时，需在网页中添加两个细长的矩形，分别作为十字线的横线和竖线。监听鼠标位置的移动，在移动发生时，获取鼠标指向的新位置，据此更新两个矩形的位置，达到两个矩形始终在鼠标指向处交叉的效果。

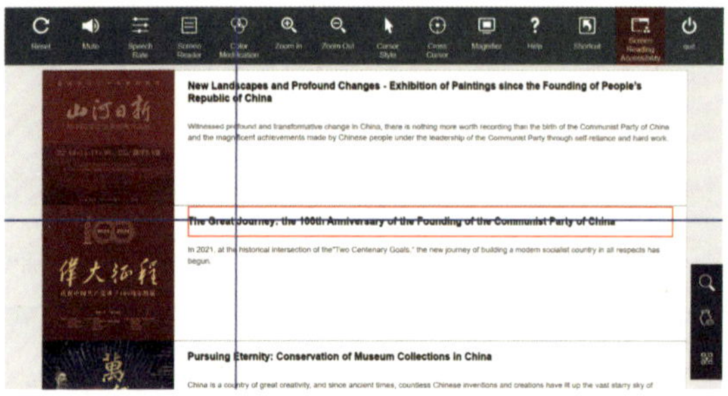

图 3 辅助线阅读功能

4. 页面配色功能与高对比度显示

高对比度是将当前页面的前景内容和背景的颜色对比调到最大，为弱视用户能够清晰地访问网页内容提供帮助（图 4）。在开发设计过程中，设计者为每种配色方案取了名字，在切换配色方案时，将新配色方案的名字添加到网页内容展示区域的 HTML[27] 根元素的 CLASS 属性上。在 CSS 代码中，利用浏览器找出 CLASS 属性值包含了特定配色方案的那些 HTML 元素，将其子孙元素（除了图片等不应改变配色的元素）的背景颜色和文字颜色以高优先级设置为合适的值。

该功能使用的颜色都有足够高的对比度，满足了 WCAG 的可辨别性的标准，而且整体颜色都使用了偏低饱和度和明度的颜色。加强颜色的对比度，不只是为了让弱视力用户能更好地使用，同时也可以让使用较差显示设备的用户、老年人有更好的产品体验。

5. 网页界面的放大缩小功能

放大缩小功能可以让网站用户可根据自己的需求自行调整网页界面的大小，界面放大是将网站当前页面显示比例放大，界面缩小则反之。在设计时，由于 CSS 提供了多种对元素缩放的手段，所以元素的子孙元素会被一同缩放。因此，通过 CSS 对网页内容展示区域的 HTML 根元素做缩放即可满足需求。我们选择了兼容性较好的方案：使用 transform 属性的 scale 函数。有一个细节需要满足：缩放的中心点（指元素中一个点位，其在屏幕中的位置在元素缩放过程中始终保持不变）应该是网页内容展示区域的顶部边缘中心点（竖向顶部，横向中心）。实际测试中发现，如果直接指定缩放中心点为顶部中心，则在放大到网页左侧超出屏幕边缘

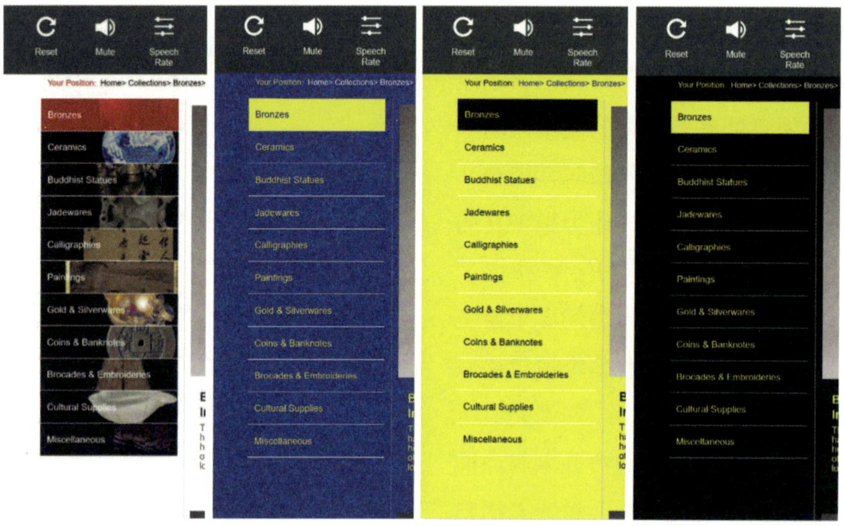

图 4 配色与高对比度显示功能，初始设定配色（左一）和高对比度配色（左二、右二、右一）

后，页面的横向滚动条依然位于最左侧，无法通过向左滚动来查看网页左侧内容。因此我们采用了变通的方法，即指定缩放中心点为内容展示区域的左上角，再通过JS代码横向移动内容展示区域，形成以顶部中心点为缩放中心点的效果。

该功能确保了弱视用户能清晰浏览网站，而且考虑到并不是每个用户都使用高分辨率的显示设备，大字号的界面对于他们来说是很重要的。同时，我们还需要避免出现拥挤的大段文字，尽量把信息进行合理的分解，增加留白空间，通过排版组合让用户更清晰明确地获取信息。

6. 语音个性化调整

语音开关是开启和关闭语音的功能。音量调节功能是根据环境的需求，鼠标移动到“声音开关”，选择“增加音量”“减少音量”“增加语速”“降低语速”调整声音的大小、速度。在功能设计时，通过调整audio元素的playbackRate属性值可以控制音频播放的语速，通过调整audio元素的muted属性值可以控制音频是否静音。

7. 智能语音朗读功能

指读功能是指对鼠标悬停位置的页面文字、图片等内容进行朗读的方式。连读是对页面信息连续朗读的方式。需要连读时把鼠标指向需要朗读的开始位置，系统将自动从该位置开始朗读，直至网页信息全部朗读完毕，需要暂停时点击暂停按钮，需要恢复时点击播放按钮。暂停、播放以及连读按钮为同一个按钮在不同状态时显示的不同图标。

在编写HTML代码时，对于需要被朗读的元素，为其添加一个属性tabindex=“0”，供后续处理时识别。这样做的另一个作用是，许多元素原本只是用于信息展示，并不能被用户聚焦，在被添加这个属性后，浏览器会允许用户聚焦于其上，这才使我们设计的无障碍功能成为可能。HTML语言从页面开发角度指定了大量元素类型，而根据我们的产品设计，最终需要告知用户的元素类型只有文本、图片、链接、按钮等少数种。因此，对每个需要被朗读的元素，还需要在HTML代码中标记它对用户呈现的元素类型，如果省略这个标记则表示类型为文本（最常见的情况）。仿照无障碍开发的国际规范，我们用aria-label这个属性来标记元素类型，比如按钮元素标记为aria-label="Button"。对于元素的内容，我们使用aria-description进行标记。内容具体值需要根据具体需求而定，如对于图片、视频，取其标题作为朗读内容；对于按钮，用其功能的文字描述作为朗读内容；如果不取值，则认为元素的文本内容就是其需要被朗读的内容（最常见的情况）。通过编写JS代码，在元素被聚焦或指向时，进行如下操作：从该元素开始，依次考察其父元素、祖父元素等，直到找到一个元素具有属性tabindex=0，提取其aria-label和aria-description属性值。通过JS将提取到的元素类型和内容文本发给后端服务器，后端服务器使用第三方的语音合成服务（TTS）生成音频文件并返回给浏览器中运行的网页程序，网页中进而新建一个音频元素`audio`，播放这个音频文件。Audio元素提供了直接的方法来调整播放时的语速，切换静音状态。

因为部分元素的朗读内容中含有由中文专有名词直接音译成的英文单词，第三方的语音合成服务无法识别这类单词并正确发音，如：“盉”的拼音为“he”，语音合成系统会错误发出英文的he（他），从而误导用户进行错误认知。所以我们使用人工+智能翻译的组合对这类元素做了特别纠正处理：对元素的朗读内容做真人朗读录音，音频文件保存在后端，给每个音频文件分配一个独有的 id；HTML 代码中用 `aria-audio-id="some-id"` 来标记这类元素（“some-id”为具体 id 值）；在需要朗读时，如果发现元素具有 aria-audio-id 属性，则将其 id 值发给后端服务器，后端服务器据此找到对应的音频文件返回给浏览器中运行的网页程序，网页中进而新建一个音频元素 `audio`，播放这个音频文件。

8. 键盘无障碍

全键盘功能确保用户用一个键盘便能访问、实现网站的所有信息内容。用户可通过不断按下 Tab 键，按照从上到下、从左到右、从外到内的顺序依次聚焦到页面上提供了实质信息的元素上；在使用一些特殊的控件时还可以使用上下左右箭头按键进行操作，比如通过上下箭头按键在下拉选择框的多个候选项间切换；被聚焦的元素会用特殊的外观（被用特定颜色的矩形框住）来提醒用户当前聚焦的位置，用户可进而按下回车键，达到和按下鼠标左键相同的效果。

此全键盘功能具备了可聚焦性。一部分 HTML 元素设计上就是用于用户交互操作的，如按钮、链接、单选框、多选框等，浏览器已经为这些元素提供了用键盘聚焦的功能。因此，我们在编写 HTML 文档时优先使用了这类元素。比如，虽然技术上可以用图标图片实现单选框的功能，并且可以比真正的单选框元素具有更炫丽的外观，但我们仍会使用真正的单选框元素来实现相应功能。对于设计上不支持用户交互操作的那些元素，比如文本元素，我们为其添加了属性“tabindex”，浏览器便会将其作为可聚焦元素处理。通常，将这一属性赋值为 0 即可。

浏览器在对元素聚焦时，会按照 HTML 代码中各元素从上到下、从外到内的顺序进行。因此，我们在编写 HTML 代码时考虑了元素在页面中的实际位置，大体上将出现在页面上侧、左侧的元素写在前面。对于一些虽然在页面中出现的顺序靠后，但需要被首先聚焦的元素，为其 tabindex 属性赋予正值即可。处于聚焦状态的元素，其外观由 CSS outline 属性决定。而未被聚焦的元素，其 outline 属性则不会生效。因此，对所有元素设置按照需求设置合适的 outline 值即可。

值得指出的是，一种常见的网页设计实践是，为了精美的外观效果，将所有元素的 outline 效果都禁用。这样设计出来的网站虽然看起来精美，但完全忽视了只能通过键盘进行交互的那部分用户的需求——因为很难判断当前聚焦到了哪个元素上，键盘操作变得非常困难。

前述的那些先天支持聚焦的元素，同样也先天支持用回车键代替鼠标左键进行操作。需要注意的是那些通过 tabindex 属性被赋予可聚焦性的元素，它们在被点击时执行哪些 JS 语句，相应地也要在被按下回车键时执行同样的 JS 语句。

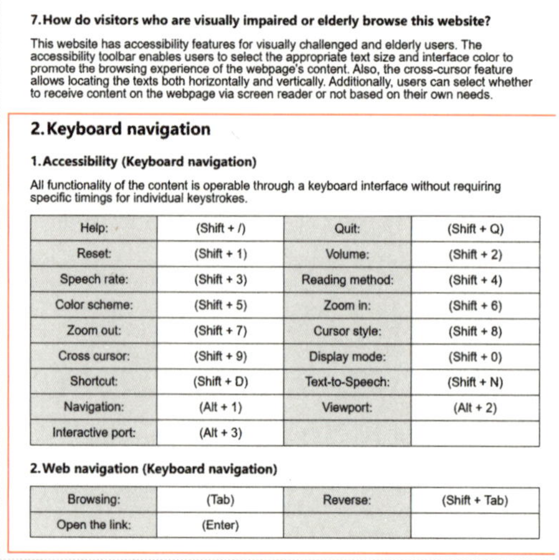
7.How do visitors who are visually impaired or elderly browse this website?

This website has accessibility features for visually challenged and elderly users. The accessibility toolbar enables users to select the appropriate text size and interface color to promote the browsing experience of the webpage's content. Also, the cross-cursor feature allows locating the texts both horizontally and vertically. Additionally, users can select whether to receive content on the webpage via screen reader or not based on their own needs.

2.Keyboard navigation

1.Accessibility (Keyboard navigation)

All functionality of the content is operable through a keyboard interface without requiring specific timings for individual keystrokes.

Help:	(Shift + /)	Quit:	(Shift + Q)
Reset:	(Shift + 1)	Volume:	(Shift + 2)
Speech rate:	(Shift + 3)	Reading method:	(Shift + 4)
Color scheme:	(Shift + 5)	Zoom in:	(Shift + 6)
Zoom out:	(Shift + 7)	Cursor style:	(Shift + 8)
Cross cursor:	(Shift + 9)	Display mode:	(Shift + 0)
Shortcut:	(Shift + D)	Text-to-Speech:	(Shift + N)
Navigation:	(Alt + 1)	Viewport:	(Alt + 2)
Interactive port:	(Alt + 3)		

2.Web navigation (Keyboard navigation)

Browsing:	(Tab)	Reverse:	(Shift + Tab)
Open the link:	(Enter)		

图 5 键盘导航快捷键说明

五、小结

早在1997年10月,万维网的发明者蒂姆·博纳斯—李（Tim Berners—Lee）就说过：“网络的力量就在于它的普世性。网络对每一个人都是可及的，无论是否残疾，这就是它的本质……无论人们的硬件、软件、语言、地点或能力如何，网络就是为了服务人而设计的。当网页设计达到了它的目标时，在面对不同听力、视力、行动能力和认知能力的人时，网页应该是可及的。”然而迄今二十六年过去，我国绝大多数面向公众的网页仍未实现该目标。此番博物馆新定义提及对公众的“可及性”和“包容性”，就是对博物馆信息传播的公平问题的强调，是对博物馆数字资源均等开放的强调，是对少数人群无差别服务的强调。它提醒我们，我国博物馆网页无障碍建设仍道阻且长，而首都博物馆国际官网的无障碍功能只是其中微不足道的一笔。笔者希望通过这个项目，通过这篇文章，启发越来越多的博物馆同行重视信息无障碍化。毕竟，无障碍建设并非事不关己，如戴安娜·皮尔格林（Dianne Pilgrim）在《零障碍博物馆》（*The Accessible Museum: Model Programs of Accessibility for Disabled and Older People*）中提到的：随着年龄增长，所有人都面临老去和各种能力的衰退，我们以助残名义完成的事业，终将惠及我们所有人。[28]

【注释】

[1] 2022年版的博物馆新定义为“博物馆是为社会服务的非营利性常设机构，它研究、收藏、保护、阐释和展示物质与非物质遗产。向公众开放，具有可及性和包容性，博物馆促进多样性和可持续性。博物馆以符合道德且专业的方式进行运营和交流，并在社区的参与下，为教育、欣赏、深思和知识共享提供多种体验。”

[2] 黄洋，孙岱萌．博物馆服务视觉障碍群体的意义与策略[J].东南文化，2020（6）：162-168.

[3] 刘卫华，曹敏．无障碍博物馆——理念与实践[J].中国博物馆，2008（1）：23-27.

[4]张珂．如何让博物馆无障碍参观常态化——上海世博会博物馆的实践[J].中国文物报，2019（3）.

[5]于红．浅谈博物馆中的无障碍设计[J].中国民博览，2019（6）：218-219.

[6]李鑫．博物馆无障碍设计研究[J].设计，2019（5）：45-47.

[7]张帆，沈琳．打造一座有温度的博物馆——苏州博物馆国际友好馆无障碍建设经验分享[J].苏州文博论丛，2021（12）：141-144.

[8]贾祝军，申黎明，沈怡君．博物馆的无障碍设计探析[J].

山西建筑，2011，37（32）：15-17.

[9] 李孟洋．我国博物馆对残障人士的服务研究，辽宁大学硕士学位论文，2021.

[10] 施徐华．无障碍设计——浙江自然博物馆深化设计的思考[J].浙江工艺美术，2007（4）：61-64.

[11] 赵世峰．基于行动者网络的博物馆无障碍交互设计策略研究，江南大学硕士学位论文，2021.

[12] 沈裔．基于Kano模型的展览导览系统无障碍设计研究，华东理工大学硕士学位论文，2016.

[13] 王晓蒙．中美博物馆服务功能之比较研究，吉林大学硕士学位论文，2014.

[14] 窦孟君．我国档案网站信息无障碍研究，郑州大学硕士学位论文，2016.

[15] 范瑾．针对视障人群的无障碍教育网站的设计与实现，上海交通大学硕士学位论文，2012.

[16] 王峰，霍慧煜．对话与共情：无障碍视角的博物馆多感知叙事研究[J].美术与设计，2022（5）：172-176.

[17] 马立伟．生产无障碍博物馆社会——博物馆与公众人性化互动刍议[C]//中国博物馆协会博物馆学专业委员会2016年“博物馆的社会价值研究”学术研讨会论文集.2016：212.

[18] 万维网联盟．网页无障碍设计简介[Z/OL].[2023-02-27]. https://www.w3.org/WAI/fundamentals/accessibility-intro/.

[19] 魏峻．关于博物馆定义和未来发展的若干思考[J].中国博物馆，2018（4）：3-7.

[20] 万维网联盟．网页内容无障碍指导方针[2023-02-27]. https://www.w3.org/TR/WCAG21/#sign-language-prerecorded.

[21] 赵媛，张欢，王远均，章品．我国信息无障碍建设法律法规保障体系研究[J].图书馆论坛，2011（6）：267-274.

[22] Web信息无障碍通用设计规范[2023-02-27]. http://wza.isc.org.cn/static/upload/202207/0720_173017_384.pdf.

[23] 威尔士国家博物馆：可及性[2023-02-27]. https://museum.wales/website/accessibility/.

[24] 伦敦博物馆：可及性[2023-02-27]. https://www.museumoflondon.org.uk/accessibility.

[25] 一种属于网络的高级脚本语言，已经被广泛用于Web应用开发，常用来为网页添加各式各样的动态功能，为用户提供更流畅美观的浏览效果。通常JavaScript脚本是通过嵌入在HTML中来实现自身的功能的。

[26] 层叠样式表（Cascading Style Sheets）是一种用来表现HTML（标准通用标记语言的一个应用）或XML（标准通用标记语言的一个子集）等文件样式的计算机语言。CSS不仅可以静态地修饰网页，还可以配合各种脚本语言动态地对网页各元素进行格式化。能够对网页中元素位置的排版进行像素级精确控制，支持几乎所有的字体字号样式，拥有对网页对象和模型样式编辑的能力。

[27] 超文本标记语言，是一种标记语言。它包括一系列标签，通过这些标签可以将网络上的文档格式统一，使分散的Internet资源连接为一个逻辑整体。HTML文本是由HTML命令组成的描述性文本，HTML命令可以说明文字，图形、动画、声音、表格、链接等。超文本是一种组织信息的方式，它通过超级链接方法将文本中的文字、图表与其他信息媒体相关联。这些相互关联的信息媒体可能在同一文本中，也可能是其他文件，或是地理位置相距遥远的某台计算机上的文件。这种组织信息方式将分布在不同位置的信息资源用随机方式进行连接，为人们查找，检索信息提供方便。

[28] SARTWELL M.The Accessible Museum: Model Programs of Accessibility for Disabled and Older People[M]. Washington D.C.: American Alliance of Museums Press, 1993: 9.

博物馆教育活动中的青年参与
——基于英国博物馆青年小组的经验及对我国博物馆的启示

张 峥 黄岑艳（吉林大学考古学院）

摘要： 当今我国博物馆教育职能越发受到重视，围绕儿童、青少年或特殊群体展开的公众教育活动越来越丰富，但对博物馆成人观众，尤其是青年群体的关注还相对比较薄弱，青年参与博物馆活动呈现一种“弱参与”的状态。作为博物馆观众的重要组成部分，青年群体是其中最具创造力和想象力的，在博物馆新定义强调可及性与包容性的语境之下，博物馆如何回应青年群体的切身需求值得关注。研究从博物馆的青年观众切入，基于参与式理论对英国博物馆青年小组发展现状及特征进行整体剖析，并选取具有代表性的实践案例加以举例说明，以此呼吁国内博物馆加强对青年观众群体的关注，为我国博物馆重构与青年的关系、促进青年观众的主动参与提供一定的参考。研究表明：博物馆应根据青年群体的不同需求，提供更多元的服务；主动积极地向青年群体提供设计、共创、决策的空间，将被动参与转为主动参与；充分认识青年的特征及能力，重构博物馆与青年观众的关系，视青年观众为共创者，使博物馆与青年观众形成双向促进。

关键词： 博物馆教育；教育活动；青年群体；主动参与

一、引言

当今我国博物馆教育职能越发受到重视，围绕儿童、青少年或特殊群体展开的公众教育活动越来越丰富，相关理论研究也日渐成熟，但对博物馆成人观众群体的关注还相对较为薄弱。[1] 博物馆面向成人观众开展的大多为讲座研讨、研修课程、纪录片等活动，偏向系统性的知识教育，呈现一种“弱参与”的状态，亦缺乏对这一群体的细分。

作为博物馆观众的重要组成部分，青年群体是其中最具创造力和想象力的，但也是界定较为模糊、最容易被忽略的一群人。联合国大会将年龄介于 15 岁与 24 岁之间的定义为“青年"。[2]青年的最大特点是在接受正规学校教育的同时,正在寻找成长与尝试新想法的机会、寻找他们在社会中的身份与角色，并逐渐意识到那些他们试图模仿的成人价值观。因此，在博物馆新定义强调可及性与包容性的语境之下，博物馆如何回应青年群体的切身需求值得关注。

20世纪90年代开始，英美国家的博物馆与文化机构就开始关注青年，在赋权思想与公共文化政策的推动下，陆续发起青年群体在博物馆内共同参与、组织、协作的项目计划。据Kids in Museums网站的不完全统计[3]，英国境内已有71家博物馆与文化机构设立了博物馆青年小组（Museum Youth Group），以此激励青年群体与博物馆产生互动，结合自身兴趣与诉求，充分利用博物馆资源，深入介入博物馆各项实践，不仅在知识上有所得，更重要的是有利于自身的全方面培育。

据此，本文从博物馆的青年观众切入，基于参与式理论对英国博物馆青年小组发展现状及特征进行整体剖析，并选取具有代表性的实践案例加以举例说明，以此呼吁国内博物馆加强对青年观众群体的关注，一定程度上对我国博物馆重构与青年的关系、促进青年观众的主动参与提供参考。

二、英国博物馆教育活动中青年参与的发展现状

20世纪末，英国在新工党（New Labour）政府执政期间（1997—2007）将"社会包容（Social Inclusion）"作为重要国策，将发展文化艺术视为增强社区凝聚力、缓解社会矛盾、促进社会发展的有效手段之一。[4]在国家政策的推动下，英国的博物馆与文化机构开始关注包括青年在内的社会边缘群体，发起了不少项目计划。[5][6]如2007年，在国家青年署（National Youth Agency）和儿童委员会（Office of the Children's Commissioner）的牵头下举办了青年工作周。从2010年开始，定期在每年11月举办接管日（Takeover Day），使儿童和年轻人有机会在接管日与成年人共同工作并参与决策。2011年底，英国政府公布了一批促进16—24岁青年人参与教育、培训和工作的计划。[7]在一系列政策支持下，英国博物馆开始普遍设立博物馆青年小组，以吸引青年观众参与博物馆的各项活动。截至2023年2月底，Kids in Museums网站对英国境内博物馆青年活动进行了统计，已有71家博物馆与文化机构设立了博物馆青年小组，现对其参与数量地域分布、参与主体年龄设置、活动类型参与程度进行梳理。

（一）参与数量地域分布

英国本土由英格兰、威尔士、苏格兰和北爱尔兰四个部分组成。从英国各地区博物馆成立青年小组的数量及地区分布来看，英格兰数量最多，分布最为广泛。表1根据Kids in Museums网站，将英格兰地区按照第一级行政区划分为九个大区：大伦敦地区、英格兰东南、英格兰西南、东英格兰、中英格兰东、中英格兰西、约克郡-亨伯、英格兰东北，英格兰西北。威尔士与苏格兰则按照一元行政单位进行划分，均属于同一等级的行政区域，故集中统计其中。统计数据中不包括北爱尔兰地区。

表1中，71家设有青年小组的博物馆及文化机构中，约86%集中分布在英格兰，威尔士及苏格兰相对较少，而其中尤以大伦敦地区的数量最多。这实际也反映出英国博物馆在地域发展上存在不平衡的问题。一方面，因为伦敦是英国的国家政治、经济及文化中心，大伦敦地区的博物馆必然在支持国家政策、把握发展趋势等方面响应速度更加迅速。另一方面，伦

敦地区相比其他地区拥有更丰富的资源与机会，在争取政府支持、筹措资金上更具优势，各类非政府公共文化机构、基金会等对于伦敦地区的扶持力度也更大，能够支持伦敦地区博物馆开展各类青年项目。再者，博物馆发展势头较好的地区，在文化艺术氛围上也更加活跃，青年参与活动的频率及程度也相对较高。

表 1　英国博物馆青年小组的数量及地区分布

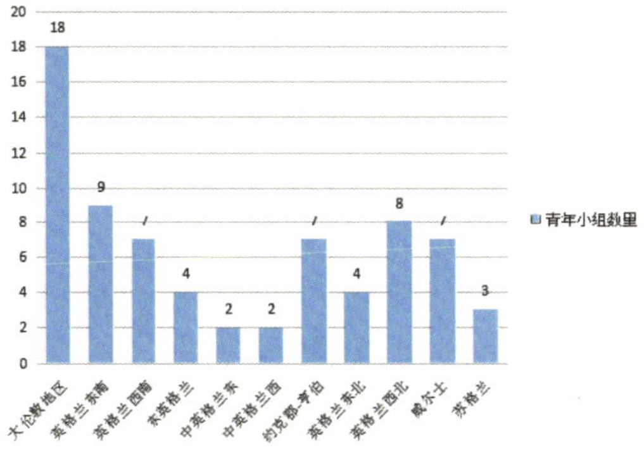

（二）参与主体及年龄分布

在对 71 家博物馆及文化机构设立的青年小组项目进行统计后发现，各青年小组的参与主体年龄不完全一致，博物馆在发布招募公告时均对报名者的年龄进行了明确设定，年龄范围从 10—30 岁不等。统计结果显示（表 2），青年小组成员的最低年龄多在 14—16 岁，其中 33.8% 的博物馆或文化机构将最低年龄定为 14 岁，其次较多的是 16 岁，占 23.9%。将年龄设置低于 14 岁、超过 16 岁的都不多。而在最高年龄限制上，选择 25 岁的占 36.7%，为大多数，其次是 19 岁和 24 岁，25 岁以上至 30 岁之间的则寥寥无几。

这种年龄分布实际上与英国的现行教育体系密切相关。2013 年颁布的英国国家教育提纲（National Curriculum）将基础学制设为四个阶段（Key Stages）[8]，可类比于国内的义务教育制度。其中中等教育阶段（Secondary Education）相当于国内的初中阶段，年龄涵盖 11—16 岁。14 岁对应九年级，属于 Key Stage 3[9]。这一阶段的学生除了英语、数学、科学等必修科目外，能够选修历史、地理、艺术等相关课程，而这些课程内容可与博物馆提供的藏品或展览相关，会更有兴趣加入青年小组的各项活动中。将 16 岁设置最低年龄的也不在少数，应与 16 岁刚好完成中等教育（Key Stage 4），可以自主选择进行职业教育还是延续教育（Further Education）有关。

表 2　青年小组参与主体的年龄分布

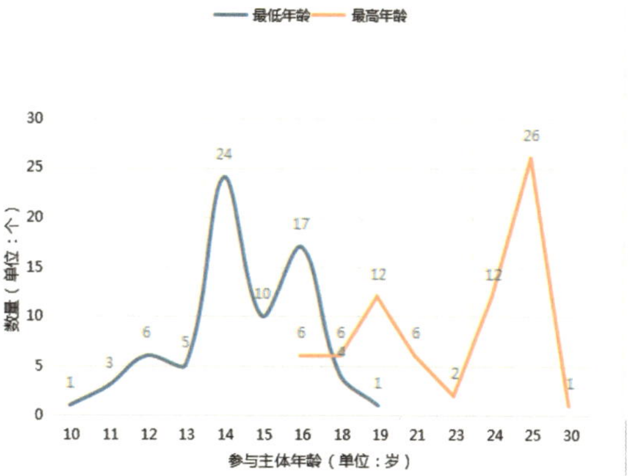

此外，14—19 岁这一年龄段的学生群体正是英国职业教育的重要对象。21 世纪初，英国教育与技能部提出了 14—19 岁教育阶段这一概念[10]。1997 年发布的《学会竞争》（*Learning to Compete*）白皮书中，首次以 14—19 岁的青少年作为政策实施对象，以促进这一年龄段青年群体的职业教育。[11] 随后英国针对 14—19 岁青少年的知识教育、技能培训等多个方面进行改革，并先后发布了《14—19 岁教育：扩充机会、提高标准》（*14—19: Extending Opportunities, Raising Standards*）绿皮书、《14—19 岁：机会与卓越》白皮书（*14—19: Opportunity and Excellence*）、《14—19 改

革工作组的终期报告》（*14—19 Curriculum and Qualifications Reform*）和《14—19：教育与技能》（*14—19: Education and Skill*）白皮书四个系列文件，形成了较为系统的职业教育体系。[12] 这也是为何 14 岁与 19 岁在青年小组的年龄设定中较为常见的主要原因，其一方面与学校教育息息相关，另一方面又处于就业或升学的关键时刻，能够对国家及社会的发展产生影响。至于大多数青年小组将最高年龄设为 25 岁，应是遵循联合国大会对于“青年”的年龄界定。

（三）活动类型

由于 71 家博物馆及文化机构的青年小组活动内容均不相同且繁多复杂，不易统计。因此本文以青年观众参与活动的不同需求为判断标准，将知识型、技能型、娱乐型作为基础坐标轴，根据活动的侧重点及活动收获，将不同活动类型分别归入知识—技能型、知识—娱乐型以及娱乐—技能型。

如表 3 所示，青年小组活动中最常见且数量最庞大的是知识—技能型，如志愿者服务、讲解、知识讲座、活动及公众项目策划、就业课程、技能培训、开发学习资源、讨论社会议题、参与博物馆评估及决策等都可归入这一类，其侧重点略有不同。其次是娱乐—技能型，这一类活动主要是在提升技能的同时，还能够产生休闲娱乐的效果。根据不同博物馆的性质及藏品类型而有所差异，比如国家肖像画廊（National Portrait Gallery）为青年小组准备了摄影拍照活动，设计博物馆则策划了各类艺术设计活动。第三类则为娱乐—知识型，能够通过游戏或娱乐互动的方式习得知识。比如塞特福德生活古屋博物馆（Ancient House Museum of Thetford Life）成立了“免费课后俱乐部”，策划了年轻人热衷的密室逃脱等沉浸式游戏等。还有不少博物馆及画廊通过鼓励参与者与艺术家合作进行艺术创作，激发参与者的艺术灵感，来达到寓教于乐的效果。

表 3　青年小组活动类型分布

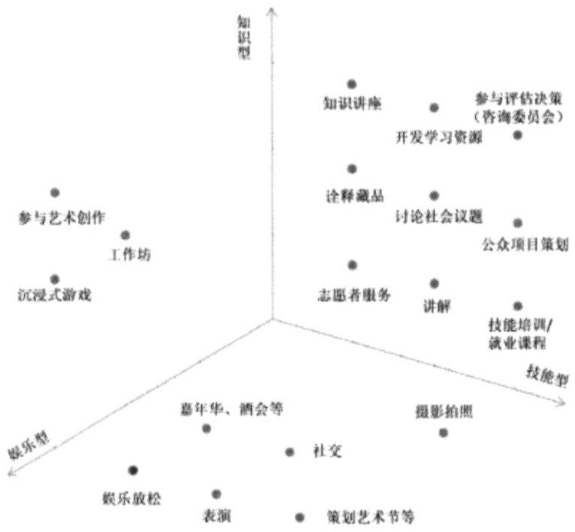

三、英国博物馆教育活动中青年参与的特征

（一）参与主体：强调背景的多元性以促进社会包容

2000 年 5 月，英国文化、媒体及体育部（Department for Culture, Media and Sport）发布《社会变革的中心：面向所有人的博物馆、画廊和档案》（*Centres for Social Changes: Museums, Galleries and Archives for All*）绿皮书，其中对“社会排斥”作出了明确定义：“当人们或地区遭受失业、技能不足、低收入、无住房、生病，贫困和家庭破裂时可能发生的情况。社会排斥可以采取多种方式，直接或间接地影响群体和个人。排斥还有一个地理维度，包括农村、城市和郊区。”[13]

在这种社会背景下，随着新博物馆学的兴起，西方博物馆学研究者越来越多地将博物馆与社区、多元群体联系起来[14]，认为博物馆能够对改善社会不公平及社会排斥现象产生积极影响[15]。“包容性博物馆”的概念开始出现，指出博物馆体现其包容性应“将原本被博物馆排斥或忽视的群体纳入博物馆对话、活动及实践中”[16][17]。

英国博物馆开展青年小组活动，将促进社会包容作为核心理念，在招募成员时，尽可能考虑到参与主体背景的多元性，为来自不同地区、不同文化背景、不同经济状况的青年观众提供社交互动的空间，不仅有助于更多样的声音出现，同时还能够帮助青年们消除参与障碍，融入同龄群体中。

以诺福克之旅（Norfolk Journeys）为例，这是一个由国家彩票文化遗产基金（National Lottery Heritage Fund）资助的四年计划。整体活动由诺福克博物馆服务（Norfolk Museums Service）主导，旨在为11—25岁的年轻人提供三个阶段的参与式活动，其中包含了在该地区十个不同博物馆进行的各种艺术实践活动。活动内容有艺术实验室、周六俱乐部、历史与古屋博物馆探险、城市创意挑战、周六历史调查俱乐部等。2022年10月，卡莉·亨德森（Carly Henderson）对该项目进行了详细的项目评估，统计到已有4178名青少年及青年参与了13022场活动，其中82%均为年轻人主导。[18]其中专门提到项目成员在招募参与的年轻人时，会尽可能多将目标受众放在具有不同文化和社会经济背景的年轻人身上，特别是那些平时完全不接触艺术、文化或博物馆的人。

（二）活动内容：以开拓职业技能为主，鼓励青年参与社会议题

二战后，随着美苏争霸格局的形成和殖民体系的崩溃，英国在国际政治舞台上开始没落[19]。在经济上，也出现了通货膨胀、失业、工业投资减少和地方经济不平衡的现象。[20]历届英国政府意识到了提升劳动力素质及竞争力对于维护社会稳定具有深远意义[21]，出台了大量政策以促进青年群体职业技能的提升，提高就业率，实现经济的持续增长[22][23][24]。根据初步统计，71家博物馆及文化机构开设的青年小组中，有16家直接提到活动中将提供职业技能培训，如撰写简历、求职面试技巧等，还有部分能够提供与企业、公司合作的机会。超过30家博物馆单位强调了活动对于参与青年技能方面的提升。

以大英博物馆为例，该馆从2020年开始招募青年团体（the Youth Collective），规模为15人左右，年龄设置为18—24岁，每年1—3月招募，3—11月每周进行活动。[25]受新冠疫情影响，大部分博物馆无法展开线下活动，大英博物馆的青年团体以线上对谈、访谈的形式，与博物馆馆长、各部门工作人员及合作艺术机构负责人进行对话。参与者能够根据自己的兴趣点、就业去向等进行提问。2021年春季，该团体举办了“解锁博物馆”（Unlocking the Museum）的活动，形成系列视频在官网上供观众观看。同年11月底举办的活动“相约博物馆：网络盛会”（Meet Me at Museum：A Network Event）邀请了多位博物馆、考古、文化遗产及文化产业相关人士，以开放对谈的形式与青年们分享从业经验，也让年轻人有直接向业界人士提问的机会。对于博物馆青年小组的成员而言，在获得宝贵工作经验和生活感受的同时，他们还与其他小组成员建立了密切的联系。

除此之外，博物馆青年小组还鼓励青年群体参与社会议题的讨论，加强青年的社会参与，以此发出青年的声音。社会参与对于提高青年人幸福感，从而改善人际关系，得到社会认同及支持，并融入社会至关重要。[26]青年的社会参与表现为“对社会生活各个方面现状与活动的关系、了解与投入”[27]。当代青年的自我意

识已经觉醒，具有一定的独立认识和判断能力，看待社会现象和问题能够形成自己的思考，并希望通过自己的实践来改变现状。[28] 博物馆正好能够为青年提供机会和空间来讨论有争议的社会议题或反思不同的社会现象。比如，为回应当前社会对于黑人的种族歧视以及对于殖民主义的反思，大英博物馆的青年小组 2022 年在“黑人历史月”（Black History Month）策划了以“黑人欢庆”（Black Joy）习俗为主线的活动，探讨当代博物馆如何收藏中南美、非裔移民的文物，并如何在展览中重构殖民主义历史叙事。活动邀请了专业非洲舞者带领观众跳舞，开展工作坊让参与者动手制作介绍黑人历史文化的刊物，以此来呈现严肃沉重的社会矛盾。

（三）参与程度：促进青年深度参与博物馆决策，赋权于青年

荷兰学者彼得·冯·门施（Peter van Mensch）已经指出，博物馆第三次革命虽然还没有正式被命名，但是其关键字就是“参与”[29]。不论主动式参与还是被动式参与，参与即意味着对博物馆有所贡献，同时在过程中转变博物馆与参与者之间的权力关系。美国城市规划理论家雪莉·安斯汀（Sherry Arnstein）于 1969 年提出了经典的“公民参与的阶梯”（A Ladder of Citizen Participation），依照参与者所获得的权力大小分为无参与（Nonparticipation）、形式参与（Tokenism）及公民权力（Citizen Power）。[30] 受传播学“参与式文化”提出者亨利·詹金斯（Henry Jenkins）与“Web 2.0”的影响，美国博物馆学者妮娜·西蒙（Nina Simon）则进一步对参与式博物馆作了定义，即“一个观众能够围绕内容进行创作、分享并与他人交流的场所”，并将博物馆参与式活动按馆方主导权程度分为贡献型、合作型、共同创造型、招待型四种模式。[31]

本文通过对 71 家博物馆及文化机构进行青年参与活动的初步统计，结合参与式理论，按照博物馆活动中青年参与的权利大小与互动程度，将其分为无参与、浅度参与、中度参与及深度参与，并与具体活动进行对照（表 4）。值得说明的是，三种参与程度并没有直接的好坏区别，浅度参与不代表活动无必要或不重要，此处仅从参与程度上加以说明和分析。浅度参与中，观众有参与活动的权利，但活动策划及实施均由博物馆方主导，观众的参与频率相对较低，互动也不足。而中度参与中，观众能够主动参与活动，与博物馆产生互动，并愿意根据自身知识储备、生活经历、工作经验等为优化博物馆服务建言献策。深度参与则代表博物

表 4　博物馆活动参与的程度及类型对应表

	无参与	浅度参与	中度参与	深度参与
参与程度	观众完全不参与	博物馆主导， 观众有参与的权利； 多为一次性参与	观众与博物馆互动； 主动参与各项活动； 愿意为博物馆建言献策	观众有权参与博物馆决策； 主导业务活动的策划及实施
活动类型	完全不参与	志愿者服务 知识讲座 讲解 技能培训 沉浸式游戏 嘉年华、酒会等	诠释藏品 开发学习资源 工作坊 讨论社会议题 参与艺术创作及设计 摄影拍照 参与艺术节 表演等	参与评估决策 咨询委员会或顾问 策划公众项目

馆赋予观众独立策划项目和做决策的权利。

根据统计结果，英国博物馆现有青年参与的活动中，只参与志愿者服务、讲解的不多，如诠释藏品、工作坊、参与艺术创作等中度参与的活动占大多数。相比起青年观众在讲座或是视频课程中接受教育，这类观众能够主动参与的活动更加适合大多数青年群体通过互动和体验来建构自我的知识体系。深度参与的活动也有不少，如招募青年策展人（Young Curators），由青年群体主导进行展览、教育活动及公众服务项目的策划与实施。深度参与的最大特点就是，博物馆与参与者的关系是平等的，参与者有主导活动的权利，是活动的共创者，而非参与者，能够自主选择活动主题、内容、形式、参与者等，能够有权参与博物馆的决策。

利兹城市博物馆最早从2010年就开始招募14—24岁的年轻人组成“保守党”，在博物馆开展青年小组的实践。青年们自组织成一个团体，定期召开工作会议，讨论各自感兴趣的议题。博物馆给予青年小组权利来接手部分博物馆的工作，包括公众项目的策划与实施、展览策划、出版物的设计与出版、艺术工作坊的组织等。该馆工作人员埃斯特·艾米斯-休斯（Esther Amis-Hughes）认为，青年小组的参与式实践不应按照公式或程序执行，而是依靠“青年小组的发起者，年轻人和博物馆”[32]三方的力量。她强调，青年小组杜绝让任何人去主导会议，团队以彼此之间的信任作为工作基础。她作为馆方参与者，仅作为倾听者去了解问题并解决冲突。小组中每一个参与的年轻人都有自己的兴趣与诉求，有权利可以按照自己的方式为项目做出贡献。作为博物馆方，应该意识到三方权力关系的平等，为青年小组提供舒适的工作条件和灵感碰撞的空间。2012年，青年小组想公开质疑博物馆的馆藏，得到了博物馆的支持，他们策划了名为“珍贵的！走私的，被偷的，被救的？”（Treasured! Smuggled, Stolen, Saved?）的展览，展出了博物馆未公开的藏品。2016年，借第一次世界大战一百周年纪之际，该馆又招募了青年小组来主持“追随他们的足迹”（In Their Footsteps）展览的策划工作，通过策展深入了解第一次世界大战对利兹这座城市的破坏，并从个人叙事的角度带观众回到战争年代，回顾反思了战争对城市与文化遗产的伤害。

四、对我国博物馆的启示

（一）根据青年群体的不同需求，提供更多元的服务

分众研究进入博物馆领域后，极大地促进了博物馆教育、社会服务及观众研究等多方面的发展[33]。现有的分众标准主要是基于来源地、社会人口学、心理因素及行为因素，对博物馆观众进行划分[34]。国内目前对于成年观众的分众，主要还是以年龄为划分标准，分成青年、中年和老年[35]。这种粗略的分众标准容易使得博物馆在设计策划面向青年观众的各项活动时缺乏明确的受众分析及目的。

青年群体的年龄段（15—24岁）横跨成年与未成年的边界，这一群体包含了多重社会角色，如中专生、高中生、大专生、大学生、研究生、上班族等，也有可能来自不同的文化地域背景，心理与行为发展特征更为多维，由此产生的需求也更加复杂。若单纯以年龄差异来细分不太合理；若以地域或社会角色划分，又可能会陷入地域歧视及社会偏见等诸多困境。因此，根据不同需求，为背景各异的青年群体提供更多样的博物馆活动及服务，也能够一定程度上消除参与障碍，促进不同地区、不同职业、不同

社会经济背景的青年群体互动交流，从而促进社会包容，帮助青年融入社会。

从英国博物馆设立青年小组，为青年观众提供的教育或学习活动来看，无论是注重系统性知识构建的知识讲座，还是侧重职业技能培养的就业课程，抑或是偏向娱乐休闲的表演、嘉年华等，三者并不意味着互相矛盾或是非此即彼的关系，均可被视作是博物馆业务活动的重要组成部分。博物馆青年观众的需求是多元化的，需求各异，除了获取知识，还包括技能的习得，消遣娱乐的需要等等。[36]我国博物馆需要摆脱以往以年龄划分观众的标准，尝试以青年群体的不同需求为标准进行分众，加强对青年观众群体的关注与细分，从而更有针对性的策划设计青年活动。

（二）促进被动参与向主动参与转变，从浅度参与到中深度参与

生活在21世纪的青年群体对网络世界和各种新媒体最为熟悉，能够快速接受新鲜事物，也是最活跃、最渴望发声的群体。相较于儿童与青少年，这一群体在学习上具有独立性、自主性、兴趣导向等特点，比起在讲座或是视频课程中被动接受教育，他们更倾向于亲自体验和主动实践，也希望能够通过自身的探索和创作去改变某些社会现象，贡献自己的力量。我国博物馆在促进青年观众参与时，可考虑借鉴英国经验，为我国青年提供参与社会议题讨论等机会，并采用艺术创作、工作坊等活动形式，将博物馆变成了一个多功能场域，既能够满足青年观众的社交需求和求知兴趣，也给予青年批判不良风气、改变刻板思维、消除社会歧视、参与社会事务的机会。促进我国青年以平等包容的态度主动参与社会公共文化服务事业，在实现个人知识与技能成长的同时，也为我国社会发展贡献了青年力量。

英国博物馆青年小组的各项实践中，不少博物馆给予了青年主动积极地介入设计、共创、决策的空间，切实回应了青年群体对于文化实践、工作经验、社交活动的需求，因此青年由参与者成为能动者，共同分享责任，互惠互助成为对博物馆有所贡献的力量。但是，深度参与的过程是博物馆权力的协商，意味着博物馆需要共享权威，这对于我国博物馆组织结构和管理模式而言也是一种不容小觑的挑战。因此，我国博物馆在面向青年群体的各项实践中应该更加肯定与相信青年群体，大胆赋权于青年，促进青年观众的主动参与与深度参与。

（三）重构博物馆与青年的关系，实现博物馆与青年观众的双向促进

近年来，党和国家早已关注到青年在政治、经济、社会、文化发展中的重要作用，作为社会发展的生力军，青年强则中国强。习近平总书记在多个场合都强调：“要充分信任青年、热情关心青年、严格要求青年、积极引导青年。”2017年，中共中央、国务院发布了《中长期青年发展规划（2016—2025）》，要求“关心、解决青年的现实问题和迫切需求，激发青年的参与热情和创新活力”。

我国博物馆实际上已经开始关注青年群体，作出了一些努力，如推动博物馆与高校合作，吸收高校大学生参与博物馆各项活动[37]；充分利用微博、微信、B站等新媒体平台，在线上加强与青年观众的互动；为青年观众提供高等教育课程项目、各类研修班等；组织各类青年论坛，促进青年博物馆人的交流学习等。但这些尝试在参与程度和效果上还有待提升，还没有形成全国范围内多点开花的局面，专门为青年群体设计策划的活动还不多。造成这种现象的原因，一方面是由于博物馆长期忽略了青年群体的需求，另一方面也是因为博物馆所展示

的文化体系与青年文化，即传统文化与新兴文化之间可能存在明显的代沟。因此如何结合青年人的兴趣点来吸引他们主动参与博物馆活动还需进一步探索。

促进青年群体主动深度参与博物馆各项活动，对青年观众而言，在与博物馆产生互动的过程中，其人际关系、实践技能、情感态度等思想认知都会发生改变，有助于自我人格和价值观更加完善与健全。对博物馆而言，博物馆能够充分发挥其公共性，提供更高质量的公共文化服务，将更多观众群体纳入博物馆服务范畴，这也是提升博物馆社会服务水平的关键一步。对社会而言，青年群体更进一步融入社会，能够广泛促进社会智识和素质水平的提升，以及不同社会群体之间的交流，从而实现社会稳定，促进社会发展。

因此，我国博物馆应关注并重视青年观众，重视青年的能动性，重构博物馆与青年的关系，视青年观众为共创者，而非一次性的参与者。充分认识青年的特征及能力，积极回应青年观众的各类需求，使博物馆与青年观众形成双向促进。这种关系的重构应该是长期的，非一蹴而就的。

五、余论

国内博物馆对青年参与活动的研究及实践仍然处于一个起步的阶段，对于青年群体参与博物馆活动能够产生什么具体的效果，如何扩大活动影响力并吸引更多青年观众的参与，如何完善活动的各个环节，如何对活动进行科学性的反思，博物馆机构如何与其他机构开展合作等问题还尚待深入研究。期待更多中国青年主动、深度参与博物馆事业，发出青年的声音，贡献青年的力量。

【注释】

[1]杨瑾．关于博物馆构建全民终身教育体系的几点认识[J]．自然科学博物馆研究，2020，5(06)：23-31，92.

[2]联合国．联合国青年议题[EB/OL]. https://www.un.org/zh/events/youth/.

[3]Kids in Museums . Museum Youth Group Directory[EB/OL]. [2022.12.15]. https://kidsinmuseums.org.uk/youth-group-directory/.

[4]赵慧君．社区·博物馆——从英国经验谈起[J]．博物馆管理，2021，8(03)：36-43.

[5]TZIBAZI V.Participatory action research with young people in museums[J].Museum Management and Curatorship.2013，28(02)：153-171.

[6]DENHAM J. Building cohesive communities: A report of the ministerial group on public order and community cohesion[J]. London: Home Office, 2001: 29.

[7] 更多信息详见：https://www.gov.uk/government/news/government-sets-out-strategy-for-helping-young-people-access-education-training-and-work-2.

[8] 更多信息详见：https://www.gov.uk/national-curriculum.

[9] 同[5].

[10]李薇.21世纪英国14-19岁青少年教育发展战略解析[J]．外国中小学教育，2011(05)：1-4，27.

[11]李豪杰．英国14-19岁青少年职业教育改革研究[D]．西南大学，2011.

[12]同[7].

[13]DCMS (Department of Culture, Media and Sport).

Centres for Social Chance: Museums, Archives and Galleries for All. London: DCMS.[EB / OL]. 2000.https://ia902500.us.archive.org/31/items/b32225386/b32225386.pdf.

[14] STAM D.The informed muse: The implications of ‘the new museology’ for museum practice[J]. Museum Management and Curatorship, 1993, 12: 267-283.

[15] SANDELL R.Museums,Prejudice and the Reframing of Difference[M].Oxon: Routledge, 2007.

[16] GARIBAY C, MIGUS L.The Inclusive Museum: A Framework for Sustainable and Authentic nstitutional I Change[M].2014. https://higherlogicdownload.s3.amazonaws.com/ASTC/a6c0f3de-e0b1-4198-8ab7-01cee4a55b00/UploadedImages/CCLI%20Framework%20for%20Inclusion%20Paper.pdf.

[17] 王琦，孙佳睿．博物馆的“包容性”及其在英国博物馆展览中的实践[J].自然科学博物馆研究，2020，5(06)：5-14，97，91.

[18] HENDERSON C.Norfolk Journeys:Kick the Dust Norfolk Project Evaluation[EB/OL],2022.https://www.museums.norfolk.gov.uk/-/media/museums/downloads/join-and-support/norfolk-ktd-report.pdf.

[19] 田德文．对“撒切尔主义”的政治学分析[J].国外社会科学，1992(1)：14.

[20] 同[10].

[21] DfEE (Department of Education and Employment). The Learning Age:A Renaissance for a New Britain[EB/OL].1998. http://www.leeds.ac.uk/educol/documents/000000655.htm.

[22] New Opportunities: Fair Chances for the Future[EB/OL], 2009.https://assets.publishing.service.gov.uk/government/uploads/system/uploads/attachment_data/file/228532/7533.pdf.

[23] 缪学超．布朗执政时期英国教育政策研究(2007.06-2010.05)[D].湖南师范大学博士学位论文，2013：21-23.

[24] 王雁琳．大社会理念下英国联合政府的技能战略[J].职业技术教育，2013(13)：85.

[25] 更多详情见：https://www.britishmuseum.org/learn/young-people/british-museum-young-peoples-programme.

[26] MARSHALL G.Happiness and Social Participation in Aging[J].Journal of Gerontology, 1975, 30(06)：701-706.

[27] 吴鲁平．城市青年政治心态与社会参与的特点[J].青年研究，1995(8)：1-5.

[28] 时昱，沈德赛．当代中国青年社会参与现状、问题与路径分析[J].中国青年研究，2018(05)：38-44.

[29] MENSCH P V.New Trends in Museology[M].Slovenia: Museum of Recent History Celje, 2011.

[30] ARNSTEIN S R.A ladder of citizen participation[J]. Journal of the American Institute of Planners. 1969, 35(04)：216-224.

[31] 妮娜·西蒙．参与式博物馆：迈入博物馆2.0时代[M].杭州：浙江大学出版社，2018.

[32] Kids in Museums. How to Run a Museum Youth Group [EB/OL].https://kidsinmuseums.org.uk/2020/10/how-to-run-a-museum-youth-group/.

[33] 邢致远．博物馆社会教育与服务的分众化研究[J].中国博物馆，2013(03):57-63.

[34] 傅翼，滕燨斋．为公众服务的博物馆分众研究：意义、思路与建议[J].自然科学博物馆研究，2021，6(01)：23-30，94.

[35] 徐玲．他者之镜与明我：《博物馆教育活动研究》的学术价值[J].博物院，2017(05)：85-89.

[36] 史密斯 L. 所有遗产都是无形的：遗产批判研究和博物馆．克诺普 R. 批判性探索中的文化遗产与博物馆[M].杭州：浙江大学出版社，2020:1-28.

[37] 马晓华．高校博物馆志愿讲解服务工作与大学生素质教育：以中央民族大学民族博物馆志愿者中心为例[J].民族教育研究，2009，20(03)：110-113.

为美好生活赋能：博物馆服务老年群体的逻辑、困境及对策

周墨兰（太原市博物馆）

摘要：老年群体作为博物馆参观服务的重要对象，其公共文化参与程度不仅是检验博物馆机构能力建设的有效标尺，还是衡量社会文明进步的重要标志。构建老年友好型博物馆需要观念与实务双重革新。在物理空间及硬件设备层面，博物馆可以通过适老化改造，营造安全、便捷、友好的参观环境；在心理空间及文化服务层面，博物馆应促进积极老龄化，帮助老年群体应对社交隔阂、改善心理健康。作为解决老龄化问题的参与者和推动者，博物馆为文化养老提供新的参照样本，在促进老年群体健康与福祉、构建美好生活与社会可持续发展等方面必将发挥无限潜力。

关键词：博物馆；老年群体；友好型；文化养老

一、变化中的博物馆

国际博物馆协会第26届大会通过了新的博物馆定义，指出："博物馆是为社会服务的非营利性常设机构，它研究、收藏、保护、阐释和展示物质与非物质遗产。它向公众开放，具有可及性和包容性，促进多样性和可持续性。博物馆以符合道德且专业的方式进行运营和交流，并在社会各界的参与下，为教育、欣赏、深思和知识共享提供多种体验。"这一新定义提出了可及性、包容性、多样性和可持续性关键词，并将公众开放和社区参与提升至推动博物馆高质量发展的新高度。新定义所折射的多元动态的社会价值，与博物馆的角色变化相一致，反映了博物馆不断演变的社会性质，也指明了未来博物馆的发展方向。

作为社会公共性的产物，博物馆致力于平等、多元、包容和开放的行动，使其公共性角色和社会影响力逐渐扩大，博物馆以文化服务者的亲和姿态迎接公众，与社群的关系形态呈现多元化发展趋向。在这一背景下，博物馆应适时调整其定位和职能，以开放和包容的态度融入多元社群，促进各年龄段人群的福祉，赋能美好生活。老年群体作为博物馆参观服务的重要对象，其公共文化参与程度不仅是检验博物馆机构能力建设的有效标尺，还是衡量社会文明进步的重要标志。随着我国人口老龄化趋势加剧，营造老年友好型环境成为博物馆服务

老年群体、推动高质量发展的重要举措。为此，博物馆应将注意力逐渐从物品的收藏和展示，转移到如何促进邻里社群的精神文明和健康福祉，在促进社会可持续发展、提升人民幸福感等方面释放积极潜能。

二、博物馆与老龄化社会

人口老龄化是指人口生育率降低和人均寿命延长导致的总人口中因年轻人口数量减少、年长人口数量增加而导致的老年人口比例相应增长的动态。老龄化趋势包括两方面含义：一是指老年人口相对增多，在总人口中所占比例不断上升的过程；二是指社会人口结构呈现老年状态，进入老龄化社会。根据 1956 年联合国《人口老龄化及其社会经济后果》确定的划分标准，当一个国家或地区 65 岁及以上老年人口数量占总人口比例超过 7% 时，则意味着这个国家或地区进入老龄化。1982 年维也纳老龄问题世界大会，确定 60 岁及以上老年人口占总人口比例超过 10%，意味着这个国家或地区进入严重老龄化。

人口老龄化是 21 世纪人类面临的最大挑战之一。国家统计局发布的《中华人民共和国 2022 年国民经济和社会发展统计公报》[1] 显示，2022 年末我国 60 岁及以上人口达 2.8 亿人，占全国总人口 19.8%；65 岁及以上人口突破 2 亿人，占全国总人口 14.9%。自 2000 年（65 岁及以上人口比重达到 7%）中国步入老龄化社会以来，老年人口规模大、增速快以及人口老龄化超前于经济发展等特征，进一步加剧了我国社会老龄化程度，“银发浪潮”将持续影响经济社会的各个方面。面对人口老龄化产生的深刻复杂变化，加快构建老年友好型社会成为“十四五”时期实施积极应对人口老龄化国家战略的重要任务目标。

人口老龄化是博物馆作为公共文化服务机构无法回避的社会问题，积极参与老年友好型社会建设，营造亲老、适老、助老的人文环境成为博物馆应对老龄化问题的重要举措。在此背景下，博物馆作为社会发展的参与者和社会进步的推动者，应积极应对老龄化问题，主动探索老年友好型方案。如何正确认识和对待老年群体？如何营造多层次老年友好型环境？如何在公共领域以文化的力量凝聚社会正能量？对博物馆而言，这既是现实关照，也是时代命题。

三、老年友好型博物馆探索

随着社会全面进步和生活水平提高，为老年人创造一个安全、健康、便利的老年友好型环境成为社会共识。博物馆同样需要给予老年群体更多关怀，在基础设施建设、公共服务供给、产品开发应用等各项工作中，充分纳入对老年人特殊需求的考量，营造适应老年人生理和心理特点的环境，体现博物馆对老年群体的尊重和关爱。

（一）亲老：博物馆与老年群体的情感共振

博物馆与老年群体构成了一种双向关系，然而刻板印象长期存在于双方的认知之中。在以往的文化语境中，老年群体容易被视为行动迟缓、反应迟钝，难以适应快节奏的现代生活；或是被贴上守旧、敏感、挑剔等标签，认为他们难以融入开放的多元社会。这种偏见造成了老年群体被污名化和边缘化，影响博物馆等社会机构对老年群体形成正确认识。与此同时，在老年群体的认知当中，博物馆即是文化殿堂，并不如社区之家、老年学校、养老中心等机构与其日常生活联系紧密、不可或缺，老年群体对博物馆存在心理上的疏离感；此外，博物馆象征知识权威，拥有绝对的话语，老年群体置身其中可能面临失语的窘境，这种经历使其对博物馆望而却步，甚至产生挫败感。

“老有所乐在浙博”系列活动之“青花缠枝瓷盘”创意绘画

“醒狮驾到好运来”挂件制作

调和博物馆与老年群体的双向关系需要建立以情感共振为基础的沟通体系，通过对话消除隔阂。首先，博物馆应致力于创造平等、多元的社会环境，不断化解现实中存在的“年龄歧视”等不利因素。其次，博物馆应秉持包容、友好的心态对待老年群体的特殊性，在服务老年群体时给予更多关心和耐心，进一步培育亲近感，助力社会文明进步。此外，博物馆应努力创造与老年群体接触的机会，以文化下基层、进社区活动为契机，展示并宣传博物馆新形象，加强与老年群体的沟通交流，邀请老年群体走进博物馆，提升博物馆在老年群体中的关注度和满意度。当博物馆切实解决老年群体的心理顾虑和行动障碍时，才能真正敞开大门，热情迎接老年群体的到来，使其找到被需要、被欢迎的感觉。在这一过程中，老年群体亦将获得尊重感和安全感，逐步建立与博物馆的亲密关系，最终实现博物馆与老年群体的情感共振。

“在流水年华中寻找钟楼街”怀旧沉浸式主题展览的老年志愿者与观众亲切交流

（二）适老：基于人文关怀的博物馆实务探索

博物馆为老年群体营造友好的参观环境涉及参观开始前、参观进行中和参观结束后三个阶段，涵盖外围空间、场馆空间和网络空间三个范畴。参观开始前，博物馆可以从两方面着手为老年群体的出行提供帮助。一是改善场馆周边的环境卫生和通用性无障碍设施，如标识系统、无障碍坡道、公共卫生间等，使博物馆成为安全、便捷出行的目的地。二是针对老年群体设计一份“温馨提示”，尽可能列出包括

来自博物馆的温馨提示	
交通信息	公交站点、公交站至博物馆入口的步行线路
	停车场位置、停车场至博物馆入口的步行线路
	导航系统搜索的目的地（精确至博物馆入口）
票务信息	网络订票或现场购票
	提前预约或即时入场
	有关随行人员的票务规定
服务信息	馆内分区位置：服务站、卫生间、休息区、饮水区、充电地点等
	上网信息、设备租用信息（轮椅、雨伞、充电器、语音导览等）
	餐饮食品种类及价格（关照老年群体的饮食习惯）
	文创产品种类及价格（关照老年群体的消费特点）
展览信息	当前展览、展厅导引（自主选择参观动线、减少线路迂回）
	展厅面积（提示观看时长）
	展厅温度（提示增减衣物）
活动信息	活动内容、活动地点、活动时段
	讲解时段、展厅位置
出行前请确认是否随身携带下列物品	*身份证 *手机 *充电器 *老花镜 *衣物 *饮用水 *药品

携带物品、乘车指南、票务信息、博物馆服务等提示在内的详细清单，多渠道即时发布，告知其出行前的准备事项、参观过程中的注意事项以及博物馆的基本情况，使老年群体对即将开始的博物馆之旅做到心中有数。

博物馆可保留人工售票窗口或电话专线，为智能手机使用障碍的老年人提供一定数量的线下免预约进入或购票名额。增设专用通道，减少老年人排队等待时间，方便老年群体购票或核验信息后快速入馆。进入博物馆大厅，工作人员或志愿者可以有意识地提前介入引导，主动询问老年观众是否需要帮助，或友情提示参观中的注意事项。公共空间中的引导标志、安全标识应张贴于明显位置，并且容易辨识。博物馆导览图示应直观、清晰标明电梯位置、通往展厅线路以及休息区、卫生间、饮水区、餐饮区、文创区等功能分区，强化老年群体的方向感，使其在现场情境中巩固之前从清单上获取的信息，避免因路线迂回造成体力不支。此外，博物馆大厅中的展览简介可适当增加展厅讲解时段、配套活动时间等信息，一方面对观众进行分流和引流，另一方面便于老年群体

博物馆适老化设计

依照自身兴趣和需求选择参观路线，合理安排行程。

博物馆展厅或许是最容易引发不友好感觉的现场，这种不友好存在于文字系统、视觉系统、多媒体辅助系统等诸多方面。一些展览文本缺少注解，表述过于专业，老年观众对文字内容明显生疏，通常只做简单浏览，难以激发学习兴趣。视觉传达方面，普遍存在因字体小、光线暗、配色不当而产生的观看障碍，影响了老年观众的展览体验。同时，展览中的多媒体互动项目更多的是从服务青少年的角度设计开发，忽视了老年群体对数字设备的使用和操作。调查数据显示，老年观众对互动项目的参与程度明显偏低。[2] 此外，博物馆推出的教育活动缺乏分众化设计理念，老年观众成为被忽视的群体而非参与的主体，存在感亟待提高。

针对上述问题，博物馆应通过老年友好型设计改造，改善现有展陈空间的适老化程度，体现博物馆及社会对老年人的温情与敬意。根据老年群体的注意力、记忆力、视力、听力、体力等特点，博物馆可对展览内容进行通俗化阐释，提高展览的易读性，提升老年人观展的阅读体验。加强展览的适老化设计，通过调整字号、色彩、排版、光线等细节，提高阅读舒适性。在展线设计中尽量增加休息座椅，减轻老年观众的疲劳感，同时考虑轮椅使用者的空间问题和低位服务。[3] 此外，博物馆可专门针对老年观众开发符合老年人使用特点的语音导览系统，讲解员应放缓讲解语调、语速，帮助老年观众重建学习的自信心。在此基础上，博物馆应考虑为老年群体开发互动项目及教育活动，使其感受到重视与关爱，面对数字化不再退却，提升观展体验。

博物馆适老化服务于细微之处彰显真情，亦可增加老年群体对博物馆的信任。老年友好型环境的营造，在推动博物馆提升服务品质的同时，也让老年群体感到亲切与舒适，收获宾至如归的体验。在参观结束后，这种良好的体验将继续激励老年群体在未来的生活中乃至虚拟的网络中，与博物馆建立稳定而持久的联系。一个对老年观众友好的博物馆应致力于进一步为老年人参观博物馆创造条件，以高质量文化供给和精细化的分众服务，提升老年观众的满意度和获得感，让博物馆成为更公平、温暖、有爱的空间。

（三）助老：博物馆为文化养老提供参照样本

人口老龄化是博物馆作为公共文化服务机构无法回避的社会问题，国内外一些博物馆基于多元、平等、便捷、包容的原则（DEAI，即diverse，equitable，accessible and inclusive），正在成为解决老龄化问题的参与者和推动者，为具有不同能力的群体提供平等参与和体验的机会。英国博物馆界曾发起“老龄社会”（Age Collective）项目，并发表博物馆“老年人友好宣言”[4]，鼓励老年观众学习新知识、探索新体验，进行创造性思考。美国博物馆联盟与阿罗哈慈善组织（Aroha Philanthropies）和终身艺术（Lifetime Arts）两家机构合作开展了“创意老龄化”（Creative Aging）项目，面向老年人举办教学艺术工作坊系列活动，鼓励老年人学习技能、提高社区参与度、发挥创造力，帮助他们克服年龄歧视带来的压力。

“创意老龄化”（Creative Aging）项目

如今，越来越多的博物馆意识到可以在积极老龄化、创意老龄化等方面有所作为，一些博物馆已经尝试用“艺术疗愈”提高老年人的自尊、自信和自我认知。英国利物浦国立博物馆针对认知症患者开展了记忆改善项目——“记

英国利物浦国立博物馆开展的记忆改善项目“记忆之家”（House of Memories）

忆之家”（House of Memories），帮助他们重新认识自我、了解过往；日本博物馆界通过“怀旧疗法”[5]（reminiscence therapy）帮助老年群体应对阿尔兹海默病；台湾地区博物馆正在与医院合作推广“博物馆处方笺”——通过艺术治疗调整老年人身心健康，让更多博物馆有望成为治疗失智、抑郁等疾病的重要场所。依托丰富的文化资源，博物馆开展文化服务可及性和多样性行动计划，将有效拓展老年群体文化共享的适用性和覆盖面，为文化养老提供更多新路径，帮助老年群体树立积极老龄观，提升主观幸福感和群体幸福感。

在面对老龄化问题之时，多尝试些角度来看待老年人、多采取些办法来服务老年人，不失为一种积极应对的态度。为此，博物馆应主动投身健康老龄化行动，关注老年群体多样化的精神需求及其在社会中的处境。通过构建相关公共议题，增进其他社会群体对老年人的理解、认同与尊重，重塑老年群体的公众形象[6]，在公共领域以文化的力量凝聚社会正能量。同时，重视老年人的知识、技能和经验，开发跨代际教育活动，增进青老两代人之间的文化传承和情感交流；加强老年观众研究，持续为老年群体提供高质量的展览及参与式活动，并逐步为那些无法到现场参观的老年人提供延伸服务，维护好博物馆与老年群体之间黏性。

在亲老、适老、助老的环境中，博物馆为老年人提供知识、技能、情感、社交、健康等方面的支持，将有助于提升老年群体的幸福感、安全感、获得感，进一步营造老年友好型社会环境。期待更多的博物馆能够顺应人口老龄化客观趋势，与老年服务机构、社群等在这一领域产生更多的创新合作力量。

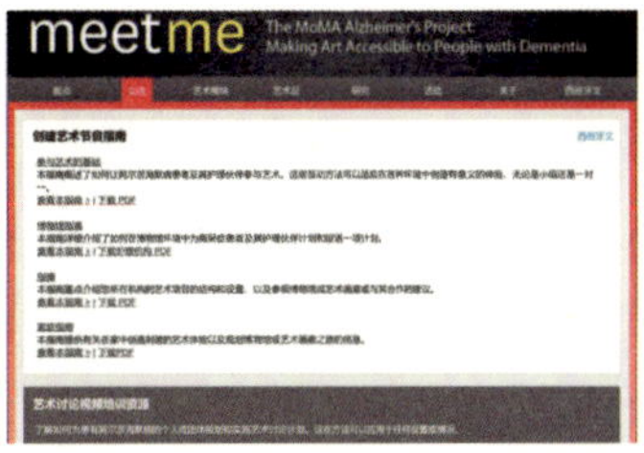

纽约现代艺术博物馆阿尔茨海默病患者及其护理人员建立的博物馆教育项目

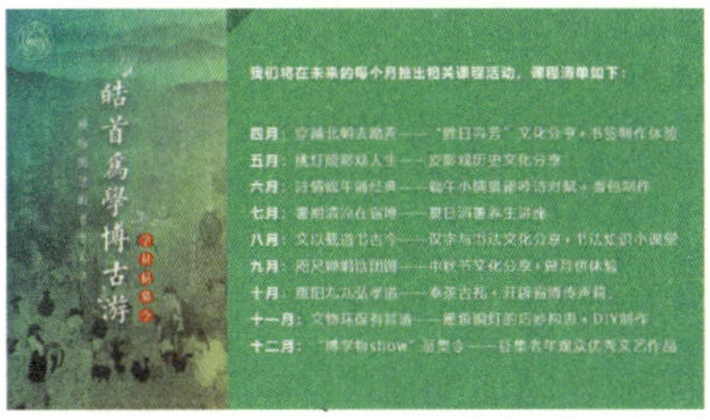

山西博物院为老年人策划的专属系列课程

四、创造福祉：博物馆让生活更美好

世界卫生组织认为福祉不仅仅是没有疾病，还是个人在身体、心理和社会层面都感受到幸福的积极状态。博物馆被认为是最安全、最健康和最受大众信赖的公共休闲场所。人们聚集在博物馆探索、玩耍和享受的同时，不用担心受到任何伤害。博物馆可以通过多种方式助力实现可持续发展目标，提升观众幸福感、为集体创造福祉。

一个对老年观众友好的博物馆应致力于进一步为老年人参观博物馆创造条件，帮助老年群体应对社交隔阂和改善心理健康，以高质量文化供给和精细化的分众服务，提升老年观众的满意度和获得感，让博物馆成为更公平、温暖、有爱的空间。作为解决老龄化问题的参与者和推动者，博物馆以文化力量凝聚社会正能量，为文化养老提供新的参照样本，在促进老年群体健康与福祉、构建美好生活与社会可持续发展等方面必将发挥无限潜力。

【注释】

[1]国家统计局．中华人民共和国2022年国民经济和社会展统计公报》[EB/OL].（2023-02-28）[2023-07-23].http://www.stats.gov.cn/tjsj/zxfb/202302/t20230227_1918980.html.

[2]康迎彦．首都博物馆老年观众行为与需求调查分析[J].东南文化，2011（3）.

[3]曹兰玉．老龄化背景下博物馆通用性无障碍设施设计策略[J].河南科技，2020（7）.

[4]英国博物馆协会.英国博物馆界发表“老年人友好宣言”[Z/OL].湖南省博物馆，编译 http://www.hnmus-eum.com/zh-hans/aboutus/%E8%8B%B1%E5%9B%BD%E5%8D%9A%E7%89%A9%E9%A6%86%E7%95%8C%E5%8F%91%E8%A1%A8%E2%80%9C%E8%80%81%E5%B9%B4%E4%BA%BA%E5%8F%8B%E5%A5%BD%E5%AE%A3%E8%A8%80%E2%80%9D.

[5]于晖．老龄化社会进程中博物馆的职能拓展——日本学者相关研究及启示[J].东南文化，2021（2）.

[6]刘迪．美国博物馆老年教育的理论、实践与启示[J].当代继续教育，2021（6）.

中小型博物馆社教工作的实践与方向思考——以宜兴市博物馆为例

郝殿峰 葛 威 朱佳英（宜兴市博物馆）

摘要：目前，全国中小型博物馆已有4000余家，是我国博物馆体系的重要组成部分，也是一支不容忽视的文博力量，然而相对于大型博物馆，无论是社会关注度，还是政府扶持力度，都存在着一定的差距。文章从宜兴市博物馆近年来的社教工作出发，认为中小型博物馆只有明确清晰的定位和发展方向，坚持“引进来，走出去”的工作理念，才能获得良性发展，对全国中小型博物馆的建设具有一定的借鉴意义。

关键词：中小型博物馆；社教教育；跨界融合；高质量发展

长期以来学界对中小型博物馆的讨论很多，但却没有明确定义，“中小型博物馆”“地方博物馆”“基层博物馆”“市县级博物馆”等概念经常并列或者混用。如何认识中小型博物馆对于博物馆行业发展与助力社会主义文化强国建设的客观价值，也未得到充分、系统的界定与探讨，本文将从分析中小型博物馆的现状以及如何更好地高质量发展，以宜兴市博物馆为例进行探索和分析。中小型博物馆类型相对多元，但总体还是以历史综合类为主。根据国家文物局官方网站发布数据，截至2021年底，全国博物馆总数达6183家，相比2012年（3069家）增长了近1倍。其中国家一、二、三级博物馆总数达1222家，增幅达59.9%，占全国博物馆总数的21.1%。国家文物局博物馆与社会文物司博物馆处界定了我国“中小型博物馆”的概念范围：一是国有文物系统所属博物馆中行政隶属层级为县区级、乡镇级以及其他这几种类型的博物馆，共计2248家；二是国有其他行业所属的博物馆535家；三是全部非国有博物馆1989家。基于此结合博物馆建筑面积小于等于1万平方米的界定，最终统计筛选出“中小型博物馆”4343家，在整个博物馆事业中占比70.2%。全国现有地市级以下中小型博物馆3198家，占全国博物馆总数（6183家）的51.7%。现有专业人员1.3万人，平均每家博物馆约4人。2021年纳入各级财政补助支持的1198家，占中小型博物馆总数的37.5%。在公共文化服务方面，2021年全国中小型博物馆接待观众超过3.1亿人次，展览超过2万个，教育活动超过17万次，约占当年全国博物馆相应指标40%—60%。其中4011家中小型博物馆实现了免费开放，占比达到92%以上，高于全国均值90%。

一、宜兴市博物馆的相关实践

宜兴，全国十强县，地处江浙皖交界，人文荟萃。宜兴市博物馆现为国家二级博物馆，从零人才、零藏品、零经费、零知名度起步，2017年开馆至今运营已有6年，现为国际博协、中国博协会员单位，国内首家故宫教育中心宜兴分中心，江苏省科普基地、无锡青少年校外活动基地、市爱教基地等。建筑面积2.5万平方米，展厅面积7200平方米。目前登记在册的藏品共有30671件，其中一级文物15件，二级文物70件，三级文物61件。作为中小型博物馆，宜博根据拨款有限、规模展览难办、人才缺乏等实际情况，制定了非常清晰的定位和发展方向，以与大咖牵手办展览为中心，以发动全馆员工进行课程开发为抓手，以社教活动打开知名度和影响力，做出了一些有益的实践。

携手大咖——故宫教育中心宜兴分中心

“故宫博物院教育中心宜兴分中心”于2018年在宜博挂牌成立，是故宫教育中心国内首家分中心，常年来依托故宫博物院资源，面向宜兴市中小学及社会公众，推出各类具有文博特色、内容丰富、形式多样的专题教育项目和深入的文化体验。2021年双方续签合作协议，进一步深化在展览陈列、宣教活动及学术活动等领域的合作。

宜博与故宫宣教深入合作开展故宫大讲坛。自分中心成立以来举办各类适合青少年学生教育课程10余次，共3000余名师生在家门口体验故宫的教育产品，领悟学术的神圣、体会文化的魅力、感受故宫人的真诚。故宫大讲坛的设立获得了学校和社会公众的一致好评，大大提升了宜兴市博物馆的宣教质量。

宜博依托合作优势，在暑假期间策划举办“历史文化之旅——宜博少儿夏令营走进故宫”游学活动，自分中心成立以来带领宜兴本地近200余名学子走进故宫，让他们在学中玩、在玩中悟，为宜兴本地中小学生带去了丰富的文化体验，颠覆了传统的走马观花游览北京故宫模式，使他们从传统历史文化知识的获取、创新动手能力的培养、独立自主能力的培养等多方面得到锻炼，已成为宜兴市博物馆一张响亮的社教名片。

宜博坚持“引进来，走出去”理念，在深入合作的基础上，2021年7月将具有宜兴地方特色的公共教育课程，国家级非遗“宜兴均陶制作技艺”带进故宫教育中心，为北京的孩子们带来了具有陶都特色的非遗体验，形成优秀传统文化的“双向”输出，推动公共教育资源共享，弘扬中华传统文化。

在常态化疫情防控期间，联合故宫博物院打造线上课程，利用短视频、直播等新兴媒介，推出“‘宜’起爱学习《故宫篇》”“故宫教育中心宜兴分中心线上课堂”等系列内容，将故宫珍贵鲜活的文博资源搬到宜兴市民眼前，手机端品味故宫文物背后的艺术文化，获得立体化、全景化的文博学习体验。

依托“故宫教育中心宜兴分中心”平台，整合故宫博物院的优质资源，宜博策划、开发的这些适合社会公众的游学及宣教项目，让更多宜兴青少年走出去，也吸引了更多中外观众走进来、走进中国优秀传统历史文化。今后，宜博还将尝试与更多的场馆进行宣教的交流互动。

量身定做——全员社教齐发力

作为中小型博物馆，宜博面临经费不足、宣教人才缺乏等挑战，在发挥教育职能方面与国内优秀博物馆存在巨大的差距，需要不断探索与创新。宜博目前共有40名员工，但社教部仅有4人。为弥补馆内宣教人才缺乏的不足，宜博积极探索博物馆教育的特色发展之路，提出了“全员社教”创新理念，为社教工作的高效开展奠定基础，推动博物馆教育工作良性发展。

宜博开拓创新、整合资源，建立“全员社教”体制，发动全馆青年职工根据自身工作和研究方向开发课程，打破业务边界，通过竞争选拔的形式选出优秀社教课程和授课人，在壮大博物馆社教人才队伍的同时，丰富社教课程内容，并通过绩效机制激发馆内青年职工投入博物馆教育工作的积极性、主动性和创造力，以传承宜兴地方文化元素、弘扬陶都文脉的精气神、输出优质社教内容。宜博在挖掘内部人才的同时也积极引导社会力量共同参与博物馆的社会教育工作，邀请宜兴非遗传承人参与各类社教活动，传承宜兴本土非遗文化。截至目前，已开发出《宜博里走入“书的故事”——线装书的制作》《人火之战——古代是如何消防灭火的？》《神奇动物在哪里——探寻〈山海经〉中的珍禽异兽》《光与影的艺术——皮影戏》等一系列适合不同阶段青少年的不同类型的社教课程。以此为基础，宜博几年来为全市青少年提供了近千场形式多样的社教活动，馆校互动频繁、效果良好。

宜博秉持“全员社教”理念，不断扩大馆校合作的“朋友圈”，为企业、属地板块、金融等各行业提供宣教服务。迄今为止共开发历史文化、红色宣讲等不同类型的课程共计50余堂，同时借助线上线下平台，不断擦亮“第二课堂”的金字招牌。

融合跨界——社教活动处处行

近年来宜博在跨界融合上做了许多积极的尝试，利用馆藏和非遗资源，社教跨界服务公众，发挥博物馆的桥梁连接作用，融合社会力量，创新形式让博物馆走进公众视野，在跨领域、多元化的融合中实现文化创新，为公众提供新时代的社会教育服务。

学术建设是博物馆理念创新、制度创新的支撑，是博物馆高水平发展的引擎。宜博依托阵地优势，承办了各类学术研讨大型会议。2019年，我馆与国际博物馆协会、中国博物馆协会、故宫博物院等单位合作，成功举办了国际博协培训中心2019年秋季培训班；2021年，我馆与国家文物局、中国博物馆协会、中国文物报社等单位合作，成功举办国家级研讨会“文旅融合中博物馆创新发展”。承办国际性、国家级大型会议，锻炼了我馆组织策划大型会议的能力，进一步扩大了我馆在全国乃至国际博物馆界的知名度。

宜博还联合宜兴各级主管部门开展了丰富多彩的传统文化活动。与宜兴教育部门合作，我馆面向全市中小学生开展青少年社会实践，开发了一系列充满传统文化韵味的拓展课程，让学生充分感受历史文化之美。作为全市青少年社会实践基地的主阵地，我馆目前已与全市50余家中小学达成共建，为全市中小学生提供了近千堂社教课程，馆校互动频繁，效果良好。我馆针对宜兴高职在校相关专业学生定制了“假期实习岗位”培养计划，并建立了“1+5”总分团模式的志愿者服务团队，在寒暑假期间为学生提供“社会缓冲区”，也为馆内人力短缺的现状提供了补充。与宜兴市文明办合作，整合馆内优质教育资源，助力我市乡村复兴少年宫建设，积极参与"共享课堂"公益送课行动，将博物馆优秀课程送至宜兴各学校、社区、村，丰富了全市未成年人的精神文化生活，促进了未成年人的健康成长，也扩大了我馆的影响力。与中共宜兴市委党校合作，我馆结合"伟大精神铸就伟大时代——中国共产党伟大建党精神专题展"打造"守关自习室"，邀请宜兴市委党校的老师上公开课，传承弘扬伟大建党精神。与宜兴市纪委监委合作，我馆在传统节日活动中挖掘整合宜兴优秀的廉洁文化资源，丰富博物馆公共文化服务供给，赋予廉政文化新时代主题，推动廉洁文化浸润人心，形成正气充盈、奋发向上的良好社会风尚。

转换视角，突破固有思维，通过跨界融合，宜博打造了很多优秀的教育项目，高质量开展各类文化服务活动，为博物馆教育注入新活力，让博物馆真正地"活起来"。

二、中小型博物馆现状浅析

中小型博物馆是指相对于国家级、省级的大型博物馆而言的市、县级博物馆，其场馆面积、藏品数量、资金、人力、科研、展示、观众等规模都比较小。在我国现有的博物馆体系中，中小型博物馆数量最多，是构成我国博物馆体系的主体部分。但这类博物馆往往因条件所限，发展中面临诸多制约因素，如资金严重不足、文博人才缺乏、馆藏展品不足、规模展览难办、文创无法盈利等。首先，资金严重不足。资金是制约中小型博物馆发展的重要因素之一。中小型博物馆作为公益性的事业单位，经费主要依赖政府拨款。博物馆的运营仅靠政府的财政是远远不够的，特别是疫情发生以来，拨款屡屡缩减，江浙沪约裁减30%—60%不等。资金不足使得文物的征集保护、高质量展览和文化宣传等受到极大限制，导致中小型博物馆各项业务活动无法正常开展，使其事业发展受到限制。其次，专业人才缺乏。人才是第一资源。由于受地域性差异、编制所限、待遇不高等多方面因素影响，中小型博物馆在人才队伍建设方面存在诸多问题。一是文博专业人才匮乏，我国文博人才队伍总体状况与建设文化遗产强国的要求尚不相适应。截至2020年底，我国共有不到1500人文博专业毕业生，这些人才中能顺利进入博物馆工作的本就不多，其中大部分被大型博物馆分流，能进入中小型博物馆的专业人才少之又少。二是中小型博物馆编制少、工作杂。随着事业单位改革精简，中小型博物馆的在编人员较少，但是事务性工作和日常性工作杂乱且繁多，仅依靠在编人员是远远不够的，为了维持博物馆的正常运转，必须聘请编外人员，但编外人员工资待遇较低，导致人员流动性较大，人才难留住。最后，展览难办，文创无法盈利。藏品的数量和质量，直接关系到博物馆的功能发挥。相较于省级以上大馆，大部分中小型博物馆客观上受限于经费、专业人员和社会影响力等问题，藏品来源与征集工作的困境更为突出。中小型博物馆大多数都缺少珍贵文物，馆藏也不够丰富，并且多数地区的珍贵文物都被省级文博部门收藏。由于没有自己的特色藏品，中小型博物馆藏品缺乏吸引力，无法举办大型展览，其社会功能也无法得到有效的发挥。博物馆的文创产品作为一种特殊的文化产品可以帮助其更长久地实现社会教育，也是创收的主要方式。但中小型博物馆相较于大型博物馆，没有庞大的观众基数和藏品支持，在文创开发方面面临挑战；并且大多数中小型博物馆归入于公益类，不能有自营收入而无法有效开展相关活动，所以文创经营行为盈利给中小型博物馆带来的好处是微小且不确定的。

尽管中小型博物馆面临着诸多问题，但也有着属于自身得天独厚的优势。由于中国博物馆的管理体制异于西方，不同级别的博物馆有不同的定位，国家级博物馆的任务是展示整个中华民族的悠久历史和灿烂文明，省级博物馆主要展示本省的人文历史，以此类推：对某一特定文化的展示，级别越高的博物馆展出的内容越概括，如中国国家博物馆的基本陈列“古代中国”展厅面积超过很多市级博物馆甚至是省级博物馆总建筑面积，但要想较为全面地展示古代中国不同历史时期政治、经济、文化、社会生活以及中外交流等方面的状况，其空间仍显狭小。因此，对具有地域特色的文化介绍只能是一笔带过。而中小型博物馆基本上是市县级博物馆，隶属于某一区域，总是与某一片特定的土地相关联。因此，中小型博物馆对所在区域的各种记忆载体即各类型文物资料可以细而精地阐释，并借此增进人们对这片土地的理解与热爱。综上所述，在当代意义和价值、本地化和乡土情趣、与当地人民生活和情感的紧密联系等方面，中小型博物馆的优势，甚至是更大一些的，笔者认为可以从社会教育工作打开小切口形成大作为。

三、中小型博物馆社教工作方向思考

“双减”政策背景下与教育部门联动。“双减”政策的落地于中小型博物馆而言是机遇也是挑战。博物馆作为“非正式教育”的重要场景和环境，在满足人民日益增长的学习和发展需求上有着巨大的发展和进步空间，对中小型博物馆而言更是具有改变格局，弯道超车，形成核心竞争力的重大意义：“小特专精”的中小型博物馆应该成为博物馆行业进步的底色。与大博物馆一样，中小型博物馆更应该从“认知”和“学习理论”出发，重新审视和梳理博物馆教育全流程和全方位的工作，找准定位和目标，精准布局，透彻认识博物馆的“教育性”贯穿和渗透博物馆全部业务工作的重要性，形成、完善和贯彻自身的教育策略，在教育这件事上发挥更大的效能和优势，成为能够为公众提供长效传统文化培训和服务的类培训机构；让中小型博物馆有自己的造血功能，成为公益为主创收为辅的类培训机构。

公益性质是博物馆的首要特点，教育是博物馆的重要功能，最终目的是传播弘扬中华优秀传统文化，不是盈利，但在具体实施过程中也要进行成本核算。中小型博物馆在为公众提供相关服务时收取最基本的材料成本费，更利于中小型博物馆良性发展。鉴于中小型博物馆资金方面的实际困难，相较于文创，品质社教、文化培训更能让公众接受，在为公众提供培训和服务时要区别于培训机构，不以营利为目的。

1. 引入馆外优秀培训机构，建立长期的合作关系。共同策划各类主题性活动，助力中小型博物馆更好地开展青少年教育活动。教育机构的策划团队可以和博物馆的工作人员沟通交流，立足于博物馆馆藏文物和展览内容特色，融入艺术、音乐、绘画等元素进行活动设计，通过生动活泼的活动设计引导青少年参与其中、乐在其中，激发兴趣、锻炼思维，潜移默化地提高青少年的综合素质。

2. 推行“全员社教”制度，丰富馆内社教课程。中小型博物馆往往因为经费不足尤其是宣教人才缺乏，在发挥教育职能方面与国内优秀博物馆存在巨大的差距。所以中小型博物馆要融合资源，想办法找路子，明确自身定位和工作目标，运用多种手段开展和提升社会教育工作。通过建立“全员社教”体制，打破业务边界，壮大中小型博物馆的社教人才队伍，丰富社教课程内容，输出优质社教内容。

3. 打造终身学习的课堂；面对学校和学生的需求，中小型博物馆要一面从内部着手，一面主动走出去，让博物馆课程尽可能在区域内学校形成广覆盖。中小型博物馆要注重观众研究，设计分众化课程。“双减”政策的落地，为以兴趣、特长和综合素质为培养方向的校外教育创造了更适宜的外部环境，而各种主题博物馆作为校外教育的主要阵地，将迎来新的机遇，大批校外学科培训的学生将被分流到博物馆教育活动中。这就要求中小型博物馆在内容上做到分龄设计，在形式上加强趣味性和知识性的融合，在机制上进一步与教育部门和学校形成更加紧密的合作模式。

从各类相关数据中可以看出，中小型博物馆和基层博物馆是我国博物馆事业的主力军，是我国博物馆体系的重要部分。中小型博物馆不仅数量众多，在公共文化服务方面也发挥了重要作用。中小型博物馆是否充满活力，能否提供高质量的文化产品，直接关系到其能否很好履行基本的文化权益保障功能，直接关系到博物馆领域能否全面贯彻落实二十大提出的发展社会主义先进文化，弘扬革命文化，传承中华优秀传统文化，满足人民群众日益增长的精神文化需求等具体要求，所以中小型博物馆也是博物馆事业的生力军。

总之，中小型博物馆要取得发展、服务社会、就要立足实际，主动作为，根据自身的优势和特长，找准定位，扬长避短，做好规划，发挥优势、张扬个性，形成独特的风格，这就需要国家相关制度和政策的正确引导，针对薄弱环节对症下药，切实地提升中小型博物馆发展质量以及发展的持续性，实现差异化发展。利用当下博物馆发展的有利契机，找准适合中小型博物馆管理发展的方向，做到小馆也有大作为，小馆也能作“大文章”。

【参考文献】

[1] 龚良 . 从社会教育到社会服务——南京博物院提升公共服务的实践与启示 [J]. 东南文化，2017（3）.

[2] 龚良 . 弘扬传统文化，服务美好生活 [J]. 群众，2018（11）.

[3] 国家文物局 . 中央宣传部国家发展改革委 教育部科技部 民政部 财政部 人力资源社会保障部 文化和旅游部 国家文物局印发《〈关于推进博物馆改革发展的指导意见〉的通知》[EB/OL].（2021-05-11）[2021-12-30].http://www.ncha.gov.cn/art/2021/5/24/art.2318.44659.html.

[4] 许越，杨欣 . 博物馆教育服务文化创意的探索与实践——以南京博物院为例 [C]. 博物馆文创实践与研究，2022.

[5] 李强 . 浅谈中小博物馆发展之路 [J]. 文物鉴定与鉴赏，2020（8）.

[6] 中国博物馆协会社会教育专业委员会 . 中国博物馆青少年教育工作指南 [M]. 北京：文物出版社，2018.

[7] 宋娴，蒋臻颖，等 . 国内外博物馆科普教育活动案例与评析 [M]. 北京：中国科学出版社，2019.

[8] 叶澜 . 学校教育研究方法 [M]. 北京：教育科学出版社，2003.

[9] 单霁翔 . 从“馆舍天地”走向“大千世界”：关于广义博物馆的思考 [M]. 天津：天津大学出版社，2011.

[10] 国家文物局博物馆与社会文物司 . 新形势下博物馆工作实践与思考 [M]. 北京：文物出版社，2010.

基于多源流理论的我国博物馆青少年教育政策议程设置研究

马映雪（重庆红岩革命历史博物馆）

摘要： 博物馆教育是博物馆公众服务核心。梳理七十余年来我国博物馆青少年教育政策的议程设置，厘清过程中各项影响因素与动力机制，可以进一步提炼出博物馆青少年教育政策的议程设置的特征，为后续博物馆青少年教育政策的深入研究和动态调整提供借鉴与参考。本研究基于多源流理论分析框架，从问题源流、政策源流和政治源流三个方面研究我国博物馆青少年教育政策议程设置的动力机制和演化逻辑。研究发现，问题源流由时代发展对青少年教育提出新要求的指标变化、建设“学习型社会”成为国家发展迫切需求的焦点事件、博物馆教育功能发挥受制的反思反馈三方面构成；政策源流由专家学者对博物馆教育现状的关注以及政策参与者的积极呼吁构成；政治源流由党和国家的高度重视和国民情绪的积极变化组成。在政策企业家的推动下三源流汇聚开启政策之窗，但后续仍需在在决策中聚焦问题本身，摸清政治脉络，把握时代机遇，聚合多方力量持续推进我国博物馆青少年教育政策体系的进一步完善。

关键词： 多源流理论；博物馆教育；青少年教育；政策议程

作为博物馆公众服务的核心，博物馆的教育功能一直被学术界反复强调。自中华人民共和国成立起，我国对博物馆教育政策，尤其是针对青少年的博物馆教育政策的研究、颁布、施行之路路从未中断。当前，全球教育迈入崭新时代，学校教育和社会教育相结合的重要性日渐显著，青少年教育与博物馆教育的深度融合成为政策制定者与学术界所关注的重点。党和政府立足博物馆教育的时代特征，围绕着博物馆青少年教育工作重点，已经出台一系列有针对性的政策文件，受到社会各界的广大关注。本研究以中华人民共和国成立为时间起点，聚焦七十余年来我国博物馆青少年教育政策的议程设置，倚靠多源流理论，研究博物馆青少年教育政策各项影响因素与动力机制，提炼出博物馆青少年教育政策议程设置的特征，以期为后续博物馆青少年教育的深入研究和动态调整提供借鉴与参考。

一、多源流理论及其适用性

多源流分析理论（Multiple Streams Theory, MS）是美国政治学家约翰·W.金登（John W.Kingdon）在政策分析模型垃圾桶模型（Garbage Can Model）的基础上提出的政策制定分析模式，用以观察议程设定与政策形成过程。金登认为，问题之所以能够成为公共问题，最后被提上政策议程，是由于问题、政策、政治这三条源流共同作用。问题源流是指对需要行动来解决的公共问题的察觉。[1]政策源流，指的是专家、学者或相关专业人士通过考察而提出的对某一问题的解决方案。本质上政策源流是探索并选择解决问题的各种建议和方案。金登所讨论的政治源流包含三个因素：国民情绪、压力集团的争夺行动、行政当局的变化。[2]问题、政策、政治三条源流彼此独立却又相互作用，最后在政策之窗（Policy Windows）交汇，在政策企业家的推动之下，当政策窗口打开时，问题则会被提上议事日程，或者为政策变迁提供机会，因此政策之窗又被称为机会之窗（Windows of Opportunity）。政策之窗开启的时间非常短暂，政策倡导者必须适时抓住机会促使三条源流汇合，推动政策的建立。

金登认为利用多源流理论进行分析的前提之一，是公共问题和政策议程的提出是在“民主”的前提下才成立。他提出，在公民权利得到保证的前提之下，舆论才是自由的，政策议程才不仅是按照统治阶层的意志而设立。第二个前提是政策不只是由政府组织和计划决定，而是由公共政策的子系统来完成，体现利益多元化。由此可见，多源流理论被广泛运用于政策议程分析，主要原因在于其蕴含的多元主体协同参与原则，符合国家治理体系现代化的发展路径。

教育4.0时代即将到来，全新的教育理念也将引领人类更加深入地认识“创新时代”对受教育者能力的需求，国家对各个阶段和层面的教育愈加重视。从20世纪60年代开始，“终身教育”“终身学习”“学习型社会”等概念被提出，旋即成为世界范围内重要的教育议题，也带动着学界逐渐开始重视学校之外的教育世界。但就对现有文献进行梳理的结果看来，作为社会教育的重要组成部分，博物馆教育尤其是博物馆青少年教育的相关文献数量不多，可供参考的资料较少，缺乏运用多源流理论对我国博物馆青少年教育政策议程进行分析的前例。运用多源流理论对中华人民共和国成立以来我国博物馆青少年教育政策议程进行分析，首先要回答适切性问题。中华人民共和国成立以来，我国一直实行人民民主专政，人民代表大会制度则是中国人民民主专政的政权组织形式，是中国的根本政治制度。从政治制度这一根本层面上要求民主，符合金登关于公共问题和政策议程提出的第一前提的论述。并且，随着时代的不断发展，社会政治民主化进程也在加快，参与政策议程的主题愈显多元化趋势，民众、社会团体、民间智库、新闻媒介等纷纷参与到政策议程中来，也符合金登关于多源流理论运用的第二前提。

二、中华人民共和国博物馆教育政策发展历程

（一）萌芽期（1949年—1976年）

中华人民共和国成立后，博物馆事业迎来全新的发展阶段。1951年，文化部发布《对地方博物馆的方针、任务、性质及发展方向的意见》，其中指出“博物馆事业的总任务是进行革命的爱国主义的教育”[3]，为这一时期的博物馆教育事业指明方向。1956年，全国博物馆工作会议召开并形成《全国博物馆工作会议总

结报告(提纲)》，强调博物馆在“文化教育”工作方面具有十分重要的作用。[4]

由于中华人民共和国刚刚成立，国内博物馆事业才从瘫痪状态走出来，一切工作都还处于摸索阶段。之后在“大跃进”运动时期与十年文化浩劫期间，我国博物馆发展遭受沉重打击，博物馆事业停滞不前。这一时期，有关博物馆教育的方针、路线等均散见于各项针对博物馆发展政策中，虽然暂未形成专门的政策文件，没有涉及基础教育阶段尤其是关注未成年人的博物馆教育政策，但也为之后的博物馆教育事业发展打下了一定基础。

(二)扎根期(1977年—20世纪90年代末)

1976年，“文革”结束，博物馆系统开始进行“拨乱反正”。1979年，国家文物局发布《省、市、自治区博物馆工作条例》，对博物馆的管理和发展提出规范并形成条例，其中再一次强调了博物馆教育功能的重要性。此后我国的博物馆教育事业得到极大促进。1991年，由中共中央宣传部、国家教委、文化部、民政部、共青团中央、国家文物局联合发布的《关于充分运用文物进行爱国主义和革命传统教育的通知》，要求博物馆需根据青少年要根据青少年认知水平、心理特点等差异，结合所学课程，灵活科学开展渐进教育，逐步深化。各地此后纷纷在革命纪念地以及此类文物馆藏丰富的博物馆建立起青少年教育基地。[5]这一时期，博物馆的教育功能进一步得到重视，尤其是以青少年为对象进行爱国教育已经成为博物馆要务之一。虽然在教育理念和内容上囿于爱国主义教育、革命传统教育和历史教育等方向，但这一时期的博物馆教育政策的提出，为接下来的馆校合作深度融合发展提供了借鉴经验。

(三)发展期(21世纪至今)

进入21世纪，国家经济与技术发展迅猛，文博和教育事业均受到高度重视，博物馆教育政策正大步迈向更为明确和完善的时期。这一时期发布的博物馆青少年教育相关政策内容主要涵盖三个方面。第一方面是旨在提升以未成年人为对象的社会教育质量，相关政策包括《关于进一步加强和改进未成年人思想道德建设的若干意见》《全民科学素质行动计划纲要(2006—2010—2020)》《国家中长期教育改革和发展规划纲要》《国家教育事业发展十三五规划》《中小学综合实践活动课程指导纲要》等。第二方面主要强调提升健全博物馆教育机制、完善博物馆教育体系，包括《国务院关于加强文化遗产保护的通知》《博物馆条例》《中国博物馆青少年教育工作指南》《关于推进博物馆改革发展的指导意见》等。第三方面强调进一步促进馆校合作，推动博物馆教育创新高效发展，相关政策包括《国家文物局、教育部关于加强文教结合、完善博物馆青少年教育功能的指导意见》《关于利用博物馆资源开展中小学教育教学的意见》等。其中2015年起施行的《博物馆条例》作为我国博物馆系统首部全国型法规，明确规定“博物馆应对学校开展各类相关教育教学活动提供支持和帮助”。这一法规的施行，从顶层设计层面为博物馆青少年教育工作予以指导和规范，我国博物馆青少年教育相关问题也从笼统包含在相关教育研究和博物馆研究之中进行讨论，逐步发展成为单独讨论的主题，围绕博物馆青少年教育主体颁布的专门性文件数量也呈明显上升的趋势。

三、基于多源流理论框架的议程分析

(一)问题源流

金登认为，问题源流阐释问题如何引起相关方面注意，而决定问题成为问题源流的决策权利至关重要。此类问题可能是由于政府关注的某些指标发生了显著变化而引起，可能是由重大或危机的焦点事件的发生而引起，也有可能是由公众对现行政策的反馈以及预算的限制所引起。[6] 通过梳理，中华人民共和国不同阶段的博物馆青少年教育政策制定以及演进受到以下问题的影响。

1. 指标变化：时代发展对青少年教育提出新要求

由于传统的“分数至上”的价值观桎梏，我国学校教育长期受到单一的应试教育思维的影响，单靠学校教育和课堂教学很难满足学生“学以致用”“知行合一”的发展需求，青少年群体在全面发展的道路上进展缓慢。站在世纪之交的重要节点上，在举国上下正迈步走向新千年的关键时期，党和国家清楚意识到，国力竞争成为要务，而国力兴盛则取决于人才的培养与储备，这对于培养和造就适应 21 世纪发展节奏的时代新人提出了更加迫切的要求。因此，全面深化教育改革，全面推进素质教育以构建充满生机的具有中国特色的社会主义教育体系，培养全面发展的时代新人，成为为国家储备人才和知识基础的重要任务。1999 年，《中共中央国务院关于深化教育改革全面推进素质教育的决定》（后文简称《决定》）中指出，要“全面推进素质教育，培养适应 21 世纪现代化建设需要的社会主义新人”。《决定》明确要求要“以培养学生的创新精神和实践能力为重点”，素质教育应“应当贯穿于学校教育、家庭教育和社会教育等各个方面”。[7] 为同时代发展需求相匹配，教育内容、教学方法、人才培养等各项指标均发生相应变化，不再以升学率论学校水平高低，也不再以分数评价学生成败。进入 21 世纪，政府更加重视素质教育的施行，并且在原有国民教育体系的基础上，大力规划中长期教育改革，同时推进基础课程改革，重视学校教育与家庭、社会教育之间的协同作用，努力培养新时代的合格建设者和接班人。教育体系各项指标的演变，也为我国博物馆青少年教育政策血液的不断更新带来新的机遇。

2. 焦点事件：建设“学习型社会”成为国家发展迫切需求

当前社会飞速发展，知识与技术时刻都在不断更新，传统的在课堂场域内以书本为载体的教育模式已经无法满足时代发展需求，学习也成为超越学校空间的限制的社会活动，学习型社会的建设已经成为新时代教育体系建设中的一项重要任务。2001 年 E—9 会议《北京宣言》制定了包括“形成适应学习化社会需要的开放灵活的教育体制，满足人们的基本学习需要，培养终身学习的态度和能力”在内的愿景目标。2010 年发布的《国家中长期教育改革和发展规划纲要（2010—2020 年）》中提出“到 2020 年基本形成学习型社会”的伟大目标。2017 年，党的十九大正式提出了“完善学习型社会与终身教育体系，建设学习型社会”的目标要求，进一步为学习型社会的建设提供有力支持。2021，中央办公厅、国务院办公厅印发《关于进一步减轻义务教育阶段学生作业负担和校外培训负担的意见》（即“双减”政策），明确提出“有效减轻义务教育阶段学生过重作业负担和校外培训负担”这一要求，释放出对应试之外教育资源多样化的巨大需求。2022 年，党的二十大报告提出了“建设全民终身学习的学习型社会、学习型大国”的目标，擘画了新时代教育现代化的新蓝图。在政府颁布的一系列推动建设学习型社会的政策条文的背景下，包含博物馆教育在内的社会教育受到各界空前关注。

3. 反思反馈：博物馆教育功能发挥受制

自2008年全国博物馆免费开放以来，博物馆持续开展内容多样的展览和教育活动，在积极探索博物馆教育新发展道路上不断前进。2018年全国博物馆举办展览2.6万个，教育活动近26万次[8]；2020年全国博物馆举办2.9万多个展览，策划22.5万余场教育活动[9]；2021年全国博物馆举办展览3.6万个，教育活动32.3万场[10]。当前“双减”政策落地，青少年教育从校内冗杂课业和校外培训机构中抽出的空白，正需要博物馆、图书馆等社会教育资源进行有效补充。虽然我国博物馆系统一直在探寻利用自身资源优势进行青少年教育的有效途径、高质量教学形式和课程内容，但与更早开始进行开展博物馆教育的发达国家相比，我国博物馆在很多方面还处于刚刚起步的阶段。尤其自21世纪肇始至今，虽然我国政府一直施政施策倡导实行素质教育，但对于相当部分学校和家庭而言，学生在学校的学习成绩依旧是评判其学习和成长的最重要指标，除培训机构外的校外教育依旧无法发挥其真正的教育功效。正是由于这种只重视校内教育的教育共识的存在，使得社会教育价值在我国教育体系中长期缺位。另外，博物馆等被排除在学校之外的教育资源，针对青少年的教育工作无法得到深度开展。学校教育和校外教育未能得到有效的衔接从而形成藩篱，导致包括博物馆在内的社会教育机构无法触碰教育世界先进、尖端的理念和方法，在进行青少年教育时，此类社会教育机构只能基于封闭原始的教育理解开展教育活动，教育手段仍以讲解为主，教育内容缺少原创因素，博物馆教育形式发展滞涩，也容易导致博物馆专业价值认同受限。

（二）政策源流

政策源流包含问题相关各方对于问题所提出的各种政策建议、政策主张以及政策方案。博物馆青少年教育政策来源于相关主题对于问题所提出的热点议题、建议、方案等。其中相关主体主要包括参与政策讨论的政府官员、政策研究者、专家学者、政协委员等，他们对于博物馆青少年教育问题的看法、论题、态度、观点等，构成了博物馆青少年教育政策的政策源流。

1. 专家学者对博物馆教育现状的关注

领域内的专家和学者因其知识的专业性对备选方案的形成发挥重要影响。某一特定政策领域专家知识和观点的积累以及专家提出的政策建议都是促使政府政策备选方案形成的重要因素。[11]领域内专家和学者的观点、态度等通常以其参与的课题研究、发表的论文著作以及参加的学术交流会议体现。

在论文著作方面，中华人民共和国建立后，学者对于博物馆青少年教育的关注始终不减，研究热情方兴未艾。20世纪50年代开始，学者们开始以比较的视域及方法研究诸如苏联[12]、保加利亚[13]等国博物馆在社会教育方面结成的先进经验。1999年，《关于深化教育改革全面推进素质教育的决定》发布后，有学者旋即对博物馆教育与素质教育的协同推进进行研究，认为博物馆对推进青少年素质教育应该发挥重大的作用。[14]进入21世纪，专家学者对于博物馆青少年教育的研究愈发凸显出时代特性和政策导向，但在博物馆教育的法规政策存在滞后现象。时任国家文物局局长单霁翔认为，无论是国家还是地方政府，博物馆都还未被明确纳入国民教育体系。[15]在学术交流会议方面，20世纪80年代开始，博物馆行业内部各类学术交流会议中均出现了对于博物馆教育政策、现状以及展望的讨论。2006年陕西省博物馆协会曾承办的“科学发展观与博物馆教育学术研讨会”、中国博物馆协会社会教育专业委员会2019年会暨“使命——博物馆教育的责任与情怀”研讨会、武汉大学2016博物馆教育研讨会等会议更是将博物馆教育这一论题作为会议主题加以研究探讨，为博物馆教育政策的制定和优化建言献策。

2. 政策参与者的热切呼吁

人大代表作为基层群众的“代言人”，肩负着向人民代表大会及其常务委员会、人民政府反映意见呼声的职责。近年来，各地各领域人大代表高度关注博物馆青少年教育事业发展和政策制定优化，多次提交相关提案。2007年，多位全国政协委员联名提交《建议将博物馆纳入国民教育体系》提案，呼吁将博物馆纳入国民教育体系，认为这既是博物馆履行行业教育职能的迫切需要，也是完善我国国民教育体系的必然要求，同时更反映了人民群众对丰富精神文化生活的殷切期盼。2008年全国人大代表李修松呼吁将公共博物馆等纳入国民教育体系，以此进一步加强社会主义核心价值体系建设和公民思想道德建设。2017年沈琪芳等11位全国人大代表提交了《关于将博物馆纪念馆纳入国民教育体系推实施中华优秀传统文化传承发展工程的建议》，从优化顶层设计、强化指导、优化调整博物馆免费开放政策等方面出发，加快推进将博物馆纪念馆纳入国民教育体系的进程。2020年全国人大代表王欢提出《适时将博物馆教育纳入中小学课程教育体系》提案，建议提高全社会对博物馆教育的认知和重视。2022年，全国人大代表、知名导演贾樟柯提出了《关于将中国文化遗产和博物馆体验式学习纳入义务教育体系的议案》，希望教育部门能开展中小学生在文化遗产地、博物馆的实地体验式教学，让中小学生能够更系统全面地了解中国优秀文化。在政策源流中来自专家学者、政策参与者等方面的观点交织博弈，可以相互碰撞生发出更为成熟的建议，促使博物馆青少年教育政策朝向更为合理高效的方向发展。

（三）政治源流

政治源流是由国民情绪、利益集团间的竞争，政党意识形态在国会中的分布状况，以及政府变更等因素构成，这些政治源流的组成部分也是政策议程必不可少的一环。在我国的政治体制之下，政治源流对政策制定过程甚至有决定性影响，政治源流的变化会引领问题源流和政策源流的汇聚。

1. 党和国家的高度重视

中华人民共和国成立后，党和政府在博物馆发展与社会教育领域一直不断探索。1958年，毛泽东在视察安徽省博物馆时指出：“一个省的主要城市都应该有这样的博物馆，人民认识自己的历史和创造的力量是一件很重要的事。”这一指示从国家层面为博物馆在中华人民共和国成立初期的进一步发展指明目标，提供根本遵循。20世纪60、70年代，受“文革”影响，我国博物馆教育事业受到阻碍。到80年代后期，博物馆行业发展回暖。1991年，江泽民同志致信国家教委李铁映与何东昌，提出要对小学生、中学生一直到大学生，由浅入深地进行近代史、现代史及国情教育。[16]党和国家领导人高度重视教育事业发展，尤其针对青少年教育多次作出重要指示，要“坚持中国特色社会主义教育发展道路，培养德智体美劳全面发展的社会主义建设者”。同时，党的十八大以来，以习近平同志为核心的党中央的高度重视为博物馆事业发展提供了政治保障。2018年，习近平总书记主持召开中央全面深化改革委员会第三次会议，审议通过了《关于加强文物保护利用改革的若干意见》，在“主要任务”中提出“将文物保护利用常识纳入中小学教育体系，完善中小学利用博物馆学习长效机制”。[17] 习近平总书记指出，“历史是最好的教科书”，“一个博物馆就是一所大学校”。国家发展进入新时代，党和国家高度重视发挥博物馆的青少年教育功能，博物馆教育领域研究与政策讨论得到大力推进，为培育、丰富和提升广大青少年的知识储备、文化素养、思想品德做出显著贡献。

2. 国民情绪的积极变化

国民情绪作为一种存在于大多数民众之中的集体观点和舆论倾向，其变化对政策议程的设置、走向和结果具有十分重要的影响。国民情绪可以使得问题被提上议程，甚至可以让这些问题在政策议程中居于显著位置。[18] 据上海市发布的《博物馆年度运营报告》显示，即使在疫情影响下的 2020 年，上海全市博物馆共接待 982 万人次，其中青少年观众达 196 万人次；共策划各类社会教育活动 5307 场，其中公共讲座 1170 场，学生教育和亲子活动 4137 场，公众教育尤其是针对青少年的公众教育受到极大关注。[19]2021 年发布的报告中，上海全市博物馆共接待观众 1646 万人次，其中青少年观众 333 万人次；共策划举办社会教育活动 36977 场，较上一年度数量显著提升。[20] 文旅部在 2021 年发布的统计数据显示，全国博物馆陈列展览 31931 个，比 2012 年增长 58.7%；参观人次 74850.45 万，比 2012 年增长 32.7%。[21] 在新媒体急速发展的今天，互联网也成了博物馆发展社会教育事业的新阵地。新媒体平台抖音发布的 2022 博物馆数据报告中指出，截止到 2022 年 5 月，全国三级以上博物馆抖音发布内容覆盖率达 98.64%，一年中博物馆相关视频数量同比增加 70%，点赞量超过 12 亿次，播放量超过 394 亿次，相当于全国博物馆一年接待观众人次的 72 倍。[22] 普通民众近年来对博物馆事业的关注以及对博物馆提供的教育活动的支持和企盼，成了博物馆青少年教育相关政策优化和制定国民情绪支撑，同时也为博物馆青少年教育议题进入政策议程提供了民意保障。

（四）源流汇聚与政策之窗的开启

政策之窗可以分为问题之窗和政治之窗，其中问题之窗打开的前提是问题需要提上议程，政治之窗则是因为政治源流和政策源流中的重要部分发生明显变化而打开。三源流在政策之窗汇聚，政策之窗打开问题则被提上政策议程，推动旧政策进行优化，新政策进行制定。三源流处于一个动态变化的过程中，需要适当的时机和政策企业家的推动才能使得三源流在政策之窗汇聚（如图 1）。政策之窗的开启决定于问题源流和政治源流中的重大事件。在我国，这类“重大事件”多体现在重大会议与重要指示中。

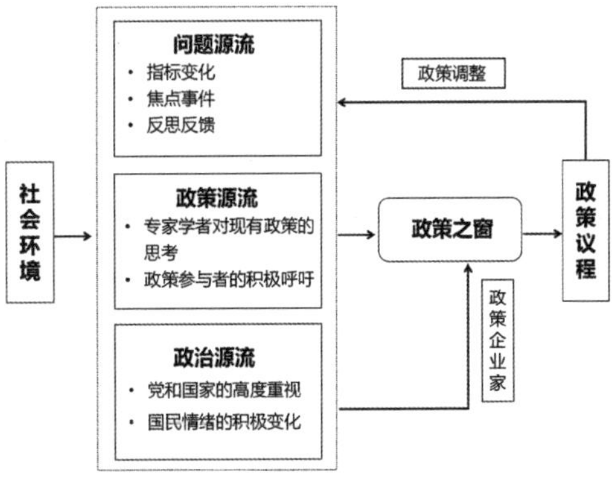

图 1 博物馆青少年教育政策政策议程的多源流模型

进入 21 世纪以来，党和国家从全局出发，坚持把教育摆在优先发展的重要战略地位。为优化教育体系，提升教育质量，社充分利用全社会优质教育资源，强化博物馆的教育、科研、服务等社会功能的质量，国务院法制办于 2008 年、2012 年向中央单位、地方政府、博物馆、有关专家和社会公众征求意见，并进行了调研。在 2015 年 1 月 14 日国务院第 78 次常务会议上，国务院常务会议审议通过了《博物馆条例（草案）》，鼓励博物馆向社会免费开放，强化服务教育、科研、文化建设和大众生活的社会功能。从立法层面上肯定了博物馆教育功能，进一步推动了博物馆教育事业繁荣发展。党的十八大以来，习近平总书记发表一系列重要论述、作出一系列重要指示批示，为博物馆工作引航指路，为各项博物馆青少年教育政策的制定和优化打开了重要的“政策之窗”。为认真贯彻落实习近平总书记关于文化遗产工作、教育工作的一系列重要讲话精神，促进博物馆青少年教育资源与学校教育的有效衔接，进一步探索构建优质博物馆学习机制，教育部、国家文物局联合发布《关于加强文教结合、完善博物馆青少年教育功能的指导意见》和《关于利用博物馆资源开展中小学教育教学的意见》。包括教育部、国家文物局等在内的各相关部门在接下来的时间里进行深入调研和探讨，举多方之力，共同推出一系列相关政策条文，为博物馆青少年教育政策体系的壮大和优化提供了坚强保障。

四、总结与展望

本文运用多源流理论对我国博物馆青少年教育政策议程设置过程进行了分析，验证了该套理论的可行性。通过上文分析可以发现，多源流理论框架解释了我国博物馆青少年教育政策议程的设置过程，说明了问题源流、政策源流和政治源流的相互作用共同推动了我国博物馆教育事业的发展与变迁。博物馆作为重要的社会教育阵地，担负着传播优秀文史科学知识和传统民族文化的职责，同时还在提升观众思想道德、审美情趣等多方面发挥着显著作用。经过长期不懈努力，中国特色社会主义进入新时代，党和国家的各项事业都面临着一个全新的阶段、前所未有的发展现状，博物馆事业迎来发展新方位。站在新的发展关头，博物馆青少年教育要从顶层设计的层面进行优化，持续深化各项政策的打磨斟酌以及推陈出新。

首先要聚焦到问题本身，以现实问题为导向，强化各相关方面的问题意识。文旅、教育等相关部门应以问题为政策建立的基本导向，以不同层次、不同类型的青少年的发展为中心，关注以促进这一主体发展为核心的各项指标的变动、焦点事件的发生，以及对问题和事件的反思反馈。其次要摸清政治脉络，聚合多方力量，共同推动政策的更新。教育是立国之本、强国之基，是国之大计、党之大计，青少年教育是我国教育体系中的关键环节之一，博物馆作为重要的社会教育资源，是青少年教育中不可或缺的重要力量。博物馆青少年教育政策的发展和完善需要多方主体共同参与，一道摸清政治源流的走向和动态，多方发力，完成构建日臻完善的政策体系。最后要把握历史机遇，充分促进博物馆在新时代的浪潮中发挥崭新功能。当前，世界经济和科学技术正飞速发展，我国也进入后疫情时期，学习型社会的建设需求呼唤教育时空不断延伸，这一系列的变化所带来的不仅是挑战，更是巨大的发展机遇。问题源流、政策源流和政治源流的动态变化提醒着政策制定的决策者和参与者要时刻做好准备，把握三流汇聚和政策之窗开启的机会，促进博物馆青少年教育政策的不断优化。

【注释】

[1][18] 曾令发．政策溪流：议程设立的多源流分析——约翰·W.金登的政策理论述评[J].理论探讨,2007(03):136-139.DOI:10.16354/j.cnki.23-1013/d.2007.03.039.

[2][11] 金登 J.议程、备选方案与公共政策[M].丁煌，方兴，译．北京：中国人民大学出版社，2017：16

[3] 《博物馆学概论》编写组．博物馆学概论[M].北京：高等教育出版社，2019：67.

[4] 郑振铎．全国博物馆工作会议总结报告（提纲）[J].文物参考资料，1956（06）：10-12.

[5] 王乐．馆校合作的理论与实践[M].北京：科学出版社，2018：24.

[6] 陈建国．金登“多源流分析框架”述评[J].理论探讨，2008（01）：125-128.DOI:10.16354/j.cnki.23-1013/d.01.027.

[7] 中共中央国务院关于深化教育改革全面推进素质教育的决定[J].中华人民共和国国务院公报,1999(21):868-878.

[8] 光明网.2018年全国博物馆举办教育活动26万次 观众达11.26亿人次[EB/OL].（2019-5-18）[2023-1-2]. https://edu.gmw.cn/2019-05/18/content_32844443.htm.

[9] 海外网.2020全国博物馆办2.9万多个展览 接待观众亿人次[EB/OL].（2021-5-25）[2023-1-2].https://baijiahao.baidu.com/s?id=1700718843228341305&wfr=spider&for=pc.

[10] 潇湘晨报.2021年博物馆总数达6183家，5605家博物馆实现免费开放[EB/OL].（2022-5-18）[2023-1-2]. https://baijiahao.baidu.com/s?id=1733135847574125639&wfr=spider&for=pc.

[12] 翦伯赞．参观苏联博物馆的印象——一九五三年三月二十五日在博物馆业务学习会的讲词摘录[J].文物参考资料，1953（04）：29-41.

[13] 杨伯达．最生动的爱国主义教育的课堂——保加利亚故居博物馆[J].文物参考资料，1956（04）：75-76.

[14] 高荣斌．博物馆与素质教育[J].中国历史博物馆馆刊，1999（02）：118-122.

[15] 单霁翔．博物馆的社会责任与社会教育[J].东南文化，2010，No.218（06）：9-16.

[16] 切实加强中国近现代史和国情教育[J].学科教育，1991（04）：3-6.

[17] 光明理论．切实发挥博物馆保护和传承人类文明重要场所作用[EB/OL].（2022-10-5）[2023-1-4]. https://theory.gmw.cn/2022-10/05/content_36066984.htm.

[19] 中国经济网.2020上海市博物馆年度运营报告发布：公共教育受追捧[EB/OL]. 2021-1-19[2022-1-4].https://baijiahao.baidu.com/s?id=1689271384611074167&wfr=spider&for=pc.

[20] 乐游上海．重磅！2021上海市博物馆年度报告发布[EB/OL].（2022-9-8）[2023-1-4]. http://whlyj.sh.gov.cn/wlyw/20220908/359a4587a8f94d98b33ddaa88abeacf6.html.

[21] 上观新闻．文旅这十年|我国博物馆行业发展迅速 美术馆参观人数稳步增长[EB/OL].（2022-10-18）[2023-1-4].https://export.shobserver.com/baijiahao/html/540270.html.

[22] 中国新闻网．报告显示：全国三级以上博物馆抖音内容覆盖率达98.64%[EB/OL].（2022-5-18）[2023-1-4]. https://baijiahao.baidu.com/s?id=1733131476815735266&wfr=spider&for=pc.

博物馆促进地方文化多样性

地方博物馆的多重使命
——大同博物馆之城建设思考

王立铎（中国人民抗日战争纪念馆）

摘要： 地方博物馆是一个地区文化最直接的综合体现，是该区域灵魂所在。2022年国际博物馆协会（ICOM）通过的博物馆新定义明确强调博物馆在促进多样性和可持续性方面的重要作用，为地方博物馆提出了新要求——植根于地方文化土壤，着眼于地方社会发展，满足地方社会发展需求。近年来，大同市积极推进地方博物馆建设，与地方发展相结合，进行文旅融合，开展“博物馆之城”的规划和建设，取得了一定成果。本文从大同“博物馆之城”建设入手，探究地方博物馆在守护地方文化多样性、保存地方集体记忆、传承地方文化传统、鼓励地方民众参与等方面的多重职能与使命，从而为促进博物馆可持续发展，助力大同“博物馆之城”高质量发展提供参考。

关键词： 博物馆；特殊人群；地方博物馆；文化多样性；可持续发展；博物馆之城

一、研究缘起

2022年8月24日，在布拉格举行的第26届ICOM大会上通过了最新的博物馆定义。博物馆是指为社会服务的非营利性常设机构，它研究、收藏、保护、阐释和展示物质和非物质遗产，向公众开放，具有可及性和包容性，促进多样性和可持续性；博物馆以符合道德且专业的方式进行运营和交流，并在社区的参与下，为教育、欣赏、深思和知识共享提供多种体验。[1]和此前定义相比，新定义进一步强调了博物馆在促进文化多样性和可持续发展方面的重要作用，并提出社区参与的重要性。地方博物馆是综合展示某一地区独特的自然、历史、经济、文化和风土人情的平台，是我国博物馆的重要组成部分[2]，是与当地居民关系最密切的博物馆群体。因此，地方博物馆最能体现博物馆在保护地区文化多样性、实现地区可持续发展和促进社区参与方面的重要作用。

党的十八大以来，党和国家高度重视博物馆工作。习近平总书记在十八届中共中央政治局第十二次集体学习时的讲话中提出“要系统梳理传统文化资源，让收藏在禁宫里的文物、陈列在广阔大地上的遗产、书写在古籍里的文字都活起来”。2021年5月24日，中央宣传部、国家发展改革委、国家文物局等九部委联合发布《有关博物馆改革发展的指导意见》，指出探索在文化资源丰富地区建设“博物馆之城”“博物馆小镇”等集群聚落[3]，“博物馆之城”建设正式拉开帷幕。

大同市历史悠久，文化底蕴深厚。大同是全国首批二十四个历史文化名城之一，两汉边塞，北魏京师，辽金陪都，明清重镇，中华人民共和国煤炭之都，在各个历史时期都留下了丰富的历史文化遗存：开凿于北魏的云冈石窟、北魏明堂遗址，始建于唐开元的善化寺，兴建于辽金时期的善化寺，明清时期的九龙壁、古城墙……历史遗迹星罗棋布。作为农耕文明和游牧文化交流与冲突的边界，大同地区融合了中原与草原文化的特征，留下了赵武灵王胡服骑射、木兰代父从军等家喻户晓的故事与传说。

2008年，大同全面开始“名城复兴”计划，根据“一轴双城”的城市规划，全面保护历史文化遗产，深入挖掘历史文化内涵，展示当地文化特色。促进地区可持续发展成为当地社会的迫切需求。2018年，大同市发布《关于征集建设大同各类博物馆的公告》，正式提出大同“博物馆之城”的建设，力争用三年时间建成百座博物馆，形成类型齐全、多元多样的博物馆体系。2022年8月26日，大同文物局再度发布公告，面向全国征集各类博物馆，并表示大同市政府将为其提供部分四合院作为场所，结合古城修复项目对大同市适合建设博物馆的地点进行合理布局。[4]

据国家文物局2021年备案数据，大同市共有博物馆23家，均免费开放[5]；平均每约13.5万人拥有一家博物馆[6]，尽管不及欧美发达国家数据，但远超全国平均水平（每24.39万人拥有一家博物馆）。从博物馆隶属来看，隶属文物系统的国有博物馆14家，其他行业国有博物馆一家，非国有博物馆八家。从博物馆级别来看，一级博物馆一家，为大同市博物馆，拥有一座总馆和九座分馆，文物170余万件（套）；二级博物馆一家，为中国雕塑博物馆；未定级博物馆21家[7]。从博物馆类型来看，包含综合性博物馆、历史类博物馆、艺术类博物馆、遗址类博物馆、名人故居、自然科学类博物馆等众多类型，门类齐全。

综上所述，在国际博物馆界重新界定博物馆定义、党和国家高度重视博物馆工作、地方城市建设发展和“博物馆之城”推进的多重背景影响下，大同的地区博物馆迎来前所未有的发展契机。在此背景下，梳理地方博物馆建设现状、明确地方博物馆的使命与定位对保护地方文化多样性、促进地方博物馆和区域可持续发展具有至关重要的意义。

二、大同地区博物馆网络建设现状

（一）以市博物馆“总—分馆”为骨架的博物馆体系

以城市名命名的市级综合博物馆是一个地区博物馆网络的核心。始建于1958年的大同市博物馆[8]不仅是大同博物馆网络的核心，其独特的“总—分馆”的发展模式，更为大同建设“博物馆之城”搭建起扎实的框架。

2014年底正式启用的大同市博物馆新馆为国家一级博物馆，馆藏文物17万余件，规模宏大，功能完善，外观现代。博物馆现设有“大同恐龙”“沧桑代地”“魏都平城”“辽金西京”“明清重镇”等常设展厅及一间临时展厅，全景式展现了古代大同从史前到明清时期的文化面貌，但近代以来尤其中华人民共和国成立以后大同的发展变迁却未能得以展现。对日益强调收藏与展示“当下”的博物馆而言，不失为明显短板。同时，现有展陈空间仍难以将所有文物及时展出，馆内大多数文物仍“沉睡”在文物库房中。近年来，随着大同城市建设的发展和古城的修复，越来越多的场馆被规划为博物馆、纪念馆等公共文化空间。

鉴此，大同博物馆探索出了“总—分馆”的发展模式。从2011年开始，梁思成纪念馆、平城记忆馆、北魏明堂遗址博物馆等九个博物馆被先后纳入大同市博物馆分馆体系。博物馆分馆坚持行政隶属关系不变，坚持人员编制关系不变，坚持经费渠道方式不变的三不变原则。[9]总馆和分馆之间构建定位清晰、运行有序、互利共赢的总分馆制度。各个分馆共享总馆文物，形成各具主题，各有特色，各有内涵，类型丰富的专题展览，共同补齐大同各历史时期的展览内容。同时在各分馆中大力推行策展人制度，每建一个分馆，就成立一个项目组，负责展览的策划。

每个分馆都拥有自己的主题，诉说独特的历史故事（见表1）。梁思成纪念馆是名人纪念类博物馆，主题展览为“大师·大同”，主要讲述梁思成四次到访大同的故事。魏碑书法家张霭堂故居纪念馆为名人故居类博物馆，馆内陈列张霭堂先生书法作品和生前物品。明堂遗址博物馆在明堂南门遗址上建成，采用罩棚方式形成封闭展示空间，内部用木质栈道通道方式建成明堂遗址博物馆，并通过数字技术、模型、图版、实物、艺术品来展示内容。博物馆分为“惊世发现”“平城明堂”“考古发现”三个单元，以板瓦、筒瓦、瓦当，以及北魏基址结合方法重现当时北魏明堂的辉煌。北朝博物馆依托北魏明堂遗址园区主体建筑而建立，分为“妙相庄严”“石雕气象”“卤簿庄穆”“魏碑风骨”“彼岸世界”“殿堂华章”“生活百态”六个单元，是国内首家以展示北朝文物为主的专题性博物馆。北朝博物馆见证了平城时代墓葬文化与美术的繁荣，体现了北朝多元文化汇聚和融合。辽金元民族融合博物馆位于开化寺，开辟为古城展示辽金元文化的专题性博物馆，集中展示大同地区出土的辽金元时期，同时辅之以现代科技手段，走进辽金元漫长的时空隧道，回首西京大同的恢宏气势，感受西京大同的历史情怀。平城记忆馆展览主题为《昨天·今天》，共设立“昨天今天”“古城旧影”“十年回眸”“改革时代”四个展厅，通过老旧照片、地图、物品、影像，从不同的方面的三百余件藏品记录了大同历史，展示了大同从昔日的“明清重镇”走到现在改革开放，展现大同近现代城市集体记忆。古代铜造艺术博物馆以“铜耀大同——明清大同铜造艺术陈列”为基本陈列，分为“古韵新风”“炉火纯青”“燕闲清赏”“奢华铜享”四个单元，展示大同地区明清两代六百余年的铜造技艺，充分反映了雁北古城大同在明清时期商业兴盛，人文鼎盛，民族融合的繁荣景象。而红色记忆馆以1921—1949年为时限，回顾大同地区党、团组织的发展历程，再现党领导大同人民开展抵抗日寇侵略赢得民族独立，推倒旧政府建立中华人民共和国的可歌可泣的伟大壮举。值得一提的是，在红色记忆馆中还有一个专题展览，纪念白求恩大夫于抗战中在大同地区的故事。大同魁星文化博物馆位于古城内复建的魁星楼内，以“昌文兴教”为主题，主要展陈与科举制度相关的文化内容。以大同城科举文化为主题，通过魁星像、劝学故事壁画、科举制历史沿革等，弘扬国学文化，倡导教育兴国。[10]

综上所述，以大同市博物馆总馆为核心，九家博物馆分馆为骨架的“总—分馆”模式基本展示了大同地区不同历史阶段的风貌，涵盖了包括历史、名人、艺术、集体记忆等多个方面的内容，形成了较为完善的展示体系。分馆

表 1 大同市“总—分制”博物馆详细情况表[11]

博物馆名称	定位	类型	主要内容	年参观量（万人）	藏品	开放时间
大同市博物馆	总馆	综合	通史陈列	137.9	176000	1959.1
张霭堂故居	分馆	名人纪念	张霭堂生平	0.15	165	2017.9
梁思成纪念馆	分馆	名人纪念	梁思成生平与大同古建筑	1.68	66	2011.9
平城记忆馆	分馆	城市记忆	城市集体记忆	1.95	319	2011.9
明堂遗址博物馆	分馆	遗址 / 历史	明堂遗址	2.71	45	2016.12
红色记忆馆	分馆	革命	革命历程	6.11	402	2019.12
古代铜造艺术博物馆	分馆	艺术 / 非遗	铜器制造技艺	3.32	247	2019.12
北朝博物馆	分馆	历史	北朝文物	3.14	1195	2017.1
魁星文化博物馆	分馆	历史	科举文化	0.57	38	2016.12
辽金元民族融合博物馆	分馆	历史	辽金元文化	14.35	260	2019.5

各自分担了一部分藏品展示的任务，但藏品数量有限，故事相对单薄，年参观量稀少无法和总馆相匹配，影响力比较有限，集群效应并不明显，仍需其他博物馆和文化遗产作为衔接补充，完善“博物馆之城”体系建设。

（二）以其他博物馆和文化遗产为补充衔接

除大同市博物馆的“总分”馆外，大同雕塑博物馆、大同古城地质博物馆、大同北朝艺术博物馆、大同服饰文化历史博物馆、云冈石窟博物馆各具特色的博物馆等以专题形式提供内容上的有效补充。

“博物馆之城”的建设是一项综合性系统化工程，并非单纯指博物馆数量的提升，而是以“博物馆之名”深度挖掘地区文化遗产，带动整个地区的旅游经济文化发展。驻足于大同古城内，不仅可以参观形式多样、内容丰富的博物馆，还可以深度游览明清古城墙、远眺雁塔，浏览善化寺、华严寺等名胜古迹，完善相关配套设施，形成联动。步步为景，景景关联。[12]将各具特色的博物馆与文化遗产形成集群，进行整合和串联，从而形成多条特色文旅线路进行补充衔接，为“博物馆之城”建设助力。

三、地方博物馆的使命——以大同市博物馆为例

地方博物馆是一个地域的名片和窗口，肩负着多元的社会使命。地方博物馆不仅需要和当地特色紧密结合，体现区域文化的独特性和多样性，也需要和地方公众保持有效交流和联系，促进和展现参与性，从而实现服务在地社会可持续发展的目标。

（一）展现文化特色，守护历史文脉

地方博物馆作为地方历史文化汇聚之处，其首要目标便是展现当地地域特征，勾勒当地历史、社会发展脉络，守护历史文脉。目前，很多城市片面地追求“高楼大厦”的“现代化”发展模式，出现了“千城一面”的现象。失去了文脉的城市，就像“无源之水，无根之木”，必定会丢掉特色，失去动力。因此，地方博物馆需要记录一个区域经历过的沧桑，浓缩一座城市的文化内涵，凝结和承载一代代居民的情感。这是地方博物馆的使命。一座城市的历史文脉，不仅体现在每一件遗留下来的文物里，更蕴藏在每一座历史建筑、每一个发生的历史故事、每一个人的精神世界之中。所以，地方博物馆除关注文物本体之外，也需关注当地居民的精神传承。博物馆只有守护传承城市记忆，才有助于凸显城市特色、为城市可持续发展贡献源源不断的力量。

2008年以来，大同市启动了大规模的古城修复和复建工程，尽管存在争议，但不可否认的是，历史文化逐渐成了大同市的名片。城墙、四合院、魁星楼、太平楼的修复，越来越多的公共文化空间向公众开放，最大程度上重现了这座城市的历史文化肌理，营造出浓厚的文化氛围，使得整个城市的文化品质和内涵得到了提升，守护住了古城的历史文脉。博物馆在建筑和展示内容上充分展现了当地特色，以大同博物馆新馆为例，尽管是现代建筑，但极具大同特色。大同地处农耕和游牧文化交汇区域，新馆将石窟雕塑艺术、煤炭、火山地貌、龙文化等极具大同风格的元素符号融入建筑造型。展览选题同样立足于大同地域文化，讲好富有特色的地方历史文化沿革历程。

（二）传承地方文化传统，保护文化多样性

除历史建筑、藏品等物质文化遗产外，独具特色的传统工艺技术、别具一格的民俗风俗、内涵丰富的老字号文化等非物质文化遗产同样是地方文化传统和多样性的重要体现。传承地方文化传统、保护文化多样性同样是地方博物馆的重要使命。因此为地方非物质文化遗产提供保护、传承和文化体验平台也是地方博物馆的职能之一。广灵剪纸艺术博物馆、广灵平舒民俗博物馆、大同市大同服饰文化历史博物馆、大同市北朝艺术博物馆、古代铜造艺术博物馆等博物馆记录了众多节日民俗、传统工艺等非物质文化遗产，通过场景再现、多媒体等方式由物到人地展现给观众，与观众生活产生联系，让更多的民众了解自己生活地区的文化内涵。此外，作为古代商道的重要中转地和明清时期边贸重镇，由兴盛的车马大店、老字号而形成的独特商旅文化、饮食文化早已融入城市文化传统的血液之中。作为“博物馆之城”，更要对此加以活态保护和传承。老字号饭店“凤临阁”作为大同饮食文化的代表重新营业，不仅重现了不少传统地方美食，更使得更多公众了解到品牌故事与大同美食的文化内涵。尽管“凤临阁”只是一家饭店，但是其传承传统技艺，传播传统文化的功能也使其有了“地方博物馆”的属性。传统老字号对大同地区文化传统的传承和地方文化多样性的保护发挥着重要作用。

（三）强化地方认同，保存集体记忆

地方认同是个体与环境之间相互作用而产生的认知和情感上的联系，表现为个体思想上的认知和情感上的共鸣。[13] 地方认同的形成很大程度上依靠当地居民在地的集体记忆，地方

博物馆则是保存、展示地方集体记忆的主要场所。因此，强化地方认同，保存集体记忆理应是地方博物馆的重要使命。一个地区的集体记忆是居民与所生活空间维系感情的纽带，是对于整个地区的共同回忆和情感所在。每个居民都应该可以在博物馆里找到可以唤起自身回忆的元素。

红旗广场是大多数大同人的共同记忆，广场中心的大型钟表更是大同的标志性建筑物之一，见证着城市几十年的发展。在城市改造过程中，红旗广场被最终拆除，而这座大型钟表最终入藏大同平城记忆馆，诉说着许多“80后”“90后”的童年回忆。令人遗憾的是，尽管平城记忆馆展示了不少大同市从中华人民共和国成立后到改革开放的发展历程，但近年来城市剧烈变化的历程在整个博物馆展示体系中却鲜有涉及，类似于红旗广场时钟的物品，一些在市民心中记忆颇深的老街景、老建筑等集体记忆没有被保存下来。“人总是生活在记忆里”“为了明天而保存今天”，很多市民的个人记忆转瞬而逝，埋没在时间的长河里。如果将个人的体验融到城市发展的集体记忆中，并加以记录、加工、展示，无疑会增加居民对该地区的自豪感、认同感和归属感，这也正是地方博物馆的使命和职责所在。

（四）鼓励公众参与，促区社会合作

随着社会的发展和进步，博物馆逐渐走下“神坛”，不再是高高在上的形象。博物馆是公共文化服务机构，为社会及其发展服务；公众不再是旁观者和被教育者，而成为博物馆的主人和创造者。对于地区博物馆而言，其主要服务对象是该城市的市民和游客。对游客而言，博物馆是了解一个陌生地区历史文化、风土人情的绝佳窗口，这就要求地方博物馆不仅要吸引游客前来参观，感受城市的精神文化面貌，更要提升其对博物馆体验和参与感。对当地居民而言，博物馆是自我完善、发展和展示的工具，这就要求博物馆不能仅满足于让居民走进博物馆，而且要鼓励和要求居民深度参与博物馆，让居民参与博物馆展览策划、活动设计、文创设计等各项内容。在展览主题选择、表达方式等问题上有表达意见的发言权，培养市民的主人意识、参与意识，让城市博物馆真正成为城市的会客厅，展示居民自己的文化风貌。让居民与博物馆、与所在城市建立更深层的情感联结。但是目前，古城内的设施多为游客服务，为当地居民服务的基础设施与文化设施仍旧比较缺乏，利用率不高，当地的居民并没有将文化设施为自己所用。

地方博物馆与在地社会的联系紧密，其研究、教育、展示、文创等多方面工作都能成为合作交流的平台。近年来，博物馆跨界活动、博物馆游学、博物馆馆校合作等模式催生了崭新的合作模式。目前，大同市博物馆与中央美术学院、天津师范大学历史文化学院、大同大学历史与旅游文化学院、大同一中集团校和大同二中等地方院校开展馆校合作共建，建立实训基地，为学生提供实践教学平台。[14]作为合作平台，博物馆发挥了整合文博资源、促进多主体合作参与的积极作用。

（五）助力当地可持续发展

地方博物馆要服务于当地社会的发展目标，致力于当地的可持续发展。一方面是指文化的可持续发展，博物馆深度挖掘当地的文化内涵，保护当地文化多样性，延续传承地方特色文化遗产和可持续发展。另一方面，博物馆的使命

也不仅仅局限于文化领域，还包括成为推动城市可持续发展和创新的重要动力。

地方博物馆不仅要讲述当地风情和民众的故事，还要对故事进行诠释，将这些故事与更广泛的社会问题联系起来，提供反省式的多元思维、多元意义与多元价值，进而清楚地理解现实并展望未来。[15]地方博物馆以地区脉络和历史为主题，紧贴发展中各项实际问题，在诠释旧的文化中创造新的文化和动力。观众通过历史与自身所生活的环境产生联系并与之结合，由“历史之镜”到“生活之境”，产生新思想，进行文化创新，迸发出新活力，激发地区发展活力。2007 年，大同市 GDP 为 490.85 亿元，第一、第二、第三产业比重为 5.7%、52.5%、41.8%（数据来源于《大同市统计年鉴 2008》），是一个典型的工业城市。经过数年文旅融合，发挥“历史文化名城”优势，以文化驱动经济。2020 年，在新冠疫情影响旅游业的背景下大同市 GDP 仍达 1369.9 亿元，三产比例为 5.14%、36.98% 和 57.86%（数据来源于《大同市统计年鉴 2021》），实现了区域经济的可持续发展。在文旅融合战略框架下，博物馆网络成为重要组成部分，极大增加了游客黏性，为餐饮、住宿等相关产业的发展提供助力。

四、结语

基于当地博物馆资源和发展的实际情况，大同走出了一条具有当地特色的地方博物馆发展之路：选题与内容上结合当地实际，活动设计与内容阐释上注重居民参与，目标上关注地区发展，但仍任重而道远。诚然，大同在“博物馆之城”建设过程中也显现出一定不足，如博物馆工具色彩严重，以服务外来游客为主要目的，缺乏对当地社区和群体的关照[16]等问题。

面对新形势和新要求，地方博物馆需清晰认识自身多重使命——既要充分展现当地文化内涵特色，保护历史文化多样性，又要激发居民自主参与性，更要促进地方可持续发展。

【注释】

[1] 定义来自国际博物馆协会官网 .ICOM approves a new museum definition.https://icom.museum/en/news/icom-approves-a-new-museum-definition.2022-8-31.

[2] 胡可佳 . 地方博物馆原创展览策划的思考——基于观众评估研究 [J]. 博物院，2022（05）：95.

[3] 中央宣传部 国家发展改革委 教育部 科技部 民政部财政部 人力资源社会保障部 文化和旅游部 国家文局 . 关于推进博物馆改革发展的指导意见 . 国家文物局官方网站 .http://www.ncha.gov.cn/art/2021/5/24/art_722_168090.html.2022-12-21.

[4] 任雁 . 打造文化精品 展现城市文明——大同创建“博物馆之城”的思考 [J]. 文物鉴定与鉴赏 ,2020(08):148-149.

[5] 数据来自于国家文物局官网 .http://nb.ncha.gov.cn/museum.html?page=1&nianfen=2021&province=%E5%B1%B1%E8%A5%BF%E7%9C%81&showModel=list&order=ORDER%20BY%20NB_SJHDCC%20DESC&city=%E5%A4%A7%E5%90%8C%E5%B8%82.2022-12-23.

[6] 以第七次人口普查数据计算。

[7] 同 4。

[8] 时称大同市文物陈列馆。

[9][10] 马雁飞 . 新时代博物馆“总分馆制”发展模式探析——以大同市博物馆为例 [J].《文物鉴定与鉴赏》，2020（18）:126-127.

[11] 资料为 2021 年数据，来自国家文物局官网 http://nb.ncha.gov.cn/museum.html?page=2&nianfen=2021&province=%E5%B1%B1%E8%A5%BF%E7%9C%81&showModel=list&order=ORDER%20BY%20NB_NDGZZS%20DESC&city=%E5%A4%A7%E5%90%8C%E5%B8%82.

[12] 赵永宏，赵凯丽 . 一馆品历史 九馆悟千年 [N]. 大同日报，2021-10-26（7）.

[13] 王多多 . 博物馆旅游对本地游客地方认同的影响研究——以科尔沁右翼中旗博物馆为例 [D]. 内蒙古师范大学，2022：12.

[14] 任雁 . 延续记忆 连接未来——作为文化互动平台的大同市博物馆 [J]. 文物鉴定与鉴赏，2021（13）:162-164.

[15] 蔡琴 . 重访、重构、重释——区域博物馆常设展如何讲述地方历史 [J]. 博物馆管理，2021（1）：11.

[16] 王思渝，郭佳思，郑昭琪 . 多重动力下中小博物馆群的形成与发展——以大同市为例 [J]. 博物院，2022（4）：42-49.

中华人民共和国成立初期地志博物馆建设的实践与探索
——以 20 世纪 50 年代的上海市历史与建设博物馆为例

邵文菁（上海市历史博物馆）

摘要：20 世纪 50 年代，全国各地兴建地志博物馆，为当代地方博物馆发展之肇始。上海市历史与建设博物馆作为上海的地志博物馆，在学习苏联模式的前提下，利用民国时期上海通志馆的资源优势，借鉴中国方志编修经验进行博物馆建设。以搜集地方文献工作牵头，带动地方文物征集和学术人才集聚，为后来上海地区的博物馆建设夯实了地方史研究基础，丰富了地方文物收藏。本文试析上海市历史与建设博物馆的实践经验，以史鉴今。结合当下博物馆发展面临的时代之问，探讨如何在前沿理论的指导下，凸显在地文化特色，为建设有中国风格的地方博物馆寻找实现路径。

关键词：上海市历史与建设博物馆；地志博物馆；方志；地方博物馆

“地志博物馆”是中华人民共和国成立初期从苏联引进、借鉴而来的新型博物馆概念，是第一批地方博物馆中的典型模式。上海市历史与建设博物馆（以下简称“上海史建馆”）作为当时众多地志博物馆之一，在围绕建设地志博物馆的中心任务的同时，积极发挥主观能动性，寻找中国“地志”与苏联“地志”的共通处，以中国方志学思路建设地方博物馆，验证了中国式地志博物馆的可行方式。

一、地志博物馆理论在中国的演变

1951 年中央人民政府文化部在《对地方博物馆的方针、任务、性质及发展方向的意见》（以下简称“《意见》”），指出：“各大行政区或省、市博物馆，应当是地方性的和综合性的。即以当地的‘自然富源’（包括地理、民族、生物、资源等）、‘历史发展’（包括革命历史）、‘民主建设’（包括政治、经济、文化各方面的建设成绩）三部分为陈列内容，使之与地方密切结合。但同时又要注意全国性和地方性的配合，避免强调地方而忽略全国的偏向。”[1]1956 年 2 月建成的山东博物馆就严格按照此三个部分的基本架构，分为自然之部、历史之部和社会主义建设时期之部。1956 年 4 月 14 日中央人民政府文化部文物管理局下发的

《省、自治区、直辖市地志博物馆暂行条例（草案）》中才正式提出“地志博物馆”这一名词，具体要求基本是对《意见》的细化。[2] 根据《中央人民政府文化部1950年全国文化艺术工作报告与1951年计划要点》提出的“在有条件的大行政区或省市，筹设地方的综合性博物馆”的指示，各省市兴建地方博物馆。1953年全国49家博物馆中有29家为地志博物馆。[3] 可以说，当时各地对地志博物馆的建设投入了极大的热情。

20世纪80年代末90年代初期，关于地志博物馆的问题再次引起博物馆学界的讨论。有学者从“地志”二字出发，进一步诠释了地志博物馆的定义。如杜晓帆《试论地志性博物馆将走向消亡——与杨之余同志商榷》（1987）一文认为：“地志，是个名词，它的内涵有一定的范围，当初采用这一名词，大概也沿用了‘地方志’的概念，地志博物馆，实际上也就是地方志性质的博物馆。”[4] 董学增、王喜禄在《我国地志博物馆的基本概念、内容与作用》（1990）一文中指出：“地志博物馆，所以冠以‘地志’二字，就是因为这个博物馆的办馆思想是突出地志性，它的收藏范围、陈列内容反映了地方志所记载的范围和内容。”[5] 两篇文章都将“地志”理解为地方志。事实上，早在1936年，古生物学家杨钟健就提出设立新式地方志和地方陈列馆的重要意义。“地方志用文字及图画代表一地方实在情形，而地方陈列馆则以实物表示一地方的一切情形。”[6] 傅振伦在《地志博物馆对编修方志的作用（从地志博物馆谈到编写方志）》（1986）中提出，今日编修方志可以参考地志博物馆的陈列内容和工作方法[7]，这反向论证了地志博物馆与方志的互通性。

而回溯20世纪50年代引自苏联的“地志博物馆”概念：“地志博物馆是进行搜集、保管和陈列历史文献、艺术作品、工艺产品、农业产品、矿物、植物、动物的标本，及其他能表明本地区自然、经济、历史、文化和居民生活特点的材料的机构。”“地志博物馆是地方的地志工作的科学方法中心。”[8] 这里的“地志”指的是区域地理学。用中国方志学的理念建设地志博物馆，在当时是需要警惕的。郑振铎副部长曾指出：“在地志博物馆方面，要防止狭隘的地方观念，过分强调地方上的人物，好象通志馆的具体化或先贤祠似的，并体会到在全国范围内的历史发展而把地方经济文化的发展恰当地而又突出地表现出来。”[9]

从改革开放后中国博物馆学界对“地志博物馆”的认识可得知，中国的地志博物馆建设最终与“通志馆的具体化”殊途同归。

二、在地志博物馆理论指导下建设的上海史建馆

1952年底，上海市批准成立上海地志博物馆，在原有的亚洲文会上海博物院基础上进行改造。1953年起建立筹建处机构，1954年11月，“上海市历史与建设博物馆筹备处”正式定名。1955年初，正式启用“上海市历史与建设博物馆筹备处”印章。1958年1月20日上海史建馆常设陈列布展工作如期完成。陈列室位于陕西南路文化广场西侧露台下基址，面积约3700平方米，共有展品1252件。上海史建馆只进行了预展，从未正式开馆。1959年5月21日，经中共上海市委宣传部批复，上海市历史与建设馆筹备处建制撤销。

上海地志博物馆在1954年正式定名为上海市历史与建设博物馆，仿效的是莫斯科市历史与建设博物馆。根据1956年博物馆代表团访苏的调研，莫斯科市历史与建设博物馆的陈列分为“十月革命前的莫斯科”“十月革命的莫斯科”以及“列宁逝世后的情况”。莫斯科历史与建

设博物馆原为经济博物馆，十月革命后改为莫斯科市地志博物馆，1940 年改为莫斯科市历史与建设博物馆。陈列体系中不包括自然部分。1956 年，上海自然博物馆成立。上海市文化局计划在 1957 年建立起一个历史博物馆和一个自然博物馆，上海史建馆显然承担了“历史博物馆”的分工。

虽然名为“历史与建设博物馆”，但上海史建馆一直以“地志博物馆”作为自身定位。《省、自治区、直辖市地志博物馆暂行条例（草案）》指出：“直辖市地志博物馆组织城市的历史、社会主义建设两部分陈列。”1956 年 4 月 24 日，时任中央人民政府文化部文物局局长的郑振铎考察了上海史建馆筹备处情况后，在日记中写道：“看了他们的计划，即是上海市的地志博物馆的一部分，并非‘建设博物馆’也，应改换名称。所搜集的文物，还不坏。”[10] 郑振铎对上海史建馆性质的界定，与《省、自治区、直辖市地志博物馆暂行条例（草案）》的说法是一致的。1956 年 5 月召开的全国博物馆工作会议明确了地志博物的“三性”“二务”，即基本性质是科学研究机关，是文化教育机关，是物质文化与精神文化遗存和自然标本的主要收藏所；基本任务是为科研服务，为广大人民群众服务。根据文化部文物局制定十二年规划的要求，《上海历史与建设博物馆 1956 年到 1967 年工作规划纲要（草案）》在整体规划的大方向上严格遵照了中央的指示，“确定本馆系地志性博物馆。今后的基本任务为：1. 全面地搜集研究上海地方的历史、政治、经济、文化、群众生活方式等方面有关文物资料；2. 通过组织陈列等方式向人民群众进行爱国主义与社会主义的思想教育；3. 提供科学院研究的参考资料，使本馆成为上海物质文化史的研究中心机构。”普通观众也更认可上海史建馆为地志博物馆的说法。1958 年，《文物参考资料》的读者米耳认为筹建中的北京与上海两市的历史与建设博物馆“虽沿用了‘历史与建设博物馆’这一名称，但其陈列内容，似乎与莫斯科历史与建设博物馆有所不同，而接近于地志性博物馆。这可能是由于感到建立市的地志馆比建立城市的历史与建设专馆，范围广、教育作用更大的缘故。”[11]

三、地志博物馆科学研究借鉴方志学的可能

上海史建馆与民国时期的上海市通志馆有着莫大的渊源。上海市通志馆成立于 1932 年 7 月 14 日，直属于国民政府，负责史料的征集与志稿编纂相关工作。[12] 抗战爆发后，通志馆工作停顿，直到 1945 年 11 月 24 日再度恢复。1946 年 11 月，民国市政府决定将通志馆业务并入新设立的上海市文献委员会。中华人民共和国成立后，不少原上海市文献委员会的工作人员继续留在了岗位上，着手思想改造。1950 年 7 月，上海市文献委员会划归上海市人民政府文化局领导。1952 年，根据中央人民政府文化部第一次全国文化行政会议精神，为适应上海文化工作的实际需要，上海市文化局特别成立了社会文化事业管理处，上海史建馆筹备工作即由该处下属的文献博物馆科负责，最初配备的人手主要为原文献委员会工作人员。[13] 如吴静山（1895—1977），历任上海市通志馆编纂主任、上海文献委员会编纂主任，中华人民共和国成立后任上海市文献委员会委员，上海史建馆筹备处副主任。再如汪倜然（1906—1988），1945 年增聘为通志馆编纂，后任文献博物馆科副科长、科长。

从机构调整和人员设置上都不难看出，上海史建馆利用了原通志馆及文献委员会的学术基础，专长于上海地方历史研究、地方文献收

藏整理等方面。在实际筹建过程中，上海史建馆与全国地志博物馆保持一致步调，向苏联学习实践方法，进行展陈设计。同时，又不偏废原方志学的研究传统，利用学科基础优势做好科研工作，加强文献史料征集，开辟了新型地志博物馆的本土化建设路径。

（一）加强博物馆科学研究问题的探讨

1956年1月召开的关于知识分子问题的会议上，周恩来总理提出向现代科学进军的口号。同年5月召开的全国博物馆工作会议，也是全国地志博物馆工作经验交流会议。博物馆事业是社会主义建设的重要组成部分，如何加强博物馆的科学研究，成为大会代表们热议的话题。文物局副局长王冶秋同志在发言中强调科学研究的重要性。他说，科学研究是博物馆一切工作开展的基础，山东博物馆在陈列工作中碰到的主要困难，就是因为缺乏科学研究的资料，以致在陈列中有许多部分缺少可靠材料。与会的天津市历史博物馆代表在交流发言中说，过去认为科学研究工作只有像苏联的地志博物馆才有可能开展，在与天津市科学研究历史规划组讨论研究后，提出编辑“天津志”的任务，备受鼓舞，计划今后积极参加到“天津史”的编辑搜集工作中去，充分与地方上的专家合作。文化部社会文化事业管理局顾问雷达亚在会议讲话中提出了博物馆进行科学研究的方法，强调了博物馆的科学档案材料和博物馆的图书馆对科学研究工作具有重大意义。科学档案材料由保管部收藏，包括有关地方历史、文化方面的文献和有关博物馆工作方面的文献。博物馆的图书馆承担着巨大的藏书研究和组织工作，以便博物馆干部进行科学研究工作。[14]

苏联专家提出的建立科学档案材料和博物馆图书馆参考资料的方法，与近代方志学搜集方志文献的思路不谋而合。集结地方史专家、编辑地方志的做法，实际上就是通过基本的修志工作推动博物馆的科学研究。

（二）上海史建馆的方志学基础

方志学概念的出现，是近代方志理论发展的重要成果之一。受近代西方科学技术的影响，一些主持和参与修志的学者也将“分科治学”观念应用于修志实践，具体表现在西方社会学思想、分科治学理念对传统修志的指导，以及近代科技手段、科学方法在近代修志中的应用等。国民政府时期，全国先后成立过22个通志馆，为方志理论与修志实践二者的相互促进创造了条件，形成了政府主持创办、学者参与纂修、社会多方互动的修志格局。[15]在全国通志馆战后恢复重建时期，已基本确立用调查采访、搜集整理的方式，对修志有关的文献进行较为全面而系统地管理，并制定章程条文加以规范和实施。如江西、浙江、四川等地通志馆已将文献搜集、人物掌故采访、历史遗迹调查等纳入“方志文献”的工作范畴。这一时期编修的《上海通志》《江西通志稿》《重修浙江通志稿》等都呈现出显著的文献色彩。

上海市通志馆成立之初就计划用新的方志理论和方法编写一套不同于以往县志的新志书。通志馆同人“准备用两个月时间收集资料”，他们采取函电索取、广告宣传、派员调查等方法，全面征访上海的旧志、报刊、图书文献以及各类古今文献。[16]抗战胜利后通志馆复工，实际工作包括征集整理志料，筹划上海史料搜集与研究、举办“文献展览会”，等[17]，均体现了方志文献的理念。1946年上海市通志馆业务并入上海市文献委员会，业务范围除编辑通志稿以外，又增加了上海文献的收集和整理保存。[18]

民国时期的上海市通志馆及上海市文献委员会，发展并践行了近代方志学理论，及时搜集整理了地方文献，并形成了系统而扎实的学术成果和史料收藏，奠定了丰厚的科研基础。因此，通过搜集文献资料、编纂地方史来加强科学研究，是上海史建馆的先天优势。在面临如何加强科学研究的问题时，上海史建馆将苏联的博物馆学理论和中国近代方志学方法结合，探索出了符合上海实情的建馆道路。

四、方志学理论在地志博物馆实践中的运用

上海史建馆主要将方志学理论及实践经验应用在文献史料征集方面。上海史建馆的业务人员不仅精通上海地方史研究，对上海的地方文献体系也非常熟悉。同时他们擅于运用方志学的方式方法，利用成熟的人际关系网络，为筹备时期的史料征集发挥了重要作用。

（一）举办上海地方文献展览会

通过举办文献展览来整理汇集地方文献史料，是上海市通志馆的传统做法。1937年，在上海市立博物馆曾举办过“上海文献展览会”。20世纪30年代，江南各地频繁举行的文献展览会，多由政府推动，当地知识分子张罗主持。不同于其他地区，上海文献展览会不是由教育机构或图书馆筹备的，而是由上海市立博物馆和上海市通志馆发起的。上海市立博物馆有收藏上海历史文物之责，而上海市通志馆又以搜集上海地方文献、研究编纂上海各部门史实为业。因此，由上海市立博物馆和上海市通志馆联合牵头，符合上海地方文献收藏的实情。[19]展览会所涉文献，已不限于图书，而扩展到书画、艺术品、乡贤遗物等“记录有知识的一切载体”。

1952年4月，上海市文化局开始筹备一场文献展览会，具体事务由社文处文献博物馆科主要负责。当时，上海地志博物馆的编制还没正式批准。计划中的地志博物馆分为自然富源、历史发展、民主建设三个部分。但考虑到自然富源是自然环境，内容比较固定且有一定的资料；民主建设部分是当前的文献资料，需要日后不断累积。因此第一步从“抢救”历史文献和革命文物开始。1937年的展览会仰仗社会藏家，而后来地方文献展览会的主要展品来自上海市通志馆旧藏。此次文献展览的目的在于：“1.通过这样一个展览会来检查伪上海市通志馆所有的文献资料，并借以征集更多的民间文献史料；2.通过这个展览会打下地志博物馆的筹备基础；3.发扬上海人民革命优良传统，进行爱国主义教育。筹备的步骤决定以上海的历史发展为主，除进行旧藏资料的整理外，并进行新资料的搜集，而尤着重于革命文物。”[20]由此可见，经整理的原上海市通志馆的文献资料将成为上海地志博物馆的筹备基础。通过此次展览会，也希望能加强与群众的联系，发挥社会力量，起到征集文物史料的效果。

至1953年2月，展览会计划已初具规模。1953年5月28日至6月27日，“上海地方文献展览会”在中山公园文化馆举行。不少观众在参观展览之后，立即捐献出自己珍藏的文献史料。还有些观众表示，找出文献资料后会再与主办方联系。如著名收藏家谭观成，就在参观展览后向展览会写信，提供了一份愿意廉价出让的藏品清单。展览会的成功也证明，通过展览会征集文献史料的方式能够增强民众爱国爱乡意识，起到征集和搜罗地方文献的效果。

（二）多渠道征集地方史料

上海市地志博物馆成立后，向机关团体以及社会各界征集文物文献的工作持续开展，形式和来源也更加多元。

其一，通知市政府所属机关单位团体送交有关文物文献。1954年1月，上海市文化事业管理局（原上海市文化局）“为了加强搜集上海文物史料，以便及时整理保存地方文献，给筹备中的上海地志博物馆打下基础，前曾由市委宣传部规定关于搜集上海文物史料的办法，并通知各有关单位查照。”[21]“办法”中规定

的文物史料范围包括中华人民共和国成立前后有关上海的地方文物史料、革命文物，各机关团体业务或行政上有重要文献价值的文件，在上海举行的各种地方性展览会上的展品，各机关团体单位中现藏有关上海的革命文物或地方文献。这些文物史料交由文化事业管理局，以便整理后供上海地志博物馆陈列或收藏。

通知发出后，得到了上海各单位的积极响应。如在1954年12月2日，上海市糖商业同业公会就致电文化事业管理局，告知存在点春堂的文物书画可移交。这批来自糖业公会的文物现为上海市历史博物馆藏品。

其二，接受社会各界人士的捐赠和转让。上海要建地志博物馆的消息公布后，许多留在国内的、所谓的“旧文人”都十分支持这项新事业。比如上海地方史研究者、收藏家顾景炎（1895—1970）就写信给老友吴静山，说读报得知“文化局有筹备上海地志博物馆之议，令人兴奋”。当时顾景炎正协助上海地理学家姚明晖（1881—1961）先生编写古上海地史书籍，他表示他和姚明晖先生都愿意捐献所藏关于上海的文献书册。1955年顾景炎入职上海史建馆筹备处后，他把与姚明晖先生共同编写的《上海古方舆研究初稿》《上海地名考略初稿》《古上海与古世界之海口关系》，以及他辑录的《上海地方历史文物过眼续录》稿本都留置在馆内，作为重要业务资料供同事参考。再如乡土教育家李右之（1880—1958）先生积极为上海史建馆提供征集信息。在他的引荐下，徐立人先生将曾祖、清代著名书画家徐渭仁的收藏捐赠给上海史建馆。上海光复期间的闸北商团司令尹村夫不仅代为联络辛亥革命时期文物的捐赠，还帮助上海史建馆联系生产工具的征集。如此案例还有许多。

其三，抄写复制稀有文献。1956年，文献学家也是原上海市通志馆分纂的陈乃乾（1896—1971）调往北京古籍出版社工作。他在北京为吴静山寻觅上海地方文献提供了帮助。陈乃乾举荐后辈杨继仁为史建馆抄写的北京图书馆藏《真如志》《分建南汇县志》等，现藏于上海市历史博物馆。除利用私人关系外，上海史建馆还向有业务往来的单位寻求帮助。江苏省博物馆就为上海史建馆代抄了《嘉定县志》。抄书成本实际比购书高出几倍，耗时也更长。但古籍在当时已不易搜寻，在旧书难觅的情况下，抄书是最佳的选择。

其四，向旧书商收购文献。从旧书摊收购文献也是上海史建馆常用的文献征集手段。这些旧书摊会给上海史建馆提供有针对性的报价单，书目多为民国时期出版的旧书籍以及过往期刊，也有中华人民共和国成立初期各行业的报表、册页。上海史建馆经常询价的书摊有南汇路陈玉堂书摊、南汇路姚文棣书摊、汉口路张晓顾书摊、昭通路顾秉源旧书摊、陶梦非的旧书摊及林豪的旧书摊等。

上海史建馆通过各种方式广泛征集科学档案及图书参考资料，形成了政府主导、学者参与、社会多方补充的格局，与民国时期通志馆在方志学理论引导下的修志工作异曲同工。事实证明，这一做法极大程度上抢救了地方文献史料，扩充了馆藏。也因为业务人员具有方志学理论知识与实践经验，才能够合理地制订征集规划、调动人脉资源，有策略、有目标地进行文献史料征集。

结语

1958年最终完成的上海史建馆基本符合地志博物馆的结构设定，也突出了革命历史和社会主义建设的主题。陈列分为“鸦片战前历史”“旧民主主义革命时期”“新民主主义革命时期”和“社会主义建设时期”四个部分，时间下限至1957年。自然部分的内容予以压缩，主要在“引言”和“鸦片战前历史”部分的第一节“汉代以前”中交代了上海的地理位置、地域范围、气候条件及人口密度等基本情况，“以减轻类似自然博物馆陈列的错觉”[22]。之后讲述上海从古到今的历史演变，以及中华人民共和国成立后上海在政治、经济、文化建设上取得的成绩。在试展期间，领导和专家也从各自的专业角度对基本陈列提出了多方面的建议，大多数人是予以肯定的。甚至有几位教授认为，这是对学生进行历史教育的第二课堂。[23]

1959年，因政治、经济等客观原因，上海史建馆建制撤销。根据相关档案显示，报告中删去了有关“地志博物馆”的表述，只说其定位与上海正在建立的诸多博物馆、纪念馆相冲突。到了1962年，中央人民政府文化部文物局下发《关于博物馆和文物工作的几点意见（草稿）》已不再沿用“地志博物馆”的说法，地方博物馆“社会主义建设”部分的陈列也暂缓组织。[24]刚刚布展完的上海史建馆未及开馆便撤销，这段短暂的历史记录了时代的断面。尽管建制撤销，但地志类文物资料的搜集工作仍需继续进行。原上海史建馆的部分工作人员吴静山、顾景炎、吴贵芳、周美珍、倪文俊等人，与上海博物馆的有关专业人员合并组成上海地方历史研究部。图书、文献资料并入上海博物馆资料室，设单独库藏，馆内称之为“老上海库”。[25]科学研究和馆藏是博物馆开展一切工作的前提基础，上海史建馆时期征集的地方文物和“老上海库”正是1982年上海历史文物陈列馆（后更名为上海市历史博物馆）得以成立的先决条件。

在中华人民共和国博物馆事业起步的初级阶段，学习苏联地志博物馆模式对中国的博物馆建设具有科学的指导意义。社会主义革命和建设时期，国民经济恢复不久，各项事业百废待兴。学习苏联模式建设地志博物馆对抢救梳理文化遗存、培养博物馆人才、加强民众的爱国主义教育有积极作用，也与当时国内社会、经济发展水平相匹配。各地地志博物馆在建设过程中都在摸索符合在地文化和经济条件的建馆方式。上海史建馆作为其中之一，也在寻求适合上海城市的可行方案，最终将“方志”与“地志”相结合。其原因有三。第一，编修方志是中国优秀文化传统。历代方志记载了各地的地理、风俗、文化、历史，是一个地方的百科全书。近代方志学吸收了西方的科学理念，实现了转型，与过去传统修志思路已大不相同。近代修志工作所涉及的专业范围和工作方法，恰恰与地志博物馆的建设要求相吻合。第二，近代上海汇集了众多知识分子与文化精英，对地方文物文献的收藏起了重要作用。经感召和动员，他们当中有许多人愿意并能够为社会主义事业贡献力量。第三，上海史建馆的组织结构与原上海市通志馆一脉相承，有深厚的地方史研究基础和科学的地方文献搜集方法，因此在新的博物馆理论的指导下，很快找到了适合地方博物馆建设的路径。

不同的时代赋予博物馆人不同的任务，上海史建馆只是一个历史时期下博物馆工作的缩影。随着现代科学知识体系的细分和多元化发展，统一的地志博物馆体制也已经不能适应当代博物馆的发展趋势。在新时期，如何满足人民日益增长的美好生活需要，展现地域和民族文化的多样性，是今天的博物馆人面临的新课题。地方博物馆不仅需要打破固定的陈设思路，还要尽可能避免同质化问题。凸显在地文化特色，全角度打造个性化的博物馆，成为当代地方博物馆追求的目标。经过长期实践证明，地方博物馆建设既要结合前沿理论的指导，服务当前社会，更要遵循在地文化特色、当地经济基础以及博物馆组织的特长等客观情况。在实践的创新中，中国的地方博物馆势必能开辟出有特色、有格局的多元化模式。

【注释】

[1] 中央人民政府文化部指示对地方博物馆的方针、任务、性质及发展方向的意见[J].文物参考资料，1951（12）：1.

[2][24]罗兰舟．当代中国地方博物馆陈列模式的形成——以20世纪50至70年代陕西省博物馆通史类陈列为例[C]//“互动、融合与流动：全球当代性语境下的博物馆”国际学术研讨会论文集，2019：185.

[3] 才璐．建国十七年我国地志博物馆发展研究[D].吉林大学硕士学位论文，2011：24.

[4] 杜晓帆．试论地志性博物馆将走向消亡——与杨之余同志商榷[J].中国博物馆，1987（03）：34.

[5] 董学增，王喜禄．我国地志博物馆的基本概念、内容与作用[J].中国博物馆，1990（2）：44-45.

[6] 杨钟健．地方志及地方陈列馆[M]//李淑萍，宋伯胤．博物馆历史文选．西安：陕西人民出版社，2000：47-48.

[7] 地志博物馆对编修方志的作用[M]//傅振伦．中国史志论丛．杭州：浙江人民出版社，1986，07：135-143.

[8] 南应．地志博物馆[J].文物参考资料，1956，（09）：66.

[9] 郑振铎．博物馆事业应该为科学研究服务——全国博物馆工作会议开幕辞（提纲）[J].文物参考资料，1956(06)：3.

[10]郑振铎，陈福康．郑振铎日记全编[M].太原：山西古籍出版社，2006：453.

[11]米耳．关于我国目前筹备中的上海、北京历史与建设博物馆的性质[J].文物参考资料，1958（06）：76.

[12][16]曾荣．民国通志馆与近代方志转型[M].北京：社会科学文献出版社，2018：86.

[13]马承源．上海文物博物馆志[M].上海：上海社会科学院出版社，1997：374.

[14]雷达娅，韩维．苏联地志博物馆的科学研究工作——在全国博物馆工作会议上的报告[J].文物参考资料，1956（06）：23.

[15]曾荣．民国通志馆与近代方志转型[M].北京：社会科学文献出版社，2018：291.

[17]曾荣．民国通志馆与近代方志转型[M].北京：社会科学文献出版社，2018：243.

[18]市政府会议议决：设置文献委员会[N].申报,1946-11-23：5.

[19]汤诚.1937年上海文献展览会研究[J].图书馆杂志，2022，41（08）：139-147.

[20]上海市人民政府文化局关于上海地方文献展览会工作总结的报告：1953-7-3[B].上海：上海档案馆（卷宗号B172-4-235-24）.

[21]上海市人民政府关于搜集上海文物史料保存地方文献办法的通知：1954-1[B].上海：上海档案馆（卷宗号B1-2-1625）.

[22]上海市历史与建设博物馆筹备处关于完成基本陈列的审查报告:1958-1-20[B].上海：上海档案馆（卷宗号B172-4-955-1）.

[23]邵文菁．上海市历史与建设博物馆述略[J].上海地方志，2017（04）：85.

[25]桂永定．从地史研究部到历史博物馆[M]//上海博物馆．六十风华——上海博物馆建馆60周年纪念文集．上海：上海书画出版社，2012：162.

城市博物馆基本陈列的地域性表达
——以西安博物院为例

朱歌敏（西安博物院）

摘要：城市博物馆不仅表现着独具地域特色的城市形象，更承载着城市的内涵精神，是城市文化的重要组成部分。基本陈列作为城市博物馆记录城市历史、展示城市文化的重要方式，在其实施过程中需要将城市发展、文化资源与公众主体三者有机地结合起来。西安博物院的基本陈列“古都西安”以西安三千多年的建城史为主线，以历代文物的展示为基础。本文以此展览为切入，从物质文化、制度文化、精神文化三方面入手阐释展览的地域性表达，着力探讨城市博物馆如何基于地域文化的表达引发人们情感上的共鸣，进而使城市文化更好地与人们相联系，这也是关乎城市博物馆建设的重要课题。

关键词：城市博物馆；西安博物院；基本陈列；地域文化
本文为西安市社科基金重点项目“博物馆陈列展览构建与传播城市形象策略研究”（23LW55）阶段性成果。

西安博物院由著名的唐代建筑、全国重点文物保护单位小雁塔及荐福寺、博物馆、园林游览区四部分组成，馆、塔、寺、园巧妙融合，是一座集文物收藏、科学研究、古籍保护、社会教育、文化交流、园林休闲为一体的城市博物馆。

西安博物馆的基本陈列“古都西安”以西安三千多年的建城史为主线，以历代文物的展示为基础，全面、丰富、美妙地展现古都西安的帝都风采和生活群像；同时力图通过展览所表达的地域文化内涵，引发观众情感上的共鸣，增强城市居民对城市文化的认同。

一、研究回顾

城市是人类文明的标志，是社会发展的缩影，它不仅是一个国家或地区的经济中心，更是文化的集中地和发源地；城市既积累历史文明，又承载现代文明。城市在长期的发展中，形成了特有的城市文化，并成为支撑城市发展的无形力量。[1]作为展示城市经济、文化、艺术以及市民生活的重要媒介，博物馆为人们深入了解城市历史、感受城市魅力、全面了解城市文化的内涵与构成提供了更多可能。博物馆与城市文化建设的研究主要涉及城市博物馆建设与地域性表达两个方面。

（一）城市博物馆建设

有关于城市博物馆建设的学术研究，成果颇丰。截至2022年12月29日，以“城市博物馆”为关键词进行中国知网检索，共有980篇。其中，最早一篇发表于1990年，该文强调建立城市博物馆对社会主义精神文明建设有着其它文化艺术形式所无法替代的巨大作用。[2] 随着国内城市博物馆的建设热潮，相关研究成果逐年递增，峰值为2014年的104篇，此后每年稳定在60篇上下。上述研究成果大致可以分为两类：

一是从城市博物馆的职责定位角度切入，宏观层面上探讨城市博物馆与城市文化的关系。《城市、城市文化遗产及城市博物馆关系的研究》一文提到，城市博物馆之所以诞生于城市并在城市中发展起来是因为城市需要它，城市需要保存自己的记忆，保存自己的文化之根。城市需要博物馆，博物馆是保存与发扬城市文化最理想的文化形式。《城市文化建设与城市博物馆》一文也指出，一座理想的、现代意义的博物馆不仅是奇珍异宝的集中地和收藏所，不仅是脱胎于纯粹学术机构的研究机构，也不仅是一般意义上的大众文化设施，更应当是一座城市传统文化的记忆者、新文化创造的发生器和多元文化群体的精神家园。《博物馆的社会责任与城市文化》一文则将城市文化与博物馆的社会责任结合起来，认为博物馆应更加自觉地关心城市文化的进步，成为城市的“精神的家园”“文化的绿洲”“知识的殿堂”“城市的客厅”“文明的窗口”。《“城市博物馆”的特点和发展方向》一文辨析了城市博物馆的三种概念，同时梳理总结了当下城市博物馆的四个特点，认为以城市历史与发展为展示主题的城市博物馆对于城市文化和地域文明的表现具有重要意义，是博物馆类型上的一个重要补充。《21世纪现代城市博物馆发展趋势》指出：21世纪的城市博物馆不仅是连接过去与现在的纽带，更是城市通往未来发展的桥梁，其展示设计理念也必然从单一性向多元化发展，以满足更多市民的需求。此外，也有学者谈及城市博物馆在建设发展中遇到的突出问题，《“城市化”时代城市博物馆面临的新问题——论博物馆与社会不同层面的关系》一文讨论处于“城市化”进程中的城市博物馆所面临的新问题：本地观众所占比重逐渐减少，观众对展览需求日趋多元等，并指出博物馆应该重新审视与公众的关系，利用自身拥有的文化资源，通过教育方式和手段使更多民众受益。

二是围绕藏品研究、展览策划、教育活动设计、文创产品开发等各项博物馆业务工作探讨城市博物馆的自身功能。《城市博物馆陈列语言及其效果研究——以杭州博物馆“最忆是杭州”展览为例》《城市博物馆的教育功能探讨》《城市博物馆发展中文创的存在意义》《城市博物馆如何办好讲座》《城市博物馆旅游开发存在的问题及解决对策——以辽宁省朝阳博物馆为例》等文从不同角度讨论了城市博物馆的功能。其中，展览内容表达更是被关注的重要主题，大多研究者从个案分析入手，探索城市博物馆展览表现的新可能。如《城市博物馆展览定位与陈列语言研究》一文即通过对国内外部分城市博物馆展览的研究，指出城市博物馆的展览定位及其陈列语言对于实现城市博物馆的功能定位、服务特定区域与特定人群具有重要意义；《城市博物馆的展陈实践与探索》则围绕东莞展览馆的基本陈列，探索城市博物馆的展陈特点与独特思路；《对吉林市博物馆城市发展史展览特色的分析》一文分别从内容与形式设计两个方面，阐释吉林市博物馆基本陈列的设计理念。

（二）地域性表达

所谓地域性（regionality），是指对于某个特定的地域中一切自然环境与社会文化因素共同构成的共同体所具有的特性。保持地域特性不仅是人类的多元需求(包括审美的多元需求）所决定的，而且也是人类物质与社会存在的客观差异性所决定的。现有研究成果多以城市公园、市民广场等具有代表性的城市景观为对象，从不同角度切入，探索如何更好地通过各类媒介向人们传递地域文化。例如王绍森[3]站在全球化背景下分析地域性建筑的表达现状，同时总结出当代建筑地域性表达的是以传统地域性为基础，以现代性为趋向的表达方式，当代建筑地域性的表达可以概括为“原型—现行”的设计表达；李丙发[4]着眼于城市公园与地域文化之间的依存关系，总结现代城市公园在地域文化表达方面存在的问题，探索城市公园表达地域文化的新途径；张丹萍[5]将城市广场景观设计视为一种文化形象，既反映了城市的精神文明，又体现了城市的物质发展水平；马岩围绕城市景观小品的地域文化特色，提出了从形式、内容、表达上体现城市景观小品地域文化特色的原则，提出主题、撷取、重构三种表达方法，为城市景观小品的特色提供新的思路。博物馆的地域性表达也是研究者关注的重点。除宏观论述博物馆与地域文化的关系之外[6]，研究者还热衷于围绕博物馆的方方面面展开探索。比如从建筑学角度对北京地区博物馆的地域性表达方式进行分析[7]；探索如何合理有效地将地域文化应用到博物馆建筑空间设计当中，以彰显本土文化的特色与魅力[8]；针对具有明显地域特征的博物馆的展陈空间进行调研，提出适用于部分博物馆展陈空间设计的设计原则与方法[9]；等等。

总体来看，上述研究成果为博物馆进一步实现自身社会价值提供了很好的理论支撑与实践积累，具有相当的借鉴价值。但同时需要指出的是，现有研究大多聚焦于理论层面的探讨，对博物馆的地域性表达的实践探索关注不足，部分内容流于表面、过于宏观、观点薄弱，导致研究成果利用率不足。针对如此现状，本文专注于城市博物馆与在地居民的相互联系，着力探讨城市博物馆如何基于地域文化的表达引发人们情感上的共鸣，以期引发学者们对该领域的研究的关注。

二、个案研究：西安博物院基本陈列

西安博物院隶属西安市文物局，是一座集文物收藏、科学研究、社会教育、园林休闲为一体的地方综合性博物馆，同时也肩负着讲述城市文化的职责使命。西安博物院自2007年5月18日正式对外开放以来，举办临时展览113个，教育活动1359次，参观人数超千万人次，成为人们了解古都西安的重要媒介。

为更好地促进博物馆保护、展示和传播职能的发挥，西安博物院结合近年来工作成果和观众需求，于2021年对本馆基本陈列“古都西安”（二、三展厅）进行了改造升级，在保持原有展览内涵的前提下，运用新颖的陈列语言和展示形式对展览进行针对性的内容修订与信息完善，努力形成西安博物院自身的展览风格。

（一）“古都西安”情况概述

西安博物院基本陈列“古都西安”以“以人为本”为核心设计理念。改陈后，展厅总面积约1300平方米，通过1100余件（组）文物以及大量图片、图版等多重信息的组合，聚焦西安这座十三朝古都所经历的三千多年的建城史和一千多年的建都史，展现光辉灿烂的西安故事和中华文明。

新改陈的“古都西安”分为“千年古都”“帝都万象”“府城华章”三个单元：“千年古都”以西安地区上千年的都城历史为主要内容；“帝都万象”通过表现周风秦韵、汉唐气象等历史高光时刻，使观众感受遐想千年帝都的生活群像；“府城华章”则讲述唐代以后西安作为西北重镇在军事、商贸、文化上的意义和风貌。三个单元以时间为序，由总及分，展现了从都城到百姓生活的方方面面，使西安这座具有深厚历史底蕴的十三朝古都，更加生动形象地展示在观众面前。

内容策划方面，展览以“文物呈现”为理念，一方面根据最新考古成果，对原有展陈大纲进行针对性的修订与完善，并结合近年来的考古发现，充分利用展厅空间，大幅增加上展文物数量，使展览更丰富前沿。同时增设强化主题的辅展信息，与古都西安紧密关联的历史大事件作为时间坐标贯穿整个展览，搭建起古人生活投射下的历史镜像和其后更迭的时代图景，使展览成为孕育概念与促进对话的场域，让观者自然且主动地参与到这一特定公共叙事空间的意义架构和传播共享之中。另一方面，展览秉持“开放、交流、多元、互鉴”的核心理念，尽可能创造多样且明快的展品呈现，使兵器、金饼、铜镜、瓦当等具有厚重历史意义的展品得以从流畅的展线之中跃动而出，并通过情境元素视觉化的柜内设计，赋予文物背后丰富的历史与功能情境。

艺术设计方面，考虑到不同内容下文物主体色调和色彩设计所激发的身体感受，展览化用中华色彩系统中基础的五正色与五间色，演绎出适合展览不同内容主题阐释的主色彩——“周秦文明”单元选用沉稳而不失锐感的碧青与瓦灰色；“汉唐风采”单元选用热烈而兼有畅快的赭石红与明黄；“府城华章”单元选用更为雅和内敛的螺甸紫。不同板块的色彩区分，不仅有助于各个单元主题的表现，还能够增强展示空间的灵动感。

图 1　西安博物院基本陈列“古都西安”

展览同时还增设丰富的物理互动装置，以增强观众视觉、听觉、触觉等方面的身体体验，促使观众将自身个性化的叙事体验自主地渗入、融汇并重构校验展览主题及内容的意义，形成一定程度的社交空间，使展览叙事能在参观群体内外产生讨论和启发性的共享。

（二）“古都西安”如何聚焦地域性表达

物是博物馆存在的物质基础，是博物馆功能发生的根据，是博物馆价值的源泉。[10] 如何更好地利用实物展示地域文化，是众多地方博物馆所面临的重点问题。相较于部分博物馆强调形式设计的表达，西安博物院基本陈列“千年古都”从策划之初就着力设计内容结构的不同层次。三个单元下设多级内容，第一单元“千年古都”专注于通过城市发展中各个时代的重要遗址和建筑构件勾勒都城的发展变迁，第二、第三单元则以各类实物展品为媒介，展示古都各时代的风采与生活群像，从多个角度表现由物质文化、制度文化以及精神文化共同构成的地域文化。

表 1 “古都西安”展览内容结构

<table>
<tr><th>主题</th><th>一级标题</th><th>二级标题</th><th>三级标题</th></tr>
<tr><td rowspan="16">古都西安</td><td rowspan="5">千年古都</td><td>西周丰镐</td><td rowspan="5">N/A</td></tr>
<tr><td>秦阿房宫</td></tr>
<tr><td>汉长安城</td></tr>
<tr><td>隋唐长安</td></tr>
<tr><td>明清西安</td></tr>
<tr><td rowspan="8">帝都万象</td><td rowspan="4">周秦文明</td><td>钟鸣鼎食 车马人殉</td></tr>
<tr><td>土室火膛 石犁木耒</td></tr>
<tr><td>郡国辐辏 财货汇聚</td></tr>
<tr><td>黄钺金戈 战车铁驷</td></tr>
<tr><td rowspan="4">汉唐风采</td><td>物阜民安</td></tr>
<tr><td>人文荟萃</td></tr>
<tr><td>丝路起点</td></tr>
<tr><td>皇陵巨冢</td></tr>
<tr><td rowspan="3">府城华章</td><td>西北重镇</td><td rowspan="3">N/A</td></tr>
<tr><td>关学兴盛</td></tr>
<tr><td>文人雅居</td></tr>
</table>

1.“化整为零”表现物质文化

在考古学的研究中，物质文化通常指相对于自然物而言的各种人工制品（artifact）的总和。它具体表现为一定的形态，存在于某一具体的时空之中，反映人类的生存智慧。[11] 博物馆通过合理地展示各个历史时期由人类创造的物质产品（包括生产工具和劳动对象以及创造物质产品的技术），意在揭示“物”所承载的各类信息，直观呈现“物”所指向的物质文化。但在实际操作中，存在一些能够很好表现物质文化的实物资料，由于体积或其他客观因素的限制，往往难以整体呈现，此时便需要将其“化整为零”，通过各“部件”的展示，尽可能还原“整体”的样貌。

具体来说，第一单元“千年古都”力图展示西安地区自史前时期以来历代都城的变迁，该展区的圆厅部分用木质结构还原了西周丰镐、汉长安城、隋唐长安城、唐含元殿等城市格局和重要建筑风貌，让观众直观地感受不同时期西安城市的布局变化。鉴于都城是一个难以全貌描述的对象，展览设计在圆厅的四周陈列大量古代建筑构件，从最早的半坡遗址到明清西安城墙遗址，试图通过各类细节的展示，在观众脑海中绘出相对完整的都城形象，将古代建筑所蕴含的物质文化更直观地呈现在观众面前。古代车马器因其部分繁多且名称各异，历来是展示的难点。图文图版虽然能够表现周代车马器的完整内容，但仍具抽象概念。即便在展厅中陈列车马器的复原模型，也不如选择将整体打碎，以零构整，以点及面，更能产生实际效果。基于这样的考虑，第二单元“周秦文明”周代铜车马器的展示内容中，展览设计选择将车马器零部件在平面及立面展台上展出，便于观众将单个零部件和背板完整的知识内容结合起来，全面了解车马器文物的相关信息。

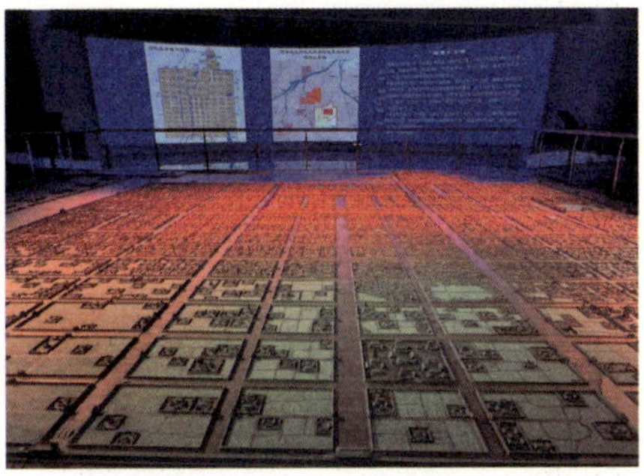

图 2 第一单元“千年古都”展示的隋唐长安城模型

图 3 观众在车马器展柜前参观和讨论

2. “信息组团”表现制度文化

宏大壮丽的宫殿建筑、高墙深壑的城防设施无不凸显和维护着统治者至高无上的地位；精美的青铜器，再现了王公贵族钟鸣鼎食的奢侈生活；车马人殉的深穴大墓、严格的陪葬制度等无不体现着古代严格的制度文化。制度文化是人类为了自身生存、社会发展的需要而主动创制出来的有组织的规范体系，涉及国家的行政管理体制、人才培养选拔制度、法律制度和民间的礼仪俗规等多方面内容。鉴于对于制度文化的描述往往较为艰涩难懂，不便于观众理解，因此展览意图通过“信息组团”的方式解决这一现实难题，将展览中的信息进行组织和结构化，强调展品与展品、展品与辅助展品之间的展示与阐述连贯自然，以便更好地向观众展示展览的主题和内容。

从信息的角度讲，展览作为博物馆向观众输出信息的主要形式，其本质是信息的重组与表达，展览中“物”的意义生成与其相邻展品有密切的关联。在第二单元“周秦文明”的展示中，我们将展品、文字、图版以及模型装置等各类辅助展品组成钟鸣鼎食车马人殉、郡国辐辏财货汇聚两个信息团，通过青铜礼器、墓葬形制、货币制度、国家大型工程的建设等方面，深入阐释早期城市中完整的统治机构和制度体系。秦统一六国，统治者确立三公九卿制及郡县制，汉唐时期，历代帝王（包括诸侯王）及皇室成员执行严格的墓葬形制和陪葬制度。第二单元着力于表达统治管理制度的建设，第三单元讲述各时期帝陵分布、陪葬品类等内容，两个单元的综合信息组团从不同角度展示古代社会的制度建设。

图 4 第二单元“周秦文明”青铜礼器反映礼乐制度

图 5 第二单元“汉唐风采”展示的货币制度

3. “由史及今”表现精神文化

城市精神是一座城市所在地域的自然环境、历史文化、城市品格与市民素养的综合体现，也是一座城市形成自身独特文化的重要因素。与物质文化不同的是，精神文化并非直接显现，而是通过其他载体，如宗教信仰、艺术风格、文学作品等呈现在人们面前。如何通过创造多种语境维度，对历史遗存进行多层次的描述与展示，使观众主动留意展品与广阔社会的多重联系，而不是孤立片面地或者仅停留于美学层面认识它们，进而感受展览所要传达的精神内核，是所有历史类展览都必须要面对的课题[12]。

相较于之前展览以艰涩难懂的词汇阐述精神文化，提升后的“古都西安”尝试将古代文明与当代生活相结合，用平实的语言将观众带回展览所设定的情境之中，促使观众更容易理解蕴含在实物背后的精神文化。汉唐都城文明昌盛，图籍典章、诗词歌赋、音乐舞蹈、书法绘画盛况空前。展览在第二单元通过对中央官学、宗教汇聚、乐舞百戏、游猎成风等内容的深化，将从中央到地方的人文万象展示在观众面前。裸展的尊尊佛像、成排展示的乐舞蹈俑、整柜展示的唐代仕女和狩猎俑、场景展示的丝路驼铃，无不增强着情境感，让观众深处场景中感受文物展品和辅展内容所讲述的丰富精神文化。唐代以后，国家的政治、经济中心东移，西安地处西北、西南的交通要冲，成为保障西部稳定、维系中原王朝安全的重镇。虽然失去了以往的辉煌，但城市的精神文化依然兴盛。碑石林立的西安碑林、闻名遐迩的关中书院等重要遗迹和大量的文物珍品，无不诉说着府城西安文化里的精神华章。展览中对于现代西安城中古代城市遗址的展示与表达，既是对历史的回溯，更是由史及今讲述着西安这座城市精神文脉的贯穿和传承。

图 6　第二单元“汉唐风采”整柜展示的唐代仕女俑

图 7　第二单元“汉唐风采”裸展的佛教造像

结语

在一脉相承的文化传统里，文化力不仅体现为对于传统和历史的消化力，更体现为面向生活和未来的创造力。正如前文所提到的，作为城市博物馆的基本陈列，“古都西安”以西安三千多年的建城史为主线，以历代文物的展示为基础，从物质文化、制度文化、精神文化三方面入手阐释展览的地域性表达。这样的表达并非意在单纯地向观众展示本地区丰厚的历史文化，而是希望成为一个城市居民连接古代文明与当代生活的媒介，借助对历史的解读，使观众不仅能够看见文物，还能看见文物背后的人与社会，更能看见古代文明所反映出的地域文化，进而为当代城市建设提供历史借鉴。

城市与文化，二者相互依存，融合共生。

新时代的城市博物馆建设应以党的二十大精神为指引，以留住城市地域、文化、建筑风格等“基因”，保存城市文化记忆，塑造城市精神，展现城市人文特色魅力为根本使命，同时致力于将自身打造成为既有历史传统又有现代生活的文化空间，为推进城市建设奠定坚实的文化根基。

【注释】

[1] 刘文俭，马秀贞．城市文化解析 [J]. 中共杭州市委党校学报，2005（02）：8-13.

[2] 柳彦章．关于发展城市博物馆问题 [J]. 北方文物，1990（01）：98-101.

[3] 王绍森．当代闽南建筑的地域性表达研究 [D]. 华南理工大学，2010.

[4] 李丙发．城市公园中地域文化的表达 [D]. 北京林业大学，2010.

[5] 张丹萍．城市广场景观设计中的地域文化表达探析——以上海人民广场为例 [J]. 美术教育研究，2016（21）：58-60.

[6] a. 胡晓燕．川渝民俗博物馆地域性创作手法探索 [D]. 重庆大学，2009；b. 黄骏．当代历史博物馆设计的地域性表达 [D]. 北京建筑大学，2014；c. 宋江涛．珠三角地区当代博物馆设计的地域性研究 [D]. 华南理工大学，2012；d. 吴奕漩，王嘉睿．浅析陕西历史博物馆对地域文化的符号表达 [J]. 中国报业，2021（14）：64-65.

[7] 郭智．北京地区博物馆建筑地域性表达研究 [D]. 北京建筑大学，2020.

[8] a. 邓晓瑞．基于地域文化的博物馆空间设计研究 [D]. 内蒙古师范大学，2019；b. 张业．鄂尔多斯博物馆公共空间的地域性表达研究 [D]. 内蒙古师范大学，2022；c. 刘梦楠：博物馆展示空间设计中地域文化元素的渗透与表达 [D]. 哈尔滨师范大学，2016；d. 齐霁．博物馆室内设计中的地域性表达 [D]. 大连工业大学，2013.

[9] a. 孙津原．地域性文化在博物馆展陈空间设计中的应用研究 [D]. 贵州大学，2017；b. 谢博．基于地域文化的博物馆基本陈列研究 [D]. 南京艺术学院，2015.

[10] 苏东海．博物馆物论 [J]. 中国博物馆，2005（01）：3-11.

[11] 潘守永．物质文化研究：基本概念与研究方法 [J]. 中国历史博物馆馆刊，2000（02）：127-132.

[12] 毛若寒．编织意义之网——博物馆物的语境化阐释 [M]. 浙江大学出版社，2023：140.

文旅融合背景下乡村博物馆可持续发展的路径探索
——以浙江安吉县为例

刘 晓（浙江安吉县博物馆）

摘要：安吉自2008年开始生态博物馆群建设，是乡村博物馆建设的先行者，在乡村博物馆蓬勃发展的今天，安吉的实践对乡村博物馆的发展有一定的参考借鉴意义。文章通过对安吉乡村博物馆的建设及运营情况进行分析，认为乡村博物馆只有坚持“以人民为中心”“以文化为根基”“以文化创造力为核心”的原则，区域整体合理规划，“1+2+3”高标准建设，多方向多渠道合作，建立制度保障体系，才能实现文旅融合背景下乡村博物馆的可持续发展。

关键词：文旅融合；乡村博物馆；可持续发展；路径探索

乡村博物馆是优秀传统文化的重要载体，近年来，在政府引导和政策支持下，乡村博物馆得到了前所未有的蓬勃发展，结出了累累硕果。但不可否认，乡村博物馆在给公众带来获得感、幸福感，成为人民美好生活一部分的同时，自身发展仍面临新的机遇和挑战，乡村博物馆如何扬长补短，走向更健康、更科学的发展道路，需要不断地探索思考。

一、文旅融合为乡村博物馆的发展提供方向和契机

早在1958年，乡村展览室曾兴起热潮，文化部《文物、博物馆事业五年发展纲要》中提到“做到县县有博物馆，社社办展览室，全国形成博物馆网”[1]，但当时因一些原因很快沉寂下去；20世纪80年代初，吴正光提出建立“村庄（村寨）博物馆”；1986年，贺文讯提出“乡村博物馆应该成为社区的中心”。[2]彭舟提出“有条件的地方，可以在农村兴建富有特色的博物馆”。[3]冯骥才提出“小型和多样的博物馆是保护古村镇遗产的重要方式，……在新农村建设中，博物馆的建立还是先进文化不可或缺的内容”。[4]这些关于建立乡村博物馆的观点，表现出我国发展过程中对于乡村博物馆的想法，但其间因多种原因，乡村博物馆并未真正发展起来。

随着新时代的到来，乡村振兴、共同富裕

的提出，乡村博物馆迎来了最好的发展时期。近年来，各地乡村博物馆如雨后春笋般兴起，其以物质文化遗产、非物质文化遗产和所有可利用资源为生产力，创造了以自然生产力和社会生产力为双重底色的生活方式，为乡村文化的保护与传承提供了有效的途径。

2018 年 4 月，文化和旅游部组建，“宜融则融，能融尽融，以文促旅，以旅彰文”的工作思路，为文化事业、文化产业和旅游发展提供了坚实的制度和体制支撑，也为乡村博物馆的发展提供了方向和契机。乡村博物馆成为文化旅游不可缺少的一部分，在培育新型文化旅游业态、丰富特色文化旅游产品、促进全域旅游发展等方面发挥重要作用。同时，随着人们文化需求的不断提升，文化旅游的市场需求更加旺盛，两者相融合的产物——乡村博物馆旅游，兼具研学教育、传承文化、艺术观赏等多方面价值，成为了公众精神文化消费的主要路径，大幅度提升了公众生活幸福感。两者的有机叠加大大提升了乡村博物馆的服务价值，而文化旅游所带来的经济价值也将直接促进乡村博物馆的稳固发展。

当然，随着时代的发展，公众的知识层次、旅游喜好和经济能力都在发生变化，公众对乡村博物馆作为旅游目的地有着更高更深厚的期待，希望从中获得的不仅仅是知识的灌输、舒适的环境、优质的服务，更是一种文化上、精神上的交流与碰撞、体验与感悟。这对新时代乡村博物馆提出了更高的挑战和要求，需从发展现状着手，进行相应对策路径的探索。

二、文旅融合语境下乡村博物馆的发展现状及原因分析

（一）安吉乡村博物馆发展实践

早在 2008 年，安吉已启动乡村博物馆的建设实践（安吉生态博物馆群）。2007 年 7 月，时任国家文物局局长单霁翔在安吉考查文物工作时提出在我国东部经济发达地区建设生态博物馆的构想，得到安吉县委、县政府的积极响应。2008 年安吉提出“中国美丽乡村”计划，结合这一重大工程，在国家文物局和省文物局大力支持指导下，开始了安吉生态博物馆群的新实践。馆群采用“中心馆 + 专题馆 + 村落馆”的框架展示模式，包括自然生态、历史文化、社会发展、现代产业的各个方面，尤以展示、保护、传承物质与非物质文化遗产为主。“中心馆”为位于县城的安吉县博物馆；“专题馆”和“村落馆”是分散在全县各级乡镇村的反映地域文化特色的“民间博物馆”，即广义上的“乡村博物馆”。

2008 年底，安吉第一家乡村博物馆——上张山民文化展示馆建成开馆，其后发展迅速，至 2017 年，全县已有 50 余家，2018 年随着“最美生态博物馆群”概念的提出，又新建了一批，至今已有 70 余家乡村博物馆，其中 17 家于 2022 年通过省级认定。乡村博物馆实行属地管理，建设管理主体分五类：村集体、乡镇、企业、相关政府部门、个人，以村集体居多；资金方面，以属地乡镇、村或企业、个人自行投入为主；人员上由乡镇、村、企业按需求自行配置，专职、兼职或招聘社会人员。

（二）主要困境及原因分析

从融合发展角度来看，乡村博物馆以乡土文化为核心吸引力，将文化活动和游览观光有机结合，把一般的旅游观光上升到高文化含量的文化体验。但目前很多乡村博物馆依然停留在传统的物理展示空间，未能有效转化为文化传播的媒介，部分馆甚至正常运行发展也存在困难，亟需分析原因所在。

1. 品质不高

特色化发展欠佳。内容上，忽视特色本土

文化，在乡村博物馆发展过程中，没有将本土个性化、特色化充分展现出来，存在“同质化”现象，如：中张村的畲民文化展示馆和郎村的畲民文化展示馆均为畲文化主题，但均未对畲文化透彻挖掘，更多的只是畲族相关服饰、手工艺品的展示。形式上，很多乡村博物馆照搬所谓成功案例，没有融入本土文化特色，乡村博物馆内外空间设计风格上缺乏对于地域文化的运用，大多数乡村博物馆并未对地域文化进行梳理并选取代表性文化元素进行表达，缺少特色和吸引力。

馆藏藏品资源匮乏。缺少与展览契合度较高的展品，展品并不能很好地支撑、诠释展览内容。安吉青少年两山教育展示馆虽斥巨资打造，但更多的是集文字、视频、科技体验等的主题场景，与展览契合的展品较少。

公众互动性弱。乡村博物馆的展陈水平普遍较低，展示方式单一，以传统的文字、图片、物品的展示方式为主，缺乏生动的表现力，不能满足人们的多样化需求，大部分乡村博物馆建成后，缺少持续输出的文化体验活动，极易造成公众的“参观”疲劳。

配套资源较少。缺少相应的配套设施及服务项目，无法形成合力，无法为公众提供多层次全方位需求。

2. 不成规模

乡村博物馆多散落在各地乡村，尚未在区域内形成规模，“孤军作战”，乡村博物馆真正发力还需要新型文化空间，相互作用、相互支持。如：位于鄣吴镇上吴村的上吴百艺文化展示馆，地处偏远，无法与鄣吴镇的林梓醉秋书画展示馆、才晴馆、金石书画展示馆、清风展示馆捆绑经营，导致“孤掌难鸣”。

3. 运营管理不完善

很多乡村博物馆建成后没有形成配套的管理体制，缺少关于乡村博物馆运营、藏品管理、资金筹措、人才培养等可操作性强的制度。制度的不健全必将影响乡村博物馆的长期稳定发展，致使有的乡村博物馆建成后长期闭馆，展品束之高阁，造成极大资源浪费。

4. 缺乏多向的交流与合作

乡村博物馆相较于其他类型博物馆，其本身存在着“人力”“物力”“财力”多方面的“先天不足”，多向的交流与合作，包括馆与馆之间、馆与校之间、馆与社会相关组织之间、馆与当地居民之间，尤为必要。

5. 服务理念欠缺

公众文化需求不断提升，对于旅游的品质化和个性化提出了更高的要求。但很多乡村博物馆仍停留在过去的状态，对公众的服务意识、服务品质普遍不高，而旅游行业已高度产业化，乡村博物馆目前的工作理念和状态难以适从。

三、文旅融合下乡村博物馆可持续发展的具体路径

乡村博物馆是记忆的具象化、乡愁的鲜明化和文化根脉的特色化，需站在文旅融合、乡村振兴的战略高度整体谋划推动[5]，从乡村博物馆各个组成部分加以强调，如基础结构、藏品资源、教育展示及其周边的关系等，从内容形式、行为互动、制度管理、价值传播构建乡村博物馆的文化记忆及文化竞争力，让文化资源与乡村旅游资源相结合推动经济发展，实现乡村博物馆的可持续发展。

（一）坚持“以人民为中心”“以文化为根基”“以文化创造力为核心”的原则

1. 以人民为中心。乡村博物馆的起点是人民，其理念和实践是基于当地村民与他们的遗产，要坚持“以人民为中心”的责任，尊重当

地村民传统生活习惯，突出乡土生活体验；同时，游客对于乡村博物馆来说也是其服务公众的一个“细分”群体，需要为这类群体从乡村博物馆自身的功能、服务等方面进行探索和完善。

2. 以文化为根基。乡村博物馆可以借由旅游发展其经济特性，但旅游必须让人感觉有尊严，文化是提升旅游尊严感的核心情感体验。乡村博物馆作为乡土文化和习俗在现代化进程中变革的见证而存在，须充分挖掘当地地方特色，展示当地文化的原真性及特色，将当地不同于别处的文化内涵作为乡村博物馆立馆之根基。

3. 以文化创造力为核心。要让乡村博物馆充满活力，不能只是单纯汇聚乡土资源进行展示，而应重在以创新、整合的思维发掘乡土文化，将其融入村民生活与乡村发展之中，促进更深层次的文化旅游，让村民看到其中的价值，从而更加尊重先人的创造，承担传承、保护、发展的责任，也让村民看到资源利用所带来的切身利益，以及与之关联的文化提升为生活带来的变化。

（二）从区域整体出发，合理科学规划布局

政府之手的引导在乡村博物馆中不可或缺。坚持以县域为单位，乡村博物馆规划建设一盘棋，尊重与保护不同地域的乡村文化遗产的多样性，找准镇村特色、凸显特色、放大特色，防止内容重复、形态雷同、特色不鲜明和同质化竞争，避免“千馆一面”现象的发生，对存在乡村文化特色相似的镇村，从自然环境、地域文化遗存、发展潜力等方面进行综合评估，择一处最佳馆址；并充分对接各种相关发展规划，如文旅发展规划、文物保护规划、农村农业发展规划、交通发展规划等，把握规划的统筹性及建设的适度性。

安吉 1886 平方公里的绿水青山间蕴藏着 908 处不可移动文物，作为移民之乡所积累的非物质文化遗产也极其丰富。细究县域内各乡镇（街道）地域文化内涵，其文化特色十分鲜明。如：递铺街道，分布着商周至明清时期的古遗址、古墓葬、古城址、古城墙等重点文物埋藏区，在以古城村、安城村为中心的方圆 5 公里内分布有国家级大遗址 1 处，全国重点文物保护单位 3 处，省级文物保护单位 2 处，县级文物保护单位 3 处，有历史名人朱然、朱治、朱绩……古城作为郡治（省城）所在地达百余年、安城作为州治、县治（县城）所在地千余年，故定位以历史文化为主，尤以古越文化、三官文化、安城文化为文化主题特色；天荒坪镇，境内有大竹海、余村两山会址、景村姚家大院、马吉村新四军苏浙军区三次反顽战役前线指挥部旧址，以红色文化、竹文化为主；鄣吴镇内有吴昌硕故居、修谱大屋，竹扇产业鲜明，以昌硕文化、竹扇文化为主；溪龙乡境内有“浙江旧石器文化遗址考古第一点”上马坎遗址、“中国白茶第一村”黄杜村，以旧石器文化和茶文化为主题文化特色……当乡镇文化特色相互有覆盖、重叠时，对其发展前景、文化共同体情况（下文所述的“1+2+3”）等进行整体考量，取一处进行特色打造，如：报福镇中张村、章村镇郎村村均有畲民居住，择一处建成安吉畲民文化展示馆，将全县有畲民的文化进行集中挖掘展示，以去同质化。如此，让每个乡镇（街道）都有“主打色”的布局，让乡村博物馆更有“质”。

（三）“1+2+3”，高“标准化”建设

乡村博物馆作为保留文化记忆的重要机构，除了传统的静态文物之外，仍需要补充可视、可感的动态文物作为文化记忆“活”的载体，如节庆仪式、非遗展示、文化体验等，实现记

忆的重构,以此不断增加乡村博物馆的吸引力。“1+2+3”建立开放的动态文化展示平台与对外交流窗口，有助于传统乡土文化的保护、传承与文化旅游创新发展。

“1”为一个文化脉络，通过挖掘、调研当地极具代表性的文化资源（包括自然与人文遗产），梳理、挖掘文化特色。每个乡村都有一部独特的历史，都沉淀着个性化的东西，有些乡村,人文历史丰富;有些乡村,历代名人辈出;有些乡村，茶文化鲜明……在全国第三次不可移动文物普查和全国第一次可移动文物普查的基础上，对乡村文化进行深入了解与调研，掌握乡村物质文化遗产与非物质文化遗产一手资料,确定乡村发展的主旋律,打造地域文化品牌。

“2”为两个建设要点，将乡村博物馆的空间打造和各类文化活动的举办相结合，才能实现区域内文化品牌的塑造与持续性传播。通过策划开展一系列活动，让沉睡的文化遗产活起来，将文化遗产蕴含的深厚内涵及价值传达给公众，真正实现“情感互动”。开展历史文化研究、讲座、体验等喜闻乐见的活动，普及乡土文化知识；在挖掘、阐释文化遗产价值的基础上，构筑文化遗产场景，打造一系列凸显传统性、激发人们情感的文创产品,包括实景演艺、文创纪念品、节庆活动等，增强人们对文化遗产的理解、想象和体验。如：位于蔓塘里村的蔓漫美术馆，二楼为展览区，在一楼开辟一处雅致的公共文化空间，配备多媒体设备，用于不定期举办插花、书画、茶艺、熏香等体验活动，让公众每次到馆都保持新鲜感，都有不一样的收获。

“3”为三个空间层次，乡村博物馆＋典型文化景观＋乡土生活体验。首先，以乡村博物馆为中心枢纽，将乡村空间与之形成互动，融为一体，重新认识自身资源与当地旅游的关系，有什么是可以融合的，怎么进行融合；其次，对重要节点进行复合型开发，对历史遗址、历史遗迹、古民居、古建筑等文化资源，山水、田园等自然资源进行整合利用，优化布局乡村生活空间，通过景观改造和功能区提升，串点成线，使乡村风味与现代生活有机结合。如：鄣吴清风馆，将鄣吴村内的吴昌硕故居（省保单位）、余氏门楼（省保单位）、吴氏修谱大屋（省保单位）、狮子台门楼（县级文物保护点）等物质文化遗存，与制扇工艺企业及相应的竹扇制作非遗项目等进行了复合布局开发;再者，注重乡土文化体验建设，与博物馆展陈和当地文化形成优质联动，如：景溪生态文明展示馆举办的上山挖竹荪等特色活动，充分展现了景溪村的民风民俗。

（四）借力借势，多方向多渠道合作

创新文旅融合组织模式，借势借力建设、发展，抓好结合，多方向多渠道合作，提升乡村博物馆整体的发展水平和服务质量。

1. **借助外力，节省开支。**建筑方面，可优先考虑将文保单位、古民居等进行维修和改造作为乡村博物馆场馆，盘活闲置资源，既保护古民居，又节约经费，如：中共安吉党史陈列馆，建筑为县文保点宋氏民居（浙北第一党支部旧址）；或与经营性机构的合作，实现“博物馆＋”的资源整合,达到各类资源的有效利用,如：龙王古道文化展示馆为隐上古道度假酒店的大厅，由酒店统一经营管理，节约了运营成本；龙王小水电展示馆为“晓岛”民宿，是集民宿与小水电展示馆于一体的乡村经营综合体，小水电展示馆为民宿赋予了特有的文化印记，民宿也反哺了展示馆的发展。藏品方面，除了鼓励村民捐赠与乡村博物馆主题相关的展品外，可与相关藏家合作，积极搜寻县域内符合展示主题的藏品，以期合作，如：安吉有一位红色

收藏方面藏家陈金国，收藏了毛主席像章3000多枚，红色藏品5000多件，红色主题相关乡村博物馆便可与其探讨合作方式；再者，可与相关协会合作，定期更换展品，焕发乡村博物馆的持久活力，如：蔓漫美术馆与浙江省漫画家协会合作，定期更换展览，在每个展览举办结束后，协会都会捐赠部分展品，也扩充了蔓漫美术馆的馆藏资源。

2.“合纵连横”，多方合作。分散的文化资源除了“百花齐放”以外，想要带动产业的发展，需要合作和共享。

一方面，加强与区域内其他国有博物馆、乡村博物馆的合作。乡村博物馆应该站位高远，不仅关注自身博物馆的资源如何进行旅游开发，更要联动区域内，甚至区域外的不同博物馆，打破博物馆围墙，打破地域限制，重新组合文化旅游资源，形成“联营”模式，同业单位间互通有无，异业单位间优势互补，为游客提供立体丰富的博物馆文旅主题游[6]。这样的探索和实践在湖州地区已开始尝试，湖州打造了“走读湖州”乡村博物馆研学游，将湖州市范围内的国有博物馆、非国有博物馆及乡村博物馆资源进行了整合，推出三条研学线路，供公众自主选择。

另一方面，注重乡村博物馆与文旅产业融合。鼓励旅行社将乡村博物馆纳入县域文化旅游终端，打造文化旅游精品线路；鼓励企业参与乡村博物馆建设，完善政府、社会共管机制。近年来，如：蔓塘里与浙江大地之光文化发展有限公司合作，统筹规划全村旅游资源，“大地之光”让蔓塘里一跃成为安吉著名的网红村，吸引无数游客前来，蔓漫美术馆选址在一座距今200年历史的“三思堂”老宅，有着浓郁的传统文化和鲜明的地方特征，通过与乡村结合，将艺术融入农村中，把艺术的精神内核下沉到老百姓中，与浙江省漫画家协会合作，定期更换展览，并在博物馆一角开辟“戏楼咖啡”，为推进乡村文化和当代艺术创造及文旅产业发展提供了很好的机会。

（五）深化保障性制度，强化运行管理

加强管理，形成固定的管理链。乡村博物馆的稳步发展，让更多的公众不断享受乡村博物馆带来的福祉，保障性制度的进一步完善必不可少。

1.建设及运营管理模式上，坚持“政府主导、社会参与、共建共享、改革创新”的原则。政府强有力的宏观调控能力，是乡村博物馆发展的有力支撑。政府既要在具体政策的实践上、在建设投资上、在资源配置上发挥主导作用，又要充分尊重村民的意愿，调动村民的积极性、主动性、创造性，切实发挥村民的主要作用，激活乡村博物馆的内生动力。完善和创新村民作为治理主体、建设主体和受益主体的组织结构，探索乡镇、村、合作社、企业、社会团体和个人等多元化投资及运管模式，建立乡村博物馆共建、共治、共享的新格局。

2.建立藏品征集机制。藏品征集工作是乡村博物馆的基础工作之一，只有征集到结构合理、具有文化价值、艺术价值、研究价值的藏品，博物馆才能够充分发挥其意义。藏品征集要根据乡村实际情况，建立藏品征集机制，保证征集到的藏品具有较高质量、具有独特的故事，掌握好文物征集与收藏的平衡，在尊重村民收藏意愿的前提下开展工作。

3.建立乡村博物馆帮扶机制。建立乡村博物馆与区域内国有博物馆的对口帮扶乡村博物馆机制，如湖州市文物局会在每年年初进行“乡村博物馆结对”工作，开展一系列帮扶行动，包括陈列布展、发展经营、讲解培训、运行管理、活动举办等，“授人以渔”，帮助乡村博物馆

更新理念、提高技能、培养人才，使其更具备后续发展能力。

4. 建立乡村博物馆考核机制。从硬件条件、软件设施、运行情况、社会效益等多方面进行考核管理，给予一定的奖惩机制，提升展馆管理水平和服务质量，有利于乡村博物馆长久稳定的发展。

5. 建立乡村博物馆宣传机制。利用新媒体进行乡村博物馆宣传，让村民与游客足不出户地了解区域内的文物资源与文化活动。首先，通过移动媒体的短视频应用，借助专业的视频制作团队分享乡村博物馆的文旅体验，借助新媒体传播扩大乡村博物馆的知名度。其次，通过完整的文旅产业链，将与博物馆相关的线上文旅体验转化为现实中的旅游消费行为，如民宿、文创、特产及手工艺品等符合年轻人消费喜好的产品；通过建设智慧旅游管理平台，提升管理和服务信息化水平，通过“安吉旅游”公众号、“玩转安吉”抖音视频号推送旅游信息和旅游服务。再次，对乡村博物馆进行线上统一宣传，在智慧旅游平台中设置乡村博物馆群数字地图，统一上线、宣传。以此让更多的人了解乡村博物馆，让乡村博物馆的文化旅游带动地方经济发展，打开乡村文化旅游市场，让村民享受到本土文化的红利。

四、结语

“文化是旅游践行的重要目的，旅游是文化传播的特别方式。”乡村博物馆只有越来越开放、包容，淡化边界，主动向外对接，突破自身局限和瓶颈，不断进行服务升级与创新，才能搭乘文旅融合的快车，走向更远的未来。

当然，乡村博物馆的发展是一个循序渐进的过程，也是一项艰巨而深远的乡村文化工程，充满了挑战和困难，需要在文旅融合背景下，不断学习、借鉴、创新，努力做“新”运营机制，做“特”陈列展览，做“活”文化体验，做“好”有机衔接，做“强”宣传营销，探索可持续发展模式。乡村博物馆是很小的花，但只要施以适合的养料，给予合适的阳光和水，也一定能像牡丹一样绚丽多姿。

【注释】

[1] 文化部．文物、博物馆事业五年发展纲要[J].文物参考资料，1958（09）.

[2] 贺文讯．乡村博物馆应该成为社区中心[J].中国博物馆通讯，1986（12）.

[3] 彭舟．农民——博物馆不容忽视的群体[J].南方文物，2004（1）.

[4] 冯骥才．灵魂不能下跪 [M].宁夏：宁夏人民出版社，2007：94.

[5] 俞海萍．让博物馆拥有全新的“打开方式”[N].光明日报，2021-06-19.

[6] 何东蕾．文旅融合背景下对中国博物馆发展的思考[J].中国博物馆，2019（04）.

博物馆与城市文化共生发展和个性化塑造

黄莉莉 黄 晨（南京市博物总馆）

摘要：在全面建设社会主义文化强国的时代背景下，高质量发展成为博物馆发展的时代主题。研究以生物学中的“共生学说”为理论切入，分析博物馆与城市文化之间的共生内涵、共生逻辑以及共生现状。以南京城市文化为背景，分析博物馆与南京城市文化共生发展的交融影响；以江宁织造博物馆为例，启示根植于南京城市文化的专题性博物馆如何塑造个性化、特色化发展道路，从而推动地方性博物馆实现高质量发展。作为地方专题性博物馆，应立足自身实际，根植地域城市文化，与城市文化共生发展，探索个性化塑造经验。研究具有一定的启示意义。

关键词：博物馆；城市文化；共生发展；个性化塑造

博物馆的高质量发展是实现当前我国文化强国的必然诉求。为实现时代发展诉求，博物馆扎根城市文化，将自身发展纳入城市发展的内核中进行规划，与城市文化共生，探索塑造个性化发展路径。这是解决地方性博物馆可持续发展、走出特色化道路必须研究的问题。文章通过阐释博物馆与城市文化共生的内涵、内在逻辑，分析博物馆与城市文化发展的交融影响。以历史文化名城、博物馆之城、世界文学之都——南京为例，分析博物馆与南京城市文化共生的现状；以江宁织造博物馆为例，分析立足于南京城市文化的专题性博物馆如何塑造个性化、走特色化道路，从而推动地方性博物馆实现高质量发展。

一、博物馆与城市文化共生内涵

共生学说是生物学领域的理论，强调共生单元之间在一定的共生环境中按某种共生模式形成的关系。[1]博物馆是城市文化凝聚发展的产物，是城市文化共生系统中重要的共生单元。它不仅是城市文化的保护者、参与者，更是城市文化的建设者和塑造者，是城市的记忆，是城市发展文明有形的历史，更是现代城市文明的形象窗口和会客厅。博物馆通过文物交流、展览、公共文化教育、研学活动、文创产业等业务工作为载体形成与城市文化共生的界面，博物馆在地域优秀传统文化传播、城市文化转向、文化精髓凝聚、精神标识塑造，以及城市文化发展政策、环境、条件、资源的相互影响中，与城市文化形成互惠共生关系。

二、博物馆与城市文化的共生逻辑

（一）博物馆对城市文化的影响

1. 展示和传承城市文化的重要阵地

博物馆是城市文化探源、地域优秀文化传承发展的重要阵地，是城市文化交流互通的重要枢纽。博物馆是高度浓缩的城市历史记忆和地域文明的载体，是将数千年的优秀文化完美再现于世人面前的重要场所。它作为一个展示地方历史文化的窗口，是一座城市乃至一个国家的文化符号。博物馆的出现，某种程度上将原本不可复现的历史景象，通过科学合理的展览设计、生动活泼的社教活动等一一搬进现代人类的视线之内。随着时代的发展，人们越来越追求更高的精神文化需求，不断去关注自身所在城市的地域文明、历史渊源及文化起源，去思考基于城市文化内涵的强大力量如何推动当代社会发展的革新与进步。博物馆恰好充当了这一“关键角色”，将城市数千年来的文化以其自身固有的属性展示在当代人的面前。

2. 提升城市文化品位和核心竞争力

文化是城市的灵魂，而博物馆则是城市灵魂的塑造者。博物馆建筑本身就是文化的创新和艺术的极致表达，用建筑的语言优化城市规划，推动城市空间优化和个性化塑造，丰富城市的精神文化内涵。博物馆将建筑、历史和现代生活相融合，通过文旅融合的新路径，不断助力城市经济发展。从图 1 可知[2]，近十年来博物馆收入快速增长，助推城市经济发展。

在城市发展中，博物馆不断释放力量推进城市变革，参与到城市建设中的各项议题中来。在不断出现的挑战与问题面前，博物馆成为有效构建不同地域文明的沟通桥梁，在文明交流互鉴、融合共生、推动文化发展方面产生积极影响。

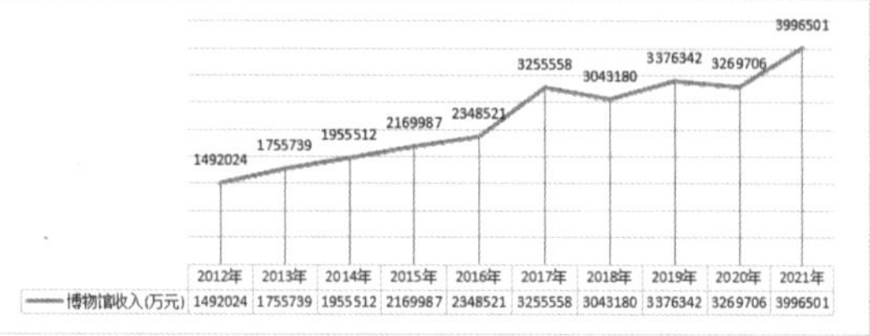

图 1 2012—2021 年博物馆收入数据汇总情况图

（备注：数据来源于国家统计局）

3. 提升居民文化涵养，满足精神文化需求

当前我国人口在城市集聚。据国家统计局统计显示，截至 2021 年全国人口共计 141260 万人，城镇人口为 91425 万人，占总人口数的 64.72% 。[3] 自城市化进程加剧以来，社会的主要矛盾更加集中在城市突出反映出来。其中值得关注的一点是，改革开放以来随着物质需求的不断满足，居民的精神文化需求日益增长，出现新的发展矛盾。城市博物馆的建设和发展，某种程度上成为缓解这一矛盾的重要组成部分。据国家文物局统计，截至 2021 年我国备案博物馆总数达 6183 家，全国 70% 的区县建有博物馆；其中，5605 家博物馆实现免费开放，占比达 90% 以上。2021 年全国博物馆举办展览 3.6 万场，教育活动 32.3 万场；观众接待数量 7.79 亿人次；策划推出 3000 余个线上展览、1 万余场线上教育活动，网络总浏览量超过 41 亿人次。[4] 博物馆“以人为中心”的发展理念，包容不同结构层次的群体，适应多层次群体的精神文化需求，实现博物馆文化全民共享。

（二）城市文化对博物馆的影响

1. 推动博物馆的建设与发展

重视文化建设的城市，往往重视博物馆的建设与发展。这二者的关系就像嘴唇与牙齿一样，唇齿相依，相辅相成。脱离了城市文化的基石作用，博物馆的发展如同空中楼阁、海市蜃楼，再绚烂多姿也终将无根无底，终将化为泡影。因此，博物馆是在既有文化基础之上建立起来的。博物馆的建设与发展，是城市文化内涵的外向延展，是城市文化的显性展示与科学表达。城市文化对于推动博物馆的建设与发展，起到了决定性作用。文化固有的属性决定着城市必将推动博物馆的建设与发展，博物馆如同城市文化的代言人，将尘封良久、“不善言辞”的历史语言以生动的方式娓娓道来。

2. 推动博物馆机制改革和管理创新

面对新的时代发展诉求，城市为提升其全球文化影响力和竞争力，必须走“文化转向”之路。为适应发展要求，各省、自治区、直辖市“十四五”发展规划都将文化建设放在了重要的位置。为积极响应这一要求，博物馆应立足于所在城市结合自身发展现状，科学规划发展思路，创新改革体制机制。“文旅融合”以来，一系列政策性文件、办法等措施出台，鼓励博物馆要积极转变发展理念和模式，充分利用自身旅游特性和文化特性的双重特征开展系列文化旅游活动。各省、自治区、直辖市都将推进博物馆“文旅融合”发展纳入地方文化和旅游发展规划中突出强调。2021 年南京市政府印发的《南京市“十四五”文化和旅游发展规划》中，对博物馆提升公共文化服务水平、推进功能融合、博物馆区域联盟建设、数字化博物馆建设、打造精品展览和品牌研学活动等方面提出了新要求，指明了高质量建设的方向。

3. 推动博物馆多样性建设和对外开放融合

不同的城市因地理、历史、民族、信仰等不同，文化存在差异性，因此根植于地域文化的博物馆呈现出多样性特征。例如故宫博物院是在明清两代皇宫基础上建立起来的中国综合性博物馆。[5]陕西历史博物馆根植于三秦大地历史文化，重点展示周、秦、汉、唐历史文化和艺术的综合性博物馆。城市内部因区域文化遗产的差异性，也形成了不同专题的博物馆。例如南京市博物馆与古建筑朝天宫珠联璧合，重点解读南京城市历史发展进程，展示古都文化精髓。太平天国历史博物馆是在太平天国王府和衙署旧址上建立的太平天国史专题博物馆，是我国收藏太平天国文物最多、史料最丰富的机构。[6]城市文化建设为各类博物馆百花齐放，形成异彩纷呈的文博文化现象起到积极的推动作用。

同时，城市文化在博物馆对外开放与融合方面起到了助力作用。城市化进程加剧，推动着博物馆运营模式逐步转变。为适应城市居民的精神文化需求，博物馆逐渐开发与开放更多的场馆资源、文化资源，延长博物馆开放和运营时间，改善场馆设施，增加游客承载容量，并通过构建“智慧博物馆”打破实体博物馆的时空限制，引流疏络，实现公众线上参观与体验服务。另一方面，城市在将博物馆作为文化交流的重要平台的过程中推动着博物馆文化互鉴、对外开放融合，创新的管理机制随之产生。如全长 1011 公里的“中国大运河”创建了八省份 25 个城市联合保护管理新机制、长江流域博物馆联盟等。对外交流方面，近十年我国共举办 500 多场文物进出境展览。例如，陕西历史博物馆“秦汉文明展”和“秦始皇和兵马俑展”、四川博物馆“古蜀文明特展”“埃及法老王展”、“伊朗现代艺术品展”等。这些进出境展的顺利举办，极大地丰富了博物馆文化交流的内涵，提升了文化融合的价值。博物馆在对外开放融合和改革创新中释放的力量也吸引着高校、企业、社区等多类社会主体，为博物馆精准化治理、智慧化管理、文化创新可持续发展注入新的活力和力量。

三、南京地区博物馆与城市文化共生现状

（一）悠久的历史文化为南京博物馆建设创造了条件

南京拥有 2400 多年的建城史，1700 多年的建都史，深厚的历史文化底蕴，丰富的历史遗迹古建，以及科学、文学、艺术、教育、建筑等领域的辉煌成就，为博物馆建设提供了取之不竭的文化资源。据南京市“十四五规划”报告统计，截至 2019 年底，全市全国重点文保单位 55 处 112 点，省级文物保护单位 114 处 126 点，市级文物保护单位名单 347 处 353 点。南京市在“十三五”期间，共完成考古勘探面积 7235 万平方米，考古发掘面积 16.188 万平方米，出土各类文物 1.9 万余件（套）；认定省级（含）以上非遗代表性项目 67 项、省级（含）以上非遗代表性传承人 49 人、省级（含）以上非遗传承保护基地 2 个。[7]

得天独厚的人文资源汇集了众多人文学者投身博物馆建设事业。从 1933 年国立中央博物院建立至今 90 年，博物馆事业蓬勃发展。截至 2022 年，南京市共建有博物馆 72 家，备案注册的达 65 家，约占总数的 90.3%；文物数量高达 840774 件，接待观众 1943 万人次。即使是在全球受到新冠肺炎疫情广泛影响的情况下，2022 年度南京市各级各类博物馆推出的陈列展览也有 397 个[8]。深厚的历史文化底蕴和浓郁的人文气息的熏陶，为南京市博物馆的建设奠定了坚实的基础。

（二）美丽古都建设和博物馆之城创建协同进进

“十四五”时期，南京城乡建设的总目标是：聚力建设以人民为中心的美丽古都。为实现 2035 年将南京建成创新活力与人文魅力交融、古都风韵与时代风尚辉映的社会主义现代化城市样板，高水平打造博物馆之城成为南京城市建设的重要内容。随着 2021 年《江苏省“十四五”文物事业发展规划》《南京市建设“博物馆之城”发展规划》的出台，博物馆之城建设被纳入城市发展规划中，获得省、市鼎力支持。在南京城市规划发展的推动下，博物馆得以发展快速。

由表 1 可知，近五年南京地区的博物馆在建设数量、备案注册数量、文物藏品量上持续增长，南京市在博物馆建设中的支持力度持续加大。在市政府的支持下，博物馆形成层级丰富、类别多样的繁荣景象。据统计，目前南京国家级博物馆 16 个，其他行业国有博物馆 28 个，

表 1 2018—2022 年度南京地区博物馆部分重点指标数据统计表

注：数据来源《南京统计年鉴》[9]

时间	博物馆数量（个）	备案注册博物馆数量（个）	公用建筑面积（万平方米）	文物藏品（件）	展览陈列（个）	参观人次（万人次）	财政拨款（万元）
2022 年	72	65	78.12	840774	397	1943.00	104046
2021 年	68	63	75.28	831572	374	1502.01	96910.6
2020 年	66	59	76.52	822937	424	3918.4	85651.3
2019 年	63	47	74.6	819559	406	3755.43	70623
2018 年	60	45	70.4	815258	406	3469.46	58626

非国有博物馆 21 个；一级博物馆 5 个，居全省第一；二级博物馆 4 个，居全省第二；三级博物馆 6 个。[10] 由图 2[8]、图 3[10] 可以看出，在级别上，省级、市级、区级全覆盖；截至 2022 年，省级博物馆 3 个，市级博物馆 28 个，区县级博物馆 41 个。在类型上，建有综合类、历史类、艺术类、自然科技类、其他等各种门类的博物馆，如南京市博物馆、六朝博物馆、侵华日军南京大屠杀遇难同胞纪念馆、南京城墙博物馆、南京天文历史博物馆、南京永银钱币博物馆、南京鲁迅纪念馆等，从政治、经济、社会、艺术、科学、人物等各个历史方面，多专题、多视角地展示南京各个时代的历史风貌和人文特色。“十三五”期间南京最具创新力的博物馆数量居江苏榜首。

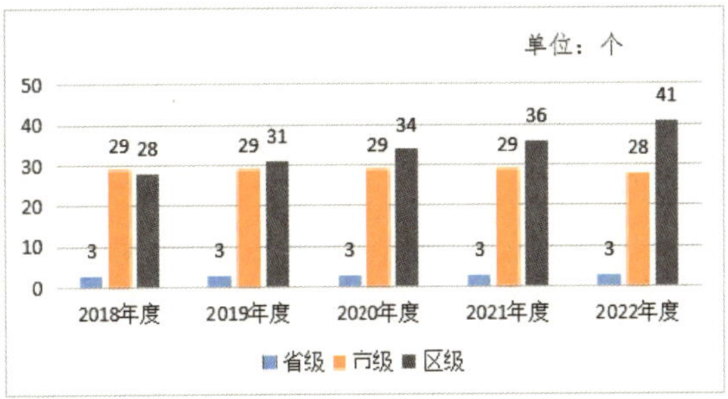

图 2 2018—2022 年度南京市不同级别博物馆数量统计图（备注：数据来源 2018—2022 年《南京统计年鉴》）

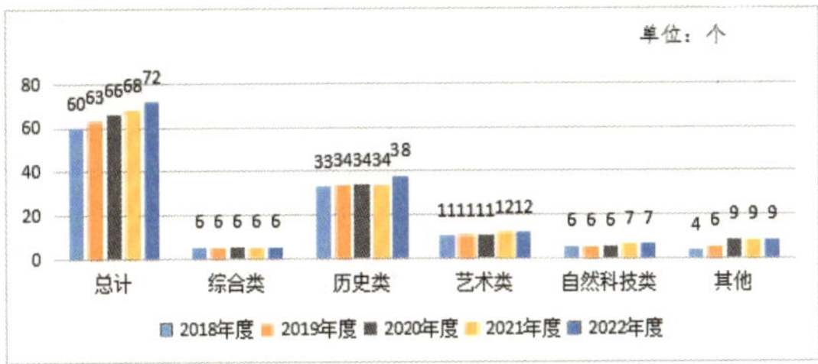

图 3 2018-2022 年度南京市不同类型博物馆数量统计图（备注：数据来源“全国博物馆年度报告系统数据”）

在城市空间规划中，南京市政府给予博物馆优越的地理位置和区位资源优势。由图 4 可知[11]，南京将 39 家备案注册博物馆建于玄武区、秦淮区、鼓楼区等主城区，获得市区最佳交通、商业中心、旅游景点集散地、全国著名高等院校聚集地等区位优势的辐射。同时博物馆在南京新兴城区不断蔓延，逐步形成规模较大、门类齐全、层级丰富的博物馆集群。

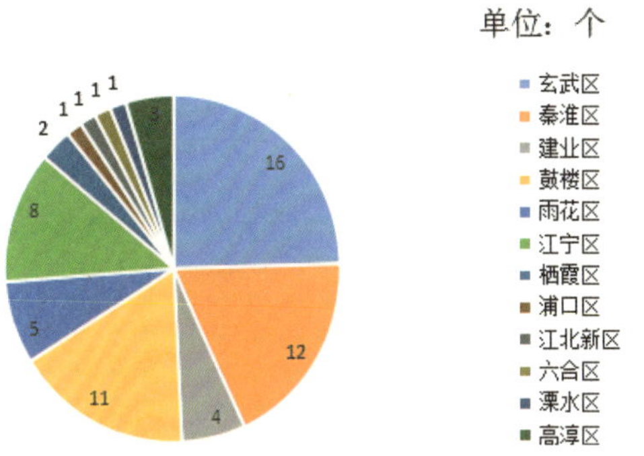

图 4 2022 年南京市各区域博物馆数量分布情况汇总图

（三）博物馆文化助力南京城市发展的“文化转向”

全方位、深层次打造历史文化名城、世界文学之都等城市文化品牌是南京城市发展的重要转向目标。博物馆作为文化的保护者、建设者和塑造者，更是城市发展文化转向的重要推动者。

博物馆通过文物典藏研究和展览陈列等方式，深度探源区域历史文明，助力南京文化建设的精准定位。例如，南京市博物总馆主办的“源流 · 99 件文物里的南京”展览，以 99 件精品文物为历史缩影，集中呈现出南京辉煌璀璨的历史发展源流和深远的文化影响力。博物馆系列化品牌研学活动的打造，引领人们对南京“历史文化名城”和“世界文学之都”的文化沉浸式体验。例如，南京市民俗博物馆打造的“500

娃娃学非遗”品牌社教活动，让青少年学习传承南京云锦、秦淮灯彩、金陵金箔、南京剪纸等各类南京非遗技艺。[12] 再如江宁织造博物馆打造的“跟着名著学语文”品牌研学活动，以沉浸式的探访、互动和阅读体验，引领青少年学习不朽名著《红楼梦》。

除此之外，博物馆在引领城市文化建设的过程中，赋能经济发展。从表 2 统计的近五年南京地区博物馆各年度收入来看，博物馆带来的经济收益持续增长。博物馆已然成为南京城市文化的一张名片，通过文化推动城市发展转向，在塑造城市品牌、引流城市资源、增强城市的世界竞争力等方面产生积极影响。

表 2 2018—2022 年南京地区博物馆

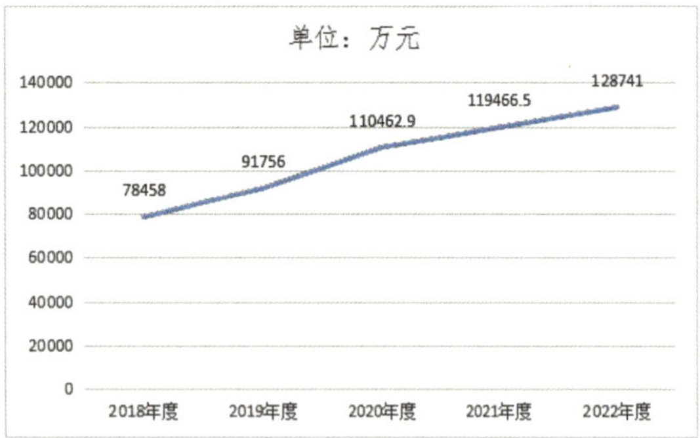

四、以江宁织造博物馆为例的个性化塑造启示

作为地方性博物馆，立足于自身实际，根植地域文化是精准定位与城市文化共生发展的关键。创新发展模式，与城市文化融合发展是塑造个性化特征的重要路径。以地方性、专题性的江宁织造博物馆为例展开探究，具有一定的启示意义。

（一）基于城市文化空间建设的场馆建筑个性化设计与开放融合

地方性博物馆的发展需要放在城市文化发展中去思考，强化二者共生认同理念。将博物馆的建筑设施、布局和功能实现融入当地的城市建设中，充分考虑、利用、融入博物馆周边综合资源，使其成为当地环境、文化、社群的有机组成部分，与城市文化发展形成良性互动。江宁织造博物馆虽建在清代江宁织造府旧址上，但考古出土的文物遗迹甚少，无法通过考古或文物探源其历史风貌。政府在土地附加值极高的黄金地段建造，其本身就凸显了政府对历史文化的高度重视。值得一提的是，江宁织造博物馆本体建筑从设计、建造之初就与南京市文化发展和空间规划目标精准融合。

著名建筑学家、两院院士吴良镛先生通过巧妙设计打破现实缺少史料和考古文物的桎梏，用建筑艺术创造出一座江宁织造博物馆和红楼梦大观园的幻境。江宁织造博物馆的建筑设计创新应用“两种模式”和“三个世界”的设计理念。所谓“两种模式”即现代外壳、传统内核的“核桃模式”和将自然园林架于建筑托盘之上的“盆景模式”。这两种模式的融合是围绕着“历史世界—艺术世界—建筑世界”整体创造的，体现出这座建筑的独特意境。[13]

江宁织造博物馆不再是单独存在的一座建筑物，而是充分利用优势，成为收集、汇聚、展示江宁织造、曹雪芹及其文学巨著《红楼梦》、南京云锦的文化平台。这一过程既是对历史的一种保护、传承，也是对城市文化的空间表达，体现了博物馆与城市文化空间建设的交互作用，充分展现了博物馆融入城市文化发展和改造的价值与作用。

（二）基于世界城市品牌打造的博物馆高质量展览策划

江宁织造博物馆将其业务发展与南京历史文化名城、世界文学之都建设的文化定位相共生，以《红楼梦》为代表的经典名著和非物质文化遗产云锦丝织技艺为主要内容，形成多元开放、体现时代感的发展理念和方向。例如，

2023年江宁织造博物馆推出《读不尽的红楼梦》原创展览，从“著书”“大观”“众说”三个单元出发娓娓道来三百多年来不同语种、国籍、民族对《红楼梦》孜孜不倦的上下求索，以及南京与《红楼梦》的深厚渊源。例如“在博物馆长大”原创展览，汇聚南京65家备案注册博物馆的力量，多方面，多层次、多角度地讲述了博物馆是一所大学校，阐释观众与博物馆的共生肌理关系。如2022年江宁织造博物馆推出“世界非物质文化遗产南京云锦艺术展”原创展览，紧扣社会主义核心价值观的时代旋律，展示了世界非物质文化遗产南京云锦中蕴藏的吉祥文化和超凡技艺。再如2021年“梅绽金陵·礼赞百年——世界文学之都南京戏曲文化特展”及其系列活动，助力南京、江苏乃至全国戏剧界更多的当代表达，更好地推动了中华优秀传统文化创造性转化、创新性发展。

此外，江宁织造博物馆在对外文化交流中彰显了南京历史文化名城的魅力。例如2020年推出的“曼妙丝语——诺丁汉蕾丝及蕾丝织造”中将南京织锦文化与英国皇家蕾丝文化形成对比，充分表达出民族文化自信、南京自信。2022年推出的“和美”展览中将“伊朗现代艺术品展”和“世界非物质文化遗产南京云锦艺术展”同时展出，在促进中伊文化交流的同时，宣传了南京的金色名片，增强了民族文化自信。

（三）基于城市文化沉浸式体验的博物馆个性化品牌研学活动打造

江宁织造博物馆品牌研学活动的打造立足于南京城市文化品牌标识，以弘扬社会主义核心价值观为宗旨，紧扣丝路文化、红学文化主题，活动时尚、多元，形成“跟着名著学语文”“诗礼红楼”“奇妙的云锦”“我们的节日”“织造有戏”五大系列品牌社教活动。活动主要对南京地域历史文明进行宣传，引导观众特别是青少年群体沉浸式体验南京历史文化魅力。江宁织造博物馆推出了《世界文学之都南京戏曲文化课程》，从不同认知维度全方位展现戏曲魅力，让更多的年轻人尤其是未成年人了解戏曲文化，自觉担当起弘扬传承中华优秀传统文化的使命，促进戏曲——中华优秀传统文化创造性转化、创新性发展。这一课程成为九部委《关于推进博物馆改革发展的指导意见》和“双减”政策出台后，博物馆与学校深化合作，促进孩子全面发展、健康成长可资借鉴的生动案例。

紧扣《红楼梦》名著结合学校，江宁织造博物馆创新性推出“跟着名著学语文”品牌研学课程。课程从文学、礼仪、民俗、传统节日、传统建筑、服饰、美食、戏曲等多角度研读《红楼梦》，通过寓教于乐的方式引领青少年深度理解认识《红楼梦》文学的博大精深。

（四）基于互惠共生模式下的博物馆共生层面的精准建构

江宁织造博物馆在对城市文化认同的同时，立足于自身发展能力和文化定位，选择与之相匹配的共生单元，建立起互惠共生关系，形成微观、中观、宏观多样的共生界面，从而产生一定的共生能力。

在微观层面，江宁织造博物馆以红楼文化、丝路文化和戏曲文化的爱好者、研究者为精准粉丝群体，通过系列化、专题性展览和研学活动等方式增强博物馆粉丝黏性。打造“金云锦”志愿平台，创新精准观众参与博物馆建设的新路径。例如在《博物馆长大》远程展览中，江宁织造博物馆特别招募一批远程志愿者团队，由江宁织造博物馆策展团队提供创意思路并进行全程指导落地完成“只此青绿”版南京备案注册博物馆的“大合影”，呈现出南京“人文绿都”良好生态环境和“山、水、城、林、人”的美好生活。在这个层面，博物馆通过与观众群体的共生关系构建，形成社会群体参与博物馆建设的合力。

在中观层面，江宁织造博物馆选择与之匹配度高、发展需求互补的社会主体。例如在馆际合作中与关联度高的专题性博物馆联合发展：与江南丝绸博物馆建立“大手拉小手”合作发展模式，推进江南丝绸博物馆挤进国家三级博物馆行列；与苏州丝绸博物馆跨市联合策划“何以梦红楼——江南运河上的文学、丝绸和影像”原创展览，不仅共同解决展览资金不足、展品数量受限的发展问题，更能提高策展能力，产出高质量的展览作品，释放文化联合影响力；与苏州大学纺织与服装工程学院围绕“现代科技＋历史文化”融合的主线，计划长期开展互访交流、人才培养、学术研讨、联合办展、项目申报等多领域合作。江宁织造博物馆通过与对口高校的共建，实现文化的相互补给，形成互惠互推的共生发展合力。

在宏观层面，江宁织造博物馆立足于南京“世界文学之都”的文化定位，将研究焦点集中在以《红楼梦》为代表的南京经典文学中，联合世界文学之都促进会和世界文学之都地标网格，探索博物馆与世界文学之都共生发展的路径，推进“世界文学之都”南京的建设。

五、结语

地方性博物馆的发展需要放在城市文化发展中去思考，革新博物馆发展的固有思维，强化博物馆与城市文化发展的共生理念。在发展思想、发展方向和综合能力上要跟上城市文化发展的步伐。将博物馆的建筑设施、布局和功能实现融到当地的城市建设中，充分考虑、利用、融入博物馆周边综合资源，使其成为当地环境、文化、社群的有机组成部分，与城市文化发展形成良性互动。将博物馆与城市居民、城市文化三者关系融合思考，重新梳理博物馆资源，围绕地域文化和当地城市文化标识，精准文化发展定位，以服务城市创新、激发城市潜能、提升城市品质、推动人的全面发展来重塑公共博物馆的功能定位。重塑业态，打造个性化原创展览、品牌研学活动、文化创意服务。转变功能角色，从城市文化提供、参与、保护的角色，转变成建设、塑造、传播的引领角色。

【注释】

[1]刘满芸．共生翻译学建构[M]．复旦大学出版社，2015：3页．

[2]国家统计局．2012—2021年博物馆收入[EB/OL]．https://data.stats.gov.cn/easyquery.htm?cn=C01&zb=A0Q0703&sj=2022.

[3]国家统计局．中国人口普查年鉴-2021[EB/OL]．http://www.stats.gov.cn/tjsj/pcsj/rkpc/7rp/indexch.htm.

[4]2022年5·18国际博物馆日中国主会场活动在湖北武汉开幕[EB/OL].http://www.ncha.gov.cn/art/2022/5/18/art_722_174346.html.

[5]中国博物馆大事记[J].商周刊，2016（17）：34.

[6]草家．江南名园——瞻园[J].住宅产业，2017（2）：71.

[7]南京市文化和旅游局．南京市“十四五”文化和旅游发展规划[EB/OL].http://wlj.nanjing.gov.cn/njswhgdxwcbj/202201/t20220113_3261169.html.

[8]南京市统计局．2022年南京统计年鉴[EB/OL].http://tjj.nanjing.gov.cn/material/njnj_2022/.

[9]南京市统计局．2018-2022年南京统计年鉴[EB/OL].http://tjj.nanjing.gov.cn/bmfw/njsj/.

[10]全国博物馆年度报告信息系统[EB/OL].http://nb.ncha.gov.cn/museum.html?page=2&nianfen=2021&province=%E6%B1%9F%E8%8B%8F%E7%9C%81&showModel=list&order=ORDER%20BY%20NB_NDGZZS%20DESC&city=%E5%8D%97%E4%BA%AC%E5%B8%82.

[11]南京市文化和旅游局．2022年南京备案注册博物馆名录[EB/OL].http://wlj.nanjing.gov.cn/.

[12]曹小芹．基于区域文化的研学旅行活动设计探析——以南京为例[J].智库时代，2019（23）：214.

[13]盛金成，孙献华．现代建筑与园林的完美结合——江宁织造博物馆[J].美术教育研究，2018（24）：87.

社会共生视角下的地方博物馆发展途径探索

豆亚茹（故宫鼓浪屿外国文物馆）

摘要：本文运用社会共生理论，结合博物馆新定义的内涵与要求，对地方性博物馆的发展途径进行探索，对其发展过程中的潜在合作主体进行界定，并用利益相关者理论对其潜在合作主体进行利益需求分析，尝试构建出博物馆与其他合作主体之间的利益共生机制，根据当前形势提出既符合社会发展规律，同时又切实惠及至不同社会群体的合理化建议，以博物馆的力量推动地方文化多样性的发展。

关键词：社会共生论；博物馆定义；地方博物馆；文化共生

2022 年 8 月 24 日，第 26 届 ICOM 大会在布拉格召开，大会通过了新的博物馆定义：“博物馆是为社会服务的非营利性常设机构，它研究、收藏、保护、阐释和展示物质与非物质遗产。向公众开放，具有可及性和包容性，博物馆促进多样性和可持续性。博物馆以符合道德且专业的方式进行运营和交流，并在社区的参与下，为教育、欣赏、深思和知识共享提供多种体验。”[1] 新定义提出了包容性、社区参与和可持续发展的重要性，其包容性为博物馆与外界的合作提供了多种可能性。以此为思路，地方博物馆如何发挥自身优势积极吸纳社区及其他社会群体的加入，激发发展活力，探索多元的发展方式、多渠道的经费筹集、多维度的视角是当前发展过程中应考虑的问题。

一、社会共生论

共生理论于 20 世纪 80 年代出现于生物学领域，20 世纪中叶以来开始应用于社科领域。社会共生论是专门研究人与人之间关系的理论。以社会共生视角探讨各主体之间面临的发展问题，同时协调各主体间的关系，最终达到共同发展，是理论的发展目标。博物馆作为极具代表性的文化载体，在社会发展过程中承担着人类共享知识与经验的重要责任；作为典型的公共文化组织，在发挥主体功能时与其他社会机构进行沟通与交流，并拓展相应的业务工作，是博物馆在时代要求下应积极探寻的发展道路。如何在合作过程中与参与主体产生或优化共生关系，发挥合作主体的力量，调动各方积极性，拓展更多的发展空间，是博物馆探索可持续发展模式过程中极为重要的工作。

（一）理论背景

社会共生论源于胡守钧的《社会共生论》[2]，胡先生指出，“改革开放以来，中国从计划社会转向开放社会，伴随着体制改革的深入发展，越来越多的利益主体从计划体制的网络中解放出来。获得一定自由度的利益主体，寻找一切机会追逐自己的利益，努力实现自身的价值。于是，在社会各领域中，利益纠纷层出不穷，利益矛盾形形色色，个体之间、群体之间、企业之间、地区之间、家庭之内、组织之内、行业之内，无一不充满着纠纷。为了妥善处理各利益主体间的纠纷，促进社会和谐发展，必须倡导社会共生论。”[3]

（二）基本内容

同许多社会理论一样，社会共生论也是一套用来考察与分析社会现象的社会理论。借用生物学“共生”(symbiosis) 的概念，吸收系统论、冲突论等诸多哲学理论思想，社会共生论可以用来分析宏观、中观、微观等各个层面，以及政治、经济、文化等多个领域的社会现象。[4]社会共生关系在理论上被预设了一种基本的社会存在，即共生是普遍存在于社会之中的，这一预设是社会共生论的理论基础。社会共生论从主体、资源与约束条件三个层面出发，以此考察并解构社会关系，这三种层面的综合，共同构成的社会关系，就是所谓的社会共生关系。

（三）基本构成

社会共生关系的构成包含主体要素、资源要素和约束条件三大部分。其中，主体要素是社会共生关系的基础，指共生关系中所包含的人以及由人构成的组织。资源要素是社会共生关系的基本纽带，包含物质资源、经济资源、政治资源、文化资源等。约束条件由法律、道德、风俗、宗教等经常用来约定某些特定的共生关系的正式或非正式规则。在社会共生关系之下，产生资源交换型、资源分享型两大类基本结构。其中，资源交换型指出，资源和主体之间是单边关系，主体通过得到一个资源而去置换另一资源，同时各个主体之间又互相存在约束关系。资源交换型在直接表现上是单向的，但放在共生关系主体中，其资源是不断循环的。资源分享型则认为资源和主体之间是双向关系，即主体得到资源后，又可以给资源配置系统直接作出反馈，多个主体共享同一资源配置系统。

二、社会共生论在博物馆领域的适用性分析

“社会共生理论是专门研究人与人之间关系的理论，强调各主体间的内部独立，而不是相互依附或寄生，在互相独立的基础上，进行资源互换或互补，从而达到利益共生和谐。”博物馆是保护和传承人类文明的重要场所，与人类社会的发展息息相关，博物馆的发展离不开社会群体的广泛参与。从社会共生论的观点出发，探讨博物馆发展过程中与其他社会文化机构形成共生关系的可能性，进而探讨其与社会公众之间的自身发展、内部独立等问题，扩大其他社会群体的参与性，同时协调好各参与主体之间的利益关系，是社会共生视角下博物馆的发展路径选择。

（一）社会共生论与博物馆

新定义强调了博物馆在文化多样性和可持续性发展时的积极作用。当前，我国公共文化服务体系建设正如火如荼进行，博物馆在发展过程中如何与当地社区、其他社会文化机构建立紧密联系，如何与社会公众、社会团体之间建立良好的社会共生关系，是发挥其公共服务

能力过程中需要关注的重点。

徐纯对博物馆是什么进行阐释：“在前置概念的前提下，博物馆并不是既定的组织形态。它的形成是人类社会经过相当长久而且繁复的发展过程，如今它已被公认为是一种服务社会的机构，不管它的收藏是有关人文、自然或科学，都是人类知识的一部分，都是由人类的经验演进产生出来的文化资产。”[5] 博物馆的发展本质上是人与人之间的沟通交流，是现代生活与历史生活的时空对话、不同文明之间的交流互鉴、不同文化机构之间的合作共享。因而，在公共服务体系中，与博物馆性质相同的机构都可成为文化共生关系中的主体，各方依靠自身的资源进行交换和交流，以正式或非正式的规则进行约束，形成良好的文化共生关系。

社会共生论从主体、资源与约束条件三个层面出发，考察并解构社会文化机构之间的关系，分析每一组织各自的利益需求，构建社会共生关系。文化系统的和谐共生突出表现为在坚持教育公平和言论表达自由的基础上，各个主体能够平等地享有文化资源，不仅体现为对文化资源的汲取，也体现为对文化资源的有效利用。在公共文化服务体系过程中，博物馆及其他社会文化机构是功能发挥主体，其所承载的文化资源是社会和谐共生的基础和纽带，以为社会公众提供良好文化服务为发展目标而产生的正式或非正式规则是其共同的发展约束条件。在建立良好的社会共生关系之下，博物馆与合作主体在主动构建的关系网络中交流沟通，共同致力于当前社会主义文化建设，以此达到文化系统的和谐共生。

（二）共生视角下的博物馆发展目标

博物馆新定义提出了包容性、社区参与和可持续发展的重要性，其包容性为博物馆与外界的合作提供了多种可能性。在日常工作中，博物馆如何发挥自身优势积极接纳其他社会群体的加入，探索多元化的发展方式、多渠道的经费筹集、多维度的视角都在社会共生视角下得以设想尝试。社会共生视角下的博物馆以开放包容的姿态积极对外合作，联合其他社会公共文化机构致力于文化服务体系建设，为文化交流、资源共享提供平台，促成合作机制建设。

1. 资源共享

在良好的共生关系中，成员间合作的首要目标是资源共享，通过资源共享推动自身业务能力的全面提升，共享的实质在于文化资源、人才资源等不受限的沟通，进而推动不同组织合作机制的建设，形成文化共生的和谐发展形势。

文化资源共享：博物馆的公益属性决定了其社会普惠的使命，作为公共文化服务机构，博物馆有必要通过自身文化资源优势，与其他社会文化机构合作，推动文化资源共享。传统认知下，博物馆资源共享通常指展品、书籍、管理等资源，博物馆向社会公众提供的内容主要以实质性的展览、教育活动为主。数字化时代的到来扩展了博物馆的共享内容，数字资源、数字文化服务等共享信息的分享推动了博物馆使命在新时代背景下的延展。共享的本质是全民分享社会发展的成果，在创新、协调、绿色、开放、共享新发展理念的指导下，博物馆以自身文化遗产资源为依托，以文化共享为原则，将全面统筹、各司其职、责任明确、优化配置资源作为指导思想，积极对外互动交流，扩大博物馆服务效能，从而提高博物馆的总体效益。

人才资源整合：不仅是博物馆，不同行业之间的人才资源是推动行业向前发展的重要驱动力。专业人才缺乏是博物馆发展过程中一直存在的问题，在社会共生关系网络中，博物馆与其他社会机构之间的交流本质上是人与人之间的交流，文化共生目标下的合作交流，旨在推动区域内人才资源往来，以博物馆为中心广泛汇聚优秀人才，为博物馆发展注入新鲜血液，发挥集体优势，给业务工作开展以足够的发挥空间。

合作机制建设：博物馆在发展的过程中为突出自身定位、特色优势采取了较多措施，在宣传过程中，与同行之间或是其他社会文化机构之间较有竞争之势。然而，博物馆与博物馆之间、与其他社会文化机构之间是竞争关系还是合作关系，需要进行明确。“博物馆不是孤立的，而是处于各种关系网中，如果博物馆不能在它所处的机构关系中发挥有效的作用，那么鼓舞人心的规划、严谨的制度和操作程序就都成了无用的东西。”[6]社会共生视角下的博物馆与其他社会文化机构之间是合作共赢、和合共生的关系，在发展过程中应互相进步发展，互相借鉴，互相成长。

2. 平衡发展

博物馆与博物馆之间的平衡：博物馆发展受所在地经济发展程度的影响，出现发展不平衡的局面。纵向发展过程中，我国博物馆的发展取得了较大的进步，在横向发展过程中，不同级别的博物馆发展差距较大。尤其是规模较小、名气较低的地方博物馆，在发展过程中遇到各式各样的问题，自身发展劲头不足，提供给当地社区居民的文化服务，无论是服务数量还是质量都与发展规模较大的博物馆有所差距。不同级别之间的博物馆平衡发展，既需要中小型博物馆积极寻求大型博物馆的帮扶，也需要地方博物馆结合自身特点、所在地文化特色自行摸索，通过主观层面的积极改善弥补客观层面的不足，以及文化资源的二次调配进行相对平衡的布局，推动地方博物馆的发展。

博物馆与其他教育设施的平衡：博物馆首要功能是教育，于学校教育而言，博物馆发挥教育功能的表现形式多种多样。博物馆通常被称为学生的第二课堂，承担着为学生及其他社会公众拓宽视野、开拓思维的社会教育功能。博物馆与学校的共生关系在于与其他教育设施之间的合作过程中应明确各自功能身份，厘清各自文化服务内容及目标，使双方能够在各自的教育作用中各司其职，更充分地发挥自己的教育职能，也给社会公众提供不同选项的教育方式，进行相应学识基础的扩充。

博物馆与其他社会文化机构的平衡：博物馆在社会公共服务过程中与图书馆、档案馆之类的社会文化机构，共同成为我国社会公共文化服务体系的重要组成部分。随着信息技术的迅速发展，人们对社会信息的需求日益广泛和复杂，公共文化服务资源呈现出明显的整合趋势。[7]博物馆在发挥社会文化服务功能时，与图书馆、档案馆等能否发挥各自的公用，以展览或其他方式进行各自研究成果的呈现，推动不同社会文化机构的资源向社会公众的分散展示，为社会公众提供更为全面的知识体系与研究成果，是现阶段文化多样性发展的需求。

3. 公共服务均等化

“由于我国城乡社会结构的限制，偏远地区文化资源的分配呈现出明显的投入不足，产出效能低下的特征，这一长期存在的现象严重阻碍了社会公平的实现和共享改革开放成果的时代主旋律。博物馆作为三大教育主体之一：社会教育的重要环节，如何将资源延伸到偏远乡村地区，让乡村地区的学生享有同等博物馆教育资源，促进均等共享的公共文化服务是博物馆社会教育亟须解决的问题。”[8]文化共生的最终目标在于促进不同区域之间的博物馆资源供给平衡，推动不同人群接受博物馆公共服务资源的均等化，以及不同代与代之间对博物馆资源的传承利用。更多地关注弱势群体，更广泛地拓展公共服务途径，更多方面地优化活动与服务策划，以满足不同的社会公众文化需求，助力社会公共服务水平的提高。

（三）利益相关者界定

博物馆发展的首要任务是社会效益最大化，社会效益最大化过程中涉及参与主体的各方利益，影响最大的也是功能发挥的主体，界定出博物馆发展过程中的利益相关者，并进行利益需求分析是构建共生关系的关键。利益相关者理论在博物馆研究领域的运用，首先要解决如何界定博物馆利益主体的问题，结合博物馆可选择合作主体的类型划分，本文将运用米切尔理论对参与主体进行识别，依据博物馆在发展过程中的不同需求，界定出确定型、预期型、潜在型利益相关者，并梳理出相应的利益需求。

1997 年，美国学者米切尔（Mitchell）和伍德（Wood）将利益相关者的界定与分类结合起来，认为所有的利益相关者必须具备以下三个属性中至少一种：合法性、权利性及紧迫性，并从上述三个方面对利益相关者进行评分，根据分值来将企业的利益相关者分为三种类型：确定型利益相关者、预期型利益相关者、潜在型利益相关者。[9] 其中，确定型利益相关者：同时拥有合法性、权力性和紧迫性，是首要关注和密切联系的对象。预期型利益相关者：拥有三种属性中任意两种。潜在型利益相关者：只具备三种属性中的其中一种。米切尔评分法能够用于判断和界定企业的利益相关者，操作起来比较简单，是利益相关者理论的一大进步。依实际操作而言，博物馆发展过程中以公共文化服务为主要形式可选择的利益相关者可分为以下几种：

1. 确定型利益相关者

与博物馆联系密切的，与其主要业务工作息息相关的群体组织，包括政府、兄弟博物馆、科研部门、博物馆员工、社会公众。

政府：博物馆的上级单位，对博物馆工作进行宏观指导及提供经费支持、财政拨款、政策扶持等，博物馆是其向社会提供公共服务的主要机构；

兄弟博物馆：博物馆之间的互相交流，是建立包括藏品资源、人力资源、管理经验等资源共享机制的重要环节；

科研部门：博物馆与其他社会科学、自然科学等研究部门进行业务交流，能够互相助力各自科研水平的提升；

博物馆员工：博物馆业务工作的主力军，公共服务功能发挥的带头者，在公共服务过程中进行业务技能提升及增强职业获得感、幸福感、满足感；

社会公众：博物馆公共服务的主要群体，为其提供知识、文化熏陶、艺术欣赏等文化服务是博物馆的主旨。

2. 预期型利益相关者

依据合作频率而言，博物馆预期型利益相关者包括社区、学校、文化机构、企业单位等。

社区：为社区文化氛围营造、社会服务功能拓展提供具体的展现形式，是博物馆走出去的重要对象；

学校：是高等院校、中小学校等学生的第二课堂，博物馆自身也通过学校进行后续人才的培养；

文化机构：图书馆、档案馆、青少年宫等与博物馆性质相同的机构相互合作，实现不同文化的广泛传播；

社会组织：博物馆向妇联、青联、残联等社会公益组织提供文化服务，提升自身文化活动的社会影响；

企业单位：与国有企业、民办企业等的合

作为博物馆获得一定的资金支持，实现博物馆强有力的社会支撑。

3. 潜在型利益相关者

只具备三种属性中的其中一种。潜在型利益相关者包括新闻媒体、民间团体、社会文化组织等。

新闻媒体：与新闻出版、广播电视等传播机构合作，实现博物馆文化的广泛宣传；

民间团体：与相关民间团体合作，丰富博物馆的宣传内容及方式，促使博物馆建设与运营方面得到不断支持；

社会文化组织：与相关文化组织进行合作，增加博物馆的社会吸引力。

三、地方博物馆发展思路

地方博物馆在发展过程中对当地社会文化系统的和谐共生起着至关重要的作用；然而，受所在地经济发展状况的影响，地方博物馆多数面临运营压力大、后续发展乏力，藏品数量少且来源不足、资金匮乏等问题。地方博物馆的发展与当地文化发展状况相结合，发扬区域文化特色，使当地社会公众对地域文化有归属感是其发展目标之一。以地方博物馆为主导，联合区域内社会文化机构，建立和谐发展的利益共生机制，是现阶段共生关系建设的最终目标。

地方博物馆利益相关者界定及需求分析

类型	具体利益相关者	利益需求
确定型利益相关者	政府	社会公共服务能力提升
	行业博物馆	馆际交流、资源共享
	科研部门	科研成果在社会面的呈现、普及
	博物馆员工	技能提升、职业获得感、幸福感、满足感、薪资报酬
	社会公众	获取知识、文化熏陶、艺术欣赏、休闲娱乐
预期型利益相关者	社区	社区氛围营造、社会服务功能提升
	学校	课外教育实践
	文化机构	公共文化资源整合
	企业单位	企业文化提升、经济收益增长
潜在型利益相关者	新闻媒体	新闻源头
	民间团体	教育、休闲、娱乐活动组织场所
	社会文化组织	更广泛的合作伙伴

（一）利益相关者需求分析

本文以地方博物馆为中心进行研究，探索构建区域内社会文化组织利益共生机制的可行性，因此，对博物馆自身进行利益需求分析之时，也应对其潜在合作主体进行利益需求分析，以此确保合作双方积极性、稳定性合作关系建立的可能性。

（二）利益共生条件分析

如何在合作过程中平衡各参与主体之间的利益，进而达到一种利益共生的状态是社会共生关系构建的目标。共生关系的构成需满足基本的共生条件，拥有内在的共同点为共生条件的形成创造着基础。

1. 利益相关者社会目标相同

根据上文利益相关者需求分析可知，以地方博物馆为中心展开的文化交流使利益相关者彼此紧密联系且拥有共同社会目标，即为社会公众服务。文化资源是一个地区打造城市文化名片的重要基础素材，上述利益相关者作为地区公共文化服务功能发挥的具体执行组织，承担着为提升地域知名度、打造文化名片，满足社会公众日益增长的精神文化生活需要的责任与义务，不同利益相关者在城市发展目标及公共服务愿景方面的任务相互兼容，满足互相兼容的条件。

2. 利益相关者通过展览进行资源交换

以地方博物馆为中心，通过展览或社教活动为利益相关者打造文化交流的平台，使参与主体在业务工作沟通过程中进行人才交流、文化交流，进而整合区域人才、技术、资金等资源，利用自身文化资源丰富优势发挥示范引领及辐射带动作用，弥补其他社会机构文化资源不足的困境现状。得益于博物馆业务工作的多样性，宣传教育、文创研发等工作使得合作交流过程更能推动参与主体之间的相互联系，达到资源共享、信息共享、人才共享的效果，同时为博物馆业务工作注入新鲜血液，丰富工作内容，发挥集体优势，给公益活动策划以足够的发挥空间，达到双赢乃至多赢效果。

3. 利益相关者通过博物馆扩大社会资源圈

在合作交流过程中，地方博物馆同样承担着为其他利益相关者互相交流提供平台的义务。除了以博物馆业务工作为交流内容外，不同的参与主体可借此结识更多的具有相同发展目标的合作伙伴，并进一步开展新的业务交流合作，创造更多的业务交流内容，为其他利益相关者进一步扩大社会资源圈、促进资源的流动和各方的交流提供现实平台。

（三）利益共生关系的构建

地方博物馆与其他社会文化机构的共生共繁荣，是推动区域内社会公共文化服务均等化目标的过程，在明确利益相关者需求的基础上探索更广泛的合作对象，是其可持续发展的关键所在。共生关系长久维系的关键在于各方利益的平衡，探索构建稳定的利益共生关系的相关具体举措，是地方博物馆在当前发展下需关注的重点。

1. 基于公共服务质量提升的有效参与机制建设

如何在合作过程中平衡各参与主体之间的利益，进而达到一种利益共生的状态，是共生关系构建的重点。共生关系的构成需满足基本的共生条件，拥有内在的共同点为共生条件的形成创造着基础。根据上文利益相关者性质分析可知，以博物馆为中心展开的文化交流使利益相关者彼此紧密联系且拥有共同的社会目标，即为社会公众服务。在此前提下，博物馆承担着为其他利益相关者互相交流提供平台的义务，以博物馆为交流平台，参与主体在合作过程中进行各方面的交流，推动区域内不同文化资源的交换。此外，不同参与主体通过交流结识更多具有相同发展目标的合作伙伴，并进一步开展新的业务交流，创造更多的业务交流内容。

2. 基于各方利益平衡的协调机制建设

在合作过程中，利益始终是影响机制运行的主导型因素，参与主体的重要动力之一在于利用集体的力量弥补个体的脆弱，通过公共利益的实现推动个体利益的获取。利益分配是利益共生模式的重点，不仅包括经济利益的分配，也包括社会利益的分配。在合作过程中，如果某个参与主体长期得不到应有的利益分配，会严重打击其参与工作交流的积极性，或丧失继续与其他利益相关者相互合作的能力。因此，要提高各利益相关者在合作过程中的积极性，必须从其需求出发进行利益分配，建立各方满意的利益分配机制。首先，地方博物馆与主要利益相关者向政府为中心的第三方表明诉求是平衡利益的主要举措。其次，各方合作的前提是自由参与，在机制运行过程中利益相关者由于需求的不同出现利益冲突，建立完善的利益协调机制进行多方面的沟通，促进多元利益的共同实现，以民主和谐的方式解决利益冲突。

3. 基于机制平稳有序运行的约束机制建设

共生机制的实践是一个复杂的集体行动过程，多元主体参与博物馆业务工作能否实现或在多大程度上发挥作用，有赖于合作主体的积极参与和持续互动，更有赖于系列基础性制度运行的保障准备。运行保障安排既包括推动参与主体服从的正式制度和规则，也包括调动主体积极性或符合其利益的非正式制度安排。“由正式制度与非正式制度构成的约束机制制约并协调利益主体的各种行为，推动稳定性合作行为的形成及有效运转，为克服共生机制构建摸索过程中遇到的困境及实现各方利益需求提供基础性支撑。”[10]公共权力部门制定的政策法律法规及规章制度等系列显性规则促进和激励共生关系的发展，减少行为主体不确定性和一直可能存在的机会主义行为，增强互利合作的可预见性。以价值信念、风俗习惯、文化传统、道德伦理、意识形态等社会认可的、约定俗成的、共同恪守的行为准则为约束，能够化解合作过程中出现的利益冲突，稳定共建共享秩序，提高制度运行效率，促进主体深度合作。

四、结语

在实现多样性和可持续发展的过程中，地方博物馆需要扎根于地方文化特色，在地方发展的总体框架下实现自身的长期发展。以当地文化为依托的发展道路不是一意孤行的，需要与当地的其他文化机构和谐共生的相处，以此理念尝试进行联合，探索更多元化的发展方式，为可持续发展开拓更多的思路。

【注释】

[1]被赋予新定义的博物馆[N]. 中国文化报，2022-9-2（3版）.DOI:10.28144/n.cnki.ncwhb.2022.002976.

[2] 胡守钧 . 社会共生论 [M] 上海：复旦大学出版社，2006：07.

[3] 胡守钧 . 社会共生论 [J]. 社会科学论坛，2001（01）：20-23.

[4] 胡守钧，张凤池 . 以社会共生视角开展社会研究 [J]. 长安大学学报（社会科学版），2016，18（03）：59-63.

[5] https://mp.weixin.qq.com/s/l9Wi2-KSDW5mnOl_VWN1aQ.

[6] 徐亦鹏，朱慧玲 . 博物馆合作机制与模式探讨——以苏州博物馆为例 [C]. 致力于社会和谐的江苏博物馆事业——江苏省博物馆学会 2012 学术年会论文集，2012：62-66.

[7]左雨萌，郑昂，江碧真，傅文奇 . 图书馆、档案馆和博物馆三馆馆际资源共享态度的调查与分析 [J]. 图书馆研究，2015，45（04）：43-48.

[8]周珊珊 . 博物馆社会教育资源均等化的实现及应用指导 [J]. 文物鉴定与鉴赏，2018（23）：121-123.

[9]付俊文，赵红 . 利益相关者理论综述 [J]. 首都经济贸易大学学报，2006（02）：16-21.

[10]潘加军，刘焕明 . 新时代环境利益冲突协同共治的运行机制与制度保障 [J]. 贵州社会科学，2019（12）：11-17.DOI:10.13713/j.cnki.cssci.2019.12.002.

【参考文献】

[1]胡守钧 . 社会共生论 [M] 上海：复旦大学出版社，2006：07.

[2] 胡守钧 . 社会共生论 [J]. 社会科学论坛，2001（01）：20-23.

[3] 朱贻庭 .“社会共生”与“社会和谐”——评胡守钧教授新著《社会共生论》[J]. 探索与争鸣，2006（11）：78-80.

[4] 陈怀远 . 社会共生理论的建构矛盾与创生前景 [J]. 江汉论坛，2016（03）：134-138.

[5] 李友钟 . 社会共生论理论渊源考察 [J]. 理论界，2014（07）：80-82.

[6] 杨楚譞 . 社会共生视角下陕北米脂窑洞古城的保护与发展 [D]. 西北大学，2019.

[7] 胡守钧，张凤池 . 以社会共生视角开展社会研究 [J]. 长安大学学报（社会科学版），2016，18（03）：59-63.

[8] 徐亦鹏，朱慧玲 . 博物馆合作机制与模式探讨——以苏州博物馆为例 [C]. 致力于社会和谐的江苏博物馆事业——江苏省博物馆学会 2012 学术年会论文集，2012：62-66.

[9] 左雨萌，郑昂，江碧真，傅文奇 . 图书馆、档案馆和博物馆三馆馆际资源共享态度的调查与分析 [J]. 图书馆研究，2015，45（04）：43-48.

[10]周珊珊 . 博物馆社会教育资源均等化的实现及应用指导 [J]. 文物鉴定与鉴赏，2018（23）：121-123.

[11]付俊文，赵红 . 利益相关者理论综述 [J]. 首都经济贸易大学学报，2006（02）：16-21.

地域文化特色在博物馆展陈中的表达方式
——以常州博物馆为例

梁文杰（常州博物馆）

摘要：地域文化特色是地方人文精神的重要反映，也是地方博物馆展览建设的重要内容。博物馆作为城市历史文化的名片，其展览应该着重反映当地的优秀地域文化和特色人文内涵，这样既能增加展览的吸引力和竞争力，又能丰富城市的文化内涵，还有利于塑造地域文化热点和地方文化品牌。常州作为一座历史悠久、遗存丰富、人文荟萃的历史文化名城，要将浓郁的地域文化风格渗透到城市博物馆的建设当中，尤其要通过完善博物馆陈列展览的内容和形式，来彰显其地域文化的独特性。本文从常州博物馆的历史基本陈列、临时展览策划、展览配套社教等方面展开具体论证和案例分析，以此阐述地域文化特色在博物馆展陈表达中的方式与作用。

关键词：地域文化；博物馆展陈；地方文化多样性

地域文化特色是一个地方的历史脉络和人文精神的重要反映，而地方博物馆是展现地方特色文化的重要载体和窗口。地方博物馆应该利用这种文化特色服务于人民日益增长的物质文化需求，并促进地方文化事业的发展。博物馆是以学习、教育、娱乐为目的，为社会公众提供服务的文化场所。[1] 地方博物馆不仅承担着城市历史文化的教育职能，也是城市人文风貌的名片。博物馆中最能直观地传达地方文化特色的服务就是陈列展览。其展陈形式主要有两种，即以文物勾勒地方历史脉络的通史性展和反映地方特定文化内涵的专题展。地方博物馆应该把地域差异性和文化多样性转化为自身优势，在展陈中凸显地域文化特色，将当地的自然、历史、人文等诸多因素与展览的主题、展品、服务相结合，在内容、形式、内涵中彰显地域文化的独特魅力，这是广大地方中小博物馆得以脱颖而出、保持活力的关键。

常州博物馆成立于1958年，长期从事地方文物保护、收藏、研究、展示和社会教育服务工作。1995年馆内增设少儿自然博物馆，成为国内为数不多的集历史、艺术、自然为一体的综合性博物馆。2007 年新馆建成开放，推出“龙腾中吴——常州古代历史文化陈列”等四个常设展览，以及一系列特色专题临展，此后更荣获全国最具创新力博物馆和国家一级博物馆。常州博物馆立足于常州地域文化，通过主题鲜明的特色展览，讲好地方故事、反映地方历史、阐述人文内涵，提升了展览的独特性和吸引力，弘扬了城市的文化个性，促进了地方文化多样性和可持续发展。

一、常州的地域文化特色

常州古名延陵、毗陵、晋陵等，地处苏南腹心，东南濒太湖，西接宁镇山脉，北倚长江，大运河贯通东西，物产富饶，历史文化底蕴深厚，拥有 7000 多年的农耕文明史，3200 多年的文字记载史，2560 余年的建邑史，2300 多年的建城史。[2]

历史悠久。常州 30 万年前即有古人类活动，金坛薛埠和尚墩遗址是省内发现最早的旧石器时代遗址；常州境内新石器时代马家浜文化、崧泽文化和良渚文化遗址达 30 多处；金坛土墩墓群反映了商周时期江南地区吴越文化的独特面貌；武进淹城遗址是全国罕见的春秋时期三河三城形制的古城遗址；公元前 547 年，吴国季札受封于延陵，秦代置县，汉改毗陵，三国时期又置典农校尉，自西晋以来常州一直为郡、州、路、府治所。常州是吴文化的发源地之一，也是南朝齐梁帝王的故里。清代常州因管辖武进、阳湖、无锡、金匮、宜兴、荆溪、江阴、靖江八县，故有“中吴要辅、八邑名都”之称。

遗存丰富。常州市拥有世界遗产 1 处，各级文物保护单位 323 处，其中全国重点文物保护单位 10 处，省级文物保护单位 32 处，历史文化街区 4 片，历史建筑 226 处。历史文化遗存门类较为齐全、名人故居众多、历史文化街区特色鲜明。各级非物质文化遗产名录 128 项，其中 1 项列入世界名录，13 项列入国家名录，53 项列入省级名录。

人文荟萃。常州历代名人资源丰富，春秋吴国季札“三让王位”；南朝史学家萧子显撰写《南齐书》，昭明太子萧统主编中国第一部诗文总集《昭明文选》，刘勰著《文心雕龙》开创中国文学批评之先河；宋代苏东坡曾 14 次踏上常州土地，留下名篇《乞常州居住表》，并仙逝于常州藤花旧馆；明清时期，常州学子在科举中获状元、榜眼、探花的人数仅次于苏州，名列全国第二；这里还涌现出一批富有创造意识和社会责任感的学者群体，例如以恽寿平为代表的“常州画派”、以恽敬为代表的“阳湖文派”、以张惠言为代表的“常州词派”、以庄存与为代表的“今文经学派”、以费伯雄为代表的“孟河医派”等，龚自珍赞叹这片土地“天下名士有部落，东南无与常匹俦”。[3] 常州在近代中国革命史和民族工商业发展史上也具有独特的地位。“常州三杰”瞿秋白、张太雷、恽代英是中国共产党早期的卓越领导人；还有中国近代工商业的开拓者盛宣怀，创造了中国近代史上的 11 个“第一”。

身处这座历史悠久、遗存丰富、人文荟萃的国家级历史文化名城，如何利用这些地域文化要素去打造博物馆的展览内容、突出地方特色、提高博物馆的创新力和竞争力，成为新时代常博人面临的契机和挑战。

二、常州博物馆展陈中的地域文化表达

陈列展览是博物馆最基本最重要的一项工作，是衡量博物馆精神内涵、文化特色、服务

质量的重要指标。展陈中的地域文化表达包括内容设置、展品选择、形式设计、互动体验等方面。

首先，展览内容要主题鲜明。内容设置既要立足于地域文化的主干，突出核心价值，又要兼顾地域文化的各个枝干，不忽视细节。只有对本土地域文化进行深入的源流性阐释和解读，才能把握好展览的主题。地方博物馆的基本陈列主要突出本地域内的主体文化特征；而临时展览则针对某些专业领域和具体课题进行细节补充。

其次，展品与主题之间要互相支撑。展品是展览的物质基础，博物馆要突出自身风格，就不能过分强调全方位展示藏品。博物馆要根据展览的风格定位，结合本地区的地域文化、历史脉络、人文内涵，有目标地选择展品。由于展览空间有限，展品的选择更要有所侧重。博物馆还可以选择代表性藏品，将能反映地域特色的文物形象、经典色彩、文化符号等要素加以提取，并为展览设计、文创开发、社教活动、形象宣传等方面提供文化参考。

最后，展览形式要积极创新。博物馆围绕特定的地域文化主题，在形式设计和互动体验中要敢于创新，尝试采用新观念、新材料、新技术、新服务来提高展览的质量。例如以生动有趣的语言诠释主题，或者通过新奇好玩的设施增加互动，使观众收获更多的情感体验。博物馆通过对展览主题的创造性阐释，塑造了其独特的地方风格和品牌魅力。

（一）不断加强和完善地方博物馆的基本陈列

地方博物馆的基本陈列主要以本土特定的地域历史文化和风土民俗为主要内容，这种地域性是地方博物馆与中央博物馆的最大区别，也是其特色和优势。[4] 基本陈列要立足于地域文化特色，策展团队除具备博物馆学、历史学、艺术学等专业知识外，在策展前还应该对文物藏品、地方人文、历史遗迹进行深入细致的研究与分析，最后再通过科学的方法讲好藏品故事，展现地域文化的精华，有选择地塑造博物馆的地方风格和人文魅力，吸引更多的人走进博物馆。[5]

常州博物馆的基本陈列有“龙腾中吴——常州古代历史文化陈列”“谢稚柳艺术馆”“刘国钧捐献红木家具陈列”“常州少儿自然陈列”四个常设展览，从内容上可以分成常州历史、地方乡贤、自然科普三大类，其中以“龙腾中吴——常州古代历史文化陈列”最能代表常州的地域文化特色。

“龙腾中吴——常州古代历史文化陈列”以常州区域内历年考古出土珍贵文物为载体，立体呈现常州数千年的历史足迹和文化脉络，以及常州人的生活态度、思想情感、价值取向等，较为全面地阐释常州在古代中国政治、经济、文化领域所发挥的作用。按照历史发展的脉络，展厅分成“史前常州”“延陵季子”“齐梁故里”“中吴要辅”“儒风蔚然”五大版块，并借助600余件（组）文物，全方位、多角度地展现了常州6000多年的历史脉络和独特的人文魅力。[6] 尤其是在2019年改造提升基本陈列，在原有基础上又补充了部分考古发现新成果，并增加了多媒体互动装置，使展览的内容和形式能更好地满足人们日益增长的文化需求，让观众更方便、更深入地了解常州地方历史文化。

展陈的形式细节对地域文化的表达也起到了重要的辅助作用。例如通过场景还原和氛围营造，达到地方博物馆与当地历史文化遗迹的互动，同时也能引发观众的情感共鸣。例如：序厅背景取材常州画派恽寿平的《湖山春暖图》，展现了江南古城常州风光旖旎的秀丽景象；江南土墩墓的复原模型则展示了商周时期江南地区独特的古文化遗存，具有鲜明的吴越地域文明特色；常州淹城是我国目前西周至春秋时期保存下来的最古老、最完整的地面古城池，它最大的特点就在于三城三河的形制，三城分别是外城、内城和子城，各城均有护城河环绕，展厅的彩色滚动显示屏展示了淹城原址风貌及考古现场图片，并通过淹城沙盘模型形象再现了城河相套的建筑特色；常州武进万绥是南朝齐梁帝王的家乡，齐梁的皇帝死后，大多在此建陵安葬，展厅中设有南朝陵墓石刻中的神兽和神道柱的复原展示，使人感受到南朝帝王威仪的气势；举世闻名的京杭大运河全长 1794 公里，其中常州段长 45.8 公里，常州运河“上通京口，下行姑苏”，在古代漕运史上占据着枢纽地位，展厅墙壁上装饰有浙江省博物馆收藏的清代《京杭道里图》常州段的图景，并通过缩微模型景观还原了常州城内世科坊、双桂坊、毗陵驿等漕运场景，突出了常州运河在漕运中的重要地位；在常州市河的北岸有条小巷叫青果巷，这条小巷不仅走出了近百名进士，而且走出了一批誉满中华的优秀人物，如清代著名书画家汤贻汾、中国近代工商业的开拓者盛宣怀、新文化运动先驱瞿秋白等，展厅通过青砖、灰瓦、白墙、花窗的组合，以及小桥流水的动态影像，生动再现了青果巷的江南风韵，使之成为了解常州深厚历史文化积淀的一个窗口。

（二）策划凸显地域文化特色的临时展览

专题性的临时展览也是体现地方文化多样性的重要手段，是博物馆对地方文化研究的延展和拓展。策展团队尝试从地方性的角度发掘地方特色藏品，对地方历史、风物、名人、遗址、民俗等产生新的认知和理解，并通过多样化的展陈手段进行诠释和表达。

自 2013 年至 2022 年十年间，常州博物馆立足常州地方文化和特色资源，举办地方文化主题临展约 70 个，内容涉及常州画派、地方乡贤、历史遗迹、考古成果、传统节俗、非遗特色、革命文物、自然科普等多个方面。这期间临展的表现手法也在不断创新，策展团队通过尝试一些新颖的视角、材料、技术，不断提升展览水平和观众体验。

1. 立足藏品优势，解读地方历史。临展选题从地方文化着眼，不仅具有较强的专业性和话题性，而且可以摆脱文物精品展的固有模式，将不同学科、不同门类的展品围绕特定主题呈现在共同的展示空间中，去探究这些展品之间的内在联系。清晰的单元结构、新颖的研究视角、通俗易懂的解读以及重点知识的说明，共同构成了此类临展的内容模式。例如 2019 年常州博物馆举办的“中国龙文化特展”，就是龙城常州围绕龙文化主题展开的一次深度探讨。龙是神话传说中的祥瑞之物，也是中国最具代表性的传统文化符号之一。从起源上看，龙应是原始社会图腾崇拜的标志物，而后逐渐演变成中华民族优秀传统文化的典型代表，并成为中华民族文化认同、情感联系的桥梁。常州别名“龙城”，早在新石器时代，常州与龙就有着不解的渊源，青城墩遗址出土了距今 5000 多年的崧泽文化龙首纹玉饰，又称“江南第一龙”，在古代文明起源和民族信仰研究方面具有重要价值；这里是齐梁故里，乃龙兴之地；龙城书院，见证常州儒风蔚然；乾隆三次赴常州天宁寺，御赐“龙城象教”匾额；白云溪边，龙舟竞渡；文人雅集，更是留下了许多常州“六龙城”的诗文。常州保留了众多与龙有关的遗迹、地名、习俗，反映出龙文化已深深融入常州人的生活。“中国龙文化特展”从地域文化的独特视角来解读龙文化的丰富内涵，分为“龙腾华夏”“龙行千载”“龙城常州”三个单元，层层递进的解读是对藏品价值的再建构。策展团队深挖展品的信息价值和关联价值，使观众对龙的固有印象得以扩充，让龙的内涵得以延伸，对龙城常州的古今形象更加立体深刻。本次展览联合近20家文博单位，展出自新石器时代至明清时期的150多件与“龙”有关的文物珍品，涉及青铜器、玉器、瓷器、陶器、金银器、书画、刺绣服饰、画像砖等多个门类，是近几十年来中国规模最大、档次最高的龙文物展览之一。

2. 结合工艺美术，传承非遗特色。如何利用好本地的非遗资源来凸显地域文化特色，是临时策划的重要课题。近年来，常州非遗以其独具魅力的技艺特色、艺术成就和人文情怀，成为“文化常州”的一张闪亮名片。常州现拥有非遗资源1228项，其中金坛刻纸入选联合国教科文组织人类非物质文化遗产代表作名录，13个项目入选国家级非遗名录。常州博物馆几乎每年都会举办相关非遗展览，内容涉及梳篦、乱针绣、留青竹刻、象牙浅刻、彩绒画、烙画、金坛刻纸等诸多种类。例如“毗陵天工——常州工艺美术精品展”“苍枝新篁——徐秉方艺术展”“色丝丹青——单银娣乱针绣作品展”“刃游青筠——国家级非物质文化遗产常州留青竹刻精品展”“一刀一纸一世界——杨兆群金坛刻纸艺术”等。常州博物馆还以对外交流展的形式推出“常心匠韵——常州非物质文化遗产精品展”，展览遴选数十件常州梳篦、留青竹刻、乱针绣及金坛刻纸等本地最具代表性的非遗工艺精品，先后赴江苏南京、湖北黄石、福建厦门等地展出，扩大了常州非遗的影响力。

3. 发掘红色资源，弘扬革命主题。在漫长峥嵘的革命岁月，常州涌现出无数革命先烈和英杰，这片热土走出了“常州三杰”瞿秋白、张太雷、恽代英等中国共产党早期领导人和中国革命史上里程碑式的人物，也因此留存了丰富的革命文物和大量的红色遗迹，具备了丰富的红色资源和强大的红色基因。常州的红色资源是常州人民在中国共产党领导下百年奋斗的珍贵缩影，是常州的红色基因、思想根基、文化血脉。关于如何讲好红色故事、传承红色文化、弘扬红色精神，常州博物馆从自身实际出发，认真研究整理馆藏的红色文物，并通过策划红色专题展览，让红色文化深深融入城市的发展脉络，并成为驱动城市发展的动力。[7]例如2021年是中国共产党建党100周年，常州博物馆特别奉上“记录伟大历史——常州革命史料展”。展览结合100余件革命文物，通过介绍中国共产党的历史与党史发展过程中常州地区涌现出的重要人物、事迹、文物、遗迹等，向大家展现中国共产党人的初心和使命，讲述砥砺人心的常州故事，读懂中国共产党精神谱系中的“常州符号”。展品种类丰富，有烈士遗物、革命出版物、公告锦旗、书信便条等，时间跨越国内革命战争时期至抗美援朝时期。涉及中国共产党早期领导人“常州三杰”、新四军领导人陈毅元帅等革命先驱，更有诸多默默无名在抗日战争、解放战争、抗美援朝战争中牺牲的革命先烈。这些红色文物是中国共产党人在常武大地践行初心和使命的真实写照，是中国共产党精神谱系中的“常州符号”。展览通过图文并茂的形式、简明生动的解读，系统展现了常州深厚的革命文化积淀，从而激发大众对革命先烈的崇敬、对当今美好生活的热爱和对建设新时代常州的热情。

4. 利用自然资源，讲好科普故事。常州博物馆下设常州少儿自然博物馆，是国内为数不多的集历史、艺术、自然为一体的综合性博物馆。常州博物馆的自然类馆藏资源得天独厚，拥有各类自然藏品近5000多种、约10000件，已形成以皮毛类动物、海洋动物、国内外精品昆虫、地区性中草药、矿物晶体及古生物化石为特色的六大收藏系列。[8]

馆藏大量自然动植物标本，其中包含不少常州本土的自然物种。常州位于亚热带和温带交汇处，四季分明、气候宜人，既有宽广的平原圩区，又有起伏的丘陵山地，因而适合多种动植物的生长繁衍。境内分布的高等植物近 2000 种，分属 100 余科，例如芒萁、金钱松、榆树、檫木、枫香、茅莓、合欢、油茶、醉鱼草、瓜木、丹参、商陆、荆芥、茅苍术等，它们构成了常州地区特有的生态景观。本地区中药资源丰富，已发现 1000 多个品种可入药，其中茅山苍术、兰陵（万绥）半夏、孟城荆芥为全国著名药材。据初步统计，常州地区有鱼类近 40 种，其中主要经济鱼类约 20 余种；兽类 30 余种；鸟类有多达 169 种；另外昆虫，节肢、环节、软体等动物种类也较为丰富。

为了充分利用馆藏的自然标本资源，讲好科普故事，发挥少儿自然博物馆的优势，2013 年至 2022 年十年间常州博物馆先后推出了"天高任鸟飞——世界珍奇鸟类展""蝶舞蹁跹——名蝶精粹与蝶文化展""大地珍宝——矿物晶体标本展""海洋武士——甲壳动物展""回眸亿万年——馆藏古生物化石精品展""虫虫世界——常州博物馆藏精品昆虫展""花草鱼虫皆可药——常用中药标本展""腾飞之龙——从龙到鸟的演化之旅""聪明的植物"等一系列专题临展。常州博物馆通过将自然资源、临展项目、科普活动有机结合，收获了大批粉丝，也赢得了众多荣誉。

（三）积极开展对外交流，促进文化多样性

各地方博物馆之间要加强合作，取长补短，互通有无。有时候为了举办某一特定专题的展览，地方博物馆仅仅依靠自身的藏品资源难以满足策展的需求。这时候就需要开展馆际合作，通过藏品互助、资源共享，弥补自身馆藏的不足。例如常州博物馆在举办 2015 年"壶阁传芳——常州画派女画家精品展"、2018 年"山下青山——金坛土墩墓考古发现展"、2019 年"中国龙文化特展"等项目，就通过馆际交互、藏品借展，充实了展览内容，强化了展览的地方风格和主题思想，提升了展览的专业性、学术性和可看性。

此外常州博物馆也面向国内兄弟博物馆，出借地方特色藏品赴外展示，进一步提升了常州博物馆在国内博物馆界的影响力。例如参展 2019 年扬州博物馆的"水蕴华章——大运河文物精品展"、2019 年故宫博物院"良渚与古代中国——玉器显示的五千年文明"、2020 年湖南省博物馆"闲来弄风雅——'宋朝人慢生活镜像'展"、2020 年常州美术馆"晋陵风雅——常州画派精品展"、2021 年常州美术馆"乱针绣精品展"、2021 年苏州博物馆"元代的江南"特展等项目。

三、展览配套活动对地域文化的推广作用

博物馆的社教、宣传、文创与展陈相辅相成。为了让展览更好地传达地域文化特色，需要配套完善的社教活动、宣传渠道以及围绕展览主题开发的文创产品。展览的配套活动促进了展览与观众之间的情感交流和互动体验，加深了观众的情感体验和情感共振。它不是从物质上对博物馆进行改造，而是从观众的心理对博物馆的形象风格进行打造。

社教：常州博物馆将社教研学活动与地方文化展览有机结合，策展人、讲解员、志愿者

之间通力合作，举办了许多丰富多彩的地方文化活动，同时积极吸纳社会力量参与，调动了人们的积极性。观众在展览情境中透过社教活动亲身体验，能够更理性地思考展览的主题和内涵。例如围绕非遗主题的展览，邀请非遗大师现场传艺授课，带领观众学习和领略竹刻、剪纸、刺绣、梳篦、泥塑的乐趣。

宣传：拓宽展览的传播渠道，积极借力新媒体。除了报纸、广播、电视、网站，还有微博、抖音、微信视频号等，通过新颖有内涵的媒体平台，广泛传播优秀地方文化。[9] 同时更新传播语言，改变传统说教式的宣传用语，通过轻松、有趣、时尚、简洁的介绍，增加新生代观众的亲切感，改变人们对博物馆的刻板印象。例如通过设计活泼可爱的卡通人物形象，向青少年群体介绍推广历史文化类专题展，增加展览的亲和力和吸引力。

文创：将地方特色馆藏作为设计元素，与专题展览相结合，以产品形式让文物活起来。例如常州博物馆 2019 年“中国龙文化特展”、2022 年“南宋芳茂——周塘桥南宋墓出土文物特展”都推出了自己研发的一系列文创产品，包括笔记本、布袋、鼠标垫、钥匙扣等，其中以常州周塘桥南宋墓出土服饰为原型的帆布包，以牡丹、桃花、桂花为纹饰巧妙组合，当时还得到了拥有 500 多万粉丝的微博达人“遗产君”的推荐，成为展览的网红产品。

四、结语

地域特色是地方博物馆的立身之本，地方博物馆是展示地方文化的重要窗口，二者相互促进、共同发展。博物馆需要将地方文化品牌建设融入陈列展览，打造好博物馆的地方风格，为观众在博物馆的情感体验、文化体验创造更舒适的环境。通过实践探索，建立高质量、高效率、高评价的布展模式和服务体系。探索地域特色文化在博物馆展陈中的表达方式，有利于地方博物馆增强文化自信，提升吸引力和竞争力；有利于最大限度地彰显城市的文化形象与地方品牌，并促进地方非遗和文物保护的建设；还有利于为其他地方博物馆的品牌建设提供案例支持和实践经验。

【注释】

[1] 涂其鹏．对地方博物馆展示地方特色文化的几点思考 [J]. 大众文艺，2018（2）.

[2] 佚名．常州——国家历史文化名城 [J]. 江南论坛，2015（9）.

[3] 常州市文物局．常州市第三次全国文物普查成果集 [M]. 南京：南京大学出版社，2009.

[4] 李会玲．地方博物馆与地域文化展陈研究——以宜昌博物馆为例 [D]. 湖北省社会科学院硕士学位论文，2021：36.

[5] 程震寰．地域文化视角下博物馆地方风格形成研究——以安徽博物院为例 [D]. 吉林大学硕士学位论文，2019.

[6] 常州博物馆．龙腾中吴——常州古代历史文化 [M]. 北京：文物出版社，2021.

[7] 常州博物馆．常州红色文物 [M]. 南京：凤凰出版社，2022.

[8] 常州博物馆．神奇的自然 美丽的家园——自然资源陈列 [M]. 北京：文物出版社，2021.

[9] 吴静．博物馆资源与地方文化品牌建构 [J]. 海峡科技与产业，2019（11）.

博物馆新定义视域下的地方博物馆发展研究——以新疆塔城地区额敏县博物馆为例

叶尔米拉（新疆维吾尔自治区博物馆）
范 丽（塔城地区额敏县博物馆）

摘要：党的十八大以来，中国博物馆事业的发展迎来了最好的发展时期，硕果累累。2022年，国际博物馆协会正式公布了博物馆的新定义，更好地彰显了时代赋予博物馆的重要使命。地方博物馆的发展及其重要性日益凸显，本文以新疆塔城地区额敏县博物馆为例，分析了地方博物馆历史文化研究、文物保护、展览、社会教育、文创等工作情况，探讨了地方博物馆发展的重要性和有效途径。

关键词：地方博物馆；文物；展览；社会教育

本文为2021年度国家社会科学基金项目《民族叙事与博物馆文化展示：讲好中国故事的关键路径研究》（批准号：21BMZ137）阶段性成果。

随着博物馆事业的快速发展，在国家政策、民众需求、文化支撑、地方发展等多因素的影响下，地方博物馆数量在日益增多，发展速度有目共睹，已然成为展现、研究、宣传地方特色文化和进行爱国主义教育的重要载体。近年来，新疆文物事业坚持以习近平新时代中国特色社会主义思想为指导，深入贯彻落实习近平总书记关于文物工作的重要指示精神，完整准确贯彻新时代党的治疆方略，牢牢扭住社会稳定和长治久安总目标，深入实施“文化润疆”工程，充分挖掘好、保护好、传承好、利用好本地丰富的文物资源，有效运用各民族交往交流交融的历史故事、考古实物、文化遗存，多层次、全方位、立体式讲好中国故事，促进民族团结，铸牢中华民族共同体意识，不断推进文物工作高质量发展。

博物馆是现代国家、地方或者城市的记忆器官，扮演着激活历史资源、激发可持续发展动能的重要作用，是重要性与日俱增的公共文化设施。[1]在文化和旅游部、国家文物局以及新疆维吾尔自治区党委、政府的高度重视和大力支持下，全疆博物馆人辛勤努力、不懈奋斗，新疆博物馆事业蓬勃发展，初步形成以新疆博物馆为龙头，地州市博物馆为骨干，县市区博物馆为基础，行业博物馆和非国有博物馆为补充的博物馆体系。[2] 新疆地区现在共有国有、非国有各级各类博物馆、纪念馆 132 家，自治区级博物馆 1 家，地州市级博物馆 14 家，县市级博物馆 50 家，其他博物馆 67 家。博物馆作为连接文化、旅游的桥梁和纽带，已然成为文化旅游融合发展新的增长点和前沿阵地。这些博物馆担负起了保护中华文化遗产的神圣职责，切实发挥着文物资源服务国家大局、教育启迪人民的作用。

2022 年，国际博物馆协会正式公布了博物馆的新定义："博物馆是为社会服务的非营利性常设机构，它研究、收藏、保护、阐释和展示物质与非物质遗产。向公众开放，具有可及性和包容性，博物馆促进多样性和可持续性。博物馆以符合道德且专业的方式进行运营和交流，并在社区的参与下，为教育、欣赏、深思和知识共享提供多种体验。"随着博物馆新定义的确定和公众对博物馆各项职能的要求和需求不断提高，博物馆也越来越注重自身职能的提升。可见，博物馆从研究、文物保护与解读、展示、社会教育、文化创意等诸多方面不断寻求更好的、更有现代气息的发展道路，尤其是各学科理论研究成果的交叉运用与知识共享、对文物本身研究的深入、对观众需求和认知的研究、对展览的反思、对社会教育深度和广度的探讨、对文化创意内涵拓展的研究都在深入进行，并卓有成效。可以说，地方博物馆承载着塑造地方城市文化形象、提升地方城市文化质量、彰显地方城市文化格调、体现地方城市独特文化魅力的重要职能，是地方整体文化形象构建中的重要部分。

塔城地区额敏县位于新疆维吾尔自治区西北部，准噶尔盆地西北边缘，塔城盆地中心，历史悠久，自然及历史文化遗产丰富。额敏县博物馆于 2009 年 5 月 18 日正式对外开放，这两年额敏县文旅局积极争取资金，完成了额敏县博物馆展览改造提升和分馆额敏记忆馆的建设，共 2300 多平方米；同时统筹乡村文化资金，打造了阿山民俗文化馆、郊区往事馆、马新华家庭党校（馆）等一批具有本地乡土文化和人文情感的场馆。额敏县文博工作者坚持"保护第一、加强管理、挖掘价值、有效利用、让文物活起来"的文物工作方针，积极创新文博工作思路，推进思想观念、体制机制、展览方式手段的创新，努力做好博物馆免费开放工作，提高文物保护管理水平，充分发挥爱国主义教育基地作用。近几年额敏县博物馆聚焦额敏发展，以额敏县旅游综合体为依托，积极打造文化旅游发展新高地，形成文旅高质量融合发展格局。额敏县博物馆先后被授予地区国防教育基地、地区爱国主义教育基地、地区科普教育基地、自治区民族团结教育基地等荣誉。

博物馆的展览作为一项复杂的综合性文化工程，既是一种大众文化形态，也是一种视觉艺术形态，兼具文化和教育双重属性。[3] 展览水平的高低直接影响和决定博物馆社会教育职能的发挥。"第一次，我对家乡有了这么深入的了解，没想到，这里还有如此厚重的文化底蕴。我更加为家乡感到自豪。"这是在额敏县博物馆观众留言本上一位观众的留言。观众用一句话肯定了额敏县博物馆存在的意义和办展的成功。作为地方性博物馆，额敏县博物馆是额敏历史和文化的表达窗口，更是联系社会公众的纽带。随着国家文化强国战略的实施，额敏县博物馆通过展览展示文化自信，促进交流，凝聚共识。自正式开馆以来，把陈列展览作为重中之重，在不断提升完善原有陈列的同时，根据自身地域特色和学术方向，结合馆内文化特色，并根据馆藏文物的特点，推出了主题鲜明、形式多样、质量高、水平高的原创展览。展览是博物馆最重要的职能和服务公众的主要手段，是博物馆收藏、研究和教育等诸多业务能力的集中体现。额敏县博物馆作为一个只有9个员工（3人在编，6人为聘用讲解员、保安、保洁人员）的县级博物馆，深知博物馆展览对广大观众的重要性，在丰富展览内容和创新展览形式上下功夫，除对古代文物进行专业收藏和陈列外，重点增加了展示地方乡土文化特色、地方重大历史、经济事件等内容，使展览与现代社会距离不远，更具有亲和力。额敏县博物馆现有“历史文物陈列展”“中国共产党在新疆”“走向辉煌——额敏成就巡礼展”和分馆展出的“岁月如歌 额敏记忆”展等展览。“岁月如歌 额敏记忆”展在提升展览质量的设计时，采用了多媒体体验和实景复原陈列相结合方式，追溯额敏城市变迁的记忆，让观众近距离接触体验额敏县的发展变化。展览内容直接复原了当时的街道、城市风貌和生活场景，让观众身临其境，其中额敏县记忆展主要以额敏县城市变迁为记忆线索，追忆老一辈额敏县各族人民建设额敏的崇高精神风范。额敏记忆馆里不仅有过去的布店、商店、理发店等，还有勾起人们童年回忆的滚铁钩、看小人书、黑白电视播放等场景模拟，以及充满时代感的人物雕塑、小桌子、小凳子和玩具物件；最重要的是，这个展览将额敏县各族人民艰苦奋斗、艰苦创业的精神展现得淋漓尽致，填补了塔城地区没有城市记忆类展览的空白。

博物馆作为一个展示古今优秀文化的历史和艺术的殿堂，是一座城市、一个地区的文化名片，是文化遗产的收藏地。博物馆要依托馆藏资源，以丰富的活动为引导，让人们在潜移默化中触摸中华文化脉络、感受中华文化魅力、汲取中华文化精髓。[4]让收藏在博物馆里的文物活起来，不能仅仅停留在文物的呈现形式层面，还要深入到价值层面。额敏县博物馆秉承传播普及社会科学文化知识的使命，开展丰富多样的主题宣传活动。近年来，额敏县博物馆依托传统节日、庆典活动，开展的诸如博物馆里过大年、国际博物馆日系列活动、青少年第二课堂、流动博物馆等大型主题教育系列宣传活动每年不少于15场次，在活动中，力求创新形式，主题宣传，以文化人，成风化俗，活动中积极联合额敏融媒体，通过微博、抖音等公众平台，以直播和短视频的形式为广大观众提供观展平台，搭建博物馆与观众交流的新渠道。尤其是额敏县博物馆打造的阿山民俗文化馆、郊区往事馆、马新华家庭党校（馆）等一批具有本地乡土文化和人文情感的场馆，带着博物馆人“丰富广大群众的文化生活”的使命走进了村庄，极大力度地提升了博物馆的影响力，最大限度地实现了文博资源的社会共享，是县级地方博物馆的典范。

就额敏县博物馆而言，也存在着与新疆区域的其他大部分县级博物馆普遍存在的一些共性的问题。例如，人才队伍建设急需加强、展馆空间和文物库房面积相对不足、文物科技保护条件有限、文创产品的开发与销售力度不够等。对此，额敏县博物馆的文博工作者有着自己的充分认识、创新探索思路与下一步计划。第一，额敏县博物馆在接下来的工作中，将人才队伍建设放到了首位，计划引进“文物修复”“考古”等文博专业人才，加强讲解员队伍的扩大与提升，加大业务培训力度，加强现有人员“策展”“讲解”等方面专业能力的提升，以“送出去、请进来”形式为额敏县的文博事业培养生力军，力争造一支高素质专业化文博人才队伍。第二，继续深化线上博物馆项目建设，推动传播方式创新拓展。深入推进“互联网+”

的博物馆，充分运用大数据、新媒体等新技术手段，大力建设博物馆“云展览”，创新线上线下立体传播方式；引入多领域成果，丰富展示方式和服务形态。并加强文创产品开发力度，利用好文旅融合发展平台，尽快让文创产品开发、推广和销售工作步入正轨。第三，习近平总书记指出：“要让文物说话，让历史说话，让文化说话。要加强文物保护和利用，加强历史研究和传承，使中华优秀传统文化不断发扬光大。”[5]额敏县博物馆力争加强对文物的研究与阐释，深入挖掘每一件文物的思想内涵和时代价值，把文物保护好、利用好，讲好中国新疆故事，讲好文物背后的故事。同时加大宣传力度，深化博物馆的职能作用，运用“流动博物馆”“数据博物馆”的方法，结合国际博物馆日、非物质文化遗产日等重大文化纪念日，组织开展“小小讲解员”等活动，将额敏县博物馆推到前沿，深入学校、深入社区、深入农村等进行宣传展示，深化博物馆宣传教育、科普基地、爱国主义基地教育职能。

全国各地的地方博物馆发展有着很浓郁的自身特点，发挥着重要优势。就新疆地区的地方博物馆而言，发展速度有目共睹。新疆博物馆作为省级博物馆，无论是各类资源的储备还是发展力度都集聚优势；地区级博物馆充分利用各地区的自身特点积极开展各类文物保护、研究与展示工作，充分发挥着博物馆的各项职能；县级博物馆依托资源优势，探索发展思路，在不断提升博物馆职能同时扩大着影响力。作为文博工作者，让新疆的45万件珍贵的馆藏文物活起来，使命神圣，责任重大而光荣。为此作为文物工作者的我们任重道远。第一，必须加强历史学、文物与博物馆学、考古学、教育学、传播学、艺术学等多元学科理论研究工作，聚焦文物本身和每一处内容可考、可证、可信的展览信息的真实性，提升展览阅读的历史信息传播的效能，有效地将馆藏文物变成展品。第二，必须做好研究工作，提升专业水平和学术能力，深入挖掘文物本身的故事、文物所属历史阶段的故事，发挥好常设展览的作用。第三，加强展览内容设计人员培训，解决展览大纲撰写人员短缺的问题，为提升全区域博物馆展览内涵打下坚实基础，让博物馆的展览最大限度地发挥其功能，传承中华民族历史记忆，重点宣传中华优秀传统文化。第四，加强文博类学术研讨会、讲座的举办力度和频率，加强馆际学术交流，尤其是与展览配套的研讨会和讲座的举办力度，全面生动形象地进行宣传教育，激励全社会提升对历史文化遗产的保护、认知与宣传。第五，加强有深度的展览图册、学术期刊、论文集、口袋书等研究成果的出版工作，提升展览研究与文物研究力度，全方位地讲清楚中华文明的灿烂成就及其对人类文明进步的重大贡献。第六，对于流动展，全国各地的博物馆都在用多样化的方式实施与推进。新疆区域博物馆策划并推出的流动展，频率高、专题丰富，主要以图文并茂的形式，汇集全疆各地出土的各类精品文物形象，实现了“百县千乡”全覆盖。虽然成果显著，但是以展板形式展示的流动展，展示方式单一，急需将展板式的流动展以数字化的形式提升为流动博物馆，让更多基层的公众能够走进博物馆，让更多文物和文化遗产活起来，营造传承中华文明的浓厚社会氛围。

【注释】

[1] 曹兵武 . 地区性博物馆发展有关问题[M]// 李书谦，崔松林 . 崤函遗珍品鉴 . 郑州：大象出版社，中原出版传媒集团，中原传媒股份公司，2022.

[2] 毛卫华 . 新疆博物馆事业蓬勃发展[N]. 中国日报网，2022-5-18.

[3] 王春法 . 什么样的展览是好展览——关于博物馆展览的几点思考[J]. 博物馆管理，2020（2）.

[4]李利霞 . 试论地方博物馆如何活化传承中华优秀传统文化——以晋城博物馆为例[J]. 文物鉴定与鉴赏，2021(5).

[5] 习近平在广西考察工作时的讲话（2017年4月19日—21日）[N]. 人民日报，2017-4-22（2）.

多元表述与深入解读
——荆州博物馆促进地方文化多样性表达的实践

陈冬冬（荆州博物馆）

摘要：博物馆新定义进一步强调了博物馆面对文化多样性时的积极作用。荆州博物馆在对馆内古建筑群重新修缮、常设陈列区和珍品馆藏区更新展览的过程中充分提炼地方文化特色，在进一步清晰主线文化脉络的同时，对荆州历史上存在的短暂、冷门、小众历史时期的考古成果也给予了更多的关注与展示，通过丰富文化的枝叶让观众更加关注历史的细节，进而对地方文化的多样性进行深入解读和思考，在促进地方文化多样性表达方面有了新的实践。

关键词：地方文化；多元表述；深入解读；多样性表达

第26届国际博物馆协会大会通过了新的博物馆定义，新定义对博物馆促进多样性和可持续性，为教育、欣赏、深思和知识共享提供多种体验进行了强调。作为全国首批国家一级博物馆之一，荆州博物馆在近年来的馆区、展厅建设中吸收了博物馆新理念的内涵，通过多种方式对地方文化进行多元表述与深入解读，在促进地方文化多样性表达实践中取得了一些成果。

一、对地方文化的多元表述

（一）从古建筑管窥道教文化精神

全国重点文物保护单位——始建于唐代开元年间的道观开元观，是荆州博物馆馆区的一部分。荆州博物馆通过环境整治项目实施，于2018年至2019年对其中轴线和殿前甬道进行了考古发掘，对古建筑进行了保护修复，对其明清时期的部分设施进行恢复，对其院内古井、青砖道路遗迹等进行了修复和展示。为了能让观众对开元观古建筑及其背后内涵丰富的道教文化有更加深刻的认识，荆州博物馆在开元观的三清殿展出建筑构件文物、发掘出土文物、馆藏道教文物，并通过图文及多媒体对开元观由唐至清的修建历史进行说明。在雷祖殿通过沙盘雕塑展示开元观“一门三殿”的全貌，同时配合出土文物让观众以古建筑视角管窥传统道教的文化精神。在祖师殿展示古建筑构件——斗拱，让观众通过近距离观看和亲手触摸的方式感受中国古代工匠的智慧和古建筑的魅力。借助项目实施，荆州博物馆将古建筑修复、出土文物陈列和道教文化展示相结合，将荆州地区历史上曾经存在过的文化逸风以多维度的方式展现到观众面前。

（二）以多维视角探寻楚文化厚度

历史上荆州市是楚国故都郢的所在地，经过历年考古发掘，目前拥有馆藏近20万件（套）楚国历史时期的文物。为了让观众们更加深入地了解已经在历史长河中远去的楚文化，荆州博物馆通过多维视角展现了楚文化的厚度。在“吉金耀彩——荆州出土铜器展”中，展示楚国独有的“束腰”升鼎，以回应著名的“楚王好细腰”历史典故；通过多媒体模拟楚国封君墓中出土的成组成套的编钟敲击音乐，让观众们与楚国文物进行交流，更加直观地体会楚国贵族的音乐文化；通过展示楚国独有的金质货币郢爯和面貌独特的蚁鼻钱，让观众们知晓楚国历史上的经济繁荣和文化特质。举办“楚玉撷英玉器专题展”，将出土于熊家冢楚王陵的各式“龙形玉佩”“龙凤形玉佩”以及历年出土于楚国的玉器进行专题陈列，向观众们展示楚国当时繁盛的玉文化与陪葬制度。在漆器专题展中，对出土于楚墓的漆木雕塑羽人、凤鸟践蛇莲花盖豆、虎座飞鸟、虎座凤鸟悬鼓、麋鹿角镇墓兽、根雕辟邪等进行突出展示，提升观众们对楚国高超漆器工艺水平的印象。在简牍专题展中，对楚简进行详尽解读，让观众们通过释读历史第一手文字材料直面楚国浪漫而又神秘的精神世界和浓厚神秘的巫筮文化。

（三）用细节梳理地方性文明脉络

荆州市位于江汉平原腹地，汇集了众多新石器时代的文化遗迹。在新石器时代原始文化展厅中，荆州博物馆以时间轴为线索，串联起不同的新时期文化时空，从细节角度梳理出地方性的文明脉络。借助新建陈列大楼展厅的机会，荆州博物馆对原始文化展进行了较大调整，一是将城背溪文化、油子岭文化、后石家河文化补充到原先的江汉平原新石器时代展厅中，以更加完整的面貌展现江汉平原地区早期文明的发生与发展；二是通过图表方式向观众们指示出各文明的都有特点与发展成果，将学术、让观众们通过细节更深刻地体会早期人类文明史的艰难与辉煌；三是对标志重要文明成果的文物进行了突出展示，向观众们揭示出原始社会时期粗粝隐藏的精细、斑驳背后的神韵，消解以往原始社会展厅趣味不足的刻板印象。

（四）以瑰宝展现文化融合的魅力

文化交流与融合是地方文化多样性的重要特点，通过对瑰宝文物的展示与阐述，荆州博物馆向观众们描绘出荆州地区历史时期文化交流融合发展的精彩故事。如1993年出土于秦家山墓地的“玉覆面”，展示了源出他地而楚国墓葬中没有的玉覆面的习俗；多彩多样的各类琉璃珠，反映了古代中国与西域地区的深入交流；在“楚玉撷英”玉器展厅中，除熊家冢楚玉外，还陈列了出土于荆州，但来自秦墓的龙形玉佩，以便观众更好地理解玉文化的交流情况；荆州出土了多把铭文传承有序的“越王剑”，对这些极具价值的文物瑰宝，荆州博物馆用展区小专题予以展示，让观众们对战国时期楚越文化的交流有更加深刻和直观的感受。此外，对吴王光戢、巴蜀乐器錞于、楚国出土玉器所呈现的中山国服饰文化等细节，荆州博物馆也一一给予了展示说明。

二、对地方文化的深入解读

（一）关注历史的细节

在历史的宏观叙述中，荆州博物馆注重展示各种文物的细节。如在新的简牍展厅中，对《脉书》《引书》等简牍进行文字释读，引导观众了解古人如何记述历史和认识生命；对《二年律令》《令丙第九》《奏谳书》进行内容解读，让观众们了解法律简牍背后的历史故事，以生动的案例对历史做注解；对简牍出土、修复、保护的过程进行展示，让观众们了解文物保护工作的科技水平与成绩；对出现在各类简牍当中的楚王谥号书写方式进行集中对比，让观众们透过文字品味真实的历史细节。

（二）丰富文化的枝叶

秦朝在历史上存在的时间很短，以致在荆州地区主要的文物遗存都以战国、汉代为主，秦代的单独存在感不强。但在历史上，秦统一六国、统治楚地，是一个重要的历史过程。为了不让短暂的历史时期湮没在展厅之外，荆州博物馆对秦国时期荆州地区出土的墓葬、重要文物都进行了陈设和说明，通过丰富文化的枝叶来补足历史的空白，消除观念的盲点。秦楚交流，本身也是春秋战国以来中国文化交流与融合的重要组成部分，这一文化多样化的历史过程，也因新展览的排布焕发了新的生机。

（三）聚合知识的碎片

陶瓷收藏本非荆州博物馆的强项，但在新陶瓷展厅中，荆州博物馆对“八岭山连心石料厂一号墓”出土晋代瓷器进行了小范围集中展示。首先以考古工作者的视角叙述了该墓葬的发掘过程，引发观众们的兴趣，然后通过对青瓷坞堡的展示，述说西晋时期庄园经济和地方豪强的繁盛发展；以青瓷僚属俑、牛车组合，体现当时贵族出行的热烈高昂；以青瓷家兵俑、骑兵俑、猎狗俑、骏马俑，呈现当时出猎的喧闹场景；以青瓷镇墓兽、水井、猪圈组合，表现古人对于安宅理想的愿念；以青瓷熏、灯、耳杯、虎子，阐述古人在静夜的生活；以青瓷吹奏人物俑组合，表现当时宴乐的欢乐场景；以青瓷厨师人物俑、灶具、磨盘等，重现古人的饮食文化与风俗。通过对知识碎片的聚合展示，引发了观众的很大兴趣和好评。

（四）追溯文明的源流

原始文化展因文物原始、文物样貌简陋和雷同等原因，曾被观众戏称为“石头展”“泥巴展”。为了更好地向观众呈现我们祖先们“筚路蓝缕，以启山林”的艰苦发展和辉煌成就，荆州博物馆在更新展览时，对以往的原始文化进行了合理补充。除以往影响力较大的大溪文化、屈家岭文化、石家河文化外，还将位于这些文化区间内的城背溪文化、油子岭文化、后石家河文化一同进行展示。通过对各文化时期生产工具、生活工具的排列展示和细节详解，较为完整地勾勒出了江汉平原原始社会的发展历程和文化面貌。其中，各文化的独特与传承成为展示的重要因素，也成为引发观众注意和知识兴趣的新热点。

（五）揭开历史的谜团

文物背后的故事往往最能吸引观众。在荆州出土的众多“越王剑”中，“台旨不光越王剑”因其铭文内容引发学术争论而成为一柄独特的存在。在新展览陈设时，荆州博物馆将这一学术上的争论告知观众，并从越王世系、铸剑铭文、学者释读等不同角度，向观众们展示文物背后的历史和专家们的不同意见。通过揭开历史的谜团，让观众们更加了解历史知识的深奥、考古工作的本质、文物背后的真实和专家解释的精彩，由剑入理，而又理从剑出，使青铜剑展区成为全馆的热点展区之一。

三、对地方文化多样性表达的思考

通过实践新理念，荆州博物馆在对地方文化多样性表达方面迈出了有价值的一步，展陈本身的成功和观众反馈也引发了我们对地方文化多样性表达更加深刻的思考。

一是对“亚文化”应当给予更多尊重。包括楚文化在内的战国时期的地方文化，相比较大一统时期的汉、唐等强势文化，处于“亚文化”的类型。历史上存在的重要“亚文化”，也对丰富中国历史文化、塑造中国人的精神传统、呈现中国古代文明的辉煌具有重要的作用和价值。在考古发掘与文物展示、历史阐述中，应当给予这类“亚文化”更多的尊重与舞台。而这些“亚文化”营养对主流文化的反哺，也将成为增强主流文化凝聚力的重要因素。

二是宏观与微观叙事应更加互补。中华文明是唯一自古发展至今仍然传承的古文明，因此中国人学历史都以时间长河为线索、宏观叙述为视角，这种历史传统深刻影响和塑造了中国人的文化与认知，但也使得不少人对历史的印象仍然停留在宏观层面难以落地。作为展示历史文化的重要主体，博物馆对历史的解读应当在宏观叙述的同时，更加注重微观叙事，用文物实体回应观众的历史知识，引发观众们由外到内的兴趣。微观叙事能够填补被宏观视角忽略和遗漏的众多事实，从而更加自然地表现地方文化多样性的历史过往与现实源流。

三是用历史事实来反馈历史逻辑。近代以来，中国史学经历了曲折的发展，中华人民共和国成立以后，马克思主义史学成为中国的主流和指导思想。但如何在博物馆展览中体现马克思主义历史观，是每位文博人应当思考和实践的重要问题。所谓史观，简而言之便是历史的逻辑认知。荆州博物馆在展陈设计和解读时，坚持从马克思主义历史观出发，以文化发展繁荣的过程、用文物本身和其本后的故事展现历史唯物主义世界观，用历史事实来反馈历史逻辑，让历史走出书本，走进生活。

四是知识展示应当指向心灵归宿。我们是谁？我们从何而来？我们向何而去？这三个永恒问题反映了人类对自身、过往和命运的疑问。博物馆以文物为钥匙，试图揭开这些谜团的部分问题。当然，对于历史类博物馆来说，直接回答这些问题是难以做到的，但是通过对文明的溯源、对祖先的描摹、对历史的书写、对谜题的解答，可以启发人们了解自身、追寻过往和展望未来。

四、问题与展望

在荆州博物馆的新展厅设计实施中，仍然存在展陈方式不够现代和新颖、展厅面积相比文物数量仍然偏少、区域单元展陈设计不足、以新媒体方式展示文物不足等问题，这将是我们继续努力的方向。

荆州市自古水系发达、交通便利、物产丰富，文化交流与融合频繁发生，这也是荆州历史文化得以蓬勃发展的重要因素。地方文化多样性的源流、发展、融合与归宿一直是荆州博物馆展陈设计和宣传教育的重要内容，对多样性文化的多元表述与深入解读将成为新时期博物馆发展的前沿课题。

【参考文献】

[1] 曹兵武 . 博物馆与文化 [M]. 北京：中华书局，2021.

[2] 陈红京 . 博物馆学概论》[M]. 北京：高等教育出版社，2019.

[3] 孟修祥 . 楚文化简明读本 [M]. 武汉：湖北美术出版社，2012.

[4] 程皓月 . 博物馆多元文化教育之研究 [D]. 北京：湖南大学，硕士学位论文，2018.

体现多元，终身学习
——析论三栋屋博物馆职能的变化与中国香港发展的关系

叶德平（香港教育大学）

摘要：三栋屋博物馆是在中国香港荃湾西楼角的一座法定古迹，同时也是中国香港康乐及文化事务署辖下的一所博物馆。三栋屋博物馆的改变，同时也反映了香港博物馆职能的演变。国家《十四五规划纲要》明确支持香港发展成为中外文化艺术交流中心，博物馆的角色将较以前更为重要，而且职能也会因应时代而有一定程度上的改变。因此，本文拟以三栋屋博物馆为主要研究对象，分析它从上世纪末到本世纪初三十年以来的变化，从而说明香港博物馆职能的转变，以及其对中国香港更好地融入国家发展大局的重要性。

关键词：三栋屋博物馆；香港非物质文化遗产中心；博物馆职能；中外文化艺术交流中心

导论

博物馆，museum，这个英文名的来源是希腊语的“Mouseion”，原意是“供奉缪斯，从事研究之处所”之意，它的内涵虽然单一，却指出了博物馆在“研究”层面的意义。20世纪中叶，《苏联大百科全书》对博物馆的定义是：“征集、保藏、研究和普及自然历史标本、物质及精神文化珍品的科学研究机构、科学教育机构”——“征集”“保藏”“研究”和“普及”是当时博物馆的主要功能。而时至今日，博物馆的意义已不只在于此。

根据2022年8月24日国际博物馆协会（International Council of Museum，简称ICOM）在布拉格通过的定义，博物馆是“为社会服务的非营利性永久性机构，功能是研究、收集、保存、解释和展示有形和无形的文化遗产。博物馆是向公众开放、无障碍且具有包容性的，并促进了多样性和可持续性的发展。在社区参与的情况下，博物馆以道德、专业的方式运作和沟通，提供教育、娱乐、反思和知识共享的各种体验。”[1]博物馆定义的转换，固然是社会价值观与需求改变之使然，同时也是一种发达国家共同构筑的定义。它既是一个“总结”，也是一个引领不同地区博物馆发展的“路标”。

中国香港作为中华人民共和国的特别行政

区，在其回归前后，博物馆政策除了跟随国际大势，也因着其独特的历史背景而有所微调。相较于回归前，1997 年以后的博物馆角色也有所改变——变成香港人建构文化身份的重要促进者。

回归以后，香港人需要重新建构一度疏而不断的历史血脉，重新寻回原本的历史文化底蕴，使其发展成自身体系的内在价值。于是，博物馆便盛载更多的历史教育与文化传承的责任。事实上，博物馆作为“研究、收集、保存、解释和展示有形和无形的文化遗产”的机构，也是国际的普遍价值观。于是，像香港故宫文化博物馆、M ＋博物馆和戏曲中心所在的“西九文化区”便是此阶段最具代表性的地方建设。而从香港整体博物馆发展计划看，诸间新旧的公营、私营也必须重新布局，以互相补足，收协同增益之效。

其中，三栋屋博物馆转变成“香港非物质文化遗产中心”更是其中重要的标志。因此，下文将从三方面进行分析：（1）三栋屋博物馆的建设缘起；（2）三栋屋博物馆的变化与香港博物馆发展的关系；（3）三栋屋博物馆对“体现多元，终身学习”的体现，说明香港博物馆职能的转变，以及其对香港更好地融入国家发展大局的重要性。

一、三栋屋博物馆的建设缘起

三栋屋博物馆原来是位于中国香港新界荃湾区的一条陈姓客家围村。1979 年，由于香港地铁荃湾线的工程，原三栋屋村居民需要全村搬迁至今日象山邨（荃湾的公共屋邨）以北、大帽山南面山腰。而其原址上的旧有村落因为保存良好，故被港英政府改建为三栋屋博物馆，后来更被古更评作“香港法定古迹”，成为受到香港法例第 53 章《古物及古迹条例》保护的历史建筑物。

（一）三栋屋村简介

在一百多年前，即 1898 年，英国强迫中国清政府签订《展拓香港界址专条》：The Convention Between Great Britain and China Respecting an Extension of Hong Kong Territory），强行租借新界。而作为新界东部的小社区，荃湾[2]当时的人口大约只有 3000 人左右。其后，经过了 120 多年的发展，荃湾人口已跃升至逾 31 万人，占全港人口的 4.2%。[3]今日，高楼处处的荃湾，却有着 35 条新界原居民[4]村落。

其实早在 20 世纪 50 年代末，港英政府便决定把荃湾发展成“新市镇”。而在此以前，荃湾主要由各个不同的客家村落组成。[5]

清康熙、嘉庆年间修缮的《新安县志》记载了一些客籍村落，它们都是由来自华南的客家人聚居建成的。而这些客家人都是在康熙复界以后，来到香港建村立业的。[6]而“浅湾村”[7]周围的聚落都是在康熙复界以后，由客家人组建而成。[8]这些村落组成乡约组织，互相帮忙，清初统称为“荃湾约”，后又改为“全湾约”，最后再改回“荃湾”。

三栋屋村作为“荃湾约”[9]中的举足轻重的村落，是由陈健常开基，历数代发展，成为“荃湾约”中其中一条极具影响力的村落。[10]

（二）三栋屋博物馆的创建[11]

荃湾三栋屋村，由四必堂[12]陈建常在中国香港新界荃湾青山公路北面创建，位于今日古屋里 2 号位置。三栋屋村是香港传统的客家围村，属于三进式庭院，从平面图看，可以看到全院由三排横向房子组成。每所房子的屋顶有一根承重用的主梁，客家人称之为“栋”，前厅、中厅及祠堂三厅合共有三根“栋”，故此名之为“三栋屋”。后来，因为宗族繁衍昌盛，陈氏族人在原来的建筑群外围搭建房屋，于是形成今日遗址面貌。再后来，因为人丁兴旺，所以更在这遗址外围，盖建一些平房。

另外，有一点可以特别留意，据港英时期荃湾理民府官员许舒（James William Hayes）记述，昔日荃湾的村庄多为“前后横排式布局”，唯有三栋屋村和石围角村是以“长方形”围屋形式建筑。[13] 由此可见，其村落当年之盛。

到了 20 世纪 70 年代，因为兴建地下铁路，三栋屋村需要从原址[14] 搬迁到今日象山邨对出一带。而其原址于 1981 年列为法定古迹，1987 年重修成三栋屋博物馆后，正式开放予市民参观。

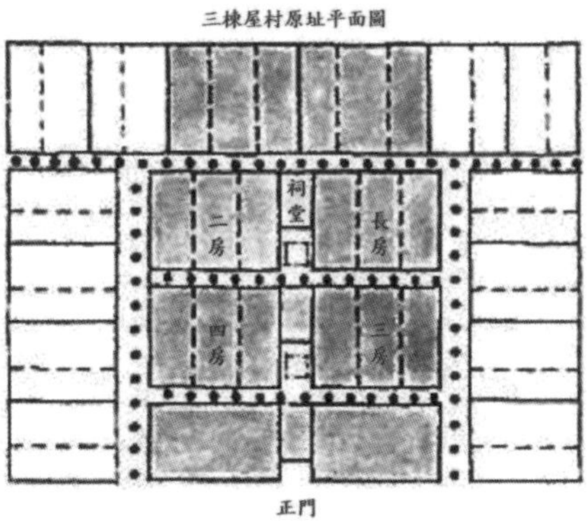

图 1　三栋屋村原址平面图

2016 年 6 月，非物质文化遗产办事处在三栋屋博物馆设立“香港非物质文化遗产中心”，作为其展示和教育中心，透过多元化的教育和推广活动，包括举办展览、讲座、研讨会、传承人示范和工作坊等，提升公众对非物质文化遗产的认识和了解。[15]

二、三栋屋博物馆的变化与香港博物馆发展的关系

作为中国香港公营博物馆中的一员，三栋屋博物馆的变化与香港博物馆发展有着密切的关系。

（一）香港博物馆事业的四期发展

根据香港历史博物馆前任总馆长丁新豹所述，香港博物馆事业的发展，大致可划分为四个阶段：草创期、恢复期、发展期与蓬勃期。[16]

1. 草创期

中国香港第一座博物馆是香港第一间大会堂附设的博物院。这是一座主要由英国商人集资兴建的博物馆，据载其藏品相当芜杂，真的可称得上“博物”。虽然当时博物馆十分受民众欢迎，但在 1933 年，因为大会堂拆除而随之关闭。到了 1938 年，港英政府才建议发展博物馆事业。

2. 恢复期

港英政府的建议因为香港沦陷而告吹。然而，抗战胜利后，港英政府并没有继续 1938 年的建议。直至 1962 年 3 月，中国香港第一座真正完全符合现代博物馆定义的博物馆才出现。它是位于中环爱丁堡广场新大会堂高座的香港博物美术馆。

3. 发展期

香港博物美术馆的建立，标志香港博物馆事业进入了“发展期”。20 世纪 70 至 90 年代，香港艺术馆、香港博物馆（香港艺术馆、香港博物馆是由原香港博物美术馆分拆而成）、香港太空馆、香港科学馆的相继落成，标志着香港博物馆有着长足的发展。

4. 蓬勃期

1997 年香港回归后，香港历史博物馆、香港文化博物馆、香港海防博物馆、香港文物探知馆和孙中山博物馆陆续落成启用，香港博物馆事业迎来高峰，而博物馆兴建的浪潮也暂告一段落。

（二）三栋屋博物馆建于香港博物馆的“发展期”

三栋屋博物馆的发展可以分成两个主要阶段：1987 年重修成博物馆和 2016 年设立“香

港非物质文化遗产中心”。

1. 重修为博物馆

1981年，三栋屋村主建筑群获列为“法定古迹”。“法定古迹”是根据《古物及古迹条例》，古物事务监督经咨询古物咨询委员会，并经行政长官批准后，借宪报公告宣布的个别地方、建筑物、地点或构筑物。在《古物及古迹条例》的规管下，古物事务监督可阻止任何人对古迹作任何改动，或酌情规定改动时必须遵守的条件，以便保护有关古迹。因此，“法定古迹”很多时会成为“活化历史建筑”，或者“展览馆”。而三栋屋博物馆也正是在这个背景下设立。

事实上，三栋屋村在1987年重修成博物馆时，正是中国香港大量建设博物馆的时期（发展期），所以三栋屋博物馆的出现，也正是时代的需要。同时，当时中国香港经济发展已渐趋成熟，市民大众对文化设施的需求大增。加上，在此之前，即1984年12月19日，中华人民共和国政府代表赵紫阳总理与大不列颠及北爱尔兰联合王国政府代表玛格丽特·撒切尔（Margaret Thatcher）首相签署了《中华人民共和国政府和大不列颠及北爱尔兰联合王国政府关于香港问题的联合声明》，中华人民共和国政府决定于1997年7月1日对香港恢复行使主权。于是，市民大众的历史意识提高了不少，更有意识去认识香港本土乃至于祖国的历史文化。

2. 设立“香港非物质文化遗产中心”

三栋屋村在1987年重修成博物馆既是港英政府建设博物馆政策之使然，同时，也是政府在回应市民大众诉求的表现。随着我国于2004年成为联合国教育、科学及文化组织的《保护非物质文化遗产公约》（《公约》）的谛约国，香港特别行政区政府也把《公约》应用于香港。

中国香港按部就班的实施有关《公约》的工作。2006年，中国香港开始筹划第一次全港性的非物质文化遗产普查；2008年，香港特区政府成立非物质文化遗产咨询委员会；2014年，中国香港推出首份涵盖480个项目的“非物质文化遗产清单”；2015年，成立非物质文化遗产办事处；2016年，在三栋屋博物馆设立“香港非物质文化遗产中心”；2017年，公布首份涵盖20个项目的“香港非物质文化遗产代表作名录”。2021年，三栋屋博物馆开始分阶段进行修缮工程。[17]

自2014年中国香港首份“非物质文化遗产清单”公布后，涌起一股“非遗热潮”，市民大众都开始关心这个议题。所以，非物质文化遗产办事处正是回应市民诉求，同时也是使非遗研究与推广工作能在有系统、有规划的情况下进行。而在三栋屋博物馆设立“香港非物质文化遗产中心”更是进一步落实有关想法，让市民大众能够亲身体验非遗文化，沉浸其中，感受非遗的魅力。

而近年，在国家“十三五”“十四五”规划的支持下，香港博物馆再次迎来高峰。2017年2月，国家文物局在《国家文物事业发展“十三五”规划》中表达了2020年发展目标：打造50个博物馆文化创意产品品牌，建成10个博物馆文化创意产品研发基地，文化创意产品年销售额1000万元以上的文物单位和企业超过50家，其中年销售额2000万元以上的超过20家。香港在这规划的主管下，开展了博物馆建设的浪潮。而在“十四五”规划的支持下，香港有了“中外文化艺术交流中心”的新定位。而位于三栋屋博物馆的“香港非物质文化遗产中心”也乘着这浪潮，开展了一波修缮工作。

三、三栋屋博物馆对“体现多元，终身学习”的体现

三栋屋博物馆的改变，同时也反映了香港博物馆职能的演变。自20世纪80年代起，在

新博物馆学（New Museology）的思潮，博物馆更重视社会关怀与责任，更用力于保存地方文化遗产。到了2010年，国际博物馆协会把博物馆定义为：“一个为社会及其发展而服务、对公众开放的非营利性、永久性的机构，并为了研究、教育和娱乐的目的，而征集、保存、研究、传播与展示人类及其环境的物质与非物质文化遗产。”博物馆的核心功能，已由传统的“搜集”与“保存”转为更强调“教育”。21世纪的教育模式，更强调观众学习经验的获取。于是，博物馆教育由过去的“器物主导”，转变成“观众主导”——更重视观众通过亲身体验，从而建构其价值与意义。并且，博物馆也更重视以学校作为“教育合作伙伴”，并成为“全民终身学习”的重要促进机构。

在这个大势下，香港非物质文化遗产中心巧妙地运用三栋屋博物馆作为其展示和教育中心，透过多元化的教育和推广活动，包括举办展览、讲座、研讨会、传承人示范和工作坊等，提升公众对非遗的认识和了解。其中，“循声觅道——香港非物质文化遗产”系列展览，更是中心启用以来最大规模的一次展览。

“循声觅道——香港非物质文化遗产”系列展览加入了大量的艺术和多媒体元素，以崭新、创意的方式重新演绎本地传统文化，让观众深入认识香港非遗的内涵，以及三栋屋的历史文化和建筑特色。以“循声觅道展览系列一：香港节庆与民间工艺”为例。它以崭新、创意的方式重新演绎本地非物质文化遗产——是次展览将非遗项目以四类声音串联起来，包括“嗓”“器”“躯”及“景”，分别指喉咙发声、工具于制作过程所产生的碰撞声、身体动作发出的声响，以及在不同庆典场合所听到的喧闹声。展品选自非遗传承人为节日、神诞、祭典及打醮而打造的精心制作，以及其相关的材料和工具。[18]

四、结论

随着时代需求的改变，加上各地对非物质文化遗产的重视度与日俱增。而香港非物质文化遗产中心运用三栋屋博物馆作为其展示和教育中心，正是很好地把这种“法定古迹”活化。因为以往的三栋屋博物馆只是设置了一个个客家生活场景，静态地展示昔日香港客家人的生活文件。然而，教育模式的转变，普遍市民大众对这种展示手法的兴趣减低。因此，香港非物质文化遗产中心正好可以为三栋屋博物馆带来改变，把它打造成一个实体“文化空间”，呈现非实体的非遗。

而且，在新时代下，香港博物馆成了国情、国民与历史教育的重要设施。作为唯一的非遗博物馆，香港非物质文化遗产中心可以与其他旧有和新建的博物馆互相补足，达到协同增效的效果。通过香港非物质文化遗产中心的多元化活动，把这种具有香港特色的文化和技艺传承下去。事实上，不少在香港非遗文化都是源自广东省其他地区，所以三栋屋博物馆的新角色也正好为大湾区文化融合作出很大的贡献。

附表：香港非物质文化遗产中心的展览活动[19]

时间	活动	备注
2023年1月12日至2月7日	兔来运转・花灯迎新禧	
现正进行	三栋屋历史筑迹 语音导赏	
现正进行	循声觅道展览系列一：香港节庆与民间工艺	“循声觅道展览系列一：香港节庆与民间工艺”旨在展示非遗作为文化传承的象征，随着时代不断向前演进，并以崭新、创意的方式重新演绎本地传统文化，以声响敲动参观者的心灵，以吟诵传递前人的智慧。 是次展览将非遗项目以四类声音串连起来，包括“嗓”、“器”、“躯”及“景”，分别指喉咙发声、工具于制作过程所产生的碰撞声、身体动作发出的声响，以及在不同庆典场合所听到的喧闹声。展品选自非遗传承人为节日、神诞、祭典及打醮而打造的精心制作，以及其相关的材料和工具。
现正进行	循声觅道展览系列二 日常・非常	展览分为“日常”及“非常”两个展区，展出13个精心挑选的非遗项目。“日常”展区介绍的非遗项目与日常生活息息相关，或许近在咫尺却不以为意；“非常”展区则介绍在特定时节或场合举办的活动，以及其相关的表演和技艺。这些非遗项目不仅反映地方的生活方式，亦展现香港作为国际城市的文化底蕴，让我们了解个中蕴含的情怀。
现正进行	循声觅道展览系列三 三栋屋与传统乡村文化	三栋屋这座香港古迹瑰宝不但具体展现前人的建筑技术和智慧，亦包含传统的乡村文化，当中更不难发现非遗的足迹。有见及此，是次展览利用位于三栋屋中轴线范围的四所主要房舍，展示三栋屋的历史脉络和建筑特色，以及香港传统乡村的人生仪礼和饮食文化，让参观者透过与传统乡村相关的非遗项目认识三栋屋的文化内涵，从多角度感受旧日的乡村生活和文化。

【注释】

[1]英文原文是：“A museum is a not-for-profit, permanent institution in the service of society that researches, collects, conserves, interprets and exhibits tangible and intangible heritage. Open to the public, accessible and inclusive, museums foster diversity and sustainability. They operate and communicate ethically, professionally and with the participation of communities, offering varied experiences for education, enjoyment, reflection and knowledge sharing.”详见International Council of Museum官方网站，https://icom.museum/en/resources/standards-guidelines/museum-definition/。

[2]荃湾，古称“浅湾”，在明朝万历二十三年（1595）郭棐的《粤大记·广东沿海图》上已记有此地名。清嘉庆年间所编之《新安县志》记“浅湾山在县南九十余里”，而在此地之上，有一属官富司管辖的客籍村落，名为“浅湾村”。

[3]根据政府统计处2018年人口统计，当年荃湾区人口数为311 100（占全港人口的4.2%)。

[4]“新界原居民”指于1898年，英国强租新界（即界限街以北、深圳河以南地区）及邻近235个岛屿之前已在各乡村定居者，以及其后人。1898年6月9日，英国逼使清政府签署《展拓香港界址专条》（The Convention Between Great Britain and China Resp ecting an Extension of Hong Kong Territory），租借九龙界限街以北，深圳河以南的土地。而在此日之前，经在这范围内建村立业的居民，就是我们今日所指的新界原居民。详见叶德平.香港原居民(“香港文化系列”文章)[Z/OL].[2023-06-03]https://www.master-insight.com/%E9%A6%99%E6%B8%AF%E5%8E%9F%E5%B1%85%E6%B0%91/ .

[5]根据新界乡议局编制的《新界原有乡村名册》纪录，荃湾原有乡村44条，而因搬迁、发展，今日只余下35条(部分一村分拆为二村）。据荃湾乡事委员会的编制，荃湾区共有35条新、旧乡村，其名字分别是：国瑞道海坝新村、象鼻山海坝村、杨屋村、河背村、关门口村、荃湾三村、三栋屋村、老围村、新村、咸田村、木棉下村、白田坝村、马闪排村、西楼角村、海坝村南台、上葵涌村、中葵涌村、下葵涌村、深井村、清快塘村、排棉角村、圆墩村、青龙头村、汀九村、油柑头村、下花山村、大屋围村、石碧新村、石围角村、古坑村、二陂圳村、和宜合村、川龙村、九华径村、九华新村。

[6]清康熙初年，朝廷为绝南明郑氏之生计，下令包括广东在内的沿海四省所有居民往内陆迁徙30里（一说20里），并设边界严防。康熙22年（1683），施琅在澎湖大败郑军将领刘国轩所率领之海军，随后郑氏纳土归降。康熙皇帝听从福建总督姚启圣的建议，正式颁布了“复界令”，并复置新安县。是时，朝廷为充实新安县人口，大力鼓励原居于粤北、江西一带的客家人南迁到香港。

[7]据康熙年修《新安县志》卷《地理志·都里》记，“浅湾村”与“葵涌村”属“五都”村落，在“大帽山之外”。这些记于籍下的村落，在迁界时，“大半逃编他邑，今亦仍旧志而存其名。厘而正之，未易也。”；而嘉庆年修《新安县志》卷二《舆地一·都里》记“浅湾”于“官富司管属客籍村落”名单之上；按此推论，在迁界前“浅湾村”业已建成(老围村等正是建于明朝)，而复界以后，“浅湾”之原来居民复业不多，取而代之的，是一群客家人，于是形成了客家“浅湾村”。

[8]康熙年修《新安县志》卷《地理志·都里》记：“况新安地方兵民杂处，又值迁析初复，土多民寡。间有招集异县人民垦辟荒田，诚恐奸歹叵测，保甲宜严。”

[9]据新界理民府荃湾理民官兼市镇专员(Town Manager & District Officer Tsuen Wan)许舒博士(James William Hayes)记述，荃湾共有海坝、葵涌、青衣及石围角四个约。（详见许舒.沧海桑田话荃湾[M].荃湾：沧海桑田话荃湾出版委员会，1999年:28.

[10] 荃湾乡事委员会至今已是第三十一届，其中第一至六届（陈永安）、第十五至十六届（陈浦芳）、第二十至二十五届（陈流芳）均由三栋屋村陈氏担任主席，合计十四届，而其族陈永安更是荃湾乡事委员会创会主席。又，陈永安曾任新界乡议局第十届（1947—1952年）主席。第十二、三届主席陈永发来自关门口村，第十二届副主席陈永和来自咸田村，二人皆是陈任盛伯父侯德公后人。另外，陈永安曾在南园书室（即今日区内名校荃湾公立何传耀纪念中学之前身）任教。

[11] 详见叶德平．香港三栋屋村四必堂陈氏家世源流考 [C]// 鑪峰古今——香港历史文化论集 2019. 香港：珠海学院历史文化研究中心，2020:128-142.

[12] 因三栋屋村开基祖有四兄弟，故祠堂名曰“四必堂”。

[13] 许舒．沧海桑田话荃湾 [M]. 荃湾：沧海桑田话荃湾出版委员会，1999：28.

[14] 即今日新界荃湾古屋里2号。笔者此前曾进行三栋屋村口述历史纪录，据三栋屋村时任村长陈锦康先生和荃湾乡事委员会时任主席邱锦平先生所述，三栋屋村属“牛眠吉地”，风水极佳。

[15] 三栋屋博物馆的面积约2,000平方米，建筑布局有如棋盘，左右对称，中轴线上建有前厅、中厅及祠堂；围村中央位置，分别为四间独立的居室；位于左右及后排的横屋，把整个村庄围拢起来。详见非物质文化遗产办事处官方网页（https://www.lcsd.gov.hk/CE/Museum/ICHO/zh_TW/web/icho/sam_tung_uk_museum.html).

[16] 丁新豹．格物致知——香港公共博物馆的百年发展 [J]. 中国文化遗产，2005（4）：64-68.

[17] 截至执笔之时（2023年2月28日），位于三栋屋博物馆的香港非物质文化遗产中心仍然在进行局部修缮工程。部分建筑物，例如房舍2、房舍4、祖堂、中厅及部分通道等暂停开放。不过，中心内的其他展览仍然继续开放，而公众及教育活动亦会如常进行。

[18] 详见香港非物质文化遗产中心官网， https://www.lcsd.gov.hk/CE/Museum/ICHO/zh_CN/web/icho/sam_tung_uk_museum.html .

[19] 详见香港非物质文化遗产中心的官方网站，https://www.lcsd.gov.hk/CE/Museum/ICHO/zh_TW/web/icho/home.html.

【参考文献】

[1] 许舒．沧海桑田话荃湾 [M]. 荃湾：沧海桑田话荃湾出版委员会，1999.

[2] 叶德平．香港三栋屋村四必堂陈氏家世源流考 [C]// 鑪峰古今——香港历史文化论集 2019. 香港：珠海学院历史文化研究中心，2020:128—142.

[3] 丁新豹．格物致知——香港公共博物馆的百年发展 [J]. 中国文化遗产，2005（4）：64—68.

[4] 香港非物质文化遗产中心官网， https://www.lcsd.gov.hk/CE/Museum/ICHO/zh_CN/web/icho/sam_tung_uk_museum.html.

博物馆对城市文化的建构和传播
——以辛亥革命博物院的整合为例

黄玉霜（辛亥革命博物院）

摘要: 中国的城市化已进入提高质量的新阶段，城市之间的竞争已变为城市文化之间的竞争，避免“千城一面”、构建独具特色的城市文化显得愈发重要。作为城市公益文化事业的重要组成部分，博物馆是城市文化的重要承载者，在城市文化建设中具有重要作用。2022年，武汉将辛亥革命武昌起义纪念馆和辛亥革命博物馆整合组建辛亥革命博物院，以此擦亮首义文化品牌、打造新时代英雄城市。本文从辛亥革命博物院的整合入手，分析其对于武汉城市文化的建构和传播实践，并对未来的工作提出个人思考。

关键词: 博物馆；城市文化；首义文化；建构；传播

随着时代的发展，我国城市建设进程不断加快，“千城一面”的城市建设模式已经无法满足社会竞争的需要和人民日益增长的精神需求，城市之间的竞争正在逐步演变成为城市文化之间的竞争。城市文化是城市的“灵魂”，是一座城市最深沉、最持久的力量，不断为城市的持续高质量发展蓄积强大的内生潜力，是城市历史历久弥新的传承，是推动城市高质量发展的重要资源和不竭动力。

现代城市的特色在于文化，文化的核心在于历史，而承载一座城市历史记忆的地方正是博物馆。德国历史博物馆副馆长汉斯·马丁·辛次（Hass Martin Shinch）曾说：“没有博物馆的城市是一座贫穷的城市。”[1] 作为城市公益文化事业的重要组成部分，博物馆见证了城市发展的历程，是城市历史的记录者和展现者，也是城市文化的重要承载者，在城市文化的建构和传播中发挥着重要作用。

作为国家历史文化名城，武汉有着悠久的历史、灿烂的文化和光荣的革命传统，文化积淀厚重。为建设文化强市，2011年12月，武汉市正式提出建设“博物馆之城”，经过十多年的建设和发展,武汉的博物馆事业蓬勃发展，成果丰硕。2022年7月，武汉市政府将辛亥革命武昌起义纪念馆与辛亥革命博物馆整合，组建辛亥革命博物院，并以整合为契机，大力建设辛亥首义文化旅游区。辛亥革命博物院的整合，对推动武汉城市文化建设、打造新时代英雄城市具有重要意义，进一步印证了博物馆与城市文化建设的紧密联系。

一、建构：辛亥首义与武汉城市文化

习近平总书记在纪念辛亥革命 110 周年大会上说：“1911 年 10 月 10 日，武昌城头枪声一响，拉开了中国完全意义上的近代民族民主革命的序幕。”辛亥首义“敢为天下先”之举，彰显了武汉在中国历史的关键时刻的历史担当，大大提升了武汉在近代中国的政治地位和社会影响，自此，“翻开任何一部中国近代史，都闪耀着武汉这个英雄城市的名字”。著名历史学家章开沅先生曾说：“首义精神是武汉城市文化的重要组成部分，是地域历史文化即荆楚文化的延伸和传承。”[2]2005 年，武汉市政府在辛亥首义发生、发展和历史遗存最集中的武昌旧城内，启动了首义文化区建设。2012 年，为彰显武汉城市文化特质，提升武汉城市综合实力，发挥潜在而持久的精神引领作用，武汉市第十二次党代会正式将“敢为人先，追求卓越”确定为武汉城市精神，这既是对武汉历史文化特质的准确概括，又寄托了武汉在城市未来发展中奋力前行的不懈追求。

作为辛亥首义之地，武汉市内辛亥首义文化资源丰富，众多的辛亥首义旧址遗迹及纪念设施都是武汉城市历史的重要见证，也是武汉城市文化的重要标志性符号，位于首义文化核心区域的辛亥革命武昌起义纪念馆和辛亥革命博物馆则是辛亥首义历史最集中的展示区。

辛亥革命武昌起义纪念馆原为湖北省文化和旅游厅直属事业单位，馆内的武昌起义军政府旧址是全国第一批重点文物保护单位，见证了波澜壮阔的辛亥革命史，被尊称为“民国之门”，是辛亥首义最有力的物证和重要的纪念地。辛亥革命博物馆是武汉市文化和旅游局直属事业单位，坐落在首义广场南端，与武昌起义军政府旧址、孙中山铜像、黄兴拜将台纪念碑在同一中轴线上，是武汉市为纪念辛亥革命 100 周年而兴建的专题博物馆。多年以来，作为纪念辛亥首义的重要场馆，两馆积极开展辛亥首义相关文物的征集、保护、研究和展示工作，为弘扬辛亥首义精神、建构与发展武汉城市文化注入源源不断的文博力量。

二、传播：辛亥革命博物院整合后的工作实践

辛亥革命博物院的整合历经了两个阶段：2021 年 7 月，湖北省委、省政府将湖北省文化和旅游厅管理的辛亥革命武昌起义纪念馆划转武汉市统一管理；2022 年 3 月，武汉市人民政府办公厅发布《统筹辛亥首义资源整合利用工作方案》，决定整合辛亥革命武昌起义纪念馆与辛亥革命博物馆，组建辛亥革命博物院；7 月，辛亥革命博物院正式挂牌，展现了辛亥首义资源整合利用和辛亥首义文化旅游区建设的阶段性成果，对赓续英雄武汉城市精神、弘扬英雄武汉城市文化具有重要的现实意义。

在近半年的筹备工作中，辛亥革命博物院以擦亮辛亥首义文化品牌、打造新时代英雄城市为目标，就机构重组、展陈优化、藏品整合、社教品牌融合、人才培养等系列工作做出了统筹规划，并在工作实践中不断探索博物馆传承城市文化的路径。

（一）优化基本陈展，策划原创精品展览

作为博物馆的核心文化产品，陈列展览是博物馆传承城市文化的基本方式。整合后，辛亥革命博物院按照各有侧重、分类发展的原则，

对原有陈列展览进行优化调整。

北区（原辛亥革命武昌起义纪念馆）重点做好旧址复原陈列和反映辛亥革命湖北地区重要人物生平事迹展览，对现有的“为天下先——辛亥革命武昌起义史迹陈列”进行改陈，策划新的常设专题展览“首义英雄——辛亥武昌起义志士事迹陈列”，以“首义英雄”为主题，展现辛亥首义志士推翻帝制、建立共和的丰功伟绩，弘扬伟大的爱国主义精神和敢为天下先的首义精神。南区（原辛亥革命博物馆）依托现代化展陈条件，对现有基本陈列“共和之基——辛亥革命历史陈列”进行局部改陈，进一步充实文物和图片资料，打造以首义文化为核心的辛亥革命全史展。

除对基本陈列进行优化提升以外，辛亥革命博物院还依托丰富的文物藏品，精心策划、推出了 4 个原创展览。其中，建院后第一个原创展览“文物藏品中的英雄武汉”于国际博物馆日前夕开展。该展览以文物藏品为依托，以历史脉络为线索，以重大历史事件和重要历史人物为支撑，突出反映了武汉这座英雄城市百年来坚韧不拔、斗争到底的英雄气概，从历史与今天的维度对武汉城市精神、城市文化做了更深层次的阐释。

（二）突出首义特色，打造特色研学课程

作为全面展示辛亥历史、首义文化的专题博物馆，辛亥革命博物院树立“大教育”工作理念，探索多学科、多专业、多领域联动，在既有的“首义课堂”教育品牌、“博爱学堂”教育项目、“首义寻踪”教育活动的基础上，集合文史专家、剧目编导、舞美设计等专业人员智慧，打造独具首义特色、互动性强、参与度高的沉浸式互动研学思政课——“少年中国说”系列研学思政课。

该课程以突出辛亥首义文化特色为原则，包括展览解读、知识课堂、剧本围读、艺术排演等多个环节，深层次讲述辛亥革命特别是武昌首义的光荣历史，引导青少年将学习成果向文化行为转换，让他们学有所悟、悟有所行，助力辛亥首义文化传播。在 2022 年国际博物馆日系列活动中，来自中南路小学和首义中学的学生们在展厅里以展演结合的形式，向公众再现发生在首义之城里的感人故事，他们或走向彭刘杨三烈士就义处，致敬烈士宁死不屈、慷慨赴死的风骨；或登上蛇山之巅挥舞十八星旗，庆祝武昌起义的胜利；或齐声诵读《少年中国说》……在深深感染了现场观众的同时，学生们也实现了从学习者向讲述者的转变，成为了武汉首义历史和城市文化的传播者。

（三）加强合作交流，提升学术研究水平

辛亥革命博物院在进行机构重组时，鉴于学术研究工作的重要性，在原有的辛亥革命研究所的基础上设立辛亥革命研究中心，充分发挥武汉地区辛亥革命历史研究领域专家学者优势，加强与高校、辛亥革命纪念地、孙宋纪念地的合作交流，形成科研合力，提升对辛亥革命历史事件、历史人物和相关文物藏品的研究水平，以研究成果服务博物院业务工作，推动博物院高质量发展，助力武汉城市文化传播。

为进一步协同博物馆、高校研究力量，发挥馆校研究机构的联动优势，辛亥革命博物院还与武汉大学合作申报了国家文物局“国家革命文物协同研究中心”项目，聚焦辛亥首义精神、辛亥革命文物研究和利用，加强辛亥革命史相关文物、文献、档案、史料、口述史的抢救、征集与研究，深度挖掘辛亥首义文化的历史意义与时代价值，打造独具特色的武汉城市文化。

（四）构建立体传播体系，加大文化传播力度

在融媒体时代，媒体技术不断变革、迅猛发展，形成了全新的文化传播体系，新媒体凭借其特有的交互性、多样性、时效性等特点，逐渐成为博物馆开展文化传播的重要平台。作为传承城市文化的重要载体，博物馆需要主动适应和融入新媒体传播环境，创新和使用公众喜闻乐见的传播方式，做好文化传承工作。

辛亥革命博物院整合后，设立数字和信息部，着力构建线上线下立体传播体系，精心打造辛亥首义文化IP。一方面，迅速开设微信、微博、抖音、B站等自媒体账号，以短视频、直播等形式宣传“首义红楼”“光影红楼”等全媒体传播精品。2023年1月，博物院制作的短视频《这里是辛亥革命博物院》荣获湖北省文博短视频展示推介活动精品奖，提升了博物院在业内的文化传播力和影响力。另一方面，借助主流媒体全媒体、立体式、多元化的传播布局，多渠道、多媒介、多领域进行宣传推广，不断丰富辛亥首义文化传播的形式、提高辛亥首义文化的知名度与影响力。2022年5月，辛亥革命博物院开启“博物馆奇妙夜”，在武昌起义军政府旧址举办“重回1911——探寻首义枪声”夜游活动，在开展精彩线下活动的同时，还借助荆楚网直播平台带领百万网友线上“寻宝”、云游红楼，沉浸式感悟首义精神，直播间网友频频留言互动，掀起了博物馆夜游活动的小高潮。

三、探索：对未来工作的思考

在城市的现代化建设进程中，城市文化已逐渐成为一个城市自信力、凝聚力和创造力的重要源泉，成为城市居民期待、追求和努力去营造的美好愿望，是城市高质量发展的精神支柱和内在力量。在武汉城市文化建构和传播中，作为和武汉城市文化紧密相连的首义纪念地，辛亥革命博物院还需进一步发挥融合和催化作用，主动承担起传播武汉城市文化的重担，增强居民对城市文化的认同感、荣誉感和归属感，让公众更直观地感受到武汉的历史脉搏和文化底蕴，推动武汉城市文化创造性转化、创新性发展。除做好博物馆陈列展览、社会教育、藏品利用、文创开发等重点业务工作外，还可以在以下方面做出努力，提升城市文化辨识度、增强城市文化传播力，从而提高城市的核心竞争力。

（一）强化公众对博物院建筑的印象与记忆，打造具有高辨识度的“首义之城”地标

作为时代的产物，建筑用多样的艺术语言和表现手段真实地记录了时代特征，反映了时代的风貌和精神，具有独特的文化价值，而博物馆的建筑则被赋予了更多的文化内涵，并因其独特性和可辨识性被打造成为城市地标。

辛亥革命博物院在这方面拥有得天独厚的资源优势：一方面，被尊称为“民国之门”的武昌起义军政府旧址拥有方正严整的中式四合院庭院式布局和西方古典主义建筑风格的外形设计，中西文化交汇特色显著；另一方面，原辛亥革命博物馆与旧址遥相呼应，其几何形外观和“楚国红”色调，寓意敢为人先的首义精神，俯瞰呈V字造型，寓意革命的胜利，特色鲜明又兼具时代感。作为首义文化区的核心建筑，一南一北，一新一旧，两座红楼默然对望，让参观者在对比中感受辛亥百年的历史变迁。然而在公众评选的武汉的地标建筑中，辛亥革命博物院建筑的知名度、美誉度却远远不及黄鹤楼、长江大桥、江汉关等。作为武汉首义文

化的代表性展示空间，在今后的工作实践中，辛亥革命博物院要更加重视博物馆的场域作用，将博物院建筑形象转化为核心文化IP，融入文创、社教等各方面业务工作中，进一步拓宽博物院对外展示渠道，利用机场、火车站、地铁站等城市对外展示窗口，结合武汉重大文化活动不断加强宣传推广力度，强化公众记忆，并以此推动首义文化的传播。

（二）紧密联动，搭建馆校传承首义文化的特色平台

一方面，积极与相关学校开展多种形式的合作，盘活馆藏资源，探索开发具有首义特色的馆校合作课程。例如首义文化区内的首义中学，秉承“天下为公，大任于斯”的校训，以弘扬首义精神、传承首义文化为师生责任，是辛亥革命博物院开展馆校合作的最佳选择之一。在馆校合作的实践中，博物院可以基于学校视角，积极主动参与到学校传承首义文化的工作实践中去，包括为学校展览馆培养讲解员、深度开发“首义人重走首义路”的校本课程、在博物馆为学生举办成人礼等，以此促进馆校之间更深层次的合作与交流，形成馆校齐宣传、共传承的双赢局面。

另一方面，依托“首义寻踪”打造精品研学路线。“首义寻踪”采取实地寻访首义旧址、遗迹的形式，带领参与者边走边学、边看边悟，重温首义之城的历史记忆，是辛亥革命博物院最受观众欢迎的教育活动。目前，囿于人力、安全等各种因素，“首义寻踪”仅限于博物院周边毗邻的起义门、蛇山首义公园等。在今后的工作实践中，博物院可尝试引入具备相关资质的第三方机构，合作开发精品研学旅行路线，深度扩展“首义寻踪”的内涵和外延，以武汉为起点，串联全省、全国辛亥革命纪念地，使参与者重温“武昌一呼、天下响应”的历史荣光，进一步感受武汉“敢为人先”的城市文化特色。

（三）积极主动开展、参与武汉特色活动，让博物馆建设与城市文化建设同频共振

辛亥革命武昌起义纪念馆在划转至武汉市之前，在武汉市、武昌区举办的很多辛亥首义纪念活动和重要赛事中只能以出借场地、借调人员等形式被动地参与。在未来的工作中，辛亥革命博物院要以更主动的姿态、更积极的态度参与到这些活动中去，争取成为活动的主办地或承办方、共建方，并借助这些活动不断发展弘扬首义文化的途径，增强传播弘扬首义文化的能力。武昌辛亥首义文化节自2002年起，已连续举办21届，是武昌区精心打造的特色文化品牌；在武汉国际马拉松赛事中，辛亥革命博物院为13公里跑终点；在武汉城市定向挑战赛中，辛亥革命博物馆所在的首义广场是主会场。这些活动均是弘扬辛亥首义文化、提升城市文化品位、宣传武汉城市文化的重要举措。作为守护、展示、传承首义文化的重要场馆，辛亥革命博物院要充分利用馆内特色资源优势，积极主动参与这些活动，为武汉打造有国际影响力的首义文化旅游区和新时代英雄城市贡献文博力量。

（四）借助合力，试点建设首义图书馆，持续打造“首义之光”青年读书会品牌

辛亥革命博物院现有藏书近万册，以中国近代史、辛亥革命史、辛亥革命人物传记等为主，集中了多年来史学界对辛亥革命的学术研究成果，是研究辛亥首义历史、传播辛亥首义文化的重要资源，但目前仅作为内部资料对职工开放。在未来的实践中，辛亥革命博物院可联合湖北省图书馆、武汉市图书馆，共同建设首义图书馆，整合现有图书资料，将馆藏图书、期刊、资料开放给公众，提升馆藏资源的利用率；开展图书馆数字化、信息化建设，打造线上智慧图书馆，为公众提供信息咨询、文献检索、图书阅览等服务。同时，充分发挥首义图书馆的文化交流功能，联合武昌区团委、武汉音乐电台等，持续开展“首义之光”青年读书会活动，吸引更多的观众关注辛亥首义文化，进一步加深对武汉城市文化的认识。

在今天的城市发展过程中，博物馆是城市文化风采魅力的展示窗口，是一张动感、鲜活的城市名片，更是城市生活中不可或缺的会客厅。城市文化的传承离不开博物馆的深度参与，作为武汉市打造新时代英雄城市的重要举措，辛亥革命博物院在整合后，更有职责、有能力发挥自身文化优势，助力武汉城市文化建构和传播，有力促进武汉城市文化大发展大繁荣，为建设现代化大武汉提供源源不断的精神动力和文化支持。

【注释】

[1] 汉斯·马丁·辛次：城市与博物馆——柏林之经验 [J]. 南通大学学报（社会科学版）.2005（04）：14-17。

[2] 万建辉：著名历史学家章开沅教授：“敢为天下先”的首义精神是武汉城市文化重要组成部分 [N]. 长江日报，2020 年 8 月 21 日。

民俗化与遗产化：博物馆藏品的“双重身份”——以贵州傩文化博物馆为例

杨小云（贵州民族大学）

摘要：“傩文化”历史悠久、分布广泛、内涵丰富，是颇为重要的文化事项，蕴含着丰富的宗教、民俗、历史、艺术等方面的文化资料。贵州“傩文化”资源丰硕，现今已是重要的文化遗产。作为贵州唯一一座以“傩文化”为主题的博物馆——贵州傩文化博物馆，基于“博物馆藏品”视角，思考“傩文化”何以“民俗化”，又何以“遗产化”，“傩文化”藏品“双重身份”解读“非物质文化遗产”背景下传统民族民间文化的保护方式与传承路径，以及这一过程中的官方策略与乡土智慧。

关键词：藏品；民俗化；遗产化；贵州傩文化博物馆

学术界对“傩”与“傩文化”研究成果较为丰富，诸位前辈时贤在“傩文化”的源流、内涵、种类、变迁、现状，以及傩文化保护传承、开发利用等方面多有论述，推动了“傩”与“傩文化”的研究与发展。关于贵州的“傩”与“傩文化”研究，庹修明[1]、陈玉平[2]、周永健[3]、吴电雷[4]等诸位学者进行了较为系统的论述。总体而言，学界多探讨“傩”与“傩文化”及其文化载体（非藏品）的内涵，缺乏以“博物馆性”与“博物馆化”的系统研究分析，更较少从“博物馆藏品”视角分析“傩文化”在“民俗化”与“遗产化”之间的身份转换及演替。鉴于此，笔者拟以贵州傩文化博物馆[5]为例，基于“博物馆藏品”视角探讨进入博物馆的“傩文化”藏品的“双重身份”，阐述其“民俗”属性（即“民俗化”）和“遗产”属性（即“遗产化”），剖析传统民族民间文化的传承与演变历程，思考传统文化的创造性转化方式及方法。

一、贵州傩文化博物馆概况

贵州傩文化资源十分丰富，其风格古朴、底蕴深厚、源远流长，现存傩文化种类包括道真仡佬族傩戏、安顺地戏、德江土家族傩堂戏、布依族傩戏、威宁彝族撮泰吉和思南阳戏等，其中德江傩堂戏、仡佬族傩戏、安顺地戏等均被列为国家级非物质文化遗产代表性项目名录。其色彩神秘、内容丰富、形式多样，被称为“中国戏剧的活化石”。铜仁作为贵州省傩戏之乡，为了更好地展示傩文化，修建了全国首家傩文化博物馆。贵州傩文化博物馆是一所集宗教、民俗、艺术、历史为一体的专题文化博物馆，前身为成立于1991年的铜仁傩文化博物馆，2012年更名为贵州傩文化博物馆，2013年重新开放。

贵州傩文化博物馆修建后，以傩文化为中心，成立藏品库，收集了一系列的贵州傩文化藏品。馆内计三层，其中一层为临展区，二层为傩文化主要陈列区，藏品充实、内容丰富、自成体系，将最具特色、最为关键、最为典型的文物保存在馆内，收藏、宣传傩文化遗产知识，具有高度的历史价值、科学价值和艺术价值。其中博物馆展示分傩的发展源流、贵州各地区傩文化的傩面具、傩戏道具、傩戏书籍、高现代科技复原的祭祀仪式、傩戏经典剧目、曲六乙精品展、国家领导人及省领导人给博物馆题词八大板块，以上藏品皆是研究贵州傩文化的珍贵实物资料。近年来，贵州傩文化博物馆不断提高服务水平、征集充实藏品库、提高展陈质量、扩大馆舍，展出及宣传形式不断推陈出新，得到了各级领导和广大参观者的普遍好评。

二、民俗中的“傩文化”

所谓一方水土养一方人，同时也孕育了一方民俗文化。民俗文化是民族精神和民族凝聚力的象征，它创造的是大众喜闻乐见的文化。传统意义上的民俗和节庆活动共同构成了充满活力和创造力的文化生态，即我们所说的文化空间。[6]傩文化是民间风俗和社会发展形成的，具有鲜明的民族特色。它深深扎根于民间，浓郁的民俗化、意象化，合理地存在于广大人民生活中，这是傩文化价值所在。“傩文化”是“民俗”大宗，作为博物馆中的“藏品”，有着“民俗”的象征与表达，傩文化中的傩仪、傩俗、傩技、傩韵，反映忠孝、仁义的傩戏剧目、祈福驱灾的傩祭仪式、丰富多彩的饮食节庆。贵州傩文化博物馆藏品的陈列与展览可以说是贵州傩文化民俗活动的历史缩影。

（一）祈福驱灾

“傩”是古代逐鬼驱疫的宗教仪式[7]，同时还有祈求平安之用。它反映了古代人民强烈的生命意识和生存意识，意在希望用这种超自然的力量来解决人类与自然的冲突、并使其更趋向于和谐，从而达到消除病魔、风调雨顺、五谷丰登、人与动物平安、国家繁荣富强，最终实现天下太平的终极愿景。到目前为止，典籍中关于傩最早、最系统的记载出自《周礼·夏官》，所谓方相氏（由武夫充任，职掌驱除疫鬼和山川精怪），狂夫四人（古代掌驱疫和在墓葬时驱鬼的人），掌蒙熊皮、黄金四目、玄衣朱裳、执戈扬盾，帅百隶而时难（傩），以索室驱疫。[8]

社会发展的本质是人的发展，文化遗产作为人类宝贵的物质财富和精神财富[9]，是推动人类社会发展的一个重要部分。例如，傩文化遗产作为一种重要的民间民俗活动，它构成了人民的生产和生活的一部分。无论是德江土家族傩堂戏、安顺地戏、威宁彝族撮泰吉，还是思南阳戏，都是传播到此或当地人民根据不同民族、不同环境所创造的仪式。它们构成了贵州地区居民生活的重要组成部分，不仅满足了人们的生产生活需求，同时也形成了具有当地特色的傩文化遗产。如贵州傩文化博物馆展览的复原的傩祭仪式，包括贡品、三清图、牛角、傩面具、傩技、傩戏的祭祀藏品。祭祀仪式有香、纸、猪、烛、卦、上刀山、下火海，包括了从祭祀到结束的全部流程和祭祀过程所用的器具。无论是从博物馆中典型傩戏宗教仪式场景还是从丰富精美的傩戏面具，抑或是傩祭面具、傩戏刻本、表演者身穿的服饰等，皆可以看出贵州傩文化都被赋予了神秘的宗教含义和作用。这一系列典型的傩祭之物，从德江土家傩堂戏的表演可以看出其为民间的祈福驱灾民俗活动。通过这些文物陈列和展览，可以较清楚地推知贵州傩文化民俗活动的过程，展现出贵州傩文化的独特风貌和文化成就。

（二）饮食节庆

傩文化发展成一种十分古老的具有浓厚的地方特色的文化，每逢年例节庆，才会有傩活动的展演。同时，贵州傩文化也走向国内国际进行展出，曾去往韩国、日本等国有贵州傩文化的表演。在安顺和德江两地，创造出了作为非物质文化遗产的傩文化。如今傩文化已经逐渐淡出人民的生活，只在一些节日上才会看到它们的身影。而在贵州傩文化博物馆中，常在节庆时举办傩文化活动。

从贵州傩文化博物馆所藏的安顺地戏和德江傩堂戏文物不难发现，馆中的傩面具、循环播放的傩戏剧目都在向众人介绍贵州的傩文化。傩文化博物馆开始关注发挥博物馆作为展示、宣传傩文化的作用。这一时期，贵州傩文化博物馆开展了大量只有在节庆才能观看到的傩民俗活动，例如傩戏、傩技表演，吸引了大量参观者。在表演过程中，安顺地戏作为汉傩，表演以村寨为单位，演员都是当地村民。一般一个村子一场戏，演员人数大多控制在二三十人，由“神头”主持、负责。在每年春节和农历七月稻花盛开的季节举行活动。德江县作为我国傩戏傩文化调研最早、最系统的地方[10]，早在20世纪80年代就开始了。傩堂戏是由最初的祖先崇拜、宗教祭祀活动发展至此，并不作为日常活动开展。时至今日，德江傩堂戏一般只有在节日活动中或者是在民间地区还愿冲傩活动中才能看到。德江傩堂戏的演出一般是在需要冲傩还愿的人家里进行，通常傩堂戏的演出地点都是在家中大堂，演出形式为跳大神，口中唱着一些耐人寻味的戏曲腔调，常用本地方言演唱，仅有一些专用语言。其表现形式有口含红铁、上刀山、下火海等。

（三）艺术活动

贵州傩文化融合了儒佛释道各家文化，其融合、形成原因较为复杂，与贵州本土的政治、经济、文化都分不开。傩文化对应的宗教仪式，呈现出各异的艺术活动，是其“民俗化”的重要方面。“在宏观层面上，仪式的类型通常可以被粗略地划分为宗教性仪式和社会性仪式，前者包括宗教仪式、民间信仰仪式等，后者则涵盖了人们社会生活中除了宗教性仪式之外的所有仪式类型。”[11]

贵州傩文化是一种带有宗教色彩、民俗文化、地域特色的戏剧文化表演仪式，表演者常戴面具，具有鲜明的民族、地域、艺术特点，多以傩舞、傩戏、傩祭等形式来展现傩文化。其活动表现形式就是以歌舞表演和戏剧表演为主，在为了满足人们的娱乐需要的同时也把大众的美好愿望用表演的方式表达出来。贵州傩戏在古时候是一种祭祀仪式，傩戏是从祭祀活动中逐渐发展过来的戏剧活动，惊险刺激的傩技表演与人们喜爱的、常见的内容有机结合起来，前者满足了人们求助神灵的愿望，后者满足了人们的文化生活的需求。馆内收藏的傩文化皆是当地经过漫长岁月积累沉淀下来的当地特色，这些文物能使人深入感受傩文化的地域特色。为宣传贵州傩文化，贵州傩文化博物馆举办丰富的艺术活动，如“傩博美术课”研学游活动、贵州傩文化博物馆民族文化进校园、傩戏傩技展演活动、傩文化专题片《梵净巫傩》等。近年来贵州傩文化博物馆收集更多的文化资源，陈列展示出具有贵州文化特色的傩民俗文物。坚持弘扬贵州地区民族文化，收藏及展示贵州地区的傩文化民俗文物。

三、遗产中的"傩文化"

在中国 56 个民族中，分布着大量的神话、传说、巫术、图腾崇拜和偶像崇拜。但是，一些人由于受错误观念的影响，将这些反映各民族历史、生活、文化的古老文化形态都看作是非科学、反科学、伪科学和封建迷信。须知，这些所谓的"伪科学""迷信"长期以来在人们日常生活中扮演了重要的角色，在塑造人们的信仰、世界观、价值观方面都有极为重要的作用。它们同样"是人类伟大文明的结晶和全人类的共同财富，是文化多样性的生动展示，是人类文化整体内涵与意义的重要组成部分"。2018 年 10 月，中共中央办公厅、国务院办公厅印发了《关于加强文物保护利用改革的若干意见》[12]，该《意见》提出要"大力推进文物合理利用"。贵州傩文化在文物资源合理利用方面，从建馆开始到 2021 年底，博物馆展出几千件傩文化文物，通过丰硕的文物资源，促进文物的再利用。

宗教学学科视野下的"迷信"与"民间宗教"同一概念，即用来指非制度宗教的信仰方式和实践。[13] 在中国，民间信仰一般是指普通民众在其日常生活中秉持或信守的各种神灵观念、信仰仪式及相关习俗，故不同于被国家认定为具有合法性、亦即具有法定之信仰自由的那些制度化宗教。[14] 那么贵州傩文化如何从"封建迷信"到"非物质文化遗产"的呢？从"封建迷信"到"文化遗产"的转换过程，蕴含了不同的表现形态，这一转变意义重大。获得合法性的路径，迷信变成非遗，在这里解决的是合法性问题[15]，傩文化通过"从封建迷信到文化遗产"的身份转换，成为非物质文化遗产，脱离了迷信标签。傩文化作为珍贵的民族文化遗产，集宗教性、民族性、表演性、地域性、遗产性于一体，对研究风俗习惯、生活方式等有着重要的意义。主要体现在乡土文化之根、文化多样性、传统社会认知等方面。

（一）乡土文化之根

乡土文化是生活在特定区域内人们独特的精神创造和审美创造，包含风俗、礼仪、服饰等，具有较强的创造性与传承性。2006 年傩文化被列为第一批国家级非物质文化遗产名录。贵州傩文化乡土文化源远流长，它在这片土地上不断发展、壮大，在传承的基础上又有创新、创造。

博物馆是宣传非物质文化遗产教育的重要阵地[16]，作为被列入各级"非遗"项目的贵州傩文化，既是宝贵的精神财富，也是稀缺的文化资源。[17] 傩文化这一非物质文化遗产在贵州傩文化博物馆藏品中占据重要地位，是保护、传承、发展傩文化遗产的重要力量和主要场所。贵州傩文化中有宗教、民族、民俗、艺术等多种内涵，是贵州传统文化的瑰宝。傩文化是生活在贵州地区人们独特的精神和审美创造，包含风俗、礼仪、服饰、制度等，构成了贵州地区的民族乡土文化，是人们乡土归属感的重要体现。我们对傩文化的印象，往往始于传统宗教祭祀仪式，这些有形的物质载体是最直观的傩文化。据大量博物馆藏品展开贵州乡土社会的研究，比如贵州傩文化博物馆中的傩、傩面具等古文物，包含着更多地域性乡土的内容。傩面具具有祭祀、民俗等多重功能，形制特色鲜明丰富。正是傩文化让我们在今天的语境中感受历史，在博物馆参观过程中体会深层的文化。贵州傩文化博物馆要依托傩文化藏品进行乡土教育为宗旨，它往往在节庆、祭祀等活动中体现。这些文化的存在让乡土文化之根永远不会消散。

当前，贵州傩文化博物馆将观众与藏品非物质性结合在一起，参观者可以参与傩面具制作、傩文化活动，通过藏品拉近与观众的距离。利用傩文化藏品的非物质性和参与性的创新点，将傩文化藏品发展成大众文化遗产，增加文化与人们的互动，促进对傩文化的深层理解。傩文化藏品和文化情怀产生碰撞，创造出与傩文化遗产的特殊情怀、文化感受，增强民族凝聚力、文化自信。应落根于博物馆傩文化藏品，面向多元发展的乡土文化。

（二）文化多样性

无形文化遗产代表了文化多样性，对国家、民族而言，它则意味着民族个性甚至是民族标识[18]。文化多样性是人类社会的基本特征，也是人类文明进步的重要动力。贵州傩文化遍布于汉、苗、侗、土家、彝、仡佬等民族地区，品类繁多、保存较为完整、内涵较为丰富，丰富活跃的傩文化决定了文化多样性。贵州傩文化博物馆里收藏的藏品种类多样，各种类型各种民族各种地区的傩面具、真人蜡像、傩戏场景复原、傩画、傩技、傩戏表演道具。藏品的多样性和傩文化类型的多样性给贵州傩文化博物馆增添了色彩，这些丰富的傩文化充实了博物馆，也给研究傩文化博物馆的学者提供了更多的研究资料。

贵州傩文化博物馆藏品内涵的多重性需要将傩文化实物与其产生、使用、发展等经历，以及相关的社会历史背景联系起来进行解读。贵州傩文化博物馆从扩大藏品范畴、增加文物内涵、利用傩文化博物馆文物来丰富其展览形式。例如贵州傩文化博物馆中的几百面傩面具，它作为傩文化中较为重要的器物，傩文化藏品的文化多样性形成的一个过程和方式。我们常常会看到，在展览中用一件或几件傩文物代表整个地区的文化类型，或同一个实物在不同的展览中以不同的文字内容进行表述，赋予它不同的文化身份。例如馆中的德江傩堂戏傩面具，可以作为铜仁地区傩文化的代表性器物，也能作为某一宗教文化象征物。

（三）传统社会认知

近些年，全球的文化多元化趋势促使生活方式的改变，对广大民众的精神结构和价值观念产生了一定影响。而傩文化作为人们传统社会发展中所延续下的一种文化，通过它能够研究先民对传统社会的认知状况，同时也为现代化人们留下珍贵文化遗产。

在傩文化中，人类社会最初对世界认知较为偏向于对“神”崇拜，认为神灵能够听到、解决人们的诉求，人们并不觉得这是封建迷信。当人们对神的崇拜达到一定程度时，就创造出一种“神”的世界，将傩文化与之结合。而到了现代，对傩文化的认知并不仅仅是神的崇拜，而是一种优秀的、值得人们继承发展的文化遗产。贵州傩文化博物馆起到了对传承文物的作用。傩文化的延续性与其他文化传承方式大不相同。傩文化博物馆中的藏品是实物资料，最能体现和反映贵州先民在祭祀仪式上的演进历程。贵州傩文化浓厚的历史底蕴，在贵州傩文化的延续占据重要的地位。这些文物是最能引起人们对传统社会的认知，因此傩文化并不仅仅是传统社会的产物，它在现代化社会更应该留存。

四、“傩文化”的身份转换

党的十九届六中全会通过的《中共中央关于党的百年奋斗重大成就和历史经验的决议》[19]，强调“推动中华优秀传统文化创造性转化、创新性发展”。党的十八大以来，提出中华优秀传统文化要进行创造性转化、创新性发展。贵州地区留存众多珍稀的傩文化，丰富独特的文化形式成为了贵州省的“戏剧活化石”。近年来，随着现代化进程加快，大众化的传播媒体不断出现，现代社会生活中人们更加注重对传统和艺术形式传承与发展，傩文化的原始民间信仰已不能满足并适应社会的需要和发展，促使傩文化必须走出自己原本的圈子，上述情形加快了傩文化身份的转换，使其由原本的宗教祭祀的形式转变为具有新时代中国特色的民俗化的文化遗产，使傩文化呈现出新的发展态势，在保留原始文化形态的基础上加以吸收和创新发展。

博物馆发展进入了新时代，服务对象从“物”转为“人”，藏品从“文物和标本”转到“物质和非物质遗产”[20]，傩文化的现代性转换问题奠定了傩文化现代性转换的方向和范围。傩文化遗产的现代性转换，在现实语境之中，将傩文化进行现代性建设，为傩文化的现代性转换提供新的现实语境。要改变傩文化“封建迷信身份”，必须从“封建迷信”转向“遗产”。傩文化“现代性”转换要从其历史演变的过程来看，傩文化进行现代性转换的核心在于现代化传播转换。从傩文化藏品身份转换来看，贵州傩文化博物馆开始不再以藏品基本陈列为中心，而是要通过陈列来保护传承这一文化。傩文化博物馆藏品从“封建迷信”的基本陈列转变为人们予以接受的物质与非物质文化遗产。就以德江傩堂戏转换之路为例，其转换过程是从原始的宗教祭祀仪式逐渐转向民俗化、遗产化的文化遗产，不再仅仅停留在封建迷信层面，在生活中人们表演傩堂戏已经偏向祈福驱灾，而不再是封建迷信的祭祀仪式。将其作为非物质文化遗产进行宣传，这一过程称为博物馆“双重身份”的转变。

五、结语

中国傩文化的嬗变之路是从宗教祭祀仪式到民俗活动。贵州傩文化经过多年演变发展，在百年的发展过程中，不断使与时代相适应，并从中国传统文化中吸收融合，逐渐创造出特定的仪式、场所、民俗活动的地域性傩文化体系。植根于乡土的傩文化是以民族文化之形式“遗留”下来的宝贵文化资源，应科学地区分、鉴别、定性和评价。我们要做的是，首先应将这些“内容”都保护起来，然后以客观、准确地理解和研究，不仅是保护“非物质文化遗产”、发展经济，而且要弘扬民族传统文化、增强民族自信心、发展民族团结，提升中国文化软实力，推动中华文化走出去。在中国特色社会主义现代性建设过程之中，傩文化必须和现代化相结合，通过现代化推动傩文化的身份转换，为双重身份转换打下现实基础。贵州傩文化博物馆既要保留傩文化的原真性，又要使祖先留下来的文化遗产能够在当代活起来；通过创造性转化和创新性发展，使之与当代文化相通相融。

【注释】

[1]庹修明．贵州傩戏傩文化[J].文化遗产，2008（03）：11-18，157.

[2]陈玉平，何飞．贵州傩文化发展现状综述[J].教育文坛，2014，6（01）：111-115，129.

[3]周永健．贵州傩文化研究述评（1980—2020）[J].云南艺术学院学报，2022（02）：22-30.

[4]吴电雷，兰桂．近三十年贵州地戏研究综述[J].广西师范学院学报（哲学社会科学版），2014，35（02）：9-14.

[5]贵州傩文化博物馆1991年修建，前身为铜仁傩文化博物馆。

[6]秦宗财，杨郑一．论文化遗产创造性转化的逻辑与路径[J].中原文化研究，2019，7（05）：51-59.

[7]贵州省非物质文化遗产保护中心．德江傩堂戏[M].贵阳：贵州民族出版社，2012.

[8]孙诒让．周礼正义第5册夏官卷五四—六四[M].王文锦，陈玉霞，点校．北京：中华书局，2013.

[9]同[6].

[10]贵州省非物质文化遗产保护中心．德江傩堂戏[M].贵阳：贵州民族出版社，2012.

[11]杜鹏．试论西方人类学仪式研究范式的现代性转换[J].西北民族大学学报（哲学社会科学版），2018（02）：1-6.

[12]中共中央办公厅国务院办公厅印发《关于加强文物保护利用改革的若干意见》[J].中华人民共和国国务院公报，2018（30）：19-22.

[13]李陶红．撕裂与延续：民间信仰从“迷信”到“文化遗产的话语分析[J].大理民族文化研究论丛，2018（00）：237-258.

[14]周星．民间信仰与文化遗产[J]文化遗产，2013（02）：1-10.157.

[15]高丙中．从封建迷信到文化遗产——中国文化领域一个大是大非问题的疏解[J].长江大学学报（社会科学版），2021，44（05）：13-17.

[16]唐治洲．博物馆在非物质文化遗产保护中的作用浅析——以贵州傩文化博物馆为例[J].文物鉴定与鉴赏，2022（17）：44-47.

[17]周永健．贵州傩文化研究述评（1980—2020）[J].云南艺术学院学报，2022（02）：22-30.

[18]杨怡．非物质文化遗产概念的缘起、现状及相关问题[J].文物世界，2003（02）：27-31.

[19]中共中央关于党的百年奋斗重大成就和历史经验的决议[J].当代党员，2021（23）：8-26.

[20]龚良．藏品范畴与博物馆多样性的实现[J].文博学刊，2018（01）：62-68.

非营利性与博物馆可持续运营

数字人文视角下
中小型博物馆建设探索与启示

陈 晖（杭州西湖博物馆总馆）

摘要： 作为非营利组织的博物馆，有效利用公众的力量促进自身发展能够在低运营成本下实现博物馆的高效运营。在数字人文项目兴起的当下，数字人文项目为博物馆提供了实现的路径。通过分析数字人文组织联盟伞式组织构架的管理模式，以及研究其期刊创建、特备小组、人文奖项等活动落地方式，提出多层次合作组织、培育新生力量等有利于博物馆地方性人文传播发展的实践性建议和方法。在此基础上利用众包模式与数字人文相结合的手段，从数字人文众包的形式中汲取支持非营利性博物馆的发展动能，促进公众参与，构建中小型博物馆可行的协同数字管护框架，获得更具体有效的低成本人文传播方式。

关键词： 数字人文；众包模式；中小型博物馆；创新管理

一、引言

在信息技术高度发展的当下，数字人文视域逐步受到广泛关注。数字人文本质上是信息技术与人文的交叉领域，同时也是一种将人文与技术相融合的方法论。数字人文源于首次出现在1949年神父罗伯特·布萨（Thomas Aquinas）为托马斯·阿奎那（Robert Busa）制作的语词索引中，起初的描述为人文计算。2004年《数字人文指南》出版，数字人文的概念从人文计算中独立出来，逐步把研究重心从计算机等信息技术的辅助运用转移到更为广义的数字技术中去。

对于博物馆而言，广义上的数字人文已经得到了广泛的关注与实践。例如在展陈中所使用的互动信息技术、在传播中所使用到的数字化博物馆等数字化领域都是其表现形式之一。这些数字人文的应用与数字人文的发展还有诸多差距，且从数字人文的核心要义来说，这一些实践并未达到数字人文的更深层次的目标，即将重心放在人文研究中，并将技术的使用拓宽至储存、开发、分析、传播等博物馆工作的全链中去，并产出新知识。对于博物馆而言，数字人文技术中的借力与创新有利于公益性质博物馆的可持续发展。

二、数字人文对博物馆建设的启发

数字人文在欧美国家已经较为成熟。数字人文主要可以分为联盟（组织）、实体与项目三个层次。其中实体主要是高校、图书馆、科研机构等。实体通过数字人文中心（Digital Humanities Center，DHC）、数字人文组织联盟（Alliance of Digital Humanities Organizations，ADHO）等联系在一起，结合研讨会、出版论文集、国际网络资讯共享等方式，形成具有影响力的网络——使得各个实体之间能够共享和构建项目、工具、员工和专业知识。在具体实践中，实体以项目为核心将人文表征物数字化并活化利用。在这个过程中，实体链接了人财物等资源，也是其中作为核心的部分。在三个层面的具体实践中，国内外已经有较为成熟的经验、做法及研究。博物馆在研究中的固有人文属性，在宣传中日益增加的数字化程度都能够与数字人文相契合。因此，通过分析联盟（组织）、实体与项目三个层面的多方经验与研究，给出博物馆管理的启示。

（一）宏观联盟方面

数字人文在国际上较为有声望的联盟组织是数字人文组织联盟，核心成员涉及欧洲、美国、加拿大、中国、日本、澳大利亚等地区和国家。这一联盟是立足于应用数字技术，将人文学者聚集在一起促进人文研究的组织。该组织起源于欧洲与美国，由文学和语言计算协会（Association for Literary and Linguistic Computing，ALLC）、计算机与人文科学协会（Association for Computers and the Humanities，ACH）联合会议上发起，2006年正式成立。该联盟在组织机构与日常管理上采用灵活的组织形式、建立多元的传播团队等方式对博物馆的数字人文联盟建设有所启发。

1. 具有灵活性的组织

对于联盟而言，松散的组织构架不利于组织的管理与活动的开展。而数字人文组织联盟的性质是组织，因此，它具有核心的管理机构——组织董事会、执行董事会、常设委员会。对于非盈利性的博物馆而言，其经费、人员等都受到一定制约，且博物馆之间没有直属关系，在松散的结构下很难进行协调，更加倾向于由政府职能部门实行共同推进活动与项目。基于此，在博物馆人文数字组织构架上，可以采取整体构架的方式。在构架过程中，可以构建具有核心领导职能的委员会或董事会。其成员可以包括成员组织代表、政府工作人员以及聘用的财务主管等。

非营利的博物馆在组织构架上可以采取灵活的组织策略，即将核心管理机构人数控制在最低数量。学习数字人文组织联盟的做法，在具体的项目中，短期聘请有经验和相关知识的付费外部顾问，对专项任务进行审查，并构建该项任务的流程，使之程序化，便于后期自主管理。对于国内博物馆而言，也可以采用返聘高知的专业人士的方式短期领导项目，抑或是以志愿服务的方式开展活动。这对于组织而言皆是“轻装上阵”的方式。

2. 设立多元的传播团队

数字人文组织联盟的传播团队为联盟的整体传播策略提供建议，以网站、社交媒体等公共传播渠道为媒介。该宣传团队的力量主要依靠学生、大学讲师等高校力量，通过奖学金的方式，团队成员成为数字人文组织联盟的传播研究员。充分与高校、社会科研院所进行联系对于博物馆而言能够起到助力的作用。一方面，高校科研需要丰富的实验设备，通过合作可以减少博物馆基础建设费用支出。另一方面，高校、科研院所往往更专注于新技术、新方法，他们也需要将理论与技术应用于实践。博物馆与前者的双赢同时能有效促进人文创新。

同时，也可充分利用高校学生的资源。大量可以通过电子邮件、在线聊天、视频通话和其他有效方式进行沟通的远程工作可以通过各所高校的学生来完成。通信人员必须提供计算机和互联网连接。高校学生时间相较而言宽裕，具备一定知识技术水平，同时学生的创新思维也可以为博物馆带来新火花。学生团队的综合力量不容小觑，充分发挥这部分的力量对于博物馆而言也是颇有裨益的。奖学金的额度（数字人文组织联盟传播奖学金为500欧元）与聘请专业人士相比成本更低廉。

3. 建立特别兴趣小组（SIG）

ADHO赞助特殊兴趣小组（SIG）是由个人发起和运营的学者研究或活动分组，这些成员中的个体通过学术领域内自定义的兴趣点来组织、发起活动。这些活动能够提升组织活跃度，并优化社区广度和深度。当下数字人文组织联盟赞助的特殊兴趣小组有深度学习系统、地质人文、全球展望等一系列的小组。这些小组的主旨有软件开发、平台建设、教育培训等，与不同行业相结合提高数字人文的发展。部分小组则着眼于具体的细分领域，例如黑人、女性等相关研究。

对于博物馆的工作人员而言，多数属于文史专业，对数字技术的了解并不深入。对于个体而言，如果形成类似的兴趣小组，并给予足够的资源，可以让专业人员掌握数字化的研究工具，有利于博物馆数字人文发展的人才资源储备。此外，特别兴趣小组的方式，对于博物馆之间交互、博物馆与学校等外单位的交互也有帮助。通过对外公开的小组，可以将成果进行更多渠道的宣传，并促进有相同研究方向的单位与个体相互交流，产出更多的创新。

4. 多方位的活动体系

除了特殊兴趣小组这一颇具代表性的组织形式，数字人文组织联盟也采取举办国际会议、学术期刊、设立奖项等常规的方式促进数字人文领域的发展。与一般的国际会议不同，数字人文组织联盟的会议更具有开放性，有兴趣的学生、组织、机构都可以参与组织的国际会议，并且其产出成果也会无条件对外开放。除了国际性和综合性比较强的会议以外，各个组织成员之间和内部也会开展会议和活动，加强沟通和交流。《数字人文季刊》（*Digital Humanities Quarterly，DHQ*）和《数字研究》（*Digital Studies*）等期刊都是高质量、高影响力的期刊。罗伯特布萨奖（Roberto Busa Prize）、安东尼奥·赞波利奖（Antonio Zampolli Prize）、会议助学金奖（Conference Bursary Awards）等奖项一方面关注到数字人文领域突出成就的个体，同时也重点培育青年力量，为青年学者的创新提供帮助。

在博物馆领域，数字人文组织联盟的开放性活动也给予了一些启示。首先，活动的开放性还有待提升。对于综合性的活动，往往有针对性地进行邀请，还不能够包罗万象地吸纳非博物馆的学者、研究人员。要在组织合作中减少受限的条框，不断提升组织的开放性，尤其是联盟组织的开放性。其次，重视质量与公平。要逐步构建博物馆数字人文领域的领头羊，使之有较高的学术影响力，且确保其中活动、奖项等的公平公正。第三，在博物馆领域中，青年的力量逐步被重视。对于青年人的资助、协助可以在博物馆数字人文活动中体现出来。通过青年人组织专项奖、组织专门的小组、建设重点期刊等方式为博物馆数字人文培养新生代力量。

（二）核心实体层

图书馆、博物馆、美术馆等文化记忆机构，高校、专业机构等数字技术研究，以及一些技术、项目服务类企业作为核心实体层，都在不断推动着文化与科技的深度融合。实体层能够从语言、历史、艺术等领域开发技术、挖掘需求、知识创新，将数字人文运用起来。通过总结国外现有的数字人文技术，并选择与博物馆相关的领域，提出实践的路径。

1. 纸质文物文字识别

数字人文领域的语言学研究较为热点。对于基础的文字录入，能够采用文字识别技术OCR、语音转换技术、基于scripto的转录工具等方式来将纸质文物文字进行数据化，这些技术和方法可以被博物馆直接利用。而更为常见的手写体、书法体等复杂的文字，则可以采取人工的方式进行整理。在基础的录入工作外，提取数据中的深层次内容更被重视。通过大型语料库等数据库，分析语言、语音、语义的多方面要素，从中挖掘出潜在有价值的内容。

对于博物馆而言，文字转录可以通过更多的数字工具使之更加高效和便捷，同时利用好现有的数字人文工具数据库能够对文字转录中的疑难字词进行对比和研究，突破研究难点，并通过更为丰富的技术手段探索纸质文物背后深度信息。

2. 实体文物、遗产的记录

珍贵文物、文化遗产的保护与记录也可以使用数字人文技术来实现。基础的摄影测量、激光扫描技术、3D重构基础能够有效保存当下实体文物的外部特征，同时利用地理信息技术、地球观测卫星数据等能够针对不可移动文物的地理位置进行数据加强。虚拟现实与增强现实技术在博物馆中已经有了尝试，让参观者能够感受到3D的文物。在这一过程中，hotoTrip等项目还尝试着将数据实用化，通过交互手段为游客推荐更符合预期的文化遗产进行了解和游览。

博物馆在保护文物的过程中利用好新技术、新方法，实现保存历史的基本要求，并通过数据的有效利用为社会产生更大的价值。在确保文物安全的基础上活化这些珍贵的数据，让公众进一步加深对文物、博物馆的理解，并起到良好的宣传效果。

3. 补充收集

邀请公众来增补数据、完善博物馆内容，促进了博物馆的发展，拓展了数据本身。在征集文物、资料的过程中，大量的数据在前期选择过程中未必能够发现其价值，通过数字人文的方式，这些数据都将被保留下来，接受时间和大众的检验。大量博物馆、图书馆，尤其是地方性的机构通过从公众处获得相关地方数据，从而丰富了自身内容。纽约公共图书馆开展“建筑检查员”（Building Inspector）项目也是充分利用公众收集建筑相关信息，从而完善历史地理地图的应用。除了这种常规的形式以外，利用不同职业背景、专业背景、生活背景的大众来标记，数据、内容，也会产出有价值的新数据。这些新数据弥补了专家的盲点，能够将数据不断完善。

这种数据的拓展在完善博物馆自身建设的同时也会通过交流来缩小博物馆与公众之间的差距。在交互中，博物馆工作人员通过标记能够了解问题的多种表达，也能了解公众的疑问，从而优化自身的语言，产出更加符合公众预期的内容。

（三）末端项目层

在具体操作数字人文工作的过程中，众包是一种独特的方式。“众包”(crowd sourcing)概念由美国杰夫·豪(Jeff Howe)于2006年提出，是指将一项工作任务交付给非特定对象来进行的做法，一般来说就是将原本属于具体员工的工作交付网络大众。这一方式能够利用共创的理念，有效吸收用户盈余知识，以低于现有成本的方式来进行数据的手机、整理等任务。Oomen 和 Aroyo 指出，现行的数字人文众包形式主要有校正和转录任务、语境化、补充收藏、分类、联合策展及众筹六种众包类型。它的出现为非营利性博物馆在数字人文项目发展提供了有效的新途径。对于博物馆而言，部分的研究项目、展览等可以使用众包的形式。通过将专业主题的历史资料进行众包录入、修订、补充收集等，可以同时实现众筹、联合展览等更为广泛的项目活动形式。

1. 有效激发众包对象的意愿

在数字人文众包中，大众参与的积极性是众包项目是否能够成功的基本条件之一。根据 Eccles 等人的期望价值模型，期望和价值是影响个体任务选择、表现的两个关键要素。张轩慧等、Seitsonen 和 Oula 等学者进一步对众包案例进行具体分析，发现、使命感、感知有用性、自我效能能够增强其参与主动性和积极性。其对象的领域知识水平、任务复杂程度会直接影响其成果质量和水平。

由此可见，我们需要从改善项目的内容、难度的角度优化项目本身，并利用好相关的宣传、平台，将项目推介给合适的受众。对于数据量大、价值密度低、贴近公众等项目更适合众包模式。例如以布鲁克林艺术博物馆“click！a crowdcurated exhibition”为例，收集布鲁克林相关历史照片，并由大众进行评估、筛选，最终呈现的众包展览，有效利用了大众的盈余知识，丰富了展览所需要的照片，并从观众的角度对展览进行了审核。在外在方面对于有薪资需求的对象提供好薪酬，对于学生或者关注于经历的对象提供好证明。边沁手稿转录项目使用的积分排行榜公示的方式，也能够有效促进成员积极参与到活动中去，这种满足个人社会需求的竞争方式也值得博物馆在众包实践中采用。在内在方面也需要充分考虑到对象提升自我与社交需求。例如把众包与工作中的劳务派遣、临时工作者的工作区分开来，使用更为合适的称呼——类似于“志愿者”（即便支付了部分的薪酬，但也远不能达到其工作绩效理应获得的收益）。在众包项目的发起阶段，博物馆应该充分考虑大众的关注程度，众包的项目应该切合大众能力，引发其参与热情，有效驱动大众的动机，使之更加顺利。

2. 大力尝试丰富众包的形式

在众包活动中，最为常见的是基本型，即发布具体要求由公众参与。在国内外的实践中，英国伦敦大学学院等发起的边沁手稿转录、大英图书馆等联合发起的两个世纪的印度版画：孟加拉国书籍的试点项目、史密森尼转录项目、盛宣怀档案抄录等项目，是利用显性的方式邀请参与到众包项目中来。其他较为常规的方式有众包竞赛，即通过审核参与者的任务完成水平进行排名，对优胜项目给予一定金额的嘉奖。InnoCentive 众包创新平台使用的是这一方法，给予的奖励金额从 5000 美元至 100 万美元不等。协作社区的方式让对象自主提交不同的方案，通过技术手段来完善结果。这一种对技术的要求较高。

在众包项目的具体时间中，博物馆可以在较为成熟的转录矫正、标记分类、补充收集类型上寻求帮助。在众包的基础上，利用好社区积分、头衔奖励等方式对参与众包的个体进行奖励。同时，可以尝试采用更为宽松的外包策略，在相关的社区平台中，寻求合理的自下而上的展览资源，完成逆向的众包活动。同时增强一些拓展性的众包项目，例如“名人手稿档案库”(又称“文化名人手稿项目”)中设计“标注、留言”功能，让参与者可以写下心得，甚至是与之相关的幕后故事、照片素材等。同时，也可以采用一些游戏型的众包形式，Von Ahn 等介绍了一个自主开发的在线双人游戏“ESP”：两个随机分配的玩家互相猜测对方为每个图像输入的标签，当彼此输入的标签达成一致时可获得加分。通过设计游戏性质的活动，让参与者对古籍、书法家文稿进行识别，实现数据的收集整理。一些一般纸质文物还未经过文字识别的，利用光学字符识别等相关技术又不能够达到理想的正确率和效率的，也可以采用这种方法。

3. 推进项目成果的开放性

众包模式由于其特有的公众参与性，并非团队或者个体的研究产出，因此，其成果本质上就自带着开放性。数字人文组织联盟年会等的数据多数是面向公众开放的，且其也非常重视数据基础设施的建设，RDF(资源描述框架)、Dspace（数字空间）、Fedora（灵活可扩展的挖掘对象和存储库体系结构)等标准的不断优化，并以能够实现数据关联的方式进行存储与分享，才能突破鸿沟，实现数据之间能够共建共享。巴厘岛库尔库（Balinese Kull(u1）项目便采用了资源描述框架进行存储，这能够支持网站的浏览。但是与之相矛盾的问题在于部分数据本身具有隐私性。部分需要隐私的内容也可以利用技术手段加以保护，例如现行众包中使用的数据加密、脱敏技术等。Celis 等针对这一问题进行研究,开发了基于众包敏感任务的分配技术，这些新技术也可以确保隐私数据安全。

对于公益性博物馆而言，开放性也能够为受众提供更加好的人文、知识服务，也应当不断推进开放性，使之实现“取之于民而用之于民”。建设博物馆统一的众包数据标准，参考国际数字人文等相关标准来统一数据，为后期数据兼容创造可能。同时对于可以开放共享的项目进行众包，共建共享众包成果，不断推进其开放性，这也是公益性博物馆的重要贡献。在任务过程中要认识到个人提供信息的隐私安全，利用好相关技术手段对其实现保护。同时也要有一定的版权意识,对于用户提供的数据，要利用好版权转让协议等方式,确保数据版权。

4. 大力提升众包项目质量

在众包项目的实施过程中，如何获取大量的数据信息，确保信息的有效性、完整性，并真正能够融合数据、检验数据乃至于数据创新一直是重点也是难点。国外的众包项目首先重视众包对象的选择与培训，选择有专业背景的人士进行项目能够提高质量。同时，众包项目也会高度重视审核，部分采用的是公众审核，也会邀请专业人士进行评估。部分项目采用公众评审的方式，即由数据提交后，再经过多名志愿者检查、补充、完善来提升项目完整性与有效性。What’s on the Menu?”项目采用的就是这一方式。鲁克林博物馆的“Click!”最终展出的内容是由专业人士进行抉择的。Transcme Bentham 项目、Steve. Museum 项目等也是采用同行评审的方式进行。充分利用数字技术也是众包项目提升的关键之一。在通用数字技术（文本编码、API、数据挖掘等）以外，也需要高度重视领域化专业数字技术的应用，博物馆中重要文物的 3D 模型构建就需要用到建模等技术，纸质文物文字文本话也需要用到 OCR 技术等。

对于多数博物馆而言，众包项目还是比较新颖的一种模式，在技术手段、项目管理、成果运用等方面还缺乏经验。尝试跟随较为成熟的众包案例的经验实施。馆藏资源采用深度学习技术、机器学习技术、文档分析技术等新技术来突破原有的难题，优化数据，利用手持GPS设备上传数据，完善数据库资源。充分利用数字技术是数字人文的核心优势。同时在众包中通过定向招募选择更为专业的人士，提供志愿者培训，重视审核也可以有效提升项目质量。在众包的过程中考虑交互设计也能够让参与者提出自身的见解，发现问题并及时解决问题，优化项目质量。

三、启发

对于博物馆而言，数字人文领域的尝试为博物馆提供了更为先进的工具，更为优质的渠道，利用当下对数字人文领域的大力支持的背景，个体博物馆更能够通过利用好平台、关注创新属性来促进自身的可持续发展。

（一）构建或利用平台

大型博物馆可以尝试自建数字人文平台来满足自身的项目需求，对于中小型博物馆而言当下数字人文众包平台数量丰富，利用已有的平台进行数字人文项目的发布与实施是较为便捷。同时，AMT（Amazon Mechanical Turk）、CloudCrowd等国内外的相关众包平台都可以利用起来。博物馆如果较为个性化，在通用平台上难以满足自身需求的，也可以在开放性的平台上构建自身个性化平台。平台的构建能够吸引志愿者，提升交互性，是博物馆具体利用数字人文的良好媒介。

（二）关注创新属性

博物馆拥有大量专业领域的专家学者，他们能够成为带动数字人文领域实践的带头人，在博物馆数字人文的活动中逐渐突破狭隘的知识重组、整理等基础性工作的瓶颈，重视知识创新，充分调动全环节参与者的创造力，将技术与人文真正地结合起来，实现文化和科技深度融合，让数字人文发挥出更加巨大的创新价值。

（三）可持续发展

当下博物馆的数字技术与数字人文还有较大的差距。这种差距主要从主观规划上进行调整，认识到数字人文对博物馆知识创新、发展的强大驱动力量，能够有效推动博物馆理解数字人文，创造人财物资源条件，尝试合理利用技术手段实现数字人文。现行的一些数字化项目活动，可能存在缺少技术深度、长期规划等问题，部分数据资源属于知识“孤岛”状态，也需要树立起可持续发展的理念，促进博物馆数字人文创新的长期发展。

【注释】

[1]赵宇翔，练靖雯．数字人文视域下文化遗产众包研究综述[J]．数据分析与知识发现，2021，5(1)：36—55．(zhao Yuxiang, Lian Jingwen. Review of Cultuml Heritage Crowdsourcing in the Domain of Digital Humanities[J]. DataAnalysis and Knowledge Discovery'2021，5(1)：36—55．)

[2]霍基 S，葛剑钢．人文计算的历史[J]．文化研究，2013（04）：173-193.

[3]林施望．从“人文计算”到“数字人文”——概念与研究方式的变迁[J]．图书馆论坛，2019，39（08）：12-20.

[4]龙家庆，王玉珏，李子林，许佳欣．数字人文对我国档案领域的影响：挑战、机遇与对策[J]．档案学研究，2020（01）：104-110.

[5]陈静．复数的数字人文——比较视野下的中国数字人文[J]．社会科学文摘，2020（01）：104-106.

[6]杨晓雯．《高等教育信息素养框架》下的数字人文教育探讨[J]．图书馆论坛，2018，38（12）：61-69.

[7]吕星月，袁曦临．国际数字人文中心的组织架构与建设路径[J]．图书馆论坛，2022，42（2）：99-108.

[8]ADHO Statement on Black Lives Matter, Structural Racism, and Establishment Violence［EB/OL］.［2022-09-16］. https://adho.org/2020/07/14/adho-statement-on-black-lives-matter-structural-racism-and-establishment-violence/.

[9] DOMEN J, AROYO L.Crowdsourcing in the cultural heritage domain: opportunities and challenges［C］.International Conference on Communities and Technologies.ACM, 2011:138-149.

[10]SEITSONEN O.Crowdsourcing Cultural Heritage:Public Participation and Conflict Legacy in Finland［J］. Journal of Community Archaeology & Heritage, 2017:1-19.

[11] VON AHN L, DABBISH L.Labeling Images with a Com-puter Game[C]//Proceedings of the SIGCHI Conf-erence on Human Factorsin Computing Systems. NewYbrk: Association for Computing Machinery, 2004: 319—326.

[12]国家文化大数据体系建设的最新进展[EB/OL].[2020-12-02].http://www.360doc.com/content/20/0902/20/51645114_933656312.shtml.

[13]InnoCentive 众包创新平台［EB/OL］.［2019-03-20］. https://www.innocentive.com/.

[14]贺晨芝，张磊．图书馆数字人文众包项目实践[J]．图书馆论坛，2020，40（5）：3-9.

[15]胡娟，柯平．文化遗产的数字人文研究——以国外数字人文项目为例[J]．图书馆，2022（1）：16—23.

[16]岑炅莲，欧阳剑，曾辉．数字人文项目中的数据众包运作策略研究[J]．图书与情报，2020（05）：125-132

试论博物馆藏品信息资源建设的深化
——以故宫博物院藏品数据建设思路为例[1]

庄 颖（故宫博物院）

摘要：本文围绕近年来博物馆使命和角色发生的变化，基于新时代以博物馆藏品为核心的数字公共文化服务从对象、需求到场景的范式转变，以及藏品信息资源利用需求和场景的拓展，探讨了博物馆藏品信息资源在数字公共文化服务领域从主要面向内容生产到全面数据化、服务泛生态体系的趋势。结合故宫博物院“数字文物库”“中国古代可移动文物知识图谱”两个近期与博物馆藏品相关的数据建设项目经验，进一步讨论了响应大数据时代发展、适应新型数字公共文化服务的藏品信息资源建设的新思路、新挑战，提出建设通用的、机器可读的、全局结构一致的基础藏品数据是博物馆“新基建”的重要部分。

关键词：博物馆藏品；数字化转型；信息资源组织；知识图谱；故宫博物院

2022年8月24日，国际博物馆协会（ICOM）在布拉格发布了博物馆的新定义：“为社会服务的非营利性常设机构，它研究、收藏、保护、阐释和展示物质与非物质遗产。向公众开放，具有可及性和包容性，博物馆促进多样性和可持续性。博物馆以符合道德且专业的方式进行运营和交流，并在社区的参与下，为教育、欣赏、深思和知识共享提供多种体验。”[2]这项修改在肯定了物质与非物质遗产在博物馆的核心地位并未动摇的同时，也通过“可及性”“包容性”“社区”“知识共享”等关键词体现了博物馆在新时代使命的变化。当下博物馆在公共文化服务中所扮演的角色也在演化的过程中，数字时代与观众、用户发生交流的触点大大增加。在此之前，研究和讨论博物馆公共文化服务的著作中关注的核心对象是参观观众和研究人员，而如今，博物馆面对的线上用户及通过其他数字渠道触达的用户远远超越了上述范围，线上和线下的场景交织在一起，共同构成了如今欣欣向荣的博物馆事业。以故宫博物院的公众服务为例，2022年，受疫情影响，故宫博物院接待的参观观众人数约320余万人次，受疫情影响有较为明显的下滑，然而在诸多线上服务的渠道中，官方网站的独立访客数达1250余万，官方小程序年度新增用户数亦接近530万，在上一年度的基础上均有所增长。值得指出的是，这一庞大的线上用户群体与博物馆发生联系的核心对象其实并没有改变，即博物馆的藏品。

一、博物馆藏品：从数字化到数据化

在博物馆数字化建设的早期阶段，便有专家提出，数字技术让公众对博物馆藏品的了解和认知超越了视觉的层面，通过综合应用视觉、听觉、触觉等感觉来获取关于藏品的信息，从而实现了从藏品欣赏到藏品使用的转变。[3] 为适应时代要求，服务于线上和线下交织的博物馆使用场景，博物馆的数字化转型也在逐步深化。若十年前博物馆数字化建设仍被认为仅是数字部门该去考虑的问题，如今数字技术与几乎每一项业务都发生了内在的、根本的联系，博物馆日常运营、文创销售、应急指挥等各项业务已无需再经历信息化、数字化的过程，而是直接诞生于数字平台，业务流程完全数字原生。如安来顺在讨论博物馆收藏与信息共享时曾指出，“当信息成为博物馆收藏、研究、展示和传播的关键要素的时候，数字化更直接将信息或数据置于博物馆的核心”[4]。而作为博物馆存在的根本，藏品数字化在当前博物馆事业中仍然发挥着基础性作用，可谓一切运营、研究、服务等业务的根源所在。

2022 年 5 月，中共中央办公厅、国务院办公厅印发的《关于推进实施国家文化数字化战略的意见》明确，到“十四五”时期末，基本建成文化数字化基础设施和服务平台，形成线上线下融合互动、立体覆盖的文化服务供给体系；到 2035 年，建成物理分布、逻辑关联、快速链接、高效搜索、全面共享、重点集成的国家文化大数据体系，中华文化全景呈现，中华文化数字化成果全民共享。《意见》提出的八项重点任务便包含“增强公共文化数字内容的供给能力，提升公共文化服务数字化水平”的表述[5]，指明了藏品数字公共文化服务的未来发展方向。在文化遗产数字化领域始终处于领先地位的荷兰，国家数字遗产网络（Netwerk Digital Erfgoed）亦在同期更新了《国家数字遗产战略（2021—2024）》，强调利用人工智能、大数据等相关技术促进文化遗产资源的开放，并确立了可持续（sustainable）、可用（usable）、可见（visible）的数字遗产链接三层模型[6]，对应数字资源的长期保存、链接开放数据建设和标准化术语描述以及在线服务质量和能力、数字馆藏的利用效率的提升，为博物馆藏品数字化建设策略和方案的制定提供了有益参考。

博物馆藏品的信息化、数字化是一项已经进行了数十年的工作，各家文博机构开展的路径也比较类似：建立藏品管理系统，实现纸质账目的信息化，为文物拍照，三维采集、制作视频素材，建立数字资源管理系统。藏品信息化、数字化最初的目的是提升业务管理的效率，通过减少对实物的使用耗损来助力文化遗产的保护，同时数字化之后也提升了研究和利用的体验和效率。除文博机构基于自身的发展规划和资源进行的信息化、数字化之外，2012 年至 2016 年开展的第一次全国可移动文物普查，按照普查统一标准登录文物完整信息的为 2661 万余件 / 套，登录文物照片 5000 万张，数据总量超过 140TB，有效构建了全国文物大数据，建成国家文物资源数据库，这也是智慧博物馆建设最大的基础性成果。[7]

随着各机构官方网站的建立，为满足公众和研究人员对文物信息查询的需求，或作为本机构推广和宣传的核心内容，很多机构的官方网站上逐步建立了藏品信息的版块，发布了部分藏品信息，通常的形式是图片 + 文字说明（标题＋领域专家撰写的描述），随着数字技术的发展逐步增加了三维模型、高清影像浏览等，也有专题策划，上海博物馆策划的“每月一珍”、浙江省博物馆推出的“丽人行——中国古代女性图像云展览”皆是其中较为突出的精品案例，这样的内容组织形式主要面向欣赏藏品、学习知识的需求，基于博物馆官方对藏品的选择和诠释及领域专家知识来进行内容生产和传播，用户并没有对内容的自主选择权。

随着藏品信息公开要求的提出，对馆藏文物信息核心数据的全量发布成为了这一阶段的建设目标，实现这一目标对博物馆藏品的信息化、数字化建设要求也进一步提高了，这项工作的对象不再是选择性的，而是全量——这也意味着藏品的数字服务从数字内容层面进入了数据层面。文博机构不再掌握藏品数字化传播和利用的场景和方向，需求侧有了更大的发言权，这本身是符合事物发展规律的，毕竟海量线上用户的背后非常多样化的需求，只有基于全量藏品原始数据所做的建设方才能在一个相对长的时间内最大限度、可持续地去相应日益增长且多样化的需求。这一阶段就藏品而言，“数字内容生产”不再为王，建设的重心转向了对藏品数据利用的数字化基础设施，即面向博物馆藏品数字公共文化服务的“新基建”。

二、面向新时代公共文化服务场景的藏品信息资源建设

在这一阶段建设的过程中，对于藏品信息资源“数据”层面的关注是大势所趋，进入大数据时代之后，以藏品数据为核心的博物馆数字化转型工作，根本目的是更好、更高效地响应多样化的利用需求的公共文化服务“供给侧改革”，而面向的则是数据智能、人工智能的时代对于数据利用、价值挖掘的场景和需求。并不是说内容传播的层面不再重要，但随着数据基础设施建设的完善，知识生产的主体在逐渐去中心化，基于自身的研究资源和研究力量，拥有这些实物收藏的博物馆仍将是提供相关知识服务的重要主体，藏品数字基础设施的完善和信息资源的逐步开放，有利于围绕藏品进行的知识生产形成一个新的生态体系，而围绕藏品所进行的内容和知识生产的形式，也将突破“以藏品本体的价值描述和阐释为主的单一学科研究范式”[8]，从而促进多学科融合的发展。近年来博物馆文化创意产品的蓬勃发展及其所驱动的“国潮”运动即可窥豹一斑，其影响面已超越了博物馆文创产品本身所能触达的受众范围，可谓全面的东方美学系社会视觉体验提升，从门店装修、商品包装到艺术摄影、影视道具和造型设计。在故宫博物院内的明清宫廷服饰摄影已形成一定规模的产业的同时，如一条对近期播出的电视剧《君子盟》的评论所称的“奇幻古风大秀”——傀儡舞的灵感来源于福建梨园戏，舞蹈参考了敦煌“飞天”的造型，“只要精细打磨，挖掘传统，照样能够产生爆款”[9]，博物馆藏品便是最为重要的物证和样本参考，而这些便是文化遗产活化利用的典型实践，这样一个以博物馆藏品为中心的跨行业泛生态体系的形成，基于这样的现状和发展趋势，基于优质的数字基础设施提供海量优质的藏品信息资源来满足越来越多样化的应用场景需求便成了新时代博物馆的重要使命，亦符合博物馆新定义中被赋予的可及性、包容性和社区参与性设定。在藏品基础数据采集工作（静态的藏品“数字化”）仍然任重道远的同时，对于藏品核心数据的全量发布只是接下来的一步。即使有了全量数据，数据利用的层面仍然存在一些突出的问题。例如，海量数据查询不便，一些藏品

信息资源即便依然存在却仍然搜不到，成了“幽灵库存”，此外，藏品信息资源亦无法进行跨机构查询。形成这一现状的原因是多方面的，长期以来，博物馆信息化和数字化建设都是根据本馆资源分配情况进行分散建设，处于不同的发展阶段。文化遗产领域的数据标准化建设亦同步开展，尚未能够基于足够广泛的实践经验总结形成成熟的标准化体系指导藏品数字化相关实践，于是形成了以机构为边界的数据孤岛，所建设的文物信息资源也难以形成合力，这将是我国文博机构在相当长一段时间之内都将要面临的问题，在大数据的时代，这也将成为国家文物大数据体系建设，以及文物数据价值挖掘的一个核心挑战。

三、规模化藏品信息资源及知识图谱建设——故宫博物院的实践

故宫博物院文物信息化、数字化建设在国内文博机构中起步较早，但因为藏品数量庞大，类别丰富，采集难度大，文物数字化的工作在未来相当长的一段时期仍将处于进行时。

出于数据安全的考虑，藏品管理系统在内网建设部署，与互联网物理隔绝，能够使用的技术服务较为有限。2001 年 7 月，故宫博物院官方网站正式上线后，设置了“藏品精粹”“网上博物院”等栏目，由院内文物研究人员精选一部分文物，撰写文字说明，配图后发布。同时，部分专家基于自身的研究领域，主持了“网上博物苑”（后更名为“文化专题”）栏目中的线上展览，经历十五年建设，精心策划组织形成了一批面向公共文化服务定制的高质量文物信息资源，包含 5000 余件文物和数十个线上展览。2012 年前后，移动互联网时代的到来对此前的内容生产模式造成了冲击，社交媒体平台、移动应用程序等渠道逐步取代的官方网站，成了近年来内容生产的主阵地，随之而来的业务重心的调整也使得官方网站内容运营优先级及资源投入比例有所降低，无法继续按此前的效率发布藏品信息和线上展览。随着博物馆事业的蓬勃发展，以及公众对博物馆藏品信息资源利用需求的增长和利用场景的多样化，此前的内容生产速度、规模及知识服务模式不足以应对这样的挑战，因此而变得不可持续。

（一）藏品信息资源公共文化服务平台：“数字文物库”

2019 年“数字文物库”的推出标志着故宫博物院文物信息资源公共文化服务模式的“范式转变”——从知识组织、内容生产转变为一手文物信息资源的规模化开放，上线伊始提供五万件文物的核心信息和高清影像浏览的基础上，经过四年分批次的持续建设，截至 2022 年末已发布近十万件文物的信息资源，此外，院藏 186 万余件文物的基础信息也在该平台“故宫博物院藏品总目”栏目中全量公布，提供检索查询。

“数字文物库”平台所承载的规模化藏品信息资源，在大数据技术和工具的加持下，为数字公共文化服务提供了新的可能。2020 年，故宫博物院成立了专门的数据管理团队，为前二十年业务信息化、数字化建设的成果提供了一个数据的视角，作为机构主数据的藏品信息资源建设便是主要业务对象之一。2022 年，“数字文物库”独立访客数（UV）达 81.7 万，页面浏览数（PV）达 1040.1 万，占官方网站全站流量的四分之一，高居各栏目之首，超过排在其次的“全景故宫”栏目（334.9 万）近三倍，足见这一平台在线上用户中的受欢迎程度。分析用户在“数字文物库”发起的超过 300 万次检索中使用的关键词，发现藏品信息资源的开放，

从有没有，到好不好用，还有很长的路要走。以文物名称为例，为保证数据质量和数据一致性，“数字文物库”中的核心文物信息皆与藏品管理系统保持数据同步，使用的也都是领域专家经过研究后基于专业术语进行的规范化命名，通用的关键字匹配检索对用户的领域知识有一定的要求。例如，在没有“音乐戏曲”这一分类筛选的情况下，戏曲类的藏品很难直接检索获取，用通用名称“戏衣”查找戏曲演出时使用的服装，检索结果显示为零，其原因在于，这一类服装在藏品管理系统中的规范命名为“宫衣”。此外，由于与藏品信息相关的概念间未能建立语义关系，即使名称中有“牡丹纹”的器物，在检索“花卉”“花卉纹”时亦不会出现在检索结果中。上述这些情况导致了“数字文物库”规模化的藏品信息资源服务效率不高的问题，从前述荷兰数字遗产战略的三层模型而言，即“可见性”不强。

（二）迈向数据智能：“中国古代可移动文物知识图谱”

面对这一问题，2020年下半年起，受文化和旅游部文化艺术和旅游研究项目信息化发展专项课题资助，故宫博物院开展了“应用与人工智能搜索的可移动文物‘概念参考模型’研究”课题，尝试从数据建设的角度，应用语义网络和知识图谱技术来探索一种解决方案。课题团队根据中国古代可移动文物的特点对国际文献工作委员会CIDOC-CRM这一领域本体进行了拓展，形成了面向检索的应用本体“中国古代可移动文物概念参考模型”（CRM-ACA）。CIDOC-CRM是文化遗产领域认可度最高的一款本体，它帮助博物馆、档案馆和图书馆将大量分散、不兼容的文化遗产信息基于共同的概念基础进行比较映射、数据转换等，表示不同数据格式中包含的共同的信息内容，从而实现信息的交换和集成，推动文化遗产信息的共享。[10]经过二十多年的建设，CIDOC-CRM在2014年被纳入了国际标准（ISO 21127：2014），2020年被采纳为我国国家标准（GB/T 37965-2019 信息与文献 文化遗产交换的参考本体）。

结合CRM-ACA建设的叙词表从物件类型、图案与纹样、藏品类型等不同分面来构建概念间的语义关系。叙词表的建设植根于藏品管理和研究部门配合数字化建设同步开展的藏品详细编目工作中对藏品描述用语的进一步细化和规范。数十位来自绘画、法书、陶瓷、雕塑、宗教等多个领域的文物研究专家参与到了叙词表的建设与审核过程中，在确保叙词表的准确性和规范性的同时，也为相关词汇收录的范围和边界提供了领域研究和藏品管理业务场景的视角。此外，叙词表参考并纳入了文化遗产领域现有的一些相关建设成果，例如英国维多利亚与艾伯特博物馆主持的“中国图像志索引典”（Chinese Iconography Thesaurus，简称CIT）、由哈佛大学费正清中国研究中心、台北中央研究院历史语言研究所及北京大学中国古代史研究中心共同建设的“中国历代人物传记数据库”（China Biographical Database Project，简称CBDB）[11]、由北京科技大学黄明玉教授牵头起草的文物保护行业标准草案“文物主题词表编制规则”[12]等，为后续后续形成一致、全局的数据做好准备。

历经两年半的建设，CRM-ACA和配套的叙词表共同构成的“中国古代可移动文物知识图谱”初步成型，基于这一框架规范，参考官方网站藏品描述、展览图录等现有的藏品描述文本，项目团队对约5000件藏品进行了信息标注，建设成果纳入基于图数据库建设的知识图谱管理平台后，通过数据接口为“数字文物库”

中的藏品提供语义检索辅助和知识图谱的可视化探索。

相对于该平台现有的10万件藏品，已有的建设成果只覆盖到了非常有限的一个局部。虽然现在这一功能模块灰度上线提供服务，数据覆盖的藏品范围局限，其对检索功能的提升作用还较为有限，用户感知也并没有那么明显。与此相对的是建设过程中的困难重重。原本预计的与院内文物研究专家沟通文物知识图谱建设价值可能会面临的困难而因此产生的阻力其实并没有发生，作为每日高频使用文物信息资源的人群，领域专家对提升信息资源检索和利用效率的需求是最为强烈的，对该项目的实施给予了全程的支持。被低估的反而是数据建设层面所面临的重重困难。对藏品进行多个维度的高质量信息标注是一件极其耗时耗力的过程，对标注人员的领域知识有一定的要求，即使基于高质量的藏品描述文本，对文本中出现的概念词汇与知识图谱中概念的匹配程度亦时常需要仔细辨析。以文物名称为例，如“‘事简【茶】香’青田石章”、掐丝珐琅长方委【角】【手炉】、剔红缠枝莲八宝纹嵌铜大吉葫芦式【绶带】【瓶】等一些特殊情境，方括号标识的机器标注词汇皆出自叙词表，机器学习样本量又过小，无法有效训练其对上下文语境作出准确判断，标注结果有别于原本的标注意图。因此，标注、审校、数据录入、测试验证等全流程纳入后，原本预计半年能够顺利完成的5000件藏品标注，即使进行了大量的流程优化，最后在25人标注团队的极致努力下方才惊险达标，各文物门类由于现有研究水平和研究深度的不同，叙词表的颗粒度和信息标注的数量也有较大的差异，这一过程可谓人工智能领域名言“有多少智能，就需要多少人工”的直接体现。

这是一个面向行业应用的非通用型领域知识图谱建设都必然要面临的问题，从数据建模、到概念规范和语义网络的建设都需要大量的专业化人力资源投入。由于行业应用对信息和知识的准确性要求很高，通用知识图谱建设当中采取的大规模机器学习，抓取大量线上资源进行概念和语义关系提取的方法并不适用，领域内的学习样本规模又非常有限，加上文化遗产领域本来的信息、知识密集型特征，当前技术条件下计算机能够提供的辅助便更加有限。然而，“中国古代可移动文物知识图谱”建设的过程中，建设团队仍然摸索出了一套行之有效的计算机辅助标注配合人工审核的规范化工作流程，有益于提升后续数据建设工作的效率。

目前该项目一期建设工作已经告一段落，产出的“中国古代可移动文物知识图谱”及建设过程中逐步建立的藏品信息标注规范化工作流程将指导后续面向“数字文物库”全量藏品信息资源数据建设的工作。基于CIDOC-CRM拓展的顶层数据模型也有益于为故宫博物院藏品信息资源与其他遵照同样标准框架建设的文博机构信息资源实现数据互操作，成为全局文物大数据体系的一部分。

更重要的是，得益于故宫博物院藏品门类丰富，代表性强等特征，“中国古代可移动文物知识图谱”除在本机构内部使用外，对拥有同类收藏的文博机构亦具有较高的应用价值，在对当前数据模型和叙词表开放共享，邀请有志于此的其他文博机构同仁基于自身馆藏和故宫博物院一起共建、拓展的基础上，团队亦在摸索将对基于自由文本的藏品描述进行机器标注到藏品信息资源纳入知识图谱平台对外提供服务这一过程工具化、服务化，让更多的机构无需从头建设，便可直接对接应用。

四、展望

客观世界的数据经过编码便可形成信息，而知识是人类给予认知模型，对信息进行结构化重组而形成的更高级别的系统性认识。[13] 大数据只有通过消除各种随机性和不确定性才能转化为有用的信息和知识，这便是数据建设的过程。只有经历了数据变信息，信息变知识，知识变智慧的过程，方才能够实现数据的有效利用。

大数据时代的到来催生了对文博机构藏品信息资源更加广泛的需求和更加多样化的应用场景。近年来在人文和社会科学领域兴起并蓬勃发展的数字人文研究领域便是如此，此类基于大数据分析工具的人文社科研究方法和研究范式的转变在艺术史研究、文化遗产领域知识组织中也有了越来越多的应用，其中具有代表性的实践当属上海博物馆的“董其昌数字人文项目”“宋徽宗数字人文项目”[14]，项目对主题领域的历史文化、馆藏文物数据进行了高度精细化的建设，为大数据时代的博物馆知识组织和数据利用打造了最佳实践样本和范例。

2016 年，《科学数据》（*Scientific Data*）发表了“科学数据管理和共享的 FAIR 指导原则”（简称“FAIR 原则”），规定了可发现（findable）、可访问（accessible）、可互操作（interoperable）和可复用（reusable）四个维度的十五款细则[15]，FAIR 原则在近年来逐渐成了面向学术研究的工程级数据建设方向和策略制定的权威指导。基于这一原则，面向数字公共文化服务新时代的需求，故宫博物院“数字文物库”的发布为全量化藏品信息资源的数据建设奠定了坚实的基础，“中国古代可移动文物知识图谱”则是从底层数据基础设施建设的层面入手，致力于通过长期、持续建设，为以藏品为对象的数字人文研究及其他信息资源利用场景提供通用的、机器可读的（machine-readable）、全局结构一致的基础藏品数据，从而更好地支撑生态体系中各类场景藏品信息资源的高效利用，充分发挥此前数十年间耗费几代文博同仁心血建设的藏品信息资源的社会效益和公共文化服务能力，助力大数据时代博物馆事业的发展繁荣。

【注释】

[1]本文为文化和旅游部 2020 年度文化艺术和旅游研究项目信息化发展专项“应用于人工智能搜索的可移动文物‘概念参考模型’研究”(项目编号:MCT2020XZ11)部分成果,由文化和旅游部及故宫博物院提供课题研究经费资助。

[2] International Council of Museums. Museum Definit-ion. [EB/OL]. [2023-2-19]. https://icom.useum/men/resources/standards-guidelines/museum-definition/.

[3] 张小朋.数字博物馆的视角:使用博物馆[C]. 2009 北京数字博物馆研讨会, 2009.

[4] 安来顺.再谈当代博物馆的信息收藏与共享[J]. 中国博物馆, 2012(1):5.

[5] 中华人民共和国中央人民政府. 中共中央办公厅 国务院办公厅印发《关于推进实施国家文化数字化战略的意见》.[EB/OL]. [2023-2-19]. 中国政府网.http://www.gov.cn/zhengce/2022-05/22/content_5691759.htm.

[6] Netwerk Digitaal Erfgoed. National Digital Heritage Strategy. [EB/OL]. [2023-2-19]. https://netwerkdigitaalerfgoed.nl/wp-content/uploads/2022/05/National-Digital-Heritage-Strategy-2021-2024.pdf.

[7] 国家文物局.第一次全国可移动文物普查成果丰硕. [EB/OL]. [2023-2-19]. http://www.ncha.gov.cn/art/2017/6/2/art_2006_141398.html.

[8] 刘健.智慧博物馆发展中的数字人文建设——以上海博物馆的实践为例[J]. 数字人文研究, 2022, 2(03): 39-46.

[9] Sir 电影.2 月国剧杀疯, 又来一质感爆款. [EB/OL]. [2023-2-19]. https://mp.weixin.qq.com/s/yXYkJ_uDc04Av5c3AMpLfg.

[10]DOERR M.The CIDOC Conceptual Reference Module: An Ontological Approach to Semantic Interoperability of Metadata[J]. AI Magazine, 2003, 24(3): 75. https://doi.org/10.1609/aimag.v24i3.1720

[11]Harvard University, Academia Sinica, and Peking University, China Biographical Database (April 24, 2018), https://projects.iq.harvard.edu/cbdb.

[12]黄明玉.中国文物分类主题词表构建方法学刍议[J]. 图书馆学与资讯科学, 2017, 43(1): 171-190.

[13]黄奇帆.双碳目标下未来城市数字智慧发展新路径[J]. 数据, 2022(8): 6.

[14]刘健.智慧博物馆发展中的数字人文建设——以上海博物馆的实践为例[J]. 数字人文研究, 2022, 2(03): 39-46.

[15]WILKINSON M, DUMONTIER M, AALBERSBERG I, et al.The FAIR Guiding Principles for scientific data management and stewardship. Sci Data 3, 160018 (2016). https://doi.org/10.1038/sdata.2016.18.

博物馆可持续运营视域下的文创品类开发与IMC（整合营销）研究

陈　晨（天津师范大学）

摘要：博物馆的文创产品有“广义”与“狭义”之分。所谓的“广义的文创产品”也被博物馆界称为“大文创”，包括博物馆原创展览、原创教育服务项目、文化衍生产品以及其他创意项目，是博物馆对外品牌的营造。而“狭义”的博物馆文创产品则是聚焦在文化衍生产品之上。随着近几年博物馆界对于文创产品的重视，“狭义”的博物馆文创产品在品类开发与营销模式中都有较大的突破。本文以“狭义”的博物馆文创产品为研究对象，对于当代国内博物馆中出现的文创产品品类进行梳理归纳，同时对于其IMC（整合营销）的方式与思路进行研究分析。

关键词：博物馆；可持续运营；文创；IMC；整合营销

2022年，博物馆新定义在布拉格国际博物馆协会大会中产生，对于以往的博物馆定义来讲，新定义中增加了许多值得关注的新术语，如“包容性”“可持续性”“多样性”“知识共享”等。虽然博物馆一直以来强调其“非营利性”,但是可以将此理解为“不以营利为目的”，而不是不允许营利。换句话说，博物馆也需要获得一定的经济效益，才能缓解国家的支持压力，更好地为公众服务。所以，只有博物馆可以“自给自足”，才能做到“可持续性”。

博物馆的经济效益可以包括门票收入、借展费用、教育活动、文创销售以及其他收费项目等。其中博物馆文创产品不仅可以增加博物馆的收益，还可以拉近博物馆与观众的距离，让观众能够通过文创增加对博物馆的兴趣与认知，从而发挥博物馆的社会效益。

然而，由于博物馆的特殊性质，导致博物馆文创工作发展水平良莠不齐，从品类研发到营销渠道没有统一的规范和标准。本文将梳理我国当代博物馆文创产品品类与营销模式，提出博物馆文创产品的IMC（整合营销）理念，以期推动博物馆文创工作的开展，促进博物馆的可持续性运营。

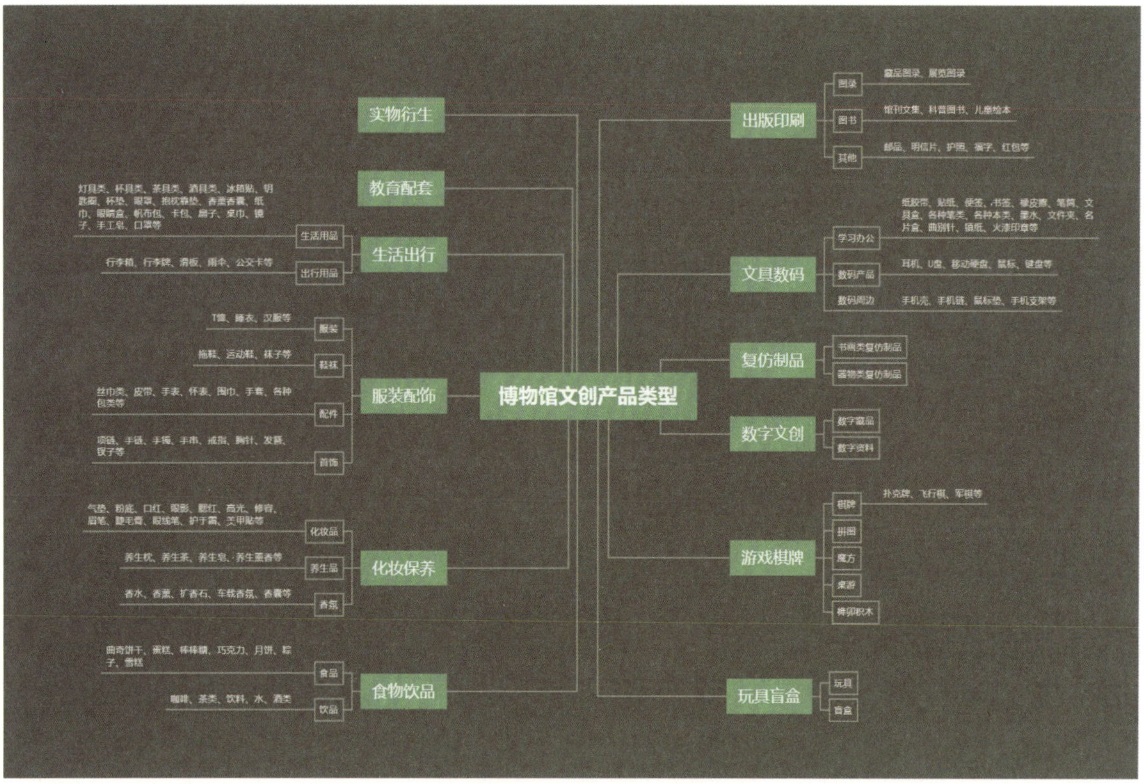

图 1 博物馆文创产品品类划分

一、我国博物馆文创产品品类划分与梳理

随着近几年博物馆文创事业的发展，我国博物馆文创产品的品类比较齐全，囊括衣食住行各个门类。笔者考察走访了全国 500 余家博物馆，将博物馆文创产品的品类划分为出版印刷、复仿制品、文具数码、生活出行、服装配饰、化妆保养、食物饮品、玩具盲盒、游戏棋牌、数字文创、实物衍生及教育配套十二种类型。

（一）出版印刷

出版印刷类产品大致可以包括藏品图录、展览图录、馆刊文集、科普读物、儿童绘本、日历、邮品、明信片、护照、福字红包等。

一般来讲，博物馆会将自己的馆藏文物出版成藏品图录，或者以展览为主体出版展览图录。甚至有的博物馆专门就设立相关的出版部门，如故宫博物院。如果馆方有专门的研究文集或者期刊，也会在文创店进行销售，但是这类书籍一般比较系统化和专业化。

科普读物与青少年绘本也是博物馆出版印刷类产品中经常出现的，比如故宫博物院出版的《故宫里的二十四节气》《我要去故宫》系列，虽然是针对青少年的科普读物，但是成年人同样也可以阅读。有的博物馆还会与学校合作出版教材，比如中国国家博物馆与北京史家小学就合作出版了一系列小学教材，成为博物馆与学校“馆校结合”的最好方式。

此外，博物馆的出版印刷类产品还包括日历、邮品、明信片、护照、福字红包等。尤其是日历，从《故宫日历》火爆开始，很多博物馆争先效仿，先后出现了《敦煌日历》《三星堆日历》《陕博日历》等。每年的“日历”都有对应的主题，故宫博物院是以当年生肖文物为主题；陕西历史博物馆则是根据“大唐长安”“丝绸之路”“彩陶”等专题进行日历设计。

图 2 陕西历史博物馆“陕博日历”

（二）复仿制品

复仿制品就是根据文物复制或者仿制的产品。复制品与仿制品不同，国家文物局在 2009 年颁布的《文物复制暂行管理办法》中对于文物复制进行了非常严谨的描述和严格的规定。文物复制是指依照文物的体量、形制、纹饰、质地等，基本采用原制作工艺复制与原文物相同的制品。而且，参与复制的企业和单位是要有相关资质的，文物的复制行为还要报批，一般还会有保密协议。仿制品的制作就相对简单，但相似度肯定不及复制品。

文物复仿制品主要就是器物类文物复仿制品和书画类文物复仿制品两种。器物类如瓷器、青铜器等，可以复仿制成为工艺品摆设，但是成本一般较高，价格昂贵，观众购买力稍弱。书画类文物的复仿制品的制作相对简单，只是印刷质量参差不齐，高质量的印刷品价格也较高。

（三）文具数码

文具数码类是博物馆中最为常见的文创产品，一般价格比较便宜，属于百元内的“快销产品”。其主要可以包括办公文具、数码产品和数码周边三个品类。

图 3 甘肃省博物馆“彩陶”复制品

图 4 苏州博物馆书画复制品

图 5 甘肃省博物馆纸胶带文创

办公文具包括纸胶带、贴纸、便签、书签、橡皮擦、笔筒、文具盒、各种笔类、各种本类、墨水、文件夹、名片盒、曲别针、镇纸、火漆印章等。这其中最为著名的就是“纸胶带”。早在 2013 年，台北“故宫博物院”以康熙朱批“朕知道了”为底本设计的纸胶带，就曾一度脱销，成为游客必备的纪念品，风靡海峡两岸。之后纸胶带就成为文创中的必备产品，比如故宫博物院的《孟浩然诗》和纸胶带，苏州博物馆的《问群芳》《诗意几何》等都是“爆款”。

纸胶带的设计就是将馆藏文物的元素印在上面，比如文字、花纹、图形等。文字就是如“朕知道了”“贱人就是矫情”等诙谐幽默的语言；花纹一般提取于古画；而图案多来自器物上的印刻、绘制图案，或抽象或具体。

数码产品包括 U 盘、移动硬盘、充电宝、鼠标、键盘、耳机等。故宫博物院的“朝珠耳机”就是数码文创的代表作。它酷似清代朝服上的朝珠，有红黄两色珠子装饰。这个创意是将清代宫廷特有的物品与现代时尚产品相结合，体现复古、时尚、实用的特点。此外，还有很多数码周边产品，如手机壳、手机链、鼠标垫、手机支架等。

（四）生活出行

除了办公学习类的产品之外，生活和出行所需的实用品也是博物馆文创主攻的领域。生活用品可以包括灯具类、杯具类、茶具类、酒具类、冰箱贴、钥匙圈、杯垫、眼罩、抱枕靠垫、香薰香囊、纸巾、眼镜盒、帆布包、卡包、扇子、桌巾、镜子、手工皂、口罩、雨伞、家具类等。其实，只要是生活中能用到的物品，基本上可以与文创相结合。苏州博物馆 2013 年文徵明大展时候设计的文创产品“衡山杯”就是此类产品的典型案例。

图 6 苏州博物馆“衡山杯”

出行用品可以包括旅行箱、背包、行李牌、滑板、交通卡等。湖北省博物馆以馆藏越王勾践剑为原型打造的“天下第一剑全国公交卡”，是一种立体异型的交通卡，缩小了实物的比例，采用金属喷漆，做旧工艺制作而成。对剑型卡片进行微缩过程中，还最大程度还原越王剑本身细节，剑身“越王鸠浅，自作用剑”的鸟篆铭文都清晰可见。陕西历史博物馆也有一款“皇后之玺”文创公交卡，是以馆藏西汉吕后的玺印为原型打造的，在全国 200 多个城市都能使用。

（五）服装配饰

服装配饰类产品可以分为服装、鞋袜、配件、首饰四个品类。服装类有 T 恤衫、睡衣等；鞋袜类有帆布鞋、拖鞋、袜子等；配件类有帽子、领带、丝巾、皮带、手套以及各类包等；首饰类有项链、手链、手镯、耳环、胸针、戒指、发簪等。

图 7 甘肃省博物馆丝巾文创

图 8 苏州博物馆首饰文创

其中，丝巾的文创产品的较为多见的。很多博物馆都将文物藏品的纹饰图案印在丝巾上，如甘肃省博物馆，主要设计丝巾文创，有将敦煌元素再创造的敦煌主题，也有文人诗画主题，而且其中还涉及了细窄长条丝巾等样式种类。

（六）化妆保养

化妆保养类产品可以分为彩妆、护肤、香氛、保健四个品类。彩妆产品包括气垫、粉底、口红、眼影、腮红、高光、修容、眉笔、睫毛膏、眼线笔等；护肤产品包括面膜、护手霜等；香氛产品包括香水、香薰、香囊、扩香石等；保健产品包括养生枕、养生茶、足浴包等。

彩妆产品以“故宫口红”为代表，它们的颜色都是来自故宫博物院馆藏文物的颜色，以瓷器中的颜色釉为主，比如郎窑红、豆沙红、美人霁、胭脂红等。此外，三星堆遗址博物馆也研发彩妆，包装采取三星堆的文物造型和纹饰图腾，外壳以熟悉的青铜面具为主，将文物与彩妆完美结合。

图 9 故宫博物院“口红”文创

博物馆彩妆产品与其他彩妆产品最大的区别是在于，博物馆彩妆文创中包含大量具有象征意义的文化符号。古老的宫墙、敦煌瑞兽、青铜文物与现代彩妆的碰撞，不仅带给大众视觉冲击，更是带着大众穿越千年与历史对话。因此，大众消费的不仅仅是彩妆产品，更是对产品背后文化的认同。

（七）食物饮品

食物饮品类产品可以分为食品和饮品两个品类。食品包括曲奇、饼干、蛋糕、棒棒糖、巧克力、糕点、月饼、雪糕等；饮品包括咖啡、茶、啤酒、红酒、矿泉水等。

苏州博物馆根据镇馆之宝“越窑秘色瓷莲花碗”设计的曲奇饼干应该算是食品类文创的代表之作。广东省博物馆也先后推出了“粤藏”“粤光宝盒”“风尚”三款蛋糕，其中“粤光宝盒”芝麻海盐芝士蛋糕，是根据是广东省博物馆的建筑外形“粤光宝盒”形状制作的。湖北省博物馆也根据馆藏越王勾践剑、曾侯乙编钟等镇馆之宝研发了各类甜品。

图 10、图 11 湖北省博物馆文物甜品文创

每到中秋节，各个博物馆就开始“月饼大战”。比如故宫博物院和北京稻香村合作推出的千里江山图月饼礼盒，就是按照《千里江山图》的山水来设计月饼图案，颜色也都是青绿色的。上海博物馆与美国纽约大都会艺术博物馆合作的“礼遇东西”月饼，设计灵感来自上海博物馆藏清代余集《梅下赏月图》和大都会艺术博物馆藏凡·高《鸢尾花》。还有陕西历史博物馆的“长安月团·花舞大唐”系列、南京博物院的“天容·琳琅”系列、湖南博物院的“君幸食”系列和“镜月流光”系列等。

除了月饼大战，还有“雪糕大战”。中国

国家博物馆的“四羊方尊雪糕”、首都博物馆的“伯矩鬲雪糕”、陕西历史博物馆的“灵兽系列雪糕”、甘肃博物馆的“铜奔马雪糕”、江西省博物馆的“双面神人雪糕”、三星堆遗址博物馆的“青铜面具雪糕”等都是具有代表性的文物雪糕。

饮品类最常见的就是茶了，比如苏州博物馆的“唐寅茶包”，是以唐伯虎为人物原型，以睡、醉、笑、思为四个主题，巧妙将人物设计成可以挂在茶杯上的四种造型，背后有对应造型的唐寅诗句。打开礼盒最先出现的是漫画版的唐伯虎一生传奇故事，让人品茶之余了解唐伯虎的一生。

需要注意的是，食物饮品类的文创产品一定要注意食品安全和保质期问题，所以最好是要与专业的食品厂家合作。

（八）玩具盲盒

玩具盲盒类文创产品在近两年最为流行，颇受年轻人喜爱。此类的玩具主要是指艺术玩具或设计师玩具，比如玩偶、潮玩等，不包括益智类玩具。甘肃博物馆根据镇馆之宝“马踏飞燕”设计的“丑萌绿马”和三星堆遗址博物馆的“青铜人打麻将”系列等都是此类玩偶的代表作。

图 12 三星堆博物馆盲盒文创

盲盒最开始诞生于日本，里面通常装的是动漫、影视作品的手办，或者是设计师设计的玩偶。2016 年泡泡玛特的崛起，带动了一系列盲盒经济的发展。故宫博物院的“故宫猫・祥瑞系列”“宫廷宝贝・人物系列”，河南博物院的“失传的宝物”，三星堆遗址博物馆的“摇滚乐队”和陕西历史博物馆的“青铜小分队”，都是盲盒文创的代表。

（九）游戏棋牌

游戏棋牌类产品从最初的扑克牌、飞行棋，再到后来的桌游、剧本杀等，经历了不断的更迭升级。中国港口博物馆的“海上丝绸之路之大航海游戏棋”应该是游戏棋牌类文创的代表。游戏棋以大航海时代为背景，玩家扮演“郑和、哥伦布 、达・伽马、麦哲伦”四位世界历史上著名的航海家，从始发港出发探索海洋，开展海上贸易。玩家集全丝绸、瓷器、茶叶、香料四种资源卡，最先返回者为胜利，游戏宣告结束。结合抛点数、桌牌，手头剪刀布、航海知识回答等游戏方式，是一款老少皆宜，灵活多变、乐趣多多的轻策略桌牌游戏。

图 13 中国港口博物馆“海上丝绸之路之大航海游戏棋”

此外，拼图、魔方、卯榫、积木、华容道等也都属于此类文创产品，比如苏州博物馆的“奇遇苏博拼图”、六朝博物馆的“六朝魔方”、甘肃省博物馆的“铜奔马立体拼装积木”、中国国家博物馆的“古代中国兵俑”等产品。

（十）数字文创

随着博物馆“元宇宙”的流行，数字文创也开始受到年轻人的关注。博物馆的数字文创产品最为典型的就是数字藏品。博物馆数字藏品属于 NFT 的一种类型，未来数字文创，更多就是以数字藏品为主要的展示形式，可能成为博物馆发展的主流。初期，博物馆发行的数字藏品大多是直接对文物本体进行复刻的“文物数字藏品”。但后来国家文物局指出“不应直接将文物原始数据作为限量商品发售”后，博物馆逐渐转向基于文物数据进行二次创作的“文创数字藏品”。这就蕴含了文物本身以及创意设计两方面含义，具有双重文化价值。

此外，还有一种文创产品也属于数字产品，但却是以实物的形式进行销售的，这就是数字资料。比如上海电影博物馆、长春电影制片厂旧址博物馆等电影类主题的博物馆，它们会把自己原电影厂的老电影全部存储在移动硬盘中，然后售卖硬盘。这种数字资料非常珍贵，也是博物馆中独一无二的文创产品。

图 14 长春电影制片厂旧址博物馆电影移动硬盘

（十一）实物衍生

博物馆中还可以根据馆藏的衍生品进行售卖，比如嘉兴博物馆《嘉兴珍稀古砖拓片三种》文创产品，就是将馆藏的三方古砖手工拓片后，制作成册页销售，限量一百套。苏州博物馆的“文徵明手植紫藤种子”也是这类文创产品，不仅单独售卖种子，还把种子放置在透明手工皂中，皂体一面上还刻上“衡山”印章，并将金箔添加在皂体之中，很像文徵明使用的洒金宣。

图 15、图 16 苏州博物馆“文藤”文创产品

除了这种实物衍生，还有一种情况，就是博物馆本身就是一种产品的博物馆，也可以销售实物。比如青岛啤酒博物馆的啤酒产品销售，就属于自产自销了。

（十二）教育配套

用教育产品带动文创产品，这是文创产品设计的一个新思路。博物馆的教育活动越来越多，而且丰富多样，有的时候组织一场教育活动会有几十人甚至上百人参与，这个时候就需要“课程包”。“课程包”实际上就是“物料包”，因为很多活动需要准备物料，如果将这些物料分配成套系，最好再辅以教材，在教育活动的过程中会省力很多。山西博物院在课程包方面有很多产品，比如“泥条盘筑互动体验包”“屋顶怪兽学材料包”“虎虎生福剪纸材料包”“晋文公皮影材料包”“娄睿墓壁画材料包”等。

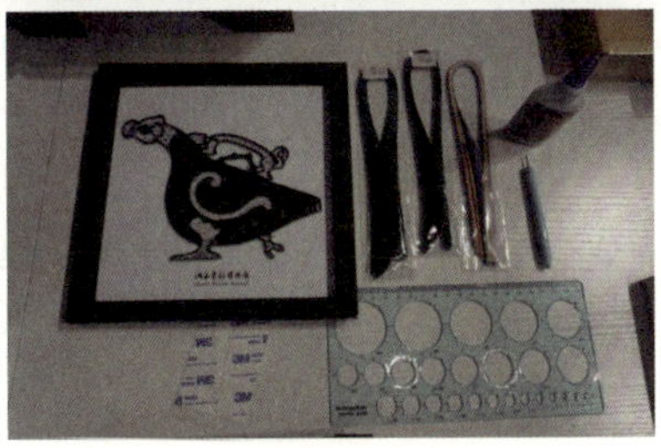

图 17、图 18 山西博物院教育课程包文创

课程包可以配合教育活动使用，也可以单独售卖。如果作为文创单独售卖的话，就要做得更加有品质一些，比如河南博物院的“文物修复大师”系列。它是通过 DIY 手工体验修复过程，内容包括“新石器时代”“青花纪元”“五大名窑”三大系列，二十几款样式各不相同的器型。最有意思的是，每个产品所含瓷器碎片均为原窑原址原工艺烧制，并非树脂或其他瓷类仿制。

图 19、图 20 河南博物院考古盲盒文创

河南博物院还有一套拓印类的材料包，但是以盲盒的形式出现的，叫作“雕刻的宝物”。传拓盲盒内含有道德真源、双阙长青树画像砖、朱平石经、袁安碑、南山四皓画像砖、仪仗出行画像砖、白虎星座画像砖、飞仙画像砖等不同拓片，所有拓印所使用的器具都有，只是拓印的物品随机。

这种“材料包＋盲盒”的产品还有一套“鎏金盲盒”，是体验鎏金工艺的，也有很多不同款式。书画修复类的材料包还有“妙手复丹青：字画修复盲盒”等。

二、博物馆文创产品 IMC 思路

IMC（整合营销）是对各种营销工具和手段的系统化结合，把各个独立的营销综合成一个整体，以产生协同效应。IMC 是将消费者处于核心地位，对消费者有深刻全面的了解，并且与最有“价值”的消费者保持长期的紧密联系，清楚一致的产品或服务信息，整合各种传播手段进行传播。

博物馆的文创产品需要运用 IMC 的理念，从品牌打造到销售渠道，形成一套完整的营销思路，才能树立博物馆文创品牌，增加经济效益，形成博物馆的可持续运营环境。

从当前我国博物馆文创产品的整合营销思路来看，可以从如下几个角度来讨论。

（一）“IP”打造

博物馆在进行文创产品 IMC 之前，先要做到 IP 的打造。一般博物馆文创产品设计都会围绕特色馆藏、建筑、地域文化或传统手工艺几个角度来打造 IP。这其中最重要的就是博物馆的重点文物，有一些博物馆称之为“镇馆之宝”。

博物馆需要尽可能地打造这些重点文物的 IP 形象，将它们设计研发成各种类型的文创产品，来突出它们的重要地位。比如河北博物院的“长信宫灯”，就根据文物的形象设计出了杯垫、化妆镜等各类文创产品。还有黑龙江省博物馆，虽然它在省级博物馆的体量不大，但是它却会抓住重点，展厅里反复强调自己的镇馆之宝——金代铜座龙，也研发了一系列的文创产品。

当然，一个博物馆的IP也不见得只是馆藏文物，很多博物馆自身的建筑就是IP，比如中国国家博物馆，各种文创也都是根据这些建筑来设计。很多地方博物馆还会把当地的文化和非遗手工艺品设计成文创产品。比如苏州博物馆的“宋锦”系列，就是把苏州地区的传统丝制工艺设计为各种的文创产品。

（二）虚拟偶像

博物馆还可以使用“虚拟偶像”的方法来打造IP。虚拟偶像其实就是卡通人物，博物馆可以设计出一款卡通形象作为代言人。比如陕西历史博物馆的“唐妞”就是虚拟偶像的典型案例，它是依照唐代仕女俑设计出来的卡通版形象。根据唐妞，陕历博不仅设计了公仔、抱枕、冰箱贴、胶带、帆布包、笔记本、行李牌等30多款有形的文创展品，还开发了表情包、公众号、抖音、原创动漫、商业定制、展演、授课教学等无形的文创产品。甚至，“唐妞”还衍生出了品牌代言、品牌联合、商场美陈、城市美陈、主题体验店、快闪店、主题酒店、主题公园、特色小镇等项目。

图21 陕西历史博物馆“唐妞”IP

此外，宁夏博物馆的“妙娃”，泸州博物馆的“小麒麟”都是根据馆藏文物设计出来的虚拟偶像，这种设计将博物馆的形象变得亲切可爱，很符合年轻人的审美喜好。

图22 宁夏博物馆“妙娃”IP及其相关产品

图23 泸州博物馆“小麒麟”IP及其相关产品

（三）品牌建设

一个博物馆的品牌就是自身的整体形象、美誉度、运营理念、业务规划、行业优势等，是具有高辨识度的文化名片。博物馆的文创产品也是品牌，是基于博物馆自身特色、馆藏资源等，以具体的产品为核心，为实现销售而设立的一种有别于同业、同类产品的显著标志。所以博物馆品牌下要衍生出不同的博物馆文创产品品牌，只有组成这样的“母子关系”，将来才有可能“母凭子贵”。

国内很多博物馆都具有“品牌思维”，比如湖南博物院的“马王堆养生”品牌。因为马王堆出土了很多有关养生的帛书，如《养生方》《杂疗方》《五十二病方》等。于是湖南博物院联合湖南中医药大学组成研发团队，研发了马王堆养生枕、养生皂、养生茶等一系列养生产品。此外，苏州博物馆的“梅花喜神谱”系列、“明四家”系列、“过云楼”系列等，都是成功的文创系列品牌案例。

图 24、图 25 湖南博物院养生文创产品

（四）产品矩阵

博物馆文创产品的品牌不能只有单一的产品，而是要满足观众多方面多层次的需求。所以在博物馆的同一系列文创产品中，有很多不同类别、材质、用途的产品，价位从高到低不等，这就是“产品矩阵”。比如陕西历史博物馆的“花舞大唐”文创品牌，它的产品就包括文具、用品、首饰、服饰四大板块。安徽博物院的“潘玉良”系列文创产品也是这种模式。

图 26、图 27 安徽博物院“潘玉良”系列文创产品

（五）跨界合作

博物馆还可以与品牌进行跨界合作，比如上海博物馆和迪士尼合作，把米奇的形象与上博的镇馆之宝“大克鼎”的纹饰融合一体，设计出服装、背包、玩偶、滑板鞋等文创产品。

图 28、图 29 上海博物馆与迪士尼品牌合作文创产品

陕西历史博物馆也注重品牌之间的跨界联合，它将“唐妞”与奈雪组团出道，不仅有联名的茶饮、杯套、纸、马克杯、帆布包等文创产品，还跨界做了媒体发布会。唐妞代表了盛唐时期整个社会的潮流风向标，奈雪代表了当

下年轻人对时尚生活方式的追求。唐妞和奈雪的合作，就是搭载了国潮风，让年轻人爱上中国茶，爱上唐文化。此外，唐妞还在《陕西日报》上做了抗疫的主题宣传海报，成了抗疫宣传大使。

陕西历史博物馆的文创系列品牌“花舞大唐”与必胜客联合打造了网红主题餐厅，内部的元素都是何家村窖藏的金银器纹样，成为全国第一家博物馆体验的文化主题餐厅。这种博物馆与餐厅跨界的案例还有中国国家博物馆与肯德基，在国内很多城市都开设了主题餐厅。比如北京肯德基前门店作为“孝端皇后九龙九凤冠”的主题餐厅，用橱窗图案、壁面造型的形式将这件国宝展现给消费者，并对制作凤冠采用的各种传统工艺进行了细致介绍。

（六）特展定制

博物馆每年都会原创或者引进大量的临时特展，这些临展往往会成为观众关注的热点。博物馆的文创产品可以去蹭一下临展的热度，以临展来研发设计。当然，临展展出的展品也都是馆藏文物，所以即使临展过后，这些文创也不会浪费，反而还有可能成为“限量版”。

图 30、图 31 上海博物馆“董其昌”特展文创产品

根据临展设计的文创产品最成功的案例就是苏州博物馆的“衡山杯”。这个设计当时确实是根据“文徵明大展”定制设计的。但是文徵明就是苏州籍画家，“衡山杯”可以代表文徵明的艺术特色，所以不会过时。上海博物馆 2019 年举办的“董其昌大展”，也研发了一系列的文创产品，分为四大系列，共 160 种文创产品，琳琅满目，销售火爆。

（七）销售网络

博物馆的文创商店是“博物馆的最后一个展厅”，所以国内对于博物馆内文创商店的设计要格外重视。文创商店一般会设在博物馆的一层出口的位置，对于大型博物馆来讲，有时会在馆内设有很多点位，比如故宫博物院。广东省博物馆不仅在馆内开设文创商店，在广州的白云国际机场也开设了博物馆体验馆，打造为“无边界博物馆”理念，向南来北往的旅客展示活生生的岭南文化，为广东省博带来了品牌效应与经济效益。

图 32、图 33 广东省博物馆白云机场体验店

博物馆文创的销售渠道应该是多元的，除了有线下的文创商店之外，还要通过线上渠道销售，形成一个销售网络。比如陕西历史博物

馆就有文创店的官网、微博、公众号，还有京东店、天猫店、淘宝店等。苏州博物馆更是自己建构了电商平台，有自己的客服和销售团队。这种“馆内 + 馆外”“线上 + 线下”的销售网络，才能真正地把博物馆的文创产品品牌推广出去。

（八）产业联盟

对于中小型博物馆来讲，文创产品的营销思路应该从“抱团取暖”的思路出发，形成产业联盟。比如广东省就在 2017 年成立了“广东文创联盟”，一共有 80 余家成员单位。与其他省区的博物馆文创联盟不同，“广东文创联盟”不设门槛，而是整合了文化创意产业上下游的各种资源。第一批 80 多家会员单位，就包括美术馆、图书馆、文化馆、非遗中心等机构，也有企业等社会力量加盟，业务涵盖设计、制造、金融、销售等方方面面。

图 34 广东省博物馆“广东文创联盟”

总馆分馆制度也是产业联盟的一种形式，南京市博物总馆就是典型案例。它是由八家南京市区的中小型博物馆组成，每个博物馆都研发自己本馆的文创产品。对于总馆来讲，每个分馆的文创都可以形成一个独立的系列，最终打造成项目总品牌“大观园”。

南京市博物馆总馆是城市中的中小型博物馆“横向抱团”，但还可以在不同城市但是同一主题的博物馆“纵向抱团”，比如鲁迅博物馆。国内有六家鲁迅主题的博物馆和纪念馆，分布在北京、上海、广州、绍兴、南京、厦门。每家鲁迅馆都是自己单独做文创，最后也整合成“鲁迅”IP 的文创大品牌。

当然，当前我国博物馆文创产品的整合营销思路也不仅如此，随着博物馆文创产业的发展，越来越多的设计团队与第三方企业积极与博物馆开展合作。博物馆需要梳理馆藏藏品元素与藏品故事，为设计公司提供创作素材，通过文创大赛、IP 授权、委托设计等方式开发更多的文创产品。而文创产品的经营工作虽然也可以交于第三方公司来负责，但是运营的总体思路还是要由博物馆来把控。实际上，文创产品只是博物馆对外输出的一个切口，目的是加强观众对博物馆的熟悉和喜爱，获取一定的经济收益，也有助于博物馆可持续运营发展。

“轻资产战略”下博物馆“可及性”路径分析

罗蓁蓁（中国国家博物馆）

摘要：新的博物馆定义中，博物馆的四个属性之“可及性”被排在了第一位。对“可及性”的理解关系到博物馆战略定位和具体实践。本文从五个维度对“可及性”进行深入拆分探讨，将“轻资产战略”的概念引入博物馆学研究，展示部分世界一流博物馆为了实现“可及性”的目标所实施的不同“轻资产策略”，为我国博物馆对博物馆新定义的理解提供了一个视角：中国博物馆应当站在一个更高的站位来思考博物馆新定义中的开放与兼容。它并不仅仅指一种博物馆业务实践层面的革新，而且带有一种前瞻性的全球范围内的战略布局。

关键词：可及性；轻资产战略；世界一流博物馆；总分馆制度

一、博物馆新定义中关于“可及性”的理解

2022年8月24日国际博协特别全体大会通过新版博物馆定义：“博物馆是为社会服务的非营利性常设机构，它研究、收藏、保护、阐释和展示物质与非物质遗产。它向公众开放，具有可及性和包容性，促进多样性和可持续性。博物馆以符合道德且专业的方式进行运营和交流，并在社会各界的参与下，为教育、欣赏、深思和知识共享提供多种体验。”[1]与“包容性”“促进多样性”和“可持续性”相比，“可及性”被特别放在了第一位。无独有偶，为纪念《保护世界文化和自然遗产公约》诞生50周年，联合国教科文组织在世界遗产“下一个五十年”活动中，发布了世界遗产保护面临的三大挑战，“可及性”赫然在列。联合国教科文组织对“可及性”的解读侧重共享和传播两方面，共享的对象特别强调面向年轻人，传播强调使用数字化技术手段。这与博物馆关于“可及性”的理解有一定重合。

站在博物馆角度理解“可及性”，可以从以下五个维度展开。

（一）可及的受众对象

理解“可及性”，首先要明晰博物馆可及的受众对象。联合国教科文组织重点关注的年轻人仅仅是对象人群中的一种。按照性别、年龄、国籍、受教育程度、健康程度对博物馆观众进行详细划分，可以划分为多个群体。厘清博物馆的受众对象，为之提供对应的博物馆服务，

为博物馆赢得赞誉和口碑是博物馆开放运营的宗旨和目标。如纽约大都会艺术博物馆将残障观众细分为失明或弱视、聋人、患有痴呆症、有发育和学习障碍以及患孤独症五种，针对性地为其提供参观服务和无障碍设施；巴西皇家博物馆在官网为残障人士提供手语翻译服务。

（二）可及的范围

可及的范围是圈定博物馆访问者[2]可以享受博物馆公共服务的范围。常见的可按地域划分为本国和外域。按照地点可以划分为陆海空三栖。目前博物馆提供公共文化服务的主要地点是在陆地，2022年起，国内一些博物馆开始联合航空公司面向乘客推出空中博物馆的服务。如2022年8月，金沙遗址博物馆携手成都航空在成都飞洛阳的航班上联合开展了“空中博物馆”主题活动，由金沙遗址博物馆讲解员为乘客科普金沙古蜀文化，解读古蜀文明符号。“金沙号”也成为全国首架博物馆主题飞机。2022年9月，甘肃省博物馆联合春秋航空在上海飞往兰州的航班上举办中秋主题活动，让旅客在收获历史文化知识的同时收获甘肃省博特色文创产品，扩大博物馆影响力。

图1 金沙空中博物馆

图2 甘肃省博物馆特色空中主题活动

（三）可及的内容

展览是博物馆提供的核心产品，除此之外，教育活动、图书资料、文创产品、餐饮服务、数字藏品资源、研究成果也是博物馆传播和共享的诸多内容。可及内容的确定，实质上是一种传播策略的确定。博物馆需要针对不同文化背景下的不同受众制定不同重点的可及内容传播体系。

（四）可及的方式

可及的方式需要博物馆对公众的需求做一定预设，大致可分为时间可及和空间可及两种方式。时间可及，不单单指博物馆的开放时长充足，深层含义是观众可以通过博物馆体验到馆藏的任意一个时间点。比如设定的可及时间为明代，观众就可以通过博物馆提供的各种渠道，快速获得该馆明代的所有馆藏信息、展览、文创、图书等资源。同样，空间可及，也不单单指观众可以到馆参观。观众还可以借助博物馆提供的资源，回到博物馆所呈现、还原的一个特定情境中去。

（五）可及的渠道

实现可及性的渠道大致可以分为线上和线下两种方式。线下可及多配合博物馆常规开放实现。线上可及又可根据用户属性分为面向机构和面向个人。与机构相比，面向个人的移动互联网端更受博物馆关注。与未来互联Web 3.0的“无处不在”“去中心化”“人工智能”“语义Web交互性”相结合，上述的“时间可及”和“空间可及”可轻松实现，在去中心化的理念下，访问者还将利用博物馆提供的各种资源输出新的文化产品，与博物馆共享，成为博物馆新文化资源的创造者。

二、“轻资产战略”下的各国大馆策略

（一）“轻资产战略”的提出

“轻资产战略”由美国麦肯锡咨询公司提出，是指市场成熟的企业，尤其是跨国公司，只进行少量硬资产投资，通过输出管理、技术

和品牌获取利润，自己则专注于产品研发、销售、服务与品牌推广的商业模式。它将企业中占用资金较多的固定资产看作“重资产”，将用于构建产品设计、品牌运营、客户管理等方面的资产看作“轻资产”。“轻资产”战略的实质是利用杠杆增加市场占有率，被形容为“蛇吞象”式的低投入、高回报运营模式。目前国内关于“轻资产战略”的研究集中在运用“轻资产战略”的企业运营模式、财务风险控制等方向，将“轻资产战略”概念引入博物馆学研究，本文尚属首次。为实现博物馆新定义所提“可及性”的目标，“轻资产战略”也被运用到博物馆行业中。

（二）“可及性”目标下，“轻资产战略”在世界主要博物馆中的运用

采用“轻资产战略”不约而同被世界主要博物馆列入未来的战略规划中，通过“轻资产战略”与AR、VR、人工智能及5G技术的融合应用，实现扩大“可及性”的目标。

1. 美国史密森学会：实施“轻资产战略”组合拳

美国史密森学会作为世界上规模最大的博物馆综合体，在博物馆新定义问世前，即在其2022年的战略目标中对“可及性”做了范围框定，明确“可及性”的范围是美国国内及全球范围内，明确“可及性”覆盖的人群是每年十亿人，并将与主要的数字化领导者建立战略伙伴关系。要通过实施“数字优先战略”和“轻资产战略”，扩大史密森学会在美国国内和全球的足迹，扩大其在全球的影响力，进而实现文化层面的“为美国和全球重要问题提供解决方案”[3]。

新博物馆定义公布后，史密森学会于2022年冬天公布了新的五年战略计划（2022—2027）[4]。新的战略计划中更加确定了“数字优先战略”和“轻资产战略”两条腿走路的发展方向，并制定了详细的发展目标。一方面，到2026年，史密森学会将把“虚拟博物馆”由概念变为现实，致力覆盖全球各地的人群；另一方面，史密森学会将通过数字化转型建立一个数字生态系统，使得史密森学会旗下所有博物馆最有价值的资产可以被访问，同时可以在需要的任何地点、时间，利用任何方式部署这个系统。史密森学会的“数字优先战略”和“轻资产战略”结合，总体而言是追求一种以受众为中心、以数据为依据、以战略目标为驱动的互联无缝体验，以期覆盖尽可能多的人群，以文化输出的方式对定点人群产生定点影响，扩大博物馆自身影响力和话语权。

2. 美国古根海姆博物馆：轻资产战略与总分馆组织形态结合，“打造全球古根海姆”

古根海姆博物馆是全球较早使用轻资产战略的博物馆。20世纪90年代起，该博物馆第四任馆长托马斯·科伦斯主导了被他称为“全球古根海姆”的博物馆扩张政策，做法包括：一、把古根海姆作为一个品牌来使用，招募加盟者。二、由加盟者支付使用古根海姆品牌的权利金（加盟费），及总部所提供的专业咨询、策展服务等费用。三、由加盟者负担新博物馆可行性评估、土地取得、馆体兴建、维护、经营、管理、人事等费用，并自负盈亏。四、加盟馆获得总馆一万件藏品的展示权，无需支付作品借展费（但作品自总馆至加盟馆的交通、运输、保险以及展览本身的相关费用，仍由加盟馆自行负担）。五、总馆规划的大型展览，优先提供加盟馆展出（但需共同负担规划、巡回等各项费用）。加盟分馆建成后，由古根海姆指派分馆管理层，投资方不得参与分馆的管理经营。收益分成方面，古根海姆获取大头，加盟方拿少部分。古根海姆博物馆也因此受益，成为国际知名博物馆。

3. 大英博物馆在中国：推出以展出复制品为主要内容的流动体验馆

大英博物馆将“轻资产战略”的“轻”字展现得淋漓尽致。即便像古根海姆博物馆这样的加盟馆，总馆也是需要向分馆提供藏品支持的，会涉及藏品运输、保险、保管多项费用。大英博物馆构建的流动复制品体验馆，馆址流动，无固定资产负担。展品均为复制品，重复多次利用后即可报废。以大英博物馆2019年在广州IFC亮相的《亘古奥秘》流动体验馆为例，展览选用了36件复制品。英方对展览的定性是较为严肃的学术活动，对展览的审查细致到了宣发稿。但截至目前，大英博物馆流动体验馆的选址无一不在人流量大的商场，为消费者带来结合多媒体互动、购物与教育的多样化体验，仅复制品展出数量有所增加。

4. 俄罗斯国家博物馆：“虚拟分馆”计划，打造数字分馆

2016年，俄罗斯联邦政府颁布了《2030年前俄罗斯联邦国家文化政策战略》(以下简称《战略》)，全面开启了俄罗斯民族文化复兴计划的帷幕。《战略》确定了国家战略实施的优先领域和战略重点，包括在世界范围内扩大俄罗斯文化的影响。2017年5月俄罗斯国家博物馆即创建了“虚拟俄罗斯博物馆”项目，包括俄罗斯国家博物馆虚拟分馆计划。俄罗斯国家博物馆虚拟分馆在俄境内各州首府和俄驻外使馆文化中心已设立80余处，中国首馆于2022年落地青岛。在此之前，俄罗斯国家博物馆曾授权德衡律师集团独家在中国设立数字分馆，于2019年落地上海证券交易所大厦。俄罗斯国家博物馆的虚拟分馆计划，将本馆藏品以数字形式展出，与史密森学会策略相似，但史密森学会更强调“无实体”和“广覆盖”。

5. 法国蓬皮杜艺术中心：以展代馆扩大本馆影响力

法国中央政府推行“文化去中心化战略”，宗旨在于全面推广文化，赢得文化新粉丝，发展艺术创作。法国蓬皮杜艺术中心据此部署了一种独特的发展模式，即与合作伙伴“共建”，为期五至十年，充分发挥自身展览设计优势，由合作伙伴确保场地的运营，蓬皮杜中心与其密切合作设计文化教育项目，并提供各种专业知识支持。

除了固定地点，蓬皮杜艺术中心还专门为合作伙伴设计国外的展览，也提供巡展服务。2017年，在蓬皮杜艺术中心成立40周年之际，其领导者在“旨在满足所有观众的地域行动”中提出三项轻资产措施来扩大蓬皮杜艺术中心的可及性：艺术家创造的装置的旅行、活动、展览和为年轻观众举办的旅行工作坊或共同创造新的文化场所。

法国蓬皮杜中心在2015年宣布启动以金砖国家为重点的国际化计划。2019年上海西岸美术馆建成，蓬皮杜艺术中心与其签署了为期五年的展陈合作项目，成为蓬皮杜中心在亚洲的首个合作项目。

三、“轻资产战略”下博物馆未来发展趋势

(一)以博物馆为载体的文明交流互鉴会更加频繁

毫无疑问，为最大限度辐射服务不同地区文化建设，满足不同层次文化需求，世界主要博物馆的各种形式的总分馆将在未来兴建，越来越多的国家将加入总分馆组织形态的探索中。观众能够在本国境内更加轻松、便捷地接触外国多元文化。可以大胆预测的是，在轻资产战略背景下，基于总馆对馆藏文物的深厚研究功

底，结合成熟的数字技术和手段，与总分馆制度相结合的无实物藏品博物馆分馆将出现，并作为一种跨国文化交流形式在全球推广。一方面，博物馆境外分馆侧重发挥的是博物馆展示、教育功能，现有的技术手段足以弥补“实物”的不足；另一方面，数字展览实质是在传统实物展览表现手段、阐释方式上的升级。能否获得成功，正建立在总馆隔空述物的深厚功底上，对藏品的研究非但不能削弱，反而应该更加关注和重视。因而，无实物展出的博物馆恰恰是对博物馆研究能力和学术水平的重大考验。

（二）博物馆移动线上端技术研发将进入白热化竞争

《史记》中有句话叫作“虽不能至，心向往之”。随着全球化趋势越来越加深，可以预见的是，未来国际一流大馆竞争的方向将由线下实体空间服务向移动线上端服务转变。各国也不约而同地制定了相应的数字化发展战略。美国史密森学会在 2022 年明确了“不仅是数字优先，而且是移动优先的数字优先战略”，且将与主要的数字化领导者建立转型战略伙伴关系，这与党的二十大提出的实施文化数字化战略不谋而合。不论一所博物馆里的藏品如何丰富，展陈如何多样，如果不能与各地的观众产生实时的链接，这所博物馆对于观众就是无效存在。未来世界一流博物馆的线下观展将不能满足各类型观众的需求，随着观众对博物馆教育、学术研究、创意策划、素材积累等多类型需求的出现，博物馆将成为一个综合体，博物馆的在线实时可及性将成为衡量国家文化软实力的一部分。在未来的开放与兼容中，移动线上端技术研发将进入白热化竞争。

（三）年轻人群体将成为各国博物馆扩大“可及性”的首要对象

据观众数据显示，年轻观众已经成为博物馆线下参观的核心群体。2018 年巴黎卢浮宫接待观众 1020 万人次，75% 的观众来自国外，主要来自美国、中国、欧盟国家（尤其是西班牙、德国、意大利和英国）和巴西。超过半数的参观者年龄在 30 岁以下。[5]2019 年，在大英博物馆某项单个展览观众统计数据中，35 岁以下的观众占比接近七成。[6] 国内数据同样。以中国国家博物馆参观观众结构来看，2019 年观众总量为 739 万人次，18 岁—24 岁观众 956,789 人次，占比 14.43%；25 岁—30 岁观众 831,472 人次，占比 12.54%；31 岁—35 岁观众 757,873 人次，占比 11.43%；36 岁—40 岁观众 910,376 人次，占比 13.73%；年轻人群体占比过半。[7] 年轻观众也是故宫博物院的到访主力。2019 年故宫博物院接待观众 1930 万人次，40 岁以下观众占比近六成。[8] 未来，线上线下，年轻人群体都是博物馆服务的首要对象。

四、博物馆新定义中的开放与兼容对我国博物馆的启示

基于世界主要博物馆对可及性的理解以及其在世界范围内部署和应用“轻资产战略”的情况，中国博物馆应当站在一个更高的站位来思考博物馆新定义中的开放与兼容。它并不仅仅指一种博物馆业务实践层面的革新，而是带有一种前瞻性的全球范围内的战略布局。从本质上来讲，中国博物馆开放与兼容，对内是为了增强国民文化自信，对外是为了扩大中华文化在国际上的影响力，探索建构既具有中国特色，又具有国际视野的文化话语体系，进一步增强中国在世界文化发展中的话语权。因此，要在明确这个大前提下科学规划，充分挖掘各馆自身优势、特色探索，减少国内博物馆之间的同质化竞争。

【注释】

[1]中国博物馆协会．国际博协特别全体大会通过新版博物馆定义[EB/PL].https://www.chinamuseum.org.cn/cma/detail.html?id=12&contentId=12403.

[2]本文将通过线上、线下参观博物馆展览和教育活动的人群称为观众，博物馆访问者是含观众在内的利用博物各项公共服务的人群总称。

[3]来源：Strategic Plan: Smithsonian 2022.https://www.si.edu/about/policies.

[4]来源：https://www.si.edu/strategicplan-2027.

[5]卢浮宫观众破历史纪录[Z/OL].（2019-01-09）.http://www.tanchinese.com/archives/news/41411.

[6]Report and accounts2019-2020[R/OL].https://www.britishmuseum.org/about-us/governance.

[7]2019年度中国国家博物馆数据报告[R/OL].（2020-1-21）.https://www.chnmuseum.cn/zx/gbxw/202001/t20200123_191603.shtml.

[8]2019年故宫博物院客流量首破1900万人次 40岁以下观众近六成[Z/OL].（2019-12-31）.https://baijiahao.baidu.com/s?id=1654400121304632185&wfr=spider&for=pc.

博物馆文化传播中的制度逻辑研究

王夏歌（中国传媒大学）

摘要：作为文化传播媒介的博物馆，在发挥文化传播功能的过程中，需要一定的制度结构作为基础保障。通过将博物馆作为文本，并结合访谈形成的质化材料及博物馆相关文本资料进行分析，研究发现：博物馆的制度要素在微观层面包括个体因素和非人因素，在宏观层面为内部结构和外部环境组成的结构性系统；博物馆在文化传播中通过系统整合和交互反馈的制度逻辑发挥媒介作用，成为行动者参与下的社会公共领域，进而推动自身高质量发展。

关键词：博物馆；文化传播；制度

博物馆是研究、收藏、保护、阐释和展示人类宝贵的物质及非物质遗产的公共领域，是国家公共文化服务体系的重要环节。作为文化传播媒介的博物馆，一方面推动文化遗产的传播与传承，另一方面影响受众和知识世界，在文化遗产和参观者、社区、社会之间发挥桥梁作用。回望博物馆发展历程，从陈列室身份中的自我解放，到法国王家学院举办沙龙美展的制度创新，到从博览会中汲取展览和运作经验的专业化实践，到新博物馆学理念带来的参与式体验，到中国博物馆免费开放政策的尝试，再到融媒环境下向公共文化休闲空间的转型尝试。每一阶段的发展，都需要博物馆在部门设置、制度调整、机制改革等方面不断进行探索，形成系统性的制度形式从而推动博物馆媒介作用的发挥。博物馆制度具备哪些要素，以怎样的逻辑推动博物馆文化传播，是本文将集中探讨的问题。

一、博物馆制度要素

博物馆文化传播的过程是将文化遗产中的文化信息通过知识的生产与再生产传递给受众并反馈回知识世界的过程。其中，从信息转化成意义到形成表达和经验再到产生传播效果，都需要在制度系统中有序开展。制度系统指向制度理论中作为一种“过程”的制度，即制度化的过程，关注制度的动态特征。制度作为博物馆开展文化传播活动的关键条件，具有结构性特征。内部结构是博物馆为了发挥其传播功

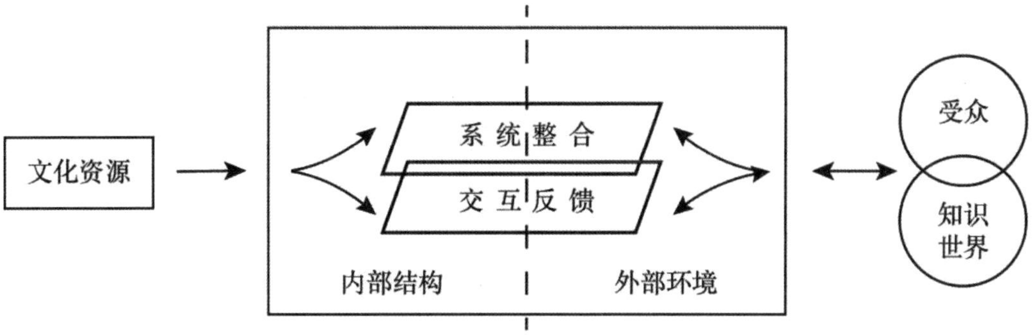

图 1　博物馆制度系统作用机制图

能而形成的各种资源的配置，外部环境是博物馆与其所生存的社会环境之间的交往与互动[1]，应充分考量博物馆内部结构和外部环境两方面要素。

内部结构是博物馆制度的要素之一，作为博物馆组织的基本架构，是对完成组织目标的人员、工作、技术和信息所作的制度性安排[2]。根据组织理论，博物馆内部结构不仅包括个体要素，如从业人员、部门设置、规章制度，还包括非人要素。非人要素是指储藏与生产的文化信息和媒介技术的使用。特定的组织内部结构能够使得信息沿着特定的路径传播[3]，从而确保博物馆在文化传播过程中发挥媒介作用。通过在文化传播的过程中合理利用和配置博物馆各项资源，发挥组织作用以达到信息的有效传播以及相应组织目标的高效达成。

博物馆制度的结构性特征还体现在它是与环境相互作用的公共机构，博物馆文化传播的过程需要不断地适应外部环境以作出相应调整。[4]博物馆勾连的外部对象十分广泛，不仅包括前来参观游览的观众、通过互联网获取博物馆相关信息的网络受众、所在区域的社区群体等服务对象，也包括对其实施管理和监督的上级政府部门、与其一同参与社会文化服务的各种其他机构等资源供应者，还包括一般环境维度下的（如所处社会政治、经济环境等）外部对象和其他任务环境维度下的（如以消费者协会为代表的各种特殊利益代表、与其形成竞争关系的其他文化机构、技术发展等）外部对象。他们是介入博物馆文化传播中的相关行动者[5]，也建构出行动者参与下的博物馆公共领域。

博物馆在内部结构与外部环境的要素组合下形成制度系统以开展博物馆文化传播活动。英国社会学家吉登斯提出以社会结构的“二重性”原则替代“二元论”，即关注社会中的结构、制度、规范性，又强调人的主观性、能动性、创造性，强调了社会结构在精神层面与物质层面之间的相互依赖。[6]博物馆是一种包含“物质与人”[7]两方面资源的典型的社会结构。在充分考量内部结构和外部环境所涉及的“物质”与“人”层面的关系梳理下，论文认为博物馆制度主要通过系统整合与交互反馈的作用机制，形成特定的系统性模式（图 1），全面调动资源，以确保博物馆文化传播活动的开展与文化传播目的的达成。

二、系统整合：资源的有效利用

系统科学认识论认为，任何社会组织都是由人、物、信息组成的系统[8]。博物馆可以被概念化为一个复杂的开放系统，内部结构和外部环境构成博物馆制度系统。博物馆各部门能够通力合作，完成挖掘藏品文化信息、设计叙事体系、关切受众需求等一些列基于藏品的生产与再生产、设计与制作、销售及流通等环节；通过信息宣传平台，博物馆向受众发布展览信息、讲座信息、教育活动信息等实用信息以吸引受众前来参与；通过关注相关政策规范与社会需求及时调整发展方向和细节，生产出更具时代特色的文化内容；通过将参与规范（如相应的准入规则、文明观展要求、预约参与文化活动等方式）嵌入特定的参观流程中，在受众参与博物馆文化活动时创造出媒介使用情境；通过设置各种信息反馈渠道，如留言薄、官网留言、现场采访、问卷调查等形式，引导受众对博物馆文化活动做出反馈。该系统旨在通过整合的过程对所有资源进行综合利用，以进行个体行为控制、资源调配、信息传输等传播过程，从而达成相应的组织目标。系统整合的博物馆制度逻辑包含以下两个层次：

一是聚合博物馆中各类要素，构成结构化系统，以形成相应的系统特性，并通过管理和调控手段确保这一系统的有效运行，从而开展多样的博物馆文化传播活动。“管理的灵活性，特别是有效性，对博物馆发挥作用是很重要的。”（国内民营综合性博物馆馆长，访谈对象C）

从业人员是博物馆系统的基本组成单位，他们作为博物馆中的个体由制度建构出一套关系予以结构化。[9] 部门划分标准以及部门相关制度是关系得以在部门设置的子系统中建构的主要因素，关系的作用是协调个体单位并将其统一到子系统中，结构化的结果是博物馆内部设立了分工不同的部门单位。此外，各种博物馆内部结构和外部环境也分别在相应关系的影响下结构化成不同的子系统。部门系统、规章制度系统、以受众为代表的博物馆市场系统、政府监管系统、其他机构合作系统共同构建出博物馆制度系统，博物馆的制度安排中反映出系统的集合性特征。

博物馆的部门设置根据管理层次的多少分为扁平式结构、锥形结构，还有两者结合的结构。无论管理层级的多少，博物馆部门的职能在系统论的认识下都呈现出“金字塔”式的结构特征。处于顶层的部门强调创新、革新、决策功能，处于中间层次的部门强调平衡、谋略、规制功能，处于底层的部门强调执行、协调、反馈功能。[10] 对大都会艺术博物馆的部门结构进行分析，博物馆的理事会以及16个理事会分委会组成顶层部门，通过宏观掌控，在履行决策和监督职能的同时，把控博物馆的发展方向；由馆长和4个由副馆长分管的部门组成的博物馆行政办公室为中层部门，负责具体的运营与管理，向上接受顶层部门监管，向下领导各执行部门高效完成相应组织目标；大都会艺术博物馆的23个执行部门负责执行具体事务（表1），向上服从系统性的管理，在内部发生交流与反馈，以确保各项文化传播活动的顺利进行。这种内在的等级秩序关系，对职能部门内部以及不同职能部门之间的信息传播方向、传播速度和传播准确度产生影响。不同博物馆在组织属性、组织目标、组织文化等因素的影响下形成多样的等级秩序关系，从博物馆的制度安排中反映出系统的层次性特征。

二是对系统进行总体性把握，通过整合博物馆内部资源及外部环境，为受众所代表的文化市场提供优质文化内容的同时将博物馆的价值观传达出来，从而提升博物馆文化传播效果的深度及广度。这里借用整合营销传播理论中的“整合”概念。从两个维度理解整合营销传播概念：战术层面，整合营销是一种协调工具，

表 1　大都会艺术博物馆各执行部门主要职责[11]

博物馆部门	主要工作职责
展览部	馆藏品的收集、研究、保存和展示
保护与科学研究	物体保护、绘画保护、纸张保护、照片保护、科学研究、植物保护
设计部	视觉传达设计、展览设计
数字媒体	应用开发、藏品信息、数字内容、产品、ux/ui 设计
教育	学术专业项目，行政、传播和运营，现场艺术，公共参与项目，教学组成
图像	高阶成像、摄影
图书馆	图书购置、分类、整理、数字化等
出版与编辑	编辑、制作
登记员	馆藏品储藏、登记、编目、管理等
建设与设备	建设、财务和行政服务，建筑管理，工程管理，木工，保管服务，电器，园艺，机器，油漆，树脂，水暖，维修和保养，绳索，屋顶，安保
法律顾问	法律事务、档案
对外事务	传播、广告和市场、内部沟通、在线媒体、政府事务
财务	财务报告、投资会计、工资、库务和现金会计、计划和预算、采购和财务运作、基础设施和技术支持、企业应用管理
人力资源	报酬、人力资源信息系统、福利、劳资关系、专业化发展和就业等
制度提升	研究和策略计划、合作、基金和个人捐赠、活动、分析和报告等
投资	投资运营
会员	市场、参与度、运营与管理
商品零售	商品金融，商品物流，消费者运营，项目和合作，零售环境设计，购买、采购和产品开发，销售计划和库存管理，网站，批发，零售商店运营
特殊活动	活动策划、活动协调
访客体验	访客调查、票务、访客服务、访客反馈、团队访客等
志愿者组织	志愿服务、志愿者管理
研究学者	科学研究
员工组织	策展人、保存人和科学家论坛，人事咨询委员会，员工福利委员会

通过整合传播手段和不同媒体发挥协同作用；战略层面，将传播过程中的各种关系，包括消费者、股东、员工、社区、政府、媒介等，置于营销的中心。[12] 由此理解“整合”，是在聚合基础上对各要素的综合运用，通过整合使得整体能够发挥协同作用。博物馆文化传播过程天然地由各种要素介入，多种要素交织纵横形成关系网络，加强了博物馆制度的系统相关性特征。部门之间的通力合作是这种相关性在纵向上的一种表现：在《南京博物院“十三五”事业发展规划》中列举出多个重点项目，不同项目规定有相应的责任部门和参与部门。其中，“艺术馆展览环境升级改造”项目的责任部门为物业后勤部、艺术所和陈列所，参与部门为文化创意部、图书信息部和安全保卫部；“引进‘文明与艺术’系列展及推出‘精彩江苏’

国际巡展”项目的责任部门为陈列所，参与部门为交流中心和典藏部。外部环境对内部结构的影响是系统相关性在横向上的一种表现：博物馆不断加深对其受众的了解，包括目前所服务的观众、潜在观众、虚拟观众。通过调查问卷、访谈等形式掌握受众的需求、参观模式、所面对的障碍等方面的信息，这直接影响着博物馆观众服务政策的制定与调整。[13]

系统的相关性强调组成要素之间的相互依存与相互制约关系。系统相关性只是点出了要素之间的联系，但并未强调协调一致。相较于商业企业必须依靠“明确的经济交易关系、合同和公平交易”来获取资源并分配其产品，博物馆作为一种社会企业应当更加注重关系网络的管理，以平衡社会效益和经济效益。[14]管理博物馆文化传播过程中关系网络的过程便涉及“整合”的概念。由此，在博物馆文化传播过程中，将内部结构和外部环境要素整合到博物馆制度系统显得尤为重要。内部结构和外部环境交织所构成的博物馆制度系统有效推动了其传播活动的形成及传播效果。以南京地区2019年“国际博物馆日”的活动举办为例，共有15家博物馆（包括纪念馆）推出了丰富多样的“5·18国际博物馆日”系列活动（表2）。其中，南京博物院以“博物馆奇妙夜”活动贯穿始终，联动苏州博物馆、南通博物苑、无锡博物院等省内八家博物馆同开夜场，开设活动最为丰富。这种丰富的活动是南京博物院系统整合能力的体现。在启动仪式中，邀请古琴演奏家王鹏弹奏《饮露》；在传统与现代的对话活动中，邀请学生吟诵《题金山寺》，邀请北京现代舞团表演《二十四节气·花间十二声》；在展馆演出中，邀请江苏交通广播主持人朗诵经典诗词。通过整合馆内馆外多方资源，构建出以探索“在传统中创造‘新中式’生活”的活动场域，围绕着“传统的未来”的线索，吸引线上和线下的受众积极参与其中。此外，南京市博物馆、太平天国历史博物馆、梅园新村纪念馆等七家博物馆联合推出“5·18博物馆日打卡活动”，通过“打卡”的形式，整合起七家博物馆的文化资源，以扩大各个博物馆在国际博物馆日的活动范围，吸引更广泛的受众参与，达到“共赢”效果。

三、交互反馈：行动者的积极互动

在当今万物互联的时代背景下，新媒体技术层出不穷加剧媒介的泛化，传播与沟通的技术整合对社会发展已产生了深刻的影响，作为一种新型社会结构的“网络化社会”已然形成。媒介技术对人类生活的影响无处不在，正如尼古拉·尼葛洛庞蒂（Nicholas Negroponte）所说：

表2　南京市博物馆“5·18国际博物馆日”活动列表[15]

博物馆名称	国际博物馆日活动
南京博物院	1.启动仪式 2.传统与现代的对话：百名学生吟诵回文诗、舞蹈 3.展馆演出 4.互动活动：路德维希的艺术课系列课程——儿童毕加索抽象立体画制作 5.传统插花讲座：传情达意花里乾坤 6.“从毕加索到基弗——路德维希的艺术课”专题导览

侵华日军南京大屠杀遇难同胞纪念馆	1.“南京大屠杀遇难同胞丛葬地纪念性景观设计展”新展开幕式 2.“升国旗、撞响和平大钟”仪式 3. 12位南京优秀少先队员与讲解员们接力宣讲 4.研学课堂：引导孩子结合声光电等科技元素与纪念馆元素设计一个“可以发光的纪念馆” 5.主题合唱
南京市博物馆	1.系列展览 2.手绘陶塑罐活动 3.纸上青花活动 4.天宫实验室——制作拓片 5. 5·18博物馆日打卡活动
太平天国历史博物馆	5·18博物馆日打卡活动
梅园新村纪念馆	1. 5·18博物馆日打卡活动 2.“小小报务员”社教活动 3.“我是编译员”文化体验活动
南京市民俗博物馆	1.“活态传承，活力新生”文化活动 2.免费讲解服务 3. 5·18博物馆日打卡活动
渡江胜利纪念馆	1. 5·18博物馆日打卡活动 2.“渡江侦察兵之渡江侦察记”文化体验活动
江宁织造博物馆	1.免费参观活动 2.博物馆公益活动：“旗袍盘扣对对碰”“走进南京云锦” 3. 5·18博物馆日打卡活动
六朝博物馆	1.免费参观 2.博物馆奇妙夜活动 3. 5·18博物馆日打卡活动
南京市江宁区博物馆	1.送展进社区（麒麟街道） 2.社会教育活动：“探秘江宁的地下世界” 3. 2019年首期“我是小小考古家”培训活动
南京云锦博物馆	与南京农业大学食品科技学院合作，举办“梦回红楼宴”传统服饰与饮食文化活动
明孝陵博物馆	1.博物馆奇妙夜 2.特展：“钟山廉韵——明代廉政故事展”
南京中国科举博物馆	1.特展：“骑马上京华 风雨听琵琶——明清江南文人典雅生活展” 2.状元大讲堂：《清代的临雍讲学》 3.研学活动：寻鉴科举，董婕和你的博物馆之约 4.社教活动：一如初妆——我在科博修瓷器 5.科举文化展演：“龙门大典”“模拟乡试”

孙中山纪念馆	1.跟随专业讲解员参观孙中山纪念馆 2.聆听非遗讲座，学习雕版印刷技术 3.通过雕版印刷技术感受“博爱”精神
南京民间抗日战争博物馆	“抗战文物大家评”网络投票活动

“信息技术的发展将变革人类的学习方式、工作方式、娱乐方式，一句话，将变革人们的生存方式。”[16]在由各种新媒介技术为基础建构出的当代社会，媒介的互动能力不断增强带来传播过程的改变：信息的传播方式已从原先线性的、单向的系统转为非线性的、双向的、多向的系统。传播过程由此转向一种“多对多、所有人对所有人的社会互动过程”。[17]这种去中心化的传播逻辑贯穿于新媒体发展的历程，又使得媒介使用者得以取得对信息环境的控制，信息传播者与信息接收者之间的“支配与反支配两种力量的关系得以重新平衡”。[18]“受众从相对被动的接受者和消费者转变为更加主动的选择者、使用者和产消者，能够积极利用媒介进行传播实践和内容生产。”[19]人类社会方方面面受到新媒介技术的影响而呈现出“媒介化”的社会现象，社会互动行为被不断重塑。在此趋势下讨论博物馆在文化传播过程中的制度逻辑，除了关注在整体上的系统整合作用外，还应重视系统中各要素之间发生的交互反馈作用。

“交互反馈”机制源于社会学理论中的“互动”概念，也强调传播路径中的“反馈”机制。社会互动是一个非常复杂的过程，在传统上指向“符号与规则的制定者、使用者与建构者之间的传播与交换”。[20]这一视角延续着西方哲学的建构论传统，将物质实在与人的主体性剥离，窄化了互动的视阈。随着传播物质性对媒介实体本身的关注，作为媒介的基础设施、空间、技术和身体本身在传播过程中发挥出重要作用。论文在这一视角下理解“互动”，引入布鲁诺·拉图尔（Bruno Latur）的“行动者”概念。拉图尔在关于行动者网络理论的论述中，赋予非人因素以关键地位。他反对将人与技术分离开来，认为两者共生在一个网络中，且人与非人都可在行动中扮演主体的角色。由此，在由媒介技术深刻介入的传播实践过程中，互动是一种媒介技术参与下的“媒介化互动”[21]，包括参与者、媒介技术、媒介环境等在内的行动者之间产生跨越时空的特定的互动模式。

作为文化传播媒介的博物馆塑造出独特的场域，它由博物馆传统上所提供的实体空间以及近些年随着新媒介技术的介入而提供的虚拟空间决定。除具备系统性特征外，该场域具有很强的可进入性特征，其间充满着社会交往和媒介交往行为。博物馆文化传播的过程涉及受众、博物馆工作者、博物馆媒介技术、博物馆资源等系统组成要素之间的媒介化互动。而在这种互动中，特别强调“反馈”机制。反馈指向“解码者对信息的反应而返回编码者的过程”。[22]反馈机制聚焦于信息接收方的接收情况，接收的效果能够引发一系列个体行为和社会影响，从而直接影响传播效果。要达到文化传播目标，系统必须启用交互反馈机制，在推动信息在互动过程中的传输、转译、接收、理解的同时，促使制度系统获得高质量的行动者反馈信息以优化其文化传播能力。博物馆文化传播过程中的交互反馈，发生在由内部结构与外部环境组成的博物馆系统中的多个层面：

由从业人员组成的博物馆部门之间需要通力合作以达成文化传播目标。博物馆的岗位安排依据博物馆发展战略及管理层面的结构性考量，惯常形成扁平式结构和锥形结构两种形态。而无论哪种形态，组织结构中都存在三种信息流动方向。第一，上行传播，即“从下级向上流动到上级”；第二，下行传播，即“从上级向下流动到下级”；第三，平行传播，即“从一个组织的结构单元水平流动到另一个组织的结构单元”。[23] 上行传播中上级由于层级管理结构的本性需要扮演指挥、协调和控制下属行为的角色，使得员工往往不愿传递某些对他们产生不利影响的信息。下行传播中也会遇到因掺杂有一些个人因素而产生的信息篡改、意义替换、信息不完整等问题。平行传播发生在等级相同的人员之间，不仅有助于任务协调，还能够提供情感和交际方面的支持，但也会产生传播偏向于与组织职能不相干或具有破坏作用的方向。[24] 由此，组织结构中的信息传播总会出现偏差甚至失效，项目运作流程和规章制度实施往往呈现弱效果的特点。这就需要博物馆通过贯彻交互反馈的作用机制增强信息传输能力，确保个体与部门之间信息传输与信息反馈的双向渠道的畅通。具体在员工培训、部门会议、团体活动等过程中调动组织成员的团队意识，增进个体之间的相互了解；在规章制度制定、项目策划等进程中吸纳不同层级组织成员的创造性意见；在项目动员、项目实施、跨部门协作等过程中增进部门之间的信息沟通和组织协调。国内综合性博物馆新闻传播负责人，访谈对象 D 谈道：

> 你看我们现在工作的编辑，有年轻的，有工作时间相对比较长的，他们来了之后，大家工作上会有一种碰撞。就比如说我会跟刚刚加入团队的小伙伴说，之前会有什么样的碰壁，或者哪个话题不宜怎么说，这些会规避掉，然后我们怎么说会更好，大家会有一个互相学习的过程。这是用经验去跟小伙伴分享的地方。新来的新生力量，他身上有很多新鲜的东西，特别他们都很年轻，比如说是 90 后这样，最年轻的 96 年，他们身上会有些新鲜的血液，会把他们在社会上或是在学校里接触的东西，融入博物馆的传播中。

交互反馈机制旨在确保制度维度下博物馆内部结构中的各要素间信息沟通的有效性，同时维持个人目标和组织目标的一致性，以形成高效的运行模式，更好地推动博物馆开展文化传播活动。

除博物馆部门内部组成要素间的信息互通外，博物馆的部门设置还从外部环境的变化中获取信息，并做出调整。例如，大都会艺术博物馆根据外部环境的变化对其部门划分进行了动态调整。2018—2019 年度，为应对受众对服务质量需求的提升、其他文化和娱乐机构带来的竞争、对外合作事务的增加等外部环境的变化，大都会艺术博物馆将原先以传播、广告和市场、内部沟通、市场研究、国际市场、电邮市场、社交媒体、政府事务为主要职责的传播与市场部进行了制度性调整：在保留传播、广告和市场、内部沟通、政府事务职责保留的基础上，将原先的电邮市场和社交媒体职能转换为在线媒体职能；此外，将原先的市场研究职能归入从制度提升部中独立成立的访客体验部，该部门主要负责访客调查、票务、访客服务、访客反馈、团队访客等工作。如此调整旨在对外部环境的变化做出反应，并通过内部调整来适应这种变化，以更好地开展博物馆文化传播活动。此外，博物馆与政府或上级管理之间也存在交互反馈。国内民营综合性博物馆馆长，访谈对象C说：

08年免费开放以后，国家把门票收入的费用补充给博物馆，很多博物馆，尤其是中西部的博物馆，有足够的经费搞自己的活动。

十八大以后，提出对博物馆的重视，习总书记提倡的文化自信，实际上这个跟中央政策是有非常密切的关系。这个时候在中央提倡文化自信、文化软实力的影响下，整个社会大环境为博物馆创造了比较好的发展环境，特别是在博物馆经费方面能够有一定的保证。

后来《博物馆条例》也进行过更改嘛，提出把教育放到第一位。实际上教育功能强调之后，面向的观众、游客，各方面功能都扩大了，博物馆搞的活动也越来越多。

国内综合性博物馆新闻传播负责人，访谈对象D也说到：

“让文物活起来”，习总书记的话（“我们要加强考古工作和历史研究，让收藏在博物馆里的文物、陈列在广阔大地上的遗产、书写在古籍里的文字都活起来，丰富全社会历史文化滋养”），整个国家的博物馆都是朝着这个方向走，让文物活起来，增强文化自信，要文化强国。

可见，相关政策的发布透露出不同信息，深刻影响着博物馆的决策制定、运行调整、发展方向，而博物馆也做出了相应的调整予以“反馈”。

博物馆与外部环境之间的互动与反馈还体现在与受众沟通与交流的过程中。随着新媒介技术发展带来的社会变化，博物馆已将以往聚焦于藏品的关注点扩展到对博物馆受众的了解与研究上，一些博物馆通过留言簿、访谈、问卷、社交网络等形式与受众展开“对话”，增进受众对博物馆提供的媒介内容的理解的同时，不断吸收受众参与博物馆文化传播活动的反馈信息，以促成对博物馆现有的媒介内容生产信息和媒介信息传输形式的反思与改进。例如，苏州博物馆通过对日常观众进行文教调研，以及在特展和文教活动期间展开观众调查的方式获取博物馆受众信息。其中，苏州博物馆《2018年度观众调查问卷》显示：博物馆当年的观众以女性观众（占比68.99%）为主，35岁以下的年轻观众（占比82.06%）成为博物馆的参观主体；博物馆观众获取博物馆参观信息的主要渠道为网站（28.48%）、亲友推荐（24.68%）、微博（17.03%）、微信（16.52%）；博物馆观众参观行为信息方面，40.5%的观众选择自行浏览，31.83%的观众选择志愿者讲解，电子语音讲解和专职讲解员讲解分别占比10.75%和10.49%。[25]因此，根据对人口统计学信息的分析，博物馆可以针对特定受众增加内容生产和服务项目；根据宣传渠道的反馈信息可知，博物馆的新媒体宣传渠道效果良好，但也要关注人际传播中的口碑效应；根据观众参观行为信息的反馈，博物馆可以通过开发多元化的讲解内容以匹配观众自行浏览时的需求，也需增加收费讲解项目的内容丰富性、趣味性和多元性。除获取反馈信息外，博物馆还借助媒介技术手段与受众发生跨越时空的互动。例如，山西博物院在微博上展开与观众的互动，通过在讲座网络直播过程中回复观众问题的方式，更高效地完成意义的阐释与传达：

网友1：现在这个馆是新建的？

山西博物院：2005年正式对外开放。

网友2：这些瓷器是贫民生活中的日常器具还是只有有钱人家才使用的日常器具？

山西博物院：有民间百姓的，也有贵族陪葬的。

网友3：瓷枕都是实用器吗？

山西博物院：是的，都是实用品，用于日常和丧葬。

——摘自山西博物院5月18日“国际博物馆日活动：陶冶三晋——山西古代陶瓷特展专家解读”微博评论[26]

一些博物馆将对受众需求的关注扩大到对受众所在社区的关注，并促成了有社区参与的博物馆媒介内容生产。美国自然历史博物馆过去十多年间与原住民社区展开深入合作：与原住民共同策划2004年的绿松石图腾展览；2016年与原住民合作为西北海岸展馆增加数字化翻译内容；2016年与原住民社区密切对话，共同创建以数字图腾为核心内容的新型交互式项目。博物馆在2017年开始的西北海岸展馆翻新项目中也将在修复、保护、诠释、展览设计等方面与土著社区进行信息互通。此外，参与到项目中的还有文化历史学家、土著艺术家、土著文化专家、民族学策展人以及建筑事务所。[27]博物馆将通过线上线下的多元沟通方式汇集各方合作者围绕项目内容产生的意见和建议信息，并将这些信息投入项目的策划和实施过程中，以充分地还原博物馆拥有的1000多种西北海岸土著历史藏品中所蕴藏的土著历史和文化信息。开放的媒介内容生产方式和项目合作方式，促成了博物馆文化传播过程中个体、收藏品实物、媒介技术之间的信息互通。

四、结语

作为文化传播媒介的博物馆拥有制度性优势，在微观层面综合了个体因素和非人因素，在宏观层面拥有由内部结构和外部环境共同组成的结构性系统。论文根据组织传播、媒介制度、系统论、互动论等相关传播理论，深入分析博物馆这一文本自身，并结合访谈形成的原始质化材料以及博物馆相关文本资料，分析博物馆在文化传播过程中的制度逻辑——系统整合与交互反馈。

博物馆在文化传播过程中能够发挥媒介作用，首要依靠的是系统整合的作用机制，通过聚合与整合过程，在结构化系统的基础上，通过强化系统相关性特征将博物馆内部资源及外部环境整合到博物馆制度系统中，从而提升博物馆文化传播效果的深度及广度；还要启用交互反馈的作用机制，涉及受众、博物馆工作者、博物馆媒介技术、博物馆资源等系统组成要素之间的媒介化互动，在推动信息在互动过程中的传输、转译、接收、理解的同时，促使制度系统获得高质量的行动者反馈信息以优化其文化传播能力。

要达到文化传播目标，这一结构性系统仍需在应对新兴媒介技术带来的社会变化下提升系统的运作能力，在系统整合的基础上进一步加强交互反馈，使得博物馆在发挥文化传播媒介作用的同时形成一种由各种行动者参与下的社会公共领域，从而有效地深化文化转化能力、提升文化传播效果、扩大文化影响力，进而实现高质量发展目标。

【注释】

[1] 王夏歌，林迅．物质、形式、制度：博物馆媒介身份的确认[J]. 福建论坛（人文社会科学版），2020(12): 48-56.

[2] 周三多．管理学[M]. 北京：高等教育出版社，2000: 130.

[3] 胡河宁．组织传播学：结构与关系的象征性互动[M]. 北京：北京大学出版社，2010: 61.

[4] 金东日．组织学[M]. 天津：南开大学出版社，2008: 8.

[5] 迪马久 P，鲍威尔 W：铁的牢笼新探讨：组织领域的制度性趋同性和集体理性[C]// 张永宏．组织社会学的新制度主义学．张永宏，吴雯，译．上海：上海人民出版社，2007: 26.

[6] 斯科特 W R. 制度与组织：思想观念、利益偏好与身份认同[M]. 姚伟，王黎芳，译．北京：中国人民大学出版社，2020: 60.

[7] 社会学理论家吉登斯和休厄尔认为，社会结构概念必须包括各种资源——物质与人，才能说明权力的非对称性。

[8] 周三多．管理学[M]. 北京：高等教育出版社，2000: 110.

[9] 胡河宁．组织传播学：结构与关系的象征性互动[M]. 北京：北京大学出版社，2010: 74.

[10]胡河宁．组织传播学：结构与关系的象征性互动[M]. 北京：北京大学出版社，2010: 80.

[11]表格根据大都会艺术博物馆2018—2019年年报内容整理绘制。

[12]林升梁．整合品牌传播学[M]. 厦门：厦门大学出版社，2008: 71.

[13]伍拉德 V. 观众的照管[C]// 博伊兰主编．经营博物馆．黄静雅，韦清琦，译．南京：译林出版社，2010: 158.

[14]DEES J G. Social Enterprise: Private Initiatives for the Common Good[J]. Harvard Business School Gases, 1994.

[15]表格根据各博物馆官方信息整理

[16]尼葛洛庞蒂 N. 数字化生存[M]. 胡泳，译．海口：海南教育出版社，1997: 15.

[17][19]韦路，丁方舟．论新媒体时代的传播研究转型[J]. 浙江大学学报（人文社会科学版），2013，43（04）：93-103.

[18]麦奎尔 D. 受众分析[M]. 刘燕南，等译．北京：中国人民大学出版社，2006: 13.

[20] 费斯克 J. 关键概念：传播与文化研究辞典（第二版）[M]. 李彬，译．北京：新华出版社，2003: 141.

[21]THOMPSON J B. The Media and Modernity: A Soctal Theory of the Media [M]. Polity Press, 1995: 83.

[22] 费斯克 J. 关键概念：传播与文化研究辞典（第二版）[M]. 李彬，译．北京：新华出版社，2003: 105.

[23] 伯克利 J，劳斯 J. 公共管理的技巧[M]. 丁煌，等译．北京：中国人民大学出版社，2007: 333—337.

[24] 胡河宁．组织传播学：结构与关系的象征性互动[M]. 北京：北京大学出版社，2010: 89-90.

[25] 数据源自《苏州博物馆2018年年鉴》，第136-140页。

[26] https://weibo.com/shanximuseum?is_all=1#1559027232983

[27] https://www.amnh.org/about/press-center/american-museum-of-natural-history-begins-major-project-to-restore-and-update-historic-northwest-coast-hall.

城市更新背景下的工业遗产保护与数字博物馆——以首钢园 4 号储料仓改造利用暨 RE 睿·国际创忆馆项目为例

杨 思 裴唯伊（北京清城睿现数字科技研究院）

摘要：本文通过对首钢 4 号储料仓活化利用为 RE 睿·国际创忆馆的案例分析，对城市更新背景下的工业遗产保护与数字化博物馆的整体思路、关键技术、运营模式、转化成果等问题进行梳理，探讨文化遗产数字化的未来方向与意义。提出依托于文化遗产的数字博物馆已经由初级的融合创新阶段，逐渐转向如何通过应用场景的设置释放数字文化遗产的能量，关注通过数字博物馆的方式将文化遗产生活化、产品化、国际化，从而产生更加广泛的社会价值、经济价值和文化价值。需要进一步从顶层架构和应用场景和出发，对文化遗产进行合理的数字化资源配置和演绎。将文化遗产数字化理解为一个“规划—采集—制作—应用”的动态流程，即从博物馆的应用场景出发合理制定规划方案，同时以规划方案中的重要原则来指导应用，以确保文化遗产的安全得到保障，价值得到突出阐释，从保护到更新进入良性循环。

关键词：城市更新；工业遗产；数字化博物馆；文化遗产活化利用数字活化； RE 睿·国际创忆馆

随着城市的快速发展，产业结构的调整变化，城市更新进入了前所未有的高速阶段。大量的时代遗存在城市更新的浪潮中，经历“遗产化”的过程成为“文化遗产”，并再次以新的身份参与到城市更新中来。

在城市发展中的文化遗产保护，需要将“保护”与“更新”构建联系，在文化遗产安全的前提下，关注文化遗产在当代的新角色、新价值，以及与城市发展同步的可持续性。

近年来，中国大陆文化遗产领域内的数字化应用发展迅猛，文化遗产数字化保护的理念日趋成熟，也已经过了跨界融合的初级阶段。对于文化遗产数字化的探索和思考更加深入，逐渐转向如何通过应用场景的设置释放数字文化遗产的能量，关注通过数字化方式将文化遗产生活化、产品化、国际化，从而产生更加广泛的社会价值、经济价值和文化价值。

在这一过程中，如何避免被技术所累？如何进一步加深文化遗产数字化的产业化程度？如何通过数字技术将更新与保护相结合？很重要的一点，是需要我们进一步从顶层架构和应用场景出发，对文化遗产进行合理的数字化资源配置和演绎。将文化遗产数字化理解为一个“规划—采集—制作—应用”的动态流程。即从应用的场景出发，合理制定规划方案，同时以规划方案中的重要原则来指导应用，以确保文化遗产的安全得到保障，价值得到突出阐释，从保护到更新进入良性循环。并且在此过程中不断优化，完成产品化、产业化的升级。

一、城市发展过程中文化遗产的保护与数字活化

（一）数字化解决路径的优势与意义

在当代语境同一具体时空下的城市更新和文化遗产保护存在必然联系，它们同时都面临更新和保护的问题，二者无法割裂。数字化手段的介入，很大程度上在保护和更新之间建立起有效链接路径，为城市遗产的保护问题提供了有效的解决路径和延展视角。

第一，最小干预，有效保障文化遗产的安全。通过数字手段，对文化遗产进行数据采集和展示，既可以有效留存文物的历史信息，灵活地面向公众展示，同时采用不接触的多媒体数字手段，最大限度避免和文物本体的直接接触，有效保障文物安全。

第二，突破空间限制，以丰富内容赋能文化遗产。大量的文化遗产具有特定的历史功能，空间相对局促，但其承载的历史文化价值却极其丰富。如何在文化遗产本体内，让观众看懂文化遗产，解决有限空间和无限内容之间的矛盾，数字化手段提供了一条有效的解决方案。通过数字内容的介入，有效将观众的体验分为时间和空间两个维度，观众既可以在固定空间，通过延长时间体验获得增量的内容体验，也可以通过联动线下空间和线上空间，获得多维的体验内容。

第三，数字资源具有可迁移性，可以灵活运用于不同场景。通常由于文化遗产本身的唯一性，以及文物本体安全的考虑，文物本体能够直面的公众数量十分有限，但文化遗产通过数字化，可以将展示内容灵活运用于文化遗产本体（ON SITE）、线下展馆（OFF LINE）、线上体验（ON LINE）[1]，结合不同展览媒介、场所的特点，最大限度地对文化遗产的各个维度价值进行阐释和传播，惠及更加广泛的观众。

第四，以数字形态链接产业，拓展外延。文化遗产通过数字化，将物理实体转变为数据形态，利用现代科技搭建开放的协作平台，将文化遗产数字资源与最新应用技术、场景相结合，对接XR技术、数字藏品、元宇宙搭建，等最新技术领域。

第五，具有跨文化交流的天然优势。通过数字化手段，可以将文化遗产“翻译”成全人类的共同语言，通过可以体验的视觉、听觉、触觉、嗅觉等形式加以呈现，最大程度地跨越文化背景的差异，促进国与国间的文化交流、文明互鉴，促进全人类文化遗产的保护和传承。

（二）城市更新中文化遗产保护与数字活化存在的问题

第一，数字化各环节中对“人”视角的缺失。首先，在数据采集阶段，往往集中于物质实体，而忽视对文化遗产相关人文信息、社群生态的数字化采集、梳理。在阐释阶段，缺少构建文物与人的联系，尤其缺乏今人的思考与表达。直接导致了文化遗产数字化过程中，当

代价值维度和人文视角的缺失。我们常说的“见物见人”，从阶段上应该包括采集记录和展示阐释两个阶段,从视角上至少包括古人和今人，或者说文化遗产的创造者、阐释者、体验者。而其根本是我们如何理解文化遗产价值的物质性和非物质性，是否承认文化遗产价值中主观性和客观性的并存，是否认为文化遗产的价值是动态的，是具有当代性的。

第二，对于文化遗产的核心价值的阐释不足。市面上很多文化遗产数字化的活化项目，存在两种比较普遍的现象：（1）集中于数字化展示，而缺乏必要的内容阐释；（2）在内容阐释中，把文化遗产简单地作为视觉符号使用，对核心价值的把握和阐释不足。

第三，产品化不足，难以直接转化为公众消费。即优质的数字资产仍然以数据的形式存在，没有和使用场景相结合，缺乏体验设计。无法直接满足需求，创造价值。同时，因为产品化的不足,造成大量的资源浪费和重复工作，很多数字化工作变成一事一议的项目，而无法复制应用，难以广泛适用和推广。

第四，缺乏顶层设计，产业延展力不足。缺乏统一的布局和顶层设计，对于数字化的目的，未来的应用场景，活化利用方向、预期效益等缺乏合理的规划和预期，造成过度保护、不合理利用、数据冗余、数据缺失等问题，使数字遗产在活化利用阶段的后续乏力。实际上，文化遗产的保护阶段和活化利用阶段不可割裂，文化遗产的保护及数字化活化应用，应该是数据采集、数据存档、数字创意、内容制作、内容应用、产品研发、智慧运营等一系列全流程动态工作链。

本论文进行案例展示分析的RE睿·国际创忆馆，由清华大学清城睿现数字科技研究院进行设计、建设、投资及运营，通过模式创新、机制创新、产品创新对文化遗产数字化的产业模式进行了有益的探索。基于实践案例的分析与总结，可以让我们对文化遗产内涵与外延的认知进一步拓展，同时增加对行业理解的深度与广度。

二、首钢4号储料筒保护及数字活化项目背景及概况

首钢始建于1919年，坐落于北京市石景山区的西南部，长安街西延线的端点，位于永定河畔石景山的东麓。自创建以来近百年，一直担负着全国重要的钢铁生产任务，是我国钢铁工业的缩影、改革开放的一面旗帜，城市老工业区调整转型的重点示范，入选第一批《中国工业遗产保护名录》。

首钢4号储料仓位于今天新首钢园区北区，历史上是首钢炼铁厂用于储存炼铁原料的料仓，建于1992年。也正是在这一年，邓小平视察首钢，推动了首钢的改革发展，更名为首钢总公司。同年，国务院批准扩大首钢投资立项、资金融通和外贸自主权，首钢随即迅速并购扩张，炼铁能力由300万吨猛增至800万吨，综合生产规模进入国内前三位。两年后，首钢钢产量达824万吨，位居全国第一。首钢4号储料仓正是在首钢全面大发展的时代背景下而兴建的，具有特殊的纪念意义。

2020年，为进一步服务冬奥，并积极践行《加快新首钢高端产业综合服务区发展建设，打造新时代首都城市复兴新地标行动计划(2019年—2021年)》《北京城市总体规划（2016—2035）》《新首钢高端产业综合服务区南区详细规划（街区层面）》等文件对于新首钢的规划定位，由清华大学清城睿现数字科技研究院对首钢北区4号储料仓进行保护性活化利用，

建成Re睿·国际创忆馆。

睿馆的整体筹建过程，充分参考以《亚洲工业遗产台北宣言》为首的最新国际章程，结合中国大陆本土特色，在尊重原有工业遗存风貌、核心价值和特色元素的基础上，对工业遗产进行了更新改造和创意展示。经历了为期近2年的保护利用设计、保护性改造、基础设施架设，数字设备架设、数字内容策划制作等一系列环节，于2020年7月对公众开放。改建后4号储料仓更名为RE睿·国际创忆馆（之后简称为睿馆），是以“历史文化 × 工业遗产 × 数字创意科技”为主题的沉浸交互体验馆，场馆使用面积约1000平方米。睿馆致力于优秀传统文化的当代认知与传承展示，通过综合应用数字复原、3D重建、5G+8K超高清视频/立体沉浸式交互和AI/VR/AR/等技术为公众提供全方位的文化体验和情感互动，激发公众对文化遗产的认同和喜爱。

与此同时，场馆通过围绕文化为核心的市场化策略，探索可推广的文化遗产运营及盈利模式，让优秀的文化遗产资源以数字体验方式惠及更多民众，同时带动产业的良性发展。以高品质文化体验核心，以展览为平台，结合应用场景孵化具有复制性、延展性的文化产品，通过展览、展馆的复制、IP的延展应用，形成工业遗产更新活化的可持续模式。自开馆以来，睿馆先后被评为：

·北京市爱国主义教育基地

·北京历史文化名城保护优秀案例

·北京电视台评选京津冀网红打卡地

·科技冬奥项目 冬奥会数字博物馆应用示范基地

·北京市石景山区科技创新项目

·北京市石景山区文明实践基地

·北京市石景山区科普教育基地

·全国建筑创新应用大奖入围

·2021北京数字经济体验周网红打卡体验店

·第一批数字人民币试点单位

·连续两年受邀北京设计

三、顶层设计定位及具体建设方案

在展馆定位方面，其本质是数字博物馆。区别于“虚拟博物馆”和“数字化的博物馆”，数字博物馆应在ICOM最新的对博物馆定义[2]的基础上，以数字资产为核心资源，以数字化为优势，履行博物馆收藏结收集、整理、保管、研究、展览和教育普及等职能的新型博物馆形态。目前很多所谓“数字博物馆”，仅仅是将线下已完成的展览进行数字化，是对线下展览最表层呈现效果的数字采集。

而对标真正的数字博物馆，睿馆需要对数字资产标准、展馆职能、应用场景、体验服务都做出针对性的响应。

首先，睿馆需要通过数字技术的运用，以非侵入可逆转的方式，使工业遗存空间能承载更丰富的展陈内容。集成建筑学、声学、图像学、计算机信息等技术，改善筒仓圆柱体空间的声场环境、异形几何投影成像和文化体验活动空间功能性需求等问题，研发集成异形复杂空间图像拼接、立体声场定位及多音轨编码等虚实融合技术的沉浸式数字博物馆应用场景。

另外，从数字资产和数字藏品的角度，需要对前期数字资产构建、数字管理进行标准设置和数据库建设，以保障后期博物馆资产的可持续发展与应用。

（一）结合保护性展示和公共功能升级的功能分区与空间改造

4号筒仓对于睿馆来说，既是空间载体，也是最重要的“展品”。因此对于它的改造需要兼顾保护展示和功能性。从保护展示的角度，需能帮助观众更好地体验 4 号筒仓的特殊空间结构，感受工业生产时期的历史文化信息。从功能性角度，需能满足日常的基础运营和体验场景需求，履行公共文化空间和博物馆的基本职能。

1. 保护性展示改造

保护性展示改造对工业遗产的主要空间特色和功能结构进行完整保留，并通过设计引导，让观众能够进行直观体验。主要改造材料为混凝土、钢材、穿孔板、钢化玻璃。添加部分不做复杂饰面，保持材料的原有肌理、色彩，保持整体风貌和风格与原建筑的一致性，与“钢铁”主题的视觉与氛围协调。

完整保留了下沉空间中的料锥工业遗产，包括锥体本体、残留积料、风向标设施等。

第一，在筒仓外壁架设外部钢梯，观众沿着钢铁盘旋而上即可以触摸、观察到筒壁“首钢建设三公司建——1992 年 4 月”的历史字样，还可以在登高的过程中感受筒仓的高度体量，并从高处眺望一墙之隔的冬奥组委，形成和周边工业遗产景观的互动。

第二，完整保留了下沉空间中的料锥工业遗产，包括 14 米高的锥体本体、残留积料、风向标设施等遗存。

第三，在料椎空间添加 12 平方米玻璃透明平台，允许观众以“悬浮”的姿态，近距离凝望料椎，感受工业遗产的时光与力量之美。

第四，筒仓内部架设二层环形平台，观众在二层平台向下可以以“一块矿石”的视角俯视料椎，同时也可以沿平台，贴合着筒壁自由行走、探索。空间体验上通过螺旋上升式扶梯的设计，带来通达纵深的空间体验，最大限度地保留“筒仓”的空间特色。新增结构采取吊装式从顶层垂下，避免将受力基础落在料锥空间。

第五，保留历史下料口，以钢化玻璃进行封闭处理，保留了原本的结构特色，同时将天光引入室内，丰富了室内的体验感。

图 1.2.3　改造后的 4 号储料仓——RE 睿·国际创忆馆

2. 功能性改造

在功能性改建中，除了增加卫生间、机房、库房等设施，最重要的一个改建，就是添建 3 层驻留平台。

图 4　第一版方案中的线形空间

原改建方案为了使下料口的天光，可以贯穿整个筒仓，整体空间全部采用沿环状楼梯不止的线状空间形态，观众始终处于一个动态的行走状态。这样的空间设置，仅仅能够满足观众“走进”于工业遗产的体验，但是观众无法形成驻留。

因此，结合场馆的核心体验需求和运营需求，优化后的方案加建三层驻留平台。考虑到原结构构件已处于工作中，在原结构主体构件上施工对原结构不利，容易导致结构失稳发生危险，故三层封堵方案采用全装配式。所有构件均在工厂预制，单根构件最大重量控制在 300kg 以内，可整体拆除，遵循遗产保护可逆原则。

从工业遗产的历史格局看，添建的三层平台，将整个空间进行了相对封闭的分割，但是这个设计是对数字博物馆新身份的必要响应。作为文化空间，必须有足够的驻留空间，开展展览、教文化育、休闲娱乐等活动，拓展数字博物馆的应用场景。

虽然添建的平台面积不到 100 平方米，但是由此形成的驻留空间，为博物馆日后与公众和机构的互动预留了空间。睿馆开放之后，面向公众的文化讲座、音乐会、主题 workshop，以及 2022 冬奥组委国家大咖行、北京历史文化名城保护委员会“一脉传城”历史文化名城研讨会、三山五园研究会成立仪式，等一系列重要文化交流活动，都因为三层的平台改建，才得以举办。

（二）数字化功能及设施布设

RE 睿・国际创忆馆所在的 4 号储料仓的原生建筑保留有异形椎体及环壁结构，存在大量异形、曲面墙体，对于声效传达和多媒体画面影像有诸多难度，需要通过合理的设备架设、软硬件开发，以及系统改造，达到理想的展示效果。

1. 声学结构改造

4 号储料仓的原生建筑圆柱体建筑体型形成天然的共鸣腔结构，弧面墙体使声音不断被反射，在中空位置集中、放大，形成声聚焦效果，导致观众区域音质模糊，场内混响严重等问题。同时，多媒体设备和新风系统的运行还将进一步产生噪音，恶化现场的声场，使阐释的音频解说无法在合适的音量内有效传达，影响游客游览体验。为了保留原生特殊结构的遗产价值，同时考虑到沉浸式博物馆场景的功能需求，对 4 号筒仓开展改造设计与声场环境测试与优化。

为了准确制定优化方案，采用 CATT-Acoustic ・系列软件进行空间声学测算，主要针对各种类型的房间进行建筑声学参数的分析，将基于测绘点云重建的展厅三维模型导入软件中，通过软件中的虚声源和声线追踪等先进的

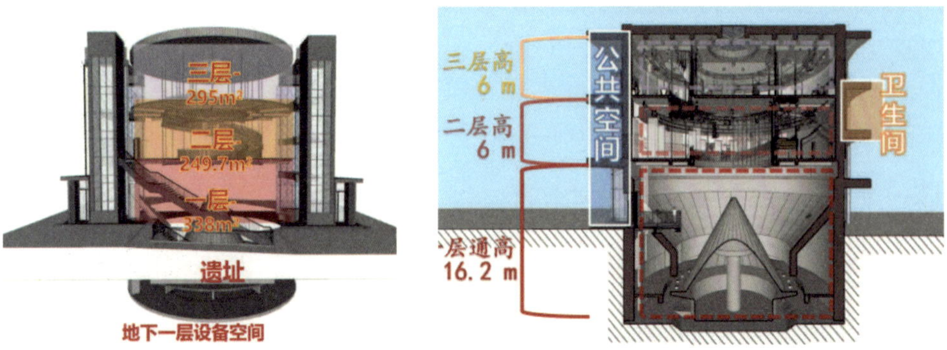

图 5.6　4 号筒仓（RE 睿・国际创忆馆）改造空间示意图

表 1 成像画面数据表

序号	位置	投影面积	技术要求
1	超大尺寸弧形宽幕	120 ㎡	异形投影融合
2	半环形地幕	105 ㎡	异形投影融合
3	环形弧面墙幕	317 ㎡	异形投影融合
4	锥体幕	167 ㎡	异形投影融合
5	弧形纱帘幕	90 ㎡	异形全息投影
综合		799 ㎡	异形复杂场景沉浸投影播控

计算方法，赋予各个反射界面设定各种材质和声学参数,对房间内的各种声学行为进行计算，模拟出声学参数。测试内容包含：外部声环境测试、室内背景噪声测试、室内音质测试、目标隔断隔声性能测试等等。

为了在最小干预前提下，获得最佳声场效果,声音解决方案从空间软改造、数字设备方案、声音数字文件方案三个方面提出解决路径。

在空间上，利用额外增设地毯以及在天花使用无机吸声喷涂的方式，增加吸声面积。地毯吸声系数 NRC ≥ 0.25。吸声喷涂吸声系数 ≥ 0.85，且需覆盖 80% 以上的天花面积。

在设备上，通过分析扬声器及其摆放位置，校正这些音染以得到更好的声音，从而提升音乐舞台感、声音清晰度和语音辨识度。

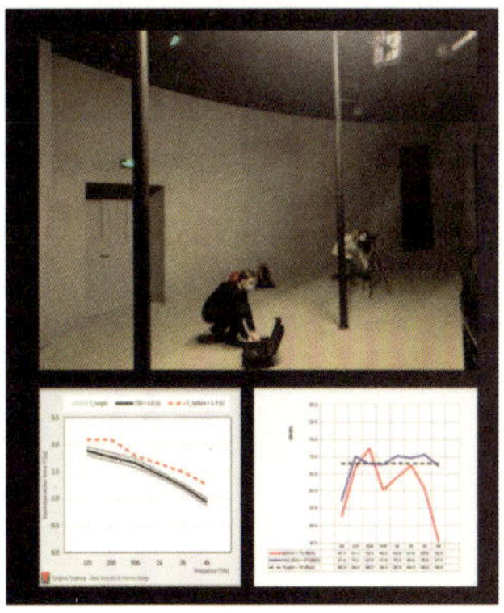

图 7 展馆内对于数字声场的科学测试及数据显示

最后，在全沉浸影片音频制作过程中，充分考虑空间内的回声问题，注意高频声音和低频声音的使用，控制音频本身的混响效果，以和空间中自有的混响效果达成平衡，使观众能够获得清晰听觉体验，并通过建筑声学模拟软件对声音系统的瞬态响应和频率响应进行校正。

2. 实时联动影像系统

RE 睿 · 国际创忆馆在对 4 号筒仓的利用最大限度地保留了建筑的原生结构和曲面特点，影响画面直接投射在建筑的异形空间中，从成像空间上包括内弧墙面、外弧墙面、椎体、异形多面几何体，从材质上包括水泥、全息纱、金属、织物、特殊吸声涂层。

传统异形复杂空间的投影拼接是通过影片图像的畸变处理实现的，但针对特定异形空间畸变处理后的影片在其他显示终端几乎不可重复使用。对于数字资产的复用和延展性存在较大的局限。

因此，非畸变图像的异形场景的自动拼接和融合技术是亟须解决关键技术问题之一。

项目方案最终采用实时异形投影拼接显示技术，满足异形复杂空间与最佳数字内容的最佳匹配。真实三维场景还原，凭借精准三维建模与材质复原，使预演场景呈现出细腻丰富的真实质感。模拟真实投影光路和画面畸变，精准测量投影机在实际环境中的位置，排除遮挡关系，采用高清激光投影机，实现超大尺寸弧形宽幕、半环形地幕、环形弧面墙幕、特殊锥体幕、弧形纱帘幕投影画面全覆盖，总投影成像面积达799㎡。

通过在模拟软件中准确输入投影机设备参数，完成复杂模型光路设计与3D Mapping，并精准测试投影画面呈现照度和像素点距，实现影像画面平均照度大于200lux、平均像素点距小于4mm（点距最大处观看距离6—10m，满足展示需求），通过3—6个特征点调试，在预演系统中实时反算投影机位置、姿态及输出画面。

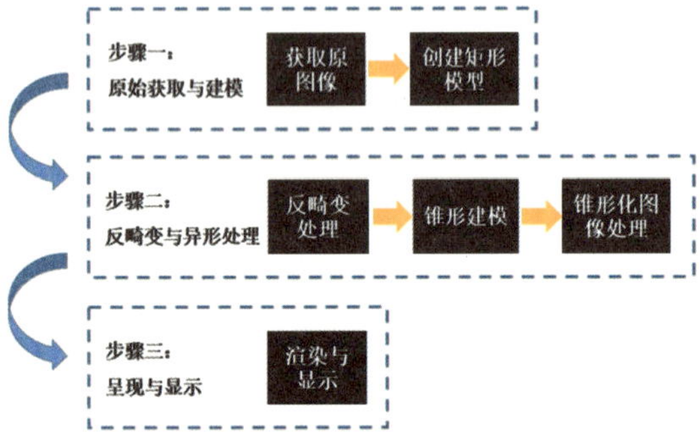

图8 异形空间拼接融合技术工作原理流程

3. 智能中控系统

为了满足如展览、沙龙、讲座、专场等多样的应用场景，需要协同多种媒体工作，做到对展馆的基础设施、数字内容进行实时的管理、调取。对此，睿馆进行了智能中控的专项研发，可以实现编辑功能的非线性时间轴线，支持超高清影片媒体素材的选择、旋转、透明度、剪裁等视觉效果编辑。同时，整合目前市面绝大部分编码格式的超大分辨率视频解码素材资源，系统自动调用显卡资源匹配对应视频格式的解码需求，实现超高清画面的实时渲染和流畅播放。将异形投影自动拼接与融合系统、超高清影片预演及播控系统、多模态技术等软件系统，和线下庞杂的硬件设备在不同接口、不同协议之间的高效有机适配与试制，实现多种场景下的集成应用。

四、数字内容采集及制作

（一）数字数据采集、制作与管理

1. 采集与制作的应用——以固展中4号筒仓的数字化为例

对于4号筒仓的数据采集，形成三维场景，主要满足于如下几个应用场景：第一，用于工业遗产本体的保护和展示，以数字资产的方式对4号筒仓进行记录和保存；第二，应用于各种数字化测试、模拟，诸如声场测试、结构稳定性测试、数字多媒体预演、智能纠偏、智能融合等所需的模型导入、三维场景模拟；第三，用于展览展示的数字内容制作，服务于面向公众的线上、线下等形式的数字体验。需要强调的是，无论是基础数据的采集还是阐释性数字内容的制作，都要以资产化思维进行构建。关注数字内容之间的逻辑联系，数据采集的目的性，可复用性、应用场景的广泛性、迭代的可持续性。

2. 管理“数字藏品”的多源异构数据库构建

针对数字遗产特定领域，构建数字藏品数据库，通过多源异构数据的处理、交互式数据清洗、数据标注、领域概念层次知识体系化管理及多模态细粒度数据检索等技术，方便信息的管理、查询与获取。

①数据清洗：为了解决多源异构数据重复冗余多、精确匹配难等问题，以及当前大多数数据管理平台对数据清洗机制黑匣化，无法验证有效性等问题，设计可对关键环节实现人工校准机制的交互式数据清洗、系统整合及数据查重，根据数据的特点进行数据的清洗及合并。

②多源异构数据的引接入库技术：提供实

时数据引接、库体数据迁移、空间/关系/多媒体文件数据导入、网络上传、物理拷贝等数据引接方式，支持单体数据、批量数据、增量数据、实时引接等模式，实现数据引接入库存储。对存储到库里的数据，可进行整编，主要是部分不符合要求的数据，人工进行增补、编辑、修改等；可进行多源异构数据量化可视分析与统计分析，全局掌握数据情况；

③数据管理：基于领域概念层次体系，将多源异构数据进行自顶向下、逐层分类，利用系统管理数据；研究细粒度的多模态数据检索方法，通过图卷积神经网络对数据进行特征提取，通过三元组网络实现数据检索，方便用户查询与获取信息。

（二）数字化展览及阐释

作为基于工业遗产建设的沉浸式数字博物馆，对于工业遗产本体的展示是其中的重要内容，同时也需要不断为公众提供新的文化体验产品。因此睿馆的数字内容分为文化遗产本体部分——以固定展览方式展出，即常年在馆中展出的内容；以及其他文化主题的数字内容——以临时展览的方式展出，每半年一个展期，更换一次内容。在十分有限的空间里能够实现固展和临展同时展出，也正是依赖于数字化方式可以支持在固定空间，拓展内容承载量的优势。

在对工业遗产本体的展示方面，RE睿·国际创忆馆通过沉浸式数字展演的形式，阐释建筑空间的特征和历史功能。基于建筑的GPS坐标和历史阳光轨迹模拟，定位出1992年筒仓出建时，由下料口洒下的阳光在建筑空间里的真实轨迹。同时根据历史资料，明确了冶炼材料在炼铁流程中运转的全过程。在将历史研究成果进行艺术转化后，在由32台高清激光投影仪组成的沉浸空间中，通过对建筑本体的线条勾勒，阳光轨迹复原、炼铁原料入仓模拟等内容，引导观众观察并理解4号筒仓的工业结构的主体轮廓、基础数据和历史功能。全程通过数字声场技术，真实还原工业生产时的声音，带给观众全方位的沉浸体验，引领观众看懂工业遗产。

图9　4号筒仓下料场景数字创意展演部分实拍

2021年，睿馆推出的“不止·钢铁”数字沉浸展，呼应“Nizhny Tagil Charter for the Industrial Heritage”和“Dublin Principle”，进一步延展到对百年首钢的历史梳理、对当代首钢新角色继续的探索，以及对首钢人与首钢的文化认同[3]与情感共鸣。

展览充分利用4号筒作为铁前工艺的流程环节，以“一块矿石的旅程”为主题，展现一块矿石从料仓出发，经历各个生产环节，百炼成钢的工业流程，并在过程中串联起今天新首钢园的各个工业打卡景观。此外，展览关注与工业遗产相关的文化人群，采用轮展区方式，先后展出了“柔软的铠甲——首钢工服”“首钢的大厂生活”“首钢声音”等主题，以非正式口述史、专题采访、大众展品征集和并邀请首钢工人、多媒体艺术家在今天的首钢园进行数据、素材采集，并制作成多媒体展项，在展厅展出。

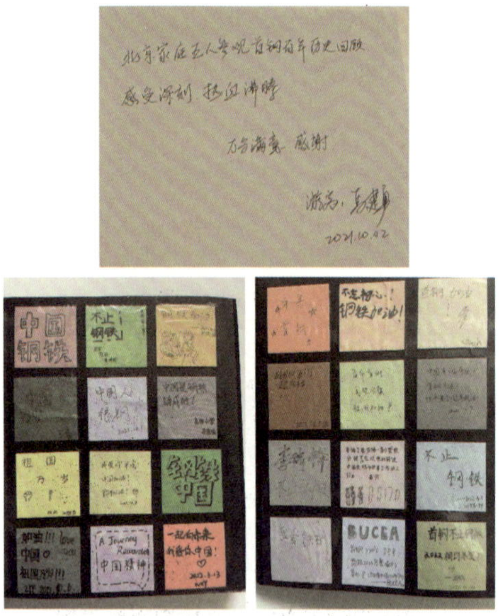

图 10.11.12　观众留言节选

在打造优质临展方面，开馆以来，先后举办了“重返·万园之园”“发现·北京中轴线”“不止·钢铁”“重返·奥林匹亚”4 个主题数字沉浸展。展览从数字化研究、数字化存储、数字化复原、数字化展览、数字化线上传播等维度，践行博物馆的职能，将科学技术与文化遗产的内容、相关领域不同阶段的工作场景需求深度结合，对于文化遗产数字化的深度与广度做出了全新的探索。

图 13.14　“重返·万园之园”“发现·北京中轴线”展演现场实拍

以展览为平台，睿馆完成了对圆明园、北京中轴线、首钢园、希腊奥林匹亚遗址的数字研究及复原，形成了近 200T 数字资产沉淀，包括点云数据、测绘图纸、模型、多媒体影像、声音文件等类型，可复用于多种应用场景的拓展开发。

开展“小小策展人”“小小申遗官”等教育活动近百场，结合线上平台，推出多场线上体验直播，虚拟漫游，发挥数字博物馆的传播优势。由于突出的教育宣传效果，被评为北京市爱国主义教育基地、石景山区科普基地。

图 15　活动现场

五、在城市发展中数字文化遗产的应用前景

（一）促进国际交流文明互鉴，服务于国家战略及重大议题

数字化技术的应用可以促进对文化遗产价值的保护、传承以及认知、迁移，并且能够通过“转译”，增强文化遗产在国际交往交流中的作用，让文化遗产“活”起来，以人类共通的情感价值为纽带，以柔性传播的方式讲好文化遗产故事，讲好可传播、可分享、可共鸣的中国故事。

以 RE 睿·国际创忆馆为例。睿馆开馆以来，拼接独特的体验、优质的数字内容，持续服务冬奥和国家重大议题，先后承办 2022 冬奥组委首场外媒接待沙龙、2022 冬奥国际打卡行收官活动，并在 2022 年作为冬奥数字博物馆课题实践应用基地推出“数字奥林匹亚”沉浸展，面向世界展示中国的优秀传统文化、现代文化科技软实力和作为双奥城市的无限活力。累计举办冬奥组委外媒首场接待会等数十场文化活动，助力北京双奥城市，服务冬奥。

图 16　2022 北京冬奥会首场外媒接待会现场

同时，作为城市文化遗产数字化的标杆案例，睿馆举办了“打造首都数字经济发展新高地——北京市政协委员沙龙”“一脉传承——北京历史文化名城保护座谈会”“北京市人大常委会关于北京历史文化名城立法专题的调研会”“国家形象传播系列沙龙”“遗产地数字博物馆体系构建及实践应用沙龙研讨会”等活动。睿馆作为活动举办场地，也作为研讨案例，接受了来自文旅部、科技部、住建部等国家部委的检阅。

（二）新型数字博物馆的广泛需求

截至 2021 年，我国备案在册的博物馆数量达 6183 座，较 2016 年增长了 2074 家，2021 年当年全国新增备案博物馆 395 家[4]。这在博物馆飞速建设的时代，为数字博物馆带来了巨大的发展潜力。

一方面“互联网 + 博物馆”战略下，现代科技与博物馆不断融合发展新路径、新模式，创新展览展示形式，不断提高公共文化服务水平，进一步满足人民群众多层次文化需求，不断促进博物馆数字化的深入构建。仅 2021 年，全国博物馆便策划推出 3000 余个线上展览，1 万余场线上教育活动，网络总浏览量超过 41 亿人。

另一方面，大量新建博物馆面临展品不足的困境，制约了博物馆的发展。而以数字资源为藏品，发挥数字化优势，构建的新型数字博物馆为这一问题提供了解决思路。

首先，从“文化遗产数字化”的属性角度，即是对历史上形成的文化遗产的数字化，其本身也在数字化过程中形成了新的价值，成为一种新的遗产，具有应为当代人及后代人长久保护、保存的价值和意义的。另外，数字遗产和数字化技术天然的开放性、兼容性和共享性，使得数字博物馆在去中心化、综合性研究、传播教育等领域具有优势，能够形成与传统博物馆的资源优势互补。

因此，这里说的数字博物馆不仅是通过数字技术活化传统博物馆的资源，而是以数字遗产为藏品，发挥数字技术优势，从数字化资产、数字化存储、数字化研究、数字化体验、数字化传播等维度，履行博物馆收集、整理、保管、研究、展览和教育普及等职能[5]，构建新型数字博物馆。

（三）发挥引流和示范作用，活化文旅资源，促进消费市场

通过数字化技术的应用，文化遗产得到生活化的转化，不断贴近人民群众精神物质需求，转变为公众可以体验、消费的文化产品，从而起到引流带动作用，激活片区资源，促进消费升级。

根据用户数据显示，睿馆 76.74% 客群来自石景山区以外地区，69% 以上客群到达时间成本 1 小时以上；首钢园抖音上睿馆开馆主题

内容收藏量7.2万，40余万点击量播放量，AI首钢园售票活动瞬间人数破10万。北京电视台《这里是北京》栏目，多次对睿馆进行报道，并称睿馆为首钢园第一展[6]。在2021北京服贸会期，睿馆间作为入驻企业优秀代表承办首钢面向社会企业招商政策宣介会。

而睿馆自身，也表现出了对于消费行为的积极转化。RE睿·国际创忆馆荣誉馆长单霁翔先生认为睿馆通过数字方式将传统文化与工业文明对接，极具活力；同时以数字化技术带来新的传播方式，从内容到形式都满足了时下年轻人的需求[7]。数据显示，客群中90后、00后及亲子家庭占客群占比75%以上。由于年轻群体、家庭自身强大的消费力，以及通过数字展演与文化遗产建立的价值认同，有效促进了展览主题文创的销售。睿馆展览的文创传化率达到17%，远高于业内10%左右的平均数据。

同时，通过智能化、数据化的集成管理和以内容为核心的情景化销售，睿馆一千余平方米展馆面积的日常在馆运维人员（含销售人员）仅为3人，有效控制了运营成本。开馆当年，即达到收入基本覆盖日常运营成本，形成收支平衡。

（四）文化消费市场繁荣下的产业化潜力

文化遗产通过数字化变为文化资源，具备结合线下线上场景、复制推广的巨大产业化潜力。

1. 应用场景拓展、复核业态构建

数字化资源具有空间兼容性高、灵活调试、延展度高等特点，在应用场景的适配度，符合业态构建方面具有突出优势。以睿馆在为例，作为沉浸式数字博物馆，除了日常展览外，在有限的展馆空间内，通过“线上＋线下”“白天展览＋夜场活动”“文化内容＋生活场景”等复合业态的持续拓展，与首钢文旅、中青旅、涂思美育、全民畅读、香格里拉等品牌、企业展开了合作；并通过展览形成数字资产、孵化数字IP，在数字藏品、区块链、IP授权等领域开展业务。

2. 新技术、新产品孵化

以数字技术为链接，以内容为驱动，数字文化遗产能够和各种技术、产品形式灵活对接迅速孵化，并基于高延展性、高适应性，以配式标准化进行推广。自主研发的VR一体舱、沉浸时空仓，等产品具有优秀的延展性和适应性，已经应用于北京鼓楼保护展示项目、文化润疆重点项目龟兹魏晋古墓博物馆、2022北京冬奥小屋等项目，并巡展进入北京中小学，带来了显著的社会效益和经济效益。

六、小结

城市发展中文化遗产的保护和数字化活化利用，是构建“更新”与“保护”的有效路径。以文化遗产为依托的数字博物馆具有构建文化、科技、经济，三维融合创新的驱动力，关键在于对于文化遗产价值的精准把握，以及从顶层进行全流程架构。需要从业者从单纯的保护视角，拓展到运营视角、产业视角，激发出数字遗产的无限潜力，在创新创意中，对文化遗产进行动态的保护和传承，同时也进一步拓展博物馆的内涵与外延，打造开放兼容的博物馆新形态。

【注释】

[1]贺艳，马英华．“数字遗产”理论与创新实践研究[J].中国文化遗产，2016（3）：4-P17.

[2]ICOMOS, 2003. The Nizhny Tagil Charter for the Industrial Heritage. International Council on Monumentsand Sites. Available at: https://www.icomos.org/charters/ticcih2003.htm [Accessed 19 Feb. 2023].

[3]进一步与 *Nizhny Tagil Charter for the Industrial Heritage* 第二条II. “The industrial heritage is of social value as part of the record of the lives of ordinary men and women, and as such it provides an important sense of identity.工业遗产作为普通男女生活记录的一部分，具有社会价值，因此它提供了重要的身份认同感。”相呼应。

[4]http://www.gov.cn/xinwen/2022-05/19/content_5691108.htm.

[5]陆建松.从博物馆职能看如何经营博物馆[J].中国博物馆，1998（1）：24-P27.

[6]BRTV北京时间客户端．不止钢铁——工业遗产里的第一“展”[J].2021-11-16.

[7]RE睿国际创忆馆．单霁翔“上新了”——出任RE睿·国际创忆馆终身荣誉馆长[N/OL].（2021-06-07）.https://mp.weixin.qq.com/s/OG4pzxWEZxeN2aHrakM4Rg.

【参考文献】

[1]钱益汇，袁广阔，赵古山，吴十洲．博物馆蓝皮书．中国博物馆发展报告（2019~2020）[M].北京：社会科学文献出版社，2021.

[2]李德庚．流动的博物馆[M]．北京：文化艺术出版社，2022.

[3]苏晓彤．工业遗产的社会价值研究——以首钢工业遗产为例[D]．北京：首都师范大学硕士学位论文，2021.

[4]单霁翔．城市化发展与文化遗产保护[M]．天津：天津大学出版社，2006.

[5]德瑞克吉尔曼．文化遗产的观念[M].长春：东北财经大学出版社，2018.

[6]周明全．文化遗产的数字化保护研究——第三届中华文化遗产数字化保护国际研讨会论文集[C].北京：北京师范大学出版社，2006.

[7]吕建昌．近代工业遗产博物馆研究[M].北京：学习出版社，2016.

突破与创新：博物馆文创产品开发的多维思考
——以湖北省博物馆为例

谈津维（华中师范大学）

摘要：随着文化产业的持续发展，博物馆逐渐由纯粹公益性文化机构向兼具经营性文化机构转变。湖北省博物馆作为湖北省最重要的文博机构，具有馆藏文物丰富、地域文化特征显著和展陈影响力深广等特点。但随着文创产品开发理念的不断升级、新媒体的全面应用以及数字化技术的蓬勃发展，湖北省博物馆的文创工作却显示出与其丰富文化资源不相适应的局面。为此，以湖北省博物馆文化资源为依托，从设计突围、传播创新、科技赋能、文化助力等四个方面提出优化路径，为博物馆构建资源开发新模式提供助力。

关键词：湖北省博物馆；文创产品；数字化；开发策略

文物的活化和传承是博物馆建设的核心要义，而文创产品是文物活化和传承的重要载体。[1]2015 年国家颁布《博物馆条例》（以下简称“条例”），鼓励博物馆挖掘藏品内涵，开发衍生产品以促自身发展，博物馆事业的发展由此进入新纪元。自“条例”发布以来，多家博物馆在文创产品开发过程中大放异彩。

博物馆文创产业的发展主要经历了四个阶段。第一阶段是博物馆文创产品开发的初级阶段，这一阶段的博物馆文创产品作为博物馆旅游的纪念品，多是博物馆文物的简单仿制或是文物图案的复印叠加，常见产品是书签、笔记本、钥匙扣等日常生活用品或文具，产品价格往往两极分化且同质化严重，吸引力不强，实用性不高。2016 年国家文物局发布《关于公布全国博物馆文化创意产品开发试点单位名单的通知》，公布了全国博物馆文化创意产品开发试点名单，并提出要在国家级、部分省级和副省级博物馆中建立符合发展要求、满足人民群众文化消费需要的文化创意产品开发试点。博物馆文创产品的开发进入了第二阶段，博物馆文创产品在开发时既注重产品的实用功能又注重产品的文化功能，既具有美观有趣的表现形式又具有丰富的文化内涵。产品质量有所提高的同时，产品定位与价格方面也细分层级，满足各个群体的消费需求。同时销售渠道逐渐拓展到线上。第三阶段是博物馆文创广泛“跨界”的时代，这一阶段博物馆纷纷进行跨界品牌授权合作，将各自文物资源与科技、游戏、金融等各行各业相结合，树立品牌形象，打造本馆特色 IP，并且再次拓宽销售渠道，打造线上线下多维销售网络。此时博物馆文创已经突破了传统的实物产品，延伸为多视角、多形式、多感官的文化产品。如今，博物馆文创已经发展到全新阶段，应深挖博物馆文化潜能，形成系统、科学、创新的开发运营体系。可将博物馆文创产品作为博物馆空间的外延，通过产品自身价值提高本馆文化的社会影响力。并应注重博物馆文创产品开发过程中的互动与共创，使受众由传统的博物馆知识接受者和文创产品消费者向共向的知识及产品的生产者转变。

本文通过对湖北省博物的资源梳理和整合，分析其文创开发工作的成果与困境，并结合新时代要求提出相应的开发策略，从而为实现湖北省博物馆文创产品开发的长足发展提供助力。

一、湖北省博物馆的主要文化资源

湖北省博物馆地处湖北武汉，于 1953 年开始筹建，1960 年迁至东湖之滨，是国家一级博物馆。湖北省博物馆作为中央与地方共建的八家博物馆之一，文化资源丰富，荆楚文化氛围浓厚，是湖北的文化窗口和武汉的城市名片。

（一）资源类型

1. 文物资源

湖北省博物馆目前有藏品 242757 件(套)，国家一级文物近一千件（套）。其中，以商周青铜器、楚秦汉漆木器与简牍、先秦及明代藩王墓葬出土金玉器为特色，体系完整、器类丰富。通过对湖北省博物馆馆藏资源的梳理，可知湖北省博物馆的藏品类别大体上可分为青铜器、漆木器、金银器、竹简、玉器、陶、瓷器以及书画等七大类，其中各类别占比如图 1。

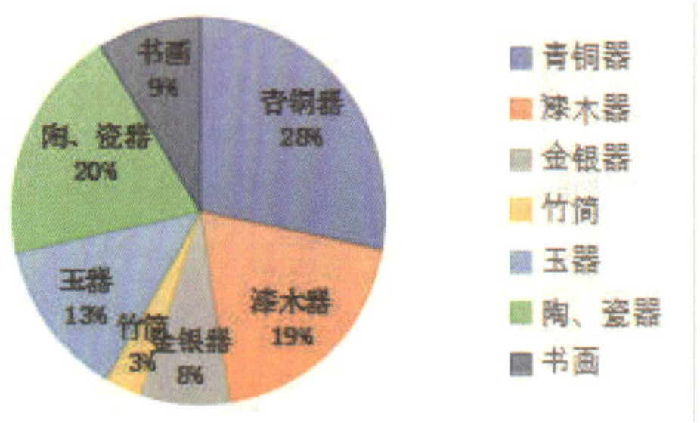

图 1 馆藏资源类别占比

由图可知，馆藏中所占比例排名前三的分别为青铜器（28%）、漆木器（19%）以及陶器瓷器（20%）。尤其是被列为“十大镇馆之宝”的越王勾践剑、曾侯乙编钟、虎座鸟架鼓、元青花四爱图梅瓶等馆藏，工艺精湛，具有地域特征突出、文化元素丰富、文化传播度广的特点。

2. 展览资源

湖北省博物馆目前有几大文化内涵丰富的常设展览：“曾世家——考古解密的曾国”揭示了一度在江汉地区独领风骚的曾国曾经滋养楚国，最后融入楚文化的历史进程。“越王勾践剑特展”从越国历史切入，讲述越王勾践剑这一文物背后楚昭王、越王勾践联姻的美好故事，并以剑身不朽为特点，向世人展现了古代科技成就。“曾侯乙”呈现出古代高度发达的礼乐文明，展示出古人丰富的精神世界，体现了中国古代在青铜铸造、天文、音乐等方面的成就。“楚国八百年”全面展现了楚国的八百年历史与五千里河山，通过展览楚国灿烂的物质文明和精神文明成就，折射出楚人“筚路蓝缕”“一鸣惊人”“趋时拓新”的民族精神。“梁庄王珍藏”通过展览梁庄王墓出土的金银器、瓷器、玉器等文物，揭示了作为明代早期藩王的梁庄王及其王妃的生活状况，重现了通过海上丝绸之路带来的中西文化交流的情景。还有"郧县人""屈家岭""盘龙城""土与火的艺术"及"荆楚百年英杰"等展览，分别再现了史前时代湖北地区人类文明、商代早期城址以及从荆山楚水中走出来的英雄豪杰、仁人志士的风采。此外，湖北省博物馆开设了多个主题的虚拟展览，极大地丰富了展览维度。

3. 空间资源

湖北省博物馆建筑极具荆楚文化特色。馆区的布局在总体上呈现出"一台一殿""多台成组""多组成群"的风格特色。其中，二期工程的设计采用隐喻手法，仿效楚灵王湖畔建章华台之举，建造一组以覆斗为造型母题的现代版"高台建筑"，以此来象征博物馆建筑的楚文化特色。[2]三期建筑提炼概括"鼎"的形体，且以高台表现超拔之美，极具楚韵。博物馆前广场上建有一座鱼沼飞梁式的石桥。中国古代称圆形的水池为池，方形的水池称沼，跨水的桥为飞梁，又因方形水池中有大量游鱼，故称"鱼沼飞梁"。湖北省博物馆前广场在建造时化用传统古建筑，为开阔的空间增加了层次感，丰富了视觉层次。湖北省博物馆还拥有数字博物馆和社会教育中心，为博物馆文化资源的可持续转化提供了保障。

4. 技艺资源

湖北省博物馆中的技艺资源作为一种无形的文化遗产，隐藏在馆藏文物的背后，需要不断地深入研究、保护与开发。比如具有代表性的技艺有楚式髹漆技艺、汉式装裱技艺、楚香制作技艺以及汉派刺绣技艺等等。楚式髹漆技艺根植于楚式漆器，虽然"漆稀如水，运笔如飞"的楚国髹漆工艺已经失传，但是经过长期的挖掘、研究、传承，形成了继承传统风格的新式楚式髹漆工艺，并且在作品创作上不断推陈出新，将传统韵味与现代审美相结合，体现了古代"道器不二"的造物思想，既具艺术感又不失实用性。曾侯乙墓出土的漆衣箱，上面彩绘有二十八宿，并与北斗和四象相配，是我国迄今为止发现的最早的天文实物资料。曾侯乙墓发现的曾侯乙编钟更是全面展示了中国古代青铜锻造技术、音乐艺术等诸多方面的高超水平。

（二）资源特点

通过对湖北省博物馆资源的梳理与分析可以得知，湖北省博物馆资源具有文物丰富多样、文化特征突出以及文化内涵丰富的特点。第一，馆藏丰富，类别齐全。湖北省博物馆馆藏二十余万件藏品，国家一级文物近千件。藏品包含各个种类，体现了荆楚文化在中华文明发展史上举足轻重的地位。第二，精品突出，特色鲜明。湖北省博物馆拥有"十大镇馆之宝"，且因湖北自古为楚文化的中心，所以博物馆拥有丰富的具有楚文化特色的馆藏文物。第三，代不乏物，链条完整。湖北省博物馆的馆藏资源时间跨度大，上迄史前，下至近现代，且每一时代都有标志性文物，如史前时代的郧县人文化、商时期的盘龙城文化、春秋战国时期的曾（随）文化和楚文化、秦汉简牍文化、三国文化、隋唐诗文和流寓文化、宋代的书画文化、元代军事文化、明代的宗藩文化、晚晴的辛亥首义文化等，没有时代缺环，全面显现出中国历史的发展脉络，且湖北省博物馆的馆藏资源富有故事性。

二、湖北省博物馆文创产品开发现状

湖北省博物馆的文创产品开发与推广有利于优秀历史文化的活化与传承，近年来湖北省博物馆的文创产业取得了丰富的成果，但仍有发展空间。

（一）文创产品开发的成果

1. 开发主体明确，文创工作目标清晰

湖北省博物馆的开发主体明确。一方面与文创开发公司合作,突出文创产品的经济价值，开发符合市场需求的大众化文创产品。另一方面，针对体现馆藏特色文化的产品进行自主开发，突出产品的文化价值。如仿制青铜器、仿制越王勾践剑等，将其视为博物馆藏品形象的代表，具有收藏价值。湖北省博物馆拥有成熟的开发理念以及清晰的开发目标。一是十分重视创新创意工作。曾多次举办面向社会各界的文化产品创意设计大赛，让大众成为文创产品开发的参与者，为产品的后续开发打下基础。二是针对不同消费者分众设计产品。通过市场调研，了解大众消费需求，并针对调研结果进行有侧重地开发。三是注重文化的传播，将博物馆中丰富的文物及其历史知识进行整理出版，让文化知识得到有效推广，并针对少年儿童推出系列读物，促进荆楚文化全年龄段的传播。

2. 文化 IP 鲜明，文创产业体系初建

湖北省博物馆馆藏资源丰富，拥有如编钟、越王勾践剑、虎座鸟架鼓等众多名声显著、大众喜爱度高的馆藏资源，这些馆藏文物及其历史文化内涵为湖北省博物馆文创产品的持续开发提供资源保障以及内容支撑。一方面，湖北省博物馆在文创产品开发过程中文化 IP 明确，比如打造了“钟楚越”卡通人物，人物手持越王勾践剑、身着由编钟演化而来的盔甲。人物造型可爱，具有明显的文化辨识度，并以此开发出一系列造型各异的人物手办。另一方面，湖北省博物馆的文创产品成果丰富、体系初步建立，已开发出文具、生活实用品、饰品、食品等等多种类型的文创产品。如提取元青花四爱梅瓶造型及图案元素设计服饰。梅瓶出自明朝，为明代郢靖王所用之物，其在形制上与明制女性对襟长袄非常契合，故以明制对襟长袄为基础，结合梅瓶“小口外撇，短颈丰肩”的特点，对长袄进行改良。湖北省博物馆一直努力将文创产品系列化、品牌化。比如已经开发出了元青花四爱图梅瓶系列、越王勾践剑系列、车马出行系列、盘纹楚韵系列和御鉴佑福系列等系列文创产品，并且每一系列中产品内容丰富，价格定位合理，符合不同群体的消费需求。

（二）文创产品开发面临的困惑

1. 产品同质化严重，缺乏个性化设计

湖北省博物馆文创产品的形象风格同大多数博物馆类似。一方面 IP 形象多为卡通风格。这种风格在一定程度上附带亲和力，具有受众广、易被消费者接受等特点，在情感上因其明确具象、亲和有趣的形象更容易被接受和偏爱，这就导致产生严重的同质化。究其主要原因是文创产品在设计开发时对消费者的调研不深入，没有形成明细具体的目标用户群体。卡通形象的文创产品虽能适应广大消费者，但相对来说，卡通形象的文创产品更易被儿童和年轻女性所喜爱，其接受程度具有明显的局限性。另一方面产品类别多为日常小用品。诸如镂空书签、钥匙扣、纹饰胶带、帆布袋、冰箱贴等小商品，是多数博物馆或文创公司在产品开发时的主要选择。这类产品仅是对文物元素做简单提取和移植，在产品品类上缺乏创新性和审美性。部分产品凭恃其文化附加值而故意调高价格，导致产品价值属性与使用属性相偏离。博物馆文创中部分产品对馆藏文物的理解仅仅停留在表层，缺乏对文物文化的深层次挖掘。落入平庸的文创产品无法有效刺激人脑中记忆点的形成，受众无法与博物馆的历史文化产生共鸣，很容易被市场淘汰。

2. 产品体系松散，缺乏完整产业链

湖北省博物馆的文创产业体系建设不完善，

产品开发上存在组织管理不当、产品分类不清、核心产品不突出等问题。一方面，目前国内大部分博物馆之间属于竞争模仿关系，湖北省博物馆与湖北省内其他博物馆乃至全国各地区博物馆之间的资源交流较为封闭，导致无法在国内市场形成良性循环的博物馆文创产业圈。另一方面，虽然湖北省博物馆产品开发跨界领域广泛，包括生活用品、图书出版、动漫游戏等领域，但在各个领域的开发中缺少交流和互动。并且不同领域的产品是由不同的企业开发完成的，缺乏专业、统一的开发平台，造成产品的设计风格、品质特征难以均衡。

3 产品营销渠道狭窄，缺乏叠加效应

湖北省博物馆现已开发出富有新意、做工精湛且富有自身文化特征的特色文化产品，但未得到社会各界的关注。究其根源，是湖北省博物馆目前较为重视产品的开发，却忽视了产品的推广与营销。每一个产品从设计生产到走向市场，拥有一个完整的产业链。由于湖北省博物馆产品宣传经验不足，宣传策略不清晰，导致馆藏文物资源难以开发成热门的文创产品。国内文创产业发展较好的博物馆，主要依托线下博物馆实体文创商店和线上博物馆文创旗舰店、博物馆官网等渠道进行销售。但湖北省博物馆没有开发线上博物馆文创旗舰店，仅通过博物馆官网结合线下实体文创店或展览活动的方式对文创产品进行销售。渠道单一，没有综合运用互联网技术和新媒体平台的优势。并且，湖北省博物馆的社交媒体平台中，微信公众号与微博两个平台开通时间较长，粉丝数量大，但账号活跃度不高，互动少。其他诸如抖音、B站等平台，账号注册时间短，粉丝数量少，平台内容单薄。湖北省博物馆传播媒体网络的构建呈现出单一媒体传播广、体量大，全媒体开发后劲不足的特点，无法因媒体间互联共建而产生传播叠加效应。

三、新时代湖北省博物馆文创产品开发的"+"策略

2018年4月的腾讯"新文创"生态大会上，腾讯集团副总裁程武在此前提出的"泛娱乐"概念基础之上，进一步提出"新文创"概念。随着这一概念的提出，文化产业从娱乐到更加注重双效统一的文化内容生产，也愈发注重科技与文化的相互融合、相互赋能、相互赋值。[3]所以，湖北省博物馆的文创产品若要在内容上有所创新、价值上有所突破，应从设计、媒介、科技、文化四个方面进行考量，开发出真正融入大众生活，富有文化价值的新时代文创产品。

（一）设计突围

博物馆在文化创意产品的设计开发过程中，除了要遵循基本的设计流程之外，更重要的是要注重产品调性。在充分考虑受众需求的基础上，深度挖掘博物馆自身文化特色，开发出具有生命力的文创产品。这就需要设计师在产品的设计开发过程中注入人文关怀，融入设计情感，从宏观层面统筹管理产品设计思路。

1."层次化+系统化"，开发适应广泛的产品

博物馆文化创意产品受众的消费需求及消费能力，直接受到消费者的年龄、性别、经济能力和知识背景差别的影响。所以湖北省博物馆在开发文创产品时应该充分考虑到受众的消费需求、消费能力和产品档次等问题。在产品开发布局中应做到既有大众品类，也有小众品类，构建多层次产品分类体系，充分满足不同消费者的购买需求。并在此基础上，充分结合市场调研结果，以消费者特征为参照进行基础定位，再根据受众需求的多样性与消费行为的

差异性，进行整体市场层次化整理，从而有效制定设计策略。同时，在设计中应注重挖掘具有代表性的文化资源，分析其艺术风格、制作工艺、实物色彩及功能，提取并抽象其具有代表性的文化元素，应用于不同种类的产品设计当中。以形成具有文化共性和艺术共性的系列文化产品，促进博物馆文化资源品牌化。

2.“审美性+功能性”，实现诗与远方完美结合

随着日常生活审美的逐渐泛化，在博物馆文创产品的开发过程中，设计人员应发散思维，提炼藏品资源的元素特征，结合现代美学，有效传达博物馆文创产品的美学特质。在开发过程中，应该将“人文理想+创新精神+生活美学”[4]作为一种追求，人性上达到古代人和现代人的共情，审美上达到传统文化和现代文化的连通。中国古代工艺设计中，具有原道造物思想，其中“事像之器”“道不远人”的美学意味与设计思维，为我们提供了设计话语范式与叙事模式。让博物馆文创产品成为“审美生活化”和“生活审美化”双向进程中包含审美与实用的高附加值产品，通过产品直接触摸文化，使美学更新表达并融入当代生活。[5]

3.“地域性+标识性”，推出文创地标性品牌

地域文化常常产生于特定的地区生活之中，是这一区域内文化的长期积累和精神的世代传承，常常表现为具体的民俗、传统和习惯，不同地域会表现出各不相同的文化特征。博物馆作为传播传统文化的载体，也存在着明显的地域差异，且集中表现于馆藏器物的形制、纹饰、色彩等元素之中。湖北省是历史上楚文化的中心，具有浓厚的地域文化特征，湖北省博物馆拥有富含荆楚文化的馆藏资源。所以，应充分挖掘博物馆资源中的地域文化，开发独具特色的博物馆文化创意产品，形成地标性文创品牌。

一是诠释湖北省博物馆馆藏资源的特殊文化。湖北省博物馆具有其独特的文化系列，如编钟礼乐文化、楚漆文化、楚简文化等等，这些文化是其他地区博物馆不具有的，理应充分利用。二是诠释文物原型的背景故事。以生动形象的方式表现博物馆藏品文物的精神内核，消费者可以情景式地体验产品的独特性和趣味性。如包山大冢漆奁上的《人物车马出行图》，是迄今为止发现的中国最早的情节性绘画，也是最早的通景彩画，被誉为中国古代写实绘画的滥觞。画师通过物象位置的经营安排，来传达与生活实感相符的空间维度，开创了中国古代绘画“应物象形”的新传统，也代表了当时的时代风尚。[6]运用现代科学技术可以深度还原这一历史场景，让消费者切身体验历史氛围。三是以氛围意境作为设计视角，从博物馆馆藏资源所具有的特定时空文化背景和藏品自身的艺术特征这两个角度入手，运用直接引用、共质替换以及时空交替等设计技巧来唤醒文创产品所包含的文化，形成独特的文化标签。

（二）营销创新

博物馆文化资源的转化，除了其带来的经济价值外，更重要的是其所具有的社会价值。博物馆文创产品是为了让受众轻松愉悦地了解学习博物馆文化知识，使历史文化走近大众身边，融入大众生活。通过文创产品这一媒介，让大众了解文化、体验文化进而创造文化，促进文化浸润社会。在数字化时代，文化创意产品逐渐从传统的实物产品转变为虚拟产品，因此文创产品的传播媒介需要有所创新，其文物文化也应得到现代性阐释。

1.“新媒体+主题”，打造全媒体营销平台

随着现代传播技术的发展，全媒体传播平台凭借其立体的传播矩阵、综合的传播渠道、

可控的宣传节奏以及多维的故事表达等特点，逐渐成为最有效的传播方式。所以湖北省博物馆应该以此契机建立多效传播渠道，营造网络品牌形象。以网络形象讲述品牌故事，以品牌特征映射主体文化，以文化性格捕捉目标人群，从而促进博物馆文创产品的传播与营销。比如河南省博物院利用全媒体矩阵，延长互动链条、维持热点话题，充分利用大屏端、小屏端的传播特点维持热度。[7]湖北省博物馆虽然全媒体传播平台起步晚、建设慢，但其应充分利用自身文化传播广、文物标签明确等特点，针对热点内容打造专题，迅速吸引流量，全面建设以现代传媒技术为保障的传播营销网络。

2. “多感官+虚拟”，营造沉浸式体验场景

如今，现代科技的广泛运用为博物馆文创产业的发展提供了多种可能。比如可以借助虚拟现实等计算机技术，以博物馆资源为内容支撑，构建虚拟场景，营造沉浸式体验。博物馆沉浸体验就是以博物馆资源为核心，构建文物文化场景，围绕受众创造出具有强烈感知性及高度互动感的文化体验活动，进入人为营造的短暂性的文博沉浸状态。[8]这种场景超脱出传统文创产品为消费者带来的视觉、触觉体验，而且可以延伸至多重感官体验，甚至可以不受时间、空间维度的限制。通过虚拟场景的构建消除了博物馆与消费者之间的距离感，弱化了虚拟与现实的界限，让消费者超越博物馆游客的身份，成为博物馆文化的互动者甚至是创造者。比如湖北省博物馆可以利用数字技术将博物馆打造成一个剧场，结合馆藏文物特征开发沉浸体验。以楚国历史文化为依托，将博物馆文物作为线索，通过互动性的表演、音乐、舞蹈等形式，讲述楚国的故事，展现楚国筚路蓝缕、革故鼎新的历史，将受众带入楚国世界。通过这一形式可以消解历史背景与时代断裂带来的错位感，增加博物馆文创产品的传播优势。

（三）科技赋能

近年来，随着数字科学技术的快速发展，借助现代科技手段对博物馆文物进行文化资源的提取、转换、展示和传播已经成为物馆文创产品开发的重要途径。湖北省博物馆在文创产品开发时应该注重运用数字技术，用技术力实现内容力，突破文物文化内容的传统表达模式，有效增强其传播效力。

1. “数字化+资源”，探索数字服务新范式

数字化技术可以改变博物馆文创产业业态并为文化产品的非物质创新提供可能。数字化技术在博物馆文创产业中的运用主要可以分为两个层面。一是博物馆馆藏资源数据的获取与储存。由于博物馆馆藏资源具有不可复制性，传统文创产品开发时具有很大的局限性。利用数字技术便可以弥补文物元素获取中的不足，有助于进行创意转化。二是非物质产品的生产与传播。比如可以利用VR虚拟现实技术，将具有现实感的环境提供给叙事性表达，并且虚拟的图像与真实场景融合可以产生真实感高于实际的场景，即MR混合现实。在博物馆开发的相关演出中利用这一技术可以增加真实感与可信度，使观众得到沉浸式体验。

2. “大数据+市场”，开拓消费新场域

大数据有助于博物馆文创产业进行精准受众定位并完善传播链条。大数据是指无法在可容忍的时间内用传统IT技术和软硬件工具对其进行感知、获取、管理、处理和服务的数据集合，具有体量大、模态多、生成快以及价值大但密度低的特点。[9]大数据以云计算技术作为平台与支撑，利用高效查询、索引构建及数据挖掘等功能，在受众喜好洞察、创意产品研发、营销策略生成、产品精准传播等多层维度中发挥作用。在受众喜好分析方面，大数据可以对

线上文创商品旗舰店中的用户评价进行文本分析，对不同群体的消费习惯及喜好进行识别，形成受众消费喜好画像。在创意产品研发层面，大数据通过对消费者购买行为进行分析，了解消费者喜好，进而得以定制出消费者喜欢的文创产品。在营销策略层面，大数据弥补了传统营销决策时主观性、经验性强的特点，通过对市场中海量数据进行分析，做出最具效力的创意营销方案。在产品推广层面，大数据可以根据产品特性精准定位目标人群并进行广告投放。大数据充分利用了在预测、定位以及识别上的优势，缩短了文创产品生产与消费间的距离。

3.“区块链＋产业”，健全产销新机制

区块链技术的应用有助于博物馆文创产业全面进入数字化内容生产及传播时代。区块链是最早由密码学家中本聪提出的一种去中心化的分布式数据库，具有不可篡改、时序数据、集体维护和安全可信等特点。区块链作为一种新生技术，在文创产业中的应用具有广阔的探索前景。区块链通过加密技术、透明机制、时间戳、智能合约等一系列创新技术，可以改变文创产业的实践机制。[10]区块链可以构建全新的数字文化价值分享平台、变革数字文化运营与交易体系、主导数字文化参与者角色多重性的回报机制。[11]同时，随着数字技术的发展与博物馆文化产品的多样化，出现大量文创产品网络盗版现象。对于博物馆文化和知识产权的保护，技术是完善法律规范的第二进路。利用区块链技术，可以通过时间戳、哈希算法等手段对文创产品进行确权，进而证明作品的存在性、真实性与唯一性。利用区块链技术可以做到文创产品一次确权，全程交易记录，全生命周期追溯，为文创产品的知识产权维护提供强大保障。

（四）文化助力

1.“非遗＋研学”，架设产学研沟通桥梁

2022年9月湖北省博物馆在参加郑州举办的第九届“中国博物馆及相关产品与技术博览会”时，曾与武汉纸坊造公司合作，将纸浆画非遗技艺带到了活动现场，设置了纸浆画互动体验区。江夏纸坊是传统造纸术在湖北的唯一溯源地，武汉江夏纸坊在唐代以造纸作坊而著称，故称作“纸坊”，并一直沿用至今。所谓纸浆画是将纸浆作为主要材料来进行创作的美术作品，经过染色的纸浆色彩鲜艳丰富，完成的作品会产生类似于浮雕的效果。在此次博览会上，湖北省博物馆以这一技艺生产创造出了多种创意文化产品。同样，湖北省博物馆可以以青铜器、漆木器、书简等文物文化为依托，打造相关技艺体验场所。对相关文物知识进行讲解并让参观者亲手制作体验，以“动态文创”的形式增强参观者对于文物知识的理解。让参观者在体验制作工艺、亲手制作产品的同时完成获取知识与参与创造间的双向互动。湖北省博物馆可以打造博物文化共创中心，开放相关资源、提供合理待遇，吸引文化创意企业入驻；建立设计师孵化基地，为博物馆资源转化开发的长足发展提供人才培养与储备。

2.“技艺＋产品”，促进文物“年轻”化表达

湖北省博物馆馆藏文物中承载着优秀的中国传统手工技艺，将手工技艺与馆藏文物元素相结合，创造出具有历史文化内涵及现代审美双重属性的产品，既是对于传统手工艺的传承与保护，又是对于馆藏资源的活化利用。以馆藏青铜器的铭文为例，铭文文字本身记载了历史，具有不可替代的历史价值。这些文字造型古朴大气，极具美感，又包含吉语、历史典故等内容信息。若将铭文文字拓下来，并以汉派装裱技艺进行裱褙，便是一件不可多得的艺术品。若以古代吉语做内容，在艺术价值高的同时也有美好的寓意。同时在装裱技艺上也可有所创新，可以融入自馆藏文物中提取的文化元素或是形制上更加符合现代审美。抑或梁庄王墓出土的金饰，以传统錾刻工艺加以复刻，并在其中融入现代元素，让传统文物更贴近年轻人的审美。

四、结语

未来的博物馆文创产品应该向经济价值提升、文化内涵深拓、文化体验增强等方面发展。博物馆间应该加强交流与合作，共同创建文创产品开发生态圈，同更多的商业品牌进行跨界合作，从而推出更多的文创产品供给、培育更多的文创产品受众、开发更大的产业规模。同时各大博物馆应根据自身特点，深度挖掘文化遗产的价值，让文创回归文化初衷。探索差异化文创产品开发模式，加大博物馆文化内涵的透出，为产品打造更高的文化附加值，让文化符号成为个人身份标识。在此基础上，利用虚拟现实等新一代数字技术，为消费者提供更多的文化体验。在博物馆文创产品开发的过程当中，使传统文化得到现代性表达、国际化站位。

【注释】

[1]范周，等．一个文化研究者的学术笔记 第 5 卷 言之有范 融合时代的文化思考[M]. 北京：知识产权出版社，2018:P71.

[2]向欣然．湖畔筑台——论湖北省博物馆扩建工程的建筑创意[J].建筑学报，2010（07）：78-81.

[3]范周．从“泛娱乐”到“新文创” “新文创”到底新在哪里——文创产业路在何方？[J].人民论坛，2018(22)：125-127.

[4]李芳芳．文化创意产业中的人文生活美学[D].苏州大学，2013.

[5]王乃琦，刚强．新媒体时代文创产品叙事模型研究——以故宫文创产品为例[J].出版广角，2020（18）：68-70.

[6]皮道坚．楚艺术史[M]. 武汉：湖北教育出版社，1995：237.

[7] 皮亚娟．新时代河南博物院文创产品创新开发研究[J].洛阳理工学院学报（社会科学版），2022，37（03）：47-52.

[8] 李凤亮，古珍晶．我国博物馆文化新业态的产业特征与发展趋势[J].山东大学学报（哲学社会科学版），2022（01）：96-106.

[9] 李国杰，程学旗．大数据研究：未来科技及经济社会发展的重大战略领域——大数据的研究现状与科学思考[J].中国科学院院刊，2012，27（06）：647-657.

[10]XIN L,ZHANG B.Application of Blockchain News Production Based on Digital Encryption Technology[C]//2020 International Conference on Computer Engineering and Application (ICCEA),2020:853-856.

[11]解学芳．区块链与数字文化产业变革的内外部向度[J].人民论坛，2020（03）：132-135.

应用于博物馆藏品信息智能检索服务的中国古代可移动文物叙词表研究与实践

刘 曦（故宫博物院）

摘要：文物信息数字化有助于提升文博机构的信息传播与公共服务能力，为实现馆际间数据互通、数字资源共享奠定基础。目前国内文博机构的藏品分类标准不同，文物信息描述和标注规则缺乏统一的标准，难以达成馆际间数据和数字资源互联互通。本文阐述故宫博物院可移动文物的信息组织相关研究与实践，提出一套关于可移动文物的标准化藏品信息组织方案，以自顶向下和自底向上相结合的方法构建一套覆盖时期、藏品类型、工艺技法等多维度、规范化的词表体系；在此基础上采用人机结合的半自动化标注工作流程完成藏品信息标注，使数据在故宫博物院构建的“中国古代可移动文物概念参考模型”的本体框架下完成语义关联，为文物信息智能化检索、数字人文研究等领域提供数据服务。

关键词：叙词表；故宫博物院；藏品信息化；知识组织；数字人文

文物数字化能有效地实现文物再生性保护，对文物资源进行更广泛的宣传和有效地利用。通过对文物数据的利用，可以突破各个组织机构物理空间的限制，实现资源共享，并向公众提供更加便捷的藏品信息获取方式，传播文化内涵。而人们获取信息的手段和效率也随着计算机技术迅猛发展得到了极大的提升，人们的检索需求也不再满足于对信息字面意义的理解，而是希望计算机能够分析更深层次的语义关系。在文博行业中文物数字化和藏品信息组织都处在蹒跚学步的阶段，提高文物信息获取和检索效率仍面临很多困难。

提升文物信息检索效率的前提是构建语义本体和一套适用于文物领域的叙词表。叙词表是信息组织的主要工具之一，并且在本体构建时充当了词库的作用[1]。但叙词表编制受诸多因素影响，其一是大部分文物信息描述和标注以自由文本为主，术语的提取和规范多依赖于专业人员，因此建设成本高，多维度词表难以汇总和维护。其二是博物馆的藏品大多各有侧重，馆际间的信息交流存在时间差，难以将诸多门类的文物信息汇总梳理，形成系统性的叙词表。因此构建一个秉承顶层设计思维的全门类叙词表，不仅可以作为文物信息编写的参考工具，还能为相关研究梳理出知识的关联性脉络并提供检索等应用。本文探讨如何建立一套以故宫博物院藏品为基础，覆盖诸多门类的规范化、可通用、可扩展的词表体系的实践方案，并利用本体模型实现关于中国古代可移动文物信息的语义网络构建，来提供文物信息智能化检索服务。

一、相关研究案例综述

叙词表是一个控制与组织词汇的工具，通过收集提取特定学科或具有主题内容的语词，并以特定的结构排列体现出词汇之间的关系。在叙词表中，每一个语词通常只有一个单一含义以便能够最有效地满足检索系统的需求，而其鲜明的层次关系结构特征能够清晰地揭示一个语词的含义。叙词表在一般文献中所使用的语词和用于进行高效信息检索的语词之间发挥着调节作用[2]，是知识组织和主题标引的重要词汇控制工具，确保可以在海量的资源中准确、全面地标引和检索。

在国内文博行业的实际案例中上海博物馆的董其昌数字人文项目被大众熟知，它以明代书画家董其昌为主题，围绕着文人活动这一思路，用社会网络关系和历史地理信息作为董其昌活动的脉络，从相关的收藏、艺术流变、人际关系等多个层面来做探究和展示。上海博物馆根据董其昌年谱、著述等文本资料和相关研究成果，并以 CIDOC CRM 模型为标准，构建出董其昌人文活动数据体系。[3] 其项目的内核清晰，为知识组织和本体构建提供了探索方向，但和本文中所希望构建知识网络仍有差别。故宫藏品数量和类别众多，各类别交织而成的语义网络内容繁杂，因此提出了从顶层设计的角度去构建叙词表和设计本体模型的想法，使词表可以应用于多个门类的文物标引，为检索服务提供底层基础。

在国外文化艺术领域，已有相对成熟的叙词表及相关应用案例。如艺术与建筑索引典（Art and Architecture Thesaurus，简称 AAT）[4]、图像分类系统（Iconclass）[5]、中国图像志索引典（Chinese Iconography Thesaurus，简称“中图典”）等，且多以在线开放数据的形式提供服务，为用户深度了解和探索艺术文化创造可能。

由美国盖蒂研究所（Getty Research Institute）编制发布的艺术与建筑索引典是用来描述有关艺术、建筑、物质文化和档案资料等的术语词汇表，囊括了艺术概念、人物、风格、物理特质和工艺材料等多维度的描述性术语[6]。在博物馆、图书馆、档案馆等机构的编目、标引以及检索中都凸显了重要作用，满足了大多人文社科类的基本需求。在图像信息研究方面，英国维多利亚与艾伯特博物馆（以下简称“V&A 博物馆”）正在推进的“中图典”项目被广泛关注。图像学标引方法常被应用于西方艺术中，而“中图典”项目旨在创建一套覆盖各历史时期、各地区、各艺术种类的中国图像志专题文献库，以及适用于海内外主要中国艺术收藏机构藏品的受控词汇，并为博物馆与图书馆的研究者提供一套标引工具，从而提高文物信息编写和标注的一致性及准确性，促进跨平台的信息获取及相互关联。[7] 虽然国外相关研究应用相对成熟，但对于中国艺术和藏品的可复用性不高。AAT 结构稳定且概念广泛，可应用于多种类型的文物和艺术品场景中，但其词表内容以西方艺术脉络为基础，多服务于西方博物馆和文化机构等，对于中国传统文化和文物的描述性词汇仍不完善，如传统工艺、中国历史事件和人物等具有中国传统文化内涵的类别 AAT 则难以完全覆盖。图像志则以图像视觉角度出发，侧重于书画作品，以及少量具有纹饰图案的陶瓷、雕塑和织品[8]，综合利用图像本身包含的内容和图像的形式来进行语义关联和索引。上述这些案例对文化数字资源的共享和集成有着突出作用，但对于概念集之间的横向关系缺乏描述。本文所构建的叙词表以服务故宫博物院藏品信息智能检索为基本方向，依照《信息与文献 叙词表及与其他词表的互操作》（GB/T 13190.1-2015）的标准，并根据本体的架构来梳理中国古代可移动文物的基本知识脉络，用以服务观众检索以及馆际间的信息交流。

二、 中国古代可移动文物叙词表构建

（一） 叙词表设计流程

本文中叙词表的构建从实际需求出发，以故宫博物院藏品信息所需要的语义标引为基础，采用自顶向下和自底向上相结合的方法。在实际实施上，先从词表的骨骼结构出发，根据藏品检索需求构建一个整体架构，明确叙词表“边界”，对叙词表的范围进行控制。与此同时，根据叙词表设定的范围从出版物、文献、专著等收集的权威性资料中筛选出适用的词汇，按照不同类别的概念集来进行细颗粒度的词汇补充。在对所有叙词表基本梳理完成后，根据不同的类别，由专家对其内容进行审校核对，从而优化完善叙词表结构内容，确保权威性和专业性（图 1）。

（二）叙词表资源选择与概念收集

叙词表的核心内容是其中的概念术语，特别是在文博行业中，构建一套专业权威且范围全面的叙词表，资料语料库是必不可少的一环。为尽可能囊括故宫博物院藏品检索所需要的词汇，从以下三个方面收集了相关数据。一、故宫博物院官方网站藏品信息说明；《故宫博物院院刊》《紫禁城》等相关刊物；专家常用内部资料，如《故宫博物院文物详细编目则例》（内部资料）及其他展览图录等。二、文博行业相关期刊、专著、工具书等文献资料和出版物，如《中国文物大辞典》《中国考古学大辞典》《中国历史大事编年》等。三、其他相关网络资源，如艺术与建筑索引典、“中图典”项目，以及相关网络资源等内容。人工整理与专家校对结合的方式初步构建完成中国古代可移动文物的基础语料库，确保了词汇的规范化和专业性。

（三）叙词表内容构建

叙词表的架构直接影响后续应用，一套结构合理的叙词表会对标引的准确性和检索效率提供帮助。顶层框架的设计是叙词表构建最先开始的一环，因此优先对故宫博物院的现有藏品分类进行研究分析，并在参考 AAT 的结构关系后，将中国古代可移动文物叙词表分为类别、概念、术语和节点标签等几部分。首先整套叙词表划分为不同类别，“类”为最高层级，大类之下再分出若干二级分类、三级分类或更多小类，逐级形成类别与概念，概念与概念等多

图 1　中国古代可移动文物叙词表设计流程

种属种关系（图 2）。上下层级的概念构建起词表的等级关系以及分类系统，使词表结构更加合理。通过抽取这些不同分面下的概念，再按照规则组合在一起，就可以关联到相关文物，建立和完善前端检索效果。

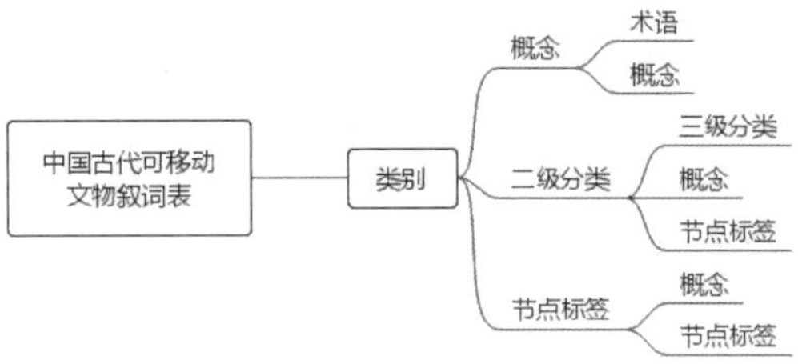

图 2 "中国古代可移动文物叙词表"顶层层级关系

故宫博物院藏品门类众多，涉及艺术主题广泛，囊括了陶瓷、漆器、绘画、法书、宫廷文物、书籍档案等多个领域，研究方向覆盖了考古、明清档案、宗教艺术、文物研究、文物图像影像等多个方面。为了使中国古代可移动文物叙词表更加符合故宫博物院自身的检索和应用需要，在参考了《故宫博物院文物详细编目则例》、盖蒂研究所《艺术品描述类目》（Categories for the Description of Works of Art）、《中国文物分类主题词表》等文献资料后，共设计了 30 个类别的词表，包括图案与纹样、物件类型、形制、工艺与技法、藏品类型等（表 1），再根据不同分类原则设置二级分类及更多小类。

表 1：中国古代可移动文物叙词表类别及参考数据来源

中国古代可移动文物叙词表类别	参考数据来源
国家 State	自编，经故宫博物院专家审校
公元纪年 Common Era	/
年号 Reign Title	自编，经故宫博物院专家审校
年号纪年 Year by Common Era	自编，经故宫博物院专家审校
颜色 Color	艺术与建筑索引典
图案与纹样 Motif and Pattern	《博物大百科》 中国图像志索引典
主题 Subject Matter	中国图像志索引典
古遗址 Ancient Site	《中国考古学大辞典》
古墓葬 Ancient Tomb	《中国考古学大辞典》
古建筑 Ancient Architecture	《中国考古学大辞典》
石窟寺及石刻 Grotto Temple and Carving	《中国考古学大辞典》
档案 Archives	故宫博物院院藏
古籍 Chinese Ancient Books	故宫博物院院藏
组织机构 Organization and Institution	《中国历代职官沿革史》《中国历代官制》
物件类型 Object Type	《中国文物大辞典》 艺术与建筑索引典
角色 Role	艺术与建筑索引典
文化类型 Culture Type	《中国考古学大辞典》
过程与技术 Process and Technique	《中国文物大辞典》 艺术与建筑索引典
风格类型 Style Type	自编，经故宫博物院专家审校
文本类型 Text Type	自编，经故宫博物院专家审校
事件类型 Event Type	自编，经故宫博物院专家审校
展览 Exhibition	故宫博物院院藏
古籍目录 Chinese Ancient Books Catalogue	自编，经故宫博物院专家审校
藏品类型 Collection Classification	自编，经故宫博物院专家审校
展览 Exhibition Type	故宫博物院院藏

事件 Event	《中国历史大事编年》《中国历史大事典》 《中国历史年表》《新编中国历史大事年表》
形制 Form and Structure	自编，经故宫博物院专家审校
人物 Person	中国历史人物传记资料库
语种 Language	艺术与建筑索引典 扩展部分经故宫博物院专家审校
材料 Material	艺术与建筑索引典

中国古代可移动文物叙词表在构建过程中参考诸多资料，特别是 AAT 的数据提供了多维度的助力，但在研究过程中发现，其在中国艺术领域的术语词汇仍有所欠缺。其一，中英文词汇语义对应有待进一步研究。若直接参考 AAT 的词汇并应用于故宫博物院藏品的标引和检索，其词汇对应的中文语义、术语规范和检索效果都有所欠缺；其二，缺乏符合中文语境里对文物描述的术语词汇。其中，“物理特质”下的图案相关词汇和“活动分面”中技术类词汇等都难以满足标引需要，像中国陶瓷艺术相关概念，虽然可以在材料分面找到与之对应分类，但其下层概念并不完整全面；另一类如中国传统绘画、书法技法等相关概念，既难找到对应类别也缺乏相关术语词汇；在 AAT 已收录的部分中，中国神话人物和动物等专属于中国传统文化的相关概念也基本没有相对应的术语。因此，本文在自下而上地填充叙词表术语词汇时，优先考虑了故宫博物院的藏品特点，参考了《故宫博物院文物详细编目则例》《中国文物大辞典》《中国考古学大辞典》等，对书画、陶瓷、宫廷文物等方面的概念词汇做了大量填充，尽可能地丰富词表内容，扩大其适用范围。

（四）叙词表的实现途径和操作方法

在叙词表的词汇扩展过程中，团队发现由于文博行业存在专业难度大、文博领域词汇较生僻和相关专业叙词表不完善等问题，导致机器学习的效果欠佳，难以实现利用自然语言处理技术从语料库中提取术语词汇，并且分词效果不理想。因此项目所构建的叙词表采用了人工选词、提取、分类、加工的方法，前期经过人工对叙词表的初步构建，通过对类别、概念、节点标签等等级关系的划分；词汇之间同义词的筛选；梳理标注多义词、同形异义词等程序，再经由领域专家对叙词表的审校修改，特别是词表内上下层级结构、属种关系、优选词选择、新增术语和词汇优化等方面的校对修改，最终实现叙词表的构建和整体优化。

在构建过程中，叙词表根据实际需要进行动态调整。其一，叙词表中存在上一级类目与下一级概念之间关系过于宽泛，且结构不清晰的情况，无法充分表达预期的等级关系。因此，叙词表里采用了节点标签、多级分类、范围注释等措施来明确上下级关系以及控制概念的“边界”。例如，在“物件类型”词表中，用“依性别区分的服饰”“依功能区分的服饰”“依形式区分的服饰”等节点标签对服饰进行了分类。不仅方便后续专家对叙词表结构、关系的审核，也能解决信息检索时概念之间逻辑关系表示的问题。其二，叙词表主要应用于普通大众对于文物信息的检索，为此，项目组将用户检索语言纳入叙词表构建的参考范围。将故宫博物院官网“数字文物库”中用户近 6 个月的检索记录进行整理，将这些词汇都汇聚起来作为相关词汇，增加叙词表的非优选词数量，从而进一步地优化叙词表建设。通过用户检索习惯分析，将检索语言按照词频类别排序，为信息检索反馈的权重分配问题提供了帮助。

在叙词表的具体应用操作中，采用了机器自动标注与人工标注相结合的方法。结合通用词法与叙词表建立词法分析模型，基于此模型开发自动标注工具实现机辅文物编号标准化及文物描述信息标引词智能提取（图3）。

乾隆款白套蓝玻璃缠枝莲纹碗

乾隆款白套蓝玻璃【缠枝莲纹】碗，高5.3厘米，口径12厘米。

碗侈口，弧壁，圈足。以涅白色玻璃成器，外壁套饰蓝玻璃花纹。口沿饰【弦纹】一周，腹部开光，内饰【缠枝莲纹】，腹下近足处饰【云头纹】，足底垫起。底刻双直行阴文楷书“乾隆年制”四字款。

图3　文物描述信息“图案与纹样”类标引词智能提取示例

在初步标注完成后，由人工进行校对修改，在一定程度上提高文物信息标注效率。人工校对弥补了机器标注中分词不准确、重复标注、标注颗粒度较粗以及词表本身缺词未标注等问题。但同时，人工标注校对也存在一些问题：1.相关专业知识欠缺。在人工校对过程中由于缺少文物相关知识和专业导致文物信息漏标和错标的情况出现。2.校对人员未完全掌握相关词表内容。文物信息标注根据词表类别划分，校对人员只需掌握一至两个类别的词表进行文物信息校对，但由于部分词表内容丰富，分类细致，校对初期仍有标注欠缺的情况出现。例如上文中提到“依性别区分的服饰”和“依功能区分的服饰”的分类，这就要求人工校对时用不同维度的概念词汇标注文物，熟练掌握词表，从单一角度的校对中跳脱出来。如“明黄色纱绣彩云金龙纹女夹朝袍”，既是女性服饰，又有清代后妃礼服，在词表中两个概念划分在不同的分类下，这也就导致了文物信息标注不够全面等问题（图4）。

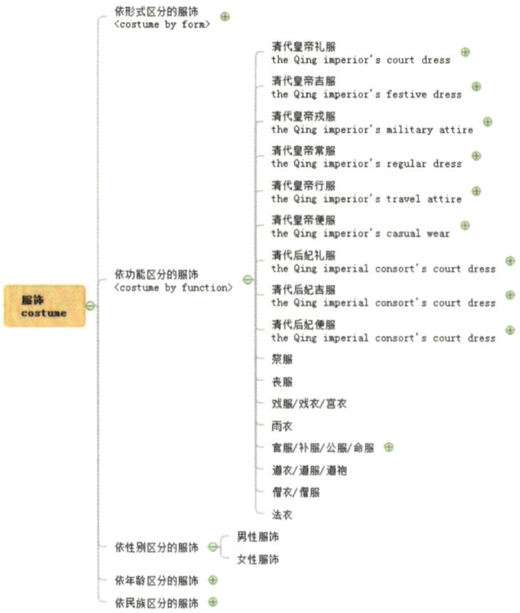

图4　词表概念划分示意图

为解决上述问题，后期增加了相关老师二次审校环节，并设计编写了《文物标注细则》和《文物信息标注规范化工作流程》（图5），以确保最终标注内容全面准确。

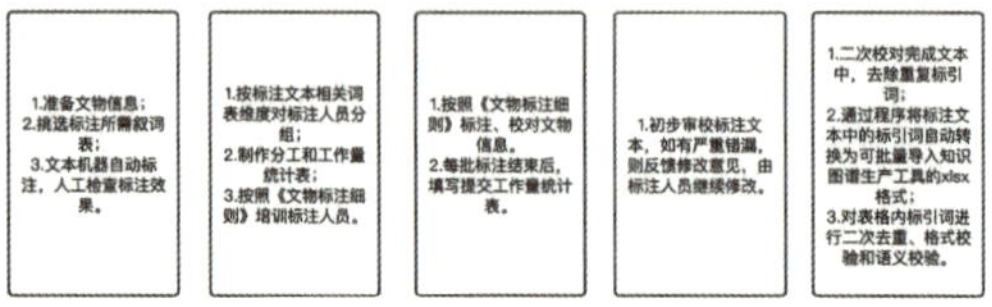

图5　文物信息标注规范化流程

三、叙词表与本体模型

本体是语义网络中信息组织的核心，以明确的规范来定义和组织知识，通过概念关系实现对文物的标引和检索。简单来说，本体就是用来描述某个领域内的概念以及概念之间的关系，使计算机可以在一定程度上进行推算，并得到相应的反馈，便于用户使用[9]。

叙词表和本体都是归并概念和表达概念的术语，表示相关领域的知识和相互间的语义关系，应用于信息的组织、检索等的工具[1]。但传统叙词表呈现方式相对单一，只能表示等级关系和相关关系，为纵向的树状结构，用于描述同一分类下概念之间的关系，使得叙述能力描述范围受限。为解决这一问题，故将叙词表与本体模型结合使用，吸收本体模型的优点，把叙词表放在本体模型的基础下进行拓展使用。本体中描述概念之间的关系更加广泛、丰富，可以明确部分与整体等多种关系，并且可以在模型中自由拓展，定义新的关系。在实现文物信息的检索的过程中，各类别下的概念都不是孤立存在的，只有每个树状结构之间都有了关联，成功建立类别之间的联系，才能组成一个覆盖文物信息的底层语义网络（图 6）。因此，以国际文献工作委员会概念参考模型（CIDOC CRM）作为知识关系表达的基础，并根据 CIDOC CRM 可以模块化扩展的规则，构建"中国古代可移动文物概念参考模型"（Ancient Chinese Artifacts Conceptual Reference Model，简称 CRM-ACA），在模型中按需求增加了"物件类型""工艺与技法""藏品类型""展览类型"等维度，以此来实现本体模型和叙词表二者的结合应用，使知识的细度和语义关系更加完善。本体的可扩展性也可使各个博物馆间资源共享，文博机构可直接以 CRM-ACA 作为藏品知识组织的基础，根据自身藏品特点对其进行补充和再利用，减少藏品数据在未来更广泛应用中对齐导致的重复工作，从而实现馆际间文物藏品信息的交流利用，助力学术研究。

自故宫博物院开展"数字故宫"建设以来已积累了丰富的数据资源，特别是从 2018 年起，文物基础数据采集工作全面加速，每年有数以万件的数字化文物通过"数字文物库"进入大众视野，这也给本项研究提供了大量的资源和落地平台。现已有千余件"数字文物库"藏品完成标注并实现检索，观众可以通过页面下方相关标签进行更广泛的探索和发现（图 7）。有效的知识组织带动了更广泛的知识传播，就像第 26 届国际博物馆协会大会新的博物馆定义中提道："……博物馆以符合道德且专业的方式进行运营和交流，并在社区的参与下，为教育、欣赏、深思和知识共享提供多种体验。"[10]

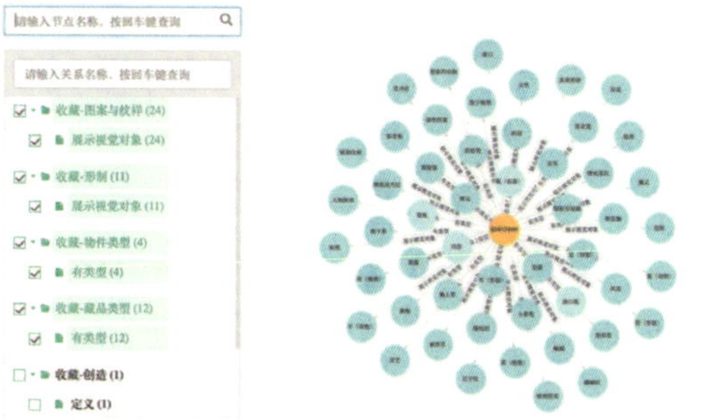

图 6　知识图谱平台文物检索的维度和关系示例

图 7　"数字文物库"藏品信息页面及相关标签推荐

四、总结与展望

本文探讨了中国古代可移动文物叙词表的构建逻辑，叙词表和本体之间的互操作的实践方法，以 CRM-ACA 为知识组织的基础来实现文物的标引和检索。中国古代文物叙词表对可移动文物的知识信息提供了结构化数据的支持，也保证了叙词表概念术语的权威性和专业性。相较于西方文化机构，国内文博行业的藏品数字化和知识组织都处于起步阶段，一些数字化建设前期工作刚刚开展。故宫博物院可移动文物的信息组织相关研究与实践，以及标准化藏品信息组织方案，希望为更多文博机构提供一个可行性方向，对文物信息智能化检索、数字人文研究等领域提供数据服务。同时，中国古代可移动文物叙词表也将形成链接开放数据，待更多文博机构和其他相关领域的专业人员进行跨学科的交流合作。

【注释】

[1]常春．网络环境下叙词表编制与发展[M].科学技术文献出版社，2015：135.

[2]中华人民共和国国家质量监督检验检疫总局，中国国家标准化管理委员会．信息与文献 叙词表及与其他词表的互操作 第 1 部分：用于信息检索的叙词表 分类：GB/T 13190.1-2015[S]北京：中国标准出版社，2015：11.

[3]童茵，张彬．董其昌数字人文项目的探索与实践[J].中国博物馆，2018（4）：114-118.

[4]Art&Architecture Thesaurus Online.[EB/OL].[2023-2-25] https://www.getty.edu/research/tools/vocabularies/aat/index.html

[5]Iconclass Illustrated Edition. [EB/OL].[2023-2-25]. https://iconclass.org/

[6] 张俊娥．艺术和建筑词表 AAT 的中文化研究[J].数字图书馆论坛，2015（7）：36-43.

[7] 张弘星．“中国图像志索引典”编纂原则述要[C]// 巫鸿，郭伟其．世界 3：图像志文献库．上海：上海人民出版社，2022：88-91

[8] 中国图像志索引典 .[EB/OL].[2023-2-25].https://chineseiconography.org/

[9] 常春．网络环境下叙词表编制与发展[M].北京：科学技术文献出版社，2015：131.

[10]International Council of Museums. Museum Definition. [EB/OL]. [2023-2-25]. https://icom.museum/en/resources/standards-guidelines/museum-definition/.

"多样性和可持续性"：理解博物馆新定义的一种视角

康京京（宁波博物院）

摘要：国际博协的博物馆新定义提出："museums foster diversity and sustainability"，即"博物馆促进/鼓励多样性和可持续性"。基于对新定义产生背景和当下关切的分析，将"多样性和可持续性"术语内涵，置于我国博物馆运营和发展语境中，从主客体两方面展开进一步解读和阐释：主体方面——从博物馆立场出发，提出博物馆实现多样性和可持续性发展的有效路径；客体方面——从地方文化立场出发，通过例证分析博物馆对其所产生的诸如保护、传播、促进等积极作用。基于以上分析，提出新时期博物馆与地方文化新型时代关系构建的设想与思路。对"多样性和可持续性"主客体两方面的理解，不仅有助于我国博物馆在新的发展阶段下，保持"定力"与"活力"的平衡，也可以通过对博物馆理念、业务模式、与当地社会之间的关系的思考，促进我国博物馆履行融入社会发展大局的时代使命，为世界博物馆发展贡献中国智慧和中国经验。

关键词：博物馆学；博物馆定义；多样性；可持续性

2022年，第26届国际博物馆协会大会通过了新的博物馆定义："博物馆是为社会服务的非营利性常设机构，它研究、收藏、保护、阐释和展示物质与非物质遗产。向公众开放，具有可及性和包容性,促进多样性和可持续性。博物馆以符合道德且专业的方式进行运营和交流，并在社区的参与下，为教育、欣赏、深思和知识共享提供多种体验。"新定义用30多个新术语和新表述，来表达国际博物馆界面对21世纪以来博物馆发展新局面和机遇的思考，为今后若干年博物馆发展主要路径和创新方向提供了原则指引。

在对定义的解读中，有关"museums foster diversity and sustainability"的理解，聚焦于博物馆的主体作用，强调博物馆促进社会的多样性和可持续性，例如"（博物馆）维护和增进人类社会及自然生态的多元化，积极参与社会可持续发展进程"[1]。本文将foster这一单词从"促进"和"鼓励"两个角度来理解，延伸出作用于不同对象的两种含义：一是博物馆促进自身多样性和可持续性的路径；二是博物馆作用于地方文化的现实映射。并基于以上论述，分析并提出新时期博物馆与地方文化新型时代关系构建的设想与思路，以期提供理解博物馆新定义的一种视角。

一、新定义产生背景及“多样性和可持续性”所反映的社会关切

新定义对于“多样性和可持续性”的强调，是现实社会发展的客观反映。近年来，面对全球发展的不平衡以及快速变化，世界各地公众承受着安全、经济、资源等多方面的巨大压力，已到达深刻影响其生存与福祉的地步。研究表明，博物馆在世界各地都是最受公众信任的机构之一，因此它们富有深厚的社会责任，应在履行自身基础职能外，促进社会团结与发展，对“多样性”“可持续性”的重视与提倡正是在这样的大环境中产生的。通过历史回溯发现，虽然对于博物馆定义而言这两个术语是新出现的，但此前已多次被纳入国际博协的活动主题中，受到了海内外文博界的重视与研究。例如2015 年的国际博物馆日，主题是“博物馆致力于社会的可持续发展”，强调“博物馆必须坚守其保护文化遗产的职责”，通过相关工作“努力营造一个可持续发展的社会”。2023 年的国际博物馆日，主题是“博物馆、可持续性与福祉”，主要聚焦在良好健康与福祉、气候行动、陆地生命等可持续发展目标上。

在国内，有关博物馆多样性和可持续性的政策也已被提上日程,并形成了制度化的文件。例如在多样性层面，2021 年出台的《关于推进博物馆改革发展的指导意见》中明确提出“加强分类指导，优化体系布局”，具体从统筹不同地域博物馆发展、整合不同层级博物馆发展、协调不同属性博物馆发展、促进不同类型博物馆发展四个层面进行了界定，便是对博物馆多样性这一发展方向的明确指导。可持续性层面，我国博物馆协会组织从自身使命出发，借助多方资源，积极搭建针对博物馆可持续发展的交流、沟通的国际平台。2021 年 11 月，由国家文物局、国际博物馆协会指导，国际博物馆协会研究与交流中心、浙江自然博物院主办的“博物馆与可持续发展 2021 国际学术研讨会”在浙江安吉举行。会议对联合国可持续发展相关目标进行研讨，深入开展人才、展览、项目的交流与合作，打造博物馆可持续发展品牌国际形象，建设博物馆可持续发展研究的学术高地，突出中国博物馆的生态文明发展理念。

二、博物馆实现多样性和可持续性发展的相关路径

新定义赋予了博物馆多种使命：更加强调博物馆的社会服务属性、重要的文化窗口和社会纽带的角色，并指出它需要为公众提供文化滋养，通过重视社区参与和可持续性，为自身发展注入新的活力，以促使整个博物馆行业在新一轮的自我审视与思考中寻得共识，于变革中求得机遇。面对这些新使命，博物馆必须进一步审视自身定位和功能，致力于实现自身的多样性和可持续性发展，以此为维护和增进人类社会及自然生态的多元化，积极参与社会可持续发展进程做出贡献。在新定义中，博物馆通过研究、收藏、保护、阐释和展示五大行为来开展工作，从这五个角度出发，将有助于理解博物馆实现自身多样性和可持续性发展的含义与路径。

（一）研究的维度

新定义中，“深思和知识分享”是对“研究”的具体化表述，更强调研究的过程和方法，而不仅仅是概念化的研究。博物馆的研究不仅

应聚焦于博物馆学研究、主题研究，也应深入开展博物馆社会价值的研究，即注重博物馆与现实社会的联结。博物馆学研究是博物馆研究的重要内容，例如通过藏品研究挖掘馆藏资源的内涵与价值，提升藏品对博物馆各项业务的赋能水平，是博物馆专业化、科学化的必然要求。主题研究是针对展示和传播对象所开展的专题研究，是博物馆发展的重要策源力。以首都博物馆为例，开馆40余年来，首博始终坚持“学术立馆，科技兴馆”的理念，其科研工作与博物馆各项业务相结合，例如围绕馆藏文物开展学术研究、围绕展览陈列进行历史研究、围绕博物馆发展现状深化博物馆学研究、利用现代科技开展文物保护研究，科研成果丰硕，逐步形成了自身的科研特色。现实价值研究是指博物馆积极将自身发展与社会进程相结合，开展博物馆在经济价值、文化价值、科技价值等不同层面的研究，是博物馆拓展自身视域、提升学术和社会价值的重要途径，推出相关成果，对社会在经济、文化、科学方面的可持续发展提供助力，彰显着博物馆的社会责任与担当。这些不同的研究类型不仅是博物馆研究内容丰富性与多样性的表现，也将借由不同的科研途径、方式、成果，推动博物馆自身的可持续性发展，并促进了社会的可持续发展。

（二）收藏的维度

博物馆藏品主要包括历史类、自然类、人文类、科技类等等。综合性博物馆中占比最大的是历史类藏品，即考古文物。随着博物馆的数量增长和类型多元化发展，人文类藏品占比日益增大，主要以近现代以来史料实物为代表，时代价值极高，是开展相关专题研究的珍贵物品。除此之外，未能进入藏品范畴的纸质类资料、电子资料也具有显著价值，例如文献资料、电子老照片、高清扫描件等等，在当前的博物馆研究、展示、教育、交流等各项工作中被普遍使用。

有学者认为，藏品的多样性是一个变化发展的过程，它使博物馆的展览和社会教育活动的丰富性大为增加，使博物馆的类型出现了新的变化。[2] 可以预见，随着历史的变迁和人类社会的发展，特别是科学技术不断提升，藏品多样性发展在很长时期内都将是主流趋势，丰富的藏品类型不仅为博物馆提供了更为深厚的资源支撑，也为博物馆行业和社会进步提供充足的、深层次的文化滋养。

（三）保护的维度

从保护这一层面来看，博物馆定义中的物质遗产主要包括藏品、遗存遗迹等，非物质遗产包括非物质文化、表演艺术、仪式、节庆活动等。“物质与非物质遗产”的表述意味着博物馆保护的对象从单纯的馆藏藏品转向了广阔天地间，将自身职能主动与社会发展所遇到的问题进行关联，参与到诸如名人故居抢救性保护、地方非物质文化的挖掘利用当中。保护内容的拓展，彰显着博物馆社会服务属性的强化，有助于自身多样性与可持续性的提升。宁波帮博物馆是宁波市“十一五”重点文化建设项目，主要以宁波帮人士及团体中有杰出贡献者的珍贵照片、题字、遗迹、遗物、具有纪念意义和历史价值的史料实物为收藏内容，通过研究、展示、教育等途径保护与传承宁波帮人文，尤其是通过向公众讲述一个个鲜活生动的宁波帮故事，阐释宁波帮文化遗产的精神价值。宁波帮故事早期以集体性的口口相传为基本特征，并多以家族、村落、行业组织为传承的集中点。宁波帮博物馆开馆之后，致力于整理、挖掘宁波帮故事，并成立了宣传、研究团队，建立保护、传承宁波帮故事的平台。2018年，宁波帮博物馆以“宁波帮故事”项目入选第五批宁波市非物质文化遗产代表性项目名录。

（四）阐释的维度

在博物馆新定义中，阐释更强调阐释活动的目的，以及阐释内容的价值定位和情感内涵，强调博物馆工作者的主动性和能动性。从该角度出发，可以将博物馆的阐释分为创作阐释和公众阐释两类：创作阐释，即博物馆研究、展览、教育等工作开展前期，提炼和确定主题思想和宏观构思，为后续的工作推进明确目标与方向；公众阐释，是将主题思想和宏观构思付诸展览策划、学术研究、教育实施等具体工作中，以成功实现项目目标。创作阐释的目的是做出一个好的项目，公众阐释的目的是实现项目目标并激发受众思考。[3]无论是创作层面的阐释还是公众层面的阐释，都需要工作人员对活动内容进行积极、深入思考，这也能够从一定程度上激发出更多内容和形式上的可能性，进而提升博物馆活动。同时，精心策划、精准实施的活动，也更易引发受众的情感共鸣、知识提升与文化感受，从而提升受众文化素养、精神富足，由此博物馆传播效果、社会效益获得长远的可持续发展。

（五）展示的维度

作为公众文化服务机构，博物馆需要将远离日常生活的文物进行阐释并向公众传播，才能完成自身使命。博物馆的展示从不同角度可以划分为多种类型。从媒介上看，主要分为物理空间类展示（如实体展厅、展馆）、虚拟类展示（如数字展厅）。从内容生成上看，包括从业人员所进行的馆方展示，和以社交平台的再阐释为代表的衍生展示。从传播方式上看，包括图文、讲解展示等等。展示类型多元化的趋势主要依赖于数字技术的发展：数字技术提供了更为高效便利的获取信息、传播交流的渠道，使人们借由数字影像、社交平台获得知识、进行交流，博物馆则通过数字技术实现了更为多样化和可持续的传播、互动模式，更能借由当下热门的数字孪生、元宇宙等数字应用系统实现展示的跨越式发展。

二、博物馆作用于地方文化的现实映射

对于博物馆和文物领域的专业人员而言，“放眼世界，立足本地”（Think global, act local）的能力已成为迫切要求。[4]由此，新定义进一步强调了博物馆面对文化多样性和可持续性时的积极作用。实现多样性和可持续性，有赖于博物馆能否扎根于地方文化特色、在地方发展的总体框架下实现自身的长期发展。基于这种思路可以发现，近年来我国博物馆已积极将自身与社会进行连结，尤其注重与地方文化的关系，其现实映射主要包括以下两大方面：

（一）博物馆是地方文化的保护者、记录者与传播者

位于浙江杭州余杭的良渚博物院，是一座收藏、研究、展示和宣传良渚文化的考古遗址博物馆，其常规展览依托“水乡泽国”“文明圣地”“玉魂国魄”三个展厅，全面、立体、真实地展示了良渚遗址和良渚文化的考古成果、遗产价值，体现了良渚文明在中华文明“多元一体”历史发展进程中的重要地位和独特贡献。

位于江苏扬州的中国大运河博物馆，是大运河国家文化公园建设标志性项目。作为国内首座集文物保护、科研展陈、社会教育为一体的现代化综合性运河主题博物馆，它展出了从春秋至当代反映运河主题的古籍文献、书画、碑刻、陶瓷器、金属器、杂项等各类丰富文物展品。无论从整体馆型、建筑风格还是展厅设计、陈列内容、研究重点、宣教内容，都具有鲜明

的大运河底蕴和特点，体现着馆方对大运河文化的科学保护、真实记录与生动传播。

（二）博物馆是地方文化发展的参与者、助力者与促进者

博物馆在地方文化发展过程中的作用具有主动性与创造性。以浙江正在打造的文化金名片——宋韵为例，2021年8月31日，浙江省委召开高规格文化工作会议，提出实施“宋韵文化传世工程”。2022年6月，浙江省第十五次党代会再次画下“着重号”——实施宋韵文化传世工程。以浙江省博物馆为代表的文化机构积极响应号召，将宋韵文化作为重点研究内容之一。2023年初，由浙江省博物馆主办的“天下己任——宋代士大夫的精神世界”在省博武林馆区举办，展品是选自山东青州市博物馆及浙江省内30余家文博机构的300多件（组）珍藏，突出浙江宋代考古新发现和市县馆藏宋代精品，讲述宋代士大夫的从政理念和风雅意境，弘扬底蕴深厚的宋韵思想、文化和艺术，是博物馆发挥自身平台和专业优势，以实际行动响应文化政策、开展地域文化研究、助推地方文化长远发展的典型案例。

三、博物馆与地方文化的新型时代关系构建

新的社会背景下，对理念、业务模式与当地社会之间关系的思考应成为博物馆的重点工作之一，博物馆与地方文化之间需要形成一种更为科学、良性、成体系的互促关系。基于这一角度，提出双方新型时代关系构建的初步设想与思路。

（一）博物馆应通过特色化研究，来阐释与促进地方文化的多样性和可持续性

每一地都有深厚的历史和独特的文化。一方面，博物馆应扎根于地方文化特色；另一方面，地方文化特色也将赋予博物馆最为与众不同的气质。位于嘉兴的南湖革命纪念馆是设立于1959年的其他行业国有博物馆，立足于嘉兴南湖“中国共产党诞生地、中国革命红船起航地”这一历史文化基因。其基本陈列《红船起航》以中国革命红船起航为主题，以党的初心和使命为主线，以党的发展历程为脉络，聚焦中国共产党创建、特别是一大南湖会议，全面阐释一个大党与一条小船的关系，全面展现一百年来中国共产党在初心使命的砥砺下，带领全国人民取得革命、建设和改革伟大胜利的光辉历史，特别是中国特色社会主义进入新时代取得的根本性变革和历史性成就。博物馆发挥着“鉴往知来、以史育人”的宣传作用，是广大党员干部、人民群众和青少年进行爱国主义教育、革命传统教育的重要阵地，以及开展红船精神和党史研究的重要阵地。

此外，博物馆还应为地方文化的挖掘提供独特的文博路径和视角。以特色化研究为例，博物馆深挖文物价值、彰显地域特色、展示博物馆底蕴、建立特色研究品牌，由此为自身履行收藏、保护、展示和阐释等职能提供内生动力和核心保障。例如江浙沪地区的博物馆以江南文化、宋韵文化为拓展研究内容；京津冀地区的博物馆以奥运文化、长城文化、燕赵文化等为延伸研究内容；西南地区的博物馆则应立足当地，聚焦于对少数民族文化、民俗文化的研究。

在馆舍内，博物馆的研究成果对游客产生着隐性影响——历史文化、艺术思想在博物馆和游客之间的“供需衔接”，有助于实现博物馆内外的充分连接，使馆藏文物承载的历史文化、艺术思想价值，在现实生活中引发共振、获得回响。由此，文物不但“活”了起来，参与、

融入人们的当下实践；它还像种子一样，将古老、珍贵的文化价值播撒于现实生活的沃土。古老与现代、传统与创新的碰撞交融，往往可以催生新的文化基因，带来新的文化价值。[5]这些新的文化基因具有鲜明的时代特征和历史文化价值，是城市发展不可或缺的力量。

（二）博物馆应通过收藏与保护，来见证与传播地方文化的多样性和可持续性

博物馆所在的地理位置、所处的社会环境与文化氛围，决定了其所收藏和保护的大多是当地的物质与非物质遗产，这些遗产是当地文化的典型代表，凝聚着一地最本质、最深厚的文化基因。从这个意义上讲，博物馆对于当地的意义，不仅是提高文化事业的水平，而且要显示当地人文的高度和精神的深度，由此传播地方文化的多样性，保障其可持续性。

将具有历史人文价值的物品纳入馆藏，是博物馆保护与传播地方文化最主要的途径。如今，越来越多的文物进入博物馆收藏体系，从安全、环境、技术、文化等不同层面得到全方位的保护。2014年，故宫博物院进行文物清点工作，令藏品数量增加到超过186万件，稳居“文物最多”的中国博物馆宝座。第二名、第三名则分别是陕西历史博物馆（171万件藏品）、中国国家博物馆（140万件藏品）。这些藏品不仅集中体现着博物馆当地的历史与人文，更从宏观历史的层面上，涵盖从远古时期到当代各个历史阶段社会发展变化不同方面的内容，具有高度的历史价值、科学价值和艺术价值，全面系统完整地展现中华优秀传统文化、革命文化、社会主义先进文化，是中华文明发展史的典藏宝库。

此外，博物馆还应致力于发挥自身平台优势和资源力量，助力地方文化的保护与传承。例如，湿地保护一直以来面临着诸多的现实问题，即如何处理好自然环境保护与历史文化传承之间的关系。随着时代的发展，一些悠久的历史文化尤其是民风民俗，却随着农居搬迁而逐渐消失，如何保护和传承好富有西溪特色的地方历史文化显得尤为迫切。有鉴于此，中国湿地博物馆自2009年开馆以来，不断进行着挖掘整理、研究保护、展示传播和普及弘扬西溪文化的探索实践[6]，除出版专著、征集收藏、展览展示这类博物馆职能相关的工作外，还特别通过广泛合作，普及和弘扬地方历史文化。例如与民间组织联手宣传西溪历史文化，与教育部门合作普及西溪历史文化，利用新兴媒体大力宣传和普及西溪历史文化，这些与社会方面的合作，使博物馆对地方文化的保护突破馆舍的空间局限，延伸到社会面，取得了良好的综合效应。

（三）博物馆应通过“融入美好生活”，成为地方文化与大众生活深度结合的助推器

当前，在疫情影响褪去、常规的社会秩序逐步恢复的背景下，博物馆游越来越“火爆”“出圈”。有研究指出，通过参观博物馆来了解文物蕴含的历史文化和精彩故事，进而获得对当地城市的认知，满足精神文化需求，是当前博物馆游的主要特点。于这部分游客来说，对于历史文化、艺术思想的深度学习、系统掌握，将成为形塑思想观念、情感审美的重要力量，广泛影响其日常生活，构建一种富于文化内涵的生活方式。[7]

而博物馆所开发的各类文创、参与制作的文博类综艺节目、数字藏品项目，也借由多元载体，走入日常生活，与人们的衣食住行产生更为深刻的关联。疫情防控期间，很多博物馆开设了数字展厅，推出“云观展”等线上模式，突破空间限制，让人们可以足不出户欣赏文物、

畅游文化。在这样的基础之上，博物馆应继续积极探索，努力为人们审视历史与文物的价值创造契机，通过多种形式“让博物馆融入美好生活”。

（四）博物馆应通过参与城市发展，履行融入社会发展大局的时代使命

博物馆应成为城市发展的活力之源，在文化、经济、社会治理、城市建设等多方面，深刻发挥出自身力量。文化层面，通过开展文化研究和传播，民众精神生活更加丰富多彩，有助于实现精神富裕。经济层面，参与地方文化产业、文旅产业，助力于经济效益的提升。社会治理层面,由博物馆所构成的独特文化空间，为社区提供触手可及的公共文化服务，而乡村博物馆也在更为基层的层面，对乡村的文明建设、文化提升给予源源不断的养分。城市建设层面,以博物馆这一公共文化服务机构为单元，构建全市域、全省域乃至区域的文化空间，为城市建设提供深厚的历史文化支撑。以北京的“博物馆之城”建设为典型，通过建设“全域活态博物馆”“重点文博区”等规划，博物馆助推文化与生活深度融合的趋势潮流正在蓬勃发展，最终实现历史与当下的全方位交融与良性互促。可以说，参与社会发展，是博物馆促进地方文化可持续性最为本质的表现。

当下，博物馆的经济功能日益突出，从广义上来讲,主要指博物馆对经济增长的间接作用,是博物馆经济活动与社会活动的溢出效应,即博物馆对相关产业和社会经济发展的带动作用,是一种新的经济形态和区域经济发展模式。[8]从宏观角度来看，高品质的博物馆建设所形成的城市文化空间，有助于吸引外部人才和资源，而博物馆发展所提升的城市整体氛围，打造出的鲜明文化名片，都对人口和项目的引入起着积极的助推作用。从微观角度来看，博物馆可以通过开发文创产品、开展研学课程，借由自身职能的发挥，参与文化产业的发展，也可以通过与社会机构、院校的合作，开展文化综艺节目等社会性的项目,进而强化文化产业参与度，促进对地方经济的贡献。以宁波为例，宁波的城市名片亮点纷呈，书藏古今的天一阁、港通天下的宁波舟山港、透骨新鲜的东海海鲜……眼下，宁波正在着重加快博物馆建设与城市建设融合发展的步伐，打造彰显现代化滨海大都市气质的国内一流“博物馆之城”；结合宁波加大城市形象的总体谋划、总体塑造、总体宣传的具体工程，文博事业对城市经济发展的赋能作用将在宁波焕发出更大的力量。

（五）博物馆应通过发挥特色优势，促进多层面的国际交流

促进国际交流是博物馆职能的应有之义。博物馆对促进中外文化交流发展具有独特优势,例如发挥文博力量讲好中国故事，便是当今博物馆界的一项重要课题。而通过对博物馆作为人文外交平台价值的重视，借由加强中华优秀传统文化的研究阐释、深入开展各种形式的人文交流活动,与不同国家和区域进行文明对话,其人文效应将反哺于地方文化的多样性和可持续发展。

一是通过讲述地方故事，传播中华优秀传统文化，提升中国国际形象。2017年，宁波帮博物馆举办“逐梦——丹麦春卷大王范岁久特别展”，展览集中展示了范岁久闯荡世界、艰苦创新、家国情怀的故事与人文精神,开展当天,以时任丹麦驻沪总领事普励志先生代表的国际人士出席开幕式。包括丹麦王国驻华大使馆等在内的国际类平台，对展览信息和人文意义进行了广泛传播，不仅进一步提升了展览的影响力，也令其中所蕴含的中华传统文化在国际层面得到更为广泛的传播，该展览荣获浙江省十大精品展优秀奖。

二是发挥自身独特资源，构筑国际交流的特色平台。2022年末，由宁波帮博物馆和宁波市归国华侨联合会合作的《泱泱踪迹——宁波同乡社团资料辑录（境外卷）》一书正式出版，该书于2019年10月第二届世界“宁波帮·帮宁波”发展大会期间启动征集工作，此后的近三年时间中，遍布境外的众多宁波同乡组织通过快递邮寄、线上交流，或借助短暂回乡的宝贵契机，多次与编者对接，积极提供经过筛选的实物和电子资料，共计近百批次。本书的征集出版不仅丰富了馆藏数量，也在通过与境外组织的一次次对接交流中，实现了促进人文与情感交流、中国与组织所在国之间的文明互鉴。

三是基于自身综合优势，构筑全能的国际交流示范型博物馆。以上海博物馆为例，七十年来，上博的国际交流一直走在全国前列，从建馆初期的初步交流，到编辑国际类相关专著、文物第一次迈出国门参加海外展览、成立文化交流办公室，再到后来频繁的文物国际交流……可以说，上博已成为最具海外影响力的中国古代艺术博物馆与参与国际交流最多的国内博物馆之一。据研究，它是以上海建设成为具有世界影响力的国际大都市的目标为参照。从展览角度而言，不是单纯地引进展览，一定要增强自主策划和文化走出去的能力，“去推动建立一种平等的、包容的、美美与共的这样一种世界观，并以这样的世界观为指导，向全球观众讲述可信、可亲、可敬的中国”[9]。

四、结语

“多样性和可持续性”是认识博物馆未来发展方向的一个重要角度。在国际层面，面对全球化与逆全球化并存的趋势，博物馆应进一步发挥好桥梁与纽带作用，对内为不同阶层和民族的观众提供平等交流的空间，对外为区域文化发声，提升区域影响力，为可持续及多元发展提供支撑。[10]在国内层面，博物馆事业已升级为国家战略，党的二十大报告中明确指出要繁荣发展文化事业和文化产业，健全现代公共文化服务体系，创新实施文化惠民工程。加之当前我国社会面临着疫情后的快速恢复期和黄金发展期，人们对自由、健康乃至生活方式充满极大追求。基于以上综合背景，本文对“多样性和可持续性”的相关解读，旨在为理解博物馆新定义提供一种思路，进而更好地助力我国博物馆事业、文化事业的发展。

【注释】

[1]宋向光 . 秉持专业态度 真诚响应时代诉求——读国际博协博物馆定义（2022）的体会 [Z/OL]. 博物馆中国微信公

[2]众 号，（2022-09-05）[2023-05-01].https://mp.weixin.qq.com/s/0jiTETy65mz9RrkjpoCz1A.

龚良 . 藏品范畴与博物馆多样性的实现 [J]. 文博学刊，2018（1）.

[3]吴明 . 展览文创产品开发——博物馆展览阐释的新途径 [J]. 博物院，2019（5）.

[4]布朗 K. 博物馆与地方发展：博物馆、可持续性与福祉 [J]. 国际博物馆（“博物馆与地方发展”专号），2022.

[5]封寿炎 .“博物馆游”助推文化与生活深度融合 [N]. 光明日报，2023-02-23（2）.

[6] 陈博君 . 博物馆有效促进地方历史文化保护的实践与思考 [J]. 国家湿地，23.

[7] 封寿炎 .“博物馆游”助推文化与生活深度融合 [N]. 光明日报，2023-02-23（2）.

[8] 李婷 . 赋能城市未来，博物馆何为 [N]. 上海文汇报，2022-12-18.

[9] 陈若茜，陆林汉 . 七十年看上博⑦ | 博物馆何以成为重要的人文外交平台 [N/OL]. 澎湃新闻，（2022-12-18）[2023-05-01].http://www.thepaper.cn/newsDatail_forward_19780445.

[10] 杜歆雨，杨智茹，魏峻 . 定义博物馆：关于国际博协博物馆定义提案的若干探讨 [J]. 文博学刊，2022（3）.

花园酒店博物馆
——文化与旅游的动态转换与要素分析

雷 州（广州花园酒店博物馆）
于 淼（湖北省博物馆）
孙雅晶（广州花园酒店博物馆）

摘要：本文以文化旅游的历史，概念和研究转向之分析为基础，通过对花园酒店博物馆的案例分析，为理解文化与旅游的关系提供广阔的视角。文化旅游是一种动态的社会实践，以文化作为驱动力，提升旅游产品的吸引力与特征；旅游发挥载体功能，提升文化的传播效果与经济效益。在具体实践中，具有公益文化机构特征的博物馆可以定义旅游产品，具有商业特征的旅游目的地可以拥有博物馆功能，二者的相互转化与赋能是文化旅游获得成功的核心要素。花园酒店博物馆提供了一种新型的文化旅游模式：由酒店业创办与管理，以对酒店业历史与文化的展示，提升品牌吸引力；在展示内容上以对文化内涵的发掘减少对藏品的依赖；在运营层面兼顾公益与商业特质，将博物馆专业展示方法、五星级服务和酒店业的营销能力综合体现；通过与科研、教育机构的合作扩展博物馆的教育功能，将行业、地区、社会与个人联系在一起。花园酒店博物馆对于博物馆和文化旅游事业的发展具有借鉴意义。

关键词：花园酒店；博物馆；文化旅游；新模式

一、文化旅游，动态的实践

迪恩·麦坎内尔（Dean Mac Cannell）在《旅游者》（*The Tourist*）中描绘了巴黎和一些高雅文化中心的游客如何通过参观著名的地标和景点来庆祝现代性的差异。[1] 约翰·厄里（John Urry）在《游客的凝视》（*The Tourist Gaze*）一书中认为，人们想要体验与日常生活不同的事物，创造了“旅游文化”。[2]

（一）古老的现象

从古罗马时代起，人们已开始为体验文化而旅行，只是这种出行的原因没有被视为一种独立的类型。文艺复兴之后，欧洲的贵族群体热衷于通过旅行增长见闻，使自己变得渊博。1670年，天主教神父理查德·拉塞尔斯（Richard Lassels）出版影响深远的《意大利探险》（*The Voyage of Italy*），书中提出了“大旅行”（Grant Tour）的概念，论述了旅游的教育价值。[3]

1800年，英国女作家玛丽安娜·斯塔克（Mariana Starke），出版旅游信息介绍《来自意大利的信》（*Letter from Italy*），1824年出版《欧洲大陆游记》（*Information and Direction for Travellers on the Continent*），书中涵盖旅游的基本信息和专业建议，以星星的数量对艺术品和景点进行评价（原使用感叹号，后改为星星）。

19世纪，中产阶级的壮大成为旅游业诞生的原动力。为满足该群体对文化与高雅艺术的渴望，1836年，英国作家兼出版商约翰·默里（John Murray）在伦敦出版旅行手册《默里的旅行指南》（*Murray's Handbooks for Travelers*），该书后续出版为系列丛书，涵盖欧洲、亚洲和北非地区大部分旅游目的地，在长达一个世纪的时间里持续再版。[4] 这本旅行指南规划详尽，引用了社会学、考古、艺术史、文学等多个领域的研究成果，书中对目的地与服务设施的介绍，为现代旅游业的品牌推广提供早期案例。[5]

（二）从精英到大众

19世纪前，旅游是贵族专属的活动，他们的大部分出行与文化有关。后来，工业革命引发激烈的社会变革，基于探索科学、对激情与美的崇高体验、自我提升等目的，充满人文主义和新古典主义风格的旅行在19世纪的欧洲达到顶峰。对文化与旅游关系的思考可追溯到英国作家约翰·拉斯金（John Ruskin），他被认为是"文化旅游之父"。拉斯金十分热爱旅游与艺术，在采纳了新兴的文学形式、旅行与画廊指南的信息之后，1879年他将著作《威尼斯之石》（*The Stone of Venice*）改编为具有旅游指南功能的版本，旨在引导旅行者用文化的眼光去看待风景、建筑与艺术。[6] 拉斯金对"tourist"的概念进行了现代解读，强调对文化的了解和体验的过程，讽刺那些"让自己像牲口一样被拖着走……穿越他们想象中要去的国家，希望对文化大快朵颐的人。尽管拉斯金本人的旅行方式以文化和休闲为目的，他却倾向于否认自己是在旅游，作为一个有修养的唯美主义者，他只是痴迷于意大利。

旅行被认为是有教养之人到访文化圣地的活动，一种令人向往的生活方式。[7] 拉斯金的文化旅游观念，位于对"精英阶层的维护"和作为流行文化的大众旅游的支持之间。此时，文化之旅已具有明显的中产阶级特征，尝试着忽视或超越社会阶层划分。1841年，英国商人托马斯·库克（Thomas Cook）创办了世界上第一家旅行社 Thomas Cook & Son，于1865年扩展业务，在伦敦开设办公室。[8] 旅行社低廉的价格和便捷的服务吸引了大量游客，推进了旅游民主化。20世纪早期，航空技术的发展让远距离出行成为可能，出行的人数和文化旅游的目的地不断增加，成为全球旅游业的重要组成部分。21世纪，旅游已经成为人们生活中不可分割的构成。从贵族到大众，旅游业繁荣背后，是科技的进步、增加的闲暇时间、消费社会引导的生活方式、持续提升的文化兴趣和不断被发掘的文化价值。

二、文化旅游的概念与研究转向

参观历史遗迹，文化地标，参加特殊活动和节日或参观博物馆一直是旅游体验的一部分，几乎所有的旅行都包含文化元素。20世纪70年代，旅游研究人员开始意识到，有些人旅行是为了更深入了解目的地文化或遗产，文化旅游开始被视为一种独特的产品类别。[9] 各国利用文化塑造身份，创造民族文化认同；各地区和城市利用文化促进经济发展，文化旅游被视为一种优质的旅游形式，促进了文化遗产保护与发展。[10]

（一）文化旅游的概念

文化旅游的概念在 20 世纪 80 年代被正式提出，文化经济研究将旅游业作为重要驱动力和吸引游客的重要因素。[11]文化旅游的定义几乎与文化旅游的人一样多。[12]国际古迹和遗址理事会（USICOMOS）认为："观察到文化旅游作为一个名称对许多人来说意味着任何事情，这就是它的优点和缺点"。[13]

如前所述，文化旅游已经成为一种引人注目、涵盖范围广泛文化消费活动，要准确定义概念并不容易。目前，有四种定义文化旅游概念的视角。1. 旅游的衍生（tourism derived definition）。将文化旅游置于旅游和旅游管理的理论框架。例如：文化旅游被认为是一种特殊兴趣的旅游，文化是吸引游客或激励人们旅行的基础。[14]在旅游业的背景下，理解人、地方和文化遗产之间的相互关系。[15]2. 动机（motivational definitions）。文化旅游者出于与其他游客不同的原因被激励去旅行，在定义文化旅游时必须将动机视为一个重要因素。[16]3. 经验或渴望（experiential or aspirational definition）。文化旅游是一种体验活动，应最低限度包含体验或接触社会结构、遗产和地方的特殊性。[17]通过体验文化，游客获得教育与娱乐双重收获。4. 操作（operational definition）。一种常用的定义方法，用以声明"文化旅游包含的具体活动内容和范围。[18]

就本质而言，文化旅游的概念外延是模糊的，包括历史、民族、艺术等主题，是相关活动的总称。联合国世界旅游组织（UNWTO）2018 年将文化旅游定义为：一种旅游活动，游客以学习、发现、体验和消费旅游目的地的物质与非物质文化遗产为动机。无论何种定义，文化旅游是一种动态的社会实践，不是一个管理模式，也不是旅游与文化的简单叠加。

（二）文化旅游研究的发展与转向

20 世纪 80 年代，文化旅游作为一种旅游类型被提出，成为全球旅游业的重要构成。文化的价值被高度关注，西方社会出现"文化遗产热"，游客带来的经济价值对文化遗产的传播与保护做出重要贡献。2000 年开始，研究者尝试突破文化旅游对表征实践、符号和符号经济的关注，转向旅游的物质文化。通过将物质性和物质文化问题引入当代休闲和旅游，减少对文化遗产实体的依赖，强调人类和物质世界不可避免的混合性。[19]研究结果显示，象征性旅游表演和文化遗产同样具有吸引力。在文化旅游的研究中，一种持续的趋势关注人类视觉、意义创造和社会实践，在不同的视角下，文化旅游的研究出现了"流动性转向"（mobilities turn），"行为实践转向"（performative turn）、"创意转向"（creative turn）和对"策展"（curatorial）的关注。

三、文化旅游与博物馆

有很多方式描述博物馆和旅游业的交集。博物馆是 旅游业最具吸引力的"名片"之一，是必经之地，也是展示当地文化与历史的公共空间。博物馆是旅游目的地的缩影，以符号为中介提供共享体验，一家优秀的博物馆可以带动一个地区的旅游业发展。

（一）文化旅游的策展转向

1980 年，博物馆研究领域首次提出"策展转向"，将艺术价值创造系统从艺术经纪人或画廊的传统中介角色转向策展人。[20]随后，策展理念被引入文化旅游产业，策展人扮演文化守门人和向导的角色。他们寻找值得关注的地点、事物和人，创造文化事件，塑造文化意义。

策展转向突出了关系的价值，让文化要素与旅游通过互动获得更多的可能性。今天，文化旅游目的地已不再是对文化和遗产的展示，越来越多以文化主题活动被开发，在这个过程中，传统文化被赋予时代价值，通过旅游业实现文化对再生产与消费，成为遍及全球的社会实践。

（二）博物馆与旅游的动态转换

"博物馆"为公益文化机构，与追求经济效益的"旅游业"在性质上属于不同的实体。然而，在旅游与文化产业的时代诉求之下，旅游业需要更多的目的地，而博物馆是其中最有吸引力的[21]。今天，博物馆可以帮助定义目的地整个旅游产品的观念被普遍接受，博物馆提供了关于时间和空间的特殊感觉，是其他旅游产品不具备的。[22]当全球博物馆都不同程度的面临运行经费不足的问题时，他们亟须要旅游行业的支持与推广。

自20世纪80年代以来，与旅游发展同步，大量博物馆被兴建。博物馆通过对物体的聚集与移动，创造意义，这种意义不是固化和绝对的，而是鼓励参观者进行多样解读。那些到访博物馆的人，通过自身的移动（物理上），结合自己的背景（过去的移动经历）创造意义。与人的移动相似，博物馆里的每一件物品，包括展品、环境、灯光、辅助设施等也拥有流动轨迹（来自哪里？被如何制造、设计与组装？）。人、物、时间、事件、地点等要素带着各自的流动轨迹与形式汇集在博物馆空间，形成一个创造意义的展示平台。当空间的物质属性与人的创造力相遇，游客不再是被动的信息接收者，而是具有能动性的意义创造者，这些意义被选择、沉淀、影响人们日常生活的实践。策展方法的使用，让旅游景点拥有博物馆的功能：通过精神、物质、想象、文化和自然相结合。

四、花园酒店博物馆项目介绍

旅游业庞大的基础设施让大规模人员流动成为可能，住宿业是其中的重要组成，其漫长发展历史与人类文明的进步相伴。一家历史悠久的酒店所具有的文化功能与一座博物馆相似，为旅游注入文化内涵。2021年国家公布《"十四五"文化和旅游市场发展规划》，提出进一步推动文化和旅游融合发展、相互赋能，将文化主题旅游饭店作为弘扬中华传统文化与深度体验旅行的重要载体与窗口。作为文旅融合的探索，2022年5月18日，中国第一家以住宿行业为主题的博物馆"花园酒店博物馆"在广州建成并向公众开放。

花园酒店博物馆坐落于广州花园酒店4楼，展厅面积1600平方米，由岭南商旅集团旗下广州花园酒店有限公司出资建成与管理。作为中国三家白金五星酒店中唯一的民族品牌，花园酒店被誉为改革开放的标志之一，由贝聿铭勾勒建筑概念图，超凡脱俗的建筑与装饰风格，体现中西合璧的文化内涵。自1985年开业以来，秉承"经典非凡，中西合璧，回归自然，贴心服务"的服务理念与品牌特质，花园酒店成为中国酒店业的旗帜。独一无二的历史与文化元素赋予花园酒店时代的印记，让花园酒店的故事与中国改革开放的成就、中国住宿业的传承与创新息息相关，与广州的文化一脉相连。

作为中国旅游集团20强、位居中国零售业百强20位的岭南商旅集团一直为广州打造世界级旅游目的地、世界文化名城和国际消费中心城市发挥着主力军、主渠道的作用。在新时代背景下，为贯彻落实习近平总书记视察广东重要讲话精神，致敬改革开放、助力人文湾区建设、为城市文化综合实力出新出彩，为"老城市新活力"新一轮的高水平开放高质量发展激发市场主体动能，彰显岭南商旅集团传承文明、延续文化的社会责任感，文旅融合重点创新项目花园酒店博物馆应运而生。

花园酒店博物馆的建馆主旨围绕“与民族同根、与开放同频、与老城同脉、与行业同辉、与品味同质、与世界同步、与时代同行、与受众同感”的思想，致力于延展花园酒店品牌价值与内涵、传承住宿业历史与文明、展示千年商都发展变迁、搭建产学研跨界对话平台、促进更广泛的行业交流。通过讲述花园故事、酒店故事、广州故事和中国故事，打造首家文旅融合、主客共享、跨界对话、突破传统博物馆边界的酒店住宿业博物馆。以“1600 平方米 +”为理念，将博物馆与酒店融合，通过 26 个具有文化特色、高雅审美特征的装置艺术主题让花园酒店成为“馆外之馆”。

花园酒店博物馆包含六个常设展示单元：“古老行业，居停之道”“千年商都，商埠商住”“经济发展，酒店兴盛”“对外开放、酒店同频”“经典非凡，花园酒店”和“景观之上，品质生活”。展览叙事采用编年史方式，以人类出行的历史为切入点，介绍中西方酒店发展历程，突出酒店是人类文明与进步的结晶；以广州千年商都发展史为时间线，将住宿业的发展置于广州城的悠久历史，突出酒店业对城市影响；以 20 世纪早期，中国酒店业的初创、发展与繁荣为叙事框架，以对外开放政策广州兴建三大酒店的为亮点，将酒店业置于现代文明进程中予以关照。以历史典籍与考古资料相互印证的方式，全面展示酒店业的外延与内涵。在常设展时之外，通过临展、科研、学术发布、研学体验、文创商店、轻餐饮等公共空间与配套设施共同发挥博物馆的多种功能。

从特色分析，“花园酒店博物馆”是国内首个以住宿行业为主题的专业博物馆，具有行业首创价值；是文旅融合背景下，第一家与中国旅游研究院合作共建的博物馆，具有行业领先性；延伸了博物馆功能，突出博物馆与旅游业的资源共享与相互赋能；在运营与管理上兼顾公益性与经济效益，堪称最具特色的行业博物馆，是文旅融合的创新典范。

五、“花园酒店博物馆文化旅游要素分析

文化旅游包括五个核心素：“文化和遗产的有利条件”“运营模式”“产品消费、价值和商品化”“文化旅游类型”和“资源整合与消费者满足”。这些要素的实现是评价一个文旅项目的基本。

（一）文化和遗产的有利条件：文化基因定位酒店身份

花园酒店博物馆的建筑特色、历史与文化背景使这家酒店天然具有博物馆特征。随着城市的发展与变迁，作为一家创办于 20 世纪 80 年代的酒店，面临巨大的竞争与转型压力。以博物馆激活文化特色，突出资源优势成为创新首选。花园酒店自身丰富的文化“基因”源自酒店的国际化定位与建设者的独具匠心：既展示岭南文化的精华，也兼顾中西方文化的交融，让来自不同文化背景的客人都可以感受到“宾至如归”。酒店内部与外部空间拥有多达 26 处人文与自然景观，让花园酒店仿佛一座城市中心的世外桃源，这一特征的延续让花园酒店在行业中独树一帜。然而，在“文旅融合”的概念之前，“世外桃源”的体验者主要为到访酒店的客人，行业知名度高，社会文化影响有限。通过一座博物馆，花园酒店的文化特征得以系统的解释与传播，被扩展的文化价值成为花园酒店的核心竞争资源，具有不可替代性。

宏观层面，作为中国第一批五星级酒店和第一家白金五星级酒店的民族品牌，花园酒店在中国社会发展进程和中国旅游业的发展中发挥了重要的功能。通过对酒店“文化基因”的深入发掘，整合文化资源是本项目的重点。通过展示人类出行的历史、世界酒店业发展、中国酒店业历史，酒店、城市、社会和日常被联系在一起。在这个广阔的背景下，花园酒店的身份被重新定义。博物馆让这家历史悠久的酒店超越了自身的基本功能，成为兼具公益性文化机构和旅游目的地多重功能的综合体。花园酒店博物馆作为文旅项目，定义了酒店的文化身份；作为文博项目，展示了住宿业的历史，为古老的酒店行业注入新活力。

（二）运营模式：旅游业与博物馆动态转换

与独立运营的博物馆不同，花园酒店博物馆在文化和旅游业的实体层面进行资源共享。花园酒店博物馆由出资方广州花园酒店有限公司自主管理，免费向公众开放。博物馆设置包括馆长、教育专员、业务专员、讲解员在内的完整机构体系。在具体运营环节，花园酒店业务部门配合博物馆的日常工作，营销部门协助博物馆进行场地租赁、后勤部和安保部提供日常开放保障，餐饮部门负责观众餐厅。为实现“博物馆 +”的目标，花园酒店博物馆通过与中国旅游研究院合作办馆，将旅游行业专业教育资源引入博物馆教育体系；通过搭建产学研跨界对话平台，促进广泛的行业交流。

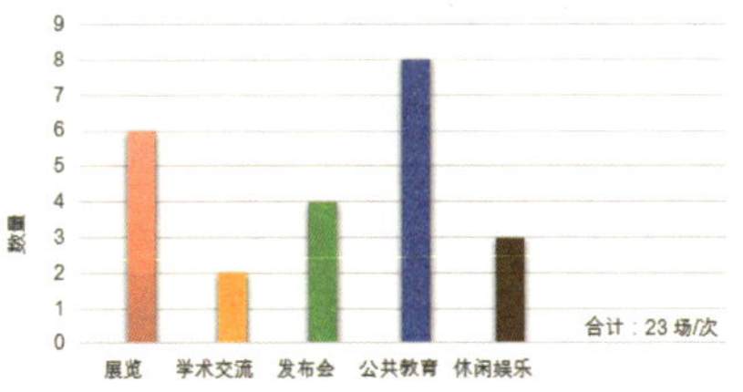

图 1　花园酒店博物馆活动类型与数量

花园酒店博物馆的运营围绕“与民族同根、与开放同频、与老城同脉、与行业同辉、与品味同质、与世界同步、与时代同行、与受众同感”的理念，在这个充满互动与良性循环的过程中，1600 平方米的展示空间具有无限可能性。响应了博物馆学理念中，博物馆作为中介与信息平台的功能。截至 2022 年 10 月，花园酒店博物馆与社会各界合作，共举办了 23 场 / 次文化活动，丰富的类型和广泛好评证明了开放式运营博物馆的可能性。

（三）产品消费、价值和商品化

在文化旅游的框架下，博物馆是定义旅游产品的核心要素。由酒店运营博物馆的首要优势是酒店业的“自我定义”。软实力层面，酒店业更了解旅游，可以准确地发掘文化价值，创造消费产品，将文化资源转化为经济效益；酒店的营销优势可以弥补传统博物馆经济能力不足；酒店是服务行业，可以倡导合作与共赢，弥补博物馆服务意识的不足。硬件方面，花园酒店的设施直接丰富了博物馆文化产品的类型。博物馆拥有 400 平方米多功能厅、360° 环幕场地和文创区域，可举办各类活动产生门票及艺术品售卖等收入；博物馆咖啡厅配备独立轻餐区及咖啡吧台区域，博物馆前廊设置观景休闲区，也可作为研学互动空间，开展文化体验活动。此外，博物馆可通过与第三方教育机构、教育部认可的研学基地等合作伙伴联合开发研学课程，形成常态，对持续性研学产品进行招生。

新博物馆学强调博物馆成为影响社会进步的力量。然而，传统博物馆因为对研究与展示的过度关注、经费来源单一和多层级交叉的管理模式，馆内资源出现消耗过大、馆外合作困难的情况。受到场地和服务资源的制约，在博物馆内开展商业活动的成本往往高于其他场所。这种困境在花园酒店博物馆得到改善，博物馆的商业活动被融入酒店工作，以博物馆的专业规范实施。将酒店业的务实、高效、开放与包容植入博物馆运营，文化的经济功能成为支持文化发展的要素，继而影响社会进步。短期的统计结果显示，花园酒店博物馆营收状况良好，2021 年 9 月 24 日至 2023 年 1 月 31 日的营业总额为 1054349.71 元。（受新冠疫情爆发及防控工作要求的影响，博物馆于 2022 年 4 月 16 日至 4 月 25 日、10 月 25 日至 12 月 1 日闭馆。）

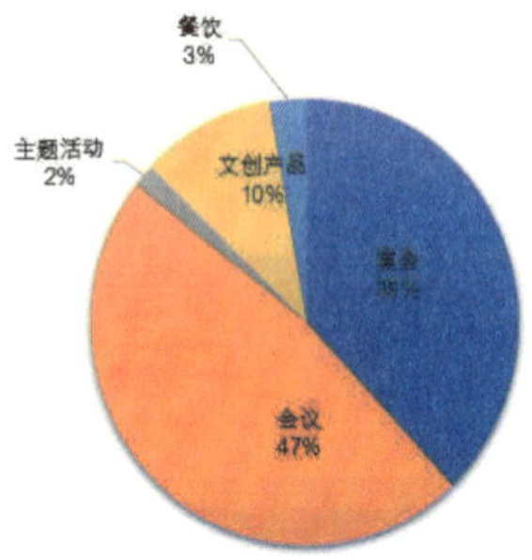

图 2　花园酒店博物馆营收构成
（2021 年 9 月 24 日—2023 年 1 月 31 日）

（四）文化旅游的类型：文化主题旅游饭店 + 博物馆

2021 年，根据国家文化和旅游部《文化主题旅游饭店基本要求与评价》标准要求，通过对"文化主题构建、文化主题氛围、文化主题产品、文化主题活动与基本功能与服务"进行评估。广州花园酒店荣获广东省首批金鼎级文化主题旅游饭店奖。2023 年 1 月，第六届年度"That's Hospitality Awards"在上海举行，广州花园酒店荣获"年度艺术酒店"。

理查德（Richards）认为，文化旅游的定义包括对属于过去的文化遗产的体验与消费，也应该包括对旅游目的地的当代文化、艺术与生活方式的消费，应该涵盖以上两个方面。[23] 花园酒店博物馆丰富了文化旅游的产品类型，让文化资源获得更多的可能性。以动态方式整合酒店文化元素，通过持续的价值转化，打破一家酒店的物理边界，使其沉淀为承载历史、充满内涵的文化实体。从花园酒店博物馆的目标、社会价值、经济价值、可持续性和参观者的特点分析，其更接近文化主题类体验空间。从功能分析，花园酒店博物馆丰富了博物馆的业态和运营模式，是一家优秀的行业博物馆。丰富的功能与潜力很难对这个文旅项目进行单一的类型划分。

（五）资源整合与满足需求：传播效果分析

文化旅游的第 5 个要素是前 4 个要素的整合，以期满足游客和旅游业的需求，保护文化资产的内在价值。作为一家文化主题旅游饭店 + 博物馆的综合体，花园酒店博物馆发掘与展示了自身的文化基因；通过旅游业和博物馆的动态转换，打破了传统博物馆的物理边界；在运营层面，以白金五星级酒店的标准进行管理、提供五星级酒店配套设施与观众服务，在文化价值转化为经济价值方面特征明显。从文化旅游产品的精神内涵分析，花园酒店博物馆不仅有酒店与历史、酒店与广州、酒店与商圈、酒店与未来等内容的宏观叙事，也注重微观解释，围绕酒店与旅客、酒店与社区和原住民、酒店业与酒店人的关系传递行业标准与人文情怀；通过合作、展览、科研与教育项目实现传承文明、传递文化，参与社会发展的目标。在旅游与文化资源的良性循环与相互赋能中，持续产生影响。

为获得具体的传播效果，本文进行了 100 个样本的观众问卷调查，采用随机的方式在博物馆内进行。共发放问卷 100 份，回收有效问卷 99 份。关于参观原因的调查结果显示，有 36% 的到访者为"专程参观花园酒店博物馆"，

33% 的参观者为“偶然路过”，30% 的参观者为“作为旅游的目的地”。在“专程参观花园酒店博物馆”的到访者中，有 21% 的人来自广州市以外地区，有 24% 的人为“第一次到访花园酒店”。在“专程参观花园酒店博物馆”的到访者中，有 71% 的人在花园酒店进参加了如“住宿、会议、用餐等活动”。这个数据表明，博物馆成为酒店吸引客人的有效指标。

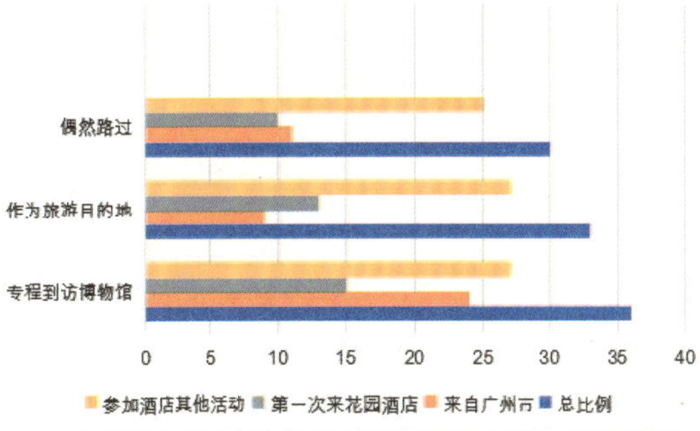

图 3　参观“花园酒店博物馆”的原因

在整体样本中，关于“参观花园酒店博物馆的目的”（多项选择）调查结果显示，有 65% 的到访者为“学习”，49% 的到访者为“休闲”，21% 的到访者为“商务”，8% 的到访者选择“其他”。其中，“学习”与“休闲”两个选项最为突出。这个结果表明，花园酒店博物馆在观众的心目中，具有充分的博物馆功能。

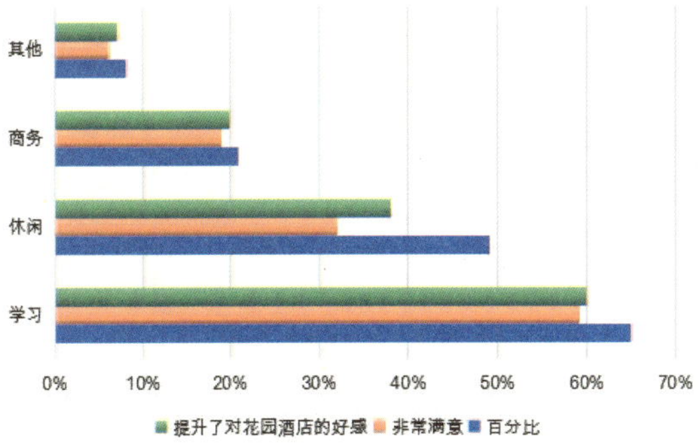

图 4　参观“花园酒店博物馆”的目的与满意度

针对学习效果的 5 级量表结果显示，有 79% 的受访者认为参观花园酒店博物馆有效提升了对于“花园酒店的认识（好感）”。50% 的受访者认为参观花园酒店博物馆提升“很多”对于“广州历史”的了解。有 41% 的受访者认为参观花园酒店博物馆提升“很多”对于“中国历史”的了解。有 19% 的受访者认为提升了“很多”对于“改革开放”的了解。其中，以“学习”和“商务”为目的的到访者整体满意度最高。这个结果表明，花园酒店博物馆实现了承载历史，传播文化的目标。

部分观众留言：

——花园酒店很有情怀，不但介绍了花园酒店，也介绍了其他历史，出乎意料！

——新的认知视角！历史悠久，跟上时代，布置相当专业。

——我是第二次来这里，拍了一些照片和视频，这个博物馆知名度还比较低，我希望通过抖音让更多人了解广州、了解花园酒店。

——了解花园酒店的伟大事迹与由来。

——历史承载着人文，贵酒店具有人文情怀，难能可贵！

——布展的历史顺序和酒店的历史介绍清晰，文创产品希望再丰富一些，多媒体的类型和内容希望再丰富一些。

六、小结

金布里特（Gimblett）在《目的地文化：旅游业、博物馆和文化遗产》（*Destination Culture : Tourism, Museums, and Heritage*）一书中提出“为什么展示？这个问题。在对各种展示环境进行探讨之后，她认为：物体、事件和人物如何被收集与展示事实和展示技术，比展示的物品本身更重要。[24] 现代博物馆的形式与展示手法应该追求多样性，甚至是概念化的。那种以国宝为吸引力的传统博物馆代表了博物馆的一种类型，不应该成为主流。面对全球经济活力放缓，为了获得运行经费，博物馆“不太情愿”地将自身作为旅游景点进行营销；为了使地点成为目的地，旅游业正在积极地将世界展示为一个博物馆，两者都承诺传递文化遗产。

实际上，“文化遗产”这个概念是现代人的发明，就像埃及金字塔的主人不会想到自己的宫殿、宝物和身体在几千年后成为旅游热点。同为现代创造的“文化旅游”也是为了满足特定的目标而不断变化。21 世纪，以上两个概念不仅仅是对历史的营销，还是让历史成为一种新的文化生产模式，为人类的生活方式、经济和地方文化赋予第二次生命。本文的研究案例花园酒店博物馆实践了这种理念：让文化和旅游并非孤立的存在。作为旅游企业，为旅者提供更多的机会，在旅行中熟悉特定地方的文化，利用每一个可能与文化联系，在有意或是无意之间与文化相遇。

在酒店业漫长的发展中，源自热情与好客，从驿站到小酒馆，远方的住所为人与人之间的联结提供可能；在人类现代化进程中，酒店是文明的结晶，美好生活的引领者。花园酒店博物馆是对酒店业古老历史的新探索，引导我们通过与文化的接触，创造美好生活。这是旅游业和博物馆行业致力于实现的目标。

花园酒店博物馆从项目概念、筹备到场馆建设，从策展、试运营到正式开放，均得到了中国旅游研究院、中国旅游饭店业协会、广东省文化和旅游厅、广州市委宣传部、广州市文化广电旅游局、广州市国资委等机构、领导、行业专家、职能部门的大力指导、支持和帮助。这个具有创新性的文旅融合项目是多方合作、群策群力的结果，向所有支持花园酒店博物馆的机构与个人表示诚挚的谢意。本文在调研、搜集资料与写作的过程中得到岭南商旅集团、岭南控股、岭南酒店、花园酒店相关部门人员的帮助与支持，以上各方提供的数据与资料支撑了本文的实证研究和主体写作。在此，向以上各方表示衷心的感谢。

【注释】

[1] MACCANNELL D.The Tourist: A New Theory of the Leisure Class[M]. Davis, CA: University of California Press, 1976.

[2] URRY J.The Tourist Gaze[M]. London: Sage, 1990.

[3] PARSONS N T.Worth the Detour: A History of the Guidebook[M]. Stroud: Sutton, 2007:148.

[4] BUZARD J.The Beaten Track: European Tourism, Literature, and the Ways to Culture 1800 - 1918[M]. Oxford: Clarendon Press, 1993:70.

[5] GOODWIN G, JOHNSTON G.Guidebook Publishing in the Nineteenth Century: John Murray's Handbooks for Travellers[J]. Studies in Travel Writing, 2013, 17 (1): 43–61.

[6] WALTON J K, HANLEY K.Constructing Cultural Tourism: John Ruskin and the Tourist Gaze[M]. Bristol: Channel View Publications, 2010: 43–52.

[7] VEBLEN T.Theory of the Leisure Class: An Economic Study in the Evolution of Institutions[M].New York: Macmillan, 1899.

[8] HUNTER F R.Tourism and Empire: The Thomas Cook & Son Enterprise on the Nile, 1868–1914[J].Middle Eastern Studies , 2004, 40 (5) : 28–54.

[9] TIGHE A J.The arts/tourism partnership[J]. Journal of Travel Research, 1983, 24 (3) : 2–5.

[10] RICHARDS G.Cultural Attractions and European Tourism[M].Wallingford: CABI, 2001.

[11] SMITH M K.Tourism, Culture and Regeneration[M]. Wallingford: CABI, 2007.

[12] MCKERCHER B, DU CROS H.The Partnership Between Tourism and Cultural Heritage Management[M]. New York: Haworth, 2002: 3.

[13] MCKERCHER B, DU CROS H.Cultural Tourism: The Partnership Between Tourism and Cultural Heritage Management[M].Abingdon, Oxon: Routledge, 2012:3.

[14] MCINTOSH R W, GOELDNER C R.Tourism Principles, Practices, Philosophies, Sixth edition[M].New York: John Wiley and Son, 1990.

[15] ZEPPEL H, HALL C M.Selling art And History: Cultural Heritage and Tourism[J].Journal of Tourism Studies, 1991, 2 (1) : 29–45.

[16] RICHARDS G.Production and consumption of European cultural tourism[J].Annals of Tourism Research, 1996, 23(2): p.261–283.

[17] TC. Investigative study on the cultural tourism sector[M]. Ottawa: Tourism Canada, 1991.

[18] MILLER J. Cultural tourism worthy of note[J]. Hotel and Motel Management, 1997, 212 (15) : 7.

[19] HALDRUP M, LARSEN J. Material Cultures of Tourism[J]. Leisure Studies, 2006, 25 (3) : 275 - 289.

[20] O' NEILL P. The curatorial turn: from practice to discourse[M]//RUGG J, SEDGWICK M. Issues in Curating Contemporary Art and Performance. Bristol: Intellect Books, 2007: 13 - 28.

[21] KIRSHENBLATT–GIMBLETT B. Destination Culture : Tourism, Museums, and Heritage[M]. Berkeley; London: University of California Press, 1998.

[22] GRABURN H N. A quest for identity[J]. Museum International, 1998, 50(3): 13 - 18.

[23] RICHARDS G. The Development of Cultural Tourism in Europe[M]//RICHARDS G.Cultural attraction and European tourism. Cambridge: CABI, 2001: 7.

[24] KIRSHENBLATT–GIMBLETT B. Destination Culture : Tourism, Museums, and Heritage[M]. Berkeley; London: University of California Press, 1998.

非营利性定义下文创可持续运营探索
——以安徽博物院青铜文创品牌为例

王淡春（安徽博物院）

摘要：第26届ICOM大会通过新的“博物馆定义”，提出博物馆是为社会服务的非营利性常设机构，但又提出博物馆以符合道德且专业方式进行运营。如何平衡非营利性和市场运营之间的关系，是博物馆面临的一个具有研究价值的议题。安徽馆藏青铜具有独特的文化面貌，试图以安博青铜文创品牌为主体，结合IP形象打造和品牌运营的相关实践，提出以深挖文化内涵为主，以科技赋能为辅，以公共文化空间为渠道，以文创品牌互促为目的四个方面，建立具有知识性、科技性、文化性的数字化品牌故事，在提升文创品牌传播力的同时获取潜在客户，以品牌推广带动文创市场运营，实现文化品牌及其文创产品社会和经济效应的良性循环，达到博物馆文化传播的可持续发展。

关键词：博物馆；非营利性；文创品牌运营；安徽青铜文化

基金项目：安徽省社会科学创新发展研究课题（2021CX180）

一、相关概念及理论辨析

（一）博物馆的非营利性

第26届ICOM大会通过博物馆的新定义，提出“博物馆是为社会服务的非营利性常设机构……博物馆以符合道德且专业的方式进行运营和交流……”。在这一定义中，博物馆被明确定义为“非营利性”，但与此同时，又提到了博物馆可以运营和交流，看似矛盾，实则不然。从法律层面来看，“所谓营利或营利性，是指企业的出资者或股东为了获取利益而投资经营，依法从所投资的企业获取资本的收益[1]。”“非营利”应指的是出资者或股东未从中获取利益，而并不代表机构本身不获得利润。故“非营利性”定义下的博物馆，并不代表不能营利，而是在合理的市场机制下进行运营，允许机构产生收益，并将收益用于保护、研究、展示等领域[2]。

（二）博物馆文创与市场运营

文化产业是博物馆参与市场运营的一个重要渠道。近年来，各地政府也相继出台支持文化产业发展的相关文件。博物馆文创，是将中国传统文化与创意文化产业相结合的产物，对博物馆藏品文化元素的再创作。一款好的博物馆的文创产品，应以文化内涵为根本，以产品为载体，以创造性、艺术性设计为形式，兼具社会效益和经济效益。博物馆的文创产品不仅仅以传播历史文化为使命，同时也兼具商品属性，故文创产品在推广过程中，不可避免地会进入正常的市场运营中，而市场的认可度也会成为文创产品成功与否的重要指标之一。[3]

博物馆文创产品，兼具文化属性和商品属性，在文化传播过程中可以更加便捷、迅速，而其所取得的成效也更加直观。与此同时，在产品运营过程中，专业的市场推广渠道与方式，也可以最大程度地推动传统文化的传播，具有其独特的优势。

1. 产品线上销售平台的加持，突破了博物馆文化传播在地域上的局限性。随着淘宝、抖店等线上销售平台的加持，文创产品可以跨越地域的限制，以文化为载体，以最直观的方式，走入消费者生活；同时，附有文化属性的产品，也会反作用力于用户，激发用户对其背后所承载文化的兴趣，以扩大博物馆的受众群体。

2. 文创产品可凭借商品的使用价值、情感价值、艺术价值等拉近传统文化与现代生活之间的距离，更易于深入现代用户的心中，获得情感共鸣，讲好中国故事。

3. 用户对产品的所有权，更有利于文化传播的可持续性。文创产品以商品为载体，不同于文物本体，减少了距离感，而增强了公众拥有感。展览或文物展示虽然会让公众在短时间内汲取大量的知识量，但当观众离开博物馆这一场景，会逐渐淡忘；而文创产品，则会以其独有的形式，深入公众的日常生活中，有利于博物馆文化的持续性传播，以不断强化记忆的形式，激发观众主动探索产品背后的文化内涵。

文创的双重属性，使其在市场运营过程中，不仅可以弥补传统意义上博物馆发展的不足，还可以借助市场的力量，进一步扩大博物馆文化的社会效益和经济效益。非营利性定义下的博物馆，其公益性与市场运营之间并非矛盾关系，而更应相辅相成，博物馆可以在保持公益性的基础上，适当参与到市场运营中，以此来实现博物馆的可持续发展。

二、安徽博物院青铜文创品牌的推广运营

（一）品牌建立

品牌作为商业竞争的核心因素，是市场营销学的基本概念。博物馆文创进入市场运营机制中，不仅应着力于单个产品文化性、实用性、艺术性的打造，更应推动博物馆文创的品牌化运营，建立具有独特性、可持续性的文创品牌，提高博物馆文创产品的市场竞争力，讲好中国故事。

博物馆文创品牌，指的是在市场上某一博物馆产品在同类产品中显著识别和效应，具有唯一性、可塑性和可持续性。[4] 博物馆注重品牌建设，能够树立起博物馆的文化形象，让观众对博物馆的文化产生良好的记忆。[5] 品牌是区别于市场上同类产品的重要标志，也是产品定位和形象的综合体现。文创的品牌不仅需要蕴含产品的文化内涵，更要具有一定的故事性，拉近消费者与博物馆之间的距离。

1. 安徽博物院馆藏青铜器及其文化背景

安徽地处长江中下游成矿带，产铜历史可上溯到商周时期，丰富的铜矿资源为该地区的青铜冶铸提供了基础，江淮地区，位于南北文化交流之地，春秋时期，该地青铜器以群舒文化为主体，既承袭了中原文化的特点，又相继受到吴越文化、楚文化的影响，形成了独特的青铜文化面貌。[6]

商周青铜器，是安徽博物院馆藏特色之一，其精湛的工艺、精美的纹饰、独特的造型共同展现着江淮地区多彩的青铜文化。丰富的铜矿

为中国青铜文明提供了保障，造型独特的兽首鼎、曲柄盉地域特征明显，国之重器吴王光鉴以铭文记载了吴蔡联姻灭楚的柏举之战，镇馆之宝铸客大鼎、鄂君启金节彰显辉煌的楚国盛世。这一件件精美馆藏青铜器，不仅承载了安徽地区精彩纷呈的青铜文化，更是安徽博物院青铜文创品牌的灵感之源。

2. IP 形象设计

安徽青铜文创品牌形象，选取春秋战国时期具有代表性、有独特文化符号的青铜器为原型，以卡通形象为载体，进行二次创作。形象的原型文物包括春秋时期兽首鼎、龙柄盉、曲柄盉、重环纹盉、蟠螭纹盉、窃曲纹匜、蟠螭纹盉，战国时期楚王匜鼎、展翅攫蛇鹰，共计九件，为安徽春秋时期群舒文化和战国楚文化的典型代表，地域特色浓厚、造型独特。

在保留文物基本形制的基础上，通过线条勾勒、图案填充等拟人化方式，进行创新性设计。一方面，保留文物典型特征，与 IP 形象相融合。如龙小盉形象设计中，以龙柄为尾巴，保留龙柄盉三足的形制特征；纹西西，以前足为手，以器鋬为尾巴，保留窃曲纹匜的扁形足及龙首鋬的文物特征；另一方面，提取器物上典型纹饰，用作形象皮肤以作装饰。如安小博项圈，元素提取自兽首鼎腹部窃曲纹，财气包腰部图案为铜盒外壁蟠螭纹。

在 IP 形象设计的基础上，以文物的用途及其文化内涵，分别赋予形象以性格特征。如纹西西原型窃曲纹匜，是古代盥洗礼的盛水器物，故纹西西赋予的性格特征为有洁癖、爱洗手；楚顶顶的原型楚王匜鼎，为战国时期楚国重器，故其性格特征为稳重，有担当；鹰小奇文物原型展翅攫蛇鹰，鹰为凤鸟，是楚国的象征，爪下的蛇代表了吴越，以展翅攫蛇的形象表达了楚人打败吴越的雄心，故鹰小奇的性格特征为勇敢、冒险。这样的性格设计，不仅赋予了形象以独特的个性，更是便于公众认识形象的同时，潜移默化了解文物原型所承载的文化内涵。

青铜小神兽的 IP 形象，以安徽地区出土典型青铜器为原型，深度提炼安徽出土典型青铜器的文化元素，仿其形而饰其纹，建立起个性鲜明的青铜文化形象。在此基础上建立起的青铜文创品牌，既承载着安徽独特的青铜文化，又符合现代审美和市场需求。

安小博

（文物原型：兽首鼎）

财气包

（文物原型：蟠螭纹盉）

纹西西

（文物原型：窃曲纹匜）

楚鼎鼎

（文物原型：楚王匜鼎）

鹰小奇

（文物原型：展翅攫蛇鹰）

龙小盉

（文物原型：龙柄盉）

蟠小盉（文物原型：蟠螭纹曲柄盉）　　环小盉（文物原型：重环纹曲柄盉）　　曲小盉（文物原型：曲柄盉）

图 1 安徽博物院青铜文化品牌 IP 形象设计图

（二）品牌运营

1. 立足馆藏资源，打造智时空数字展

在安徽青铜小神兽 IP 形象的基础上，运用投影、VR、动画制作等数字技术进行再创作，不仅可以纵向丰富 IP 品牌形象的文化内涵，还可以横向拓宽品牌的故事性和趣味性。

安博智时空数字展，以青铜小神兽 IP 形象为主题，结合安徽地区春秋战国时期历史进程，以时空穿梭的形式进行打造。数字展以 IP 形象为引领，以数字技术为手段，以历史故事为背景，带领公众多维度、全方位沉浸式了解春秋战国时期发生在江淮大地上的历史事件。展览以安小博为主导，穿梭回到春秋战国时期，与其他青铜小神兽相遇并一起历险成长，大纲内容以安徽春秋战国时期历史为主线，包括：以修复安小博记忆的方式，了解青铜器的冶铸过程；以寻找家乡为契机，俯瞰春秋时期的群舒方国；以解救蔡昭侯为引导，经历春秋晚期影响深远的柏举之战，借此感受吴、蔡、楚各方国的风土人情；以招贤令的方式，进入楚国盛况，借楚国盛宴，了解青铜器的使用方式和宴会礼仪，以楚辞吟诵再现屈原的家国情怀。

安博智时空数字空间，以体验式互动和沉浸式展览的方式，多层次、全方位地诠释安徽青铜文化的品牌内涵，以讲好历史故事的形式提升品牌价值。在这一智慧文博体验空间中，通过数字媒体的方式营造出独特的品牌氛围，提高了公众对品牌的认知度和喜爱度；借助 VR 技术、全息投影等现代科技，让公众可以参与到互动场景中，拉近公众与文物之间的距离，增加文化体验感；运用趣味、直观的形式吸引公众主动进入博物馆，认识青铜品牌的 IP 形象及其背后所承载的文化内涵，集知识性。趣味性、故事性为一体，不仅为青铜文创品牌创立夯实了基础，还为品牌的运营推广建立了群众基础。

图 2 安博智时空数字体验空间

2. 相关文创产品研发

近年来，安徽博物院围绕青铜小神兽的 IP 形象，结合安徽地区特色和市场需求，设计研发了一批文创产品。

（1）品牌与传统医学相结合：小神兽系列香牌

安博小神兽系列香牌设计元素来源于安徽博物院青铜文化 IP 形象纹西西。纹西西原型为窃曲纹匜。匜，盥手注水之器。商周时期，贵族在祭祀宴飨时要有净手的仪式，即沃盥礼，行礼时一人在上持匜或盉浇水，一人在下端盘接水，一人在侧拿手巾，行礼之人进行盥洗。以纹西西的形象设计于香牌中，既是对中国古代沃盥礼的一种传承，也是新安医学中草药防疫与现代洗手习惯的一种结合，闻香洗手，防疫健身。

香牌的香方新安医学药方，徽州明朝太医徐春圃古今医统大全卷五十丹参饮子。新安医学发源于古徽州，始于宋元，盛于明清，是一个区域特色明显的医学流派。新安医学不仅是徽州文化的缩影，也是宋以后传统文化的代表。[7]香牌以古代沃盥礼所使用的匜为设计原型，以IP形象中的纹西西为设计元素，将古徽州新安医学与现代洗手习惯巧妙结合，是文创品牌与传统医学的一次融合与创新，方式新颖，方便携带，既诠释了青铜器的文化内涵，又传承了传统医学文化，更符合时代需求，深受用户喜爱。

图 3 小神兽系列香牌产品图

（2）小神兽系列口罩

前两年，在新冠疫情的大环境下，安徽博物院以小神兽形象为基础，研发出安博文创口罩系列。口罩设计保留医用级别口罩蓝色背景，给人以干净舒爽之感；图案设计以线条勾勒为主题，运用诙谐幽默的风格呈现在口罩上。图片的配文设计，以卡通亲民的口吻，或以谐音的方式引导公众认识文物器名，或以小神兽的性格特点以诠释文物原型的文化内涵，打磨出有趣直观且具有内涵的文字。如纹西西文创口罩的配文为“洗手了”，从图案设计上看，以匜为原型倾斜倒水洗手，突出了匜作为盥洗器的用途；从市场推广来看，以勤洗手与口罩防疫相结合。

产品整体风格统一，以寓教于乐的方式，不仅传递了品牌形象背后的文化内涵，更是将古代传统文化与现代生活需求、产品市场定位相统一，以这种小物品的形式，深入公众的日常生活中，不仅可以迅速扩大品牌的受众群体，还能提高消费者对安博青铜文创品牌的认知和喜爱度。

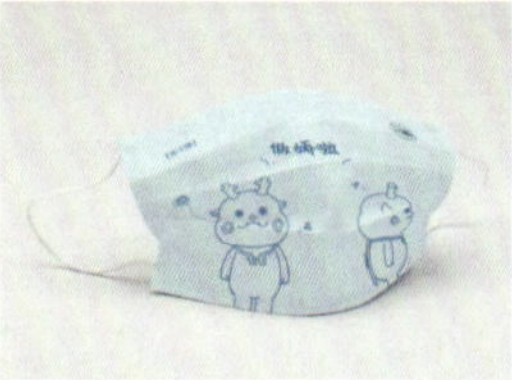

安小博形象文创口罩

财气包形象文创口罩

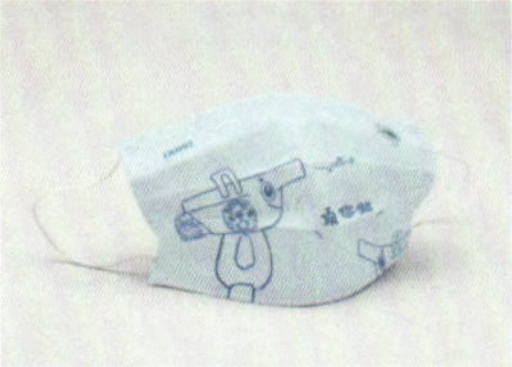

楚顶顶形象文创口罩

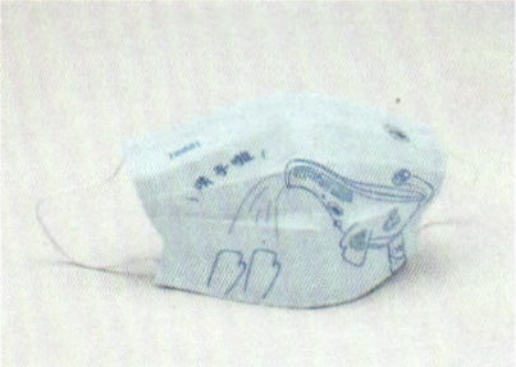

纹西西形象文创口罩

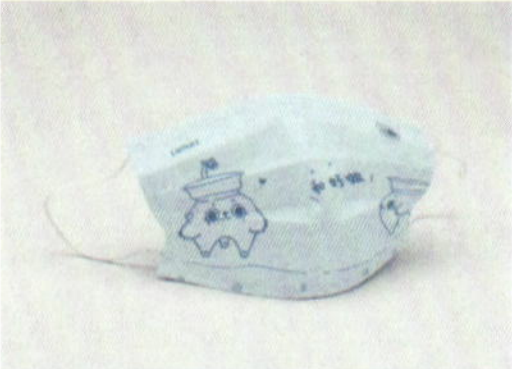

龙小盉形象文创口罩

图 4 安徽博物院青铜小神兽文创口罩系列

（3）其他产品

围绕青铜小神兽的品牌形象，结合现代人

生活需求，以青少年为主要受众群体，安徽博物院还研发了系列文创产品，其中自主研发的产品包括小神兽系列文创盲盒、儿童雨伞系列、绒玩具、儿童足球等，授权开发产品包括与芜湖方特合作研发文具套装、与之间味道合作推出的安小博棒棒糖。这些产品作为安博青铜文化品牌的重要载体之一，以市场运营的方式走入公众视线。

图 5 安徽博物院青铜小神兽其他文创产品

三、品牌形象传播与文创运营策略分析

（一）深挖内涵，找准定位，提高品牌的市场占有率

拥有突出的品牌形象可以获得较大的占有率和利润。[8] 博物馆的品牌建设，应建立在深挖代表性的文化元素，安博青铜文化品牌，正是建立于安徽博物院典型青铜器的基础之上。丰富的馆藏和特色文化内涵，是博物馆的优势，而如何运用这些特色馆藏，讲好安徽文化故事，将馆藏文物向文创品牌进行有效转换，是博物馆应完成的使命。

青铜小神兽品牌形象，源自馆藏东周时期国之重器，严肃而沧桑，给人以肃穆和距离之感。通过文物线条的二次勾勒和再创作，将青铜器的形制纹饰以卡通萌宠的形象表现出来，并赋予独特的个性，更符合当代青少年的喜好。故本次青铜文化的品牌人群，主要定位于亲子家庭和十四岁以下青少年群体。

想赢得消费者，首先要赢得他们的心智。产品围绕品牌形象研发设计，品牌的打造与产品受众之间相统一。博物馆的品牌，是否能满足公众的心理需求，是否能与公众之间达成情感桥梁，也正是消费者是否愿意为产品买单的关键所在。安博青铜小神兽品牌创立至今，迅速收获了公众的好评，不仅在于其可爱形象，更在于它们亲民的鲜明的性格特征，与现代公众达到某种心理上的共鸣。以小神兽为引导，青少年参观博物馆，面对的不再仅仅是冰冷庄重的青铜器，而是与之共鸣的倾听者或讲述者，为公众讲述着发生在它们身上的历史故事，让历史不再遥远，不再有距离感。

在品牌定位的基础上，博物馆相关文创产品的推出也主要围绕在青少年群体。品牌的共情可以提高产品的购买力，只有品牌能触达公众的心灵，产生信赖感，公众才愿意主动地了解品牌背后的文化内涵，愿意将品牌产品带回家，建立长久可持续的情感共鸣。

（二）科技赋能，提升品牌形象，拓宽品牌受众

安博智时空数字空间的搭建，让品牌形象不再是一个个孤立的个体，而是通过历史重现、动画制作等方式，将其串成一件件生动的事件，以此讲好安徽青铜文化故事；与此同时，VR 技术的介入、三维空间的建立，让公众仿若置身其中，与这些形象进行对话，陪伴青铜神兽们一起游历成长。科技的赋能、沉浸式的体验、全方位的视觉冲击，可以帮助公众对品牌产生深刻印象，加深公众对品牌的理解。

另一方面，在智时空展览落地的同时，安博迅速打通线上传播渠道，在官网平台开通安博智时空专区，弥补线下展览在时间和空间上的局限性，让公众可以足不出户，就能了解品牌背后的文化内涵和历史故事。特别是在2022年防疫常态化的背景下，这种线上展示，为品牌的推广提供了持续传播的路径，增强了博物馆品牌与公众之间的联系，也为品牌产品文化内涵的诠释和市场运营提供了保障。

（三）主动进入公共文化空间，提升品牌影响力

传统博物馆的宣传，多依赖于馆内线下的陈列展览，将公众吸引到博物馆场馆内进行参观学习。然而这种宣传方式，会受到博物馆内部环境、展厅布局、展览时间等多方面影响，很难突破瓶颈，真正深入公众心中，进行长期、可持续性的文化传播。现阶段博物馆品牌的建立与传播，更应积极主动地走入公众视野，向公众潜在需求杨帆，想方设法让博物馆品牌传播“借船出海”。[9]

为了扩大安博青铜文创品牌的影响力，安徽博物院立足合肥本地，积极向公共文化空间拓展，打造“城市博物馆空间”“家门口的博物馆”。2022年5月，青铜小神兽系列形象进入合肥市正大广场，在联动商圈合作的基础上，共同打造文化主题商业场馆；同时，借助正大广场摩天轮等标志性建筑中，全方位打造空中博物馆的概念，联动喜马拉雅APP进行音频输出，让公众在摩天轮的密闭空间里，不仅能够欣赏合肥的城市景观，还能以安小博为讲解者，讲述IP背后的文物故事，带领消费者了解安徽地区的青铜文明。

品牌走入商圈，一定程度上拓宽了博物馆的受众范围，同时，在青铜小神兽形象主题整体氛围的营造下，结合商圈的消费环境，品牌的可以更直接、迅速地进入市场运营中，同时，品牌的推广也可巧妙地结合商圈广告、投屏、媒体投放等营销模式，深入市民日常生活和购物场所，在提升博物馆品牌影响力的同时，增加品牌产品的市场竞争力。

图6 安徽博物院青铜文创品牌商场展示图

（四）以品牌助力文创，以文创促进品牌传播

随着安博青铜小神兽文创品牌的建立，以该品牌为主题的文创产品也相继研发并投入市场，相应线下线上的运营推广也迅速展开。

线下文创品牌的运营推广，主要围绕文创空间打造、安博遗址公园建立和市域内产品铺货三个方面：首先，在智时空数字空间外围，打造小神兽文创体验空间。空间的整体环境以红黄白等明艳色调为主，以青少年为人群定位。体验区的建立，不仅可以在展区外为亲子家庭提供休闲场所，还可以在文创空间里以文创互动的形式，对品牌产生进一步的延伸体验；其次，线下安博遗址公园建立，以考古发掘互动和小神兽形象展示为主，在遗址公园的游乐设施里加入小神兽品牌元素，让公众在游玩的同时寓教于乐，以推动品牌的影响力；再次，品牌文创产品新零售模式的推广，扩大品牌宣推的区域范围。如小神兽口罩，以无人零售的销售模式，

将销售机器设置在合肥市各大公共空间，以小商品铺货的形式，深入公众的日常生活场所，带动文创品牌的宣传推广。

另一方面，线上销售与自媒体传播并行。以智时空数字展内容为基础，对小神兽动画进行二次剪辑创作，通过融媒体、短视频等传播平台，提高品牌形象的关注度和知名度，并借此结合线上销售渠道，展开该系列文创产品线上营销推广。与此同时，通过微信微博等平台，以文创产品体验、试用等形式，让公众参与进来并及时反馈产品使用心得，以增强博物馆品牌与用户之间的互动，增加品牌与用户之间的黏性。

【注释】

[1]史际春．论营利性[J]. 法学家，2013（03）．

[2]胡凯云．浅析博物馆定义中的“非营利性”[J]. 中国博物馆，2018（04）：29-33.

[3]刘辉，朱晓云，李峰，王文军，李博雅，杨蕾，邱莉，陈瑞近，邱永生，卢小慧．“文旅融合下博物馆文创的探索与实践”学人笔谈[J]. 东南文化，2021（06）：135-149，190-192.

[4]胡锐韬．博物馆产品与博物馆品牌建设探析——基于市场与营销学的思考[J]. 中国博物馆，2015，32（02）：108-113.

[5]刘欣．市场营销机制下的博物馆文创产品开发——以北京鲁迅博物馆（北京新文化运动纪念馆）营销活动为例[J]. 北京文博文丛，2019（01）：112-119.

[6]安徽博物馆．江淮群舒青铜器[M]. 合肥：安徽美术馆，2013.

[7]王键，郜峦，黄辉．新安医学的形成因素和学术价值[J]. 中医文献杂志，2009，27（03）：1-4.

[8]奥美公司．奥美观点精选（品牌卷）[M]. 北京：中国市场出版社，2006.

[9]高增忠．博物馆形象建设浅论[J]. 南方文物，2002（3）.

新定义视野下 博物馆“双中心”工作机制研究

马率磊（邯郸市博物馆）

摘要：随着社会的发展，博物馆的指导思想和工作机制也在发生着变化。目前诸多学者提到的“以物为中心”到“以人为中心”的转变，不是横向的新旧交替的迭代变化，而应是纵向的、积累样式的提升发展。“以人为中心”并没有否认之前的“以物为中心”，恰恰相反，而是更加重视和关注“物”的作用，以“以物为中心”作为基础和前提来开展系列工作，同时，也是博物馆“物”相关工作不断完善和提升的根本目的和重要动力。因此，博物馆，至少在目前相当长的一个阶段内，博物馆应该是一种“双中心”的工作状态。我们博物馆人要重视坚持“双中心”工作机制，坚持文物保护和利用并举，推动“物”与“人”协调、联动发展，在满足和引领社会需求的同时，实现博物馆事业的良性、健康和可持续发展。

关键词：博物馆；双中心；工作机制

众所周知，现代意义的博物馆已有二百多年的历史，但是直到20世纪20年代才逐渐从纯收藏、研究机构中摆脱出来，“发挥其社会功能”[1]，其中心工作也逐渐从“物”转向了“人”，但始终围绕“物”和“人”这两个中心来开展，我们从回顾博物馆定义变化的过程也能可见一斑。国内外很多机构和学者都对博物馆定义的探讨做出了很多努力，其中最为系统、影响最大的当属国际博物馆协会。

一、“博物馆定义”演变与博物馆“双中心”机制研究回顾

1946年11月，国际博物馆协会在法国巴黎成立，在其成立章程中就明确指出：“博物馆是指向公众开放的美术、工艺、科学、历史以及考古学藏品的机构，也包括动物园和植物园，但图书馆如无常设陈列室者则除外。”到了1951年，国际博物馆协会对博物馆定义做出了第一次修改：“博物馆是运用各种方法保管

和研究历史、艺术、科学和技术方面的藏品，以及动物园、植物园、水族馆的具有文化价值的资料和标本，供观众欣赏、教育而公开开放为目的的，为公众利益而进行管理的一切常设机构。”1962年，国际博物馆协会又对博物馆定义进行新的概括：“以研究、教育和欣赏为目的，收藏、保管具有文化或科学价值的藏品并进行展出的一切常设机构，均应视为博物馆。”1974年，在第十一届国际博物馆协会大会上，博物馆定义又调整为：“博物馆的一个不追求营利、为社会和社会发展服务的公开的常设机构。它把收集、保存、研究有关博物馆的性质、特征、社会功能、实现方法、组织管理和博物馆事人类及其环境见证物当作自己的基本职责，以便展出，公之于众，提供学习、教育、欣赏的机会。”到了1989年，国际博物馆协会第16届全体大会通过的《国际博物馆协会章程》第2条就指出：“博物馆是为社会发展服务的非营利的永久机构，并向大众开放。它为研究、教育、欣赏之目的征集、保护、研究和传播并展示人类及人类环境的见证物。”2004年，在韩国召开的国际博协大会上，对博物馆定义做出了最新的修订：“博物馆是为社会和社会发展服务的非营利的常设机构，对公众开放，为研究、教育和欣赏的目的，收藏、保护、研究、传播和陈列关于人类及人类环境的物质或非物质证据。”2007年，国际博物馆协会又对博物馆定义修改为：“博物馆是为社会及其发展服务的、向公众开放的非营利性常设机构，为教育、研究、欣赏的目的征集、保护、研究、传播并展出人类及人类环境的物质及非物质遗产。”2022年8月，在布拉格举行的第26届国际博协大会又通过了目前最新的博物馆定义：“博物馆是为社会服务的非营利性常设机构，它研究、收藏、保护、阐释和展示物质与非物质遗产。向公众开放，具有可及性和包容性，博物馆促进多样性和可持续性。博物馆以符合道德且专业的方式进行运营和交流，并在社区的参与下，为教育、欣赏、深思和知识共享提供多种体验。”

2015年，我国国务院颁布的《博物馆条例》中又明确界定：“博物馆是指以教育、研究和欣赏为目的，收藏和保护并向公众展示人类活动和自然环境的见证物，经登记管理机关依法登记的非营利性组织。”[2]

通过梳理和汇总博物馆协会对博物馆定义的变化，同时结合我国关于博物馆的定义，我们不难发现，随着社会的发展，博物馆被赋予了更多的职能，博物馆对“人”的关注越来越重视，但同时对“物”的研究和关注也始终没有降低。因此，当前的博物馆实际上处于“物”“人”并中的“双中心”时期。

实际上，博物馆的“双中心”工作机制和理念不少前辈学者也多有提及：20世纪80年代，曾任国际博物馆学委员会主席的鹤田总一郎就曾提出“博物馆是人和物的结合”“博物馆的人和物之间的关系实质上就是博物馆的观众和博物馆的陈列展览之间的关系”[3]。随后又指出，“博物馆必须把对人的研究提到与物平等的水平才能成为真正的博物馆学研究。”[4]但是由于受到博物馆学理论发展和社会需求开发不足等诸多方面因素的限制，这种“物”“人”并重的观点在当时并没有受到足够的重视，且鹤田先生主要从陈列展览方面来论证人和物的同等重要性，论证过程和内容都有待充实。到了新千年伊始，潘守永先生指出“它（博物馆）的职能是围绕‘人—物’的联系发展出来的，通常认为有如下数端：一是收集与保存，二是陈列与展览，三是教育与知识养成，四是娱乐。前两点是以“物”为中心，后两点是以“人”

为中心。但后者的实现必须凭借“物”作为媒介。[5] 我们知道，每个博物馆都是同时具备上述四种职能的，因此，潘先生通过博物馆职能的角度再次明确了博物馆的双中心理论，并且对各自中心的工作领域、两个中心的联系方面做了初步的介绍，但是由于潘先生将重点放在“物质文化研究”层面，因此，这种“双中心”理论也没有引起足够多的关注和重视。随后丁福利先生提出，随着“为社会和社会发展服务”理念的兴起，博物馆在历史上第一次将“人”与“物”放在了同等重要的位置[6]；单霁翔先生提出博物馆的两大核心可以定位为人与物，从而重视社会服务的提升[7]。两位先生强调博物馆双中心（双核心）的目的在于重视发挥“物”的社会作用，进而更好地履行博物馆的社会职责，但对“人”对“物”的反作用以及两者关系论述不够。迈入新时代后，尹凯先生提出，“从物到人”的观念远非将关注的重点由博物馆物件转向博物馆公众那么简单，更重要的是还应包括隐藏在物件背后的个人与群体，甚至还包括博物馆专业人员。从博物馆哲学层面来看，“从物到人”的观念旨在从以证据（物件）为导向、强调实证与秩序的博物馆迷思中走出来，迈入以合作（人）为主导、强调人文与关系的博物馆新视界[8]，尹先生立足西方宏观理论和我国政策的角度批判了博物馆“过度观众”的行为，提出了服务观众与博物馆物背后的人的协调发展，初步指出了“物”与“博物馆人”的关联，深化了研究，但是对于人与物的相互关系仍缺乏详细的论证。

综上所述，目前博物馆学界初步达成了“人”“物”并重的双中心工作机制，但是具体研究中仍有所侧重，对于两者的统一性和相互关系研究方面仍然需要继续探索，因此本文围绕这些问题开展初步的探讨。

二、博物馆“双中心”工作机制探讨

当前，博物馆人所提到的“以物为中心”到“以人为中心”的变化过程，并不是横向的新、旧交替的迭代发展，而是纵向的积累样式的提升发展。“以人为中心”并没有否认之前的“以物为中心”，恰恰相反，而是更加重视和关注，它一方面仍是以“以物为中心”作为基础和前提的来开展工作的，另一方面也成为了“以物为中心”相关工作不断完善和提升的重要推动力。因此，笔者认为，博物馆，至少是目前的博物馆应该是一种“双中心”的工作状态，也就是“以物为中心”和“以人为中心”并重的状态。

（一）博物馆为何要重视“双中心”工作机制

众所周知，藏品是博物馆存在和发展的基础和前提，长期以来，我们博物馆人围绕藏品，也就是以“物”为中心，做了大量的工作，主要包括藏品的征集、保管、修复、研究以及陈列展览等等工作。然而，近年来，随着人民文化需求的提高和博物馆事业的长足发展，再加上受到市场经济、现代营销学等诸多因素影响，无论从理论层面，还是实践层面，我们博物馆人又开始空前地关注服务对象的需求，重视完善服务项目，丰富服务形式，围着服务，以“人”为新的中心，开展重视和完善陈列展览、宣传、教育、文创、新媒体传媒等工作。一时间，以“人”为本，以人为中心的理念深入人心，提升服务意识备受关注，以至于走向另一个极端：我国不少博物馆，尤其是中小博物馆存在着诸多“重展教、弱收藏”“重开放，轻研究”“重利用、轻保护”等畸形发展的现象，将博物馆简单地等同于一般的文化服务机构。尽管博物馆所提供的服务与其他公共服务单位之间有相同之处，但是更有着诸多的区别，笔者认为主要体现在如下三个方面：

其一是服务基础的特殊性。博物馆服务社会的基础是藏品，而“藏品”是全人类共同的财富，是人类社会和自然环境变迁的见证物，其本身具有很高的科学、艺术、历史等等价值，且不可再生，唯有保护、保管、维护得当，才可以长期重复利用；同时，其价值具有较大的隐藏性和变化性，需要前期大量的科研积累，并且其价值的大小是随着时代的发展而不同的，有些研究看似无用，也许在将来往往会发挥很大的作用。

其二是服务的对象广泛性。博物馆服务的对象不是少数人，而且全体社会成员，甚至全人类；不仅包括当代人，也包括后代人。所以，我们博物馆的所有工作不能仅仅放在研究理解过去人处理“人与自然、人与社会、人与自我”的运行关系，也不能仅仅满足当代人需求上，还应该注重保护和积累，为后代人满足其需求积累成果、奠定基础、创造条件。

其三是服务目的的持续性。作为一个“非营利性组织”，博物馆服务的目的在于追求社会效益的持续性和最大化。因此，尽管很多人有购买精品文物的需求，肯定也会给博物馆带来不菲的经济收入，也会满足一些人的文化需求,但是博物馆伦理依然会选择谨慎买卖文物，否则会损害当代大多数人和后代人观赏、研究等诸多需求。

因此，我们博物馆在运行、发挥社会职能时，应该坚持“以物为中心”和“以人为中心”并重的“双中心”工作机制，注意正确处理好保护和利用、科研与效益、“有用”与“无用”、眼前和长远、过去和未来等之间的关系，重视全方位、协调可持续发展。

（二）如何理解博物馆“双中心”的工作机制

当前博物馆应该是一种“双中心”的工作状态，也就是“以物为中心”和“以人为中心”并重的状态。这里的“物”是指人类社会和自然变迁的见证物，是集科学、历史、艺术等诸多价值为一体的，是当下博物馆已然收藏的或未来将要收藏的物件和藏品。这里的“人”不仅仅包括当前博物馆服务对象、博物馆人、博物馆志愿者等当代人，也包括过去的历史人和未来的后代人。

苏东海在新千年之初便鲜明地指出：“博物馆物的研究是理论博物馆学的基础课题，并从博物馆物的认识论、知识论、情感论、价值论、发展观和经济观等六个方面论述了博物馆物的特殊存在形式和价值”[9]，这些观点在我国博物馆学的研究和发展起着里程碑式的意义，并在今天依然发挥着重要的指导作用。然而，博物馆物——作为博物馆存在和发展的基础，其功能不会自我发挥，并且还存在诸多的隐性信息，需要发挥“人”作用。坚持以“人”为中心，重视从过去人的历史、现代人的水平和未来人的需求等不同关注“物”，会推动藏品相关的征集、保管和研究等相关工作。毕竟每一件器物（藏品）都不是独立的个体，也都不简单是某个工匠一时的突发奇想，它都承载着历史的信息、时代的特征，甚至是人类社会过去某一方面变迁链条的一环。从小的角度来说，“具体文物解决了一个个具体的历史问题”；从大的角度来看，“文物能帮助我们从宏观上研究各个历史时期人类社会活动的各个方面以及相互联系、相互制约的社会关系，从不同的侧面揭示了人类社会发展的客观规律；帮助我们认识历史上人类社会活动与自然界生态环境之间相互关系、相互作用的演变规律，以便自觉而能动地协调好人类社会系统与自然环境系统的关系”[10]。比如，我们把不同时期的青铜器放在一起做对比、研究，便会从器型、纹饰等多个角度比较清晰地了解整个中国历史青铜器的发展脉络；若把同一时期的不同器物摆放在一起，也会体现特定时期人类的生活意识和审美情趣，更好地理解过去、服务现在、展望未来，在服务“人”的同时，也更加服务“物”的研究、保管和修复等。

作为人类历史发展和社会环境变迁的承载者，博物馆物在社会发展中发挥着日益重要的作用。鲍贤伦先生在《文物功能论》一文还说道：“文物的功能呈现出精神性和经济性双重结构，它是客观存在的，又是在人的实践中实现的。”正是由于器物（馆藏品）具有独特（甚至独一无二）的美术、艺术、历史等精神层面价值和物质层面的价值，携带着特殊的信息，才会吸引着一批又一批、一代又一代的观众、学者为之“废寝忘食、憔悴身心”。北京大学考古文博学院的宋向光教授曾说：“观众通过欣赏精美的历史文物认识辉煌的历史文化，了解古代先民的智慧，提高个人艺术鉴赏能力”[11]因此，观众在参观博物馆的同时，不仅仅是一种简单的欣赏，愉悦了身心，在此过程中，也提升了个人的能力。尽管不同身份、不同经历、不同职业的人来到博物馆的目的不尽相同，或参观，或研究，或学习，或娱乐……但都是冲着一个（一批）共同的器物而来，他们来到了同一个平台、同一座桥梁之上或欣赏，或交流，或探讨。一个个看似平常的藏品为当代博物馆人之间、观众之间、博物馆人与观众之间架起了一座座沟通的桥梁。因此，以人为中心，仅从当代人层面而言，应该包括两个方面：首先是面向全体观众，以观众需求为导向，博物馆在自身伦理框架下应该满足社会分众化、多元化的合理需求；其次是以博物馆人为中心，以充分重视博物馆人在系列工作中的主导作用，不断调动积极性，发挥主观能动性。毕竟，“物”不会自己满足观众的需求，而人的因素是“衡量一个博物馆能否实现将藏品的意义和价值传递给观众这一终极目标的最基本的标准”[12]。

因此，以“人”为中心和以“物”为中心两者完全可以协调联动发展，相互促进，相互完善，后者是前者的基础和推力，前者是后者的目的和引领。以人带物，将文物放在当时的特定的人类和自然环境中去考量，立足地域特殊性去考察文物的来龙去脉，丰富物的内涵和外延；以物润人，通过梳理器物携带的相对真实的历史信息，更全面地了解人类社会和自然的变迁，服务今人的多元需求，为后人满足其需求提供可能。

三、博物馆“双中心”工作机制的影响

博物馆“双中心”工作机制的提出不单单是一个博物馆研究、运行和管理理念的变化，更是一个全方位的改革，笔者认为主要体现如下三个方面：

首先，体现在博物馆管理运行方面。依托实际情况，每个博物馆都按照两个中心的原则系统梳理博物馆的工作，分别建立一支“以物为中心”和“以人为中心”的人才队伍，同时也要构建起一支协调双方的博物馆服务队伍。博物馆也将如无数触角一样，正在以前所未有的速度，伸向不同的角度和领域，在这种情况下，博物馆不能在无限制地增加或者引进相关人才，而是应该主动融入社会，利用社会上的专业人才或者社会服务。因此，博物馆需要明确哪些方面是需要强化的，哪些是短板需要弥补的，

哪些是可以外包给社会企业的，等等。

其次，强化科研。科研的对象不仅仅是文物、历史相关的知识或者理论，还应包括以人或者以观众为中心的相关调查、研究。重视现有的人，站在过去人的视野下和当代人的需求下去深入物的相关研究；立足于本区域特色之物，深入相关服务人的研究。

再次，从评价机制而言，我们既要重视“人”的需求，不断完善相关机制，充分发挥社会人士在评级体系中的作用，同时还要继续重视博物馆行业专家在文物维保等方面的建议和意见。

总之，博物馆人应坚持树立“双中心”的工作理念：努力做好“以物为中心”的征集、保管、研究、展览等相关工作，也更要强化“以人为中心”的个性化的展览、社会教育、信息化建设、多媒体宣传、文创产品开发等相关服务工作，同时还应完善理事会管理、社会化参与和运行、博物馆组团化发展等相关制度，以更加开放的心态对待社会的不同要求，以更加广阔的视野梳理和整合博物馆的系统资源，重视全方面科研，强化区域性合作，提供系列化服务，满足并引领民众需求，为社会的可持续发展提供坚实的文化支撑和智力保障，在社会化的过程中实现自身的可持续发展。

【注释】

[1]安来顺．二十世纪博物馆的回顾与展望[J].中国博物馆，2011（1）.

[2]国务院．博物馆条例[Z].中国法制出版社，2015：2.

[3]鹤田总一郎，华惠伦，陈国珍．博物馆是人和物的结合[J].中国博物馆，1986（03）：38-42.

[4]苏东海．博物馆物论[J].中国博物馆，2005(01)：3-11.

[5]潘守永．物质文化研究：基本概念与研究方法[J].中国历史博物馆馆刊，2000(02)：127-132.

[6]丁福利．强化公共服务[J].中原文物，2001（2）：93.

[7][1]单霁翔：从重“物”到“人”“物”并重——博物馆社会服务理念的提升[J].中国博物馆，2014，118(03)：38-46.

[8] 尹凯．“从物到人”：一种博物馆观念的反思[J].博物院，2017，5(05)：6-11.

[9] 苏东海．博物馆物论[J].中国博物馆，2005(01)：3-11.

[10]鲍贤伦．文物功能论[J].中国博物馆，2002（01）.

[11]宋向光．拨感动观众——试论历史陈列与观众的沟通[J].中国博物馆，2004(04).

[12]安来顺．博物馆与公众：21世纪博物馆的核心问题之一[J].中国博物馆，1997(04).

元数据应用于馆藏文物管理的价值辨析

周祝捷（北京科技大学）

摘要： 本文从馆藏文物的信息管理需求角度出发，阐述元数据和博物馆信息的概念与作用，并对比国际文物元数据标准DC、CDWA、VRA Core和国内行业规范《博物馆藏品信息指标体系规范》《馆藏文物登录规范》，分析国内馆藏文物信息著录现状，鼓励形成一套我国博物馆领域的文物元数据标准，规范馆藏文物信息标准化著录，以期革新博物馆常态业务工作助于博物馆的建设发展。

关键词： 博物馆；元数据；馆藏文物

引言

博物馆新定义强调，博物馆需要向公众开放，同时具备可及性与兼容性。这种开放与兼容对于博物馆来说，一方面意味着物理空间、硬件设备层面更加全面友好地面向不同人群，另一方面也给博物馆收藏、展示、教育等常态业务工作带来革新。博物馆保存着人类文明进程的丰富信息，用数字化手段对博物馆文物资源进行数字化改造，对于实现资源共享，保护博物馆的珍贵文物资源具有极其重要意义。[1]当前，随着数字化技术的不断发展，越来越多的博物馆开始将馆藏文物进行数字化管理。数字化管理可以帮助博物馆更好地保护和管理馆藏文物，提高文物利用和展示的效率和质量。规范化的标准能引导专业人员更好地开展描述性编目，有助于文档的一致性和记录的共享，并增进终端用户查询和获取资源。

基于此，本研究引入元数据的概念，元数据是对数据资源的规范化描述，不仅能起到描述数据的作用，而且起到管理数据的作用。元数据不仅标识和描述信息对象，还记录信息对象的表现形式、功能、应用、与其他信息对象的关系，以及信息对象管理历史。[2]当前，借鉴已有国内外相关经验，研究并探讨适用于我国博物馆需求的馆藏文物元数据标准，已成为实现文物数字化升级的核心关键。本文对比分析国际文物元数据标准DC、CDWA、VRA Core、《博物馆藏品信息指标体系规范》和《馆藏文物登录规范》，说明各类元数据标准的差异反映出的设计需求和结果差异，以期为我国文博领域的文物数字化著录工作带来启迪。

一、元数据和博物馆信息

元数据是一张地图，是一种能用更为通俗易懂的形式表达对象复杂性的方法，这个词在20世纪60年代末出现在信息技术领域，被定义为“关于数据的数据”。尽管元数据一词只有几十年的历史，然而几千年来图书馆管理员们一直在工作中使用着元数据，只不过我们现在所谓的“元数据”在历史上被称为“图书馆目录信息”。图书目录中的信息解决了一个十分具体的问题：如何帮助用户在图书馆的馆藏书籍中找到具体的资料。随着数据库的出现，人们可以创建、保存有关任何事物的结构化数据，而不仅仅是有关图书馆藏书资源的描述性元数据。[3]

当元数据被结构化、语义控制和机器可读时，它最有可能在很长一段时间内对管理人员有用。广义上讲，结构化的、语义控制的和机器可读的元数据是简单的信息，它不是根据特定项目或个人的特殊需要而临时产生的。近年来，随着互联网和计算机技术的快速发展，计算机可以访问和识别正确格式化的信息，也就是机器可读的信息，并且增加了分享和实施元数据标准的动力。

目前文化遗产领域的数据标准归纳为数据结构、数据值、数据内容和数据格式/技术交换标准，以区分不同数据标准的作用，目前国际文博领域较为通用的数据标准包括文物数据结构标准、文物数据值标准和文物数据内容标准。

1. 数据结构标准：这些是元数据元素或信息的类别，可以形成一个模式或记录。例如：DC（都柏林核心元数据元素集）、CDWA（艺术作品描述类目）、VRA Core（视觉资源学会核心元素）等。

2. 数据价值标准：这些是填充或充实数据结构或元数据元素集的实际数据；数据值标准通常采取分类表、叙词表、可检词单、同义词环、术语表、名称规范文档的形式。例如：TGN（地理名称叙词表）、LCTGM（图像资料叙词表）、ICONCLASS（视觉符号分类词表）、LCNAF（美国国会图书馆名称规范）、AAT（艺术与建筑叙词表）等。

3. 数据内容标准：这些是关于如何在数据结构中输入或制定数据值的规则或准则。例如：CCO（文物编目：文物及其图像著录指南）等。

在博物馆数字化建设的过程中，重点领域之一是文物信息规范化和标准化。文物数字化必须解决信息规范化和标准化问题。这是文物数字化建设的最为重要的基础性工作，是实现计算机管理的必备基础与前提。如果将元数据应用到文博领域时，元数据同样可以被定义为馆藏文物信息，通过这些信息，不仅希望能够识别、描述和管理馆藏文物，更能社会大众的公共文化传播、服务与利用需求。[4]元数据的核心价值在于可以实现数字化资源从无序到有序。文博机构积累大量的文物数字化资源已经逐渐成为一种常态，但却因命名不统一、存储不规范等其他因素，成为难以检索、难以整合的数据。在这一背景下，文物元数据的理念应运而生。文物元数据是指文博机构以元数据的方式来描述、登记、保存、管理文物数字资源。[5]

二、国际文物元数据标准研究分析

随着元数据重要性日益突出，许多国家、国际学术团体和公司都在研究制定与其密切相关的元数据格式。[6]国际文博领域的元数据标准体系研究较早，通过对比分析DC、CDWA、VRA Core三个常用的元数据结构标准，以期学

表1 DC核心元素

1	主题(subject)	6	日期(date)	11	来源(source)
2	题名(title)	7	类型(type)	12	语种(language)
3	创建者(creator)	8	格式(format)	13	覆盖范围(coverage)
4	出版者(publisher)	9	标识符(identifier)	14	描述(description)
5	其他责任者(contributor)	10	关联(relation)	15	权限(rights)

习、吸收这些具有示范性意义的经验，为我国文博领域的文物数字化工程工作带来启迪。

DC（都柏林核心元素集）用于描述网络资源的核心元数据元素集，于1995年在美国俄亥俄州都柏林镇召开的元数据研讨首次提出。2020年修订发行后共15个核心元素（表1）。

DC从设计上来说简要精练、成本低廉、易于学习、便于使用。其目的在于借此达到广泛采用的目的，并且最终渗透到网络的每个角落。著录过程中项目可以简化，只要确保最低限度的7个元素（题名、出版者、形式、类型、标识符、日期和主题）即可。其所有元素都可重复使用，解决了多著者与多出版等重复元素的著录问题，除此之外DC还具有国际通用性和灵活的可扩展性，为各个行业元数据标准的建立提供了翔实的参照。简单的元素定义和设置便于著录，是DC获得广泛应用的重要原因，然而它也带来另外一个问题，其类目较少，对著录对象的描述深度不够，不针对某个特定的学科或领域，不能进行专指度较高的检索而达到深入揭示对象信息的目的。[7]

CDWA（艺术作品描述类目）由保罗·盖蒂信托的艺术信息小组于1996年定义发布，主要用于艺术作品及数字资源的描述。CDWA提供描述艺术资料库的内容，以及描述及检索物件、影像的信息概念性的架构的一种典范。[8] CDWA集合了世界多个大博物馆的藏品信息著录经验。2022年最新修订的CDWA元数据规范有31个主要类目（表2）。

表2 CDWA核心元素

1	物件/作品(object/work)	12	现况/鉴定历史(condition/examination history)	23	相关参考文献(related textual references)
2	分类(classification)	13	保存/处理历史(conservation/treatment history)	24	批评性回应(critical responses)
3	方位/配置(orientation/arrangement)	14	创作(creation)	25	描述附注(descriptive note)
4	题名(titles or names)	15	所有权/收藏历史(ownership/collecting history)	26	现藏地点(current location)
5	阶段(state)	16	版权/限制(copyright/restrictions)	27	编目史(cataloging history)

6	版本（edition）	17	风格／时期／团体／运动（styles/periods/groups/movements）	28	人名／团体规范（person/corporate body authority）
7	测量（measurements）	18	主题（subject matter）	29	地点／方位规范（place/location/authority）
8	材质与技术（materials and techniques）	19	时空背景（context）	30	通用概念规范（generic concept authority）
9	制作手法（facture）	20	展览／借出史（exhibition/loan history）	31	主题规范（subject authority）
10	形式描述（physical description）	21	相关作品（related works）		
11	题刻／标记（inscriptions/marks）	22	相关视觉档案（related visual documentation）		

CDWA 元数据标准是针对描述艺术品的需求而设计的，不仅要兼顾艺术品的物理形态和数字化的图像，而且要描述时空、人物、历史文化等方面的上下文关系；并且强调某些专门元素中受控词汇表的使用，如人名／团体名称规范、地点／方位规范、通用概念规范、主题规范等。但由于类目众多，在实际应用时需要有所选择。

VRA Core（视觉资源学会核心元素）是美国视觉资源学会在 1996 年设计推出的元数据标准，是一种常见于文物艺术品领域的元数据标准，用以在网络环境下更好地管理、组织和交换视觉资源（包括艺术、建筑、史前古器物以及民间文化艺术等艺术品类的可视化资源）和数字对象的信息。目前最新的版本是修订于 2007 年的 VRA Core 4.0，共提出了 19 类核心类目（表 3）。

表 3 VRA Core 4.0 核心元素

1	作品／合集／图像（work/collection/image）	8	材料（material）	15	主题（subject）
2	责任者（agent）	9	度量（measurements）	16	技术（technique）
3	文化背景（culture context）	10	关系（relation）	17	参考文献（textref）
4	日期（date）	11	版权（rights）	18	标题（title）
5	描述（description）	12	资料来源（source）	19	作品类别（work type）
6	题刻或铭文（inscription）	13	阶段和版本（state edition）		
7	地点（location）	14	风格时期（style period）		

VRA Core 最初是参照 CDWA 设计的，精简了 CDWA 的核心元素，除了文物艺术品的基本信息著录，注重作品及图像的内容分析并增加视觉图像描述。VRA Core 选择作品／合集／图像这三个元素之一并来定义 VRA Core 的记录类别。作品描述构建的或创作的物件，合集描述此类物件的集合，而图像指这些物件的视觉替代品。

三、国内馆藏文物元数据标准的现状分析

相比国外的博物馆以艺术品和建筑雕塑为主的藏品，我国博物馆的藏品更为复杂多样。为了长久、有效地保护和利用文物资源，我国已开始着手数字文物博物馆的建设。[9] 我国博物馆元数据的设计始于对上述国际主流文物元数据标准的研究，但大都进行了本地化改造，因此基本上每个博物馆采用的元数据标准都有区别。[10] 目前，我国文博领域在元数据的数据结构、数据内容标准方面，已有性质相近的规范出台，如《博物馆藏品信息指标体系规范（试行）》以及《馆藏文物登录规范》（WW/T 0017—2013），但规范内容仍有待完善。[11]

2001 年颁布的《博物馆藏品信息指标体系规范（试行）》是国内发布的针对博物馆藏品著录的元数据标准。其从藏品信息、管理信息、文档 / 声像资料三个层面记录藏品。

指标群	指标集
藏品信息	名称、类别、年代、地域、人文、质地、功用、工艺技法、形态、完残、色泽、装饰、题识内容、文字、自然特 征、计量、计数、附件、附属物
管理信息	搜集、入馆、鉴定、定级、现状、保护、提取、退还、事故、注销、统计
文档 / 声像资料	管理文档、研究论著、声像资料

该规范主要是为解决藏品信息数据名称不统一而制定的，为全国博物馆藏品信息处理与交换所需要的基本信息，提供了规范的信息格式，具有较强的通用性、准确性、可操作性和权威性，使各单位之间的信息交换与信息资源共享成为可能。[12] 其指标较多地从外观和物理特征层面进行描述，整体缺乏个性化特征的有效揭示。因此，该信息指标体系规范在结构上还有待完善。

目前，在我国并没有在全国范围内建立权威的馆藏文物元数据标准，主要依靠中华人民共和国国家文物局发布的中华人民共和国文物保护行业标准《馆藏文物登录规范》（WW/T 0017—2013）进行馆藏文物信息的数字化记录。[13] 馆藏文物登录的主要信息包括：馆藏文物基本信息、馆藏文物管理信息和馆藏文物影像信息，分别为：

针对博物馆馆藏文物数字化影像资源的特

表 4 《馆藏文物登录规范》元素

馆藏文物基本信息		馆藏文物管理信息		馆藏文物影像信息	
1	总登记号	1	保管信息	馆藏文物影像基本信息	
2	名称（含原名）	2	基本情况	1	收藏单位代码
3	年代	3	鉴定信息	2	总登记号
4	质地	4	考古发掘信息	3	图片类型
5	类别	5	来源信息	4	图片顺序号
6	数量	6	流传经历	影响采集工作的信息	
7	尺寸	7	损坏记录	1	拍摄单位

8	质量	8	移动记录	2	拍摄地点
9	级别	9	修复记录	3	拍摄日期
10	来源	10	展览信息	4	拍摄人
11	完残状况	11	著录信息		
12	保存状态	12	收藏单位信息		
13	入馆日期	13	其他信息		

点，国内外的研究者与博物馆工作人员已在文物数字化影像元数据的研究与实践方面开展了许多工作，并且构建了一系列相关的元数据标准和体系。这些元数据标准的制定大多参考了国际元数据规范模型、国家标准以及各级课题的研究成果，选取其中的元素作为核心，取得的成果包括中国国家博物馆文物数字化影像元数据体系、敦煌壁画元数据标准、上博博物馆董其昌书画元数据体系、故宫博物院藏品数字化元数据规范等。[14]

除此之外，有学者研究并尝试制定文物元数据方案，艾雪松等构建了对各类文物对象都通用的文物核心元数据标准，练洁参考CDWA、《博物馆藏品信息指标体系规范》等构建了革命文物元数据标准，李庆阳等[15]结合CDWA设计了金银器类文物元数据方案，梁嘉等[16]同样参考照CDWA设计了广西世居民族传统服饰数字化的元数据方案。目前馆藏文物著录标准不统一的问题普遍存在，各级各类文物管理单位建立的信息数据库的数据共享交换困难，虽然国内文博机构及专业学者提出建立元数据方案，但目前文博领域尚未在全国范围内形成一个全品类或某一类文物元数据标准。

四、结语

在推动馆藏文物数字化保护与利用的进程中，文物元数据标准的发展需求也显得更为必要和迫切。建立一套规范的元数据标准，是实现这一目标的重要途径。目前，文物信息传播和应用的厚度与延展性，未能满足社会日益增加的信息需求，其根本原因即在于藏品信息缺乏统一规范的数据描述标准和应用方案，造成馆藏文物数据的互通与集成受到严重制约。[17]

当前面对丰富的馆藏文物资源，文博机构应根据实际需要建立的文物信息采集指标体系，借鉴现有国际文物元数据标准，对《文物馆藏信息指标体系规范（试行）》和《馆藏文物登录规范》进行改造，构建结构完整的文物元数据标准。过程中需满足标准化、通用性、开放性、可扩展性的原则，同时要建立各种规范档，使文物描述能够在全国范围内进行统一规范化的描述，保障描述的清晰性、逻辑整体性、语义一致性和操作规范性。

构建馆藏文物元数据标准不仅可以提升博物馆自身的软硬件升级，也给博物馆收藏、展示、教育等常态业务工作带来革新，以更丰富的内容及手段服务于社会公众。

【注释】

[1] 艾雪松，石宪，彭超，等．文物信息资源元数据模型构建与应用研究[J].情报科学,2019,37(06):69-74.DOI:10.13833/j.issn.1007-7634.2019.06.011.

[2] 徐洪河，聂婷，郭文，陈焱森，袁文伟．古生物化石标本元数据标准[J/OL].古生物学报:1-11[2022-07-12].DOI:10.19800/j.cnki.aps.2022007.

[3] 波梅兰茨．元数据 用数据的数据管理你的世界[M].北京:中信出版社，2017.

[4] 范炜，李小丽．艺术作品资源描述的VRA核心元数据研究[J].四川图书馆学报，2022，250（06）：10-18.

[5] 练洁，李娉，赵星宇．革命文物元数据标准研究[J].中国博物馆，2021，No.146（03）：12-19，142.

[6] 兰绪柳，孟放．数字文化资源的元数据格式分析[J].现代情报，2013，33（08）：61-64，102.

[7] 冯项云，肖珑，廖三三，庄纪林．国外常用元数据标准比较研究[J].大学图书馆学报，2001（04）：15-21，91.

[8] 林玉云．VRA Core、CDWA与Archaeodata比较研究初探．图书馆学与资讯科学，2005,31（2）.

[9] 龚花萍，胡春健，刘春年．数字文物博物馆信息资源分类与元数据设计研究[J].情报杂志，2014，33（01）：183-189.

[10]张俊娥，王亚林．博物馆元数据标准构建研究：以盖蒂研究所元数据标准为例[J].大学图书馆学报,2018,36(06):55-63.DOI:10.16603/j.issn1002-1027.2018.06.009.

[11]贾延霞，郑小惠．数字博物馆文物元数据需求分析[C].北京数字科普协会，首都博物馆联盟，北京博物馆学会，中国博物馆协会博物馆数字化专业委员会，中国文物学会文物摄影专业委员会．博物馆的数字化之路．电子工业出版社（Publishing House of ElectronicsIndustry），2015:5.

[12]贾君枝，史璇．数字博物馆元数据标准构建研究[J].山西大学学报（哲学社会科学版）,2015,38(01):114-119.DOI:10.13451/j.cnki.shanxi.univ(phil.soc.).2015.01.016.

[13]翁子扬，李卓然．艺术品数字化元数 据模型构建[J].数字图书馆论坛，2019（06）：11-18.

[14]戴畋．博物馆文物数字化影像元数据的研究与应用[J].博物馆管理，2020，5（04）：11-17.

[15]李庆阳，黄明玉．基于CDWA的金银器类文物专门元数据研究[J].科学教育与博物馆，2019，5（04）：252-256.DOI:10.16703/j.cnki.31-2111/n.2019.04.001.

[16]梁嘉，王庆，赵颜．广西世居民族传统服饰数字化的元据构建[J].广西民族大学学报（哲学社会科学版），2021，43（05）：112-116.

[17]黄明玉．馆藏文物描述元数据方案探讨[J].文物保护与考古科学，2021，33(02)：98-104.DOI:10.16334/j.cnki.cn31-1652/k.20181201350.

文化体制改革视阈下
博物馆“非营利性”定义的几点思考

王业鑫（中国人民抗日战争纪念馆）

摘要：2022年8月国际博物馆协会公布了博物馆的新定义，并首次将“非营利性”置于定义的第一句，可见“非营利性”对于博物馆定义有着举足轻重的分量。随着近年来博物馆在我国文化建设中发挥的作用愈发突出，博物馆通过带有经营性质的跨界融合手段，让博物馆文化顺利“出圈”，成为文化热点。因此，博物馆“非营利性”的定义与“营利性”的经营手段，成了“矛盾”的聚焦。如何结合我国实际国情理解博物馆的“非营利性”定义，显得尤为重要。文化体制改革为我国文化发展纾困解绑，曾经经营属性事业单位转企改制的成功经验可以帮助我们对博物馆的“非营利性”概念提供更清晰的理解。本文通过对博物馆“非营利性”≠“不营利”，博物馆“营利”是时代和人民的需要，文化体制改革为博物馆发展提供成功经验，“以文养文”与新时期博物馆文化产业的异同，理解“营利”的根本是确定资金来源和分配方法等五个方面的探讨，从文化体制创新视野来审视博物馆的“非营利性”定义，以便更好地指导我国博物馆从业人员进行博物馆运维实践。

关键词：博物馆定义；非营利性；文化体制改革

2022年8月国际博物馆协会（ICOM）公布了博物馆的最新定义，再次强调了博物馆的“非营利性”。博物馆“非营利性”的概念自1974年在ICOM的博物馆定义中首次提出，并在1989年、1995年、2001年、2007年的博物馆定义中连续5次都给予了明确的界定，最新版的博物馆定义又将“非营利性”置于了首句，可见“非营利性”已经成为博物馆的最显著特征，并获得了全世界博物馆从业以及研究者的广泛认可。

在我国博物馆的“非营利性”概念也被明确界定，2015年施行的《博物馆条例》中明确表示“本条例所称博物馆，是指以教育、研究和欣赏为目的，收藏、保护并向公众展示人类活动和自然环境的见证物，经登记管理机关依法登记的非营利组织。”[1] 随着近年来我国文化建设突飞猛进，博物馆事业也得到了前所未有地发展，博物馆发挥的作用愈发凸显，成为中华优秀传统文化的重要传播途径。博物馆已经不再是过去静态、被动地对文物进行收藏保管与陈列展示，而是以展览为切入点，结合文旅融合、互联网、大数据等手段，创新博物馆传播模式，主动作为，让博物馆文化顺利“出圈”。在让博物馆文物“活起来”并继而“火起来”的同时，我们不难发现，博物馆在进行文化传播过程中，与其他文化业态进行着深入地跨界融合，“经营性”的文化产业作为一种运维手段已经参与到博物馆公共文化服务中来。

改革开放以来，我国的文化发展通过文化体制改革的举措为中华优秀传统文化腾飞注入了活力，通过带有经营属性的事业单位转企改制，减轻了财政的负担，增添的社会主体的活力，让一些抱着“铁饭碗”的事业单位与市场对接，盘活了我国的文化建设，充分让我们感受到了文化体制改革的发展红利。同样是从“计划”向“市场”的理念转变，博物馆作为公益属性的文化事业单位能否从文化体制改革的成功经验中吸取借鉴，更清晰地明确自身定位，更有效地为社会主义公共文化服务，将会是一个新颖且富有启发的探讨。

一、博物馆“非营利”≠“不营利”

2011年中共中央国务院颁布《关于分类推进事业单位改革的指导意见》，按照社会功能划分为承担行政职能、从事生产经营活动和从事公益服务三个类别。从事公益服务的事业单位又细分为公益一类事业单位与公益二类事业单位两类。对公益一类事业单位有着不得从事经营性活动的明确规定。而博物馆作为公共文化服务的事业单位，公益一类事业单位占据绝大多数。博物馆特别是公益一类博物馆能不能进行“经营”活动，成为博物馆职能研究的热点话题。目前，社会上对于“非营利”的认识相当模糊，甚至一些政府文件中都会把“公益”和“经营”相对立，把“营利”和“盈利”画等号，规定博物馆不能开展“经营”活动。[2]

首先，需要明确对博物馆“非营利”的理解，“非营利”是对博物馆机构性质的确定，而非对博物馆组织行为的限定。[3]博物馆的作为一个公共文化服务机构，主要是依靠财政资金支持来维持场馆的日常运转，那就决定了博物馆必须不能以赚钱盈利为最终目标，这是对场馆属性和目标职能的界定。而从博物馆的运作方式和组织行为来看，甚至具体到博物馆文化的传播手段，博物馆是可以为顺应时代发展要求，借鉴一些跨界融合的渠道丰富博物馆文化的传承，例如，把“文物”带回家的博物馆文创，通过社会资本的投入与市场运作，故宫博物院已研发了9170种文创产品，每年的销售额超过10亿元，已成为故宫进行文化传播的重要形式。

其次，博物馆与专业运营公司的馆企合作，也并不影响博物馆的“非营利”属性。故宫博物院单霁翔先生指出，“不以营利为目的强调的是博物馆本质，而并不意味博物馆不能有经济收入，并不反对博物馆在经营过程中的正当利益”。[4]博物馆的文化传承需要有社会力量的共同参与，博物馆有着丰富的历史文化馆藏资源，收藏、保护、研究、展览、教育等博物馆常规职能是其最擅长的业务手段，而带有产业运营色彩的博物馆经营性服务，则更适合依托对市场更为敏感的企业主体进行操盘。博物馆从事纯公益性质的标准化服务，商业化公司有偿提供差异化的增值服务，专业的人做专业的事，馆企协同，才能促进博物馆文化传播再上新台阶。

二、博物馆“营利”是时代和人民的需要

博物馆“营利”不但不影响博物馆的“非营利”属性的体现，随着近年来博物馆依托馆

企合作、跨界融合、品牌联合等方式，运用商业运作的手段，让博物馆从文化的“深闺大院”中走进了人们生活。博物馆文创产品开发、IP授权、文创展演等形式，突破了博物馆场馆的空间限制，把博物馆文化“带回家”，也将中华优秀传统文化送到了商业综合体、交通枢纽等公共空间。多渠道、跨领域的博物馆文化的展现，背后映射的是人民群众对于博物馆文化的需求不断加强。

第一，博物馆“营利”是文旅融合的实现路径。文旅融合发展思路最早可以追溯到20世纪90年代左右，为促进文旅融合发展，2018年3月，国务院机构改革方案中通过整合文化部、国家旅游局的职责，重新组建文化和旅游部，不再保留原机构。因此2018年被称为“文旅融合元年”。文化与旅游融合发展是新时期我国文化建设的重大改革，目的在于推进文化传播，“叫好”又“叫座”的深度融合。集富文化资源的旅游目的地，产业收入低；业绩效益好的景点又普遍缺少文化承载力。文化与旅游好似一个事物辩证统一的两个方面，只有协同好二者之间的关系，才能达到1+1＞2的效果。反观集富文化资源的博物馆，多为公益一类事业单位，文化属性极其鲜明，但产业特征并不明显。因此，博物馆领域的文旅融合，需要带有“营利”色彩的文化产业运作进行有益补充，才能补齐短板，发挥博物馆作为文旅单位的最大作用。

第二，博物馆“营利”是满足人民群众文化需求的重要手段。当前，人民群众对博物馆的文化需求日益增长，传统博物馆的公共文化服务体系很难满足人民群众差异化、定制化的产品诉求。而博物馆文化产业通过市场化、资本化、产业化运作，已成为公共服务的有益补充。“营利”并不是博物馆运营的最终目的，而是吸纳其他社会主体参与到博物馆建设中，通过投资主体多元化，提升博物馆文化的传播力和影响力。

第三，博物馆“营利”是文博创新运营机制的必然要求。我国的博物馆运营多为公益一类或二类的事业单位，依靠财政支撑，维持场馆运维与文化传播的开支。事业体制下工作人员“大锅饭”“铁饭碗”思想犹存，造就了博物馆创新意识不强、场馆活力不足等问题，进而影响了博物馆的文化供给。传统单一的政府拨款模式由于资金有限不仅制约了博物馆的发展，还是造成博物馆运行效率低、活力不足的主要原因。博物馆虽然是非营利性机构，但只有通过从事与其性质、职能相符的合法性经营活动获得一定的收益，才能弥补政府投入减少与社会需求增多之间的矛盾。[5]博物馆文化产业理念下，市场主体依靠其自身人力、渠道、市场资源等优势，极大限度地盘活了博物馆的经营。从运营机制上看，博物馆提供的公共文化服务是一片“红海”，那带有经营特征的博物馆文化产业便是一片发展的“蓝海”。

三、文化体制改革为博物馆发展提供成功经验

2003年6月全国文化体制改革试点工作会议召开，对全国文化体制改革试点工作做出了全面部署，为制定文化体制改革总体方案，推动文化体制改革做了准备。2006年1月，中共中央国务院颁布《关于深化文化体制改革的若干意见》，开始国家层面全面推动文化体制改革。文化体制改革下，我国一部分带有经营性质的事业单位，如国有文艺院团、报社、出版社、杂志社、广播电视台等进行转企改制，经历了从走出“体制”和“大锅饭”，对市场的恐慌后，逐步用市场的理念，享受到了改革创新带

来的红利，对构建社会主义文化市场有着积极的意义：首先，文化体制改革盘活了文化资源。纯公益体制下的文化单位，依靠财政资金的“旱涝保收”，制约了在岗职工干事创业的热情，也一定程度上限制了文化资源的进一步转化；而在市场机制下，文艺作品、节目、出版物想要赢得人民群众的认可，那必须挖掘文化内涵，方能打造文艺精品，市场化的运作，间接地盘活了文化资源。其次，文化体制改革减轻了财政负担。文化体制改革把一部分带有经营性性质的事业单位推向了市场，充分发挥各单位自己的优势，直面竞争，向市场要业绩，也一定程度上减少了财政支出的负担。再次，文化体制改革繁荣了文化市场。文化体制改革打破了“铁饭碗”，让单位职工动了起来，用市场化的薪酬吸纳了人才，提升了文化产品的供给质量，满足了人民群众需求，繁荣了文化市场。

同样都是从公共文化转向文化市场，博物馆在文化产业领域的创新，可以从经营性事业单位转企改制的文化体制改革借鉴丰富经验。从历史经验之中，我们可以看到，文化单位市场化运作的价值是不可替代的，那博物馆领域内的产业化、市场化创新，也将会为博物馆事业的发展带来巨大促进作用。一方面，人民群众对于高质量、差异化、定制化的文化诉求，要求我们必须机制创新，主动求变；另一方面，文化体制改革的成功经验和巨大的发展红利，也坚定了我们探索具有中国特色的博物馆文化产业体制机制创新的勇气和信心。

四、“以文养文”与新时期博物馆文化产业的异同

20世纪80年代后期，在改革、开放、搞活方针的指引下，文化事业单位相继实施“以文养文”“以文补文”“文化搭台、经济唱戏”政策。“以文养文”“以文补文”是在构建公共文化服务体系之前，我国的文化建设在“产业领域”的较为青涩地探索，也是时代的产物。回望我们走过的弯路，在教训之外，更多的是心得。

首先，我们始终要统筹好文化建设社会效益和经济效益的协同发展，并将社会效益放在首位。文化建设带有很强的意识形态属性，党和国家要牢牢把握住发展的方向和舆论导向。经济效益是推进文化建设持续发展的内驱动力，在市场经济环境下，文化发展的“车轮”要想转起来，就必须要思考“钱”的问题。博物馆作为公共文化服务体系中的重要组成部分，也应关注博物馆文化产业对于提升公共文化服务水平有着巨大的促进作用。博物馆是“非营利”机构，但博物馆可以从事合法的经营活动，通过提供社会需要的物品和服务获得超出成本的合理限度的收益。[6]

其次，“以文养文”与新时期博物馆文化产业在政策目标上有着本质不同。“以文养文”“以文补文”与当前博物馆文化产业发展有很多相似之处，最鲜明的特征便是依靠产业经营理念，盘活反哺公共文化服务。但二者在实施目标上，有着本质的不同：“以文养文”“以文补文”是在国民经济发展较为薄弱，人民生活水平不高的时期，仅依靠财政支撑的文化供给量不足以满足人民的全部诉求，故此，基层的文化单位开始试着提供有偿文化服务，以补贴文化事业经费的不足，这类的补贴既包含单位的日常运营经费，也涉及职工工资的薪酬分配。该政策的出台是在经济水平发展不高的特定历史阶段的，依靠文化手段来解决财政资金短缺为目标，这样的出发点也势必会因“过分逐利”，从而一定程度上影响到意识形态的传

达。而新时期博物馆文化产业的探索，并不是以“营利”为目标，更不是受制于财政资金不足而推出的权宜之策，我国在构建成熟的公共文化服务体系之后，特别是近年来文博事业飞速发展，纯公益属性下的博物馆在场馆运营和文化传播方面遇到了发展瓶颈，形式不新、活力不强，人民群众差异化的文化需求不能得到满足,产业手段呼之欲出。在博物馆运营视野下，带有“营利”的产业化手段，仅仅是吸纳社会资本参与公共文化服务建设的手段，最终的“受益者”依然是公共文化，而并不涉及“营利”收益的分配，这是二者的本质区别。

五、理解博物馆文化产业的根本是确定资金来源和分配方法

随着近年来博物馆不断推进运营机制创新，在“经营性”文化产业领域也进行了诸多尝试，其中较为成熟的便是博物馆的文创产品开发及经营，目前已成为落实“把博物馆带回家”的重要抓手。博物馆文创经营机制可以给予我们一些借鉴参照，在理解博物馆文化产业和博物馆经营机制时，确定博物馆经营的资金来源和分配方法将是最核心的问题。

博物馆在文化产业领域的探索主要体现在文创产品开发与经营业务上，且已日臻成熟，我们可以从中窥见一二。为繁荣博物馆文化产业，2016年文化部、国家发展改革委、财政部、国家文物局等4部门联合印发《关于推动文化文物单位文化创意产品开发的若干意见》，2021年文化和旅游部、中央宣传部、国家发展改革委、财政部、人力资源社会保障部、市场监管总局、国家文物局、国家知识产权局等8部门联合印发《关于进一步推动文化文物单位文化创意产品开发的若干措施》。两个文件在博物馆体制机制创新指明了方向，逐步推进工作试点，发挥各类市场主体作用，促进文化创意产品开发的跨界融合、事企分开，创新收入分配和激励机制，博物馆从业人员可到公司兼职等诸多领域的创新，为博物馆文创开发工作释放了巨大的发展活力，更为近年来我国博物馆文创，一步步从文物复、仿制为特征的旅游纪念品，到有文化、富创意、重互动的文化创意产品，再到当下流行的数字文创产品和文创活动等，提供了宽松的政策土壤。

理解博物馆文化产业的重中之重是确定资金来源和分配方法。以文创开发为代表的博物馆文化产业首先要确定经营活动的资金来源问题，依靠财政资金的博物馆“经营性”活动必须严格遵守“收支两条线”的规定，即若运维经费从政府财政中来，“经营性”活动产生的“收益”必须全额上缴财政，不得进行私自抵扣或分配。这也回答了一些博物馆基层单位，不愿开展“经营性”活动的原因，即：产生的经营性收益全额上缴，博物馆无权支配使用。而确定好分配方法又是能否激发出博物馆文化产业经营活力的关键。这是回答了一些基层博物馆工作人员，不愿开展“经营性”活动的原因，即：超额的劳动付出在政策上无法得到相匹配工作量的劳动报酬。因此，依靠财政资金进行“博物馆文化产业”运营，无论是在政策上，还是机制上，都是行不通，因此，必须要在资金来源和分配方法上进行创新：吸纳社会资本参与博物馆公共文化服务，坚持事企分开的原则，博物馆梳理研究馆藏文化资源，运维企业进行产品开发参与市场竞争，博物馆文化事业与文化产业才能融合发展，相得益彰。

以博物馆文化体制机制创新为导向，结合

现有我国博物馆文化产业取得的阶段性探索实践，新时期博物馆应保持“非营利性”属性前提的基础上，开拓博物馆文化产业运营的创新路径，以满足人民群众不断增长的文化需求。

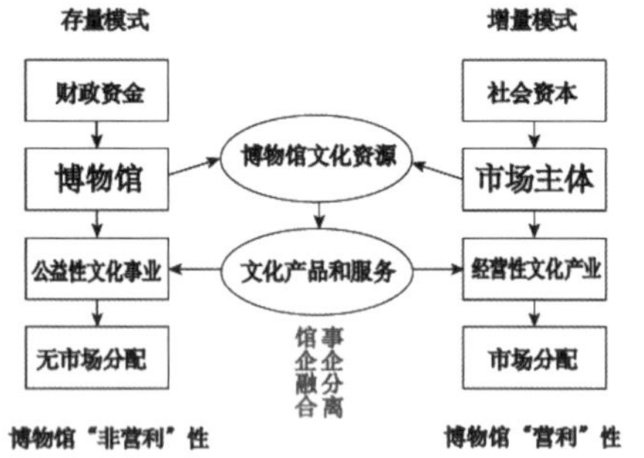

图1 新时期博物馆文化产业运行机制模型

如上图模型所示，过去，我国博物馆多采取模型左侧的公共文化的“非营利”模式，是博物馆供给文化产品与服务的“存量模式”，即博物馆依靠财政资金支持，将博物馆馆藏文化资源，通过展览展示、社教活动、学术研究、文物征集保护等文化产品服务形态进行传播，以满足人民群众公益性、均等化的文化需求；而模型右侧是博物馆文化供给的“增量模式”：即发挥市场主体的能动作用，借助社会资本的力量，盘活博物馆馆藏资源，协同文博单位参与到博物馆文化产品和服务的供给中来，以文创产品、研学活动、跨界融合等文化产业形态，满足人民群众差异化、定制化的文化需求。新时期博物馆文化产业的运行机制模型，并未打破博物馆的“非营利”属性，而是依托“馆企融合”“事企分离”的手段，明确博物馆与市场主体的责任职能，通过体制改革和机制创新，发挥二者的优势，形成资源互补，提升了博物馆文化的供给数量、供给质量和服务水平，进而推动博物馆领域的供给侧结构性改革不断完善。

结语

习近平总书记在党的二十大报告中指出前进道路上必须牢牢把握的“五个重大原则”，其中一个原则就是“坚持以人民为中心的发展思想”。面对人民群众日益增长、复杂多样的文化需求，博物馆领域的文化体制机制创新也必将永远在路上。博物馆的“非营利”属性是由其承担为人民群众提供基本公共文化服务的社会职能决定的。“非营利机构”强调的是机构（博物馆）的基本性质，而不是对其运作方式和组织行为的简单规定。[7]“营利性”的运营模式也可以成为博物馆吸纳社会力量参与提升国家文化服务水平的重要方式，经营性的产业手段也并不影响博物馆的“非营利性”的体现。机制创新、馆企协同、事企分开，跨界融合将成为新时期我国博物馆创新发展的内驱动力，也将为丰富国际博物馆运行的理论与实践提供“中国经验”。

【注释】

[1]博物馆条例[DB/OL]. https://flk.npc.gov.cn/detail2.html?ZmY4MDgwODE2ZjNjYmIzYzAxNmY0MTJhMzllNzFhYjk.

[2]魏峻，段小红，杨智茹.国有博物馆收费展览研究——以广东省博物馆为例[J].故宫博物院院刊.2022，(05)，

[3]16-26.

宋向光.博物馆“非营利”机构性质谈[J].中国博物馆，2000，(04).

[4]单霁翔：博物馆市场营销是一把“双刃剑”[J].故宫博物院院刊.2013年第4期，第12页.

[5]刘芳.博物馆作为非营利事业单位的经营与发展[J].知识经济，2015，(10).

[6]夏华清.从非营利组织视角看博物馆营销[D].江西师范大学，2010.

[7]夏华清.从非营利组织视角看博物馆营销[D].江西师范大学，2010.

革命文物与博物馆新定义

试析革命类博物馆、纪念馆与社区经济发展
——以南湖革命纪念馆为例

李浩砥（南湖革命纪念馆）

摘要：建设共同富裕示范区的政策出台，对新时代博物馆、纪念馆的发展提出了新要求，如何更好地展现博物馆的力量，推动物质文化和精神生活的双重富裕，需要多角度的认真思考。经过持续改革和深入发展，中国的街道式管理逐渐向社区化建设迈进，形成了新的经济增长体概念。社区中的博物馆、纪念馆有着文物藏品、专业人才、品牌效应等资源优势，理应为周边社区做出更大的应有的贡献。文化旅游吸引来的观众群体是最大的市场，文化消费指向业已成为新的时代形势下主要的消费模式之一。

关键词：纪念馆（地）；社区；文化旅游；共同富裕

2022 年国际博物馆日的主题为“博物馆的力量”，博物馆究竟有何力量？就共同富裕的主题而言，博物馆能做些什么？早在 2001 年的“5·18”国际博物馆日主题活动中，社区建设的概念就已提出，引起了持续数年的讨论，虽然其中更多地侧重于文化建设方面的探讨，但是经济建设层面的思考也已先声初鸣。[1] 革命类博物馆、纪念馆属于文化事业单位，在精神文明建设中有着强大的不可估量的优势，但又不可避免地置身于周围社区的各方面建设之中，其中经济建设是城市富裕程度的一个具体考量环节，重视纪念馆与社区经济的发展关系，对于寻求纪念馆更好地融入社区，获得更加全面、均衡的发展，有着重要的作用。

一、纪念馆与社区的关联

纪念馆属于博物馆系统中体量较大的类型之一，是目前我国博物馆体系的重要组成部分，“如果加上有纪念馆性质的综合馆，数量达 728 家，占全国博物馆总数的 15%；其中绝大多数又属于革命类主题，达 650 家，占全国各类纪念馆总数的比例高达 78%。”[2] 相较于古代历史类的综合博物馆而言，革命博物馆、

纪念馆在地理区位的分布规律上稍显不同。综合类博物馆多按照国家级、省级、市级、县级的模式层层设立，各个地方均有分布，整体上较为均衡；而革命博物馆、纪念馆在最早的一批建馆热潮中，是纷纷围绕着革命遗址、旧迹或革命人物设立的，“但它不同于专门性历史博物馆的地方在于它既是博物馆又是纪念场所，因此它应该选择与所纪念对象有关的建筑或遗址作为馆址，征集原有遗物，把建筑及内部布置恢复历史原貌就是最重要的陈列工作，它的业务范围要紧紧围绕所纪念的事件或人物”[3]。因此纪念馆的分布就离不开它的原址或代表性地区，这也就决定了纪念馆的本体所属地域具有显而易见的特殊性，给探讨如何服务社区经济发展提供了更多的思考维度。例如南湖革命纪念馆1959年建馆之时就位于嘉兴南湖湖心岛上，南湖是中共一大会议闭幕式召开的地方，而革命纪念馆成立的初衷即“船的问题”，湖心岛烟雨楼是最佳的馆址选择地；后来随着纪念馆事业的不断发展，在南湖东畔兴建第二代馆舍，继而又在南湖南侧新建如今的第三代馆舍，可是无论如何，纪念馆的建筑本体都不会相距南湖太远，这是纪念馆自身选址中一以贯之的基本要求。相较于其他类博物馆动辄营建新馆，迁新址于新区或开发区，跨地域甚至跨省搬迁的情况，纪念馆选址就显得更具有稳定性。

“社区”一词在社会学、统计学领域应用较广。就社区的概念而言，不同的学者有不同的观点，不同的参考单位也有着不同的意义涵盖。从政府部门的定义出发，“社区是指聚集在一定地域范围内的人们所组成的社会生活共同体。目前城市社区的范围，一般是指经过社区体制改革后做了调整的居民委员会辖区”[4]；在国际博物馆学界，“社区”“社会”“公众”的概念长期没有得到统一的认识。在中国的社会语境下，笔者较为认同“社区”具有宏观和微观两个划分标准的论述。就宏观而言，嘉兴市目前市辖区设有两个，分别为南湖区、秀洲区，南湖区于2005年改为现名，直接以南湖命名，彰显了南湖在嘉兴城市建设中的重要政治意义和社会文化认同层面的极高价值；就微观而言，南湖革命纪念馆所在烟雨路，即属于烟雨社区，以烟雨苑、烟波苑等居民小区组合而成的烟雨社区就是与纪念馆紧密相连的社区服务对象。在行政体制管理方面，目前仍以街道作为基层管理组织，县、区设有多个街道，纪念馆的属地管理街道为南湖街道，而街道的规模和行政级别都要远远大于社区，社区是街道的一个基层单位。因此统筹来看，与纪念馆相关联的社区即为南湖区、南湖街道、烟雨社区等三个层级。

相较于新博物馆学运动中的“社区博物馆”概念而言，本文讨论的并非“社区博物馆”建设方法；社区博物馆更集中表达出社区居民即是博物馆的组织人、策划人、实施人，社区博物馆的主人翁是社区民众。生态博物馆、社区博物馆理念在革命类博物馆、纪念馆依然有着理论和实践的进一步研究深度。[5]而本文讨论的博物馆、纪念馆想要积极主动地促进当地经济发展，无疑是要以博物馆、纪念馆作为主体负责方，为社区提供服务，送去力量。因此文中博物馆、纪念馆与社区的关系是以博物馆、纪念馆为主导，服务社区、建设社区的关系，也就是一方为主服务另一方的关系。两者是平等的地位和共同的发起平台，总之，纪念馆与社区既属同一地理区域，在城市规划形式上又互为表里，在城市建设中的卫生环境检查、市场监督、城市管理、疫情防控等方面息息相关。

不仅如此，在与周围社区的文化和经济建设方面更有着广阔的深入讨论空间。

二、纪念馆资源与社区经济

革命类博物馆、纪念馆的馆藏资源众多。早在1956年全国博物馆工作会议将博物馆的性质定调为“三性两务”之后，针对发展较快的纪念馆等类型场馆对于自身性质认识不清的情况下，又于1957年召开了全国纪念馆工作会议，会议认为，虽然纪念馆大多属于刚刚成立，发展尚不成熟，但同样适用于“三性两务”的工作方针，并对征集革命文物、保护遗址、陈列研究等工作提出了具体的要求。[6]尤其是革命文物征集工作，自1949年之后就已全面开展。

改革开放之后，对纪念馆的性质更加明确：“1985年1月9日，文化部颁发的《革命纪念馆工作试行条例》中指出：‘各类革命纪念馆是为纪念近、现代革命史上重大事件或杰出人物并依托于有关的革命遗址、纪念建筑而建立的纪念性博物馆，是有关的革命遗址、纪念建筑和文物资料的保护收藏机构、宣传教育机构和科学研究机构，是我国博物馆事业的重要组成部分。’”[7]由此可以看出，纪念馆首先是保护收藏机构，其次是宣传教育机构，再次是科学研究机构，保护好、收藏好革命文物是第一要务。就南湖革命纪念馆而言，中共一大纪念船（红船）是最核心的文物藏品，是最大的IP资源[8]；同理，纪念馆馆藏的每一件革命文物藏品都是一个个微型品牌，都有可能汇聚成更大的品牌资源优势[9]。

目前博物馆、纪念馆的文化创意产品市场方兴未艾，这些文物藏品“符号”一旦能够以最优的方式应用到文创产品的设计和制作上，投入纪念品市场，必将产生巨大的品牌资源效果，而品牌力量恰恰是市场经济最为看重的[10]。市场经济的字眼看似与博物馆、纪念馆的“非营利性”性质不太相符，但是最新发布的鼓励和提倡文创研发和销售的法规政策已然较之前宽松了许多，两者并不相悖。[11]相较于国外的各类博物馆、纪念馆，国内博物馆、纪念馆多是公益一类、财政全额拨款单位，在新常态的中国经济领域内稍显活力不足，而反观国外的纪念馆，不管是纪念珍珠港事件的“亚利桑那号”纪念馆，还是“9.11”国家纪念馆，都按照美国的理事会制度进行管理，招募资金并最大化地利用资金，释放博物馆经济活力。

免费开放的政策自2008年实施之后，博物馆、纪念馆均不再以门票收入作经济指标，看似在经济社会中的角色淡化、地位降低，实际上以“非营利性”为宗旨的纪念馆反而可以更加注重关照低收入人群和弱势群体，从另一个角度发挥最大的职能效果。“社区经济”的概念已有学者进行梳理。[12]总的来说，就是不像街道经济或者GDP数据统计那样的用工业产值来衡量的，而是同样遵照着“非营利”的目的，以帮扶社区居民就业、适当增加额外收入、保障兜底最低收入；同时又考虑到可能遭受疫情等不可控因素等造成的经济低迷影响，对于有固定收入的居民则风险不大，可是对于丧失部分或全部劳动能力的居民,需要在地方居委会、村委会的“最低保障补助”这层定向定点的保护伞下，而可以自由开展的“社区”新经济增长体。

专业人才同样是博物馆、纪念馆重要的资源之一，宣传教育机构、科学研究机构的性质就保证了博物馆、纪念馆需要储备一定数量“术业有专攻”的业务人员。这其中既有保管员，也有讲解员、研究员，同样也有不少管理人员。纪念馆的人员专业也并非都是文博类专业，就南湖革命纪念馆而言，还有设计学、艺术学、历史学、音乐学、管理学、外语（英语、俄语）等专业素养人才。诸此种种都给纪念馆和社区带来了资源优势。革命类博物馆、纪念馆主要业务集中于革命文物研究和近代史研究、中共党史研究。这也就确保了纪念馆纪念性文创产品在设计和制作环节上不出差错，保证了纪念品的规范性、严肃性。至于纪念馆与社区经济相结合的问题，目前南湖革命纪念馆联系、帮扶社区多以党员同志“网格大走访”的形式进行，进入困难群众家中赠送部分补助金、慰问品。笔者认为“授人以鱼不如授人以渔”，针对社区经济具有非营利性、公益性的特点，博物馆、纪念馆完全可以开展“专业人员进社区”活动，携带纪念品设计和文案草稿，并提供部分原材料，借助社区居民的力量，打造“手工”产品，在社区广场或活动室里，讲解具体制作要求与成品细节的把握，居民制成后由纪念馆出面定期收购，如“手工拼制红船船模”“手工刻制建党纪念章”“手工绢绣丝巾”等；相信“手工”产品与制作公司机器制造的产品相比，必会取得不同凡响的销售效果。同理，其他各类革命主题博物馆、纪念馆也可以结合自身特色，进行部分尝试。

“博物馆文创产品，是近年在国家政策积极推动下，各博物馆重视并大力拓展的服务。……每种文创产品的推出都有很明确的产品特征和消费定位。”[13] 目前南湖革命纪念馆的文创领域工作还不够完善，统计观众参观体验得知，文创是纪念馆工作最大的短板[14]，有鉴于此，应当开设纪念品展示专柜，同时探索成立网上商店，线上线下齐头并进，在这种情况下，手工类产品的销量方可能够得到保障。2022 年北京冬奥会的吉祥物“冰墩墩”爆火，线上门店一度脱销，“一墩难求”！此案例给我们提供了文化自信制度下国民文化消费能力的真实情况，冰墩墩纪念品既不能吃，又不能穿，不具备物理功用，因此仅仅是“好玩”的纪念性产品，却能够供不应求。同样，如果能在博物馆文创设计上下功夫，吸引观众购买，拉动文化消费，也一定能够给社区经济增长带来实际性的效果。“据国务院发展研究中心《中国文化遗存蓝皮书》（2012 年）显示：仅占 GDP0.018% 的全国文物博物馆系统财政拨款对国民经济的贡献却达到了 0.143%，即国家对于文物博物馆系统每投入 1 元，直接和间接产出是 7.9 元。”这还仅仅是 2012 年的数据，“但无论如何，作为非营利机构的博物馆，在当代中国发挥的直接经济效益是十分巨大的，带来的间接经济效益也是相当可观的。”[15]

三、纪念馆的旅游效应与社区经济

嘉兴南湖是国家旅游局公布的“5A 级旅游景区”，南湖革命纪念馆是国家文物局公布的“国家一级博物馆”，嘉兴又是中国革命红船起航地，每年前来嘉兴南湖瞻仰红船的游客络绎不绝。2021 年是中国共产党建党百年，嘉兴推出了“重走一大路”红色主题游览路线，涵盖了“1921”老火车站、狮子汇渡口、湖心岛（红船停泊处）、南湖革命纪念馆等主要“必看”节点。路线同样串起了南湖周边社区分布的经济商圈，为了迎接建党百年，更好地服务莅临嘉兴的观众，嘉兴市特地划出了南湖东岸的“黄金地带”用于打造最新的南湖天地商业体。目前南湖周围分布的“商业群”有：海盐塘路沿街商铺、南湖天地、嘉兴火车站商业广场等三大区域。其中海盐塘路街区主要是半本土化、半旅游化的商业形式，包括大规模的停车场一个、南湖游客服务中心、适合团队用餐的南湖船菜大酒店等，同时还有门面较小的“五芳斋”“真真老老”等特产商店，而超市、理发店等处在小区的出口马路两侧，与社区居民的联系性更强，是社区民众与来嘉游客的共同消费地。海盐塘路道路两侧商铺与南湖革命纪念馆新馆距离最近，而第二代馆舍（老馆）则与南湖天地毗邻[16]；南湖天地主打高端餐饮和高端住宿（复建的鸳湖旅社），此外还有书店、珠宝商铺、大型商超等。据笔者观察来看，这三地的消费物品大多不涉及红色元素，尤其是连锁店铺，多以自身特色为主，缺乏红色研学路线中革命文化消费的题中应有之义。整个南湖景区周边只有一家名为“烟雨楼前”的红色文创商店，主管部门则是嘉兴城市投资公司，属于企业化管理，与纪念馆等联系也不紧密。

按照南湖区、南湖街道、烟雨社区等三级“社区”对照模式来看的话，南湖区是第一层面的：嘉兴站、嘉兴南站（高铁）两个交通枢纽都在南湖区，完全可以仿照部分地区“机场博物馆”“地铁博物馆”的方式在火车站和高铁站以及嘉兴有轨电车车厢里设置官方红色文创商店，同时展示部分馆藏文物 VR 影像，制作文物模拟图片一览墙；高铁站出发到南湖景区游览处会景园等地这一线出行是公交车“71”路的直达车，意为“七一”，“71”路车同样也可以在车内装饰更多的红色宣传内容，从旅客到站开始，就烘托红色文化的主题气氛。就南湖街道而言，整个南湖景区最核心的游览路线基本位于街道辖区内，做好环境绿化、路标指引等工作就显得颇为重要，道路上也需布置红色景点说明等指引点，将红色元素应用到更多的沿路街标、店铺中，达到吸引观众欣赏、领会、提振购买欲望的预期目标。整个嘉兴市、南湖区、属地街道社区只有保持了一致的红色主题，最大程度地满足了观众身心放松的“沉浸式体验”，才有可能激发出观众朋友们将纪念品带回家的浓厚兴趣。

四、纪念馆与农村社区经济

革命类博物馆、纪念馆与农村的联系较城市而言更为紧密。在“农村包围城市，武装夺取政权”的路线指引下，1949 年之前中国共产党的革命活动大多数集中在农村，在长达二十八年的革命斗争中，党领导的红色政权建立了遍及全国、数量不少的革命根据地。革命根据地多在农村和山区，经济上相对较为贫困。中华人民共和国成立后这些地方属于革命老区，在相当长的时间内老区人民的生活质量和生活水平都没有得到较好的改善，这种现象与党的性质和宗旨是不相符的。随着脱贫攻坚战的开展和乡村振兴战略的实施，以及部分革命老区建设高质量发展示范区的文件下发[17]，农村地区的革命主题博物馆、纪念馆可以成为一个很好的观察视角，解决经济矛盾、思索相关问题，就成为博物馆人义不容辞的责任。

以国家一级博物馆所处地理位置为例，一级博物馆无论是建筑场舍，还是馆藏资源，都

表 1　国家一级博物馆中革命类主题馆址分布

国家一级博物馆名称（革命类）	所在地	备注
中国国家博物馆（北京）	北京天安门广场	城区
中国人民革命军事博物馆	北京市中心，军队管理	城区

中国航空博物馆	北京北郊小汤山，空军管理	郊区
中国人民抗日战争纪念馆	北京西南郊，卢沟桥事变旧址附近	郊区
周恩来邓颖超纪念馆	天津市中心，原南开大学附近	城区
平津战役纪念馆	天津市西北城区战役旧址	城区
西柏坡纪念馆	河北平山县西柏坡镇	乡镇
八路军太行纪念馆	山西长治市武乡县	郊区
沈阳“九·一八”历史博物馆	沈阳东北城区柳条湖旧址附近	城区
南湖革命纪念馆	浙江嘉兴市南湖景区	城区
古田会议纪念馆	福建龙岩市上杭县古田镇	乡镇
中央苏区（闽西）历史博物馆	福建龙岩市新罗区中城街道	城区
井冈山革命博物馆	江西吉安市井冈山市茨坪镇	乡镇
瑞金中央革命根据地纪念馆	江西赣州市瑞金市城区红都路	城区
南昌八一起义纪念馆	江西南昌市城区市中心	城区
安源路矿工人运动纪念馆	江西萍乡市安源区安源镇	乡镇
中国甲午战争博物馆	山东威海市刘公岛景区	郊区
东北烈士纪念馆	黑龙江哈尔滨市中心城区，伪满洲国哈尔滨警察厅旧址与东北抗联博物馆、中共黑龙江历史纪念馆附近	城区
中共一大会址纪念馆	上海黄浦区中心城区原一大会址	城区
陈云纪念馆	上海青浦区郊外陈云故居	乡镇
上海市龙华烈士纪念馆	上海城区龙华监狱旧址，龙华烈士陵园	郊区
侵华日军南京大屠杀遇难同胞纪念馆	江苏南京市中心，原大屠杀旧址	城区
雨花台烈士纪念馆	江苏南京市雨花台区，烈士就义纪念地	郊区
鄂豫皖苏区首府革命博物馆	河南信阳市新县	郊区
辛亥革命武昌起义纪念馆	湖北武汉市武昌区中心城区	城区
武汉中山舰博物馆	湖北武汉市西南郊区	郊区
武汉革命博物馆	湖北武汉市武昌区	城区
韶山毛泽东故居纪念馆	湖南湘潭市韶山冲毛泽东故居	乡镇

刘少奇故居纪念馆	湖南宁乡市花明楼镇炭子冲村	乡镇
胡耀邦同志纪念馆	湖南浏阳市文家市镇	乡镇
孙中山故居纪念馆	广东中山市翠亨村	乡镇
鸦片战争博物馆	广东东莞市虎门镇	乡镇
重庆红岩革命历史博物馆	重庆市红岩村	郊区
邓小平故居陈列馆	四川广安区牌坊村	乡镇
四川省建川博物馆	四川大邑县安仁古镇	乡镇
朱德同志故居纪念馆	四川南充市仪陇县	郊区
遵义会议纪念馆	贵州遵义市城区会议旧址	城区
四渡赤水纪念馆（女红军纪念馆）	贵州遵义市习水县土城镇	乡镇
延安革命纪念馆	陕西延安市宝塔区，西北延河东岸王家坪	郊区

达到了相应的标准和要求，人力、物力、财力较为充足，也更具备了开展社区经济活动的先决条件。根据中国博物馆协会最新公布的四批一级博物馆名单[18]，现有的国家一级博物馆当中涉及革命类主题的如表 1。

从上表可以看出，相当多的革命类纪念馆处于城市的郊区或者乡镇和农村，并且有不少博物馆、纪念馆已经依托原有的周边环境，开展乡村旅游，同时还进行景区观赏规划和道路交通等基础设施改造等工程。如广东中山的翠亨村孙中山纪念馆，该纪念馆在对周围环境进行改善的同时，也为翠亨村铺设电缆、架设管线、修整道路以及开通旅游观光直通车，加强了社区的硬性建设能力，既营造了方便参观的纪念馆外部环境，又改善了翠亨村的基础条件，使得旅游业更加兴旺。同样，毛泽东同志的故乡韶山冲、陈云的上海郊野故居、邓小平故居等地，都以名人“故里”作为吸引游客的招牌，这些乡村的旧式民居保留了不少的民国建筑风情，周围环境亦得到整治，达到优美乡村景致展示与革命思想提升双结合的效果。

在乡村与地方企业合作的方面，井冈山革命博物馆做出了有益的尝试：为推动乡村振兴，带动地方产业加速发展，井冈山博物馆馆长牵线搭桥，联系了井冈山市吉源农业生态发展有限公司与当地的睦村乡上寨村签订了 100 亩红薯种植合同。据悉，该农业公司依托井冈山红色资源，积极融入农村产业升级工作当中。有产有销，种养结合，取得了不错的经济效益。

革命纪念馆、纪念地如果能够最大限度地利用周边资源优势，积极思考、探索诸如乡村振兴、城乡协调发展、经济增长等与实际业务工作相结合的方式方法，盘活体制机制优势，大力开展文创产品、民俗特产等经营活动，可以有效带动周围社区基层经济增速、激发发展活力，充实纪念馆财务效益，引领红色革命文化的文化自信与发展建设共同富裕社会的双向实践，也必将会取得不同凡响的成果与业绩。

【注释】

[1]吕建昌．博物馆与社区经济的发展[J].中国博物馆，2005（1）：16.

[2]段勇．当代中国博物馆[M].南京：译林出版社，2017：23.

[3]于坚．第一次全国纪念性博物馆工作座谈会纪要[J].文物参考资料，1957（5）：4.

[4]吕建昌．博物馆“社区”概念及社区博物馆[M]//朱凤瀚．回顾与展望：中国博物馆发展百年——2005年中国博物馆学会学术研讨会文集．北京：紫禁城出版社，2005：239.

[5]吕建昌，严啸．新博物馆学运动的姊妹馆—生态博物馆与社区博物馆辨析[J].东南文化，2013（1）：111.

[6]王冶秋．在纪念性博物馆工作座谈会上的发言（提纲）[J].文物参考资料，1957（5）：2；王冶秋．在纪念性博物馆工作座谈会闭会时的发言[J].文物参考资料，1957(5)：5.

[7]李耀申．中国革命纪念馆事业的回顾和展望（一）[J].中国博物馆，1995（2）：77.

[8]冯倩倩，林德祺．博物馆IP授权与文化衍生品的开发[J].文博学刊，2018（1）：69.

[9]刘松林．论博物馆品牌保护[J].博物院，2021（5）：74.

[10]姜璐．“IP”经营——博物馆提供公共文化产品与服务的新思路探索[J].中国博物馆，2017（1）.

[11]文化部，国家文物局．关于推动文化文物单位文化创意产品开发的若干意见[J].中国文物报，2016-5-20.

[12]吕建昌．博物馆与社区经济的发展[M].中国博物馆，2005（1）：16.

[13]马萧林．博物馆分层化服务与精细化管理[J].博物馆管理，2020（1）：12.

[14]南湖革命纪念馆.2018年度南湖革命纪念馆观众调查报告[R/OL].（2019-01-08）[2022-12-31].https://www.nanhujng.com/tagg/202101/t20210115-720246.shtml；南湖革命纪念馆.2019年度南湖革命纪念馆观众调查报告[R/OL]（2020-01-17）[2022-12-31].https://www.nanhujng.com/tagg/202101/t20210115.720280.shtml.

[15]段勇．当代中国博物馆[M].南京：译林出版社，2017:39.

[16]南湖革命纪念馆1959年建馆于湖心岛；1991年迁南湖东岸老渡口，即第二代馆；2011年迁于烟雨路现址。

[17]国务院．国务院关于同意建设赣州、闽西革命老区高质量发展示范区的批复[E/OL].（2022-03-03）[2022-12-31].https://www.gov.cn/gongbao/content/2022/content-5682409.htm.

[18]中国博物馆协会官方网站，数据截至2020年底。

中国革命博物馆发展使命与需求
——以湖北区域革命博物馆为例

黄翀宇（湖北省博物馆）

摘要：湖北省地处长江中游，位居华中腹地，是推动中国近代革命发展核心区域之一。革命博物馆肩负传播红色文化、盘活红色资源、传承红色基因的社会使命，已逐渐成为促进新时代博物馆高质量发展的中坚力量。

革命博物馆在博物馆事业发展过程中具有独特性，是我国博物馆事业不可或缺的组成部分。但因管理机制落后、馆内藏品研究水平不足、场馆基础配套设施不完备、文创产品研发迟缓等问题，遏制了革命博物馆发展的脚步。如何盘活红色资源，达到社会使命与市场经济双赢的目的，从而推动革命博物馆高质量发展，是革命博物馆面临的巨大考验。

本文以湖北革命博物馆、纪念馆为例，从积极开创跨区域性“红色旅游”联动机制，打造区域特色的红色旅游，采取形式多样化的红色教育体系，来思考革命博物馆如何利用文旅融合，盘活红色资源、传承红色文化的同时，满足市场经济发展需求，从而提高自身竞争力与影响力。

关键词：革命博物馆；红色旅游；文旅融合

革命博物馆、纪念馆、党史馆、烈士陵园等是党和国家红色基因库。[1] 革命博物馆不仅是文化机构更是一种传播历史的媒介，是历史的缩影，是以研究、保护并利用革命文物展示近现代历史发展进程的重要精神文明窗口，更是丰富“红色基因代代传”工程，发扬红色传统，传承红色基因的重要阵地。革命博物馆肩负传承红色基因的社会使命与职责，如何盘活红色资源，推动革命博物馆高质量发展，促进革命文物的保护和有效利用，成为近年来最为热门的话题。部分革命博物馆发展过程中出现藏品少、展览内容单一、专业人员少、科研力量不足、资金短缺、场馆设施老旧、文创研发过度商业化、娱乐化的现象，使其公共文化服务质量大打折扣，发展举步维艰。由此衍生出的一系列问题，引发了观众的热议和我们的深思。

一、革命博物馆的特征

1985年文化部颁布《革命纪念馆工作试行

条例》中明确指出：各类革命纪念馆是为纪念近现代革命史上重大事件或杰出人物并依托于有关的革命遗址、纪念建筑而建立的纪念性博物馆，是有关革命遗址、纪念建筑和文物资料的保护收藏机构、宣传教育机构和科学研究机构，是我国博物馆事业的重要组成部分。[2] 革命博物馆在博物馆事业发展过程中具有别具一格的独特性。

（一）类型的独特性

革命博物馆主要是展示在我国旧民主主义革命、新民主主义革命和社会主义革命建设三个时期的革命斗争的历史过程和宝贵经验。[3] 它的建立需要具备一定的历史条件，是依托具体的纪念对象、革命事件发生所建立。相较于综合性博物馆和专题性博物馆而言，革命博物馆负有强烈的政治性与阶级性，展示主体也具有明确的历史阶段性、针对性和鲜明地域性特点。并且伴随革命进程、革命形势和革命任务的需要，革命博物馆需要进一步发展符合时代特征的类型，例如随着党风廉政建设与反腐斗争不断深入，将廉政文化与革命博物馆教育职能相结合，利用革命文物的独特性开展廉政教育发展而建设的陕西省潼关杨震廉政博物馆，湖北省红安烈士陵园传统教育基地、洪山监狱警示教育基地、武汉中共五大会址历史教育基地就是革命博物馆响应时代发展需求，融入地域文化建设的全新尝试。

（二）具有地域标志性特征

革命类纪念馆通常把原始的革命遗迹作为它存在的条件，这不同于其他类型的博物馆，从而成为一个具有自己特色的博物馆类型。[4] 革命博物馆产生的条件与历史发展相关联，是依附于革命遗址、革命纪念建筑与革命文物等物质基础的产物。主要是重大事件遗迹、重要会议遗址、重要机构旧址、重要人物出生、辞世或曾居住过，能够见证反映事件、会议、机构、人物的见证场所属于地域文化集合体，是地域标志性建筑。革命博物馆在发展过程中会因为革命历史遗迹地域分布不均，出现数量与资源区域分布不平衡，这也是有别于其他类型博物馆最显著的现象。

（三）展品需要真实性

革命博物馆藏品是真实反映客观事件，是对历史直接记录的见证物。相较于出土发掘文物而言，革命博物馆藏品来源广泛、数量庞大，需要更为仔细地进行甄别，摘选出对革命时期的历史能够清晰、客观并且全面地进行反映的客观实物。应对革命文物例如照片、文献、实物等进行全面研究，并在研究过程中克服夸大、盲目、主观臆断等个人情绪与认识，合理直观的评价革命文物所反映的历史功绩，将真实客观的历史还原给观众，以革命文物为教育媒介，为观众建立正确的人生观和价值观。

二、革命博物馆发展使命与市场需求的协调

2022 年 8 月 24 日国际博物馆协会官网发布博物馆全新定义：“博物馆是为社会服务的非营利性常设机构，它研究、收藏、保护、阐释和展示物质与非物质遗产。向公众开放，具有可及性和包容性，博物馆促进多样性和可持续性。博物馆以符合道德且专业的方式进行运营和交流，并在社区的参与下，为教育、欣赏、深思和知识共享提供多种体验。”[5] 新定义相较于以往博物馆定义将“教育、研究和欣赏”修改为“教育、欣赏、深思和知识共享提供多种体验”，扩大了博物馆社会服务功能，并细化博物馆社会功能目标要求。着重强调博物馆与社区的关系已日益密切的发展趋势。根据

2021年12月24日国家文物局关于印发《革命文物保护利用“十四五”专题规划》中的数据：革命场馆体系基本形成，普查登记的不可移动革命文物3.6万多处、可移动革命文物100多万件/套、革命博物馆纪念馆1600多家。[6]作为传播红色文化，盘活红色资源，传承红色基因的革命博物馆，已逐渐成为促进新时代博物馆高质量发展的中坚力量。但革命博物馆因其性质的限定，使其在运用文物资源促进自身发展过程中，无法实现真正意义上的独立自主发展，革命博物馆的使命与市场需求间存在间隙似乎无法避免。

（一）观众诉求与博物馆责任两难抉择

博物馆的社会职能与其他文化机构有明显的不同，博物馆是为教育、欣赏、深思和知识共享提供多种体验的社会服务非营利性常设机构。博物馆的社会功能的延展，使服务与教育功能日益凸显，博物馆与观众之间的关系发生了改变，变得更为亲密。不再是一厢情愿地认为观众会在博物馆中学到知识、得到启发、感到愉快，而得真正地站在观众的角度上认真研究这些观众的体验是否真实。[7]

介于市场的导向，革命博物馆所希望满足现有观众与未来观众的诉求具有相当的难度。因为革命博物馆的发展使命促使其在革命文物资源利用方面趋于专业性与严肃性，但市场导向要求博物馆所教育展示的内容更加平易近人、富有趣味，从而吸引观众走进博物馆。观众不仅是博物馆教育的目标，同时也是博物馆教育的消费者。想要在社会使命与市场经济中获得教育与娱乐双赢的局面，革命博物馆面临巨大的考验。

（二）发展地域文化特色促进文旅融合，满足市场需求

博物馆学者认为博物馆与观众之间的互动是双向的运作,所包含的活动和专业上的体现，能让大众接近研究之文物与成果。[8]革命博物馆所具有的专业性优势不容置疑，在知识体系方面有各学科全面权威的学术支撑，并且还有强大的经济资源与高度的道德理念。革命博物馆需要结合自身地域文化优势，将文物资源转化成为文化产品，从而提高博物馆社会效益和经济效益。

近年来“红色旅游”热，为革命博物馆高质量发展提供有利契机。根据近3年的调查统计数据显示，目前年均参观人数超过百万的革命纪念馆已超过100个，分布于26个省份。2021年，全国依托革命文物资源共举办党史学习教育活动约84万场，接待参观团体共约136万批，接受党史学习教育人群达4.29亿人次，学习热度不断攀升。[9]革命博物馆应结合自身类型的独特性与地域性的优势促进文旅的有机结合，呈借“十四五”新时代革命文物工作重要战略契机，加快自身建设，合理利用革命文物资源，吸引并满足观众诉求，寻求使命与市场需求之间的平衡协调，从而促进革命博物馆的蓬勃发展。

三、湖北革命博物馆发展道路上的机遇与挑战

湖北省作为长江经济带“黄金水道”的重要枢纽，具有丰富的文化历史内涵和鲜明的地域文化特色。无论是在地理位置，还是悠久的历史文化都具有得天独厚的区域优势，为文旅融合发展奠定了良好基础。在多年的文旅融合发展实践中，“融什么”“怎么融”成为需要理清的重要议题。湖北各地革命博物馆在日积月累的探索发展过程之中，逐步摸索出一条具有地域特色的红色文化品牌发展之路，在红色

文化和旅游融合发展方面取得了初步成效。

（一）湖北地域红色文化资源丰富，有利于革命博物馆蓬勃发展

湖北省地处长江中游，位居华中腹地，在20世纪初期便成立了武汉共产主义小组，是推动中国近代革命发展核心区域之一。早在民国初期，湖北区域经历了军阀混战、江城五四运动风暴，1911年10月10日武昌起义（辛亥革命）爆发，建立“中华民国”军政府鄂军都督府。1923年2月汉口爆发著名“二七”江岸铁路工人大罢工，这是中国工人运动的巅峰。

随后湖北爆发了秋收起义、黄麻起义、荆江两岸年关暴动等一系列武装起义，诞生了红三军团、红二军团、红四方面军、红二十五军、红二十八军、新四军第五师、八路军新四军中原军区等七支人民军队主力，创建了鄂豫皖革命根据地、湘鄂西革命根据地、湘鄂赣革命根据地、鄂豫边革命根据地、鄂豫陕革命根据地、湘鄂川黔革命根据地、鄂豫边抗日民主根据地、中原解放区等八块革命根据地。在工人运动向国民革命转变、大革命失败向土地革命战争兴起转变、抗日战争从战略防御向战略相持转变、解放战争从局部自卫战争向全国解放战争转变、人民革命战争从战略防御向战略进攻转变的历史关头，湖北先后五次成为中国历史转折的战略枢纽，在中国现代历史的册页上具有重要的历史地位。

自1927年始，在中国共产党领导人民革命武装斗争中，湖北省多次成为建立革命政权的首选之地。例如：土地革命战争时期成立过黄安农民政权，扩建为鄂豫皖特区苏维埃政府、鄂豫皖省苏维埃政府。抗日战争时期，成立过鄂豫皖边区行政公署，1945年至1947年间，成立过中原解放区行政公署、江汉行政公署和鄂豫行政公署。

丰富的红色文化资源，给予湖北省的革命博物馆、纪念馆更多的文化内涵与发展机遇。2021年4月湖北省文化和旅游厅核定公布了《湖北省第一批革命文物名录》中，共有不可移动革命文物1018处、可移动革命文物2810件/套。其中，不可移动革命文物包括八七会议会址、汉口中华全国总工会旧址、京汉铁路总工会旧址等全国重点文物保护单位33处，省级文物保护单位150处，市县级文物保护单位835处；可移动革命文物包括一级文物143件/套，二级文物367件/套，三级文物2300件/套。[10]除武汉市的八七会议会址、汉口中华全国总工会旧址、京汉铁路总工会旧址、八路军武汉办事处旧址、武昌起义军政府旧址等武汉市区内不可移动革命文物保护单位纳入第一批全国重点文物保护单位，此次还包括了黄冈红安七里坪革命旧址、李先念故居、董必武故居等大别山革命老区文物保护单位。这些革命文物遗址遗物都是中国革命史的重要实物鉴证，是不可多得，不可再生的红色文化资源。

2019、2020年度中央宣传部、财政部、文化和旅游部、国家文物局分两个批次公布的《革命文物保护利用片区分县名单》中，湘鄂西片区湖北占63个革命片区，鄂豫皖片区湖北占40个革命片区，湘鄂赣片区湖北占16个革命片区，湘鄂川黔片区湖北占8个革命片区，长征片区（红二十五军）湖北占2个革命片区，几乎涵盖湖北全省约五分之四的市县（区）地域范围。红色遗存数量多、分布广、份量重是湖北地域革命文物的显著特点。加大革命文物保护力度，提高革命文物利用强度不仅有利于推进优秀传统文化的发扬，更是一种文化的传承与创新，是时代的要求也是时代的必然。

（二）湖北革命博物馆发展面临的挑战

“红色旅游”事业发展已俨然成为革命博

物馆发展的助推器，“坚持以文塑旅、以旅彰文，推进文化和旅游深度融合发展。”成为红色文化发展重要途径与举措。革命博物馆的社会使命与市场需求的融合，是提高其市场竞争实力的先决条件。革命博物馆需要强烈的自身使命认知与责任担当，以创建使命为标准，来确保展览内容、社教活动、文创发展等文化衍生活动都是依据使命标准所制定。

红色遗存不仅具有政治价值、教育价值，更具有经济价值。如何在文物保护利用和文化传承创新的同时，挖掘具有湖北地域特色的红色文化资源，打造红色文创精品，是摆在湖北文博人面前的一道难题，也是我们必须面临的挑战。诸多问题遏制了湖北革命博物馆、纪念馆文旅融合的脚步。

1. 旧思想，举步维艰

在 2022 年 10 月 16 日中国共产党第二十次全国代表大会上的报告中强调“坚持以文塑旅、以旅彰文，推进文化和旅游深度融合发展”。[11]但现阶段，湖北区域革命博物馆、纪念馆的发展还是呈现“迈不开步，过度依赖”的现象，革命博物馆无法明确自身在地方经济发展过程中的定位，社会功能无法有效发挥，管理方式逐渐趋于老化状态，缺乏创新思想与举措，文物无法“活”起来，红色文化资源未能激活从而成为发展短板。

2. 人才缺，研究困难

革命博物馆、纪念馆在运行过程中除藏品、展览、配套设施等最直观的问题外，最根本的是人才的短缺问题。藏品保护、展览设计实施、展览讲解、配套设施维护、场馆设备的运行、藏品安全等等都需要大量的博物馆专业人员、后勤人员、内部管理人员、保卫人员、讲解员的通力合作才能实现博物馆正常运营。但在运营过程中面对源源不断的观众群体，层出不穷的观众诉求，革命博物馆、纪念馆的人才短缺问题变得更为突出。

专业性人才的短缺会直接影响革命博物馆社会功能的有效发挥，导致服务质量下降，观众体验感受削弱。以革命博物馆讲解员为例，讲解是以陈列为基础，运用科学的语言和其他辅助表达方式，将知识传递给观众的一种社会活动。讲解员是沟通革命博物馆与社会的桥梁和纽带，是博物馆的名片，讲解服务的质量和水平直接影响着观众的受教育和参观质量，影响着博物馆的窗口形象，甚至影响到一个地区和国家的形象。[12]所以讲解员在博物馆中是一个非常特殊的关键岗位，讲解员区别于一般的导游，是具有专业性、艺术性、知识性的综合岗位，在专业素养方面要求高之外，个人素养要求也非常的高。

培养一个优秀的讲解员是非常困难的一件事，一个优秀的讲解员必须具备良好的综合素质，在个人的知识储备方面也需要其具有较高的学历背景，年龄特征在 18—22 岁之间，并且在接受新事物的能力和工作积极性方面要求都非常严格，其中还包括自身具备的先天条件，例如嗓音、形象等无法通过后天努力达到的要求。这就使得优秀讲解员的培养成本与时间成本大幅度的增加。

3. 设施旧，需求难调

“红色旅游”热，促使来革命博物馆、纪念馆参观的人群越来越多，对于革命博物馆的考量与评判不再仅限于陈列展览，更多的是对于博物馆的整体考量。就整体考量而言，虽然展品与展览是最为重要的考量内容，但是博物馆运营配套设施及服务的好坏也在考量的范畴之中。

对于革命博物馆、纪念馆的馆场而言，公共空间内设施设备及配套服务都需要进行精细的思量。如：公共区域配套服务的设施设备的设置问题就是对于博物馆运营的巨大考验。大到供电供水、中央空调、电梯、疏散通道；小到洗手间、饮水机、垃圾桶、休息椅等基础设施的大小、数量、位置等都是一门大的学问。

馆内各项配套设置无论是体积的大小、数量的多少，以及在公共空间所占比例关系，都直接影响观众进入场馆的使用体验，体积过大使用方便但会过于醒目，影响整体美观。体积、数量、分布位置等等，都是观众参观革命博物馆、纪念馆过程中遇到的最为直接、不可避免的问题，事虽小但影响深远。

四、迎难而上机遇中谋发展，打造具有湖北地域特色的红色文化名片

近年来，湖北革命文化事业借助文旅融合发展态势蓬勃展开。积极响应《关于实施革命文物保护利用工程（2018—2022 年）的意见》的文件精神，加强文物保护利用和文化传承创新，挖掘红色文化特色资源，推进优秀传统文化创造性转化和创新性发展。着力聚焦重点区域尤其是革命老区振兴发展，充分利用革命文物资源与文化教育、本地经济、旅游发展相融合，推进脱贫攻坚、乡村振兴事业大发展，将“红色”资源利用好、弘扬好、传承好，真正做到取之于民，用之于民，惠及于民，提高革命文化事业发展影响力。

（一）深挖红色文化资源，实现红色文化创造性转化

湖北省抓准发展时机，倚靠政策扶持，全力发展革命文化事业。2021 年《湖北省国民经济和社会发展第十四个五年规划和二〇三五年远景目标纲要》中强调：推进长征国家文化公园（湖北段）建设，加强大别山区革命文物保护利用，办好“荆楚大地红旗飘”等一批革命文物精品展览。加强考古能力和考古学科建设，参与“考古中国”项目，创建长江文明传承创新示范区。[13]

以大别山革命老区为例，大别山革命老区范围涵盖安徽、河南、湖北三个省份，其中湖北段包含武汉、襄阳、孝感、黄冈、随州等 5 市 22 个县（市、区），区域总面积约为 10.86 平方公里，是土地革命战争时期全国第二大革命根据地——鄂豫皖革命根据地的中心区域。安徽、河南、湖北三地迅速建立三省联动机制，整合大别山区革命文化资源，将大别山革命文物资源与当地旅游、文化体育产业深度融合，结合区域资源互补的特点，打造“革命大别山·红色鄂豫皖”精品红色旅游路线。该路线成为 2021 年度文化和旅游部、中央宣传部、中央党史和文献研究院、国家发展改革委联合发布庆贺建党百年红色旅游精品线路之一。

该线路途径河南省信阳市息县刘邓大军渡淮纪念馆—信阳市新县鄂豫皖苏区首府革命博物馆—信阳市浉河区四望山新四军第五师师部旧址—信阳市王大湾会议会址纪念馆—信阳市商城县金刚台红军洞群—安徽省六安市金寨县红二十五军军政机构旧址—六安市金寨县革命烈士陵园—六安市金寨县革命博物馆—湖北省黄冈市麻城烈士陵园—黄冈市红安县黄麻起义和鄂豫皖苏区烈士陵园—黄冈市麻城市乘马会馆。[14]跨越安徽、河南、湖北三省，促使三省红色资源得到共同开发，按照鄂豫皖三省《大别山区革命文物保护战略规划》有重点、有计划地将红色旅游景点有效串联，建立起跨省区域联动机制，延长红色旅游产业链，拓宽三地旅游资源。提高途径地区革命文物保护和利用效率的同时，增加当地旅游产业影响力与经济效益。

（二）提高展览品质，营造浓厚文化学习氛围

湖北革命博物馆、纪念馆资源丰富：省直类有辛亥革命武昌起义纪念馆；市级类有江汉关博物馆（武汉国民政府旧址纪念馆、詹天佑故居博物馆）、武汉革命博物馆、八路军武汉办事处旧址纪念馆、八七会议会址纪念馆、辛亥革命博物馆、武汉中共中央机关旧址纪念馆、武汉市中山舰博物馆、武汉市袁家店红色文化博物馆、武汉二七纪念馆、宋庆龄汉口旧居纪念馆、东湖毛泽东故居陈列馆、湖北军民抗战博物馆等；省内有施洋烈士纪念馆、首义元勋张振武烈士纪念馆、红三军团建军纪念馆、洪湖革命历史博物馆（洪湖市湘鄂西革命根据地旧址纪念馆）、大悟县徐海东故居及亲属烈士纪念馆、黄冈革命纪念馆等专题性革命博物馆、纪念馆。类型多样、藏品丰富，为湖北革命博物馆、纪念馆展览展示、社会教育打下坚实基础。

湖北革命博物馆、纪念馆在努力打造本馆革命展览展示的同时，还将精品革命展览资源、专业人才资源整体打包送进学校与社区，以红色文化资源共享，观众平等性为目的，巩固党史学习的教育成果，实现丰富人民群众精神文化生活的目标，将革命博物馆、纪念馆打造成为宣传党的百年奋斗历史经验、弘扬伟大建党精神的学习教育阵地。

以辛亥革命武昌起义纪念馆为例，馆内常年开放两个基本陈列（“鄂军都督府旧址复原陈列”“为天下先——辛亥革命武昌起义史迹陈列”）和两个专题展览（“辛亥革命武昌起义纪念馆导览”“湖北谘议局史迹陈列”）。在建党百年之际，为助力开展党史学习教育，辛亥革命武昌起义纪念馆联合中国文物报社、中国人民革命军事博物馆共同举办“红色百年——全国革命文物图片选粹展”；为纪念辛亥革命110周年举办“不惑之获——辛亥革命武昌起义纪念馆建馆40周年成果展”“首义精神永励后昆——辛亥首义人物图片史料展”两个原创展览。2021年10月以辛亥革命武昌起义纪念馆牵头，与武汉兄弟单位联合承办第33届孙中山宋庆龄纪念地联席会议主题展览“孙中山宋庆龄与辛亥革命”文物图片展，展览集中京汉两地孙中山宋庆龄纪念地优势，以200余张图片和40多件来再现武昌起义革命先烈的光辉事迹，激励人们继承弘扬首义精神。

根据本馆特点设置教育项目：“首义”课堂，“首义”微课堂，并将教育项目送出博物馆走进社区与校园，先后在首义广场举办“在孙中山的旗帜下——孙中山与武昌首义图片展”和“‘甘’古共同陇鄂同心——甘肃抗疫楹联书法作品展”送进武昌职业学院；“红色百年——全国革命文物图片选粹展”送进西厂口社区、黄鹤楼景区等课程，“接进来，送出去”的展览与教育理念，满足各类观众群体教育的需求，逐渐形成完整的红色教育体系。

区域教育联盟已成为革命博物馆、纪念馆发展盘活自身经济的助推器。红色教育联盟课程吸引更多的观众走进革命博物馆、纪念馆，通过生动的展览展示、直观的文物讲解、丰富的展览推送形式和红色教育课程内容，凸显革命博物馆、纪念馆自身文化特点优势，同时也盘活了红色文化资源。

（三）拓宽红色资源利用途径，增强自身发展能力

湖北倚靠地域优势，主动挖掘本地红色文化特点，加快湖北黄冈大别山区革命资源的开发利用，先后完成李先念故居、七里坪长胜街革命旧址群、鄂豫皖革命烈士纪念馆等一批重要革命遗址遗迹保护修缮工程及全国爱国主义教育示范基地、革命传统教育基地等项目落户，

拓宽了本地红色资源利用途径，加快多元化、区域化发展势头。

以湖北省黄冈市红安县为例，2022年12月湖北省黄冈市红安县被中华人民共和国文化和旅游部列入全国红色旅游融合发展试点单位名单。[15]红安县以七里坪镇革命旧址群为发展试点，融合黄麻起义遗址、长胜街革命遗址群、鄂豫皖特区苏维埃政府旧址、鄂豫皖特区革命军事委员会旧址、红四方面军诞生地等红色旅游景点形成完备的红色文化资源板块。七里坪镇为提高红色旅游吸引力，开发设计一系列体验式红色旅游项目：上党课、重温入党誓词，追寻红色革命记忆；开创集红色文化研究、观众阅读、红色文化创意产品研发为一体的红色书店等。先后与省内外多家机关、企事业单位、军事院校、大专院校团体联合建立爱国主义革命传统教育基地，年接待游客约20万人次。

红安县促进非物质文化遗产与红色旅游业融合发展，成功申报国家级非物质文化遗产项目1项、省级6项、市级17项、县级38项；拥有国家级代表性传承人1名，省级代表性传承人6名、市级代表性传承人27名。并在七里坪长胜街旅游区开设红安国家级非遗项目：红安绣活传习所、省级非遗项目：红安大布传统纺织技艺传习所等，将红色文化教育、非遗传承、红色文创产品售卖、旅游观光融为一体，使当地非物质文化遗产能够依托红色旅游提升社会影响力，扩大产业规模，增加当地收益，打造出富有红安特色的红色文化旅游产品，红安成为湖北红色旅游融合发展的排头兵。

革命博物馆、纪念馆是博物馆类型中重要类型之一，对革命博物馆、纪念馆的类型特点与运行规律进行有效的研究，不仅能够丰富博物馆学理论基础，还有利于自身发展方向的制定和社会职能有效发展。革命博物馆、纪念馆是促进红色文化收藏、传承的根据地，是发挥教育职能优势将“物”与“人”之间文化传播媒介中最基层的环节，如何克服制约自身发展的客观因素，还有许多奥秘需要我们不断地探索和完善。革命博物馆应明确自身文化特色优势与社会使命，建立区域博物馆联动机制，充分进行文旅融合，逐步形成区域品牌和红色教育体系。联动机制的建立能够形成效益规模化，形成红色文化产业集群，并在日常运作中能够产生公共资源共享、知识产权得到保护、共享收益的良好局面，从而提高革命博物馆整体的经营素质、文化产品服务品质和整体的竞争实力。

湖北革命博物馆、纪念馆应从深挖红色文化资源；提高展览品质，营造浓厚文化学习氛围；拓宽资源利用途径，增强自身发展能力等方面入手，实行跨区域联动机制，红色文化资源和绿色生态资源相结合的文旅融合发展思路，加速红色文化创造性转化，使革命博物馆、纪念馆成为盘活红色资源、传承红色文化的重要阵地。

【注释】

[1] 习近平．用好红色资源，传承好红色基因，把红色江山世世代代传下去[J].求是，2021（10）：1.

[2] 文化部．革命纪念馆工作试行条例（1985年），2016年8月25日文化部废止[EB/OL].（2018-01-24）[2023-01-31].http://wwj.beijing.gov.cn/bjww/362760/362767/556574/556580/bwgzhgl/556796/index.html.

[3] 张长龙．浅谈如何提高博物馆纪念馆的爱国主义功能[J].改革与开放，2011（4）：60.

[4] 文化部文物局．中国博物馆学概论[M].北京：文物出版社，1985（45）.

[5] International Council of Museums.ICOM approves a new museum definition[EB/OL].（2022-08-24）[2023-01-31]https://icom.museum/en/news/icom-approves-a-new-museum-definition/.

[6] 国家文物局．国家文物局关于印发《革命文物保护利用“十四五”专题规划》的通知[EB/OL].（2021-12-24）[2023-01-31].http://www.ncha.gov.cn/art/2021/12/31/art_2318_45204.html.

[7] HEIN G E.Learning in the useum[M].London:Routledge，1998:5.

[8] HOOPER-GREENHILL E.Museum and their Visitors[M].London and New York: Routledge，1994：140-169.

[9] 庞博.2021年全国依托革命文物资源接受党史学习教育人群达4.29亿人次：用好文物资源 讲好红色故事[EB/OL][M].（2022-03-23）[2023-01-31][M].http://www.gov.cn/xinwen/2022-03/23/content_5680740.htm.

[10]湖北省文化和旅游厅．关于公布第一批湖北省革命文物名录的通知[EB/OL].（2021-04-06）[2023-02-01].https://wlt.hubei.gov.cn/zfxxgk/zc/qtzdgkwj/202104/t20210406_3453303.shtml.

[11]习近平．高举中国特色社会主义伟大旗帜，为全面建设社会主义现代化国家而团结奋斗——在中国共产党第二十次全国代表大会上的报告[EB/OL].（2022-10-26）[2023-02-01].http://cpc.people.com.cn/n1/2022/1026/c64094-32551700.html.

[12]讲解员百度词条[EB/OL],https://baike.baidu.com/item/%E8%AE%B2%E8%A7%A3%E5%91%98/8478688?fr=aladdin.

[13]湖北省发展和改革委员会．湖北省国民经济和社会发展第十四个五年规划和二〇三五年远景目标纲要[EB/OL].（2021-04-13）[2023-02-01].http://fgw.hubei.gov.cn/fgjj/ztzl/zl/2021/hbssswgh/ghqw/202104/t20210413_3467299.shtml.

[14]文化和旅游部，中央宣传部，中央党史和文献研究院，发展改革委．文化和旅游部、中央宣传部、中央党史和文献研究院、国家发展改革委关于发布“建党百年 红色旅游百条精品线路”的公告[EB/OL].（2021-05-14）[2023-02-01].http://www.gov.cn/zhengce/zhengceku/2021-06/01/content_5614610.htm.

[15]文化和旅游部办公厅．文化和旅游部办公厅关于公布全国红色旅游融合发展试点单位名单的通知[EB/OL].（2022-12-01）[2023-02-01].http://www.gov.cn/zhengce/zhengceku/2022-12/23/content_5733240.htm.

文化记忆视角下 革命纪念馆场景营造研究

易 露（西北大学）

摘要：传承好、弘扬好革命文化，利用好革命资源，是新时代必须面对和解决的重要课题。革命纪念馆作为红色记忆的“记忆之场”，唤醒革命记忆的“催化剂”，保护利用好革命纪念馆对于讲好革命故事、开展党史教育、增强文化自信、构建国家认同具有重要作用。在国内外文化记忆理论与革命纪念馆研究的基础上，提出政策支持、活化利用、记忆传承和红色旅游发展的革命纪念馆保护利用的时代背景，并基于文化记忆理论对革命纪念馆进行场景构建和营造，研究革命纪念馆保护利用新路径，推动革命资源、文化产业和区域经济健康可持续发展。

关键词：文化记忆；革命纪念馆；场景营造；保护利用

一、文化记忆理论与革命纪念馆

（一）文化记忆理论

国外对记忆问题的关注起源较早，研究过程经历了从个人记忆、集体记忆、社会记忆到文化记忆等理论的演变。20世纪80年代，德国学者扬·阿斯曼（Jan. Assmann）首次提出了“文化记忆”的概念，指出“包含特定时代、特定社会特点的文本系统、意象系统、仪式系统，其教化功能是为了稳固和传递社会自身形象，在过去的大部分时期（但并非所有时期），每个群体都把自己的整体性意识和特殊性意识建立在这样的集体知识的基础上”[1]，探讨了记忆的历时性延续，记忆与文化、认同（集体）之间的关联。国内外学者研究文化记忆理论的热点和趋势（图1、图2）主要集中在：一是文化记忆与认同的关系。文化记忆建立过去与现在的关联，借助于外在的客观文化符号使具有奠基性意义的过去得到固化和延续。[2]Wang认为集体记忆维持着身份认同，并使其社会生活和文化凝聚力的连续性成为可能。[3]二是文化记忆与媒介载体的研究。王霄冰根据文化记忆理论中的“仪式与文本作为承载文化记忆的媒介”这一观点论述了保护传统节日和非物质文化遗产的重要意义。[4]格雷姆·布莱克（Graham Black）探讨历史博物馆、记忆和观众之间的关系，指出博物馆作为历史和记忆交汇的场所，是人类记忆的仓库和保护者。通过实践活动，博物馆中的历史和记忆得以构建、展示、交流、回应及传播。[5] 三是现代技术与文化记忆的研究。夏翠娟等人提出为“虚拟数字人”建立数字记忆概念模型和信息框架，为文化记忆机构在元宇宙中参与构建、长期保存数字记忆进行服务。[6] 玛利亚·莫里亚（Maria Moria）和迪米特里奥斯·毛尔基什（Dimitrios Makris）构建了通过信息技术和数字媒体联系文化记忆的研究框架，以便加强游客和居民对城市环境的文化特性产生更好的理解。[7] 杰米 邓肯森（Jamie Duncan）指出数字媒体的发展已经运用到社会、文化以及政治生活的各个领域，并在这种背景下来探索社会运动、文化记忆、数字媒体之间的关系[8]。

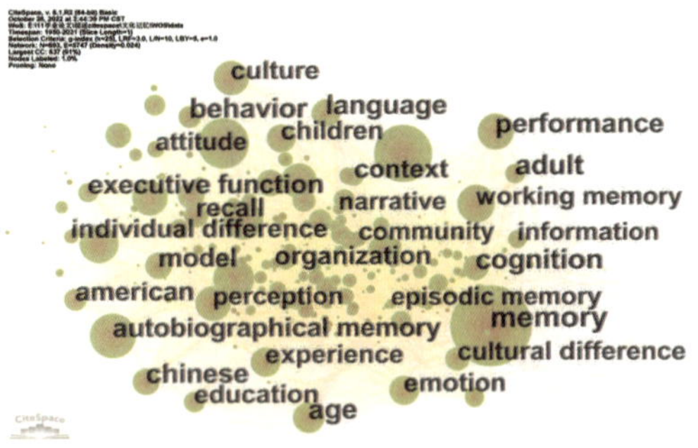

图 1　WoS“Cultural Memory”关键词图谱

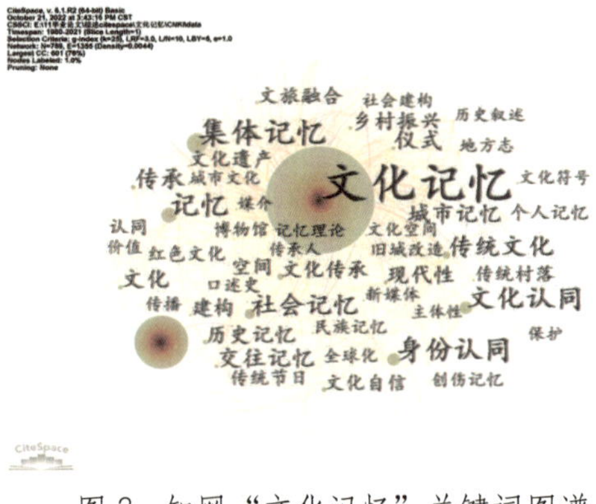

图 2　知网“文化记忆”关键词图谱

（二）革命纪念馆

随着党和国家对红色文化传承、红色遗产保护的高度重视，革命纪念馆的关注度也不断提高，革命文物保护利用取得突破。一系列政策文件以及学术性强、借鉴意义深远的学术成果也为革命纪念馆的发展奠定基础。国外没有专门革命纪念馆方面的研究，但作为博物馆的一个分支，同样也设有相应符合革命纪念馆特点的场馆，国内外学者对革命纪念馆的研究（图 3、图 4）主要集中在：一是革命纪念馆的概念和特性。1985 年文化部颁发《革命纪念馆工作试行条例》中指出：“各类革命纪念馆是为纪念近、现代革命史上重大事件或杰出人物并依托于有关的革命、纪念建筑而建立的纪念性博物馆，是有关革命遗址、纪念建筑和文物资料的保护收藏机构、宣传教育机构和科学研究机构”[9]，是我国博物馆事业的重要组成部分。该领域的相关学者也对革命博物馆进行了定义，指出革命纪念馆是以革命旧址为依托，围绕特殊历史事件和历史人物开展宣传教育、保护收藏、学术研究等工作，不仅具有普通博物馆的功能，还有较强的专业性和针对性。二是革命纪念馆与文化传承、精神教育的研究。革命纪念馆作为创造、传播共同记忆、民族身份和国家普遍价值观的地方，对国家的形成和日常化生活至关重要。姚茜从红色场馆的开放性、内涵的丰富性、鲜明的主题和较强的互动性几个方面阐述了革命纪念馆在开展党史教育的优势。[10] 三是革命纪念馆与红色旅游的研究。红色旅游是一项具有中国特色的旅游形式。随着近年来我国越来越重视保护和开发革命资源，多地依托地缘与管理优势，形成了以红色革命纪念馆为主体的红色资源发掘与宣传的保护开发模式。张红艳和马肖飞指出红色旅游通过塑造红色文化环境及游客的时代体验感，激发民族情感和政治热情，影响游客对国家的认同感，促进国家稳定团结。[11]红色旅游成为实现文化自信，增强国家软实力的重要依托。

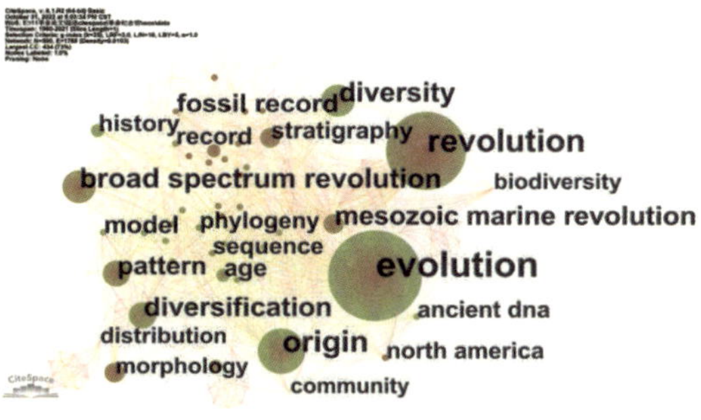

图 3 WoS“Revolution Museum”关键词图谱

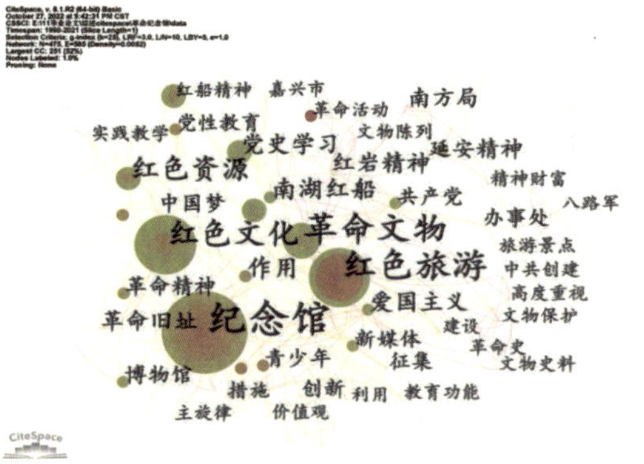

图 4 知网“革命纪念馆”关键词图谱

（三）适应性研究

革命纪念馆、博物馆等公共场所具有媒介性质，其建筑、文物、展览、革命旧址符合信息的存储、传播等特点，是文化记忆的传播载体。而文化记忆作为连接博物馆各个要素之间的“桥梁”，使特定情境中的独立要素产生交融，营造记忆的氛围，充当激活或激发主体进行记忆的“催化剂”。[12]国内关于博物馆与文化记忆的研究，一方面聚焦于博物馆对文化记忆的传播与建构功能。王莉指出博物馆是“记忆”历史、传播历史文化的桥梁和重要工具。[13]王文兵认为在文化记忆的编码、存储和重构过程中，土家族铭刻古籍承载的文化信息得到了传播、增值与沉淀。[14]同时，博物馆与文化记忆的研究还集中在文化认同、地方认同、身份认同等方面。文彤和刘璐指出建筑遗址、文物遗产、解说系统和游客构成了博物馆文化展演的因素体系，并在城市记忆构建中发挥了唤醒、强化、活化和传承作用，构成了博物馆城市记忆链。[15]革命纪念馆中所形成的记忆叙述结构，将参观者、文物和历史串联起来，作为革命文化记忆的“讲述者”“呈现者”“激发者”，革命纪念馆负责记忆的形成、创造与生产，从而有别于其他文化机构。其中物质、文本、场景是革命文化的表现符号，负责价值和精神的传递；观众的体验和旅游活动则是革命文化的接收过程，是唤起、激活文化记忆的仪式活动，负责革命记忆的生成与内化。本文从资源保护和文化挖掘、活动策划与旅游体验、场景教育与精神传承、动态化场景与科技布景等方面更加生动、有效地讲好革命文物故事，实现公众对文化记忆的保存与再生产、唤起革命记忆、领悟革命精神、增强革命文化吸引力和文化认同感。

二、文化记忆理论下革命纪念馆保护利用的时代背景

（一）政策支持：新时期保护革命文物的现实需要和发展趋势

中国特色社会主义文化，熔铸于党领导人民在革命、建设、改革中创造的革命文化[16]，党的十八大以来，以习近平同志为核心的党中央高度重视对革命旧址的保护利用和革命纪念馆的发展工作，对革命文物的保护利用做出重要指示批示20余次，考察革命旧址、纪念馆和博物馆30余次[17]，“革命文物保护状况持续改善，教育传承功能明显增强，融合发展作用大幅提升，机构队伍建设实现突破，整体态势日益向上向好”[18]“革命文物凝结着中国共产党的光荣历史，展现了近代以来中国人民英

勇奋斗的壮丽篇章，是革命文化的物质载体，是激发爱国热情、振奋民族精神的深厚滋养，是中国共产党团结带领中国人民不忘初心、继续前进的力量源泉。”[19]《革命文物保护利用“十四五”专项规划》通过推进整体保护、深化系统研究、提升展陈质量、强化教育功能、促进融合发展，健全革命文物保护管理运用体系和保护管理传承能力。[17]《关于加强新时代革命文物工作的通知》指出：“切实把保护革命文物、传承红色基因作为一项重大政治任务抓牢抓实，充分发挥革命文物在党史学习教育、革命传统教育、爱国主义教育等方面的重要作用。”[20]国家出台的一系列关于加强革命文物保护和革命纪念馆建设的相关政策，有利于弘扬革命精神，延续红色基因，使“革命文物资源在促进经济社会发展、实现中华民族伟大复兴中国梦中的独特作用更好发挥，革命文物保护利用成果更多惠及人民群众”[19]。为新时代的背景下，做好革命遗产保护、利用与传承工作，明晰遗产价值、深入挖掘革命内涵，讲好中国故事提供了前提与根本遵循。

（二）活化利用：革命遗产是促进国家和区域振兴发展的重要引擎

新时代中国共产党对革命遗产的保护与开发利用更加凸显了以革命遗产为载体，拉动区域内各种资源的互利结合、相关产业的深度融合以及社会力量的有序参与。合理利用是文物工作的重要方面，革命遗产作为区域文化和精神的物质载体，一方面通过科学、合理的保护工作让革命文物得到更加持久地传承，另一方面也要通过不断挖掘文物的内涵价值，讲好革命文物故事，进一步发挥“红色文化铸魂育人、激发内生动力和优化产业发展”[21]的文物利用价值和功能。保护和传承革命遗产，不仅有助于提升社会大众的文化自信、增强国家文化软实力，同时也有利于为经济建设营造积极、健康的社会环境。通过不断创新和扩展革命文物活化利用方式和路径，使革命文物成为历史和现实交流的纽带，吸引公众参与革命文物的保护传承。特别是乡村振兴、互联网+、特色小镇、全媒体等概念提出后，为发挥革命文物作用提供了更多空间。革命遗产作为唤醒文化记忆、实现红色文化传承的主要载体，革命遗产的活化利用是促进偏远革命老区实现振兴的突破口，也是实现区域平衡发展的重要引擎。

（三）记忆传承：革命纪念馆对于加强理想信念和文化自信的重要性

革命纪念馆是党和国家的红色基因库，见证了中国共产党人奋斗救国的伟大革命历史。作为容纳记忆载体的记忆场所和“物证”，构成了最直接的意念传达与情感联结的物质状态。革命纪念馆所承载的红色文化起着强化国人国家记忆与身份黏合剂的作用，具有广泛的群众和价值认同基础，是中国文化自信的根本支撑和价值渊源。依托于革命重大事件、人物等而建的革命纪念馆，既是革命遗址、文物资料等红色文化资源的保护、收藏和展陈机构，是红色文化的科学研究机构，也是开展红色教育的宣传教育机构[22]，是个体认同与集体认同、记忆与历史、信息与知识生产互动的场所。通过革命文物保护向革命精神活化的升华，发挥革命文物在坚定文化自信、重拾历史文脉、涵养社会主义核心价值观、承载国家记忆、增强国家认同意识等方面的精神价值。在这一形势下，我们应该充分发挥其记忆、传承的纽带作用，利用革命纪念馆的优势，宣传中国革命史，弘扬革命先辈人物的高尚精神品格，增强人民群众对中国革命斗争事业以及革命精神力量的价值认同。

（四）红色旅游：红色文化和旅游深度融合发展的需要

革命纪念馆是红色旅游资源的重要组成部分，是实现红色旅游事业健康和持续发展的保障。推动红色文化和旅游深度融合发展是深入贯彻落实党中央关于发扬红色精神、赓续红色血脉指示精神的重要内容，也是落实新发展理念、促进旅游业高质量发展的重要举措。《2004—2010年全国红色旅游发展规划纲要》中首次明确了红色旅游的概念，即“以中国共产党领导人民在革命和战争时期建树丰功伟绩所形成的纪念地、标志物为载体，以其所承载的革命历史、革命事迹和革命精神为内涵，组织接待旅游者开展缅怀学习、参观游览的主题性旅游活动”[23]。21世纪国家大力推广依托革命旧址、纪念馆、博物馆等革命传统资源为主的红色文化旅游，红色旅游被多个省市纳入旅游发展总体规划。井冈山革命根据地、沂蒙山红色根据地、一大会议遗址、西柏坡会议遗址等革命遗址类旅游发展最为火热。文化是旅游提质增效的核心，旅游是文化价值表达的社会实践场域，红色旅游既能满足人民群众旅游需求，又能学习革命历史、感受革命文化。游客通过以旅游为主的互动仪式对红色资源进行“凝视”“沉浸”体验，在多维层次中打造重忆革命故事、重温红色精神、重塑理想信念的场景，从而使文化记忆被构建与内化，达到唤醒民族文化认同与文化自信。在推动红色文化和旅游融合发展的背景下，红色旅游的内涵与外延也在不断地拓展与更新，红色文化旅游成为顺应时代发展趋势的旅游新形态，并在传递、唤起和巩固红色文化记忆中发挥的作用越来越明显。

三、文化记忆视角下革命纪念馆场景营造路径

（一）记忆唤醒：资源保护与文化挖掘

保护革命文物资源就是保存革命历史，铭记伟大历程。红色文化记忆的建构与传承有赖于媒介承载与传播，革命文物作为文化记忆的媒介载体，媒介记忆被受众选择、阅读、观看和理解后，受众个体记忆被唤醒，并逐渐产生共鸣与认同感。因此，充分利用革命资源，丰富红色记忆载体，挖掘精神文化意蕴。在这基础上，资源保护是首要任务，也是开发利用的前提条件。坚持“保护第一、加强管理、挖掘价值、有效利用、让文物活起来”的新时代文物工作方针，全力抓好修缮、保护和改造，留住和放大“红色记忆”。革命纪念馆作为保存、保管、研究不可再生、不可替代的革命资源的载体，蕴含着丰富的革命精神和独特的文化价值，是坚守初心的红色根脉，生动诠释了共产党人的奋斗精神。保护好、传承好革命旧址、革命精神、革命文化是对历史负责，对人民负责，只有保持原貌、挖掘内涵，才能彰显其文化魅力。根据不同革命资源类型，有针对性地采取保护措施，统筹好抢救性保护和预防性保护、本体保护和周边保护、单点保护和集群保护，确保革命纪念馆的历史真实性、风貌完整性和文化延续性[24]。严格保护革命纪念馆相伴相生的自然环境和文化环境，不仅要着眼于当代科学手段的保护，更要努力将其全部价值和信息完完整整、原原本本地流传给子孙后代。通过挖掘革命纪念馆文化内涵，盘活旧址遗迹文化资源，有效激励、感染和带动人们追求真理、艰苦奋斗和甘于奉献，积极培育红色教育、旅游产业

化项目，形成多层次、有特色的红色文化产品，增强革命纪念馆的吸引力和生命力。保护革命纪念馆中所包含的革命资源是实现红色文化传承的需要，也是充分利用文物实现区域经济社会跨越式发展的需要，不但有利于传承和弘扬红色文化的精髓，还有利于推动文化产业的蓬勃发展，更是打造高质量红色文化品牌的基础和前提。

（二）记忆体验：活动策划与旅游体验

面对走马观花的文物游览形式，故事性、互动性、沉浸性的场景将成为激发旅游者体验的关键因素。旅游体验活动作为文化记忆仪式系统之一，能够传递、唤起和巩固红色记忆，并将文本系统（能指）和意象系统（所指）连接起来，实现红色记忆的传承。[25]文化仪式作为架构起文化历史与现实存在的工具，给予共同体成员对历史信息整合补充的想象空间，把个体与历史进程联系起来，在红色情感的感化下对共同的历史记忆产生归属感。借助重大主题活动、重要节日、纪念日等开展红色教育和旅游活动，为革命资源宣传造势，发挥革命英烈、时代楷模示范引领作用。在庄重的程式化的仪式参观中，“沉浸式”体验革命故事，设身处地感受历史情境，让革命旧址更加鲜活和生动。通过活动策划和旅游体验，有效增加故事性，体现情景活化，使革命旅游资源与受众之间产生更深沉、更真实的连接与互动，将抽象的红色文化转化为可看、可听、可读、可体验的具体文化符号与体验性产品，推进历史与现实相贯通，讲好革命故事、先进事迹、革命精神等，创设旅游体验与消费的新场景，唤起人们的历史记忆，为文化记忆发展营造良好的体验氛围。

（三）记忆传承：场景教育与精神传承

革命资源时代价值的重要作用是思想政治教育、核心价值观引导。革命纪念馆作为承载革命精神的空间场所，具有深厚的文化底蕴，所蕴含的红色文化资源是中国特色社会主义先进文化的重要内容，是值得传承的历史记忆和珍贵的教育素材，能给人以思想启迪和精神激励。[26]通过场景营造，充分运用革命纪念馆基础设施，就近就便开展体验教学、主题党日等活动，因地制宜地发挥革命资源育人优势，开辟“第二课堂”。此外，加强革命资源进社区、进学校活动力度，建立“小小讲解员”队伍，用中小学生的视角加大革命资源的传播力度。发挥好革命文物在党史学习教育、革命传统教育、爱国主义教育等方面的重要作用，让革命旧址成为“党史教室”，革命文物成为“党史教材”，让英烈模范成为“党史教师”。[27]以切身体验的文化熏陶和各类宣传教育潜移默化地渗透到人民群众当中，形成革命资源开发与以文化人相结合、自主探索与教育引导相结合的育人常态[25]，从而达到革命事件及人物认知，深化社会记忆，提升情感认同，价值观内化的过程。

（四）记忆重塑：动态化场景与科技布景

革命资源本身是静态的、单调的，只有借助外部媒介才能使其“言说”，发挥作用。“要运用新媒体新技术使工作活起来，推动思想政治工作传统优势同信息技术高度融合，增强时代感和吸引力”[28]。革命资源动态化场景营造和科技布景就是利用现代新兴技术，让革命文化“活起来”，是科技时代发展、“见人见物见精神”的必然趋势。通信技术的升级、智能终端的普及以及多感网络的应用，促进虚实智联、感官互联、全息通信、智慧交互等实时控制，为红色文化资源精神的传播和惠及人民群众提供了崭新的路径。一方面，利用互联网技术将珍贵的文献资料、文物进行数字化转换，以确保革命文物遗迹保存原真性和完整性，推动参观、展陈向数字化转变，建立“云”展馆、3D“云”遗址等数字场馆。通过虚拟现实技术，拓宽展陈的渠道，丰富原有馆藏的内容与形式，提升红色资源的感染力、影响力和传播力。结合场景体验、情景模拟、影视展演等，推动革命纪念馆活态化、场景化发展。另一方面，在革命纪念馆旧址空间基础上，利用多种形式与技术将不同时期的红色记忆串联起来，延展出多方印证补充且复合多元的红色记忆空间。对游客的旅游活动和体验进行重新塑形，增强交互性、沉浸性，唤醒历史记忆、凝聚红色精神，同时增强传播效果、提升传播效率。

四、结语

作为党和国家的“红色基因库”，革命纪念馆是党艰辛而辉煌奋斗历程的见证，是承载革命文化积淀、挖掘和利用革命资源的主要平台，是开展革命精神传承、激发爱国主义教育和加强精神文明建设的宝贵财富和生动教材。在经济快速发展、城镇化进程加快、文化进程断裂、革命记忆模糊的背景下，如何打造革命文物保护利用的记忆氛围，唤醒文化记忆、延续革命精神成为文物工作面临的问题之一。文化记忆是对遗产符号意义的传承，其所构建的文化空间能产生“凝聚性结构”，将社会中的“我们”连接起来，构建一个“象征意义体系”，这与革命纪念馆保护利用目标有着高度的一致性。以革命纪念馆为空间载体，借助革命遗址、文献资料、仪式庆典、节日活动、革命文物等媒介，通过“现时化”“重复化”建构革命遗产文化符号，形成文化记忆传递革命精神，同时也起着巩固集体成员身份认同、文化自信与文化认同的作用，使“红色基因代代相传，革命精神永放时代光芒”。

【注释】

[1]阿斯曼 J. 文化记忆：早期高级文化中的文字、回忆和政治身份[M]. 金寿福，黄晓晨，译. 北京：北京大学出版社，2015：145.

[2]冯文坤. 文化记忆与国家认同研究——以中国传统文化教育为例[J]. 学术界，2017（9）.

[3]WANG Q. On the cultural constitution of collective memory[M]. Memory, 2008, 16（3）.

[4]王霄冰. 文化记忆、传统创新与节日遗产保护[J]. 中国人民大学学报，2007（1）.

[5]BLACK G. Museums, Memory and History[J]. Cultural and

Social History, 2011，（8）.

[6] 夏翠娟，铁钟，黄薇．元宇宙中的数字记忆：“虚拟数字人”的数字记忆概念模型及其应用场景[J].图书馆论坛，2023（1）.

[7] MOIRA M, MAKRIS D. Cultural Memory in its Spatio Narrative Augmented Reality[J]. International Journal of Media & Cultural Politics, 2018, 14（2）.

[8] GUTMAN Y. Social Movements, Cultural Memory and Digital Media: Mobilising Mediated Remembrance[J]. Mobilization, 2020, 25（4）.

[9] 北京市文物局．革命纪念馆工作试行条例（文化部，1985年）[EB/OL].[2018-01-24].http://wwj.beijing.gov.cn/bjww/362760/362767/556574/556580/bwgzhgl/556796/index.html.

[10]姚茜．利用红色场馆开展党史教育的实证研究[D].上海师范大学硕士学位论文，2021.

[11]张红艳，马肖飞．新格局下基于国家认同的红色旅游发展[J].经济问题，2020（1）.

[12]赵静蓉．文化记忆与符号叙事——从符号学的视角看记忆的真实性[J].暨南学报(哲学社会科学版)，2013(5).

[13]王莉．博物馆．文化“记忆”与传播的重要工具——以青岛市博物馆为例[J].中国博物馆，2005（2）.

[14]王文兵．土家族铭刻古籍的文化记忆表达及其传播价值[J].湖北民族学院学报（哲学社会科学版），2018（5）

[15]文彤，刘璐．博物馆文化展演与城市记忆活化传承——基于旅游留言档案的文本分析[J].热带地理，2019(2).

[16]中华人民共和国中央人民政府．习近平：决胜全面建成小康社会　夺取新时代中共特色社会主义伟大胜利——在中国共产党第十九次全国代表大会上的报告[EB/OL].[2017-10-28].http://www.gov.cn/zhuanti/2017-10/27/content_5234876.htm.

[17]中华人民共和国中央人民政府．新闻办就《关于实施革命文物保护利用工程（2018-2022）的意见》有关情况举行发布会[EB/OL].[2018-07-30].http://www.gov.cn/xinwen/2018-07/30/content_5310462.htm#1.

[18]国家文物局．国家文物局关于印发《革命文物保护利用“十四五”专项规划》的通知[EB/OL].[2021-12-31].http://www.ncha.gov.cn/art/2021/12/31/art_2376_179528.html.

[19]中共中央办公厅，国务院办公厅．关于实施革命文物保护利用工程（2018-2022年）的意见[EB/OL].[2018-07-29].http://www.gov.cn/zhengce/2018-07/29/content_5310268.htm.

[20]国家文物局．国家文物局财政部关于加强新时代革命文物工作的通知[EB/OL].[2021-12-29].http://www.ncha.gov.cn/art/2022/1/7/art_2318_45211.html.

[21]国务院印发《关于新时代支持革命老区振兴发展的意见》[N].光明日报，2021-02-23（03）.

[22]闻洁璐．红色文化视域下浙江省革命纪念馆展陈事业发展研究[D].浙江理工大学硕士学位论文，2020.

[23]国家发展和改革委员会.2004-2010年全国红色旅游发展规划纲要[EB/OL].[2004-12-19].https://zfxxgk.ndrc.gov.cn/web/iteminfo.jsp?id=112.

[24]中共中央宣传部　文化和旅游部　国家文物局印发关于贯彻落实全国文物工作会议精神的通知[N].中国文物报,2022-08-23（001）.

[25]徐克帅．红色旅游和社会记忆[J].旅游学刊，2016（3）.

[26]胡继冬.中国共产党对红色文化资源的保护与开发利用：百年历程、经验总结和趋势展望[J].理论月刊，2021(7).

[27]欧阳雪梅．新时代中国共产党保护利用红色资源的理念及实践[J].武陵学刊，2021（6）.

[28]习近平．习近平谈治国理政（第二卷）[M].北京：外文出版社，2017：378.

重大题材展览中革命文物陈列的叙事建构

王 喆（清华大学）

摘要：始于革命战争时期对战士遗物的收集，到中华人民共和国成立后召开革命文物征集活动及其博物馆化的发展历程，革命文物成为塑造中华人民共和国形象和弘扬民族文化精神的重要载体。这也注定了革命文物不同于一般历史文物在展览陈列中的功能定位，而更加重视对文化内涵的挖掘和阐释。透过物的视角研究展览陈列叙事，既能立足于革命文物的特性和内涵，实现文物资源的活化利用，也是对重大题材展陈设计美学的再审视，通过融入物象寓意、历史再现、场域营造的多元化表达方式以达到重大历史故事的叙事设计转化。

关键词：重大题材；革命文物；精神文化遗产；叙事性设计；陈列方法

基金项目：本文为国家社科基金艺术学重大项目（项目批准号:21ZD24)、清华大学文科建设“双高"计划项目（国家重大需求专项）（项目批准号:109808018)阶段性成果。

一、革命文物的博物馆化展示

（一）历史视野：精神遗产的物化和国家形象塑造

革命文物作为革命文化载体的独特价值，早在革命战争时期便受到关注。即使战时条件艰苦，展览因陋就简，但依旧发挥了重要宣传作用，表现出鲜明的革命性和群众性。[1] 中华人民共和国成立后，中央遂发布《征集革命文物令》《征集革命文物办法》等指示文件，号召征集“以五四以来新民主主义革命为中心”的一切有关革命的文献与实物，并将筹建重要宣传教育机构——革命博物馆进行展示。[2] 以北京的中央革命博物馆、中国人民军事博物馆和上海、延安、绍兴、瑞金、遵义等全国多个革命旧址博物馆为代表，在20世纪60年代前后初步建成，这些展馆紧紧围绕纪念的事件和人物，将征集所得的革命文物进行原状陈列，对革命教育工作起建设性作用。

显然，革命文物工作得以顺利进行，有赖于中国共产党形象构建的策略和执行，充分发挥了展览在视觉表达上的直观优势。而实际上，在中国古代两千余年的王朝更迭历史中，以大一统思想辅助治国安邦和实现家国情感认同的文化策略长期存续，并成为一种彰显历史传统的社会文化现象。20世纪50年代，历史学家荣孟源曾从历史遗产的角度阐述了革命文物作为中国人民光荣革命事业的纪念碑和近代中国历史的重要资料，对祖国文化、社会主义建设和历史科学发展的重要性。[3]也正因为革命文物背后饱经沧桑，满载时代印记和民族记忆的动人事迹总能为人所感知、感悟和感动，这种"天然"的博物馆性使革命文物成为展现历史真实的珍贵资源，旨在通过原始物件的内涵挖掘和艺术展示，让年轻一代在接受文化洗礼的过程中，收获家国情感认同和记忆传承。

（二）现实局限：文物展品陈列的语境缺失

据《写作大辞典》解释，重大题材是"表现社会重大变革和重大事件的题材"。[4]而这也是近二十年来在中国影视、美术领域兴起的有关主题性创作题材的说法，但据博物馆展示设计研究现状来看，学界尚缺少系统性成果，且在这一题材的概念界定和子类划分等问题上，也未有确切定义可参考。故本文暂只将"四史"相关的重大题材主题展馆和展览列入讨论范围，聚焦中国共产党建党百年来各个历史时期的重大事件、重要节点、重要人物展开的主题性展示，在题材上主要包括红色主题、革命历史类、人物纪念类、军事类等类别。

传统的革命文物陈列展览以通史陈列为主，大纲内容通常由权威机构撰写，并依据史学专家和相关研究单位的最新学术成果展开反复论证和推敲打磨。诚然，编年体式叙事有助于展示重大历史的恢宏诗篇，但难免也有局限。一方面，通史陈列以时间线为叙事脉络，力求选取有代表性和凝聚集体记忆的叙述视角和社会案例，以让观众在脑海中留下对历史文脉的清晰认知。但在宏大历史叙事和有限陈列空间的现实矛盾之下，缺少捕捉细节的微观叙事则可能相应地带来陈列艺术同质化和视觉上的机械呆板，而这也与新博物馆学视野下呼吁开拓文化视野的发展需求存在差距，将观众置身于相对封闭的叙事之中，导致知识体验和情感内化氛围的缺失。

另一方面，就革命文物自身来说，它在演变为革命文物的过程中也自然生发出了超越物质形态和功能的精神内涵。但由于文物在经历博物馆化后与原始语境发生脱离，这也使其丧失了自我阐释的依据，从而更加依赖于设计师重新建立的新语境。[5]传统陈列最常用的方式是在展线中设计适合文物摆放的展柜、展龛或展台，并配合特殊照明设计和简要文字说明，阐述文物的年代、来历和规格信息。然而，如果从视觉感知的角度来看，即使这些文物是对叙事情节提供佐证的有效元素，相较平面版式上高高挂起的图片、文字和表格，却通常被陈列在视线下方的位置，不仅使文物难以通过平视视角进入观众视野范围[6]，也在一定程度上造成了文物信息和展览陈列语境的割裂。

（三）政策支持：革命文物保护利用与重大题材展览叙事

2021年，全国各大博物馆纷纷推出有纪念意义的重大题材展览来为中国共产党成立一百周年献礼。其中，中国人民军事博物馆"在党的旗帜下前进——人民军队庆祝中国共产党成立100周年主题展览"、北大红楼旧址"北大红楼与中国共产党早期北京革命活动主题展"、湖南韶山毛泽东纪念馆展览"中国出了个毛泽东"等都是重视活化利用文物资源来展示革命历史的典型，展览综合应用文物、照片、文字、图表、视频解说和壁饰景观设计等展示手段，将党的百年光辉历史、先烈遗留的精神财富在空间的叙事铺陈中娓娓道来。

同年底，国家文物局首次就革命文物的保护利用编制专项规划，聚焦革命场馆、革命旧址、展览展陈的质量提升和发挥革命文物独特作用，对博物馆“用好红色资源、强化教育功能”的工作作出部署。[7] 其中强调了革命文物服务教育的社会价值,但这不是指对展陈内容的翻工、叠加或在陈列艺术手段上的刻意创新，而要围绕党史学习教育和“四史”宣传教育的时代需求,是为迎接新时代文化强国建设目标而展开的文化软实力建设中的重要一环。[8] 关系到作为文化遗产传承媒介之一的重大题材展览如何表现历史,如何在把握历史科学和展览学术的同时,平衡好展览艺术和革命历史宣传纪念等更高质量发展的问题。尽管目前有关革命文物名录的核定工作尚在进行，诸如文物定级、分类和复制的制度管理还需要持续商议并在转化利用中不断细化和完善,但得益于政策的支持和指导,革命文物资源将更好地在博物馆讲好中国故事,弘扬中华优秀文化的展示活动中发挥文化中枢的桥梁作用,同时也为革命文物保护利用的路径开拓和机制创新带来一些启发和思考。

二、革命文物特性及其叙事转译的要点

自“革命文物”一词诞生以来，其概念内涵历经多次修改和演变。尽管从法律层面来看,最新发布的《中华人民共和国文物保护法（修订草案）》仍未对“革命文物”做专门陈述,但基本上从主体、时间和空间等维度阐明了革命文物的独有内涵——将五四运动以来，在中国共产党领导下的与重要人物、重大事件、重要会议相关的，有纪念和教育意义的文物视为革命文物[9][10]。法规文本的颁布对如何界定革命文物提供了有力依据，同时也明晰了革命文物陈列叙事要讲述什么历史，讲述谁的故事。

（一）精神性：文物内涵的显现和外化

作为一种精神文化遗产，革命文物的非物质内涵相比外观形态上的审美价值更为突出,这在一定程度上揭示了革命文物陈列的定位与考古类型学的文物阐释模式[11]，或以艺术和市场价值为主要评判标准的器物定位型展览都存在本质区别，而更加倾向于信息定位型的展览展示思路[12]，需要对文物社会历史背景的挖掘和阐释投入更多精力,并通过图表、文字说明、沙盘和互动展项等陈列辅助来强化故事情节叙述的连贯性和启发性，促进文物内涵的显现和外化。

事实上这也是重大题材展览展示最重要的目标之一，关涉物的精神内涵如何作用于人的问题。玛丽—劳拉·瑞安（Marie-Laure Ryan）在论物叙事的功能时指出，物经过作者有策略地设计后成为“情节中的齿轮”，并对人物行动起到决定性的推动作用。这种被称为“物的人类化”的策略价值不仅包含物自身的经历叙述,关键还在于人与物之间的情感关联建立。[13] 将这一策略应用于展览形式设计中，既有助于构筑故事情节中人、事、物的紧密关系，又可成为观众解构文物信息和产生情感共鸣的互动方式。但除了对文本结构的叙事分析，设计还应对观众的接受语境予以充分考量，尝试借助跨学科、跨媒介的叙事思路以开启对展品、故事、文本等关系的重新解读。这相比编年史叙述的展示思维而言，是文化、技术、社会等多个层面的延伸和扩展[14]，以在空间中交流对话的方式让观众收获由感性体验到理性认知的升华体验。

（二）事件性：文物故事与展览主题的有机统一

从基本属性来看，革命文物在特定历史时空中与历史人物产生互动，进而对人物行动和事件走向带来影响,体现出固有的“事件性”。[15] 但是回到展陈的客观层面时，这些文物并无可

能开口讲述事件，因而需要人为地对文物进行筛选、组合、排序，再到主题情境的氛围营造来推动故事转译，让文物活起来。

与小说、电影、戏剧的叙事艺术迥然不同，展览是用空间呈现时间，讲述故事的媒介，让观众通过身体位移在移步换景中体验故事情节。如果采用局部、散点式的文物展品陈列来讲故事，往往只能体现物作为叙事要素的叙事性[16]，尤其像重大题材展览这类被有如“命题作文”般的母题[17]主导时，建立完整的展览叙事架构，显然还有赖于对各个单元、展项叙述时的篇幅、节奏、衔接进行全盘化的细致处理，形成文物故事与主题空间的有机关联。因此，如何通过合理的展线规划情节的出场时序，引导观众进入故事状态，并且在局部的视觉处理上，把握文物与陈列空间的主次、动静、虚实关系，以达到以小见大，寄情于物的叙事效果。诸如此类对文物事件与展览中其他事件的关系铺陈，以及在整个宏大叙事语境中的历史性地位和价值诠释等问题，都是叙事编排时需考量的重点。

（三）符号性：文物陈列与组合的空间部署

从陈列的视觉语言特征来看，展览叙事由一系列具备关联性的意象符号组合完成。这里除了五星、红旗、镰刀等象征执政文化的红色元素，文物、照片、艺术品、文字也都是承载了独特内涵的视觉符号。为避免使用符号过于抽象而导致叙事上的空洞和思路不清，这里可以借鉴信息组团方式[18]，集中陈列与文物指涉对象和意象内涵高度相关的文物展品，使它们更易于与单元或展项中的其他符号形成对比、衬托、互文等视觉参照关系，从而形象地阐明文物与历史进程的内在关联，凸显文物蕴藏的信念、精神和意义。

以中国人民革命军事博物馆“纪念中国人民志愿军抗美援朝展”为例，展览共选取1900余件文物和540余张照片来展示战争主线和敌我交战这两大篇章。在讲述长津湖战役时（图1），除了在展厅中央复原“冰雕连”的叙事景观，营造饥寒交迫的残酷作战环境，还沿景观四周展墙展出毛泽东致彭德怀的电报、志愿军誓词、战斗模范连奖旗、入朝作战记事本，甚至还有缴获美军的大量物件如信号灯、观测镜、防毒斗篷等军事文物，并配以图文解说。这些具有象征意味的文物虽来自不同的人物、群体和阵营，却都揭示了异常紧迫、残酷、激烈的战争形势，与军队勇敢顽强、持续作战的斗争精神相互呼应。更为巧妙的是这还不仅仅是从相貌、服饰、神态、举止等外在特征展开的人物形象塑造，而且通过陈列部署的精心营造来突出重点文物故事并建立抗美援朝战争与展览中的众多历史物件的叙事关联，透过物的视角塑造了全民族自上而下同仇敌忾、与敌人战斗到底的英勇形象。

图1 中国人民革命军事博物馆“纪念中国人民志愿军抗美援朝展”

相比在视觉和类别上具备鲜明革命特性的文物，那些同为日常生活用品或艺术品的革命历史物件在叙事表达上则略显含蓄，相应的对叙事语境也有更强的依赖性。最典型的有淮海战役的劳工车，这一看似简陋平凡的运输工具实则是战时后方支援前线物资时使用的手推车。

中国共产党历史展览馆在展示辽沈战役这一段时，设计师将珍贵的革命文物和历史照片穿插点缀在三大战役雕塑的空隙中，前方与功劳车一起陈列在地面武器展台上的是一台大型火炮车，另一边展柜内陈列着录音机、冲锋号和电话机等作战使用的通信设备，通过类同于排比式的艺术营造，将形制、规格乃至功用上具备共同属性的多个物件进行组合陈列，以凸显文物在战争语境层面的特殊价值，避免其他功能属性造成叙事干扰。与此同时，从后方三大战役影像中传来的轰炮声与眼前这些符号意象形成呼应，战争的压迫感久久萦绕在观众心头。

显然，重大题材展览的意义并不仅仅停留在缅怀和纪念的层面。正如意大利哲学家贝奈戴托·克罗齐（Benedetto Croce）提出“一切真历史都是当代史”这一命题[19]，了解过去历史既是为了认识今天的来之不易，但更重要的是从历史中汲取智慧，服务当下，走向未来。因此，革命文物叙事除了展文物、展人物、展事件，还要有全局观。在前述案例的情节设计中，以功劳车所代表的群众支前行动与土地改革、三大战役这几大事件串联起来讲述人民群众自愿投身到保卫革命成果建设中来的前因后果，形成了从物件来源的时局背景及事件经历的描述深入到物与人、物与物的关系网络描绘，并为此后战争胜利埋下伏笔，让观众透过文物窥探历史真相，洞见历史内涵。

三、实例解析：重大题材展览中革命文物陈列的叙事设计转化

（一）物象寓意：建立革命文物与图象文字的互文关联

文物实物对观众来说始终是深具说服力的叙事元素，同时这也是重大题材展览始终坚持唯物主义方法论作为立足点的思路体现。然而，无论革命文物的命名还是展签文字所能提供的信息都相对有限，如果文物无法与周围展品形成可读的叙事序列关系，那么观众对事件信息的解读很可能会止步于零碎的故事片段，而难以获得对宏观历史的系统性思考和认知。

图 2 中国共产党历史展览馆“不忘初心、牢记使命——中国共产党历史展览”

中国共产党历史展览馆的“不忘初心、牢记使命——中国共产党历史展览”以百年历史进程为主线，依据四史的重要节点将展览划分为四个部分，结合展出的 4500 多件文物和 2500 余幅图片，生动讲述了中国共产党带领国家实现救国大业、兴国大业、富国大业，再到建设中国特色社会主义新时代的历史性成就。图 2 是展览第二部分“成立中华人民共和国，进行社会主义革命和建设”中讲述中央人民政府成立这一段。这是一个图片、文字和文物的组合展线设计，陈列着 1949 年建国时制作的中央人民政府竖向牌匾。为了让观众更直观地见证 70 多年前的物证，加深对 1949 年新生人民政权建立和巩固这段历史的理解，设计师将这块有故事的革命文物有机地穿插陈列在图文演绎的组合版面上，紧接着又在右侧连续展出多幅有关建立中央和地方政权的历史会议照片，展示中华人民共和国初期时党在政治建设上的

建树。在视线正中偏上的醒目位置，以立体字形式呈现毛泽东的题字“中华人民共和国各民族团结起来”，与展项中大量使用的方正字体形成视觉对比，生动点明这一段的主题。在历史照片和叙述文字的配合下，原本定格在二维平面空间上的展线变得鲜活而富有立体感，向观众生动揭开中国共产党带领人民开创美好幸福生活的崭新篇章。

可以看到，无论在视觉语言还是情节编排上，这里的文物不再处于一种孤立、边缘的位置，而更注重借助物的隐喻、象征功能来增强文物和图文版面信息的内在关联，形成互文性的阐释和补充。设计师根据叙事需要将各个单元主题中涉及的多个历史事件并置到文物故事版面中，使文物牵出的事件、人物和带有隐喻含义的符号、话语、行动等信息，与多种叙事媒介一起汇集到艺术化的叙事版式中，形成具有逻辑性和互文性的故事线索。

（二）历史再现：以系统性设计思维统筹宏大叙事与细部刻画

红色展览设计师洪麦恩曾形容“真实与艺术的结合是无法抵挡的震撼”。[20] 尽管实事求是的求真精神是长久以来贯穿于革命历史题材展览的重要原则，但革命文物陈列追求的历史真实并不等同于对过去时空的场景复原，关键还需要融入流露真情、深入人心的艺术传达。[21] 其次，在情景交融时空环境的营造中，切忌一味强调某个局部，而要从系统性的设计思维着眼，对整体和局部关系予以把握，既要有脉络清晰，反映历史庄严恢弘一面的宏大叙事，又不失饱含人情风物的细节刻画来增强主题叙事的充盈度，达到历史真实与艺术真实相统一的情景再现。

图 3 是同样来自“不忘初心牢记使命——中国共产党历史展览”第一部分的红军长征叙事设计。这组革命文物组合注重情景交融的时空环境营造，以艺术手法还原八十多年前的时空氛围，画面右方的前景可见红军军旗、斗笠、铁索、步枪等红军时期的革命文物，左前方和下方则是红军用过的武器及红军爬雪山过草地时期的文献文物。在画面的正前方中，以绘画和景观艺术手法表现红军翻越夹金山等多座雪山后在草地上艰难跋涉，草地前方陈列红军在雪山草地用过的物件，这些充满年代感且携带着深厚集体情感的历史物件在佐证红军长征艰辛的同时，也向我们揭开了一段由一个个鲜活个体生命书写而成的长征史诗。

图 3 中国共产党历史展览馆“不忘初心 牢记使命——中国共产党历史展览”

尽管从展签上我们只能获取关于文物来源、尺寸和年代的信息，而无从得知物件背后的故事细节，但当退后几步再观察时，可以看到设计师凭借大胆的想象力和创造力，将长征故事的视觉元素、文物组合编排到叙事情节之中，应用数字化高清影像技术渲染气氛，营造翻越雪山草地的仿真叙事场景。观众眼前的雪山被黑沉沉的乌云笼罩着，伴有怒号的狂风，突然间滂沱大雨从天而降，砸在草地上、浇在红军战士身上。在这饥寒交迫的艰难环境下，红军战士依旧克服重重阻碍，顽强前行。这组别开生面的叙事场景与中国传统绘画中常用的散点透视法异曲同工，将多个叙事视点交叉融合在艺术时空场景之中，无论近观、远看、平视、仰视皆可有不同的发现和体验。

此处的情景再现不是简单地复原和照搬过去，而是探索面向交互媒体传播的三维仿真场景创作方法，以细腻入微的叙事视角聚焦红军长征中的重要转折性事件“爬雪山过草地”，并对其进行大胆的艺术提炼，与前后部分讲述遵义会议、飞夺泸定桥、三大主力会师等重要事件的叙事景观形成相互衔接，层层递进的语境关系，成功地营造出感人至深、动人心魄的历史情境氛围，让观众在此停下脚步瞻仰革命文物，领会长征精神。这样的设计既合乎革命历史的本来面貌，又通过文物叙事的符号呈现弥补了版面叙述的文字空缺，让故事更加有细节、有看点。

（三）场域营造：多感官体验增强叙事真实性

文本先行是重大题材展览设计的潜在思路，它能在战略层面上为叙事设计提供严密的逻辑部署，但如果从陈列形式引导内容呈现的逆向思维来看，对不同技术的择取和应用同样可能为故事呈现带来意想不到的效果。在前几个案例分析中不难发现，共情度高的展览设计除了巧妙利用生动艺术语言实现文本到架上展示的视觉转换，往往还需要融汇与时俱进的互动体验来营造展览空间的具身感，调动观众多重感官参与体验以提升对展览认知的完整度。

图 4 是湖南韶山毛泽东同志纪念馆的“可上九天揽月，可下五洋捉鳖”交互展项设计方案。毛泽东同志曾于 1965 年写下一首词《水调歌头・重上井冈山》：“久有凌云志，重上井冈山。千里来寻故地，旧貌变新颜……三十八年过去，弹指一挥间。可上九天揽月，可下五洋捉鳖，谈笑凯歌还。世上无难事，只要肯登攀。”毛泽东同志以浪漫主义和现实主义相结合的写作手法，以再次回到井冈山的感受为素材，创作了这首大气磅礴、慷慨激昂的诗词，词中写景、叙事、抒情，一气呵成，体现出毛泽东同志崇高的革命理想和英雄气概。若干年以后，神舟飞船上天，奋斗者号下海，毛泽东同志的词中愿望成为现实。2021 年，成功飞向太空的神舟十号返回舱和成功探测马里亚纳海沟的奋斗者号载人潜水器被送到韶山毛泽东同志纪念馆。

图 4 湖南韶山毛泽东同志纪念馆“可上九天揽月，可下五洋捉鳖”交互展项设计方案

设计师集成运用高清影像技术、柔性屏幕技术在文物背后的屏幕上设计动态的弧形屏幕背景，作为奋斗者号的参照物，弧形屏幕背景上的视频影像是太平洋海底景物。当观众进入展区，用随身携带的智能手机在屏幕上操作点击交互展项的按钮，就能出现神舟十号上天，奋斗者号下海的视频，当奋斗者号后面的海底景物画面缓慢向上移动时，错视原理形成奋斗者号在海里下潜的视觉感受，形象生动地表现“奋斗者”号载人潜水器在太平洋马里亚纳海沟成功坐底的过程，成功地实现了 55 年前毛泽东同志可下五洋捉鳖的预言。沉浸式体验使观众被眼前模拟的或者虚拟的环境对象所吸引，在感官的作用下进入忘我的状态，全身心地投入故事情节之中，仿佛置身在情节内，成为其中的一员，在空间中体验故事情节。

将革命文物实体应用到智能交互设计中，建立物理时空与虚拟时空融合的沉浸式体验场景，通过多感官体验增强革命文物陈列叙事的感染力和观众体验的趣味性。这种忠于现实又高于现实的艺术追求，以贴近历史、注重审美感受和精神感悟的方式，一方面通过技术媒介强化了文物与当代的链接性，有助于观众更加直观深入地理解历史与当下紧紧相连的关系；另一方面还能为观众带来更多情感触动的瞬间，实现文物内在精神在更广阔维度上的传播和交流。

小结：革命文物陈列叙事研究的现实意义

重大题材展览的兴起与党和国家对革命文物征集和保护工作的高度重视密不可分，另一方面也离不开数十年展览陈列的探索和演进。作为与无数重大历史事件相伴而生的重要物件，革命文物视角丰富、底蕴深厚，它们见证了近代以来中华民族走过的风雨征程，向我们生动揭示了中华民族生生不息的胜利密码。

新的时代，传统意义上的革命文物陈列方法亟待创新。及时跟进和吸取近代史理论研究的最新成果，挖掘凸显革命文物的历史性、事件性、革命性、科学性等要素信息，同时加强政治、艺术和科技的融合，以全新的艺术理念指导设计创新，将虚拟技术与交互技术作为叙事性陈列的关键性技术引入革命文物陈列艺术的设计体系中，创新叙事性设计方法贯穿于文物的版式设计、空间设计、虚拟时空设计中，形成适用于革命文物陈列的方法体系，使革命文物和中国近代革命历史的价值内涵得到生动呈现，焕发革命文物资源在新时代的光彩和活力。

【注释】

[1] 梁吉生．旧中国博物馆历史述略[J].中国博物馆，1986（2）.

[2] 中央人民政府政务院．征集革命文物令[J].文物参考资料，1950（Z1）.

[3] 荣孟源．征集革命文物今后将会有更大的收获[J].文物参考资料，1954（7）.

[4] 江涛等．写作大辞典[M].北京：汉语大词典出版社，1992：307.

[5] 毛若寒．试论博物馆物的语境化阐释：内涵、目标与策略[J].东南文化，2021（1）.

[6] 刘宏宇．呈现的真相和传达的策略——博物馆历史展览中的符号传播和媒介应用[M].北京：人民日报出版社，2016：19.

[7] 革命文物保护利用“十四五”专项规划[EB/OL].[2021-12-13] http://www.gov.cn/zhengce/zhengceku/2021-12/31/content_5665933.htm.

[8] 何依，刘曙光，李耀申，等．笔谈：革命文物的内涵解绎、保护运用与传播传承[J].中国文化遗产，2021（6）.

[9] 中华人民共和国文物保护法（修订草案）[EB/OL].[2020-11-11] http://www.gov.cn/xinwen/2020-11/11/5560460/files/da4a699ed6294a96be75751247473bca.pdf.

[10]关于报送革命文物名录的通知[EB/OL].[2018-10-19] http://www.gov.cn/xinwen/2018-10/19/content_5332523.htm.

[11]魏敏．博物馆展览中考古文物的阐释模式[J].东南文化，2021（1）.

[12]严建强．新的角色 新的使命——论信息定位型展览中的实物展品[J].中国博物馆，2011（Z1）.

[13]瑞安 M L，唐伟胜．人类化的物与怪异的物：论物在叙事中的主动作用[J].江西社会科学，2020（40）.

[14]吴诗中，王晓松．叙情与叙理 异识与共识：博物馆艺术设计中的叙事特性研究[J].现代传播（中国传媒大学学报），2016（11）.

[15]沈旸，蔡凯臻，张剑葳．“事件性”与“革命旧址”类文物保护单位保护规划——红色旅游发展视角下的全国重点文物保护单位保护规划[J].建筑学报，2006（12）.

[16]许捷．故事的力量：博物馆叙事展览的结构与建构[M].杭州：浙江大学出版社，2021：21.

[17]李赫，孟哲．关于红色展览“命题设计”的思考：以“伟大征程——庆祝中国共产党成立100周年特展”展览形式设计为例[J].博物院，2021（3）.

[18]李吉光．博物馆通史类展览的第三种模式——对信息组团在通史类展览叙事中运用的思考[J].中国博物馆，2017（4）.

[19]克罗齐 B.历史学的理论与实际[M].傅任敢，译．北京：商务出版社，1982：2.

[20]洪麦恩访谈——红色旅游的教育作用源于真实与艺术的结合[EB/OL].[2008-07-23]http://www.xibaipo.com/news2007/News/jryw/2008/723/08723104629E3C9C83C7AJ9CGACKD19_4.html.

[21]吴诗中．叙事性陈列设计方法在重大历史题材中的应用[J].装饰，2021（9）.

数字化、可视化思维在红色博物馆教育中的实践与探索

唐建旺（西安电子科技大学）
徐战利（西安电子科技大学外国语学院）

摘要：论文从“国际博物馆日”每年的不同主题入手，主要从数字化和数字化思维、可视化和可视化思维这两个角度论述了红色博物馆教育的内涵和背景，并在此基础上着重探讨数字化思维与可视化思维在红色博物馆教育中的四个方面的应用。最后分析了微视频时代下，红色博物馆教育面临的挑战，并提出了应对策略。

关键词：数字化；数字化思维；可视化；可视化思维；红色博物馆教育

自从1977年5月18日首个“国际博物馆日”实施以来，至今已近半个世纪，也是从1992年开始，国际博物馆协会在每年的国际博物馆日都会设定新的主题。2022年博物馆日的主题是“博物馆的力量”（The Power of Museums）。而2023年的“国际博物馆日”的主题则定义为“博物馆的可持续性和福祉”。[1]认为博物馆是我们社区福祉和可持续发展的关键贡献者。作为我们共同社会结构中值得信赖的机构，它们具有独特的地位，可以创造级联效应以促进积极变革。博物馆可以通过多种方式为实现可持续发展目标做出贡献：从支持气候行动和促进包容性，到解决社会孤立和改善心理健康问题。

2022年8月，第26届国际博物馆协会（ICOM）大会通过了新的博物馆定义：“博物馆是为社会服务的非营利性常设机构，它研究、收藏、保护、阐释和展示物质与非物质遗产。向公众开放，具有可及性和包容性，促进多样性和可持续性。博物馆以符合道德且专业的方式进行运营和交流，并在社区的参与下，为教育、欣赏、深思和知识共享提供多种体验。”博物馆的新的定义，更加重视社区参与和可持续性发展，同时也强调了在现代信息技术条件下，博物馆的信息化、数字化与可视化将成为一种必然的趋势。博物馆将变得更加亲民化，重视与社区与公众的互动，重视文化的传承与传播，为社会和社区的可持续发展，贡献博物馆的力量。

一、数字化及其数字化思维

数字化、网络化、信息化使人的生存方式发生了巨大的变化，并由此带来一种全新的生

存方式。数字化生存（being digital），最初是由美国学者尼古拉斯·尼葛洛庞帝（Nicholas Negroponte）在其1996年出版的《数字化生存》一书中提出的。按照他的解释，人类生存于一个虚拟的、数字化的生存活动空间，在这个空间里人们应用数字技术（信息技术）从事信息传播、交流、学习、工作等活动，这便是数字化生存。[2]数字化时代又称比特时代或后信息时代，以人机多维互联、技术快速迭代和颠覆、产品和服务模式变化等为特征。尼葛洛庞帝在《数字化生存》（*Being Digital*）一书中描述了人类应用数字技术在数字空间工作、生活和学习的全新生存方式。现代信息社会以移动互联网、云计算、大数据、人工智能、物联网、区块链等为代表的新一代数字化技术正在颠覆着人类的生产和生活方式，正在重塑一切。数字化时代，博物馆也必须进行数字化变革，从而为社区发展和社会的可持续发展，为人民的美好生活贡献博物馆的力量。

数字化的特征是信息化、在线化、智能化。可以通俗地理解为"互联网"，即互动，非单向传播，而是能够根据实际反馈，不断地进行调整，双向沟通。"联"指的是人与人、人与设备、设备与设备之间是连接的，并且保持随时可触达、可沟通。网即形成网络，网与线的区别在于这种连接更加复杂，是具有生态化的特点，牵一发动而全身，更加智能。[3]博物馆数字化则主要体现在数字信息技术的应用，从而使得博物馆形成物理空间（博物馆本身的空间）、网络空间（线上博物馆）以及虚拟现实空间三重体验方式。最近几年的新冠疫情防控的常态化，更加凸显博物馆的数字化应用得到了各界的高度重视，也更加凸显了博物馆数字化的重要意义。

随着"ABCD"概念（人工智能AI、区块链Blockchain、云计算Cloud Computing、大数据Big Data）的不断升温，已经让数字化工具成为人们生活中难以分离的部分。[4]

一般来讲，数字化思维主要有以下两个层面的含义。第一个层面：数字化技术的应用也是近年来社会发展对博物馆提出的一个现实需求，我们必须对日新月异的互联网信息技术保持开放的态度，充分利用互联网技术获取并合理利用新信息技术产生的大量数据信息，并能够对这些数据信息进行整理、综合、分析和应用。信息化不再是简单地从现有手动变成自动，而是现有流程的优化和迭代升级。比如故宫博物院自2018年起便与腾讯联合推出了一系列VR技术应用，2020年推出的"数字故宫"小程序1.0集参观导览、检索、学习、研究于一体，今年"数字故宫"小程序2.0上线，实现了地图导览、人工智能、增强现实等参观需求。[5]

数字化思维第二个层面的含义，即对现代信息社会和数字社会的来临，我们必须保持空杯心态和开放心态，热情拥抱数字化的趋势，广泛获取并合理利用新信息技术产生的大量数据信息，把经过处理后的数据结合声、光、电等多种视觉因素最终呈现给人们。

二、可视化及其可视化思维

可视化是利用计算机图形学和图像处理技术，将数据转换成图形或图像在屏幕上显示出来，再进行交互处理的理论、方法和技术。一般意义上的可视化，我们理解为数据的逻辑处理并以图形好图表的形式显示。可视化思维是指利用一系列图示来展示我们思维的过程和思路，最终展现的一种形式，相比于以往的思维过程，可视化思维更强调把内在的思维展示出来，运用图示向别人表达。

可视化思维的提出，源于哈佛大学的“零点项目”。哈佛大学在 1967 年提出了可视化思维的战略研究。随后 50 余年间，可视化思维这种思维工具在全世界流行开来。该项目 1967 年由哈佛大学教育研究生院立项，并由美国著名的哲学家奈尔森·古德曼（Nelson Goodman）创立并进行持续研究的。项目的背景是 20 世纪 60 年代，美国与苏联在科学技术领域特别是军事科技领域的激烈竞争中，苏联领先美国进行了卫星发射，从而使得美国一直自以为傲的技术领先世界的地位受到了撼动。美国至今之所以能够独霸全球的最坚实的基础就是领先世界的科学技术和军事技术，因此苏联先于美国成功发射卫星对当时的这个美国社会造成了非常深远的影响。从而开始自上而下地反思自己的教育体系。美国社会开始反思教育界长期以来一直高度重视科学技术的教育，而在一定程度上忽视了艺术教育，从而导致美国在与苏联的科技竞赛中落后。在这样的背景下，“零点项目”由此诞生。奈尔森·古德曼（Nelson Goodman）认为艺术思维同科学与这思维一样，也是需要依靠逻辑，而不是简单地依靠情绪和灵感，同样需要发现、分析并尝试找到解决问题的方法。

哈佛大学教育学院的“零点计划”（Project Zero）其中的一个项目就是可视化思维（visible thinking）以及可视化思维在博物馆教育中的应用和实践。可视化思维是一套训练思维能力和学习能力的学习方法，目的是使用各种各样的思考历程（thinking routness）帮助学生深入理解概念，激发学生的学习兴趣，让学生学会思考、学会学习。

三、数字化思维与可视化思维在红色博物馆教育中的应用

博物馆的功能，更多地体现在对广大人民群众进行历史传承、文化传播、公众认知、爱国主义教育方面都起着极其重要的作用。党的十八大以来，习近平总书记多次实地缅怀革命先烈，参观革命历史纪念馆，并强调指出：“讲好党的故事、革命的故事、根据地的故事、英雄和烈士的故事，加强革命传统教育，爱国主义教育、青少年思想道德教育，把红色基因传承好，确保红色江山永不变色。”[6]

在传统的博物馆教育中，主要是通过文物实物、文物图片、拍摄制作的一些简单的解说性质或者展览性质的视频让进入博物馆的观众获取体验和获取知识。而随着多媒体技术的广泛运用和现代信息技术的持续发展，现代博物馆集中展现了声、光、电、触控、沉浸式体验等多种现代新技术方式进行观展体验。现代博物馆更多地倾向于使用数字媒体技术、虚拟现实技术，以互动体验和游戏参与的方式对观众进行知识和信息传递以及展览体验。

红色博物馆，是厚植家国情怀的重要场所，是弘扬中国精神、凝聚国家认同、增强历史自信的文化卫士。红色历史博物馆承担着传承红色基因，赓续红色血脉的历史使命，也是传承和弘扬中华优秀传统文化，积极培育和践行社会主义核心价值观的重要载体。比如南湖革命纪念馆基本陈列“红船起航”真实还原了 1921 年嘉兴火车站场景中的火车头模型；中国共产党历史展览馆承袭中华人民共和国经典建筑红色基因，应用数字等新技术实现舒适观展；比如重庆红岩革命历史博物馆设计的“红岩上红

梅开，千里冰霜脚下踩”，“同流不合污，出淤泥而不染”，“太忙就挤不懂就钻”系列书签、经过精心选取白公馆、渣滓洞监狱、八路军办事处等文物景点图案，在经过特殊工艺处理后的菩提叶上手绘水彩画，将传统绘画与3D建模技术、AR技术相结合，制作出具有红色文化的各类文创产品，利用数字化技术和可视化思维，使得每一件文创产品都富含深刻的革命教育意义。比如“圣地延安数字博物馆群”通过全景、VR、沉浸式体验等互联网新技术传承革命精神、追寻革命足迹、重温红色记忆。

数字化、可视化思维在红色博物馆教育当中的应用总的来说，主要体现在以下几个方面。

一是数字化、可视化思维在红色遗存文物的永久性保护方面起着非常重要的作用。

数字博物馆对红色历史遗存的保护就是利用现代数字技术，通过二维、三维立体扫描、数字化摄影、数字化建模和影像的输入输出处理等技术，实现对革命历史遗存物或者革命历史文物形态等信息进行采集、编码，通过虚拟现实技术展示历史遗存物或者革命文物的立体信息。结合声、光、电等，最终以声音、动画、影像的形式呈现出来。作为红色文化的最重要的载体就是在中国波澜壮阔的革命过程当中，存在于全国各地的反映重大历史事件的各类革命旧址、各类战役遗址、各类革命人物的历史故居、各地的革命烈士纪念建筑物、纪念馆等。他们向人们提供了最直接最震撼同样也是最具有在场感的红色教育载体。但是随着社会的发展和时间的流逝，分布在全国各地的众多的红色历史遗存因为各种客观的和复杂原因，有些已经遭到了破坏和岁月的侵蚀。而对这些红色遗存的最好的保护就是尽快采用数字化的技术，通过建模等各种先进的数字技术保存好这些历史遗存，从而得以永久性保存。

而对于非物质性的红色遗存文物的保存，采用数字化、可视化的思维显得尤为重要。比如我们的红色歌曲、各种革命精神比如延安精神、南泥湾精神。还有就是在革命过程当中创立的各种革命口号比如“自己动手，丰衣足食”、“坚持正确的政治方向，艰苦朴素的工作作风，灵活机动的战略战术”“三大纪律，八项注意”等。同时在革命过程当中还有很多感人至深的革命故事，比如“‘伤痕累累’的毛毯”“党的‘骆驼’”“八女投江”等。

二是数字化、可视化思维在红色革命教育和传承红色基因的过程当中发挥着不可替代的作用。

什么是红色文化？正如国内权威学者所指出的那样，所谓的“红色文化，是指以毛泽东同志为代表的中国共产党在领导全国各族人民走农村包围城市、武装夺取政权并最终取得胜利的过程当中创造的历史遗迹和精神瑰宝”[7]。

一般意义上，红色文化既包括物质文化和精神文化，物质文化主要通过蕴含红色传统的具体物质形态予以体现，通过物质化、图像化等手段来展示和保藏红色文化和历史。比如我们常见的革命遗址、历史博物馆、军事展览馆、纪念馆、英雄纪念碑等形式来展示。而它的另外一个方面则主要体现在精神文化方面，主要通过文化、艺术和声乐、革命视频、革命事迹等手段来展示和阐释红色精神。红色文化是超越历史时空的，以其延绵不绝的内在精神诉说着共产党人一致的理想、信念和追求，也是中华民族最为深刻的历史记忆。而红色博物馆则在传承和弘扬红色革命文化中起着不可替代的重要作用。

互联网条件下的博物馆红色文化教育则主要是指通过革命故事、视频、影片、纪录片、口述历史、回忆录、日记书信、自传等集中反映革命场景的具体场所、时间、地点、事件和过程等诸多要素的，引导当代青年了解历史英雄的价值抉择、理想信念和革命激情、理想等，从而从正面对当代青年进行价值观的教育和引导。

三是数字化、可视化思维在向全世界讲好中国故事，传播中国红色革命文化方面起着非常重要的作用。

习近平总书记在《在庆祝中国共产党成立95周年大会上的讲话》中指出，中国共产党革命文化、中华优秀传统文化与社会主义先进文化积淀了中华民族最深层的精神追求，代表着中华民族独特的精神标识。习近平总书记一再强调要把见证中国共产党领导人民共同奋斗的红色资源利用好，把红色传统发扬好，把红色基因传承好。中国共产党革命文化是党领导人民在革命实践中创造的以马克思主义中国化为核心的先进文化。[8]

作为世界优秀文化的组成部分，中国共产党革命文化的国际传播具有重要意义。能够彰显中华民族的制度自信和文化自信，增强中华文化的国际影响力，塑造良好的国家形象以及提升中华文化的国际话语权。[9]

100年来，中国共产党在向世界进行红色革命文化的传播方面积累了丰富的经验，在世界上产生了广泛的影响，也是我国“软实力”不断增强的体现。随着互联网信息时代的到来，中国在向世界进行红色革命文化的传播和输出的同时，可以利用现代数字信息技术，通过数字化、可视化的呈现方式，把中国共产党红色革命文化的宏大叙事与微观故事进行密切结合，利用现代数字博物馆在图片展览、情景体验。

四是数字化、可视化思维使得红色博物馆教育在疫情等特殊时期的应用——发挥着不可替代的在场感。

风险投资家马修·鲍尔（Matthew Ball）如此定义元宇宙：“元宇宙是一个由持续的、实时渲染的3D世界及模拟构成的广阔网络，支持身份、对象、历史、支付和权利的连续性，并可实现有效且无限的用户同步体验，每个人都具有个人的在场感。”与今天的互联网不同，元宇宙力图给人一种到场的幻觉。马克·扎克伯格（Mark Zuckerberg）将元宇宙描述为一个具身的互联网（embodied internet），其为社交媒体所带来的最核心的议题就在于，如何在空间不在场的前提下实现人的在场。[10]

数字博物馆充分利用现代信息技术，使得红色博物馆教育跨越了时间和空间的限制，只要自己愿意，任何人可以在世界上的任何角落都可以在各种终端看到经过数字化和可视化处理后的革命历史文物和红色博物馆的全貌。同时也向观众提供了几乎与现场参与等同的沉浸式体验。现代信息技术包括元宇宙技术在内，无论通过传感、边缘计算、感知交互、全息影像、仿真引擎、空间声场、AIGC（人工智能生产内容）等技术，把我们从在线时代，推向一个重新在场的时代，也就是空间与时间、主体与客体、本我与他我的实时同步状态。[11]

四、微视频时代对红色博物馆教育的挑战及应对策略

当前，人们对于文化信息消费需求由原来的以文字为代表的单一的形象符号逐渐向以声像、文字等叠加的多元化形象符号转变。第49次《中国互联网络发展状况统计报告》显示，截至2021年12月，我国网民规模达10.32亿，互联网普及率达73.0%，其中，即时通信、网络视频、短视频用户使用率分别为97.5%、94.5%和90.5%，用户规模分别达10.07亿、9.75

亿和9.34亿。短视频短小精悍、内容多元，创作门槛低、传播速度快，契合碎片化的阅读习惯，迅速进入大众生活，成为广大人民群众喜闻乐见的传播形式。[12]

微视频时代对博物馆的专业性的艺术教育以及红色博物馆的革命文化教育，都造成了极大的挑战，因为从人的感官本性来说，网民更多喜欢看轻松的，并不考虑视频本身的意义感和内容的深度。正如木心美术馆副馆长徐泊在《美术馆数字化的审慎选择》一文中谈道："沉浸和互动是不是只能依赖技术手段来实现呢？我看到很多的新媒体艺术展览、互动型的展览，观察那些观众，我会思考他们究竟是感官在沉浸，还是内心真正沉浸到作品里面，同时这种互动型的展览，究竟是跟形式做互动，还是跟内容做互动？这些都是值得探讨的问题。[13]

【注释】

[1]国际博物馆官网：https://icom.museum/en/news/international-museum-day-2023-theme/.

[2]尼葛洛庞帝 N.数字化生存[M].胡泳，范海燕，译.北京：电子工业出版社，2017：61-80.

[3]纵横读书.数字化思维为何这么火？能给我们什么启发？(baidu.com).https://baijiahao.baidu.com/s?id=1625459836453543963&wfr=spider&for=pc.

[4]奥迪.数字化不只是一种技术，更是一种思维方式[N/OL]华尔街见闻.（2020-12-25）[2023-04-15].https://wallstreetcn.com/articles/3614876.

[5]王璐.当博物馆被重新定义[N/OL].（2022-12-22）[2023-04-07].https://m.gmw.cn/baijia/2022-12/22/1303231499.html.

[6]龙新民.讲好党的故事 传承红色基因（庆祝中国共产党成立100周年专论）[N/OL].（2021-06-10）[2023-04-08].https://baijiahao.baidu.com/s?id=1702125621033366265&wfr=spider&for=pc.

[7] 刘志山.红色资源的真善美意蕴及其德育价值探讨[J].思想教育研究.2011（9）：14-16.

[8] 魏先法，彭澜.红色革命文化与马克思主义中国化[J].红色文化资源研究，2016（1）：74-78.

[9] 唐荣堂.中国共产党早期的对外宣传活动述论(1921-1927)[J].新闻界，2020（10）：60-68.

[10]胡泳.虚拟世界让我们时刻在场，但又永远缺场[N/OL].（2022-02-19）[2023-04-05].https://baijiahao.baidu.com/s?id=1725164074502172482&wfr=spider&for=pc.

[11]中国新闻周刊.腾讯司晓：从线下到线上，我们为何仍然需要"在场"？[N/OL].（2022-01-19）[2023-04-11].https://baijiahao.baidu.com/s?id=1722347893613277430&wfr=spider&for=pc.

[12]程美东，李娜.充分利用短视频传播北京红色文化[N].光明日报，2020-06-06（06）.

[13]邱武霞.未来已来：何以定义数字艺术博物馆[N].中国文物报，2022-12-25（01）.

和合共达
——以城市文化视域下的长江中游城市群革命类博物馆对城市文化影响与推动研究

吕昌霖 熊 超（武汉市中山舰博物馆）

摘要：长江中游城市群革命类博物馆作为展示中国波澜壮阔的近代以来革命史的重要组成部分，具有鲜明的地域特色和区域关联性。随着后疫情时代的经济社会发展，革命主题鲜明并对城市历史文化产生重要影响的革命文化遗存代表物——革命类国家一级博物馆越来越多地成为青年人群的打卡纪念地。

随着时代的发展和政策的利好显现，革命类博物馆也在阐释革命文化手法的多元性、可及性，遂将革命历史与时代发展的愿景进行了同源性比较，使得不同时代人群在参观和获取革命类博物馆信息中都有共同参与历史文化进程的沁入感。通过耦合协调度分析的方法分析城市旅游休闲人群与博物馆参观人数的相互关系，旨在进一步扩大长江中游城市群革命类博物馆在城市文化历史构建中的作用与意义发挥。

关键词：革命类博物馆；革命文化；城市文化历史；耦合协调度

2015 年 4 月国务院批复《长江中游城市群发展规划》，长江中游城市群成为国家批复的首个跨区域城市群规划。2022 年 2 月国务院进一步批复同意《长江中游城市群发展“十四五”实施方案》。以武汉为首的 31 座长江中游城市群正式形成。作为具有丰富革命文化资源的长江中游城市群，在波澜壮阔的中国革命史中留下了浓墨重彩的一笔痕迹。这个痕迹也成就长江中游城市群革命类博物馆，使得它们成为了丰富革命文化资源的继承者，同时也是鞭策长江中游城市群革命类博物馆弘扬宣传革命文化，扩大爱国主义教育影响的不竭动力。

一、城市文化与革命文化含义

（一）城市文化

城市文化指的是在城市发展过程中，人们所创造出的各种物质与精神财富综合，成为人们在参与城市建设当中所构建的思想准则，为各项行为进行引导，提升城市发展水平。[1] 良好的城市文化是推动和改善城市营商环境、提升城市软实力吸引更多国内外优秀人才聚集从而进一步提高城市影响力的重要项目。城市文化可以从城市建筑与规划、街道造景与植被、公共设备与雕塑、文化历史与景观、餐饮美食与民俗等方面予以体现。

（二）革命文化

革命文化以全心全意为人民服务的根本宗旨和解放思想、实事求是为目的。[2]它凝聚了马克思主义的信仰，有民族独立、人民解放和实现国家富强、人民富裕的理想追求，表现在不怕困难、艰苦奋斗的革命品格，以人民为中心的集体主义情怀和科学、民主的价值理念。[3]本文所阐述的革命文化，在时间上是近代以来为谋求全国各族人民的解放和独立，实现中华民族伟大复兴的所孕育的精神、物质和制度文化。它包括旧民主主义革命时期和新民主主义革命时期，以新民主主义革命时期为主。本文所论述的长江中游城市群的革命文化在概念是按照2018年国家文物局《关于报送革命文物名录通知》中对革命文物的定义即：革命文物主要是指见证近代以来中国人民抵御外来侵略、维护国家主权、捍卫民族独立和争取人民自由的英勇斗争，见证中国共产党领导中国人民进行新民主主义革命和社会主义革命的光荣历史，并经认定登记的实物遗存。

（三）具有革命文化色彩的长江中游城市群城市文化

长江中游城市群的革命文化在物质范围上包含了辛亥武昌首义、汀泗桥战役、贺胜桥战役、收回武汉九江英租界、中共五大、八七会议、八一南昌起义、秋收起义、黄麻起义、武汉会战、长江中游城市解放战争以及进行社会主义建设时期等实物遗存，在中国近现代历史的闪光点主要集中在辛亥革命时期和第一次、第二次国内革命战争时期。在空间上革命文化星罗棋布分别在湘鄂赣等三省，在历史意义上湘鄂赣三省是开启民主共和的首义地区，是大革命时期农民运动最热烈地区之一，是我党独立领导革命武装力量发动起义的集中地区，也是全民族抗战由战略防御转为战略相持的主要地区之一。

二、长江中游城市群革命类博物馆现有资源现状

（一）长江中游城市群概况

2015年4月国务院批复《长江中游城市群发展规划》[4]，长江中游城市群成为国家批复的首个跨区域城市群规划，正式确定了长江中游城市群规划范围，即以武汉城市圈、环长株潭城市群、环鄱阳湖城市群为主体，包括：湖北省武汉市、黄石市、鄂州市、黄冈市、孝感市、咸宁市、仙桃市、潜江市、天门市、襄阳市、宜昌市、荆州市、荆门市，湖南省长沙市、株洲市、湘潭市、岳阳市、益阳市、常德市、衡阳市、娄底市，江西省南昌市、九江市、景德镇市、鹰潭市、新余市、宜春市、萍乡市、上饶市及抚州市、吉安市的部分县（区），国土面积约31.7万平方公里。2016年10月，中共中央发布的《长江经济带发展规划纲要》将武汉列为超大城市；2016年12月，国家发改委明确武汉为国家区域中心城市。

（二）长江中游城市群革命类博物馆现状

长江中游城市群具有丰富的革命文化遗存，本文以参与2019—2021年博物馆运行评估的博物馆名单为数据来源，基于3个省份，结合网络调研和文献调研的方法，共计调研参与2019—2021年博物馆运行评估的博物馆85座，其中属于革命文化主题博物馆29座。

1. 长江中游城市群革命文化场馆总数可观

长江中游城市群三省共有革命文化主题博物馆29个，其中湖北省有11家，湖南省有8家，江西省有11家。在博物馆等级上革命文化主题一级博物馆共有8家，其中湖北省有2家，湖南省2家，江西省4家。革命文化主题二级博物馆共有5家，其中湖北省1家，江西省1家，湖南省3家。革命文化主题三级博物馆共有16家，其中湖北省7家，湖南省3家，江西省6家。在数量上呈现出相当可观的优势，为深入发掘革命文化提供了良好的资源平台。

2. 长江中游城市群革命文化在分布上呈现区域聚集性且历史知名度高

长江中游城市群革命文化主要分布在武汉城市圈、环长株潭城市群和井冈山及赣南地区。在这个区域范围内不仅有打响民主共和第一枪的辛亥革命武昌起义纪念馆，也有我党第一次领导军队也是人民军队创立标志的八一南昌起纪念馆，更有毛泽东同志为首的中国共产党人在鄂湘赣三省参与大革命及其土地革命的足迹，武汉中央农民运动讲习所旧址（武汉革命博物馆）、枪杆子里面出政权（八七会议旧址纪念馆）、安源路矿工人运动纪念馆、井冈山革命博物馆、瑞金中央革命根据地纪念馆、韶山毛泽东故居纪念馆等等。密集的革命文化中很多是耳熟能详的历史记忆，这样革命文化和历史遗存早已被广大群众早广泛认可接受具有很好的历史知名度。

3. 长江中游城市群革命文化类型多样，表现上红色遗迹型和主题型居多

长江中游城市群革命文化在类型上呈现多样化表现特征，既有物质性的实物红色遗存也有非物质的红色声像遗存。从类型上可以将长江中游城市群革命文化大致分为遗迹型、人物（事件）纪念型、主题型。[5]从属于遗迹型的井冈山革命博物馆八路军武汉办事处旧址纪念馆，到属于任务纪念型的刘少奇故居纪念馆、彭德怀纪念馆、任弼时纪念馆、蔡和森纪念馆，而主题型红色博物馆在三省数量较多，例如：万载湘鄂赣革命纪念馆、秋收起义铜鼓纪念馆、麻城市革命博物馆、武汉市中山舰博物馆、大悟县革命博物馆、监利县革命历史博物馆（周老嘴湘鄂西革命根据地纪念馆）。在三种类型红色博物馆中主题展示中又包含了非物质红色声像遗存，例如：井冈山革命博物馆、瑞金中央革命根据地纪念馆承载了歌曲《十送红军》《红星歌》《映山红》《红色照我去战斗》，电影《闪闪的红星》的历史信息，安源路矿工人运动纪念馆承载了油画《毛主席去安源》，韶山毛泽东故居纪念馆承载了歌曲《浏阳河》的历史信息。

三、长江中游城市群革命类博物馆定量化分析

（一）指标体系的构建

在指标选取上，以选取长江中游城市群革命类博物馆与城市文化旅游耦合协调水平通常需要将革命类博物馆数量、展览数量、藏品数量和珍贵文物数量、参观总人次、地区旅游年收入、旅游国内旅游收入、地区国内旅游人次20个正向指标纳入分析范围，从文化和旅游参观与门票收入、旅游收入对革命类博物馆对城市文化构建的影响角度出发，所选指标能较好地涵盖长江中游城市群革命类博物馆与城市文化的耦合和协调水平。

表 1　长江中游城市群革命类博物馆与城市文化测度指标体系

类别	序号	评价指标	单位	指标属性
文化	1	艺术表演场馆演出场次	（万场次）	正向指标
文化	2	艺术表演场馆观众人数	（万人次）	正向指标
文化	3	公共图书馆数量	（个）	正向指标
文化	4	公共图书馆总藏书数	（万册）	正向指标
文化	5	公共图书馆总流通人次	（万）	正向指标
文化	6	博物馆数	（个）	正向指标
文化	7	博物馆文物藏品数	（件）	正向指标
文化	8	博物馆展览数量	（个）	正向指标
文化	9	博物馆门票收入	（万元）	正向指标
文化	10	革命类博物馆数	（个）	正向指标
文化	11	革命类博物馆珍贵文物数	（件）	正向指标
文化	12	革命类博物藏品数	（件）	正向指标
文化	13	革命类博物馆展览数	（个）	正向指标
文化	14	博物馆参观总人次	（万人次）	正向指标
文化	15	革命类博物馆参观总人次	（万人次）	正向指标
文化	16	革命类博物馆社教活动数	（次）	正向指标
旅游	17	旅游年总收入	（亿元）	正向指标
旅游	18	地区全 GDP	（亿元）	正向指标
旅游	19	旅游国内旅游收入	（亿元）	正向指标
旅游	20	国内旅游人次	（万人次）	正向指标

（二）耦合模型构建

耦合模型是从物理学中演变而来，它所体现的是两个系统之间通过彼此的相互作用互相影响，耦合度是对不同系统耦合程度的定量描述。[6] 耦合度越高，则说明革命类博物馆对城市文化的影响和发展建设趋于有序，相互作用关系趋于稳定；耦合度越低，则说明两者之间关系处于初始和无序发展阶段，相关作用的关系不稳定，具有培育发展的可能。[7] 具体模型如下：

$$C_n = n\left\{\frac{U_1U_2\cdots U_n}{\prod(U_i+U_j)}\right\}^{\frac{1}{n}} \quad (1)$$

本文研究中只有文化类（革命类博物馆）和旅游类（收入人次）等两个子系统，因次经过降维处理后得到二位耦合度函数如下：

$$C_2 = 2\sqrt{\frac{U_1U_2}{(U_1+U_2)(U_2+U_1)}} \quad (2)$$

在函数式 (2) 中，耦合度∈ [0,1]。当 C 趋向于 0 时，耦合度极小，此时系统之间或系统内部要素之间处于失谐或无关状态，系统将向无序发展。当 C 趋向于 1 时，耦合度极大，系统之间或系统内部要素之间达到良性共振耦合，系统也趋向新的有序结构。

（三）耦合协调度模型

上述的耦合协调度模型可以看出长江中游城市群的革命类博物馆与代表城市文化活跃度的旅游人次和收入的耦合效果，但是不能有效体现两者的相互影响的效果和协同性。因此需要建立新的长江中游城市群的革命类博物馆与城市文化的舰互动耦合协调模型。模型如下：

$$\begin{cases} D=\left(C\times T\right)^{\kappa} \\ T={}_{\alpha}U_1+{}_{\beta}U_2 \end{cases} \quad (3)$$

在（3）函数式中，D 为耦合协调度，C 为革命类博物馆与城市文化之间的耦合度；T 为长江中游城市群革命类博物馆与城市文化之间的总和调和指数，它反映了两者之间的整理协调性和协调贡献；κ、α、β 为待定系数，一般情况下三者取值 0.5。

（四）数据来源及计算结果分析

数据来源于2020至2022年中国统计年鉴，湖北省统计年鉴、湖南省统计年鉴、江西省统计年鉴、湖北省、湖南省、江西省等三省国民经济与社会发展公报、国家文物局关于国家一、二、三级博物馆 2019—2021 年度运行评估工作文件。

经过将所统计数值代入耦合度及耦合协调度公式中，得出长江中游城市群革命类博物馆与城市文化耦合度和耦合协调度数值。如下：

关于耦合协调度等级划分：

协调等级	协调程度
1	极度失调
2	严重失调
3	中度失调
4	轻度失调
5	濒临失调
6	勉强协调
7	初级协调
8	中级协调
9	良好协调
10	优质协调

从耦合协调度（D）来看，2019—2021 年三年间长江游城市群革命类博物馆与城市文化呈总体上升状态，之所以 2020 年耦合协调度较 2019 年略有下降是因为受新冠肺炎疫情影响，长江中游城市群特别是湖北省影响较大。但 2021 年随之通过革命类博物馆线上活动加强文旅融合对公众的影响。有明显向好的上升趋势。

通过上述计算结果分析，2019—2021 年长江游城市群革命类博物馆的所有业务活动与城市文化演进呈现耦合关系。并在 2021 年呈现出增长态势，这与 2021 年间长江中游城市群举办各类建党百年等主题活动等呈正相关。两者进入较高等级的初级协调，表明革命类博物馆业务活力与城市文化构建两者相互融合、相互促

表 2　长江中游城市群革命类博物馆与城市文化耦合度和耦合协调度

年度	耦合度 C 值	协调指数 T 值	耦合协调度 D 值	协调等级	耦合协调程度
2019	0.30	0.45	0.37	4	轻度失调
2020	0.34	0.26	0.30	3	中度失调
2021	0.57	0.70	0.63	7	初级协调

进的作用效果已开始展现。形成了地区区域特色，有巨大的提升空间。

四、长江中游城市群革命类博物馆对城市文化的建议

（一）扩大革命文化的城市文化影响的发掘深度与广度

革命类博物馆要充分利用长江中游城市群革命文化丰富优势，转化发展思想，革命文化不是简单的历史产物而是身处革命年代的先进思想物的结晶也是现代城市文化的一部分。通过创造创意含量丰富的特点空间（园区、基地），以全新的革命文化创意构成吸引观众驻足革命类博物馆等革命文化，满足公众对红色主题博物馆等革命文化参观展览、休闲娱乐、餐饮休憩等需求的开发方式，革命文化创意开发要创造出新颖、独特的革命文化新内涵，它包括且不限于红色艺术园（社）区开发、红色影视（动漫）基地开发、红色旅游节庆演出基地开发等。例如：苏州的沙家浜旅游风景区。它以传统革命教育为主题的“红色教育游”、以观光休闲为内容“绿色生态游”、以品尝水产为特色的“金色美食游”、以古镇文化为亮点的“影视文化游”——沙家浜“四色游”久享盛誉。

对处于新城建设和旧城改造中的不可移动文物为例的红色文保单位，可以作为新旧文化传承的标志性建筑进行全新打造。例如：武汉革命博物馆在毛泽东同志旧居（国保单位）旁打造了革命文化创意产品中心，在符合文物保护大前提下，探索以全新的“IN”生活体验（“历史的前卫”“前卫的历史”）为革命文化创意，使其成为新的社会生活红色公共亮点，焕发革命文化新活力，融入红色前卫创意理念，打造成吸引公众参观游览的新亮点。

（二）三省联合打造红色文旅品牌，形成品牌宣传合力

在《湖北省人民政府办公厅关于印发长江中游城市群发展“十四五”实施方案湖北省主要目标和任务分工方案的通知》（鄂政办发〔2022〕16号）和《江西省人民政府办公厅关于印发长江中游城市群发展“十四五”实施方案江西省分工方案的通知》（赣府厅字〔2022〕46号）中均提出：“加强革命文物保护利用，推进湘鄂赣等片区保护与展示，发掘运用好武汉等革命文化，发掘运用好南昌革命文化，推进红色旅游创新发展。创新城市群文化一体化发展体制机制，共建城市群文化合作发展平台，推动博物馆、图书馆、文化馆等公共文化资源共享。支持三省旅游业联动发展，联合发行旅游一卡通，共同打造精品线路，联合开展旅游市场监管。”

在国务院《长江中游城市群发展“十四五”实施方案》巨大政策红利面前，三省革命类博物馆应抓住政策红利积极打造全国一流的革命类博物馆为代表的文旅品牌。在现有革命文化做到资源分层分类有序开发，探索先期建立以土地革命战争时期的共有革命文化（红一方面军在江西、红二方面军前身红二军团和红四军团在湖南、红四方面军在湖北）——国家级红军长征文化博物馆，策划建立的湘赣联合打造国家级水平博物馆——秋收起义博物馆。同步策划推出大别山——韶山——井冈山等红色研学旅游专线。为三省革命文化宣传形成品牌合力进而形成具有区域地区特色的城市文化。

（三）跨界融合力量深入阐释革命文化的现实作用

要实现革命类博物馆所代表的革命文化在新时代城市文化中大放异彩，不能仅仅依靠革命类博物馆等场馆自身以及主管政府部门，而

是要发动全社会力量参与革命文化深入开发，特别是要联合适合自身资源特点组织机构联合深入开发。

革命类博物馆等场馆在设计选择适合自己资源特点的跨界合作组织机构的模式时，需要考虑通过与组织机构合作给公众为提供什么样的价值服务、提供什么样的产品或服务，同时要注意和跨界合作的组织机构保持紧密的市场关系，双方如何管理和控制革命文化开发中的核心业务扩展、如何建立核心竞争资源。在明确自身资源特点后，第一可以从旅游业着手，通过省级馆际之间联合开发打造一批或几条适合不同层次需要的红色研学旅游路线，满足机关事业单位的日常党员党性党史教育需要、满足大专院校学生专业实习实践需要、满足中小学生红色研学旅游需要、满足“银发一族”回忆过去时光需要等等。第二可以从文化艺术业着手，将藏在革命类主题博物馆中的革命文化与文化艺术业结合起来，包括音乐、舞蹈、曲艺、杂技等。例如：在红色沃土的江西，探索以脍炙人口歌曲《十送红军》为源头，参照《红色娘子军》通过创作的方式设计《十送红军》的芭蕾舞剧乃至戏剧、话剧等。第三可以从音像影视、出版业着手，相对旅游业受到时间、交通和经济实力的制约，文化艺术业也受舞台等即时性消费的限制，革命类博物馆等场馆积极跨界联合相关组织机构力量发展音像影视、出版业比旅游业和艺术业有更广阔的发展空间。通过现代科技音像制品，可以通过图像、文字、音乐、语言再现革命文化在历史上的习俗风情、音乐舞蹈等，图文音色并茂，直观形象。文化历史资源的音像业开发，具有广阔的市场潜力。例如：反映江西革命文化红色经典《闪闪的红星》、反映湖北革命文化红色经典《洪湖赤卫队》等等。第四可以从革命文化的外显文化智能资源着手。革命文化的外显文化智能资源通俗的解释为一切可以带来价值或效用的智力成果，包括创意、发明、专利、著作、作品、商标、声誉、有价信息等，智力成果的核心要素是知识。[8]就革命文化丰富的革命类博物馆等场馆而言包括且不限于其建筑外观、革命文物外观或元素所形成的商标权、著作权（版权）、专利权等知识产权形式。通过多种形式知识产权授权方式的扩大革命文化开发空间，提高现有革命文化对城市文化的影响力。

（四）加大人才培养力度，形成革命文化场馆资源持续性发展内源性动力

“千秋基业，人才为本。”[9]建设一支高质量、高水平的革命文化研发宣传人才队伍，是做好革命类博物馆革命文化带动影响城市文化工作的重要保证[10]。针对长江中游城市群革命类博物馆综合开发利用方面因机构小、藏品少、人员少等历史因素导致缺乏专业人才的窘境，迫切需要构建长江中游城市群革命文化人才队伍联合培养使用机制，打通人才成长瓶颈。就现实而言可以从提高现有从业人员的综合素质、依托三省高校相关专业优势开展培养革命文化研发的潜在人才工作以及完善革命文化综合利用能手省际的选拔任用及评价机制等方面着手。

五、结语

通过对长江中游城市群革命类博物馆与城市文化耦合协调度的大致梳理，可以发现革命文化作为见证中国人民为争取民族独立和国家解放而前仆后继的历史进程中所留存下的保管遗存具有鲜明的民族性和独特的时代价值在如日新月异的城市建设发展中所形成城市文化，形成了较好的有机融合。秉持《长江中游城市

群发展“十四五”实施方案》政策红利，三省文博人因以更大热情履行职责，更多担当精神发挥使命，为长江中游城市群革命类博物馆振兴做出更大贡献。

【注释】

[1]孔庆硕．哈尔滨城市形象建构的社交媒体议程设置研究[J]. 新媒体研究，2020.6（7）：3.

[2]马瑞．中国共产党革命文化与大学生思想道德修养[J]. 改革与开放，2017（8）：134.

[3]程彪，张荣荣，王春林．革命文化的历史性内涵与时代价值[J]. 理论探讨，2019（03）：50.

[4]国务院关于长江中游城市群发展规划的批复[J]. 中华人民共和国国务院公报，2015，（11）：22-23.

[5]张筱婧，喻新杭，张盛威．大运河沿线地区革命文化保护与开发研究——基于沿线6省区的调研分析[J]. 中国集体经济，2022（04）：133-137.

[6]郭湖斌，齐源．基于耦合模型的长三角区域物流与区域经济协调发展研究[J]. 工业技术经济，2018（10）：51-58.

[7] 文军，刘明超．航空运输业与区域经济耦合协调度研究[J]. 资源开发与市场，2020，36（8）：858-864，872.

[8] 赵尔奎，许安琪，刘婧．文博资源转化效率测度及影响因素研究——以陕西省为例[J]. 资源开发与市场，2022，38（01）：107-113.

[9] 习近平在全国组织工作会议上强调切实贯彻落实新时代党的组织路线全党努力把党建设得更加坚强有力[N]. 光明日报，2018-7-5(1).

[10]刘晶莹．新时代兰州革命文化开发利用研究[D]. 兰州大学，2020.

社会美育视域下的红色文化传承研究
——以广州美术学院抗战木刻陈列馆为例

陈 烨（广州美术学院美术馆）

摘要：建立在爱国侨领胡文虎的永安堂大厦内的广州美术学院抗战木刻陈列馆在社会美育实践上，巧妙运用红色基因和文化传承的特性，以抗战木刻艺术作为主题进行历史教育、爱国主义教育和红色文化教育。抗战木刻陈列馆以其独特的展览形式展示出其在红色文化传承方面的优势：深层次的场域活化、物质与非物质文化遗产的共同活化以及沉浸式情境教育的熏陶，突出的社会美育做法为红色文化传承带来极具启发性的尝试。

关键词：抗战木刻；社会美育；红色文化传承；广州美术学院抗战木刻陈列馆

广州美术学院抗战木刻陈列馆是全国首个抗战木刻陈列馆，这个陈列馆的开放具有十分重要的意义。作为全国首个聚焦抗战木刻主题、全程回顾抗战历史、系统展示抗战时期的木刻创作成果以及深刻还原抗战木刻语境的专题陈列馆，该陈列馆面向的观众主体是少年儿童，兼以广大群众为美育对象，是一个与少年儿童图书馆共同激发空间载体活力的陈列馆，从选址定位、主题到主要受众，均显示出对红色文化传承理念的实践。如何进行党史教育，进行有效的红色文化传承，并在青少年一代的成长中融入爱国主义教育一直是思想政治教育中的重点，这项工作主要落在学校教育的方针政策内容中，但其实，在社会生活中也有许多地方能贯彻落实这些教育任务。社会教育的多元互补正好为红色历史文化教育提供多角度视野，广州美术学院抗战木刻陈列馆以一种新的社会美育展览方式为我们在此方向的探索提供了一些启示，开拓研究如何在社会美育中传承红色文化。

一、抗战木刻的红色文化背景

抗战历史是红色文化的重要组成部分，在爱国主义教育中具有深刻的意义，而抗战木刻艺术作为一种有力的救亡宣传手段起到了十分重要的作用，有效地凝聚人心、鼓舞民众，在描绘人间疾苦、战争残酷的同时呐喊呼唤，救亡图存。抗战木刻留下一系列经典作品，汇聚成为一批见证中华民族为民主自由而斗争的红色文化遗产。广州美术学院抗战木刻陈列馆的开馆展览“星火燎原——抗战时期木刻创作展”正是这一段重要历史的呈现，展览系统地整理了20世纪30—40年代抗战木刻的作品及文献，多角度重现抗战时期木刻版画的历史情境。在探讨此陈列馆的红色文化传承与社会美育之前，有必要先梳理木刻艺术的红色文化背景：

抗战木刻是吸收了传统民族文化特色和西方木刻表现手法的新型革命美术类型，在条件艰苦、动荡的历史时期，木刻艺术以取材简单、便捷复制和极具表现力的优势成为宣传抗战的有力文艺武器。在抗战木刻陈列馆，我们可以看到自新兴木刻运动诞生以来，短短几年间蓬勃发展，并成了抗战历史上一股坚强的力量，正如1945年周恩来在接见创作出许多抗战木刻创作的木刻家代表时曾特别指出：“木刻是我们另一支队伍。”[1]抗战木刻具有独特的红色文化精神，在传承和宣教前需要对其精神内涵进行分析，从新兴木刻的革命性到抗战木刻的有力抗争，包含了红色文化传承的深层次意义。

（一）新兴木刻是革命的号角

版画在我国已有千余年的历史，作为我国四大发明之一，印刷术开启了悠久的版画历史。新兴木刻艺术是区别于传统木刻版画的新艺术形式，从思想表达到创作手法都带有明显的时代特征。从鲁迅在1931年倡导发起新兴木刻版画运动之际，木刻艺术便有了明显的艺术思想倾向，鲁迅的引介和推广，均是为了让木刻服务于革命，他对木刻艺术的功能有着明确的界定：“当革命时，版画之用最广，虽极匆忙，顷刻能办。”[2]展览的开始部分便呈现了鲁迅收藏的新兴木刻应运而起的相关作品和文献，其中包括了最早的左翼美术团体“一八艺社”[3]的资料、引进的木刻作品选集[4]以及早期新兴木刻艺术家的作品[5]等，直到抗日战争前夕，我们看到由新兴木刻吹起的革命号角，也看到了民主革命、民族觉醒所带来希望。

（二）木刻艺术肩负的历史使命

早期新兴木刻家胡一川在1937年发表的《论木刻版画》中论述了新兴木刻的特殊性、革命性，指出“木刻之所以被重视，并不是完全木刻的本身，而是假借木刻的特殊表现方式，所传达出来的社会意识。”[6]他点出了木刻艺术在特定的时代背景之下肩负起的超越艺术本身的历史使命：抓住本质表现现实、为争取民族自由疾呼、传播到大众中去。木刻艺术是勾连人民群众的艺术，是“旧时代的照妖镜和新时代的指路牌”[7]，在抗战前期，面对社会上的“三座大山”压迫，群众贫困，木刻青年满腔热血，他们用刻刀刻下一个个社会缩影，如“一·二八事变”后，胡一川创作了《到前线去》[8]，强烈的黑白对比和凌厉的线条犹如画面中的拳头，用力挥舞。“九一八事变”爆发后，在水深火热的状况下，新兴木刻艺术奋力揭露社会、民族问题，受到大众的欢迎和拥护，反抗、呐喊的呼声渐高，而“七七事变”之后，民族救亡更是迫在眉睫，木刻艺术随即转入救亡图存的任务中去。正如胡一川在《给木刻工作者》中写的“中国的新兴木刻，是在战斗的环境里生长起来的，它不是消闲品，而是一种宣传、教育大众的武器。”[9]

（三）木刻艺术是抗战的武器

1937年“七七事变”后，抗日战争全面爆发，面对日军的侵略，木刻艺术发挥出特殊的力量，成为抗战的武器。其实早在“九·一八事变”之后，木刻的斗争宣传特性就已有显露，“当年‘九一八’日本帝国主义侵略我国东北，在上海的江丰、陈铁耕就运用木刻刻作抗日传单，油印抗日画报，张贴街头，扩大宣传。”[10]江丰的《“九一八”日军侵占沈阳城》《要求抗战者，杀！》、李桦的《怒吼吧！中国》、陈铁耕的《屠杀》等作品的出现表达了民众的愤怒与觉醒，这些作品形成的舆论也日益扩散，对政治环境造成压力，当时不少青年木刻艺术家被捕入狱，但他们的创作却愈加激烈，可以说，木刻艺术是救亡图存的薪火，在民族危机面前，它挺身而出，走向前线，形成了燎原之势。抗战木刻的宣传斗争通过多重手段结合进行，组织训练班学习、举办展览、出版刊物等，在陈列馆中我们可以看到中华全国文艺界抗敌协会、木刻工作团的成立，木刻届协会、木刻作者协会的启事，各种木刻展览会的举办以及他们深入到敌后、群众之中的情况（见表1、表2）。抗战时期所出版的各式刊物、招贴渗透到社会的各个层面，从国统区、敌后根据地，从城镇到乡村，木刻工作者用满腔热血激发出全民抗战的信心与决心。尤其值得注意的是，抗战开始后，一大批木刻工作者[11]不顾安危，前往延安前线，他们以鲁迅艺术学院为中心不但培养出新一代青年木刻家，还深入敌后，在华北地区的乡村与部队进行革命斗争和生产斗争。

表1　20世纪30—40年代木刻社团统计

社团名称	成立地点	成立年份	社团名称	成立地点	成立年份
一八艺社	杭州	1929	铁马版画会	上海	1936
左翼美术家联盟	上海	1930	刀力木刻研究会	上海	1936
春地美术研究所	上海	1932	上海木刻作者协会	上海	1936
野风画会	上海	1932	急流木刻研究会	南昌	1936
MK木刻研究会	上海	1932	木刻研究社	保定	1936
野穗社	上海	1932	重庆木刻研究会	重庆	1937
木铃木刻研究会	杭州	1933	厦门美专木刻研究会	厦门	1937
涛空画会	上海	1933	武汉木刻人联谊会	武汉	1938
新亚学艺传习所	上海	1933	中华全国木刻界抗敌协会	武汉	1938
现代创作版画研究会	广州	1934	鲁迅木刻工作团	延安	1938
平津木刻研究会	北平	1934	浙江省战时木刻研究社	金华	1939
深刻木刻研究会	香港	1935	中国木刻研究会	重庆	1942

表2　20世纪30—40年代木刻展览统计

展览名称	年份	地点	展览名称	年份	地点
西洋木刻展览会	1930	上海	全国抗战木刻展览会	1938	南昌
一八艺社习作展览会	1931	上海	第三届全国抗战木刻展览会	1939	重庆
德国版画展览会	1932	上海	现代中国漫画与木刻展览会	1939	香港
春地美术研究所展览会	1932	上海	纪念鲁迅逝世三周年木刻展览会	1939	桂林
MK木刻研究会木刻作品展览会（4次）	1932-1933	上海	抗战建国版画展览会	1940	重庆

木铃木刻研究会第一次木刻展览会	1933	杭州	中国战时艺术展览会	1940	莫斯科
现代作家木刻展览	1933	上海	“七七”纪念木刻流动展览会	1940	长沙
俄法书籍插图展览会	1933	上海	全国木刻十年纪念展览会	1940	桂林
革命的中国之新艺术展览	1934	巴黎	全国木刻十年纪念展览会	1941	曲江
李桦个人版画展览会	1934	广州	全国木刻展览会	1941	重庆
平津木刻作品展览会	1934	北平	中国木刻研究会第一次木刻作品展览会	1942	重庆
全国木刻联合展览会	1935	北平	中国艺术展览会	1942	伦敦 爱丁堡
苏联版画展览会	1936	南京	中国木刻作品送苏展览	1942	重庆 莫斯科
第二回全国木刻流动展览会	1936	广州	第一届双十节全国木刻展览会	1942	重庆
南昌第一次木刻展览会	1936	南昌	第二次苏联版画展览会	1943	重庆
抗战木刻展览	1937	广州	庆祝抗战胜利木刻展览会	1945	福州
抗敌木刻画展览会	1938	武汉			

二、广州美术学院抗战木刻陈列馆的社会美育意义

在上述历史背景之下，陈列展示木刻艺术并将之通过社会美育而传承红色文化，是必要且具有深刻意义的。广州美术学院抗战木刻陈列馆作为一个成功的案例，也值得研究其中的共建与转化。社会美育承载着特殊的传播教育功能，早在 1919 年蔡元培就提出社会美育需要建立美术馆、博物馆向公众陈列展品[12]，随着中华人民共和国成立，美术馆、博物馆这类型具备社会美育功能的机构开始发展，经过多年来的建设，已经成为重要的社会美育以及文化传播的窗口。近年来，普罗大众也积极走进美术馆、博物馆，主动提高精神生活以及吸收各种文化滋养。历经百年，我们成了“文化进步的国民”[13]，而承载社会美育功能的美术馆、博物馆更是遍布各处。在这基础上，社会美育视域下的红色文化传承之路应该可以运用好美育资源，进而有所成绩，而由广州市越秀区政府与广州美术学院合作建设的广州美术学院抗战木刻陈列馆为此问题的研究和实践打开了思路。

虽然是与少年儿童图书馆结合在一起的陈列馆，但是抗战木刻陈列馆是以思想性、教育性为主、亲和性为辅的风格定位，与其他针对少年儿童的展馆相比，抗战木刻陈列馆没有可以简化历史叙事或迎合少年儿童的童稚趣味，而是以正确、启发和引导的姿态温情地将历史呈现在少年儿童眼前，既顾及了市民群众、扩大了受众范围，也让少年儿童透过真实的视角

感受历史。正如20世纪美国著名教育家约翰·杜威指出的那样：“我们平常讲想象二字时，总联想到荒诞不经，神仙鬼怪的事实上去。其实想象的活动，不固限于离奇怪诞，就是正当的事实——历史的事实——也很有想象活动的余地。”[14]陈列馆开馆展“星火燎原——抗战时期木刻创作展”前言指出：“木刻是对少年儿童进行美育教育的很重要的艺术类型，而抗战更是他们必然要了解的重要史实。”抗战木刻陈列馆的开放是少年儿童认识红色文化遗产、在日常生活中融入爱国主义教育的创新实践，以木刻艺术为载体有机地把感性认识和理性认识相结合，在独特的历史原境中通过有效的体验和引导使年轻一代明理、增信、崇德、力行。

学史明理，抗日战争是中国近现代极为重要的历史时间之一，是中华民族争取民主自由、保家卫国的重要转折点，也是近代以来中华民族脱离衰败的起程之路。抗战历史的普及，可以让少年儿童明白中华人民共和国成立之前的筚路蓝缕，在党和人民的艰苦奋斗中，今天的美好生活来之不易。同时，革命时期、抗战时期的人、事、迹——那些唤醒民众、走向前线的先驱者们和英雄们，那些在革命和抗战事业上贡献一切的事迹等——让我们充分知道过去的历史艰难但光辉，正是前人可歌可泣的无私奉献，造就了今日中华民族的崛起，并足以让今天的少年儿童自信、自强，懂得站在巨人肩膀上的底气。明理之后便能增信，而后崇德。老一辈革命家、抗战英雄的光荣事迹为少年儿童展现了英勇而崇高的革命精神，正是在这些光辉榜样之下，能为少年儿童的个人追求和人生价值观的建立提供指导。有了正确的人生价值观，以及对高尚品德的追求，便能形成严于律己、自觉约束、积极奋斗的行为推动力，便能努力以行动去追随先辈们的革命精神，在新时代的语境下继续传承中华民族的优秀传统，为祖国的繁荣复兴而奋斗。抗战木刻陈列馆展出的 380 件木刻作品、109 件文献以及主题展现的多重内容既有先驱、英雄等“人”的榜样树立，也有历史叙述、史实记录的“故事”教育，还有表现这些人和事的刊物文献及作品以“物”为载体进行历史见证，这些来自“人”“事”“物”的红色文化美育使少年儿童在陈列馆中得到明理、增信、崇德、力行的涵养。

另一方面，陈列馆落址于广州市越秀区沿江西路 149 号，这里原为爱国侨领胡文虎兴建的永安堂大厦，这座建筑雄伟简洁，是当时广州的第二高楼。1993 年 8 月 9 日，广州市人民政府将永安堂列入重点文物保护单位[15]；次年，胡文虎后人将永安堂捐给广州市人民政府用于社会公益事业；随后，永安堂被命名为“纪念胡文虎先生广州少年儿童图书馆”并于 1996 年 6 月 1 日正式对外开放，是广州首个专门针对少年儿童的公共图书馆。[16]永安堂大厦和抗战木刻陈列馆背后，有着深层次的文化逻辑联系，是红色基因的所在。

（一）抗战捐输，家国情怀

祖籍福建永定的胡文虎在发家致富后一直情牵祖国，“胡君历年在南洋创办公益事业，及尽力祖国事务甚多……（他）创办公益事业及捐助国内之款约数十万”[17]。“九一八事变”后，胡文虎捐款万元劳军，他曾在致函朱庆澜和朱霁青时说：“东北同胞惨遭兵燹……文虎蒿目时艰，情殷救国。”[18]尤其在日本全面侵华之后，胡文虎更是不断捐输，匡扶正义，“自抗战以来，华侨爱国捐款已超过一万万以上，捐款最多者，首推新加坡富商永安堂主人胡文虎先生”[19]，及至 1941 年，胡文虎捐输已逾三千万元[20]。捐献物资、关注伤残、救济难童、兴建医院，胡文虎对抗日战争作出过巨大的贡献，曾有英国学者认为胡文虎的抗战捐输“是个天文数字”[21]。胡文虎的爱国之情，从他通俗的说法中便能感受真诚，他在抗战爆发后曾道：“生为中国人而不知爱国，那不是人，简直是畜生。”[22]永安堂大厦承载着这无私奉献的家国情怀，凝聚了一大爱国侨领的精神力量，正是这大爱的精神纽带继续传承着红色基因。

（二）创刊办报，文艺抗战

胡文虎自与友人在1925年创立《仰光日报》之后便投足于报业，发展成浩浩荡荡的“星系报纸”。1929年，胡文虎在新加坡创办《星洲日报》，虽然经营亏损，但他认识到报纸不仅是自身产业的宣传品，还是提高文化、形成沟通、发表舆论的重要工具，且有利国家复兴，于是他便开始在国内多个重要城市创办报纸，如汕头的《星华日报》、厦门的《星光日报》、重庆的《星渝日报》等。其实，广州永安堂大厦原计划创办《星粤日报》，成为“星系报业”的一份子，可惜在筹备就绪之际，广州沦陷，日军强占报馆，《星粤日报》夭折，其余各地分报社也受战争影响，胡文虎唯以香港为据点，创办《星岛日报》，继续宣传抗战。1938年，胡文虎在香港创办《星岛日报》时曾明确表明自己办报的意图：“一是协助政府，从事于抗战建国之伟业；二是报道新闻，兼为民众作喉舌；三是提供学术，发扬科学之精神；四是改良风俗，善导社会之进步。”[23]并指出“星系报目前最高旨趣是为国家服务，为抗日努力。[24]”“星系报纸”在胡文虎包容的理念之下，形成了社评言论、文艺发表的重要平台，为文艺抗日建造坚实的基础。“星系报纸”聘请许多进步人士担任编辑、记者[25]，在抗日战争中，“星系报纸”一直致力于推动抗日救亡运动，是宣传抗战的主要舆论阵地和重要的鼓动工具。而“星系报纸”与新兴木刻关系紧密，当时不少呼吁救亡图存的木刻作品便是发表在这些报纸上的，如1934年张望担任《星华日报》副刊《生活木刻》编辑；陈烟桥在抗战期间担任重庆《新华日报》美术科主任；1936年，革命美术家胡一川也曾到厦门《星光日报》当木刻记者，在抗战爆发前的紧张氛围中，他发表了《饥饿线上》《汗滴鹭江堤》《鲁迅像》等木刻作品。可以说，“星系报纸”是抗战木刻艺术史的一部分。

（三）笃行教育，善导社会

早在20世纪20年代末，胡文虎就开始在国内捐资兴学，马君武在1932年致函胡文虎，谈及“一·二八事变”后“惟各大学以名额所限，校舍不敷支配，无法收容。插班既不能，旁听亦不得，坐失光阴，殊属可惜”，胡文虎应函出资筹办华侨大学，在抗战爆发前，他先后捐助过大夏大学、中山大学、岭南大学、福建学院、广州仲恺工业学校、上海两江女子体育专门学校、汕头第一中学、迴澜中学、海口琼崖中学、福建大同中学等院校。当时，有评论对其笃行教育之举表示道：“对于祖国教育文化社会公益建设等，亦复尽力赞助，早为国人所共钦。”[26]正如胡文虎认为的“远侨南邦，报国之心，未敢后人”[27]，1937年他决定出资350万在国内盖一千所小学，后因战乱未能全部实现，但却把余款购买救国公债，等战后继续建校[28]，他为无数失学儿童、青年提供了学习的机会，教育能推动中国摆脱贫困落后，而胡文虎在教育事业上的笃行善举，可谓爱国楷模，是闪光的红色基因。

从永安堂大厦到创始人胡文虎的爱国事迹，抗战木刻陈列馆厚植爱国主义、奋勇抗争、积极宣传抗日、捐输教育等多重红色基因特性，暗合了以永安堂大厦为纪念载体的近百年前红色历史，作为少年儿童图书馆不但延续了胡文虎重视教育事业的理念，抗战木刻陈列馆的成立更是联系起深层次的红色基因传承逻辑：在爱国侨领捐献产业上建立的少年儿童教育场所展开抗战木刻艺术的展示，既呼应了抗战木刻与报刊的关系，又延展出背后众多人物的历史。正是在多重历史语境下，陈列馆才能体现出其融入血脉的红色基因精神内涵。

三、陈列馆的社会美育职能在红色文化传承方面的优势

上述关于抗战木刻与文艺工作者在抗战过程中的行为均通过展览呈现在民众面前，红色文化的宣传和普及通过陈列馆的社会美育职能以一种新的形式进行实践，在社会美育的视域下，抗战木刻陈列馆结合建筑、展品、历史背景和展览特质发挥出独特的优势，为红色文化传承带来前沿探索的经验。

（一）场域活化

活化旧建筑，使老场域运转起来，近些年对场域活化的探讨渐热，对于文化保留和传承的融创成为旧城区、老建筑的新任务，但这些再造、活化似乎多以适应现代生活为归宿，很多所谓的活化最后都脱离其原本的语境。永安堂大厦是红色历史文脉的场所，在结合历史背景的考量之下，广州市将之重点保护并塑造成少年儿童图书馆已经是对其历史价值的延续使用，这个程度的活化可以说是合格的，但简单的植入现代生活未免忽略了历史建筑的拓展运用和场域活化概念。如果从深入的语境分析，永安堂大厦内在的历史价值似乎有所浪费，而抗战木刻陈列馆的开展便弥补了这空缺。陈列馆从历史语境和社会美育本体出发进行新式场域活化，抗战历史与关联历史建筑形成互文，在互文基础上又为少年儿童的美育教育带来进一步的实践探索，正如约翰·杜威（John Dewey）所说的“历史的材料和儿童的经验，虽则很是隔绝，但是在理论方面讲，却也可以拿想象来做他们的桥梁，使他们互相衔接沟通。”[29]永安堂大厦这个场域巧妙地成为了这条沟通的桥梁，释放出作为红色历史文化载体的能量。以陈列馆为创造性的实践，在开拓观众并融入社区的同时，陈列馆及其展览营造出的社会美育多元空间使永安堂大厦成为民众联结互动的美育场域。陈列馆为场域带来了现实层面和思想层面的活化，前者是实实在在地将场域使用起来，为建筑带来人流和活动；后者是运用建筑的历史语境与红色文化语境形成精神内涵与知识生成的价值，从现实到思想内在的共同活化，巧妙暗合的逻辑思路发挥出1+1〉2的效果。

（二）物质与非物质文化遗产活化

时任广州美术学院美术馆常务副馆长胡斌在陈列馆的导览中说道：“新兴木刻包括抗战木刻能够得到迅速的发展和传播是因为其主题关注民生，勇于抗争，同时因为工具的便捷，通过对艺术的大众化推广让这个媒介成为政治动员和革命抗争的重要工具。”亲民与传播广泛是抗战木刻的特性，但走入展示厅中的“物质”是否仍能发挥出其“非物质”的文化作用？《参与式博物馆：迈入博物馆2.0时代》一书总序中概括现代博物馆发展趋势为：“只有当人们的观念突破了收藏物精美的外壳，将关注转向物质深处的精神内涵，并试图以知识和信息的形式将其提炼与揭示出来时，物与思想结缘的通路才被真正打开。”[30]作为单纯展品的物质如果没有得到别具匠心的策划联系，枯燥的年代呈现是不能带来有效的知识传达和教育的，我们真正需要的是传达出展出物予人欣赏的同时，还能作为知识的载体启发思想，只有“物质”文化与“非物质”文化有机结合起来，才有意义。社会美育应是如此，陈列馆很好地表现了对待

知识的新观念，作为知识生产的场所，启发与反馈能打破旧式单向输入的模式，形成良好的思想交流，更利于红色理念的传播。我们应该理解杜威所说的“认明知识是良善行为所不可少的一种工具。……知识是一种工具，不是一个独立的目的；是用来指挥我们的动作、帮助我们的计划的，不是无用的奢侈品。”[31]抗战历史与陈列馆所展示的各种物质——无论是资料文字图片还是作品文献——共同完成了红色文化遗产活化的任务，而在这个任务中，参与的观众不但成为内容的接收者，还在参观体验的过程中共同创造了活化与传承的演绎，在他们的参与与反应中，促成了陈列馆美育中红色文化的传递。

（三）沉浸式情境教育

“倘若换一个方法，我们利用当今社会的现实问题来激起儿童的追溯往昔穷原竟委的好奇心，那么儿童对于历史科的研究，必定是很有兴味了。”杜威在少年儿童的历史科学习中曾提出应以新的方式取代枯燥的学习法，他以小说为例建议：“……我们假使能够正当利用我们的想象之活动，把历史的教材构成活泼的有生气的小说体裁，使种种过去历史上之陈迹，都变成了现在虚构想象中之一部分；那么我敢说儿童的历史，一定是有趣味了。”[32]同样的道理可以用在社会美育上、陈列馆的展览上，以新的展览方式深入对历史、对红色文化传承的研究探索中。陈列馆的多元综合展示成功地塑造出充满叙事感、故事性与艺术性的氛围，略显沉寂的气氛烘托出特定历史时期的视觉感受，加上历史建筑的语境以及进入场馆前期的现实环境铺垫，在反复暗示、形成心流的共同作用下形成沉浸式的体验。“社交网络的兴起改变了人们对体验的价值和期许。”陈列馆中的历史原境和沉浸氛围产生了新的效能，为参与进陈列馆的不同观众带来别具价值的体验，这些体验与反馈形成了陈列馆与观众之间无形的交流，在上述物质与非物质文化交织的语境下形成联系。“很多文化机构的使命所宣称的‘让文化遗产走进生活，构建观众与文化遗产之间的桥梁，鼓励观众进行批判性思考，培养其创新意识并激发其积极行动’亦能借由参与来实现。”[33]陈列馆的沉浸式情境教育通过展览将一段红色革命历史组织起来，为观众打开了时空之门，使观众在情感的投入之中发生思想的碰撞，由此接受红色革命历史文化的熏陶，这种潜移默化的力量是值得继续探索的。

四、小结

在广州美术学院抗战木刻陈列馆的研究剖析中，我们看到社会美育职能的力量，从明理、增信、崇德、力行到红色基因的融入，从抗战木刻的意义到多重传承优势的体现，抗战木刻陈列馆及其展览是新时代红色文化传承的优秀探索案例。在这个案例中，我们看到展览与红色基因文化的有机结合，也看到深层次的场域活化、物质与非物质文化遗产的共同活化以及沉浸式情境教育的熏陶，在面对广大少年儿童和社会群众的参与和体验时，陈列馆及其展览结合历史背景、木刻作品和文献资料等还原出一个时代原境，用语境联想、沉浸暗示、多元展示等展览特质发挥出独特的效能，在润物细无声的社会美育视域下，永安堂大厦、少年儿童图书馆、抗战木刻陈列馆互为支持、彼此成就，为红色文化传承带来前沿探索的经验。

【注释】

[1]当时兼任中共南方局文化组组长的周恩来接见了王琦、丁正献等木刻家.卢家荪.执刀抗战，战斗美术——卢鸿基与“中华全国木刻界抗敌协会”[N].海南日报，2015-8-3.

[2]朝华选印.新俄画选·小引[M].上海合记教育用品社，1933.

[3]“一八艺社”是杭州诞生于1929年的美术团体，初创是旨在“集合若干同学，互相督促努力于绘画之制作；联络感情并互相琢磨；集合个人作品，可以开在那时视为很新鲜且神奇的展览会，追求那未曾经验的喜悦”。一八艺社之过往与将来[J].亚丹娜，1931，1（5）.

[4]如上海合记教育用品社发行的《近代木刻选集（1）（2）》（1929年）、《比亚兹莱画选》（1929年）、《新俄画选》（1929年）、《蕗谷虹儿画选》（1929年），上海良友图书公司出版的《一个人的受难》（麦绥莱勒作，1933年）等等。

[5] 木刻艺术家有江丰、曹白、李桦、胡一川、郑野夫、刘岘、夏朋、陈铁耕、罗清桢、张望、陈烟桥、黄新波等。

[6] 胡一川．论木刻版画[N]．星光日报（副刊《实艺》），1937-6-23.

[7] 同上。

[8] 抗战木刻陈列馆展览第一单元：名山肇创——鲁迅与新兴木刻的缘起。胡一川：《到前线去》，黑白木刻，20cm×27cm，1932年。

[9] 胡一川．给木刻工作者[J]．新华日报（华北副刊《敌后方木刻》），1939-9-1.

[10]卢家荪．执刀抗战，战斗美术——卢鸿基与“中华全国木刻界抗敌协会”[N]．海南日报，2015-8-3.

[11]先后抵达延安的木刻家有温涛、胡一川、沃渣、江丰、马达、陈铁耕、黄山定、张望、刘岘、力群等。

[12]蔡元培．文化运动不要忘了美育[M]//南京高等师范学校丛书：杜威教育哲学．北京：商务印书馆，1931：62．蔡元培在文中提道：“文化进步的国民，既然实施科学教育，尤要普及美术教育。……普及社会的，有公开的美术馆或博物馆，中间陈列品，或由私人捐献，或由公款购置，都是非常珍贵的。……我很希望致力文化诸君，不要忘了美育。”

[13]同上。

[14]南京高等师范学校丛书：杜威教育哲学[M]．北京：商务印书馆，1931：62.

[15]见《关于确定广州市第四批重点文物保护单位的通知》，穗府〔1993〕78号。

[16]林淼．关于广州少年儿童图书馆选址的思考[J]．广州广播电视大学学报，2010（6）.

[17]侨商胡文虎所办之事业[N]．民国日报（上海），1922-7-2（11）.

[18]胡文虎复朱庆澜、朱霁青函[N]．申报，1932-10-20(13)；胡文虎汇款救济东北难民[N]．申报，1932-10-20(13).

[19]抗战以来胡文虎捐输最多[J]．星焰旬刊，1939，1（5）：8．也有记载胡文虎在1939年已累计公债义捐及建筑难童收容所等各项捐输达三百万以上，葆真．胡文虎先生访问记[J]．星光（新加坡），1939（1）：8.

[20]李逢蕊．胡文虎在抗日战争时期[J]．龙岩师专学报，1988（3）.

[21]蒋国华．胡文虎的报业与报人精神[J]．龙岩师专学报，1988（9）：34.

[22]胡文虎先生代表胡兆祥先生[N]．新华日报，1938-6-29（2）.

[23]吴庆棠．新加坡华文报业与中国[M]．上海：上海社会科学院出版社，1997：176.

[24]转引自苏红艳．胡文虎的“虎式”广告艺术与永安堂商业帝国的崛起[J]．中国集体经济，2018（19）.

[25]供职过“星系报纸”的进步人士有郁达夫、戴望舒茅盾、夏衍、巴金、萧军、萧红等。

[26]华侨领袖胡文虎将来沪[N]．申报，1935-9-13（9）.

[27]胡文虎致代委员长何应钦函[N]．益世报（天津），1933-04-06（2）；侨商胡文虎捐款万元劳军[N]．益世报（天津），1933-04-06（2）.

[28]胡文虎购救国公债二百万元[N]．大公报（香港），1939-10-18（5）.

[29]南京高等师范学校丛书：杜威教育哲学[M]．北京：商务印书馆，1931：61.

[30]严建强．总序[M]//西蒙 N．参与式博物馆：迈入博物馆2.0时代．杭州：浙江大学出版社，2018：1.

[31]单中惠，王凤玉．杜威在华教育讲演[M]．北京：教育科学出版社，2014：222.

[32]南京高等师范学校丛书：《杜威教育哲学》，商务印书馆，1931年，第63-64页。

[33]西蒙 N．参与式博物馆：迈入博物馆2.0时代[M]．浙江大学出版社，2018：356.

革命历史遗址遗迹创新利用与青少年思想道德教育
——以上海为例

张 昱（上海社会科学院文学研究所）

摘要： 青少年阶段是人生的“拔节孕穗期”，要强化思想道德教育和核心价值观引领。革命历史遗址遗迹是对国家民族记忆和中国共产党发展历程的具象呈现和文化表达，围绕这些载体开展青少年思想道德教育契合了青少年思想道德认知特点，是价值观培育的有力手段。这为青少年提供了一种体验型学习方式，能激发青少年潜能，也调动了除青少年本体外其他关联主体的参与性，以此形成合力。上海在打造“党的诞生地”红色文化品牌的过程中，依托革命历史遗址遗迹开展了具有创新特色的青少年传播体验活动，所涉及的教育维度包括“理解与欣赏”“鼓舞和融入”“关联与发展”“守护与传承”等。由此可以强化青少年对“党史、新中国史、改革开放史、社会主义发展史”的了解，并增强对相应事件、人物和发展成就的社会背景的历史审视；强化青少年对党的全面领导的政治认同、思想认同、情感认同，以社会主义核心价值观为引领，提升“理想信念教育、斗争精神培育、制度自信涵育”；强化青少年对多元价值观共生共存的社会文化现状的客观评判，理解国内国外双循环的新发展格局；强化青少年对尊重、敬畏、守护生命的文化反思；强化对青少年人格养成的正向引导。

关键词： 革命历史遗址遗迹；保护利用；红色文化；青少年；思想道德教育

青少年阶段是人生的“拔节孕穗期”，强化思想道德教育和核心价值观引领，不仅能够帮助青少年深入了解国家、民族、所在地区的历史、社会、文化、精神内核等知识信息，也能够为帮助青少年养成良好的思想品德，在情感层面培养强烈的归属感，这也是促进国家和谐、稳定和可持续发展的重要基础。革命历史遗址遗迹是中国共产党百年奋斗历程的见证，也是中华人民共和国不断向前发展的见证。习近平总书记指出：“革命博物馆、纪念馆、党史馆、烈士陵园等是党和国家红色基因库。要讲好党的故事、革命的故事、根据地的故事、英雄和烈士的故事，加强革命传统教育、爱国主义教育、青少年思想道德教育，把红色基因传承好，确保红色江山永不变色。”[1]以革命历史遗址遗迹为依托开展青少年思想道德教育，其本质目的是要增强青少年的认同意识，在“四个自信”的维度中认识国家民族的历史文化和社会主义核心价值观，不断增强青少年对国家民族的认同感和对自身社会身份的认同感。

一、依托革命历史遗址遗迹开展青少年思想道德涵育的优势

依托革命历史遗址遗迹开展青少年思想道德教育是对国家民族记忆和中国共产党发展历程的具象呈现和文化表达。托尼·贝内特（Tony Benett）将博物馆视为民族文化生产的重要场所。[2]这种功能同样适用于革命历史遗址遗迹。革命历史遗址遗迹立足于国家主流价值观阐释，代表了公民广泛的国家愿景，并与国际政治的合法性联系在一起。遗址遗迹及相关文化产品与服务的叙事结合了国家的过去、现在和未来，在特定的文化环境中探讨历史和集体记忆产生的目的和缘由，以此达到预期的传播效果。通过实物、影像、辅助展项、环境等载体，为青少年提供了文化传播教育欲实现更高有效性所必备的社会背景和细节信息、公共环境中的共情体验，在“个人和集体身份之间、记忆与历史之间、信息与知识生产之间相互作用”[3]。遗址遗迹被视为“事实信息的守护者”，是历史文化信息可靠的知识来源，并且能够给予公众利益而实现自由分享，过去的经验成为历史教育的实质。但这种信息是通过遗产管理者、教育工作者和观众的不同阐释而予以呈现的，因此又带有了一定的当代意识，成为功能性叙事的基础，倡导重申认同、尊重、对话、多样性中的统一、不同文化的互动等，帮助青少年在当前和未来定位自己。由此形成了更完整、更准确的故事叙述。

这契合了青少年思想道德认知特点，是价值观培育的有力手段。青少年思想道德认知的发展涉及数个路径，包括智慧认同，在这种路径中青少年扮演了“道德观察者”的角色，形成站在不同群体的视角以达到互利共惠的思想道德观；情感认同，此中青少年扮演了“道德依恋者”的角色，会受到青少年社会关系不断变化和不同主体在青少年成长中的差异化分工的影响；偶像认同，此中青少年扮演了“道德模仿者”的角色，注重与道德偶像和榜样同一化的主客体结合的学习过程；契约认同，此中青少年扮演了“道德缔约者”的角色，体现出思想道德具有一定的社会约束性和伦理层面的传承性[4]。映照上述路径，革命历史遗址遗迹能够集中展现思想道德教育所需的符号元素、社会历史架构、生活情感场域，以及以革命先辈和社会主义建设者为代表的道德榜样，有意识地建立青少年传播体系。同时，也为青少年提供了更具象的地方发展的物质证据，帮助青少年深入了解形成其特征的事件、人物和历史进程。这些关于过去的窗口增强了青少年的根基感和归属感，达到青少年自我身份认同、国家和民族价值认同以及人类共性价值认同的目的。塑造价值观成为影响青少年未来发展的道德指南，既包括中长期目标对应的终极价值观，也包括实现终极价值的工具价值观。

这为青少年提供了一种体验型学习方式，激发青少年潜能。革命历史遗址遗迹提供了广泛的互动学习的机会。基于遗址遗迹，可以进行历史探索、社区漫步、实地考察等诸多体验方式，为青少年建构了一个连接过去和现在的充满想象和探索的世界，让他们更充分地了解过去是如何塑造了今天的生活。向他们提供深入的知识和广泛的经验，厚植了青少年能够拥

有的文化资本。丰富了他们对世界的了解，可以接触到不同的实践、想法和观点，有助于培养更高层次的批判性和创造性思维技能，使青少年有机会表达他们的关切。当下越来越多的策展人还试图扩大革命历史遗址遗迹在青少年的传播教育方面可及的社会贡献，例如转变代际观、建立新的社会关系等。因此，青少年在革命历史遗址遗迹的接触体验中，获得了以意义创造为中心的学习，不仅是在知识、价值观等层面获得了提升，也被鼓励拥有更广泛的现实关怀，为所在的社区、城市做出积极贡献，关注和参与到革命历史遗址遗迹的保护工作之中，这也为遗址遗迹的未来发展埋下了良好的种子。

这调动了除青少年本体外其他关联主体的参与性，以此形成合力。在革命历史遗址遗迹所及环境中，青少年一般会由教育工作者、家人或同龄人的陪伴，这形成了参观体验过程中的一种特殊的互动关系。青少年不仅会与革命历史遗址遗迹的环境、实物、辅助展项互动，也会进行即时的同伴交流。其中，教育工作者为了能够向青少年提供一个更科学合理的导览框架，就必须对内容进行一定的前置了解。教育工作者不仅有责任有效地促进知识建设，而且有责任教授青少年如何使用这些知识。成功的学习依赖于成功的教学。对于教育工作者来说，他们的教学技术，以及在文化意识和尊重文化多样性方面能够采取的灵活而务实的方法能力，都贯穿在了他们所有的实际工作之中。家人并非需要有扎实的知识基础，以承担青少年在参观体验时的讲解任务，他们扮演的更重要的角色是引导青少年对相关内容的进一步思考，以及和青少年一同搜索所需信息，并完成一定程度的理解，利用共同学习的契机实现积极的讨论。青少年在与革命历史遗址遗迹及相关文化产品和服务的接触过程中，会同展览内容中的群体、展览环境中的群体“交往”而发展“自我”。

二、围绕革命历史遗址遗迹开展青少年思想道德教育维度

理解与欣赏。对事物认知理解的加深，会促进对其欣赏珍视情感的产生，进而激发保护和传承意识。对青少年而言，学习革命历史遗址遗迹及其相关历史文化知识非常重要。通过正确的理解，青少年能够连接和欣赏历代留存的文化遗产和红色文化的丰富内涵，并将其与自身生活相融。如果青少年仅仅是通过课堂教授的方式获取红色文化的一般定义，他们在很大程度上难以充分理解这一概念，但若是通过自己国家和民族所拥有的革命历史遗址遗迹和围绕它们展开的多角度研究，就能够在很大程度上加深理解。例如，华东师范大学立足于上海市普陀区作为中国工人运动的发源地之一的历史地位和革命历史遗址遗迹特色，与区内中小学合作创设了主题课程“赤色沪西”，涵盖了由小学至大学的各学段分级课程。其中，小学阶段侧重于以道德情感培养为主要目标的思政启蒙教育，推出“走进院士”“少先队组织教育”等区本课程。初中阶段侧重于体验型学习，推出普陀区红色资源寻访活动。高中阶段强调与大学学习的过渡，学生对“四史”内容的理解应当更全面深入，对马克思主义基本原理有一定把握，提升学生的思想政治素养。依托革命历史遗址遗迹，青少年可以看到当下生活在历史维度上是如何形成的，可以看到自己的国家和民族在世界维度上的地位，也可以看到不同的文明和文化是如何联系在一起的。理解和欣赏将是革命历史遗址遗迹传播教育中最基础

的重要组成部分,为其他教育维度夯实了根基。当青少年实现了他们预设的学习期望，体验了革命历史主题的文化遗产，他们对红色文化的理解已然超越了概念和术语，这种理解和欣赏会开始扎根于青少年的头脑和内心之中。

鼓舞和融入。革命文物是生动的党史教材，“一件件红色文物、一处处革命旧址、一个个革命景区承载着革命先烈的信念，凝聚着跨越时空的精神力量”。[5] 让青少年受到鼓舞，促进革命历史遗址遗迹与他们正在学习和研究的内容建立联系，是一种非常有效的教育方式。当青少年在情感上参与到他们的课程中时，往往会展现出更强的创造力，并愿意在学习中投入更多的精力。革命历史遗址遗迹在针对青少年的传播教育中更需要从青少年认知偏好的角度出发设计课程或活动的内容形式。例如，2021 年，《光荣之城——上海红色纪念地100》读本及其《少儿版》先后推出。《少儿版》从《成人版》中精拣了青少年较为熟悉或适合青少年学习理解的上海重要红色文化地标，分为日出东方、领导中枢、先驱足迹、红色文化、浦江堡垒、英烈丰碑、峥嵘岁月[6] 等七大部分，用浅显的语言、手绘彩图和音频的方式介绍了地标的所在地、保存现状、历史意义与价值等信息。《成人版》中的篇名是“中国共产党发起组成立地（《新青年》编辑部）旧址”“留法勤工俭学出发地”“鲁迅故居”等，《少儿版》中与之对应的篇名为“中国共产党开‘史’的地方”“探索真理的启航”“‘民族魂’最后的坚守”等，在标题中就已为青少年提炼出了红色地标的重要性之所在。革命历史遗址遗迹对青少年而言是遥远和陌生的，但它们却是实现更优质教学的研究信息库，将它们与青少年建立一种共享联系，鼓励他们与身边更多同龄人建立交流，打开分享和探索世界的大门，并进一步强化与课堂教学的互动，让青少年在学习他们喜爱的内容同时能够茁壮成长。上海李白烈士故居推出了“手工制作发报机”活动，现已成为该馆的特色品牌活动。发报机模型由李白烈士故居和西安科技大学共同设计、建模而成。通过搭建，可以获得一件有实际按压感和声光效果的发报机模型。馆方邀请了中学劳技课教师授课。两件模型之间还可以串联，便于青少年之间互动，实现信号发送和接收。

关联与发展。对革命历史遗址遗迹的传播教育应当引导青少年更全面深入地审视我们的国家、我们的当下生活从何而来，革命先辈们经历了怎样艰苦卓绝的斗争，他们的生活又是怎样的。对这些问题的思考能够促使青少年向内看，也向前看，激发他们的求知欲和好奇心，增强他们对中国共产党和国家的认同感。革命历史遗址遗迹中所呈现的概念、思想和信仰往往带有一定的文化隐喻性，对其进行传播教育是意义创造的过程。这会鼓励青少年坚持学习、传承和创造，并且能够以更智慧、客观和科学的视角看待现代社会的问题，例如，上海市黄浦区开展了红色移动课堂活动，涉及老闸捕房旧址、报童小学、五卅运动纪念碑等遗址遗迹[7]，并配以学习单，涵盖学习点简介、教学要点、学习任务等板块。由于革命历史遗址遗迹具有集体相关性、历史发展性、价值冲突性、现实关照性等特点，当青少年从中汲取力量时，他们会与身边的同龄人建立有效关联，形成分享、探讨和被理解的良性循环，构筑更清晰的目标追求，并为此持续奋斗。最终实现跨群体和代际传播，积极促进社会主义核心价值观以及对人类命运共同体的深层理解。

守护与传承。基于理解、欣赏、融入与关联，青少年将是未来保护利用革命历史遗址遗迹的中流砥柱。向青少年传递革命历史遗址遗迹的重要性和丰富内涵，也教育他们知晓在城市发展进程中，遗址遗迹是在持续面临着保护的挑战的，不少文化遗产已经消失或遭到了不同程度的破坏。这些遗址遗迹在留存城市和国家记忆、帮助我们确立国家民族身份时至关重要，它们既是过去，也是当下和未来。习近平总书记指出，“革命文物承载党和人民英勇奋斗的光荣历史，记载中国革命的伟大历程和感人事迹，是党和国家的宝贵财富，是弘扬革命传统和革命文化、加强社会主义精神文明建设、激发爱国热情、振奋民族精神的生动教材。”[8]这一层面的认知会增强青少年对保护革命历史遗址遗迹必要性的理解，鼓励他们更积极地参与遗址遗迹的社会传播，为“用好红色资源、传承红色基因、赓续红色血脉”贡献自己的力量。上海市卢湾区第一中心小学在2006年成立了“红喇叭”小小讲解员社团，以中共一大纪念馆为志愿服务对象，至2022年已坚持服务16年，“中共一大纪念馆讲解”已成为该校的一门必修课程，做到全年级覆盖[9]，累积有两千多名青少年参加。同学们运用了不少与传统讲解不同的方式，如快板、连环画、立体书、云剧场、沪语、英语等，不仅吸引了同龄观众，也让不少成年观众耳目一新，为中共一大会址的保护利用作出积极贡献。

三、革命历史遗址遗迹可实现的青少年思想道德教育目标

根据目前上海革命历史遗址遗迹的现存情况，以及《“党的领导”相关内容进大中小学课程教材指南》的具体要求，对应各学段课标，结合青少年认知发展特点，在小学、初中、高中阶段可分别进行下述几方面的思想道德教育。

小学阶段。以“四史”内容的基本知识信息输出为主，依托“多点”资源组合，形成主题式、板块式学习内容。上海革命历史遗址遗迹中相适用的可包括：“党的领导人”主题、“国歌”主题、“红色学府”主题、“城市发展成就”主题、“科技发展成就”主题等。

初中阶段。以形成“四史”基本脉络的时空概念为导向，由“点”及“线”串联资源的内在逻辑。上海革命历史遗址遗迹中相适用的可包括：“中国共产党党的领导”主题、“共青团”主题、“鲁迅”主题、“隐蔽战线”主题、“城市规划”主题等。

高中阶段。从“四史”内容中理解中国共产党的基本理论、基本路线和基本方略，形成对中国共产党领导的政治认同、思想认同和情感认同，由“线”及“面”。上海革命历史遗址遗迹中相适用的可包括：“伟大建党精神”主题、“党的重要会议”主题、“工人运动”主题、“红色报刊”主题、“左翼文化”主题、“城市发展与国家战略”主题等。

基于对上述教育维度的分析，以革命历史遗址遗迹为依托的青少年思想道德教育具体可以实现以下层面的目标：

强化青少年对“党史、新中国史、改革开放史、社会主义发展史”的了解，并增强对相应事件、人物和发展成就的社会背景的历史审视。围绕革命历史遗址遗迹开展青少年思想道德教育，既是借助遗址遗迹所拥有的社会发展中重要的原真性凭证，如实物资源、环境资源等，向青少年以准确、权威的信息讲述“四史”故事，也是充分调动党史研究、教育、儿童心理、文化遗产研究等领域的专业力量对原真性凭证进行串联和阐释，使得青少年能够对“四史”内容“知其然，更知其所以然”。例如，上海充分利用课堂教育、校外实践教育和公共生活空间，传播“上海是中国共产党的诞生地”

这一重要概念信息,对此青少年都已较为熟悉。但对“四史”内容的了解仅停留在概念信息层面是不够的，应当通过不同渠道向青少年剖析促成中国共产党在上海诞生的地理区位条件、经济文化因素、社会政治格局等诸多因由，站在历史时空背景下予以解答。革命历史遗址遗迹及相关文化产品与服务有较强的知识延展性和信息关联性，青少年可以在既有知识信息供给的基础上，做多角度、个性化和系统性深化探索，这超越了校内课堂教学能够企及的知识信息的启发和传播程度。2019 年，上海利用文物保护建筑打造了“复兴·颂”红色文化创意展示空间，系统呈现了黄浦区内近 150 处革命历史遗址遗迹的现貌及其背后所含的历史文化信息。展览大量利用了虚拟现实、定位服务和雷达感应等智能技术，充分鼓励观众参与到展览设置的内容传播体系之中，由沉浸式体验带动观众对红色文化知识的学习，观众可以参与扮演中共地下党员、工人、文艺工作者等角色，通过角色转换产生强烈的移情共鸣。

强化青少年对党的全面领导的政治认同、思想认同、情感认同，以社会主义核心价值观为引领，提升“理想信念教育、斗争精神培育、制度自信涵育”。革命历史遗址遗迹承载着丰富的历史文化内涵，将显性的博物馆般的教育功能与隐性的纪念记忆相关的交往实践有机结合。作为叙事形成和流动的场所，这些遗址遗迹成为能够唤起强有力的历史和身份叙事的文化遗产，即使在缺乏文本信息导向的情况下，革命历史遗址遗迹依然可以根据青少年的先验文化知识发挥作用，从而使他们全面、深刻地认识自身所属集体、民族和国家，鼓励他们参与到围绕遗址遗迹展开的国家叙事之中，转化为建构当下和未来的共同体中的一员。通过信息和环境的多感官刺激，在情感层面增强青少年对国家和民族身份的认同，进一步推动思想政治教育入脑入心，让青少年从革命历史遗址遗迹及相关文化产品与服务之中汲取真理的力量、信仰的力量和持续奋斗的精神力量。对照遗址遗迹所含故事中体现的先烈品质与精神，激励青少年由认同感驱动行动，“把爱国情、强国志、报国行自觉融入坚持和发展中国特色社会主义事业、建设社会主义现代化强国、实现中华民族伟大复兴的青春奋斗之中。”[10]

强化青少年对多元价值观共生共存的社会文化现状的客观评判，理解国内国外双循环的新发展格局。革命历史遗址遗迹所呈现的历史事件中可以清晰地反映出，任何国家、任何民族都不是单一的个体，置于世界发展的大背景之下，会受到多主体、多文化共同作用的影响，这种影响的缘由、过程、形式和结果都颇具复杂性，且各不相同。由此也启发青少年在面对当下世界发展格局变化，能够更客观理智地面对各类挑战、应对现实问题。借助革命历史遗址遗迹这一载体，强化青少年的社会主义核心价值观引领，即使浸润在多元文化交融互通的社会现实之中，秉持着尊重和理解，但依然能够牢牢守住对中华民族优秀传统文化的热爱，助力传统文化的创新性发展和创造性转化，彰显时代特征。强化青少年对尊重、敬畏、守护生命的文化反思。革命历史遗址遗迹不仅需要向内强化青少年的爱国主义情感，也可以进一步拓展所能实现的社会意义，即站在人类共通价值观的视角上，对青少年展开生命教育、环境教育和社会伦理教育等，其社会文化价值体现在语言、美学、法律、经济、哲学和社会等多个领域。生命教育旨在教导青少年珍惜生命，也尊重他人生命，始终向往和平。环境教育旨在教导青少年理解社会发展模式的转变，强调社会生态系统中人与自然的相互作用和和谐共生，增强社会韧性，实现可持续发展。社会伦理教育旨在帮助青少年了解人类普适价值观，如反对种族主义、反对恐怖主义、反对极端主义等。

强化对青少年人格养成的正向引导。依托革命历史遗址遗迹进行青少年革命传统教育、思想政治教育和爱国主义教育，能够辅助和拓展学校课堂教育，帮助青少年区分行为的执行及其价值意义，确保从生理、心理、情感和精神等方面对青少年的人格发展采取全面的方法，促使他们形成正确的价值观和良好健全的人格。2022年，钱学森图书馆与“红途”平台共同推出实景沉浸式剧本体验“归乡1955”，参与者将作为“情报特派员”穿越到1955年[11]，结合场馆实景和馆藏珍贵文物，体验钱学森为归国而不断抗争的经历，让青少年从“人”的维度了解钱学森爱国、创新、奉献等品格。这种实践体验型教育可以更有效地塑造青少年得体的举止行为，培育善良、自信、宽容、正义等道德品质；可以更有效地激发青少年对历史发展和社会现实的好奇心和探究心、适当的兴趣、积极的态度，以及思考和判断自己的能力，培育合作精神、开放精神、同理心、正向激励和对他人的尊重；可以更有效地帮助青少年实现多重能力综合发展，为他们的生活指引积极的方向，在面对困难时根据道德原则做出深思熟虑和正确的选择，提高决策能力；可以更有效地引导青少年理解服务社会的真正目的，肩负起各个年龄段所对应的社会责任，更确信地致力于他们的奋斗目标，尽最大努力成为更好的自己。

【注释】

[1]周文彰，史蕊.以红色文化为载体弘扬伟大建党精神[N/OL].(2021-11-25)[2023-03-21].https://baijiahao.baidu.com/s?id=1717370012998212629&wfr=spider&for=pc，2021-11-25.

[2]BENNETT T. The Birth of the Museums: History, Theory, Politics[M]. London: Routledge, 1995: 7-8.

[3]CRANE S A. Museums and Memory[M]. CA: Stanford University Press, 2000: 10.

[4]魏雷东，白鑫刚，孙田.青少年道德认同模式与路向[M].北京：社会科学文献出版社，2019：104-118.

[5]党云峰.从革命文物中汲取奋进力量[N/OL].(2021-05-09)[2023-03-25]. https://baijiahao.baidu.com/s?id=1732310375439049903&wfr=spider&for=pc.

[6]许旸.可看可听可打卡，80后党史人这样为10后讲述红色地标故事[N/OL].(2021-05-13)[2023-03-20]. https://wenhui.whb.cn/third/baidu/202105/13/404409.html.

[7]《义勇军进行曲》首度唱响 打造“红色移动课堂”[N/OL].(2021-03-11)[2023-03-25]. http://sh.wenming.cn/YW/201905/t20190522_5124216.html.

[8] 同[5]

[9] 澎湃新闻.成立全国首个小学生讲解员社团，校长吴蓉瑾用16年证明……[N/OL].(2021-09-16)[2023-03-26]. https://baijiahao.baidu.com/s?id=1711024013276841560&wfr=spider&for=pc.

[10]学习进行时丨办好这门课，习近平非常关心[N/OL].(2022-03-18)[2023-03-21].https://baijiahao.baidu.com/s?id=1727627514958853449&wfr=spider&for=pc.

[11]红色文化|原创实景沉浸式剧本体验“归乡1955”重磅推出[N/OL].(2022-12-15)[2023-03-28].https://mp.weixin.qq.com/s?__biz=MzIwNDM2MjIwMQ==&mid=2247577540&idx=3&sn=a87046f8c8d2f6878367242b8b4b4c70&chksm=96c2b772a1b53e64db75ddfe8f41f9699687ee7be4470baf1a4cb64b4bb38642ccd483ddd82e&scene=27.

其它

对于馆藏文物三维数字模型展示的思考
——以国家一级博物馆网站为中心

于奇赫（东南大学外国语学院）

摘要：近年来，中国博物馆开展了大量的馆藏文物三维数字模型工作，并基于开放共享的理念进行了多种渠道的展示；而通过对国家一级博物馆网站的观察可以看出，这项工作中还存在与文物本体不符、主要特征缺失与展示系统混乱等问题。博物馆将馆藏文物进行三维模型十分必要，但并不是所有的工作成果都需要进行线上展示。基于共享理念的馆藏文物三维数字模型使用，虽然可能受到版权与二次创作等限制性因素的影响；但是博物馆与其他商业机构联名发售由其所转化而成的数字藏品，要警惕其成为资本逐利的目标。国外博物馆对于馆藏文物三维数字模型基于教育和共享目的使用案例值得借鉴，历史遗产在当下传承的目的在于激发人们的想象力和创造力。

关键词：博物馆；馆藏文物；三维模型；展示；开放

中国汉代墓葬中出现的建筑模型，就是古人使用陶土对于死者生前的建筑进行三维再现；而以计算机中字节（Byte）的形式而建立的三维模型数学模型，最初是在工程计算领域中使用的，后来扩展到影视制作、游戏开放、场景复原等各个领域。

博物馆开展馆藏文物三维数字模型工作的目的，也是其重要职能的体现——记录。博物馆通过信息采集技术建立馆藏文物的三维模型档案，以便于文物在遭遇人为事故或自然灾害后，能够以另外的形式进行再现。而基于博物馆开放共享的理念，博物馆也将馆藏文物三维数字模型通过网站、微信平台、线上展览、视频制作、数字藏品等形式进行展示。本文回顾了对于中国博物馆馆藏文物三维数字模型展示的相关研究，通过观察国家一级博物馆网站的实际状况并总结其中存在的问题，进而思考馆藏文物三维数字模型的展示与使用问题。

一、对于馆藏文物三维数字模型展示的相关研究

馆藏文物三维数字模型在中国博物馆运用的时间超过了二十年，张星瀚通过前中国学界对于博物馆馆藏文物三维数字化展示的研究，指出2000年至2011年主要以计算机专业的研

究者为主，偏重于应用技术的探讨；2011 年至 2017 年博物馆从业者与研究者开始讨论展示的问题，总体来说“文章的特点均为运用某一项技术来对博物馆进行三维建模，并给出这种技术的改进方向”[1]。而目前博物馆与科技公司已经形成了共识，即馆藏文物三维数字模型展示的信息要大于二维平面展示，且能够为多种网络渠道与应用场景提供数据支持。[2]

裴玉洁调查了中国国家一级博物馆网站与微信平台馆藏文物三维数字模型展示情况，近 1/4 的博物馆设置了展示窗口。她注意到了展示内容需要考虑现实实景与虚拟场景的交互性，认为文物信息要基于重构信息中的潜在叙述逻辑进行两种维度的再现：实验式、流程式与对比式的过程化展示，或大场景、小场景与微场景的场景化展示。[3]

凯特林·钱·克勒金（Caitlin Chien Clerkin）与布莱德利·L. 泰勒（Bradley L. Taylor）提到了嵌入哈佛大学古代近东博物馆（Harvard Museum of the Ancient Near East）线上展览的馆藏文物三维数字模型，因其在一个以实体博物馆作为背景的环境中而更具有权威性；而很多使用三维模型集成平台“全形工厂”（Sketchfab）的博物馆，他们的馆藏文物三维数字模型因置于空白背景造成物与具体的语境（古代遗址、博物馆、现代场景）的脱节。两位研究者还提到由于许多馆藏文物三维数字模型是在临时项目中制作的，缺乏系统性的规划，且基本信息出现的位置很少与观看体验结合。此外，两位研究者指出线下的不平等在网上依然存在，语言、数字基础设施和数字知识等方面都会造成差距；具有更完整条目（或数字图像）的显著价值的物品得到了更多的使用，那些未被研究或未被拍摄，但具有改变叙述潜力的物品被忽视。两位研究者还列举了丹麦国家美术馆（Statens Museum for Kunst, Copenhagen）一个包含非洲人肖像的古代石膏雕塑三维模型项目，意在体现藏品本身所具有的“欧洲中心论”偏向、以非精英的、日常性的、边缘的物品对抗一种隐含的规则。[4]

二、网站展示馆藏文物三维数字模型存在的问题

中国博物馆网站具有权威性，是观众了解博物馆情况、获取博物馆信息的重要窗口。其中，综合水平高、行业示范性强的国家一级博物馆，所建设的网站受到了相关研究者的重点关注[5]。笔者通过观察国家一级博物馆网站的馆藏文物三维数字模型状况，总结其中出现的以下三类问题：

（一）真实性问题

广东省博物馆网站“藏品”板块“3D 文物”栏目，展示了清乾隆金漆镂空竹丝八方捧盒三维模型（图 1）。与实物相比，可以看出三维模型“竹丝”部分并没有表现出文物竹编部分所具有的空隙（图 2），而是制作出来一种较为光滑的、粘连的效果。另外，在网站首页内容分类下“3D 文物”与“馆藏文物”栏目是分离的，也就是说用户若不在“馆藏文物”栏目中进行再次检索，便无法看到实物照片；而如果在检索栏键入“清乾隆金漆镂空竹丝八方捧盒”进行搜索，没有任何搜索结果显示（图 3）。这种检索不便现象的原因是在网站“馆藏文物”栏目中，同一件文物出现了两个不同的名称，另一个名称为“泥金识文描漆开光嵌丝八角捧盒”（图 4）。

中国国家博物馆邵壮指出，现阶段馆藏文物三维数字化技术尚不成熟——主要是扫描对象受到限制，一些特殊文物，如材质和结构复杂、

雕刻、镂空、反光等藏品，3D 扫描仪不精确，也无法实现应扫尽扫……文物几何面越多，后期处理就越难。[6]

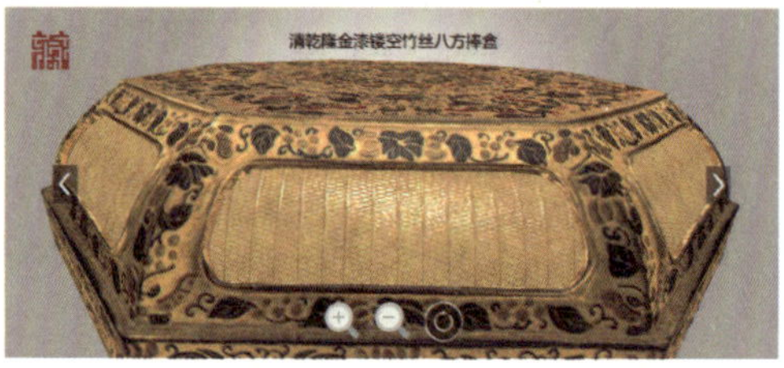

图 1 “清乾隆金漆镂空竹丝八方捧盒”三维模型截屏

图 2 清乾隆金漆镂空竹丝八方捧盒

图 3 网站显示无相关检索结果截屏

图 4 “泥金识文描漆开光嵌丝八角捧盒”截屏

南京市博物总馆网站“典藏文物”板块“藏品精粹”栏目，展示了东晋关中侯印三维模型(图 5)。与广东省博物馆网站不同，南京市博物总馆网站中文物照片与其三维模型都是在一个条目中的。这件文物的实物照片清晰，包含正面、后面、上面、下面与四分之三侧面 5 种角度。可以发现在正面照片中（图 6），龟纽的腹部有一个弧形的缺口，但是三维数据中该部位就被抹平了；在后面照片中，龟纽的尾部与方体相连，但是三维模型连接部位表示为分离。此外，三维数据中俯视金印的视角，也与文物有明显的外观出入。

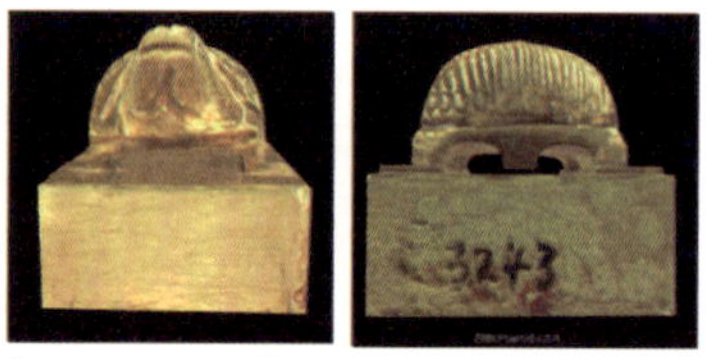

图 5 “东晋关中侯印”三维模型正、后面截屏

图 6 东晋关中侯印正、后面

图 7 “五代铜质大金涂塔”三维模型截屏

图 8 五代铜质大金涂塔

苏州博物馆网站“馆藏”板块“两塔瑰宝”栏目，展示了铜质大金涂塔的三维模型（图7）。但是网站中展示了铜质大金涂塔照片，显示塔身有一侧铃铛在静态时为弯曲状态（图8），但是在三维模型展示时却变成了垂直的状态。此外，三维模型展示中带有连环状的部位，即是因为倾斜仍旧以静态的效果展示，这种有悖常识的现象同样体现出技术不成熟的问题。

（二）完整性问题

有关完整性问题，不仅仅体现因为技术限制或工作不规范所导致的馆藏文物三维数字模型展示信息缺失现象，还体现对于馆藏文物信息全面展示的完整性上。向辉等人在分享山东大学考古数字博物馆设计与实现案例时指出“考古数字博物馆信息化形式包括：三维扫描、文字录入、拍照、录像与录音等。其中应用三维扫描技术重构高分辨率的三维虚拟文物无疑是成功构建一个全功能数字博物馆的最重要的组成部分之一。”[7]但是，现阶段博物馆网站上所展示的馆藏文物三维数字模型分辨率十分有限、细节十分模糊，因此，馆藏文物三维数字模型展示时需要辅之以文字信息与高清晰度照片，如上海博物馆收藏的子仲姜盘、故宫博物院宫收藏的清代自鸣钟表都需要录像展示其使用过程中发生的变化。

南京市博物总馆、苏州博物馆等网站都在馆藏文物三维数字模型展示同时，提供了馆藏文物高清晰度图片，才能让笔者在对比中发现上述问题。但是，山西博物院网站“藏品”板块“典藏精品”栏目在对于文物进行展示时，可供用户选择的观看方式“三维展示”与“图片展示”，实际上是馆藏文物三维数字模型与馆藏文物三维数字模型截图。以山西博物院藏商代子匽鼎为例，其三维模型截图上所显示的纹饰十分模糊（图9），观众只有使用其他搜索引擎或是到博物馆实地参观，才能感受到商代青铜器制作技术的精细以及其所传递出的美学特征。

图9子匽鼎图片展示截屏

图10“都管七国人物银盒” 三维模型截屏

西安博物院收藏有一件出土于西安市碑林区西安交通大学的唐代都管七国人物银盒，这件器物不仅制作精细，并且对于中外关系史研究具有重要意义。笔者在2020年12月9日打开西安博物院网站时[8]，发现这件银盒三维模型清晰度低（图10），且展示的文物图片同样细节模糊。西安博物院的微博账号和微信账号在2018—2020年曾发布这件文物的高清晰图片，但是网站并没有同步更新；在社交媒体上，还可以看到用户进行的分享，如知乎账号“o惟物o”分享了《金辉玉德：西安博物院藏金银器玉器精萃》图录扫描版中的图片[9]，微博账号“Makara · 杉”“三多周”与“Hds红豆沙”都发布了自己在“乐居长安——唐都长安生活展”中所拍摄的高清晰度图片。

（三）混乱性问题

如果用户在观看馆藏文物三维数字模型时

产生了错乱感，则反映出馆藏文物三维数字化采集或是三维模型展示系统出现了问题。南通博物苑网站“藏品”板块“3D 文物”栏目，进行了民国牙雕孔雀明王的三维模型展示（图 11），用户同样可以通过博物苑微信公众号进入展示端口。但是当用户通过操纵鼠标放大三维模型、观察细节时，便出现了一种数据错乱所造成的混乱的视觉体验（图 12），因为这种现象违背了常识，即这件文物内部是实心象牙材质。而这种进入文物内部的操作，对于中空的物体来说是合理的，因此数字技术需要被限制。

图 11 “民国牙雕孔雀明王”三维模型截屏

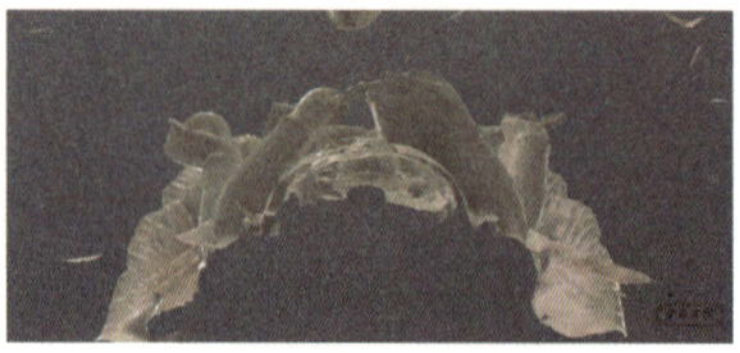

图 12 “民国牙雕孔雀明王”三维模型放大截屏

山西博物院网站对于一件公安机关移交的战国盘蛇形底座的三维模型进行了展示（图 13），但是并没有解释与底座相连的黑色八边形物体以及上方插入的红色木杆及蒙皮鼓。博物馆对于鼓的展示，可能是基于一种复原性的展示思路，告知用户这件青铜器原本的用途；但是皮质鼓面材料以及杆下方表现的裂纹细节可能对于观众产生误导，似乎暗示其年代久远。此外，如果是基于复原性展示的思路，那么与底座相连的黑色八边形物体是否也是古人所制作的，显然从其表现形式显然不是。因此，山西博物院网站对于战国盘蛇形底座三维模型的展示，会造成用户对于器物的组合关系，以及组合关系中各部分物体年代的错误印象。

图 13 “盘蛇形底座”三维模型截屏

图 14 “盘蛇形底座”三维模型放大截屏

博物馆在网站上展示馆藏文物的三维模型之前，需要像考古工作者一样进行严密而谨慎的综合性判断，正如凯文·加斯特基（Kevin Garstki）所言：“事实上，考古学家的推论阶梯是建立在对代表媒体（报告、地图、照片、三维模型）的准确性或真实性的假设上的，从这些媒体中得出结论。如果不对每一个表述进行重要的审视，我们对真实性的渴望实际上可能会掩盖知识生产的本质(以媒体创造的形式)，并导致无意的错误表述。”[10]

笔者在 2020 年 12 月 10 日访问了常州博物馆网站，上面所展示的三维模型展示出现了特殊的现象，即用户还可以点击藏品在三维模型展制作中的过程性形象。以五代——北宋越窑青瓷刻花卷草纹镂空香熏的三维模型展示为例

（图 15），观众可以看到不同于文物历史感的科技感，但博物馆没有告知用户这种形态是如何产生的，也会让部分用户产生错乱感。

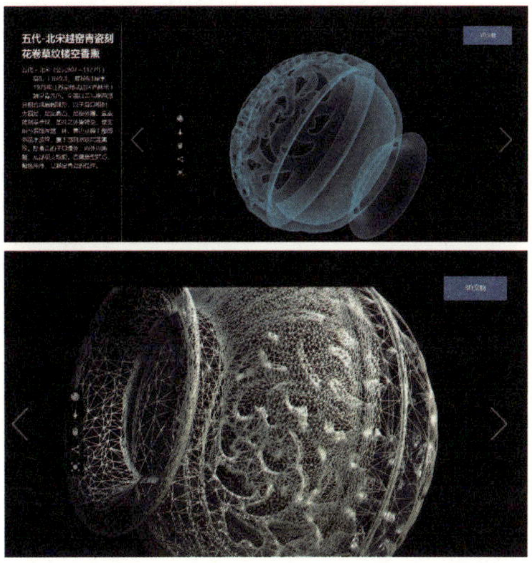

图 15 “五代——北宋越窑青瓷刻花卷草纹镂空香熏”三维模型截屏

三、馆藏文物三维数字模型展示与使用的思考

前文所列举的国家一级博物馆网对于馆藏文物三维数字模型展示中出现的问题，会随着三维数字化技术的不断升级与博物馆工作的不断完善得到解决，特别是在李华飙《馆藏文物三维数字模型的数据质量评价方法研究》等研究文章、刁常宇《有器之用：馆藏文物模型采集与质量评价》等著作不断面世之际。笔者还注意到，郑州博物馆、内蒙古博物院、常州博物馆网站在 2020 年 12 月还能够浏览馆藏文物的三维数字模型，但是这一展示手段在 2023 年 2 月已经无法被浏览。不论是研究还是撤销，都反映出博物馆对于馆藏文物三维数字模型的展示与使用问题进行了思考。

（一）线上展示的必要性与呈现

中国博物馆对于馆藏文物进行三维数字化的工作，一方面是受到国家层面所开展的信息化建设、智慧博物馆、元宇宙等政策的指导，另一方面也受到丰富文物展示手段、提高文物修复效果、便于展开学术研究的博物馆自身需求驱动。[11] 梅尔文·瓦乔维亚克（Melvin J. Wachowiak）与巴西利基·维姬·卡拉斯（Basiliki Vicky Karas）还提到三维数字化对于改进博物馆藏品和运输箱中存储系统设计的作用。[12] 而用户使用博物馆展示的馆藏文物三维数字模型，本身也带有赋权（empowerment）的意味，基于信息、通信和技术（ICT）引发的科技革命让原本放在库房中的文物向用户开放，这在无形中就强化了社会底层赋权、促进集体的行动。因此，博物馆线上展示馆藏文物三维数字化工作是必要的。

但是，由于中国文物数量多、种类多、情况复杂，博物馆应该如何进行展示则需要思考。笔者在 2020 年 12 月 9 日访问内蒙古博物院网站，其中展示了 21 件吐尔基山辽墓壁画的三维模型展示（图 11）。壁画是一种平面的绘画形式，考古工作者将其从墙壁上揭下后，需要制作一个加固层。因此，壁画本身的背面在文物保护中是无法看到的。而从三维模型可以看出，考古工作者从吐尔基山辽墓壁画葬中剥离的壁画，被置于有一定厚度的泥板中。那么，这种展示的意义何在？对于壁画的三维模型制作是否解决了二维平面无法解决的问题？显而易见，这是一种多此一举并且耗资不菲的行为。

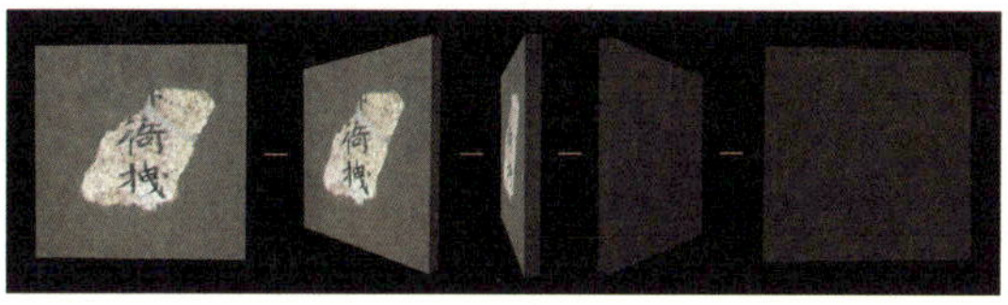

图 16 “吐尔基山辽墓壁画”三维模型之一（连续截屏后拼接）

伪满皇宫博物院网站“典藏文物”板块“藏品精粹”栏目，展示了兰花御纹章合金餐叉（2 件）、餐叉与合金叉等三维数字模型（图 17）。其中，兰花御纹章合金餐叉与餐叉的区别在于“兰花御纹章”，但是如果展示这一细节，使用一张高清图片即可；而展示两件几乎完全相同的兰花御纹章合金餐叉，则不知道出于何种目的。

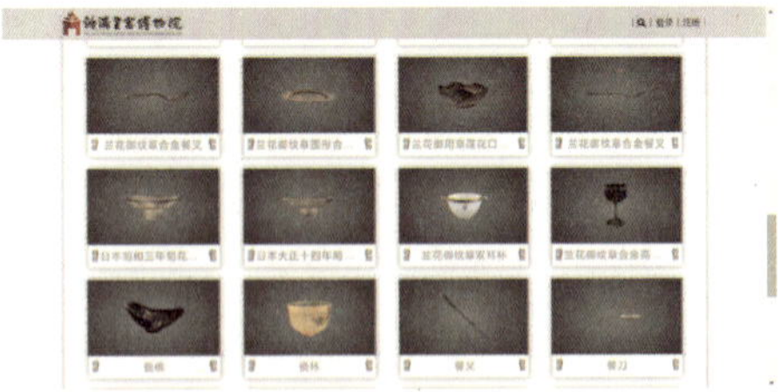

图 17 伪满皇宫博物院网站藏品展示系统截屏

博物馆应该展示哪些馆藏文物的三维数字模型，是一个需要思考的问题。而在展示的过程中不仅仅要考虑到技术实现的问题，还要综合地考虑虚拟与现实会因技术发生怎样的链接？展示什么以及怎样展示是对于用户来说有效的？数字时代的文化逻辑，正如美国哲学家唐·伊德（Don ihde）所言，当代技术是叠加于文化实践中的一种动态过程。[13]

大多数中国博物馆在公共视野中对于馆藏文物三维数字模型的利用，目前还仅仅是停留在展示的层面上，这无疑也是一种对于资源的浪费。黄春雨认为博物馆存在的最重要的价值之一：“就是让更多的人更广泛地接触到具有研究、教育和娱乐等价值的藏品，以共享的公共利益观念，基于共同的价值观，通过藏品实现穿越时空或世代的对话。”[14]萨拉·尤南（Sarah Younan）与凯西·崔德威（Cathy Treadaway）提道：“大众文化和媒体已经成为一种信息来源，为历史想象力提供了素材。如果数字遗产材料在大众文化中得到更广泛的使用，它们就会留在公众的视线中，进入公众的头脑，从而为公众的历史想象力提供信息。”[15]

（二）使用中的限制性因素

基于共享理念的博物馆学研究者认为，博物馆藏品的数字信息应该分享给大众，让生活在当代社会的个体通过使用历史遗产而激发新的想象。但是，大多数中国博物馆对于馆藏文物二维模型，即影像的开放程度也不容乐观[16]；这种情况会随着中国博物馆协会组织的博物馆运行评估工作中得到一定的改善，例如在该协会下发的《关于开展 2019—2021 年度博物馆运行评估工作的通知》中的附件 2《博物馆运行评估标准》就提到需要考察博物馆数字传播情况：“为便于社会利用藏品资源，在本馆官方网站等渠道开放查询、展示藏品数据信息和高清影像的情况。”[17]

从目前中国博物馆对于馆藏文物二维模型的使用规定来看，尤南与崔德威所认为的对于个体的“历史想象力”也难以发生。由故宫博物院运营的故宫博物院数字文物库网站，在“版权声明”页面中声称：“任何单位或个人在以转载、引用、摘编、下载等方式使用本网站内容时，均须获得故宫博物院的书面同意”[18]；“影像授权”页面可供用户下载的“故宫博物院数字影像授权申请说明”中，却这样写道：“我院对个人欣赏类、无明确用途目的的申请，暂不提供授权。”[19]也就是对于用户而言，以欣赏为目的申请使用故宫博物院数字文物库网站是不被允许的。而如果个体不能通过无目的的、单纯的欣赏来使用博物馆的数字影像，那么关于“激发创造力和想象力”的问题也就无从谈起。此外，从故宫博物院的口吻可以看出，或许对于多数博物馆来说，藏品数字影像是一种目的，而不是一种手段。

中国博物馆对于馆藏文物三维数字模型的

展示，也是出于一种安全的考量，因为一旦产生一些难以预料的问题，馆藏文物三维模型可能会让博物馆会失去阐释它们的权力，其具体的使用方式可能会引起人们的不适。例如2018年5月18日，中国国家博物馆等7家博物馆联合抖音推出了“第一届文物戏精大会”，便招致了形式低俗、过度娱乐的批评。

（三）开发数字藏品的销售行为

中国博物馆对于馆藏文物三维数字模型的另一种展示，则受到了NFT概念的影响，出现同其他商业机构联合发售数字藏品的活动。2021年下半年，湖北省博物馆三维数字藏品“越王宝剑”、河南博物院三维数字藏品“妇好鸮尊”与河北博物院三维数字藏品“长信宫灯”，均以19.9元每件的价格限量在支付宝蚂蚁链发售1万件，且全部售罄。[20]2022年1月28至30日，甘肃省博物馆联合上海上亿传媒股份有限公司，在“超维空间”平台以每款数量3000件、单价19.9元的价格发售以馆藏文物为主题的“白虎十大战神”系列数字藏品[21]；持有十款不同“白虎十大战神”的用户，可合成3件甘肃省博物馆三维数字藏品（相当于花费199元人民币购买）。

中国博物馆将馆藏文物三维数字模型以藏品的形式发售，有效地拉近了用户与博物馆藏品的距离，建立了用户与历史文化遗产的感情连接，但是也很容易将用户的关注点引向交易价格。“上观新闻”曾发布一篇关于博物馆数字藏品发售的稿件，其中提到上海文博爱好者刘洁表示“有从来不进博物馆的同事知道我收集数字藏品，问了我很多问题，特别是‘赚不赚钱’”；关注文物类数字藏品的金融证券从业者刘玮，认为越王勾践剑数字藏品的发行量很少：“一旦得以流通，价格肯定会很高。”[22]而对于部分博物馆而言，“三维数字藏品”的概念本身就是为了能够促进消费而推出的，上海博物馆党委书记汤世芬对于上海博物馆的数字藏品平台建设表示：“经过前期的摸索，我们惊喜地发现，数字藏品的IP商业价值的可延展性非常高，是虚拟经济带动实体经济最好的试点领域，是‘脱虚向实’工作的最佳应用场景”。[23]

2022年初掀起的又一轮博物馆三维数字藏品发售浪潮，在4月12日国家文物局召开的一场与数字藏品有关的座谈会后得以回落，座谈会明确提道：“文博单位不应直接将文物原始数据作为限量商品发售。”[24]但是，在4月27日，中江博物馆与四川魅塔维斯数字科技有限公司仍旧以88元每件的价格，在后者开发的平台“MAYA META”发售5000件“南宋青釉贯耳瓷瓶”三维数字藏品[25]，博物馆被资本所驱使的样貌昭然若揭（图19、20）。

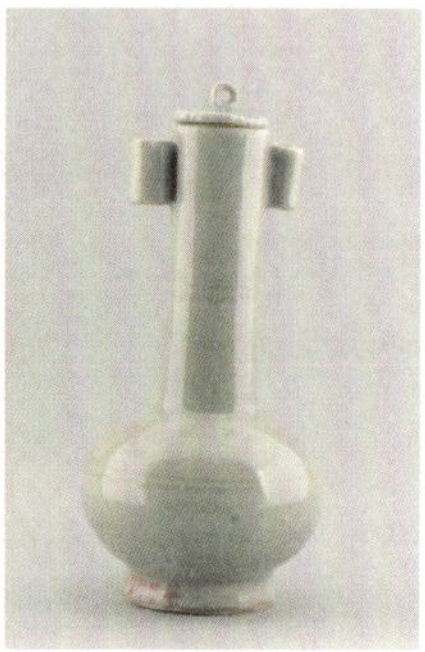

图18 “南宋青釉贯耳瓷瓶”三维数字藏品

图19 南宋青釉贯耳瓷瓶

图20 授权书

此后，中国博物馆开始发售基于文物二次创作的数字藏品，但是由三维数字藏品发售的浪潮已经影响到了博物馆的声誉。2022年9月30日，湖北省博物馆在其网站发表声明，称“近日，我馆发现有公司宣称：‘NP已经与湖北省博物馆达成合作，将发行博物馆镇馆藏品越王勾践剑，限量发行1000份’。我馆在此郑重声明：湖北省博物馆与‘NP’之间没有任何合作！”[26]由于数字藏品交易既联系现实世界又联系虚拟世界，可能导致现实世界和虚拟世界的“双重风险”。[27]

（四）国外博物馆的使用案例

黄海认为“博物馆3D虚拟文物展示系统设计研究的意义在于，它能增强博物馆的社会价值和教育功能。[28]英国帝国战争博物馆和科学博物馆集团等公司与科技公司合作，将全息体验带入学校教室。[29]截至2023年2月12日，用户可以在美国史密森尼博物馆（The Smithsonian Museum）网站浏览2672件馆藏文物的三维模型；其中2370件属于不受版权限制的公共领域，用户可以在不联系博物馆的情况下，下载包括元数据在内的7种不同的格式用于复制、修改和分享。[30]

巴西研究团队通过对照组实验发现，使用两栖动物三维数字模型不仅在动物学课上有效地帮助了学生学习，而且与生物标本的作用相似。[31]佛罗里达自然历史博物馆（Florida Museum of Natural History）也指出课程“伟大的美国生物交流”让学生们打印了用于动物的扫描图像，研究人员注意到学生引技术的帮助，对技术感兴趣的学生就会跳出来提供帮助；课程“马牙进化”通过让学生使用卡尺测量15个代表北美马的不同物种上臼齿的3D打印件，引导学生了解北美新生代的环境和古环境变化。[32]

来自卢布林理工大学（Lublin University of Technology）的耶日·蒙图谢维奇（Jerzy Montusiewicz）等人指出，盲人也希望能够接近视力正常的体验方式参观博物馆，但是博物馆展板上的盲文难以让这一群体直观地理解被展柜玻璃所隔离的文物；而一些博物馆免费提供的馆藏文物三维模型可以让盲人或是由当地文化中心进行打印，该研究团队以乌兹别克斯坦撒马尔罕阿弗拉西亚布(Afrasiab Museum）陶器藏品三维数字模型所开发的一款表面集成盲文的三维数字模型被证明是对盲人有效的。[33]

博物馆馆藏文物三维数字模型还可以在尊重传统种发挥作用。人类遗骸在阿拉伯以及世界上的许多地方是一个敏感的问题，而在博物馆中以虚拟或实体3D打印模型为特色的展示是尊重相关敏感性的一种方式。未来的重建可以包括对埋葬时的景观和环境进行动态的数字渲染。[34]阿拉斯加锡特卡的特林吉特（Tlingit Kiks. ά di）家族与华盛顿特区的史密森学会合作，以数字方式雕刻了一顶用于氏族仪式的新型杜鹃帽。徽章帽子被灌输了精神，氏族领袖佩戴它们并与他们一起跳舞作为他们仪式实践的一部分，这表明它们的使用有文化协议。135年来，史密森尼博物馆的收藏品中一直持有一顶属于特林吉特家族的受损杜鹃冠帽。2019年，博物馆与氏族成员合作，扫描帽子并进行数字修复，然后使用3D铣床用阿拉斯加木材雕刻数字修复的帽子。这个案例表明，通过刻意的努力和早期参与，史密森尼和氏族都有可能参与尊重特林吉特（Tlingit Kiks. ά di）文化价值观和协议的合作，用杜鹃帽重新连接社区。[35]

【注释】

[1] 张星瀚．博物馆藏品三维展示手段的探索——以吉林大学考古与艺术博物馆馆藏青铜器为例 [D]. 吉林大学硕士学位论文，2017：2-5.

[2] 艾雪松，王志强，魏薇，徐建民．关于三维数字化技术在博物馆藏品在线展示中的应用——以伪满皇宫博物院为例 [J]. 中国民族博览，2020（2）.

[3] 裴玉洁．三维展示背景下文物信息的重构与再现——以线上 3D 馆藏文物为例 [J]. 中国博物馆，2022（5）

[4] CLERKIN C C，TAYLOR B L.Online Encounters with Museum Antiquities[J].American Journal of Archaeology.2021(1)

[5] 马鑫涛，胡宇娜，张睿童．基于用户视角的博物馆网站效用指数测评研究——以六家国家一级博物馆为例 [C]// 中国博物馆协会博物馆学专业委员会．中国博物协会博物馆学专业委员会 2021 年“博物馆与多元学科的关系” 学术研讨会论文．北京：文物出版社，2021.

[6] 邵壮．馆藏文物三维数字化探究——以中国国家博物馆为例 [J]. 文物鉴定与鉴赏，2020（24）.

[7] 向辉，孟祥旭，杨承磊．山东大学考古数字博物馆设计与实现 [J]. 系统仿真学报，2003（3）.

[8] 笔者于 2023 年 2 月 12 日打开西安博物院网站后，网站模块显示混乱，且无法搜索唐代都管七国人物银盒信息

[9] 《都管七个国银盒：一个小小银盒为何要营造宏大的时空概念？》https://zhuanlan.zhihu.com/p/50801817

[10]GARSTKI K.Virtual Representation: The Production of 3D Digital Artifacts[J].Journal of Archaeological Method and Theory, 2017（3）.

[11]耿然．馆藏文物及博物馆的数字化管理探讨 [J]. 文物鉴定与鉴赏，2021（12）.

[12]WACHOWIAK M J, KARAS B V. 3d Scanning and Replication for Museum and Cultural Heritage Applications[J]. Journal of the American Institute for Conservation , 2009, 48（2）.

[13]伊德 D. 技术与生活世界：从伊甸园到尘世 [M]. 韩连庆，译．北京：北京大学出版社，2012：162.

[14]藏品・博物馆・公众—物・机构・人——2014 国际博物馆日主题试读 [J]. 中国博物馆，2014（3）

[15]YOUNAN S, TREADAWAY C.Digital 3D models of heritage

artefacts: Towards a digital dream space[J]. Digital Applications in Archaeology and Cultural Heritage, 2015（2）: 246.

[16]于奇赫．中国博物馆数字资源传播与知识产权保护研究[J]. 中国博物馆，2018（1）.

[17]国家文物局．博物馆运行评估标准[S].2023：23.

[18]故宫博物院．版权声明[EB/OL].（2023-02-11）[2023-05-04].https://digicol.dpm.org.cn/page/copyright.

[19]故宫博物院．数字影像授权申请说明（中国大陆地区）[A].2023：1.

[20]袁璐．文博文创倾注年轻化体验受青睐[N].北京日报，2021-12-24（15）.

[21]预告：召唤白虎十大战神 寻甘肃省博物馆馆藏 3D 数字藏品[N/OL].“上亿传媒”微信公众号[N/OL].（2011-01-27）[2023-02-10]. https://mp.weixin.qq.com/s/i-NszYVBmIlSdkvcM3tG9g.

[22]简工博．禁止“倒卖数字文物”后，文物 NFT 何去何从？[N/OL].“上观新闻”微信公众号（2022-05-31）[2023-02-10]. https://mp.weixin.qq.com/s/Gv5VMC-H2na5nenkkPOlOw.

[23]汤世芬．上海博物馆数字藏品平台的建立与品牌建设的探索[J].上海国资，2022（12）.

[24]文博单位不应直接将文物原始数据作为限量商品发售[N/OL].国家文物局网站（2022-04-13）[2023-02-10]. http://www.ncha.gov.cn/art/2022/4/13/art_722_173763.html.

[25]Maya Meta：《中江博物馆 3D 数字藏品》，“MayaMeta”微信公众号，https://mp.weixin.qq.com/s/Pn9eYylZFLV2_b_3j2tNug.

[26]湖北省博物馆:《湖北省博物馆声明》,湖北省博物馆网站，https://www.hbww.org.cn/Views/Detail.aspx?PNo=News&No=BWGJX&Guid=d6180dc6-fc4b-4fce-be64-bd6a9df662e7&Type=Detail.

[27]谢新水，黄宇曦，储江．高质量发展数字藏品：特性、价值、风险与监管路径[J].电子政务，2023（2）.

[28]黄海．博物馆 3D 虚拟文物展示系统设计研究[J].美术大观，2012（1）.

[29]CHARR M. Holographic Exhibitions to Boost the Educational Offering of Two British Museum Groups[EB/OL].[2023-02-12].https://www.museumnext.com/article/holographic-exhibitions-to-boost-the-educational-offering-of-two-british-museum-groups/.

[30]http://3d.si.edu/browser.

[31]Kathleen Mahra da Silva Alcântara Castroa, Talita Ferreira Amado, Claudio Juan Bidau , Pablo Ariel Martinez. Studying natural history far from the museum: the impact of 3D models on teaching, learning, and motivation[J].Journal of Biological Education, 2022（5）.

[32]ZIEGLER M J, PEREZ V J, PIRLO J, NARDUCCI R E, MORAN S M, SELBA M C, et al. Applications of 3D Paleontological Data at the Florida Museum of Natural History[J]. Earth Sci, 2020（8）: 1 - 20.

[33]Jerzy Montusiewicz,Marcin Barszcz,Sylwester Korga. Preparation of 3D Models of Cultural Heritage Objects to Be Recognised by Touch by the Blind—Case Studies[J]. APPLIED SCIENCES-BASEL, 2022（12）.

[34]Liam Delaney, Richard T.H. Cutter, Faisal al-Naimi, Othmane Bouhall, AliSheharyar, Yasser al-Hamidi and Emma Tetlow.Re-presenting Qatari history: 3D digitizing of human remains of the Neolithic Age from Wadi Debayan （poster）[J]. Proceedings of the Seminar for Arabian Studies , 2015（45）.Papers from theforty-eighth meeting of the Seminar for Arabian Studies held at the British Museum,London, 25 to 27 July 2014 （2015）, pp. 79.

[35]HOLLINGER E. Smithsonian Uses 3D Tech to Restore a Broken Sacred Object for Tlingit Indians[N/OL].SI Digi Blog, 2019[2023-02-12].https://dpo-si-edu-s.vpn.seu.edu.cn:8118/blog/smithsonian-uses-3d-tech-restore-broken-sacred-object-tlingit-indians.

论少数民族原生艺术在博物馆的传播与利用
——以曲靖市博物馆为例

周锐超（曲靖市博物馆）

摘要： 近几年，曲靖市博物馆在展示、保护和传承民族原生艺术方面进行了大量的探索。本文试从曲靖市少数民族非物质文化遗产保护和利用的视角，探讨博物馆教育与非物质文化遗产的相互依存关系，阐述博物馆公共文化服务如何体现少数民族非物质文化遗产的特征，以及在展示非物质文化遗产方面的新思路和新举措。

关键词： 少数民族原生艺术；非物质文化遗产；曲靖市博物馆；传播利用

一、绪论

少数民族原生艺术是当代文化语库的“新生代”，它的崛起，促使我们必须对“民族艺术”给予全新解读和理解。联合国教科文组织以公约的形式将少数民族原生艺术定义为：被社区、群体、有时是个人视为民族原生艺术组成部分的各种社会实践、观念表述、表现形式、知识、技能以及相关工具、实物、手工艺和文化场所。我国对少数民族原生艺术做了进一步的解释：少数民族原生艺术指各种以非物质形态存在的与群众生活密切相关、世代相承的传统文化表现形式，包括口头传统、传统表演艺术、民俗活动和礼仪与节庆、有关自然界和宇宙的民间传统知识和时间、传统手工艺技能等以及与上述传统文化表现形式相关的文化空间。

作为少数民族文化和环境物证的收藏、研究、展示和传播，博物馆是少数民族文化记忆、传承、弘扬和发展的重要阵地，在延续少数民族文明、维护文化多样性方面发挥重要作用。在传统的博物馆中，人们更多地关注于“物”的展示，对“非物质”元素的忽视甚至淡化。因此，当代博物馆在保护和展示少数民族文化遗产时，应充分重视文物的陈列和展示，并将其纳入博物馆的宣教活动之中。只有从整体上考虑少数民族原生艺术的“物质”和“非物质”

两个方面，才能使民族原生艺术在博物馆宣教活动中显得科学、合理、全面。

二、曲靖市少数民族原生艺术种类及分布

曲靖市东临贵州省、广西壮族自治区，南临文山州、红河州，西接昆明市，北靠昭通市和贵州省毕节市，地处边陲腹地。共有彝族、布依族、壮族、苗族、瑶族等七种世居民族。现有 189 项非遗项目，本文仅选取其中部分进行分析。

1. 师宗县彝族的“绑神猴”。在元旦的时候，彝族会挑选一批人，用山龙藤条伪装成“神猴”，进行祭祀，这就是所谓的“绑神猴”，是彝族人民祭祀祖先的节日。

2. 富源县水族的“吞口舞”。吞口舞也叫“要吞口”，是一种特殊的水族舞蹈，以“吞口”为原型，以其作为原始形态的水族吉祥物，寓意着在民间可以驱鬼除魔，为民除害。

3. 缤纷技艺——会泽擀毡。“擀毡”在当地也叫“煮毡”，色调由单一的白毡逐步发展为红毡、多色图毡等，浸透着浓厚的民族风俗习惯。

4. 马龙苗族芦笙舞。芦笙舞是苗族同胞遇上重大节日或结婚庆典都会举办的舞蹈。

三、少数民族原生艺术在曲靖市博物馆的利用，以“富源吞口”和“师宗绑神猴为例”

（一）富源吞口

吞口来自一个传说，据说水族迁移到了富源，天气炎热，瘟疫爆发，村民们去河源石山脚下祭拜，突然看到一条鱼从池塘里钻了出来，这条鱼化作了人首狗耳，口吐利刃，嘴里叼着一把利剑，说道：“一毒一毒，一毒一妖；以毒攻毒，以邪制邪，我只需要变成一张嘴，就能吞邪镇邪了！”从那以后，吞口就成了一种象征，用来驱邪、祈福的象征。从那以后，人们就把它挂在了门上，以保护家人的健康。传说中的“吞口”源于“鱼王”，反映了“鱼神”的信仰，是“原始宗教”的自然图腾崇拜。

曲靖市博物馆选取了云南省富源县民族原生艺术“吞口”作为博物馆宣教对象，开展了相关博物馆教育工作。

因传统的吞口面具材质多为木材，为更好与博物馆教育职能想配合，此次活动中，曲靖市博物馆对吞口面具的制作材料进行相应创新。笔者现为曲靖市博物馆职工，曾全程参与“富源水族——吞口手工制作课”活动，此次活动吞口的制作过程如下：

第一步：材料准备，在活动开始之前，将准备适合儿童制作吞口的材料，主要为废旧泡沫爬行垫、废纸板、即时贴、卡纸、海绵胶、双面胶、白胶、涂改液等。

第二步：描绘“吞口”的基本脸型，用废旧泡沫爬行垫垫刻好脸型模板。

第三步：依此按照设计做好额头、眉毛、

眼睛、鼻子、胡须、嘴巴、牙齿、舌头粘贴在模板上，再把做好的利剑插入“吞口”的口中。

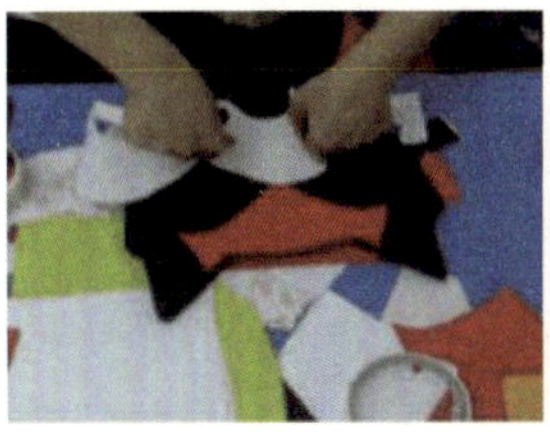

第四步：做好“吞口”的支架，选取废纸板，分两节粘贴好，方便折叠，其中一节镂空，装饰好后，可以依据需要把它作为装饰品摆放或悬挂。

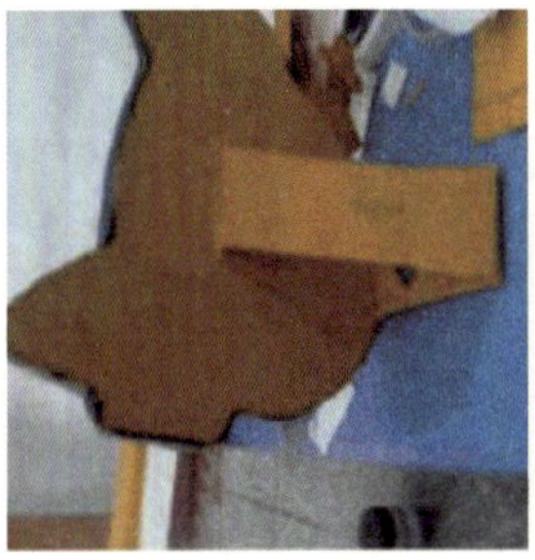

第五步：做好“吞口”后，用白胶修复一下没有粘贴好的地方。

随着工作人员对水族文化以及吞口来历的介绍，孩子们心中的疑团逐渐被解开了。他们开始认真制作他们眼中的神兽“吞口”。这类活动不仅能开阔青少年的视野，更能发挥博物馆的社教职能，以生动活泼、有效实用的教育模式促进孩子的全面发展；在不断普及非遗文化知识的同时，唤醒青少年对本土文化的了解和责任意识，使非遗保护与传承工作“后继有人”，传承经典文化，歌颂匠人精神，具有深远的意义和非凡的价值。

（二）师宗绑神猴

绑神猴又叫“绑山花子”，是彝族的一种特殊的节庆活动。传说上古时期，彝家的先祖“阿奴”被外人欺辱，无法抵抗，只好退回山林。后面的人也跟了上来，阿奴避无可避，直接跳到了一片“过山龙”的灌木丛中，不过这一片稻草太小了，只能勉强盖住他的身体，他的脸还在外面，情急之下，他从一棵攀枝花上摘下了一张树皮，用来遮挡自己的脸。所以，他才能在敌人的追杀中活下来。彝族人也在这里繁衍生息。由于长期在丛林中生存，他们从猿猴的跳跃、攀爬等多种灵活的运动中得到灵感，学会了模仿和学习，并以此作为打猎的工具，获得了丰富的食物。他们把这一切归功于那些猴子，从那以后，彝族就把猴子当成了神，每年都会有一批人被山龙藤条包裹，然后戴着面具，伪装成猿猴，到村子里的每家每户拜年，一是为了缅怀，二是为了祈祷来年的风调雨顺，五谷丰登。经过上千年的传承、演变和发展，“捆神猴”也就成了师宗堵杂村彝族最为隆重的祭祀活动。

2021 年 3 月 28 日，曲靖市博物馆开展了一场以“领略非遗魅力，传承民族文化”为主题的绑神猴手工体验课。活动以师宗县彝族同胞最重要的节俗仪典“绑神猴”为载体，通过工作人员对彝族“绑神猴”习俗的由来及发展的解读，前来参与活动的小朋友们都瞪大了眼睛，凝心静气地听完关于“绑山花子”的传说。关于师宗县彝族绑神猴的非遗知识普及完了，就到了动手体验的环节。通过对绑神猴这一习俗的初步了解，孩子们便模仿着教案里独特山花子面具的模样，开始制作自己的神猴面具。不少孩子和家长纷纷表示，这是他们从未见过的猴子面具，也是他们从未关注过的少数民族习俗仪典，通过自己动手制作和感受，让人印象深刻。非遗其实就在我们身边，和我们的生活息息相关、紧密相连，但由于非遗项目的很多资料信息难以保存，传统技艺不被世人所了解以及无法传承下去，这些传统技艺，可能是曲艺、可能是古建筑修复技艺，也可能是一种节日庆典仪式，随着老一代传承人的故去，就真的即将遗失在历史的长河中，变成我们终生的遗憾。

四、曲靖市少数民族原生艺术传承存在的问题

目前，曲靖在非遗资源梳理和建设上取得了一些成果，大部分已建成了“非物质文化遗产传播网络”，但是宣传力度不够，人们对它的了解还比较少,关注不够,参与程度也比较低。而一些地方的非遗节目，在搬上舞台后，甚至以职业艺人代替当地居民，让观众从艺人变成观众，这是对当地优秀传统文化的信心不足。没有广大群众的参与，要传承和传播非物质文化遗产无疑是一件非常困难的事情。本文结合当前工作，提出了传承和弘扬非物质文化遗产方面存在的问题。

（一）传承人才青黄不接

在继承和传播的进程中，非遗传承人是最有价值的人才，它直接影响着非物质文化遗产的发展和未来。没有一位优秀的非遗族人才的领导和承担，民族民间文化遗产的发展将会非常艰难。很不幸，我们在非遗传承人的实地考察中发现，目前我国非物质文化遗产的传承人才短缺是一个严重的问题。目前，我国传统技艺的传承者日益老化，许多民间技艺面临着灭绝的危险。在过去，传统的非物质文化遗产是一种谋生手段，传承者往往在很小的时候就接触到这种技术,然后通过口口相传来进行传承。今天，年轻人要花很多年才能掌握的技能是很困难的。这一状况并非特例，它是一种社会和文化的问题。

同时，社会对继承者的不认同也是造成遗产危机的原因之一。一方面，由于没有被社会认可，年轻人在做这份工作时，无法产生一种成就感，无法充分发挥自己的价值，从而导致退出职业生涯；另一方面，年轻人对非物质文化的认识还不够，对传统文化缺乏情感，缺乏认同。这些因素突出了非遗技艺的传承与发展之间的矛盾，造成了非遗人才的短缺，这一状况非常危险,会威胁到传统的非遗技艺的传承。

（二）对于少数民族原生艺术保护工作的重视不够

在非遗传承保护工作中，我们也发现了对传统文化遗产的传承和保护工作的重视，没有认识到它对我们国家的文化事业发展所产生的作用,还认为即使非物质文化遗产的传承断了，也与自己无关。关于非遗遗产的保护问题，存在着三个问题。第一，忽略了民族文化在社会中的地位与功能。第二，非物质文化的消亡是必然的，是时代的必然，是被时代所淘汰的一种不重要的文化。第三，认为当前我国仍应将重点放在经济发展上，而对文化发展的关注可以降低。

（三）传播手段单一落后

当前，我国非物质文化遗产的传播还处于相对落后的状态。我国民间非遗资源的传播主要是静态的、动态的。还有现实体验、影视制作、剧场演出等，因为资金不足等因素，很难实现。

因此，非遗的传播方式因缺乏新颖性、多样性不足而难以吸引大众，从而极大地降低了非遗资源的传播力和影响力。新媒介使用不足是一个很大的问题。当前，很多地区的非遗传承是通过对现有文献的搜集与整理，并以书面方式进行传播。非物质文化遗产的传承者年龄普遍偏大，对传统的传承者往往采取口传心授的方法。由于自身技术水平和知识水平等原因，非遗传播者缺乏对现代传播方式的理解，从而忽视了新媒介的应用。但是，现代社会离不开网络、移动媒体等新媒体，如果不利用新媒体进行非物质文化遗产的传播，势必会对信息的传播产生一定的影响。在全媒介时代，对传承者的过度依赖会使其传播的深度和广度受到制约，而传统的传播手段很难使其得以持续发展，因此，需要寻求新的传播途径和途径。

（四）少数民族原生艺术保护方式不够科学

由于传统的传承与保护方法不够科学，致使其工作效率低下，从而使其走向消亡。在传统文化遗产的传承与保护中，存在着一些不科学的问题。第一，在传统的传承中，往往存在着因循守旧、缺乏科学性、过于死板、过于活化的传统，缺乏与时代的融合。第二，非物质文化遗产的传承，只是浅尝辄止，只是传承了一些与非物质文化遗产相关的技术和内容。然而，由于缺乏对其背后的历史背景、文化内涵等方面的传承，使得很多非物质文化遗产的传承并不完整。第三，在传承过程中，存在着工作上的急功近利、以次充好的现象，致使许多非物质文化遗产的传承质量不高。

（五）本地博物馆对少数民族原生艺术保护工作中的作用与责任认识不清

尽管博物馆在保护非物质文化遗产方面起着举足轻重的作用，但是在实际工作中，许多博物馆对自己的职责和角色还没有真正的认识。这主要体现在：第一，在平时的工作中，没有自觉地对文物进行收集和整理；二是没有把非物质文化遗产的保护纳入博物馆的工作范畴，也没有意识到博物馆在保护非物质文化遗产方面的责任；三是缺乏对保护非物质文化遗产的重视，缺乏责任感和使命感。

五、曲靖市少数民族原生艺术在博物馆中传承的实施策略

首先，传统的博物馆可以通过静态的形式，如出版、录音、录像、文字记录等，记录民间传统技艺、神话传说、节庆礼仪等。其次，以调研、访谈的方式，将具有代表性的、优秀的民间艺人、优秀的民间艺人，邀请他们参加文物的修复和传承，使这些民间文化在博物馆的教育和传承中，发挥出应有的作用。第三，通过数码虚拟展示、传统技艺活态展示，使广大观众了解和了解民族传统艺术，自觉地投身于中华传统文化的传承与保护之中。最后，博物馆还能从传统工艺中提取具有代表性的图案和要素，利用现代美学手段，创作出具有独特风格的文化创意产品，从而达到宣传传统文化和发展文化产业的双重效果。

（一）端正思想、提高认识

少数民族原生艺术是我国民族的一种无形的、不可复制的文化现象。为此，必须加强对国家文化的自觉与危机意识。我们必须深刻认识到民族传统艺术的紧迫性与重要性，珍爱和尊重祖先留下的宝贵遗产，对于处境脆弱、极其脆弱的少数民族原始艺术，必须立即采取有力的措施加以抢救和保护，以恢复其生命力，这是我们这个时代所赋予的神圣的责任。

（二）理顺关系、明确职责

为了更好地传承和保护少数民族原生艺术，必须从保护少数民族原生艺术的角度来处理“两

头”的问题，从保护民族原生艺术的角度出发。就当前的形势来看，文化与文物虽同属一家，但是由于功能上的交叉，加上民族传统的保护工作的特殊性和比较的差异，这两个工作都是由文化部和文物部门来承担。从基本建设的角度来看，要分散开来，各司其职，人数多，实力强，对全面的保护工作有利无害。然而，从博物馆“收藏、科研、教育传播”的功能来看，经过文化部门收集、整理的少数民族原生艺术，要归口到文物、博物部门，收藏、研究、管理就有了许多难处。因此，在开展民族民间艺术的保护工作中，必须理清关系、理清责任、解决多头管理问题。

（三）加大投入、搜集整理

少数民族原生艺术普查工作，不但收集、整理了众多“以集体或个人智慧、劳动、技艺、艺术为其精心创作、继承”的众多民族原生艺术的代表作品，而且还发掘出与少数民族原生艺术代表性作品相关的“实物性”历史和文化遗产。这些与“代表作”相符的“实物”，应当拨出相关的专项资金，尽早地进行征集，以免在无意中被毁或毁掉，这是一种巨大的损失。

（四）开辟专区、展示宣传

在特定的民族或地区群体中世代传承的，有较大影响的以及有突出价值的文化表现形态，或叫文化表现形式、文化表现活动，诸如民间文学（口头文学）、民间艺术、民间音乐、民间舞蹈、戏曲、曲艺、民间杂技、民间手工技艺、生产商贸习俗、消费习俗、人生礼俗、岁时节会、民间信仰、民间知识、传统体育竞技，以及与上述文化表现形式相关的文化空间，构成了少数民族原生艺术保护的洋洋大观。博物馆开设少数民族原生艺术专题陈列馆和展示馆，对于充实馆藏、提炼其内在精神、展示其文化灵魂、弘扬地方历史文化、弘扬中华文明具有重要意义。

（五）设置机构、专题研究

民族原生艺术的研究，是今后博物馆必须面对的重大课题。比如，我们以前对一个古村落的研究，是从“物质性”和“真实的事物”的角度来把握，重视对“有形”和“无形”的观察，前者表现在重视对村落布局、民居建筑、戏台、牌坊、庙宇等古代遗迹，后者表现在对民间传承的口头文学、表演艺术（传统戏剧、曲艺、音乐、舞蹈）、民间艺术、造型艺术、民俗和仪式（包括节日）、传统体育、民间知识等方面的研究。这样，在实施民族传统文化遗产保护策略的同时，也为博物馆的研究提供了一个新的视角。因此，必须在博物馆内设立与民族原生艺术相关的研究机构，对“物质性”的非流动和流动的文化遗产进行专题研究。

（六）公众参与、弘扬原生艺术

保护民族原生艺术要坚持“以保存为本、以保存为先”的原则，积极开展和发展；只有进行合理的开发和利用，才能使其得到有效的保护。民族传统艺术的传承，包含了一系列具有生命力的、不断创新的实践活动、知识及其表现形式，从而在社会大众中形成一种认同和延续的感觉。它的保存和继承有赖于有关团体和人民的意志和态度。从这个角度看，在保护少数民族原生艺术时，社区居民的积极参与是博物馆保护的关键。博物馆是一种社会公共服务设施，它以陈列和展示的形式实现社会性教育功能，逐渐成为市民休闲和游览的场所；它可以借助自己的独特优势，把当地的传统戏剧、曲艺、民间手工艺等引进馆内，作为展览的一部分，同时可以开设一些特殊的场所，让人们进行一些实际的操作，在体验的同时，体会到民族文化的博大精深，从而提高对当地的文化认同。在无声的实践性活动中，扩大了传承者的途径，培育了“潜在”的传承者；生产出来的产品也可以被当作一种纪念品出售，作为一种收入。这既是对博物馆陈列方式的一次重大突破，也是对当地原生民族艺术的一种有效的保护。

中国的原生民族艺术博大精深，丰富多彩，源远流长，不仅承载着中国悠久的历史和辉煌的文化，也成为中国与世界各国文化交流的桥梁，更是与其他民族共同创造新文化、走向未来的重要力量源泉。博物馆是最大限度地保护和传播民族原生艺术的一个重要组织，它在保护、展示国家、地区、民族优秀的文化和文明成果方面具有积极的作用；对自己在历史上的创造与贡献有了充分的了解；加强全民的科学文化素养；增强民族凝聚力，增强创造力。

结语

少数民族原生艺术是中国文化的精华，它所承载的真善美等价值观和积极的精神，已经渗透到每个中国人的骨子里。作为新时期的博物馆工作者，保护与弘扬民族原生艺术既是一种本分，也是一种责任。我们有理由相信，经过博物馆和各方面的共同努力，中华民族传统文化，必将以更为曼妙的姿态，昂扬抖擞，百花齐放。

【参考书目】

[1]云南省文化厅．云南省非物质文化遗产传承人名录[M]. 昆明：云南大学出版社，2009.

[2]刘锡诚．传承与传承人论[J].河南教育学院学报（哲学社会科学版），2006（5）.

[3]丁先琼，鲁平俊，聂啸虎．“吹枪（箭）”的起源与发展研究[J].成都体育学院学报，2010，36（3）：34-37.

[4]王晓．非物质文化遗产视野下民族传统体育保护的若干思考[J].上海体育学院学报，2007，31（1）：72-75.

[5]丁先琼，鲁平俊，王云飞．中日传统体育吹枪（箭）比较研究[J].体育文化刊，2010（8）.

[6]祁庆富．非物质文化遗产保护中的传承与传承人[J].西北民族研究，2006（3）.

[7]张紫晨．中外民俗学词典[M].杭州：浙江人民出版社，1991：225.

[8]康娜娜，张志彬．民族传统体育非物质文化遗产传承人的现状与发展对策[J].运动，2018（13）.

[9] 王晓．非物质文化遗产视野下民族传统体育保护的若干思考[J].上海体育学院学报，2007，31（1）：72-75.

[10]苑利．非物质文化遗产传承人保护之忧[J].探索与争鸣，2007(7).

[11]刘魁立．论非物质文化遗产保护的整体性原则[C]// 张庆善主编．中国少数民族艺术遗产保护及当代艺术发展国际学术研讨会论文集．北京：文化艺术出版社，2004.

[12]董丹．日本文化财保存技术和它们的传承者培养[J].中国文化遗产，2014(1).

[13]萧放．关于非物质文化遗产传承人的认定与保护方式的思考[J].文化遗产，2008（1）.

[14]濮飞飞．非物质文化遗产传承人的特征研究[D].安徽：安徽医科大学，2011.

[15]高丙中．民俗文化与民俗生活[M].北京：中国社会科学出版社，1994.

意识形态视域下博物馆宣传功能的探究

张媛媛（重庆红岩革命历史博物馆）

摘要：党的十八大以来，意识形态工作得到了空前的重视与加强。博物馆是承载历史，传播文化的重要场所，随着社会不断地发展，其承担的社会责任发生着重要转变。2022年，国际博协也再次对博物馆的定义进行修改，这也预示着博物馆的功能将有新的突破。新时代，随着经济全球化、文化多元化和社会信息化客观趋势导致意识形态渗透性交融，博物馆应根据国内外形势和总体国家安全观审视自身的功能发挥。党和国家把博物馆作为宣传思想文化工作的阵地，这就要求重视博物馆的意识形态属性。为此，博物馆要注重社会性、服务性、公众性，把重点从"物"转移到"人"，其功能不再局限于教育、收藏、研究；信息交流、文化引领、对外传播，使得博物馆的宣传功能日益凸显。而宣传功能的实现能为博物馆吸引更广博的受众，能提高博物馆自身形象乃至社会影响力，更能通过引领文化自信，守护主流意识形态。

关键词：意识形态；博物馆功能；"四史"教育；历史认同；文化传播

王宏均在《中国博物馆学基础》一书中指出："博物馆作为社会文化教育机构，从其承担的社会责任而言，称为博物馆职能；从其所发挥的功能和效能而言，称之为博物馆功能。"[1]书中将博物的基本功能概括为"收藏、研究、教育"。我国的博物馆作为公共文化体系建设中的重要组成部分，其承担的社会责任是收集、保藏、研究、展示好历史文化资源，传播科学文化知识，丰富民众文化生活，为中国特色事业提供精神动力和道德滋养。而这样的社会职责，也让我们看到博物馆要发挥文化传播的功能。当前，我国博物馆事业蓬勃发展，2021年5月国家文物局等九部门发布了《关于推进博物馆改革发展的指导意见》，提出实施卓越博物馆发展计划，并指出到2035年我国要基本建成世界博物馆强国。随着我国经济高速发展，民众对于精神文化的追求日渐增长，博物馆研学、博物馆旅游、博物馆文创、博物馆影视制作等方兴未艾，作为文化地标的博物馆早已不再是"养在深闺人不识"，它肩负着对内文化涵养与对外文化输出的使命。与此同时，处于百年未有之大变局的中国，意识形态安全是国家文化安全的核心指向。如何维护与塑造中国特色社会主义文化安全,是作为“文化中枢”的博物馆要面对的现实问题。为此，面对新形势与新要求，博物馆在新时代将扮演多元化的角色，与之相适应地，博物馆的功能也将日趋多元，首要的便是拓展博物馆的宣传功能。

一、核心概念界定：博物馆功能与博物馆宣传功能

关于博物馆功能的研究论述很多。从官方看，国际博协在2007年时，把“教育、研究、收藏”作为博物馆的三大功能，我国2015年颁布的《博物馆条例》把“教育、研究、欣赏”作为博物馆的功能。从学界看，中国早期博物馆学家陈端志在《博物馆学通论》一书中强调了博物馆的三大效能，即引导社会教育、辅助学校教育以及促进学术研究；古生物学家、北京自然博物馆原馆长杨忠建认为博物馆具有“研究、教育、保管”的功能；中国著名博物馆学家、中国博物馆终身成就奖唯一获得者苏东海在《博物馆演变史纲》中把“收藏、科研、教育”作为博物馆的职能，并以此为据把博物馆划分为古代、近代、现代三种形态。[2]故宫博物院原馆长单霁翔在《关于新时期博物馆功能与职能的思考》中指出：“传统的博物馆本义上定义为收藏、展示、教育和研究四大功能。”[3]西方博物馆的功能比较有代表性的有：“三E”原则，Education（教育民众）、Entertain（供给民众）、Enrich（充实人生）；以及“三I”原则，研究（Investigation）、教导（Instruction）、激励（Inspiration）。荷兰博物馆学家彼得·冯门施（Peter van Mensch）把博物馆的功能归纳为保藏(Preserve)、研究(Study)和传播（Communication）。[4]

宣传是一个传播学的名词。现代意义上的“宣传”一词，源于1622年罗马天主教皇格列高利十五世创立的“信仰宣传委员会”（Congregation for Propaganding the Faith），当时该会简称为Propaganda，意思是通过传教士使用各种文字、语言符号传播教义。[5]宣传的形式与内容种类繁多,但是都有着共同的特点，即目的性、倾向性、社会性、依附性等；而宣传功能发挥着激励、引导、鼓舞、说服乃至批判的作用，任何一个国家和组织都需要通过宣传来引导、教育和启发民众。我国历来重视宣传工作，而宣传工作要得以实现除了要有相应的职能部门外,还需要具体的业务部门去执行，这当中博物馆以其物的优势、人的优势、品牌的优势，以及其承担的社会责任，成为一个有效的宣传主体。与此同时，我们从国际博协对博物馆的定义中可以看到，1974年、2001年、2007年中都出现了“传播”的表述，也有学者认为博物馆具有“展示”的功能。而博物馆的“传播”与“展示”从来都不是盲目的，都是极具目的性的，服务于社会文化发展的需要，这也代表了博物馆的传播实际就是对主流文化的宣传。1961年11月文化部文化学院编印的《博物馆工作概论》中指出：“博物馆是文物和标本的主要收藏机构，宣传教育机构和科学研究机构，是我国社会主义科学文化事业的重要组成部分。”[6]这一论述把博物馆定义为宣传教育机构，在某种意义上强调了博物馆的宣传功能。在已发表的学术论文中，有的学者把“宣传”归结为博物馆的一种工作，例如柳彦章在《刍议博物馆宣传》中提道：“博物馆的宣传是为博物馆的教育服务的，是组织观众的一种手段。”[7]并将博物馆的宣传与博物馆的教育进行了区分；赵雪村在《博物馆宣传工作浅探》中提出了“博物馆的宣传工作分为自我宣传和

外部宣传”[8]；还有的学者强调了文化传播功能，例如官委彦在《博物馆如何强化文化传播功能》中指出“文化传播是博物馆的主要责任”[9]；罗丽珍在《探讨当代博物馆如何加强文化传播功能》中指出“博物馆的文化传播功能是它的最主要的职责”。[10]

综上所述，博物馆的功能存在于博物馆的属性之中，博物馆的社会职能决定了它的功能；随着社会的不断发展，博物馆的不断实践，博物馆的功能会转变成为它的职能，而其职能也将影响它的功能。由此，依据学者们的研究成果，社会发展需求，特别是意识形态安全和博物馆的工作实践，可以推导出博物馆的宣传功能。博物馆的宣传功能具有服务性与教育性，就是要在保护好、研究好历史文化资源的前提下，根据社会发展的需要释放好文化遗产的价值，引导、激励民众从历史与现实乃至未来之中，汲取力量。而这当中历史类博物馆表现得尤为突出。

二、博物馆宣传功能的建构逻辑

自国际博物馆协会1946年成立并首次对博物馆进行定义以来的70年间，国际博物馆协会共对博物馆定义进行过七次修订。[11]2022年8月，博协布拉格大会上对发布了博物馆的新定义。新的定义突出博物馆的公益性、开放性、服务性、专业性，把博物馆与社会发展的关系构建得更加紧密。博物馆定义几经变更的背后，是为了博物馆能更适合社会的需求，更好地可持续发展。反观博物馆的发展史，在17世纪以前，因“珍品”的聚集，博物馆主要是权贵阶级的社交场；到了19世纪，随着世博会的召开，博物馆的社会属性开始凸显，数量也出现了激增，博物馆不再单单只是文物的储藏室，而是逐渐成为知识传播的空间；进入20世纪以后，特别是在1974年的哥本哈根博协大会上“为社会及其发展服务”被写入博物馆的定义，博物馆的教育功能在这一时期被强化。进入21世纪，博物馆的发展拉开了新的篇章，博物馆的文化教化功能被持续强化，博物馆的教育也被赋予了更多的指向性与目的性。

随着全媒体时代的到来，人人都是宣传员。传统的由主流媒体掌控的宣传舆论格局被打破，人们动动手指就能在互联网获取或发布各类信息，这为公众甄别信息带来了一定的困难。博物馆作为一类公共文化机构，他的影响力是非权力性的，而非建立在某种契约强制关系之上的权利影响力。[12]博物馆用于说服公众的宣传信息来源于它所收藏的“实物”，加之其自身的公益性与非营利性，也为其公信力奠定了基础，被认为是一个可以为公众提供具有信服力的信息来源机构。根据美国博物馆联盟（AAM）对各种信息来源的公众信任调查，博物馆是最值得信任的信息来源，领先于书籍和电视新闻。[13]为此，良好的信誉证明让博物馆成为一个可信任的宣传主体。与此同时，博物馆是一个文化综合体，这里面既蕴含着各具特色的民族文化，也有全人类共同的文化价值与审美价值。这也让博物馆有了明确的宣传目标，即保护与传承人类优秀的历史文化遗产。加之很多博物馆拥有自己的网站、公众号、出版物等，是可以有效利用的传播媒介，博物馆自身是展示窗口其职能部门中也有专门负责宣教的，博物馆的受众是广泛的、不设门槛的。总之，博物馆有明确的宣传目标，有专门的宣传机构，有相应的受众范围，有丰富的宣传媒介，以及依托藏品形成的各具特色的宣传内容等，使博物馆成为一个合格的宣传主体。

三、博物馆宣传功能与博物馆基本功能的互动关系

“收藏、研究、教育”被认为是博物馆的三大基本功能，但随着博物馆在现代社会中所扮演的角色越来越重要，原有的基本功能在进一步优化的同时，博物馆拓展出了其他社会属性的功能。在学界，把“事实、道理、情感”作为宣传内容的三要素，三者的有机结合，才能成为优秀的宣传。博物馆的宣传功能就是，在“收藏”基础之上，经过“研究”的转化，通过“教育”的输出，向民众灌输科学的真理，引导正确的史观、激发前进的动力。为此，以博物馆三大基本功能为基础，结合宣传内容三要素论证博物馆宣传功能与其他功能间的互动关系。

（一）博物馆“收藏”为博物馆宣传功能的发挥提供“物证”

“事实”是宣传内容得以成立的基础。收藏是博物馆的立馆之本，是博物馆存在的前提，也是最基本的职能，被公众所普遍认可。博物馆的藏品是“为了社会教育和科学研究的目的，根据自己的性质，搜集保藏的自然界和人类社会物质文明、精神文明发展的见证物”[14]。博物馆收藏的藏品是博物馆开展业务工作的物质基础，藏品最重要的作用就是用于展览展示，通过展览中的实物，能让公众更加直观地感受历史的真实，传播积极、高尚、进步的文化知识和道德观念。随着人类文明的发展，博物馆的收藏发生了转变，从有针对性地收集珍品，到“为明天收藏今天”，这也就为博物馆宣传功能的发挥提供了更多的“物证”。然而，博物馆的收藏功能，不仅仅是“收”，还有“藏”。“藏”涉及保管、保护、修复等，围绕着“物”本身开展。近年来，国家高度重视文物的修复与科学化保管。开展修复工作是赋予文物第二次生命，是在复活“文物”的同时开展的科学研究，也为宣传功能的实现提供更好的“物证”。

（二）博物馆“研究”为博物馆宣传功能的发挥提供“内容”

“道理”是宣传内容的核心要素。博物馆的研究功能，不仅要告诉公众这“是什么”，还要告诉公众“为什么”，即介绍“物”背后的内涵及时代价值。博物馆的研究工作就是要让文物“开口说话”，解读文物背后鲜为人知的故事。博物馆作为研究机构在学界是被公认的，很多博物馆设立了博士后工作站、专家工作站等；早期的生物学、人类学、历史学与博物馆的研究有着密切的联系。博物馆的研究，一方面围绕着博物馆收藏的“物”开展，另一方面围绕着博物馆学科发展进行。随着博物馆的社会属性日渐加强，博物馆的研究工作在满足展览展示需求，学科发展需求之外，更加注重对于“人”的需求，开始根据观众的认知结构、时事热点等开展“内容生产”，多学科的交叉在博物馆研究中得以体现，这也使博物馆的研究成果，更有助于实现博物馆传授知识、传播文化、引导舆论、引领思想、服务人民的宣传价值。

（三）博物馆“教育”为博物馆宣传功能的发挥提供“形式”

“情感”是宣传内容的润滑剂。在社会大众的理解中，普遍认为教育与宣传是两种截然不同的实践活动，教育强调了“启迪”，而宣传强调了“灌输”，但是把这两者与博物馆的实际工作结合在一起，两者之间就存在着相互交叉、融合与渗透的关系，是一个有机的统一体。博物馆的教育从来都不是纯粹意义上的教育，它目标指向明确且内容形式丰富，更多集中在思想教育的层面。例如，爱国主义教育、理想

信念教育、思政教育、党性教育等等，这就印证了博物馆的教育被打上了统治阶级的印记，具有一定的阶级属性。而博物馆的宣传功能，主要是通过展览、出版物以及时下流行的影视制作来发挥历史文化资源的潜在价值，就是根据国家精神文明建设和文化发展需求，通过对历史文化资源的深度挖掘、重新发现、优化组合，来实现引导教育公众，先天就是在为统治阶级服务的。博物馆在发挥教育功能的过程中，更加注重公众的“情感”需求，在信息传递上更加具有导向性与指向性，更多是从文化宣传中，激发公众的民族认同与文化认同。为此，现今的博物馆把新媒体技术、新媒体平台纳入教育之中，满足不同受众群体的多样化文化需求的同时，把预想的文化价值传播出去，使博物馆自身成为宣传媒介，这一点在国际文化交流中尤为突出。

四、博物馆宣传功能在主流意识形态中的现实体现

意识形态影响着国家文化的发展方向和安全。党的十八大以来，为加强意识形态安全建设，党中央先后召开了全国宣传思想工作会议、文艺工作座谈会、新闻舆论工作座谈会、网络安全和信息化工作座谈会、哲学社会科学工作座谈会等会议，这些会议主题折射出意识形态风险爆发的主要场域，也是意识形态风险防范的主要阵地。[15]博物馆是保存、研究、展示历史文化资源的重要机构，是讲述国家历史文化，宣传党的思想的重要阵地，是民众认知历史文化资源，感受精神动力的重要场所，是激发文艺创作，展示文化魅力的重要源泉，在国家主流意识形态工作中，发挥了极其重要的作用。为了更好地解读博物馆宣传功能，将其在“四史”教育中进行还原。博物馆要通过宣传功能的发挥，让“四史”教育落地生根，成为筑牢意识形态建设的有力保障。

“四史”是最优秀的历史教育资源，为博物馆宣传功能的发挥提供了优质的素材。中华民族是世界上最为重视历史的民族，浩如烟海的史学巨著，让公众看到了中华文明的生生不息，诸子百家的学史修身论述留下了治国理政和修身齐家的前人智慧。博物馆通过展览展示、文化旅游、文创产品等，吸引公众走进博物馆，从实物中感受“四史”所传递的“自强不息”的奋斗精神，“精忠报国”的爱国情怀，“舍生取义”的牺牲精神，“天下兴亡，匹夫有责”的担当意识，“国而忘家，公而忘私”的价值理念，让民众从历史中获取力量。“四史”承载着中华民族光荣传统的文化基因，为博物馆宣传功能的发挥建立了情感纽带。“四史”是对中华优秀传统文化、革命文化和社会主义先进文化的全新阐释与弘扬，为今天公众能坚定文化自信提供了强有力的支撑。博物馆通过创造性转化和创新性发展“以物传情”，通过与时代结合，将养在深闺的文物推向台前，用《我在故宫修文物》《国家宝藏》《万里走单骑》掀起了“文博热”。随着VR、AI、5G等新技术的持续发展，博物馆的宣传展示和传播手段日渐多元，文化不再是固态的符号，而是流淌的情怀，从文化中坚定“四个自信”。“四史”是中国共产党对外形象的直观展示，为博物馆宣传功能的发挥拓展了广阔的格局。对国家形象的认知，不仅需要国内视角，还需要国际视角。“四史”最为直观地反映了中国共产党领导中国人民争取民族独立，实现国家富强和人民幸福的历史使命。博物馆利用文化交流、合作共建，加大中华优秀文化的域外输出，不但对中国共产党树立真实国际形象有着积极作用，也提升

中国文化的国际影响力。

博物馆是人类历史记忆的殿堂，是民族文化基因的宝库，是国家对外形象展示的窗口。在“四史”教育中，要抓好博物馆这一重要的宣传阵地。以收藏“为证”，以研究“解惑”，以教育“启智”，通过宣传功能的发挥，用历史的真实反对历史的虚无，引导民众树立正确的历史观;用时代精神诠释中华文明的生命力，激励民众增强文化自信与自觉；用历史与文化的互融互通，促进中华文明的对外交流。“四史”教育，给了博物馆从历史中汲取养分的契机，激发了博物馆宣传功能的活力，让博物馆在忠于历史本源中把握历史规律、强化历史导向、传承历史文明，引导民众以史为鉴、以史明志、知史爱国；还彰显了博物馆的国际性使命，引领人类文明与和平发展道路，为全球博物馆发展贡献中国智慧、中国方案。

五、结束语

博物馆既见证着历史，展陈着现实，更预示着未来。上海博物馆原馆长陈燮君，曾用四种力量来谈博物馆的历史文化资源，即以其民族凝聚力，诉说民族文化的博大精深、源远流长；以其历史穿透力，演绎着漫长历史的沧桑巨变、岁月坦诚；以其文明穿透力，寻觅着中华文明的悠悠源头、绵绵根脉；以其艺术感染力，守望着精神家园的世代传承，人文自豪。[16]从博物馆的四种力量，我们可以很明确地看到，博物馆是一个“收藏机构”，保存了最为丰富的历史“物证”；是一个“研究机构”，承担着“究天人之际，通古今之变”的使命；是一个“教育机构”，构建了培根铸魂、启迪民智、厚植情怀的育人体系；更是一个“宣传机构”，展示了历史真实、传递了知史爱国、彰显了人文底蕴、塑造了国际形象。进入新时代，作为社会主义文化建设重要阵地的博物馆，要维护国家文化安全，助力文化强国建设；要积极承担文化宣传的使命，要利用其传播范围广泛、文化底蕴深厚的优势，构建与其他功能间的良性循环，使之相互促进，推动博物馆不断地向前发展，激发博物馆的力量；更要通过宣传功能的发挥，守护好、传承好、展示好中华文明优秀成果，促进全体国民在理想信念、价值理念、道德观念上紧紧团结在一起，凝聚起中华民族共筑“中国梦”的磅礴力量。

【注释】

[1]王宏均．中国博物馆学基础[M].上海：上海古籍出版社，2001:45.

[2]苏东海．博物馆演变史纲[J]. 中国博物馆，1989（1）.

[3]单霁翔．关于新时期博物馆功能与职能的思考[J]. 中国博物馆，2010，（04）：4-7.

[4]韦尔 S E.博物馆的职能[J]. 博物馆研究，1990，（4）：22.

[5]翟意安．抗日战争期间中日间的宣传战（1937-1945）[M].北京：社会科学文献出版社，2021:1.

[6]宋向光．博物馆定义与当代博物馆的发展[J]. 中国博物馆，2003（4）：1.

[7]柳彦章．当议巧物馆宣传[J].北方文物，1987（04）：109-111.

[8]赵雪村．博物馆宣传工作浅探[J].文物世界，2011（02）：79-80.

[9]官委彦．博物馆如何加强文化传播功能[J].大众文艺，2012，（11）：149。

[10]罗丽珍．探讨当代博物馆如何加强文化传播功能[J].剑南文学，2012，（10）：236.

[11]崔波，杨亚鹏（整理）.博物馆定义大盘点[N].中国文物报，2017-10-25（5）.

[12]郭长虹．哈贝马斯的交往行动理论与博物馆社会影响力研究[J].中国博物馆，2008（03）：71-74.

[13]GRINCHEVA N. Museum Diplomacy in the DigitalAge[M].London：Routledge，2021.

[14]王宏均．中国博物馆学基础[M].上海：上海古籍出版社，2001.

[15]郑敬斌，刘敏．坚决打好意识形态风险防范攻坚战[J].红旗文稿，2019（10）：28-30.

[16]陈燮君．博物馆——守望精神家园[N].人民政协报，2009-09-14（3）.

新博物馆定义视域下的观众服务

刘卫华（河北博物院）

摘要：新修订的博物馆定义更加强调博物馆的开放性、包容性和可及性，博物馆必将迎来更加广阔的发展前景，同时也将经历蜕变升华的痛苦。在博物馆面临的诸多挑战中，观众应对是最大的挑战之一。在这样的背景下，博物馆应更多关注和研究观众群体，尊重公众的文化平等权，致力于建设无障碍、无边界博物馆，尊重观众的主体性，加强与观众的交流互动，寻求对观众的情感触动，并建立与社区的立体化深度融合，通过完善的观众服务在促进社会协调发展中发挥积极作用。

关键词：新博物馆定义；观众服务

随着社会的发展与科技的进步，博物馆的理念和实践不断更新。新的博物馆定义更加强调博物馆的开放性、包容性和可及性，博物馆必将迎来更加广阔的发展前景，同时也将经历蜕变升华的痛苦。在博物馆面临的诸多挑战中，观众应对是最大的挑战之一。在这样的背景下，博物馆应更多关注和研究观众群体，尊重公众的文化平等权，致力于建设无障碍、无边界博物馆，尊重观众的主体性，加强与观众的交流互动，寻求对观众的情感触动，并建立与社区的立体化深度融合，通过完善的观众服务在促进社会协调发展中发挥积极作用。

一、大众共享

定位博物馆在新时代的角色与功能，最重要的一个出发点是思考：博物馆究竟属于谁？从组织管理权限上讲，公立博物馆隶属于政府或某些部门，私立博物馆属于其法人。但从文化哲学的层次上讲，博物馆究竟属于谁呢？作为一个社会组织，博物馆担负着保存物质和非物质文化遗产的责任，是人类文化遗产的宝库。但这并不意味着博物馆是人类文化遗产的拥有者。实质上，博物馆只是人类文化遗产的保护者、收藏者、展出者，是公共文化遗产资源的管理者。

它的责任就是让社会公众共享人类文化遗产。因此从根本上讲，广大公众才是博物馆所集存文化遗产的真正主人。

博物馆自诞生以来，一直在公共化、民主化、社区化的道路上前进。随着社会文明程度的提高，文化平等权成为社会文明进步的重要标志之一。国际博物馆协会 2022 年在博物馆的新定义中强调博物馆的可及性、包容性、多样性和可持续性，其要义在于倡导将博物馆的文化遗产和知识沉淀转化为公共服务能力和社会发展动力。在这一背景下，博物馆与公众的关系正在发生根本性的改变。博物馆要以公共理念、开放精神和共享态度，让更多民众分享公共文化遗产，让博物馆学习成为民众文化生活的组成部分。为此，博物馆教育要强调以人为中心，关心人的成长和发展，关心人的快乐和幸福，通过独特的教育内容和方式将博物馆收藏、研究、展览等资源、成果分享给大众，通过优质的教育服务让观众充实人生、享受人生。

二、人人可及

博物馆要充分体现文化平等权，就要尽可能地关照到各类观众的需求。博物馆的观众除普通社会群体外，还有在生理、经济或文化等方面处于弱势地位的群体。弱势群体在参与社会文化生活方面存在诸多障碍因素，但是他们公平享有文化的权利却并没有因此而降低，博物馆应为保证社会弱势群体能平等地享受文化权益做多方面的努力，创造最大限度的可及性。

博物馆的可及性首先体现在物理方面的无障碍，应从细节的点点滴滴进行场馆、设施的无障碍建设。如在停车场最适宜的位置为残疾人设置专门的车位，建筑的同一层内尽量避免有台阶或者设立相应坡道，设置盲人路标或声音提示，有残疾人专用卫生间，建筑内的灯光不要太暗或太强，备有残疾人轮椅和婴儿车甚至供易疲劳人群用的轻便自助车等。

除了建筑和设施，博物馆还要致力于信息传达的无障碍，为视力、听力和智力等方面有障碍的群体设计相宜的展览和教育项目。如针对视觉障碍观众举办特展，或在常规展览中选择一定展品让他们触摸；提供手语等特别讲解服务，或定位式自动语音导游系统，尽可能运用多媒体形式为视、听障碍者营造生动可感的参观环境。积极采取多种措施，为智力障碍者提供特别的学习与参观活动，为婴幼儿开辟专门教育空间，尽可能让更多的人获得享受文化艺术的权利，享受在博物馆学习的快乐。

对于受教育程度较低或居住地区偏远等文化弱势群体，博物馆也应保障他们享受的文化权利。如编写通俗化讲解词或科普宣传资料，推出内容适宜的讲解或讲座服务，为行动不便的老年群体提供上门服务，赴农村、山区等地区进行巡展、巡讲服务，到监狱为在押者进行“文化术矫治”等。

博物馆的无障碍建设中，心理无障碍是最难解决的问题之一。目前，虽然博物馆的文化服务日益普及，但是仍有部分观众仍对博物馆有距离感。博物馆要格外关注无影、无形的心理无障碍问题，以真诚的笑脸、亲切的态度和热情周到的服务使公众感受到博物馆的可及性，感受到博物馆对他们的尊重和关怀。

博物馆观众服务的基本理念是为所有的观众提供最好的服务，而不是仅限于为特殊的人群提供特殊的服务。对弱势群体的服务并不是刻意将他们与正常人区别开来，对其服务既要体现关切也要体现尊严，不要因为服务过度而使观众的自尊心受到刺激。因此，要体贴服务但不要硬性指挥，要态度热情但不要关注过度，从而让他们获得更多的自由和自信。而且，博物馆的无障碍化建设本身就是一种文明教育，久而久之,潜移默化,就会形成人与人之间理解、尊重、平等、关心、和谐的观念。

三、关注个体

博物馆的服务对象是具体的人，博物馆教育的目的是使人成为他自己。德国著名哲学人类学家米切尔·兰德曼（Michacl Landmann）认为，人是一种文化的存在，人是文化的创造者，也是文化的产物，个体的人通过教育获得文化特质，成为人类文化关系中的人。博物馆的观众是一个个鲜活的生命存在，他们有血有肉，迸发出勃勃生机与活力，因此博物馆必须承认和尊重观众个体的独特性，促进独特生命个体的成长、发展和完善创造条件。

观众在博物馆的学习活动本质上是一种自我构建的实践活动，美国知名博物馆学者乔治·E. 海茵（George E. Hein）在《学在博物馆》一书中提出的“建构式博物馆”概念影响广泛。根据建构主义学习理念，知识不能原封不动地被传递，学习者是在学习环境中自由撷取新的意义。这就要强调观众的主体地位，以学习者为中心，充分发挥学习者的主体性、自主性、能动性和创造性，让观众通过对学习内容主动的意义建构而获取知识。同时，学习者并不是被动地接受外来信息，而是根据先前的认知主动地、有选择性地进行“意义制定”，而且每个人的“意义制定”过程是独一无二的。因此，博物馆要努力调动观众的思维，让其保持旺盛的求知欲，并促进新旧知识的有机结合。因为知识的建构来源于经验与情景的互动活动，所以学习必须有具体的情景，以“可及性”情景创设为观众的意义建构服务。同时，交流是人类的天性，学习本质上是一种社会性对话、交流的过程，建构者获取的意义可以与他人共同分享可以促进学习，教育活动中要注意为参与者创造交流分享的机会。

建构主义既强调学习者的自主能动性，也并不忽视教育者的作用，而是倡导“主导—主体相结合”的教育模式。博物馆的教育工作者，是与广大公众与一起探寻,一起交流,一起享受,一起做快乐的引导者、鼓舞者。处于认知主体地位的观众在博物馆主动探索、积极思考和主动建构意义的过程，是在博物馆人的组织、引导和指导下进行的。博物馆工作人员的责任是为观众服务，对观众进行引导、激励和唤醒，使观众成为自由学习活动的主体，让观众在博物馆的学习成为充满智慧和愉悦的享受。

四、注重互动

当今，博物馆与公众的关系正在发生根本上的改变。当代公众已厌倦了隔着玻璃看、听别人讲的固定模式，不满足于是单纯地获取展品本身反映的知识，而希望通过参观获得愉快的文化体验，渴望有更多的参与自主性。因此博物馆教育所强调的不再仅是文化遗产的忠实再现，而是致力于串联起文化遗产与观众个体经验之间的沟通与互融，强调与观众之间的“观念协商”，通过公众的主动参与、回馈想法，实现双方共识的叙事，建构出更有意味的物质文化诠释。博物馆也是一种“社交活动”空间，教育服务的目的不只是让历史重新活跃在人间，而且要引发民众的潜在学习欲望。

因此，当代的博物馆公众教育，要从教导式转向自主式，注重沟通和双向交流。按照这一观念，要使博物馆的教育活动应打破研究→教育→观众的单行道，而应以具有启发性的教育设计，帮助观众建立起好奇心、自信心和学习兴趣。这其中，尤其要注重教育活动的“趣味性”，使观众通过具有一定挑战性和趣味性的活动愉快地获取知识，享受发现的快乐、体验的快乐、互动的快乐和自我提升的快乐。在教育服务过程中，博物馆工作人员要从教导者变成服务员，采用多种交互性沟通方式，增加亲和力，体现平等精神，通过亲切的服务，激发观众的探索兴趣，让观众在博物馆的个性化生命体验得到满足与张扬。

对于现代观众来说，参与了什么、感觉如何，与他们学习到什么同样重要。台湾辅仁大学刘婉珍援引泰莎·布莱多（Tessa Bridal）提出的“博物馆就是剧场”，为我们提供了一种视角。她认为：“博物馆如剧场，随着时空人物的移转，上演着不同戏码，整个博物馆就是一座穿梭时空的记忆剧场……”[1]“博物馆剧场”是一种比喻，启发我们博物馆应通过活泼多样的形式，让博物馆由单纯的参观场所成为人们“可以游、可以艺、可以兴、可以学”[2]的文化剧场。

五、触动情感

博物馆对公众的影响，不能单纯依靠知识传递，还须配合“情感体验”。事实上，情感因素在博物馆教育中有着极其重要的意义，情感触动是博物馆文化魅力的基础，其作用比知识领域还要宽大广深厚。情感教育一向是我国教育工作中的一个薄弱环节，博物馆需要加强利用“情感体验”，使教育项目有亲为性、自主性、生成性和直觉性特点，把参观者带入历史情感中，触动心灵，拨动情弦，在潜移默化中获得情感体验，形成历史情感，进而完善人格，触动心灵。

博物馆的每一件藏品都有故事，把这些故事讲给观众，展品就不再枯燥，教育活动就有声有色，就可以不断引发人们的情感变化，引起共鸣与提升。博物馆教育要对展览、文物中的情感因素进行深入挖掘，寻找能够启动观众情感的“启情点”元素，变流水作业式的参观为深度参与，注重互动体验，增加双向交流，让观众的情感在共鸣中受到触动。

在对观众的情感触动中，美的熏陶是非常重要的一环。博物馆教育的首要任务是让生命自由地发展，让生命因教育而灿烂，教育因生命而生辉。当前我国教育界体现心灵自由和人性陶冶的美育普遍比较缺失，博物馆就是要弥补这一不足，通过博物馆的教育服务让观众达到审美境界。博物馆是审美的王国，博物馆的历史、文化与艺术展，具有独特的感性情维度和人文内涵，能够使人们摆脱现实生活中有限意义的实际需求，产生超脱功利的美的想象和情感体验，从而唤醒人们对美的感悟。因此，博物馆传播的不仅仅是知识，而且是一种萌发，一种启示，一种觉醒，开启智慧，点化、滋润生命，促进生命的完美与幸福。博物馆要营造人人可及、人人共享的轻松愉悦氛围，让每一个观众都在博物馆触动心灵、启智怡情。

六、时空延伸

博物馆的可及性不仅限于场域内，博物馆的观众不仅是到场观众。习惯上，我们普遍认为走进博物馆的公众是博物馆的观众；事实上，随着大千世界对博物馆的呼唤、随着信息网络技术的拓展，博物馆观众的概念也在不断变化。信息技术不仅改变着博物馆的空间模式，也改变着博物馆的观众概念和服务模式。

现代信息技术的影响越来越深远，更广泛空间的即时性服务需求，对博物馆的信息收集、表达和传播模式都进行着彻底的更新，也对博物馆的工作模式产生着深刻影响。互联网技术的应用拓宽了博物馆的信息传播领域，博物馆的触角会越变长越长。数字博物馆还可以通过提供信息的超链接和信息检索分析功能，实现藏品信息资源时间和空间维度上的任意延伸。观众只需轻轻移动鼠标或划动屏幕，就可以获得比亲临现场更加完整、更清晰的画面。

网络具有的开放性使人们可以轻而易举地自由撷取信息、交换资讯、传达意见。这种互动性，打破藩篱，超越国界，获得更多的分享。而网络不拘地理位置限制的互动性，不仅可以满足观众即时参观的需要，而且可以弥补传统博物馆与观众沟通的匮乏与困难。人们在网络信息上获得的是文化信息与文化影响，使用者隐去了种族、身份、教育背景等差异，从而获得更多的平等感与更多参与、互动的积极性。互联网技术淡化了因地域距离而产生的隔膜感，政治意识和地缘意识也相对弱化，只要能从语言上打破障碍，实际位于任何地点的博物馆就具有了与世界任何角落的网民交流的可能性，其影响力无形中有了极大的扩展，其潜在观众群体也扩展至前所未有的规模。

信息技术改变了博物馆的空间模式，不仅实现着博物馆的自我重塑，也进行着对观众的重塑，潜在的观众也获得了极大的扩展。信息化为博物馆的观众概念开启了一个全新的时代，当今的博物馆不能满足于服务于到馆参观的观众，任何一个人都是博物馆的潜在服务对象。不要问观众在哪里？问题的关键是博物馆的服务能延伸到哪里？博物馆也日渐跳出“实体场地”的思维局限，拓宽视野，走出馆舍天地的空间和时间限制，以更多维、更现代的方式服务于更多的公众。

七、超级链接

新时代的博物馆概念正在发生变化，博物馆不再仅仅是博物馆，而是日渐由单纯的收藏中心、展示中心、教育中心，成为文化记忆集纳中心、活色生香的文化剧场、公民文化论坛中心、文化资源生成中心以及社会文化创新的发动中心，从而建立起与社会的立体化超级链接，以朱利安·斯图尔德（Julian Steward）为首的美国文化生态学派认为一个地域的文化生态是在长时间的历史时期内形成的，今天的文化与历史文化遗产一脉相通。博物馆是以保存物质文化遗产为基点发展起来的，有注重物质文化遗产的传统。但是随着时代的发展，社会对文化遗产的认识越来越全面、越来越深入。除了具有历史、艺术和科学价值的物质文化遗产外，以非物质形态存在的、与群众生活密切相关、在时代中一脉相承的文化传统等均被纳入文化遗产的范畴，从而表现为对人类文化环境的整体关注，社区博物馆的概念也应运而生。社区博物馆强调博物馆文化与社区文化的融合，物质文化遗产与非物质文化遗产的交融，以及过去、现在、未来的浑然一体，从而让社区居民在完整的文化氛围中更多获知和感受当地文化的整体样貌和独特风格。

在这一理念的影响下，博物馆的活动空间和影响范围不仅仅限定在馆舍天地内，而是开拓到更广阔的空间，与社区生活的联系日益紧密。其实，所有的博物馆都是“浸泡”在社区中的，或者说博物馆对自身所处社区文化有着弥漫性、渗透性的影响，博物馆的服务延伸到哪里，其影响的范围就到达哪里。博物馆要大力拓展开放性教育服务，以更加灵活的、线上相下结合的形式将触角延伸到广大到社区的基层，关怀社区、服务社区、参与社区文化建设，并根据社区特点设立“社区项目”。在与社区的日益融合、对社会文化生活的深度介入中，博物馆正在超越其社会组织的边界，成为影响广泛的公共文化中心，它连接着公众、触动着公众、动员着公众，成为提升民众文化生活的有力组织，成为促进社会协调发展的强大力量。

结语

新时代，新定义；新发展，新未来。新的博物馆定义，提示了博物馆在社会发展中新的责任担当和面向未来新的前进方向。当代博物馆在丰富民众生活、提升公民素质中的作用日益重要，在促进社会全面协调发展方面的力量日益显现。博物馆具有开阔的发展前景，面临无限的发展机遇。作为博物馆工作者，我们要与时俱进，更新理念，迎接挑战，积极变革，在探索与创新中寻找到博物馆发展的时代新路，在积极实践中助力博物馆全面实现社会责任担当！

【注释】

[1][2] 刘婉珍．博物馆就是剧场[J]. 艺术家杂志社，2007.

感知与变化：体验视角下的博物馆沉浸式展示策略探析

周 圆（中国湿地博物馆）

摘要：在传统博物馆展览中，展示内容平铺直叙，展陈形式多为静态，观众难以沉浸其中，感知背后的文化意义和人文情感。随着时代发展和科技进步，从“物”到“人”的观念已成为当前中国博物馆学界的主导性话语。许多博物馆进行了积极尝试，在展陈设计中更注重观展氛围的营造，强调展品与观众间的互动关系，创新运用多媒体技术，展览传播手段开始趋向多元化。但应该看到的是，一些博物馆在沉浸式设计上仍处于探索阶段，存在展示手段单一、展品信息零散薄弱、展陈内容设计无法跟上技术更新等问题亟待改进。本文将从观众体验、沉浸概念等理论出发，分析国内外博物馆的优秀展览案例，探讨体验视角下沉浸式设计的方法策略，以期为博物馆展览展示的研究和实践提供新的参考。

关键词：博物馆；观众体验；沉浸式展示

当下我们定义的博物馆展览，“是以相互关联的文物、标本、科技成果、当代艺术品、非物质文化遗产和辅助展品为基本要素，在一定的空间内，通过内容设计、形式设计、施工布展等手段，将之创意策划、科学组合、正确诠释成具有一定主题、序列和艺术形式的公共文化产品，供大众体验”[1]。近年来，“以观众为中心”的理念被愈来愈多博物馆所重视并认可，成为博物馆高质量发展的关键指标之一。李德庚在《流动的博物馆》一书中提到，不能把观众视为简单的受众，而应视为某种程度上的参与者[2]。观众来到博物馆参观展览，能否既看到“物”的展示，学到历史人文和自然科学等知识，又能全身心地沉浸在这个特定的空间中，参与互动，获得体验并引发思考，变得尤为重要。

一、博物馆体验

博物馆体验即观众通过参观博物馆获得的体验[3]。最早研究并提出了“观众体验”（visitor experience）的是美国科学家、教育学家、心理学家弗兰克·奥本海姆（Frank Oppenheimer），他强调观众体验包含认知体验、审美体验、探索体验和娱乐体验四个方面[4]。1992年，福克（John H.Falk）和林恩·迪尔金（Lynn

D.Dierking）提出了“观众体验模式”（Museum Experience Model），认为博物馆观众体验是观众在个人背景、环境场景及社会文化语境因素相互影响和相互作用下产生的具有社会性、环境性、知识性和情境性的整体体验。2014 年，美国安德鲁·佩卡里克（Andrew J. Pekarik）基于华盛顿史密森尼博物馆的观众调查，在其体验偏好理论（IPOP 观众模型）中，将观众分为四个类型：观点（ideas）——更关心概念、抽象感、线性思维、事实和理由；人（people）——更关心人际关系、情感体验、故事和社交互动；物（objects）——更关心物品、美感、工艺、所有权和视觉语言；身体（physical）——更关心身体感知，包括动作、触摸、声音、味道、光线和气味[5]。通过测量不同偏好的观众参观展览时的注意力、反应情况、能否引起强烈的心理感受和情感共鸣等方面，可以评估一个展览在观众层面是否成功。

二、沉浸概念与博物馆沉浸式展示

（一）沉浸概念

沉浸在心理学领域中是指当人们从事一项活动时，如果全身心投入，集中注意力，就会过滤掉不相关的知觉，进入一种沉浸状态[6]。沉浸理论的核心是由匈牙利籍心理学家米哈里·契克森米哈（Mihaly Csikszentmihalyi）于 1975 年提出的心流理论（Flow Theory）。他在《心流：最优体验心理学》中提到：心流状态下的人们能够完全沉浸在所做的事情中，并从中获得最满意的经验。心理学家盖尔·普里维特（Gayle Privette）与查尔斯·M·邦迪克（Charles M.Bundrick）的研究成果支持了这一观点，他们以大学生为研究对象，对这些学生在日常生活中的积极情绪体验进行了调查，发现沉浸体验是一种内在享受的过程，这和马斯洛（Maslow）提出的高峰体验（peak experience）相似，都是一种来自心灵深处的欣然与精神上的乐趣。在观众体验中，沉浸体验或沉浸感成为观众描述展览体验程度时，使用频率极高的指标[7]。它作为一种积极正向的心理状态，是观众在博物馆获得体验的重要组成部分，能帮助人们获得更大满足感和愉悦感。

（二）博物馆沉浸式展示

博物馆沉浸式展示最早来源于美国自然博物馆的动物生态环境复原陈列。动物学家、探险家卡尔·埃克利（Carl Akeley）为了真实地再现非洲大草原的原生环境，将舞台布景的方法运用于博物馆展示中，采用动物群组的形式与其生态环境一起做了复原展示。这种被称为“立体造景”（diorama）的展示形式将实物和非实物展品置于背景为画面或构筑物的环境中，以展现某个自然或历史场景[8]，因其能让观众产生穿越时空的感受，而后在各类博物馆中得到了普及。

一般而言，出于保护的需要，观众和展品之间存在着客观的审美距离，比如展品被放置在玻璃展柜内，重要展品前会设有隔离带，告示牌会写有“请勿触摸”的提醒文字，这往往导致人们难以从参观过程中获得强烈的心理愉悦和情感认同。沉浸式展示中，观众则从被动的旁观者化身为主动的参与者，处于展览叙事之中。如今，日新月异的技术手段，赋予了现代博物馆沉浸式展览展示新的内容和施展空间，为观众带去了更加难忘的观展体验。

三、体验视角下的博物馆沉浸式展示策略

事实上，许多博物馆已经将自己定位为文

化生产、阐释、传播和体验的公共中心，不仅仅是存储和展示重要物品的建筑[9]。在对观众需求及其实物体验、审美体验、参观体验更加关注的时代要求下，博物馆如何将展览变得生动，成为人们创造持久记忆和情感共鸣的理想场所，是展览策划设计时需要着重考量的。构建叙事空间和沉浸感的场景，注重多感官体验，设计有趣的互动展项，运用声、光、电和多媒体展示技术，从而激活观众的直观感知与认知变化。

（一）构建叙事空间，营造观展氛围

在传统博物馆中，展览的主要功能是展示而非叙事，观众在很大程度上是较为被动的。现代博物馆更重视观众感知体验，呼吁在艺术创作、展陈过程中投入更多人文关怀、情感交流和知识探索。在具体叙事过程中，往往会把某个展品置放于某种情境关系之下，这与传统博物馆仅完成对藏品的摆放展示而忽视场景中物与物的逻辑关系是不同的[10]。英国博物馆学家艾琳·胡珀－格林希尔（Eilean Hopper-Greenhill）的观点启发博物馆应关注叙事在激发和增强观众沉浸感中的作用。她认为博物馆叙事是通过将不同来源的物品聚集在一个地点而构建的。当一件物品与其他更大的群体联系在一起时，不是仅仅代表自身的起源或故事，实际上强调了展览的整体性和连续性，这正是观众获得沉浸感的条件和助力[11]。

当代博物馆展览设计已具有明显的叙事倾向，主要表现为主题展代替珍品展、语境阐释逻辑代替符号分类逻辑、动态故事代替静态描述以及多元媒介组合代替单一媒介组合四大趋势[12]。许多博物馆不再局限于举办传统的器物、书画和标本展，或简单以年代序列摆放展品，而是做了积极有益的尝试，设立特定的叙事主题，根据故事脉络将不同时空的“物”组合在一起，为观众提供新的观展视角和感知空间，让观众通过对展品的理解与诠释来获取信息，激发观众的想象力与更深层次的思考。如杭州博物馆“行在山水间——南宋视野下的杭州临安城”，展览以“京城”“山水城市”为核心概念，以考古发现为基础，展开叙述南宋临安城“城市设计”的特点，勾连出城中的社会生活，展现了人与环境的关系，以及南宋的城居生活、经济生活和精神生活等社会面貌；陕西历史博物馆展览“玉韫·九州——中国早期文明间的碰撞与聚合”以玉器为载体，以辽西圣地红山、水乡、泽国、良渚、中土之国、陶寺以及沟壑之城、石卯等区域文明的主体为叙事核心，通过技术流变、区域文明和玉理中国等三个单元，揭示多元一体的中华文明碰撞聚合相互融通的神奇过程，以御礼器承载的深邃理念和浓厚情感为线索，展现中华民族道法自然，自强不息的精神气质。

除了主题和故事架构，形式设计所营造的场景也是展览叙事的有效载体。观众来到博物馆展厅，就进入了一个新的场域，如何从现实世界跨越到展览所营造的叙事空间中，对沉浸体验有着重要的影响。以苏州博物馆“1509：与谁同坐——吴门画派之青少年教育互动展”为例，展厅的入口别出心裁的设计成一个幽暗曲折的时光隧道，通道墙面上的2018年、2000年、1900年、1800年等年份字样，仿佛带着观众穿越到大明正德四年（1509年）的苏州（图1）。同时，展览选取了六位吴门画派的代表人物，通过情景复原，让观众如同身处明代文人生活的家居及市井环境中。答题闯关的形式又与展览本身产生互动，激发人们的学习兴趣，从而了解明代的文化艺术，并对明代文人的价值观产生思考。日常生活中，人们不可能同时身处两个不同的时空，但在沉浸式观展中，参

观者会产生一种解除时间和空间限制的跨越感，像是在电影里穿行一般。如南京博物院民国馆，馆内的每个场景都力求保留原汁原味的民国风格，所有细节都经过考证，让观众虽行在展厅，却如同走在20世纪30年代的民老街上，体会旧时南京的各种风土人情。

图1 苏州博物馆“1509：与谁同坐——吴门画派之青少年教育互动展”展厅

（二）注重感官体验，激发情感共鸣

随着展览叙事逐渐向“以人为中心”转变，观众的体验越来越受到重视，连“参观”的概念也大大拓展了——不仅仅是视觉，人的其他感知方式如听觉、触觉、嗅觉等也被纳入了“参观”的概念中[13]。

《博物馆经验》中提及：观众会花费大量时间在看、摸、嗅与听，而不是阅读。通过视觉上的全景空间展示，听觉上的声声环绕，触觉上的展项互动，嗅觉上的气味联想等多感官协同形成的沉浸式体验，观众获得的临场感和冲击感会更为强烈，且具有更长久的记忆缓存时间。多感官体验的博物馆对我们而言并非仅仅是知识的或美学的，相反，它是一个人们可以沉思、冷静、反思，并且理解自我情感与动机的地方[14]。如杭州工艺美术博物馆的“永远有多远”（图2），展览以古籍寓言、科幻文本为基础，将传统博物馆展览与当代艺术展有机结合，围绕“永恒·永在·永生”的哲学命题，编撰形成了新的故事链。展厅空间运用了更为抽象的表达方式，以灰为主色调，大胆采用高饱和度的红、蓝、绿、白四种色彩，辅以灯光等氛围渲染，达到调动观众观展节奏的目的。“红”模拟砖的颜色，还原古人为追求永生而精心打造的“地下王国”（图3）；“蓝”寓意科技、未来，在人工智能高速发展的时代，虚拟世界和大数据算法可能重新定义生命的长度和宽度；“绿”象征着生命，也象征着人类对于生命延续的不懈追求；以代表沉静的“白”收尾，让观众的情绪慢慢沉淀，引发人们对于展览、对于生死观更深层次的思考。同时，展览还根据每个展区的主题概念，选取风、流水、虫吟、鸟鸣等声音，经过后期制作完成了自然空灵的展厅音效，带给观众一种全新的视听体验。

想让参观者“入戏”，便要尽可能地通过对场景的营造来调动人们的感官，从而加强“身临其境”的感官感受[15]。中国丝绸博物馆展览“万物生灵：丝绸之路上的动物与植物”以丝路上的动植物为切入口，结合文物和动植物标本，诠释由这些外来动植物所构建的从生活享乐、物质文明到精神文化艺术的多维立体的文化交融环境[16]，并通过听觉、触觉、嗅觉等多方位的感官刺激来加深观众的记忆。观众不仅可以看到唐代西市和边塞巴扎的复原场景（图4、图5），还可以感受到骆驼、马的苜蓿草散发着草香，香喷喷的羹饼仿佛刚刚从炉灶里拿出来，玻璃罩里水仙、郁金香、石榴的香气诱人。展览中的“气味电影”沉浸式体验，将故事定格在“胡姬酒肆”这样一个特定的主题，观众可带上特制耳机，随着电影的播放，同步感受炙羊肉、胡椒粉、香膏、葡萄酒等味道。

图 2　杭州工艺美术博物馆展览“永远有多远”

图 3　“红”模拟砖的颜色，还原古人为追求永生而打造的“地下王国”

强调行为参与的交互设计也可以在一定程度上唤醒观众的身体，激发其主动配合完成互动的热情，提升沉浸感。中国动漫博物馆内的交互体验就随处可见，如“动漫你的回忆”主题陈列的“费纳奇镜”和“小鸟入笼”，观众只需轻轻转动转盘就能看到连续的光影，感受动画的原理——视觉暂留现象；在“铁扇公主”互动装置前，通过答题闯关就可以拿起芭蕉扇化身孙悟空扇灭火焰山的熊熊大火；展厅还有一面老式电视机墙（图 6），播放有《哪吒传奇》《大闹天宫》《黑猫警长》等动画片。有趣的是，其中有两台电视机上显示信号不好，需要参观者旋钮调整一下信号，经过调试，屏幕上的画面会逐渐清晰。这种构思巧妙的互动装置，给博物馆展陈带来了多元化的呈现，使趣味性更佳，体验感更强。

图 4　中国丝绸博物馆“万物生灵——丝绸之路上的动物与植物”

图 5　唐代西市和边塞巴扎复原场景

图 6　中国动漫博物馆展厅内的老式电视墙

（三）借助科技手段，实现身临其境

国家文物局在《关于提升博物馆陈列展览质量的指导意见》中指出，要通过加强数字化展示手段，利用虚拟现实技术、3D 技术等增强虚拟展示效果，丰富数字展品数量、展示信息及体验手段来提升博物馆展览的质量。龚良认

为"沉浸式体验展"将是未来展览的7种表达形式之一：通过声、光、电和动态、变化，让观众置身于一个全方位接触的空间环境内，沉浸其中，带来真实的体验、感受和思考[17]。科技的迅速发展和不断迭代，为博物馆搭建了一个数字化的场景和平台，全息影像技术、虚拟现实技术、增强现实技术、混合现实技术等智能媒体技术的应用，帮助博物馆突破真实世界的限制，既可对实物进行再创作，优化拓宽了展示形式，实现多方向多层次的信息传播，又给观众营造一种沉浸其中、身临其境的情境体验，对提升展览的观赏性，增强博物馆黏性有着积极的促进作用。

1. 全息影像技术

全息影像技术是利用干涉与衍射原理，在真空中呈现三维立体影像的技术。全息影像技术可以将物品呈现于半空中，使其外部形象在物理环境的影响下生成一种纵深感，并且还能将文物展品的真实性凸显出来，以满足参观者多个维度、多个方位的参观需求。

"心灵的畅想——凡·高艺术沉浸式体验"是中国国家博物馆举办的一场基于高科技展示技术的体验展览（图7）。展览通过灯光、音乐、沉浸式影像等技术手段，重建文森特·凡·高（Vincent van Gogh）的艺术作品，与观众建立互动,促进人们从一个全新的角度来思考艺术。主展厅采用了360度全景全息投影技术，还原凡·高《杏花》《星月夜》《罗纳河上的星夜》等200多幅原作，展厅上方星光闪耀，四周画彩流动，地面则流转着向日葵、星空和雨滴，沉浸其中，不得不让人感叹凡·高强大又富有张力的艺术手法与魅力。展览还复原了凡·高1888年在法国阿尔勒的一间对他有着特殊意义的温馨小屋，让观众与场景内容实时互动，展开对"阿尔勒的卧室"的无限幻想（图8）。

图7 中国国家博物馆"心灵的畅想——凡·高艺术沉浸式体验"

图8 展览重现了凡·高在阿尔勒的小屋

新加坡国家博物馆展览"森林的故事"从馆藏威廉·法夸尔（William Farquhar）的《自然图集》中获取灵感，选取其中69幅水彩画以动态影像的方式呈现（图9）。观众进入一个螺旋形下降的空间，通道上围绕着动态的全景图像，从屏幕上投射出新加坡原生的各种动植物与森林场景，四周伴有鸟叫虫鸣和动物发出的声音特效，在长达170米的画卷上还不时出现风雨和逃窜避雨的动物，它们在屏幕上出现或移动并不遵循固定的模式，生动展现了新加坡的气候特点，让人仿佛身在其中。观众可以在移动设备上通过应用程序,了解包括栖息地、饮食和濒危程度在内的动物信息（图10）。在这条路线的尽头是黑幕包围的圆形空间，巨大的圆顶屏幕上是一片星空下的秘密森林（图

11）。森林里的动植物可以随着人的靠近做出动作，参观者甚至可以躺下来欣赏360度令人惊叹的奇幻景观[18]。展览凭借渐进式的沉浸设计，为观众带来了难忘的心流体验。

图9 新加坡国家博物馆展览“森林的故事”

图10 观众通过应用程序了解动物的相关信息

图11 仿真花朵在无边界的黑色穹顶洒落

2. 虚拟现实技术

虚拟现实技术（virtual reality，简称VR）囊括计算机、电子信息、仿真技术，其基本实现方式是计算机模拟虚拟环境从而给人以环境沉浸感。虚拟现实技术的展陈方式具有亦真亦幻的空间模糊感，有强烈的塑造性，视觉效果强烈，让人的感官应接不暇，自发地沉浸其中探索学习。

在法国卢浮宫（Musée du Louvre），每天有超过两万人次观看《蒙娜丽莎》，但因为这幅500多年前的画作已经十分脆弱，观众只能在玻璃展柜外远眺。2019年，卢浮宫推出了“蒙娜丽莎：越界视野”VR体验，作为达·芬奇展览的一部分。体验者首先站在卢浮宫的大厅里，看到《蒙娜丽莎》正在前方被人群围观。随着体验者走近，人群慢慢散去，画作周围的保护罩消失，便可以贴身站在蒙娜丽莎的微笑之前了。接着就能仔细观察画作细节，并透过油彩层次，看到木头画板的纹理、裂缝，甚至修复过的痕迹。同时，还能体验达·芬奇最著名的晕涂法技术——通过色彩调和的方法，让画作呈现出一种模糊而柔和的感觉。填充空间，人物背后的自然风景也会变得更加亲近，通过操控设备可以让人物暂时隐去，然后观察到风景里肉眼难见到的细节[19]。同样，在上海举办的“致敬达·芬奇——全球光影艺术体验大展” 通过先进的数字技术，再现了文艺复兴全才达·芬奇惊人的天赋和成就（图12）。观众可以戴上VR眼镜，观摩机械装置的工作原理，走进装甲车一探其内部结构，乘轮船航行，欣赏翱翔的飞行器，感受巨人的创造力和思想力。

图12 “致敬达·芬奇”全球光影艺术体验大展

3. 增强现实技术

增强现实技术（augmented reality，简称AR）具有独特的实时交互功能，能够实时计算摄影机影像的位置及角度并加上相应图像，将环境与信息融合集成后反馈给观众，让观众在现实世界中真实地感受虚拟空间中模拟的事物。

如大英博物馆（British Museum）推出一款名为“献给雅典娜的礼物”的 AR 冒险游戏。参观者可以通过移动设备扫描展览对象，收集词语和数字道具，解决谜题获取通往下一个故事的钥匙，由此学习展品的相关知识；美国底特律艺术博物馆（The Detroit Institute of Arts）运用 AR 技术使参观者通过手机便可穿透石棺看到木乃伊以及内部的骨架，或是再现巴比伦伊什塔尔城门等早已消失的建筑，恢复这些浮雕原本的色彩；西班牙加泰罗尼亚艺术博物馆（Museu Nacional d'Art de Catalunya）则用 AR 技术“复活”了恐龙，人们可以在恐龙身边走动，全方位地观看它，并与之互动。

4. 混合现实技术

混合现实技术（mixed reality，简称 MR）是基于虚拟现实和增强现实之后更先进的一种技术。该技术试图把 VR 和 AR 的优点集于一身，让人们看到类似 AR 的现实世界，同时又能呈现出类似 VR 的虚拟物体，从而增强体验的真实感。它的发展为博物馆的交互设计和观众体验带来新的契机。

美国克利夫兰艺术博物馆（Cleveland Museum of Art）非常重视展览的“互动性”，强调创造一种有机的、以观众为中心的体验（图13）。为了使 ArtLens 展为各种层次的参观者打造一个有趣且极具吸引力的环境，博物馆设计了包含十几款游戏的令人身临其境的混合现实体验，超过 70 英尺的投影画面，触摸屏以及追踪访客身体、凝视和情绪的前沿软件。有研究显示，参观者在参观全新的 ArtLens 展时，平均体验时间超过 9.5 分钟，有的甚至超过 20 分钟。88% 的受访者认为艺术品看起来更舒服。70% 的受访者表示近距离观看了艺术品。94% 的人希望亲身观看艺术品。同时，博物馆当前拥有一套强大的可更新系统，能在不需要任何代码知识的情况下保持更新。

图 13　克利夫兰艺术博物 ArtLens 展

四、结语

随着公众文化水平的不断提升，知识获取渠道的显著增多，现代社会对博物馆提出了更高的期待。2022 年 8 月 24 日，国际博物馆协会公布的新定义中强调了博物馆“在社区的参与下，为教育、欣赏、深思和知识共享提供多种体验”的社会职能。因此，未来的博物馆应以更加开放包容的姿态为更多参观者提供交流体验的平台，积极构建与观众双向的多边的联系。对于展览而言，注重内容叙事，运用空间的表达转换，借助新媒体艺术营造和设计沉浸式交互场景，使人们不仅能学到知识，还能获得心灵体验与情感共鸣，引发思考，为其心里带来变化。让博物馆不再是冰冷的、逝去的、凝固的物的集合，而是可感知的、活着的、流动的人与物、人与人的交集[20]。

【注释】

[1] 龚良．博物馆展览的未来畅想[J].科学教育与博物馆，2021（7）.

[2] 李德庚．流动的博物馆[M].北京：文化艺术出版社，2020.

[3] 王晴焕，王思怡．博物馆体验式展览的概念性问题探讨[J].文博学刊，2022（3）.

[4] 李林．弗兰克·奥本海姆的博物馆观众体验研究理论与实践[J].东南文化，2014（5）.

[5] 徐佩佩．多样与特色：塑造更丰富的博物馆观众体验[J].中国博物馆，2021（2）.

[6] 张瀚．博物馆展陈空间沉浸式体验设计研究[D].哈尔滨师范大学学位论文，2021.

[7] 王思怡．沉浸在博物馆观众体验中的运用及认知效果探析[J].博物院，2018（4）.

[8] 张琰，郑霞．浅析Diorama在博物馆语境下的发展与演变[J].中国博物馆，2021（4）.

[9] 蔡琴．源于古典 再造当下——由“江南生活美学”展览策划引发的思考[J].博物院，2019（2）.

[10]王蕾．融“博”之道：博物馆情景化的理念、实践与未来[M].北京：光明日报出版社，2022.

[11]张琰，郑霞．浅析观众沉浸感和博物馆沉浸式展示要素[J].东南文化，2022（5）.

[12]任琳．从文物艺术到历史故事：我国博物馆展陈设计的叙事趋势、原因与反思[J].东南文化，2021（4）.

[13]李德庚．流动的博物馆[M].北京：文化艺术出版社，2020.

[14]王思怡．多感官体验在博物馆展览营造中的理论与运用——以浙江台州博物馆“海滨之民”展项为例[J].东南文化，2017（4）.

[15]谭奇．身临其境：博物馆沉浸式交互场景的营造与设计[J].博物馆管理，2022（3）.

[16]赵丰．在绸与路之间探索[J].文化交流，2021（241）.

[17]龚良．博物馆展览的未来畅想[J].科学教育与博物馆，2021（7）.

[18]博物馆的永久展厅 | 森林的故事[EB/OL].（2017-12-05）[2023-03-12].https://www.sohu.com/a/208900547_100012854.

[19]HTC牵手卢浮宫，首个VR版的「蒙娜丽莎」来了[EB/OL].（2019-10-24）[2023-03-15].https://www.sohu.com/a/349359943_413981.

[20]谭奇．身临其境：博物馆沉浸式交互场景的营造与设计[J].博物馆管理，2022（3）.

新定义下我国“博物馆 +”模式的探索
——以中国电影博物馆为例

仇 婧（中国电影博物馆）

摘要: 2022 年 8 月 24 日，国际博物馆协会官网正式公布了博物馆的新定义，相较于之前的博物馆定义，博物馆的功能定位从关注“物”转化为立足于“人”，博物馆为社会和社会发展服务的指向性更加具体，同时认识到可及性、包容性、社区参与和可持续性的重要性。本文运用理论与实践相结合的方式，在博物馆新定义语境下，通过对“博物馆 +”时代背景及概念内涵的集中阐述，以中国电影博物馆为例，研究博物馆与旅游、电影、科技、教育、体育等行业的跨界融合，思考“博物馆 +”模式下的资源利用及价值拓展，为未来博物馆的发展提供一定的研究思路和创新途径。

关键词: 新定义；博物馆 +；社会功能；高质量

2022 年 8 月 24 日，国际博物馆协会官网发布信息，正式公布了博物馆的新定义，即“博物馆是为社会服务的非营利性常设机构，它研究、收藏、保护、阐释和展示物质与非物质遗产。向公众开放，具有可及性和包容性，博物馆促进多样性和可持续性。博物馆以符合道德且专业的方式进行运营和交流，并在社区的参与下，为教育、欣赏、深思和知识共享提供多种体验。”[1] 相较于之前的博物馆定义，博物馆的功能定位从关注于“物”转化为立足于“人”，博物馆为社会和社会发展服务的指向性更加具体，同时认识到可及性、包容性、社区参与和可持续性的重要性。博物馆新定义赋予了博物馆更多的职责与使命，也为博物馆的发展带来了更多的希望和期待。

党的十九届五中全会对文化建设高度重视，从战略和全局上做了规划和设计，在《中共中央关于制定国民经济和社会发展第十四个五年规划和二〇三五年远景目标的建议》中明确提出要繁荣发展文化事业和文化产业，提高国家文化软实力，到 2035 年建成文化强国。党的二十大报告中强调要加快“强国”建设，其中提到建成“文化强国”。博物馆是文化事业发展的重要内容，是保障人民基本文化权益的重要阵地，也是国家文化建设的重要着力点。博物馆是展示人类文明和社会发展成果的重要窗口，也是推动社会主义文化繁荣发展和增强民族凝聚力的重要力量。

新时代我国经济结构出现重大变革，社会经济由高速增长阶段转向高质量发展阶段。为满足人民群众日益增长的精神文化需求，我国文化及相关产业占国内生产总值（GDP）的比重由2012年的3.48%增加到2021年的4.56%，“博物馆”作为文化事业产业的重要一员所占比重持续增加。近年来，随着国家一系列促进博物馆发展的政策出台，“博物馆 +”模式也逐渐被广大群众所接受。截至2021年底，全国登记注册的6183家博物馆，较2012年的3069家增长了一倍。博物馆数量的大幅增长，突显出我国的博物馆在发展规模、藏品数量、人才队伍及管理水平等方面的问题，“博物馆 +”模式的跨界融合能够起到打破博物馆的现有格局、资源优势互补的作用。随着“博物馆 +”模式的兴起与发展，“博物馆 +”成为未来我国文博行业的热点方向与转型之路。基于此研究背景，本文在博物馆新定义的语境下，主要对“博物馆 +”的时代背景、概念内涵以及中国电影博物馆“博物馆 +”模式的实践案例进行研究，探索分析“博物馆 +”模式下的资源利用及价值拓展，以期对未来博物馆的高质量发展提供参考。

一、“博物馆 +”提出的时代背景

2021年5月，由中宣部、国家发改委、国家文物局等九部门联合印发的《关于推进博物馆改革发展的指导意见》提出：到2035年，中国特色博物馆制度更加成熟定型，博物馆社会功能更加完善，基本建成世界博物馆强国，为全球博物馆发展贡献中国智慧、中国方案；其中，在第（十七）部分鼓励社会参与中指出：实施“博物馆 +”战略，促进博物馆与教育、科技、旅游、商业、传媒、设计等跨界融合。[2]“博物馆 +”模式是在新时代背景下提出和实践的，其发展受到了国家政策以及经济发展、社会进步、文化旅游等多方面因素的影响。

首先，国家政策的引导。“博物馆 +”是新时代背景下文化旅游发展的必然趋势和要求。随着国家对文化旅游产业的重视以及社会公众对文化生活质量提高和需求日益增长，我国文化旅游业呈现出了蓬勃发展势头。博物馆作为我国重要的公共文化服务机构，必须顺应市场和经济发展趋势，努力发挥自身优势与特色以满足公众需求。

其次，经济发展、产业结构转型升级需求。在新时代背景下，社会主要矛盾已经转化为人民日益增长的美好生活需要和不平衡不充分的发展之间的矛盾。随着物质生活水平提高以及国家对人民群众精神追求需求日益增长，公众对于参与休闲活动、体验娱乐活动所产生的文化消费也有着更高要求。我国博物馆需要通过跨界融合、创新驱动以满足公众需求，实现可持续发展。

再次，行业竞争压力增加促使博物馆进行转型升级与跨界融合。我国博物馆肩负着提升社会价值意识、提高社会责任意识和增强文化软实力等责任，同时作为传统行业与其他领域进行竞争而存在着一定压力，行业竞争促使博物馆必须提高竞争意识并积极应对市场变化而不断进行跨界融合与创新发展。

最后，技术革新、消费者需求变化和消费理念升级也对博物馆提出了新要求。随着技术进步以及消费需求升级，传统博物馆功能也面临着挑战和转变，“博物馆 +”模式可以助力博物馆的数字化、智慧化升级。

二、“博物馆+”的概念内涵

考古发现“加减运算”曾载入人类早期的文字记载中,是人类最早掌握的两种数学运算,而其中的“+”是用来表示正数或者加法的数学符号,当今社会更是给予了“+”广泛的含义。“博物馆+”是将文化旅游产业融合发展、创新发展,并结合新的时代背景下博物馆功能的新定义;“博物馆+”是将博物馆资源与其他产业资源进行有机结合,实现跨界融合、创新发展的新模式。鉴于此,“博物馆+”是指博物馆在服务社会中发挥自身优势和特色,整合资源与相关产业实现联动协同发展。例如,利用文物资源在历史文化、文物保护传承上进行延伸开发,可以为文旅市场提供新业态,对其他文化行业提供一定的技术支撑和服务支持;利用文物资源研发特色文化旅游产品、进行文博会展、开展文博演艺、开展文化旅游活动等。

另外,“博物馆+”是概念问题,更是一个理念问题以及战略问题。博物馆新定义对博物馆的功能、服务对象、目的都有了相应的调整,“博物馆+”模式可以实现博物馆全新定位的同时,博物馆新定义亦为“博物馆+”跨界的深度融合拓宽了途径。在新时代背景下,“博物馆+”是在原有基础上拓展发展空间,拓展发展领域和内容;把不同行业之间的联系融合到一起从而形成新的关系类型。“博物馆+”的核心是在文化产业与其他关联产业中寻找新的经济增长点和服务方式。例如:“博物馆+旅游”是一种新型旅游方式;“博物馆+科技”是通过运用高新技术推动社会科技进步和创新;“博物馆+体育”则将各种文体活动作为一个有机整体进行开发设计并向大众推广;“博物馆+金融”通过对文博金融产品和服务进行创新与开发而提升其竞争力和影响力等等。

三、新时代要求博物馆发挥的社会功能

(一)提升群众的文化生活品质

新时代背景下,人民群众精神需求日益增长,博物馆作为一种文化设施、教育机构和公共服务机构,肩负着弘扬中华优秀传统文化以及增强国家软实力等责任和任务。为了满足新时代人民对美好生活的追求,我国博物馆需要进一步提升其政治价值、社会教育价值和文化传承价值,为提升人民文化生活品质而努力奋斗。

(二)服务区域经济高质量发展

随着社会进步和科技创新发展,我国经济进入了新常态,因此促进实体经济转型升级是当前重要的发展战略之一。在推进传统产业技术改造、促进转型发展的同时要不断开发出新的发展模式。而“博物馆+”模式可以通过对原有产业资源进行整合、融合以及创新等方式来实现新形势下的转型与升级。今天的博物馆,有理由成为社会经济元素并产生收入,可以在参与旅游经济中帮助其所在地提升生活质量。[3]

(三)满足公众的休闲娱乐需求

随着我国经济社会不断进步和人民物质生活水平提高,人民群众精神追求要求不断增长。博物馆作为承载和传播中华优秀传统文化的场所应该充分利用自身优势,积极推动休闲娱乐活动的开展。同时博物馆作为传统场所更应该积极开展文博演艺、文博会展等活动来满足公众的休闲娱乐需求,从而不断提升文物和展览影响力。另外在国家政策指引下,我国博物馆还需要继续发挥自身优势和特色开展文化旅游活动、文博演艺等项目来提升其竞争力与影响力。

四、“博物馆+”模式实践案例——以中国电影博物馆为例

中国电影博物馆作为国家级、专业化博物馆，不断提升公共文化服务水平，利用自身优势为广大观众提供更多优质服务，满足人民对于美好生活的向往，充分发挥国家级博物馆对于文化建设的重要作用，扩大中国电影文化影响力与认同感，逐渐成为助力文化强国建设的重要载体。同时，在国家政策指引下，中国电影博物馆积极推动“博物馆+”行业共享、跨界合作、协同创新、社会参与，打造高层次的电影资源交流“共享平台”，加强与其他关联产业的融合发展，打造具有文化辐射力的品牌项目。通过“博物馆+”新模式、新业态来提高社会公众文化生活品质的同时，有效带动文物保护事业、文博会展活动以及电影文化等相关产业的发展。

（一）博物馆+旅游

博物馆新定义中提到“向公众开放”“博物馆+旅游”是一项长期的可持续发展计划，博物馆在推动文化旅游产业发展时，要紧紧围绕主题主线，找准切入点，打造特色项目。北京是全国文化中心，《北京市推进全国文化中心建设中长期规划（2019年—2035年）》中明确提出，提升国有博物馆策展能力和公共文化服务水平，用好民间博物馆、私人博物馆，打造布局合理、展陈丰富、特色鲜明的“博物馆之城”。[4]地处北京的中国电影博物馆以此作为发展契机，加强与周边文化场馆的联动，共同促进所在区域的文化建设、社会文明发展和基础设施提升。会同中国铁道博物馆、中国民航博物馆发起成立“博物馆之旅”联盟，共同发挥各场馆文化资源优势，让观众安排一次出行、收获多段回忆。发挥国家一级博物馆的辐射带动作用，不断丰富电影博物馆自身内涵，举办精品展览吸引大众来馆打卡。点亮馆体夜景，安装露天LED电影屏，促进博物馆及周边“夜经济”文化消费。立足国内，面向国际，以展览、展映、论坛等活动为多元化载体，以中国电影发展、京味电影文化等角度为切入点，面向国内外观众展现首都的风土人情，打造国际文化交往中的“艺术会客厅”。自2007年开放以来，中国电影博物馆举办的国际交流活动有“中国电影国际巡展”“一带一路国际电影交流活动”“国际电影展映活动”等，充分发挥了博物馆传播中国电影文化的使命。

（二）博物馆+电影

中国电影博物馆全力打造“博物馆+体验店+电影放映+影展”模式，高度重视观众的观影体验，不断进行设备的引进、升级与改造，完成IMAX GT激光放映系统升级改造工作。建成全球首个5G+8K影厅，放映质量和放映技术水平大幅提升。为满足公众对电影文化的需求，发挥博物馆的“社会服务”“为欣赏和知识共享提供多种体验”的功能，博物馆每周举办电影展映活动包括国内经典影片展映和国际电影展映两部分。国内“公益影展”活动于2007年开始至今已举办了15年136个主题影展，放映9000余场，共接待观众50余万人次，自2019年影展活动票价从原来的2元改为免费，进一步强化了影片展映的公益性，致力于为人民群众提供丰富的精神文化产品，助力首都公共文化服务建设和文化惠民服务。“国际影展”活动影展则以单一国别电影展的方式进行，每次展映5—6部优秀影片，至今已举办包括法国、匈牙利、意大利、阿根廷等20余个国家的电影展映，越来越受到影迷朋友的喜爱。通过展映活动，带动更多的电影展览、电影交流活动的开展，并以此为纽带，积极推动中国电影走出去，

前往来展国举办电影展映、展览活动，扩大中国电影的影响力。

（三）博物馆＋科技

电影从诞生之初就伴随着科学技术的应用，可以说电影技术从某种层面上是人类科学技术进步的直接展现。中国电影博物馆作为电影专业博物馆，近年来紧跟数字经济发展趋势，汇聚电影产业尖端科技，以沉浸式、交互式、数字化科技创新优化观展、观影体验，打造高质量的电影科技体验“休闲中心”。运用5G、VR/AR、人工智能、多媒体等数字技术开发馆藏资源，发展“互联网＋展陈”，开展虚拟讲解、艺术普及和交互体验等数字化服务。借助显示屏领域的最新技术和应用成果，逐步提升展厅陈列手段。持续引进先进的数字技术，稳步推进我馆数字化、智能化升级。全面推进智慧博物馆建设，丰富数字化体验场景，努力打造成为首都数字博物馆建设新标杆。同时博物馆积极利用线上线下结合方式，持续构建网微端传播矩阵，通过专家推介影片、知名“网红”线上直播等形式，制作“展藏故事”“影史先锋榜”“影博e课堂”系列短视频，讲述影片和藏品背后的故事，丰富人们的文化需求。2022年推出的“奋进新征程 电影新时代——中国电影艺术成就展”亦是采用图像、文字、视频、新媒体等最新多元展示技术手段，展示了党的十八大以来的电影精品。

（四）博物馆＋教育

“博物馆＋教育”改变传统教育方式，实现寓教于乐的目的。中国电影博物馆作为宣传思想的文化阵地，全国爱国主义教育示范基地，打造了“电影大讲堂”“光影知识乐园”“北京社会大课堂”“影博电影社区行”等品牌活动。深度挖掘电影和藏品的主流价值和时代价值文化内涵，以中国电影为媒展现优秀革命历史传统、爱国主义精神、中华优秀传统文化与美学精神，讴歌改革创新的时代风貌。近年来，中国电影博物馆通过博物馆与学校、博物馆与社区、博物馆与业界机构等合作形式，推出特色社教活动，使博物馆成为主流价值引导与电影文化传播的生动课堂，打造惠及大众的中国电影文化“百科全书”。例如，在庆祝中国共产党成立100周年之际，联合举办“光影映初心 奋斗新征程——银幕上的共产党员形象”主题展览；策划“光影看中国——北京高校‘电影中的党史大课堂’系列活动”；举办《焦裕禄》《永远是少年》《守岛人》等影片主题活动等等，通过深化电影思政课堂，充分发挥红色电影的教育功能。“影博电影社区行”是博物馆公益品牌活动，博物馆工作人员带着电影放映设备走入社区、学校等地去放映电影，让电影文化走进大众，让大众更了解电影。

（五）博物馆＋体育

博物馆与体育的深度融合，弘扬体育运动精神，展现中国从体育大国向体育强国迈进的历程和信心。中国电影博物馆于2022年冬奥会来临之际，策划举办了“冰雪冬奥 银幕筑梦——电影与体育”主题论坛，集中反映体育电影创作成就和电影博物馆关于体育的收藏、展示成果。自2022年元旦伊始，在博物馆内策划“冬奥文化广场”，举办内容丰富文艺演出活动，为观众带来了一场场视觉盛宴，与观众一起为“双奥之城”北京献上美好的祝福，为北京冬残奥会加油助力，这同时也体现了“博物馆＋文艺”的跨界融合。2023年，在北京冬残奥会结束一周年之际，中国电影博物馆积极发挥其平台优势，在原有展馆陈列基础上增设“冬奥遗产收藏展示体验厅”，收藏“冬奥开幕式鸟巢屏幕”，保护和利用冬奥文化遗产，讲好“双奥之城”故事，让科技奥运走进百姓生活。该展示项目吸引人们纷纷前来打卡，沉浸式体验使得观众仿佛置身于激动人心的冬奥现场，为观众提供了一个全新的舞台。

（六）“博物馆+文艺”

中国电影博物馆作为电影专业博物馆，拥有国内较为先进的技术设备，是光影的艺术殿堂，为大众提供沉浸式的演艺舞台。“博物馆+文艺”模式让观众沉浸式体验影视、戏剧等舞台艺术形式中，享受电影文化的熏陶。馆体建筑形如“场记板”，观众置身博物馆其中就仿佛进入了电影的场景；馆内中央圆厅360度屏幕环绕，大屏循环播放着我国美丽山河风景照片，模糊了时空界限，让受众感受光影魅力；第十二展厅电影美术厅里面的换装，观众换上电影人物的服装来扮演影片中的角色；观众最为喜爱的演艺互动类项目要属于第十五展厅电影数字特效的摩托车、飞毯项目，借此观众可以亲身感受现代数字特效拍摄技术——坐在有蓝色背景的摩托车或魔毯上，通过电脑合成可以演出自己置身于科幻大片儿的场景之中，体验者骑着摩托车风驰电掣，魔毯载着体验者在天空飞翔等；在第十六展厅电影录音厅，观众可以通过配音设备给所喜爱的电影进行配音，让体验者通过声音成为演员，用声音传递对电影、影人的喜爱和了解。

（七）博物馆+文创

创意是永恒的生命力，中国电影博物馆文创产品围绕电影文化主题、电影文化相关藏品以及学术专著进行设计开发，从研究电影类展藏品到挖掘其背后的历史故事和其寄托的文化、思想、精神等灵魂内涵，进行再设计再创造。将电影文化、文字成果、视频音频等创意创作转化为知识产权，转化为看得见、摸得着的设计、产品和服务，走出对展藏品、文物单一的复仿制做，从“中国制造”到“中国创造”，提供高产品文化附加值，打造全新的独有文化文创IP，从而提升电影文化氛围并更好地传播馆文化。如在博物馆馆标设计中，采用社会征集的方式，征集到很多优秀的作品。通过文创进一步拓展了博物馆展藏品利用的渠道和途径，充分发挥博物馆的可及性及多样性，用文创吸引公众参与，提升公众在文物保护利用中的创造欲和积极性，盘活文物资源。

（八）博物馆+赛事

“博物馆+赛事”模式，体现了博物馆的社会责任，发挥了面对大众传播文化的功能定位，同时也推广了博物馆本身，吸引更多公众到博物馆参观。“中华少年儿童电影配音大赛”是中国电影博物馆作为主办方之一承办的全球赛事，截至2022年已经连续举办了十三届，取得了一定的社会影响。大赛面向全球7—16岁少年儿童，免费报名、免费参赛，始终坚持以电影配音为切入点，面对少年儿童秉承着关注成长、启迪心智、丰富生活、提升能力并且丰富少儿电影的宗旨，鼓励全球少儿发现声音的魅力。中国电影博物馆提供了热爱电影配音选手展示的平台，用电影创新素质教育，彰显了博物馆的使命担当，传播了电影文化。

五、结论

综上所述，博物馆新定义赋予了博物馆更多的功能，博物馆通过资源的开发，实现了资源的价值化，使其在社会公众心目中具有较高的地位，并且获得公众的认可。同时，通过对资源的开发和利用也实现了自身资源的价值转化及增值，这亦是各家博物馆积极探索“博物馆+”之路的原因所在。“博物馆+”模式的实现提升了博物馆的品牌形象，拓展宣传途径，以受众为中心整合博物馆资源，在文物展藏品、服务项目等方面寻找特色，创新博物馆服务内容与形式，打造精品陈列展览，跨界构建了综合性、多元化、高水平的博物馆品牌体系，实现了博物馆价值的提升；建立合作机制，拓宽发展空间，博物馆与社会组织、专业院校、业界机构等跨界合作，发挥了博物馆与各行业、各专业的优势互补，形成产业联盟或联合体，促进合作交流与融合发展的良好模式，实现多方共赢。

“博物馆+”模式作为国家政策引导的、社会需求日益增长的文化服务新业态，能够充分发挥博物馆的功能，有效满足新时代人民群众对美好生活新追求的多样化要求。我国博物馆在国家政策指引下积极创新发展模式，调查、把握、满足大众与小众的不同需求，研究、适应、引领文化心理变迁[5]，以提升民众文化生活品质为目标，服务区域经济发展为导向。另外，通过中国电影博物馆“博物馆+”的成功实践可以看出，以“博物馆+”模式满足公众对娱乐休闲体验需求是我国文博事业发展和产业转型升级的趋势，亦是我国博物馆通过跨界融合来实现创新驱动与高质量发展快速通道。

【注释】

[1]新京报．什么是“博物馆”？新定义来了[N/OL].（2022-08-24）[2022-10-02].https://baijiahao.baidu.com/s?id=1742056217007522494&wfr=spider&for=pc.

[2]中华人民共和国国务院新闻办公室．关于推进博物馆改革发展的指导意见[EB/OL].（2021-05-11）[2022-10-03].http://www.scio.gov.cn/xwfbh/xwbfbh/wqfbh/44687/45691/xgzc45697/Document/1704721/1704721.htm.

[3]安来顺．今天的博物馆站在了哪里？——对ICOM博物馆定义修订的初步观察与分析[J].东南文化》，2020（1）：126-133.

[4]北京市人民政府．北京市推进全国文化中心建设中长期规划（2019年—2035年）[EB/OL].（2020-04-09）[2022-10-05].http://www.beijing.gov.cn/gongkai/guihua/wngh/cqgh/202004/t20200409_1798426. html.

[5]北京市文物局．北京博物馆之城建设探索[J].博物院，2022（4）：29-35.

类博物馆概念溯源与界定

朱 琳（上海大学）

摘要：在国家不断推进博物馆改革发展的进程中，类博物馆的培育也得到行业重视。在国际上，国际博物馆协会和美国博物馆协会对于博物馆的概念和认证资格进行了剖析；日本的《博物馆法》对博物馆相当设施和类似设施进行了解读。在国内，虽然不同时期博物馆相关机构的名称有所不同，但是从清末的宣讲所到北洋政府时期的通俗讲演所，再演变到国民政府时期成立的民众教育馆，可以看出与博物馆功能相关联的机构早已出现。当下家庭博物馆和乡情村史馆的普及也是类博物馆在国内实践的有力证明。通过对国内不同省份出台的类博物馆政策的解读，本文总结了类博物馆应当具备的必要和非必要条件。其必要条件包括固定的馆址、相关的展品和发挥社会教育功能。非必要条件则包括专业人员和保护研究功能和风险预防措施。

关键词：类博物馆；家庭博物馆；民众教育馆；相当设施；乡情村史馆

伴随着2021年《关于推进博物馆改革发展的指导意见》的出台，类博物馆的培育计划将不断落实。但是目前学界对于类博物馆的概念尚未明确界定。因此，本文抛砖引玉，尝试对类博物馆的概念及条件进行界定。

一、国际上类博物馆相似概念比较分析

（一）国际博物馆协会对博物馆概念的解读

自1946年起，国际博物馆协会（International Council of Museums，以下简称“国际博协”）便开始对博物馆的定义进行起草与修订。在思考博物馆定义的过程中，国际博协也开始对某些具备博物馆功能但不在定义内的相关机构进行补充说明。在1946年和1951年的博物馆定义中，动物园、植物园以及拥有永久性展览室的公共图书馆和公共档案机构被列为博物馆。由于这些机构都有相关的展品和为社会公众提供教育的场所，因此国际博协也将动物园、植物园以及公共图书馆和档案馆列入博物馆的范畴之内。

自1961年—2001年，国际博协在对博物

馆进行定义的同时，也不断扩大符合“博物馆资格”的机构范围。例如，1961年的博物馆定义除了承认以研究、教育、欣赏为目的而保护和展出具有文化和科学重要性的藏品的任何永久性机构为博物馆外，还特别指出包括公共图书馆、档案馆；动物园、植物园、水族馆等相关机构以及自然保护区在内的场所都符合博物馆定义机构[1]。由于国际古迹理事会于1965年在波兰华沙成立，国际上对于历史古迹的保护越发重视，因此在1974年的博物馆资格范畴中增加了向公众开放的历史古迹及其从属物，并强调其保护和交流的功能；还将科学中心和天文馆也列入博物馆相关定义的范围内[2]。到了1989年，国际博物馆协会首次明确地提出“执行理事会在征求咨询委员会的意见后，认为具有博物馆的部分或全部特征，支持博物馆及博物馆专业工作人员从事博物馆学研究、教育或培训的其他机构也有资格成为博物馆。”[3]该定义明确指出具有博物馆部分或全部特征的机构有成为博物馆的资格。

20世纪90年代开始，全球博物馆数量呈快速增长的趋势，各国博物馆事业都在蓬勃发展，博物馆如雨后春笋般建立在各个区域。因此，1995年的定义再次对符合“博物馆资格”的机构范围进行补充：“符合前述定义的国际、国家、区域性或地方性博物馆组织、负责博物馆管理的政府部门或公共机构。”“从事与博物馆和博物馆学相关的研究、教育、培训、记录和其他事务的非营利机构或组织。”[4]国际博物馆协会把与博物馆和博物馆学事务相关的机构和组织也列入博物馆资格范围之内。20世纪下半叶以来，非物质文化遗产的保护逐渐成为国际上关注的焦点。联合国教科文组织于1997年通过了“联合国教科文组织宣布人类口头和非物质遗产杰作”的决议，并于2001年首次公布了第一批19件人类口头及非物质文化遗产的杰作，并达成了《保护非物质文化遗产公约》。因此，国际博协在2001年把非营利的艺术展出馆和从事保护、传承和管理有形和无形遗产的文化中心和其他实体[5]也被纳入博物馆范畴之中。

由此可知，国际博协对于博物馆资格范畴的增补会受到当下热点话题的影响。随着国际博物馆协会对于博物馆定义的不断修订，越来越多的机构被国际博协承认具有博物馆资格。

（二）美国博物馆协会对博物馆认证资格的界定

由于博物馆种类的多元性，拥有一套能衡量所有博物馆的固定标准是很难做到的。因此，美国博物馆协会（American Alliance of Museums）尝试围绕博物馆普遍认同并适用于各种规模和种类博物馆的标准来在对博物馆进行认证。美国博物馆协会认为能够获得认证资格的博物馆应当具有以下七个特征：公众所托与可问责性、使命与规划、领导与组织结构、藏品保管、教育与诠释、财务稳定和设施与风险管理。[6]

第一，公众所托和可问责性主要是指博物馆应当为社会公众服务并且接受公众的问责，强调博物馆的公共性。第二，使命与规划则要求博物馆应当具备自己的使命，同时围绕自身使命开展各项博物馆业务工作，并且博物馆也应当制定具有本机构特色的规划来实现自身的使命。第三，博物馆在组织结构上应当具有明确且正式的分工。第四，博物馆应当科学规范地收藏、研究、保护和展示自己的展品。第五，博物馆应当具备社会教育功能，高质量地向社会公众传达本馆的教育目标与理念。第六，博物馆应当合理地使用其财务资源确保博物馆的可持续发展。第七，博物馆应当具备足够的空间和设施维系馆内各项业务的正常运行并且拥有预防潜在风险和损失的对应措施。

由此可见，美国博物馆协会认为只有机构具备了使命与规划、完善的组织机构、相当数量的藏品、稳定的资金来源和足够的空间与物质设施，并且能够发挥其社会教育功能和藏品的收藏、研究、保护和展示功能的特点，才能够被认证为博物馆。

（三）日本的“相当设施”与“类似设施”

日本的《博物馆法》对博物馆的定义是“以收集、保管（包括培养）、展示有关历史、艺术、民俗、产业、自然科学等资料，在教育的考虑下，供一般公众利用，并为助力其教育、调查研究、余暇活动等进行必要的事业，并以有关这些资料的调查研究为目的的机构。”[7] 从中可以看出在日本，博物馆必须具备一定的资料、为公众提供社会教育活动的场所与设备，并且具有对于资料进行调查研究的能力。不过，在法律上日本的博物馆总共分为三类，即“登录博物馆”“博物馆相当设施”和“博物馆类似设施”。但在日本的博物馆中，适用《博物馆法》的博物馆仅有“登录博物馆”和“博物馆相当设施”，其他的博物馆属于“博物馆类似设施”。[8]

日本于1951年所颁布的《博物馆法》中第二十九条提到“相当设施”的概念。日本对于相当设施的概念界定为：“从事与博物馆类似业务的设施，如果是由国家政府或法人行政机构建立的设施，则由文部科学大臣指定为相当于博物馆的设施，如果是其他设施，则由上述设施所在县的教育委员会根据文部科学省的条例规定指定为博物馆。”其中所强调的“从事与博物馆类似业务的设施”与中国的类博物馆机构在发挥博物馆部分职能的特点上相一致。除此以外，在对这类机构的界定的方法上，日本将不属于登录博物馆及“相当设施”的社会机构归纳为“类似设施”；中国则将具有部分博物馆功能，但尚未达到登记备案条件的社会机构界定为类博物馆。两者的界定方式相一致。

虽然日本在对这类机构的称呼上与中国不同，但是两者对于类博物馆的界定有很高的相似性：日本的“相当设施”也被要求具备物、人、场所等要素，但是比起注册的博物馆要求更为宽泛，在开放时间上也只要满足超过100天以上；“类似设施”更是没需要相关需求。中国的类博物馆的开展需要资金、藏品、场地并且向公众开放等要素，但是要求上相比国有和非国有博物馆来说更为宽松。由此可见，早在20世纪50年代的日本就开始对博物馆相似机构进行归纳与界定。

二、国内对于博物馆类似机构的实践

虽然“类博物馆”这一专有名词在近几年才被提出，但是在历史上和它功能和形态有关联的机构早已出现。虽然这类机构在不同时期不同地点称呼不同，但是这类机构早已存在的事实不容置疑。

（一）民众教育馆

清朝中叶以后，由于各种战争均以失败告终，中国认识到开民智以达到救亡图存的必要性。迫于压力，清政府开始对教育进行改革，其中近代社会教育的兴办是改革的重要组成部分。1906年，清政府设立了宣讲所。到了1908年，清政府将宣讲所列为地方自治必须设立的机构[9]，规定地方教育当局必须肩负起设立和维持宣讲所的义务与责任。这一时期的宣讲所把在民间宣讲作为其开展社会教化的重要手段，起到了社会教育启蒙的作用，是现代文化馆的发展起源，也为了后期民众教育馆的设立奠定了基础。

北洋政府时期，宣讲所仍然存在，但是其创办主体、运行人员和经费来源都发生了改变，并且逐渐衍生出通俗讲演所的形式。这一时期，北洋政府设立了规章制度来规范通俗讲演所，主要有：《各省区通俗讲演稿送部核选编印》（1913 年）、《通俗教育研究会章程》（1915 年）、《通俗教育讲演所规程》（1915 年）、《通俗教育讲演规则》（1915 年）、《通俗讲演传习所办法》（1916 年）等。[10] 除此以外，通俗讲演所是由政府组织创办的，多为官方设立，是民众教育馆的前身。可以看出，相比于清末的宣讲所，此时的通俗讲演所更加有制度、有组织地进行社会教育。

北洋政府覆灭以后，国民政府为统一现存的社会教育机构，于 1929 年将全国的通俗教育馆改名为民众教育馆。20 世纪 30 年代前期，民众教育馆汇集了图书馆、博物馆、体育场、音乐厅等各种社会教育和文艺体育机构[11]，采取多种方式对民众进行社会教育。此时民众教育馆在社会教育方面起到了决定作用，并且一直影响到中华人民共和国成立以后。这一时期，民众教育馆的范围空前壮大，并且将博物馆也囊括在民众教育馆之中。由于民众教育馆有很强的政治色彩，并且随着不同政府的接管，民众教育馆向公众传达的教育内容也随之改变。此时的民众教育馆不仅能做博物馆能做的，还能做博物馆做不到的。因此，民众教育馆虽然具有博物馆的全部特征，但也因其范畴过大将其作为类博物馆在中国的早期实践。

（二）家庭博物馆

家庭博物馆是小有成就的艺术收藏家，基于自己的收藏或者创作的艺术品，利用自己的住房，自筹资金建造博物馆，向社会提供免费服务，供人们参观、学习。[12] 因家庭博物馆向观众展示的展品极具生活气息，贴近人们的日常生活，因此受到广泛的好评。以中国首家平民家庭博物馆——袁裕校家庭博物馆为例，它以袁裕校爷爷至女儿四代人的收藏为主线，围绕宗亲溯源、家庭生产生活、文化教育、地方民俗等搜集、征集各类藏品，总计约三万多件。[13] 袁裕校家庭博物馆拥有博物馆绝大多数的特征：它拥有丰富的展品、向公众展示展品的陈列空间、对于展品资料和家族文化的研究，以及向公众展示弘扬传统文化、地方文化、家族文化的教育职能。但是相较于博物馆而言，家庭博物馆在各个方面远没有博物馆有很好的物质条件。首先，家庭博物馆由于大多是个人办馆，资金来源缺乏，馆址的选择和规模都有很大的局限性。绝大多数的家庭博物馆多以家庭居室作为博物馆的展示空间。其次，家庭博物馆很少有专业人员对博物馆进行管理，专业化水平较低，对于自己的展品很少进行系统性的研究，多以展品展示作为博物馆的重点内容。再次，家庭博物馆展品类别相较博物馆而言，不具有综合性，都有其自己的专业特色。有的馆名会直接打上藏品品种的名称，比如“王家钟表博物馆”“陈宝财蝴蝶博物馆”等等。最后，家庭博物馆向公众提供的文化服务功能较为单一，多以接待观众来馆参观为主，因此发挥的社会教育功能也比较较为局限。

（三）乡情村史馆

早在 20 世纪 30 年代起，国际上便开始对乡村博物馆进行研究。30 年代起，日本所提出的“乡土博物馆”旨在强调地域内人际与社会的再生。到了 20 世纪 60、70 年代，国际上乡情村史馆逐渐与生态博物馆和社区博物馆形成联系，其目的在于为防止工业化、城市化所导致的文化流失，从而创建乡情村史馆来传承和保护乡村文化多样性。[14] 中国建立乡情村史馆的历史背景则与国际不同，中国起初是为了解决农村文化教育问题，实现乡村振兴，从而建立乡情村史馆起到开民智的作用。后伴随着生态博物馆和社区博物馆概念的引进，学者逐渐将案例、功能相似的生态博物馆和功能博物馆约等于乡村博物馆，旨在解决保护乡村文化问题。

虽然乡情村史馆有不同的称呼，但是普遍具备以下几个特征，即收藏乡村记忆，通过集体记忆唤醒村民的文化认同感，引发村民的情感共鸣。将收藏成果进行研究与展示，从而发挥乡情村史馆的社会教育功能，起到开启民智的作用。因此，乡情村史馆是指收藏、保护、展示乡村文化的物质与非物质记忆，发挥其社会教育功能解决农村文化问题，从而更好地为乡村发展服务，起到乡村振兴的作用的机构。但是乡情村史馆和博物馆相比在所发挥的职能上，仍然以社会教育为主，功能较为单一。

除上述几类展馆外，还存在这许多博物馆类似机构。这些机构也于2021年起被我国列为类博物馆，并尝试对其进行培育。

（四）现有政策文件对于类博物馆的解读

2021年5月，《关于推进博物馆改革发展的指导意见》（文物博发〔2021〕16号）明确指出为整合不同层级博物馆的发展，应当实施类博物馆培育计划，鼓励将具有部分博物馆功能，但尚未达到登记备案条件的社会机构，纳入行业指导范畴，做好孵化培育。随后，我国各个省份都陆续出台有关类博物馆孵化培育的相关政策。

根据表1所整理的各个省份或城市对于类博物馆概念的解读，可以得出以下结论：虽然各个城市或省份对于类博物馆概念的解读有一定差别，但是其核心绕不开具有部分博物馆功能和尚未达到等级备案条件的社会机构这两个特征。在类博物馆概念的差异上，甘肃省把记录乡村生活方式和区域文化的“乡村记忆”博物馆列为类博物馆。[15]太原市在《太原市类博物馆培育发展管理办法（试行）》所提出类博物馆应当具有博物馆收藏、展示和教育等部分功能的社会机构，具体范围包括太原市行政区域内的纪念馆、军史馆、校史馆、厂史馆、陈列馆、规划馆、美术馆、艺术馆、村史馆等。[16]除此以外，太原市还明确了类博物馆的申报条件，即具有固定的馆址、一定数量的藏品、陈列展览、一定的社会教育功能且类博物馆的申报主体为社会机构或个人，能够独立承担民事责任。[17]同年的1月13日，重庆市强调了类博物馆应当具有发展潜力。[18]湖南省除了乡情村史博物馆作为类博物馆，还额外将社区和生态博物馆也列入其中。[19]2022年9月1日，苏州市在《关于推动苏州“博物馆之城”建设意见》中指出类博物馆应当具有博物馆收藏、展示和教育等部分功能。[20]广东省则将乡情村史馆、社区馆、校史馆、企业馆纳入类博物馆的行业。[21]今年刚出台的《北京博物馆之城建设发展规划（2023年—2035年）》则明确提出类博物馆的范畴应当包含生态博物馆、社区博物馆、乡情村史馆及家庭博物馆。[22]由此可见，各地方对于类博物馆的理解总体一致，但也会根据各地方的区域特点和各地博物馆的实际情况进行细微的调整与改变。

通过各地对类博物馆的政策解读，尝试对类博物馆下定义：虽然未达到博物馆备案条件，但是能够承担部分或全部的博物馆公共文化服务职责，传播某一聚落或区域的文化、起到社会教育功能的机构，笔者将其定义为类博物馆。

表1 各个城市/省份对于类博物馆的理解（出台时间）

发布时间	城市/省份	对类博物馆的理解
2022-01-06	甘肃省	根据《甘肃博物馆分类及设立标准》和“乡村记忆”博物馆建设标准，建立“乡村记忆”博物馆检查评估机制，规范“乡村记忆”博物馆管理和发展，助力乡村振兴和农村公共文化服务。
2022-01-06	太原市	明确类博物馆，是指具有博物馆收藏、展示和教育等部分功能的社会机构，具体范围包括太原市行政区域内的纪念馆、军史馆、校史馆、厂史馆、陈列馆、规划馆、美术馆、艺术馆、村史馆等。
2022-01-13	重庆市	实施类博物馆培育计划，做好调查摸底，将具备发展潜力，但尚未达到登记备案条件的社会机构，纳入行业指导范畴，做好孵化培育。
2022-08-15	湖南省	倡导社区、生态、乡情村史博物馆等建设。
2022-09-01	苏州市	对具有博物馆收藏、展示和教育等部分功能，但尚未达到博物馆登记备案条件的社会机构，参照非国有备案博物馆建设管理标准和相关规定，登记为类博物馆。
2022-11-30	广东省	鼓励将具有部分博物馆功能、但尚未达到登记备案条件的社会机构，纳入行业指导范畴，孵化培育乡情村史馆、社区馆、校史馆、企业史馆等类博物馆，助力一批类博物馆发展。
2023-02-17	北京市	重点支持具有北京文化特色的社区、生态、胡同街道、乡情村史、农业文化遗产、非物质文化遗产等特色题材的新型博物馆建设。围绕美丽乡村建设主题，加强乡村博物馆建设，建设一批乡村博物馆。结合城市街区保护更新和老城人居环境改善工作，培育建设社区博物馆，全方位展现人民生活、社区管理、工业劳动、文化艺术等主题的社区历史，力争老城区每个街道至少拥有一座社区博物馆。鼓励以民间收藏、民俗文化为主题的小型收藏馆、展示馆建设，使“私家珍藏”走向“社会共享”。

三、类博物馆应具备的条件

根据《博物馆条例》中的博物馆登记备案条件，博物馆应当具备：“（一）固定的馆址以及符合国家规定的展室、藏品保管场所；（二）相应数量的藏品以及必要的研究资料，并能够形成陈列展览体系；（三）与其规模和功能相适应的专业技术人员；（四）必要的办馆资金和稳定的运行经费来源；（五）确保观众人身安全的设施、制度及应急预案。”[23] 只有具备以上条件，博物馆才能正常发挥其收藏、研究、保护和传播功能。而类博物馆在职能上虽然无法等同于传统定义中的博物馆，即同时具备收藏、研究、保护、传播等多项职能，但是仍有其最低标准。作为社会教育机构，类博物馆必须具备资料收集功能和社会教育功能，但是在对藏品的研究和保护功能上没有硬性要求。基于类博物馆的职能，这类机构也须具备相应的必要和非必要条件。

（一）必要条件

类博物馆的必要条件是指该机构只有同时具备以下几个条件才能够称为类博物馆，如果缺少任何一个条件，该机构都不是类博物馆。

1. 固定的馆址

类博物馆必须具备固定的馆址，但是馆址的规模条件可以较博物馆而言更为宽松。例如家庭博物馆，由于这些类博物馆的创办主体均为个人收藏家，基金来源具有局限性，其馆址的选择多以自己的家庭居室为主。馆址面积规模虽然不大，但是仍然能为展品的展出陈列提供一定的空间。如果一个机构无法提供展示空间，它就不能被定义为类博物馆。

2. 一定数量的展品

类博物馆必须拥有一定数量的展品，而非藏品。此处展品和藏品的概念并不能混为一谈。藏品是博物馆一切业务活动的核心，是反映自然界发展和变化、人类科学以及文化进程，具有历史、科学和艺术价值的收藏[24]，因此具有很高的研究价值。展品则是展览陈列中的重要环节，是围绕展陈主题进行挑选组合，并最终在陈列展览中向公众展示出来的对象。[25]藏品比展品更有价值。好比展陈中的复制品，它可以组合运用于展览中起到阐释展览主题的作用，但是它自身并没有价值，因此它只能是展品并非藏品。类博物馆不一定需要很高价值的藏品，但是一定需要具备相关的展品对外进行展示。

3. 发挥社会教育功能

类博物馆不仅需要固定的馆址和举办陈列展览所需的展品，更应当发挥其社会教育的职能。类博物馆应当鼓励观众入馆参观，通过陈列展览向观众传播展览主题，从而起到教育的作用。起不到教育作用的机构不能称为类博物馆。

（二）非必要条件

1. 专业人员

专业人员可以更好地管理与运行类博物馆并能对资料进行研究。例如袁裕校专注于家庭档案和藏品整理、研究，开展了藏品的体系梳理、类别建档、定期维护等工作，集三十年家庭之藏，建立了袁裕校家庭博物馆[26]。但是由于类博物馆规模和资金来源的局限性，这也导致类博物馆的从业人员数量的专业性不能得到保障。但是专业人员数量的有与无、多与少，都并不影响类博物馆的正常运行，因此专业人员并不是类博物馆成立的必要条件。

2. 研究和保护功能

由于大多数的类博物馆并不具备高价值的藏品，因此并不注重藏品的研究和保护。除此以外，类博物馆更强调如何运用和组合展品从而起到教育公众的功能，对于资料的研究和保护并不多过关注。

3. 风险预防

由于类博物馆的场地规模不大，人员数量有限，因此部分类博物馆并没有完善的风险防范意识及相关的应急预案措施。但是只要类博物馆能够承担其公共文化服务的职责，风险预防政策的完善与否并不会直接影响到类博物馆的性质。

综上所述，结合国内外对于博物馆及其相似机构概念的解读与运用，类博物馆是指同时具备固定馆址、相关展品且发挥着社会教育职能或博物馆其他特征，但是现在尚未达到博物馆登记条件的社会机构。

【注释】

[1] François Mairesse. Définir le musée du XXIe siècle: Matériaux pour une discussion, 2017:22.

[2] François Mairesse. Définir le musée du XXIe siècle: Matériaux pour une discussion, 2017:22.

[3] François Mairesse. Définir le musée du XXIe siècle: Matériaux pour une discussion, 2017:23.

[4] François Mairesse. Définir le musée du XXIe siècle: Matériaux pour une discussion, 2017:23.

[5] François Mairesse. Définir le musée du XXIe siècle: Matériaux pour une discussion, 2017:24.

[6] 美国博物馆协会．美国博物馆认证指南[M]. 北京：外文出版社,2011:9-12.

[7] Japanese Law Translation. 博物館法[EB/OL](1951-12-01)[2023-02-16].https://www.apanese jlawtranslation.go.jp/en/laws/view/4185.

[8] 半田昌之，邵晨卉．日本博物馆的现状与课题[J]. 东南文化，2017（03）：113-116.

[9] 徐秀丽．中国近代乡村自治法规选编[M]. 北京：中华书局，2004：3-4.

[10]常研菲．文化馆史溯源:1949年前的发展脉络[J]. 中国文化馆，2022（01）：30-36.

[11]常研菲．文化馆史溯源:1949年前的发展脉络[J]. 中国文化馆，2022（01）：30-36.

[12]宋婷．未来我国博物馆发展趋势预测[J]. 大众文艺，2015（06）：267.

[13]袁裕校．关于家庭博物馆发展与创新的思考——以宜昌市袁裕校家庭博物馆为例[J]. 三峡论坛（三峡文学·理论版），2018（06）：5-8.

[14]黄洋．中国乡情村史馆的定义、问题与发展[C]. 北京：方志出版社，2022：2-6

[15]甘肃省博物馆．甘肃省委宣传部等九部门联合印发《关于推进博物馆改革发展的实施意见》[EB/OL](2022-01-06)[2023-02-16].http://www.gansumuseum.com/news/show-3208.html#:~:text=%E7%94%98%E8%82%83%E5%8D%9A%E7%89%A9%E9%A6%86%E6%94%B9%E9%9D%A9%E5%8F%91,%E5%93%8D%E4%BA%AE%E7%9A%84%E5%8F%91%E5%B1%95%E7%9B%AE%E6%A0%87%E3%80%82.

[16]太原市文物专栏．太原市类博物馆培育发展管理办法（试行）[EB/OL](2022-05-18)[2023-02-16].http://www.taiyuan.gov.cn/p1/zcfg2/20220518/1210604.html.

[17] 太原市文物专栏 . 太原市类博物馆培育发展管理办法（试行）[EB/OL](2022-05-18)[2023-02-16].http://www.taiyuan.gov.cn/p1/zcfg2/20220518/1210604.html.
[18] 重庆市文化和旅游发展委员会 . 关于印发《关于推进博物馆改革发展的实施方案》的通知（渝文旅发〔2022〕8 号）[EB/OL](2022-01-13)[2023-02-16].http://whlyw.cq.gov.cn/zwgk_221/zfgkzcwj/xzgfxwj/202201/t20220118_10310942_wap.html.
[19] 湖南省文物局 . 关于推进博物馆改革发展的实施意见 [EB/OL](2022-08-15)[2023-02-16].http://wwj.hunan.gov.cn/wwj/c100322/c100325/202208/t20220815_27582995.html.
[20] 苏州市文化广电和旅游局 . 关于公开征求《关于推动苏州“博物馆之城”建设意见》和《关于鼓励和促进苏州非国有博物馆发展的实施办法》意见的公告 [OB/EL](2022-09-01)[2023-02-16].http://wglj.suzhou.gov.cn/szwhgdhlyj/wqdc/202209/3aa8c90331d04d70abd44e7be15c5661.shtml.
[21] 广东省文化和旅游厅 . 广东省八部门联合印发《关于推进博物馆改革发展的实施方案》[EB/OL](2022-11-30)[2023-02-16].http://whly.gd.gov.cn/news_newzwhd/content/post_4055762.html.
[22] 北京市文物局 . 北京博物馆之城建设发展规划（2023-2035）[EB/OL](2023-02-17)[2023-02-18].http://www.beijing.gov.cn/hudong/yonghu/static/wwj/zhengji/detail.html?id=63ef1091e322f308a4da2a06.
[23] 中华人民共和国中央人民政府 . 博物馆条例（国务院令第 659 号）[EB/OL](2015-03-02)[2023-02-18].http://www.gov.cn/zhengce/2015-03/02/content_2823823.htm.
[24] 李承宽 . 博物馆收藏品向展品转化研究 [J]. 文物鉴定与鉴赏，2021（08）：136-138.
[25] 夏千惠 . 博物馆藏品向展品转化研究 [D]. 吉林大学，
[26] 2019.
袁裕校 . 关于家庭博物馆发展与创新的思考——以宜昌市袁裕校家庭博物馆为例 [J]. 三峡论坛（三峡文学·理论版），2018（06）：5-8.

乡村博物馆推动乡村文化多元发展路径探究

张雨辰（平津战役纪念馆）

摘要：“和而不同”是中华文明的本质特征，“多元一体”是中华文明最显著的表现形式。中华文明植根于乡村，乡土文化是中华文化的基础，具有多重表现形式。乡村文化振兴是乡村振兴的重要组成部分。乡村博物馆作为乡村文化中枢，在保存、传承乡土文化，推动文化多元发展方面发挥着不可替代的作用。构建于有别于城市的乡村文化和乡村博物馆体系，是应对乡村文化日渐式微、乡村博物馆发展瓶颈的基本指南。以乡村振兴这个重大战略方针为抓手，采用结对帮扶形式，为乡村博物馆发展提供智力和技术支持，是乡村文化发展的坚强保障。突出乡村博物馆在地性，加强对乡村博物馆藏品文化内核阐释，推动乡村博物馆传播方式多元化，将城市大型博物馆宏大叙事同乡村博物馆微观叙事相结合，是乡村文化多样性发展的必由之路。

关键词：博物馆定义；乡村博物馆；乡村振兴；乡村文明；文化多样性

文化是一个国家和民族的根脉，是一个国家进步最基础、最恒久的力量。中华文明植根于乡村，乡村文明是中华文明的基础。党的十九大报告指出，乡村振兴是包括产业振兴、人才振兴、文化振兴、生态振兴、组织振兴的全面振兴。产业振兴是乡村振兴的物质基础，而文化振兴则是乡村振兴的灵魂。

博物馆是当地历史文化、科学技术、艺术等最为直观的表现形式。美国著名政治评论家约瑟夫·奈（Joseph Nye）2016年曾指出：“在信息时代，往往有更好故事的一方获胜。”[1]中共中央、国务院非常重视博物馆在构建中国国家叙事中的作用。五千年文明史为我国提供了各具表现形式的物质、非物质文化遗产。2023年中央一号文件明确指出“深入实施农耕文化传承保护工程”[2]。目前，我国乡村博物馆事业取得了较大进展，乡村博物馆数量增加，展陈质量有所提高，推动了乡村文化事业的发展。但是，乡村博物馆仍然存在阐释乡村文化深度不足，展示内容、表达和传播方式趋同的问题，对乡村多元文化展示产生了不利影响。在文化和旅游深度融合的背景下，上述问题不仅影响了村民对乡村文化的认同，同时也造成了社会资源的浪费，最终会阻碍乡村通过发展文旅产业实现增收。这些都是文博从业者和乡村振兴决策者、执行者所需要面对的重要问题。

一、文化多样性与博物馆包容特质

什么是文化？按照《现代汉语词典》的定义，文化是“人类在社会历史发展过程中所创造的物质财富和精神财富的总和，特指精神财富，如文学、艺术、教育、科学等。”[3] 由于自然地理、历史背景、生产方式、宗教信仰等诸多因素的差异，文化多元化表现形式是绝对的，而文化统一性则需要一定的外部条件。2001 年 11 月联合国教科文组织（UNESCO）通过《世界文化多样性宣言》；2005 年该组织通过《保护和促进文化表现形式多样性公约》，文化多样性被定义为“各群体和社会借以表现其文化的多种不同形式。这些表现形式在他们内部及其间传承。不仅体现在人类文化遗产通过丰富多彩的文化表现形式来表达、弘扬和传承的多种方式，也体现在借助各种方式和技术进行的艺术创造、生产、传播、销售和消费的多种方式”。[4] 文化多样性是文化最显著的表达方式。

博物馆藏品种类、来源的多样性，本身就为其展示文化多样性奠定了基础。博物馆作为某个特定区域内历史、文化、艺术、自然科学等发展历程的见证者，随着时代的发展越来越强调其多元、包容的特质。特别是进入 21 世纪以来，国际博物馆日主题日益强调博物馆的社会价值取向和对社会进步的积极意义，不同文明之间的交流借鉴是国际博物馆日重点主题之一。如 2005 年国际博物馆日的主题为“博物馆：沟通文化的桥梁”；2020 年主题为“致力于平等的博物馆：多元与包容”。

日本学者鹤田总一郎曾经指出：“博物馆必须把对人的研究提到与物同等的水平才能成为真正的博物馆学研究。”[5] 人是文化的生产者、消费者、体验者和传承者。博物馆作为文化的收藏者、展示者和传播者，日益强调“人”在博物馆中发挥的作用。纵观国际博物馆协会（ICOM）对博物馆的定义发展历程，可以发现博物馆定义文本更多倾向于对博物馆这一客观存在的解读，总体上对博物馆具体组织形态的规定越来越宽松。以 2007 年 ICOM 第 8 次博物馆定义为标志，完全取消了对可视为博物馆的组织列举，只保留对博物馆组织目的、性质、功能和工作对象的原则表述。2022 年 8 月 ICOM 布拉格大会通过的第 9 次博物馆定义仍然延续第 8 次定义的思路，不再设定具体的博物馆组织形态和边界。“促进多样性和可持续性”是本次定义新增内容，反映出博物馆新的发展趋势。博物馆作为文化的中枢，承担着赓续文化血脉的神圣使命。博物馆展陈主题、内容、形式的多元化，本身就是多类型、多层次文化的一种具象化表达。

文化多样性与博物馆开放包容特质相辅相成、互为表里。文化多样性为博物馆的多样性提供了基础，而博物馆包容特质则为文化多样性提供了保藏场所和传播平台，推动多元文化在更高层次方面发展。

二、乡村文化和乡村博物馆面临的挑战

乡村衰退是全球性问题，我国也不例外，统计数据显示我国村庄数量呈现出不断减少的状态（表 1）。现代工业社会和信息社会，城市提供了大部分经济、文化资源，人口、产业日益向城市聚集。乡村获取的资源无法与城市相比，相对于城市文化而言，乡村文化属于亚文化，处在弱势地位。而博物馆作为一种文化

表1 全国村庄数量变化走势[6]

	2001年	2006年	2011年	2016年	2021年
自然村数量	3459000	2709000	2669000	2617000	2360875

表2 我国博物馆城乡分布情况[7]

	一级博物馆	二级博物馆	三级博物馆	未定级博物馆	总数
城	174	395	469	3387	4425
乡	30	53	97	1578	1758
总数	204	448	566	4965	6183

现象，发轫于城市，也集中在城市。乡村博物馆不仅在数量还是质量方面都与城市博物馆存在明显差距（表2）。

（一）乡村文化和乡村博物馆的范围界定

乡村博物馆并不是一个独立的概念，也没有一个统一明确的标准。在乡村振兴的战略背景下，结合近年来中央一号文件精神，可以认为“乡村”更多的是一种地域概念。乡村文化基本能够涵盖“三农”文化。因此为方便界定，便于集中展开论述，可以认为乡村文化是一种地域概念，即在乡村区域内产生的文化均属于乡村文化范畴；乡村博物馆则为在乡村地区建立的具有博物馆性质的公共文化服务机构。

（二）乡村文化振兴的现实困境

在传统农业社会，中国社会是以乡村为基础，并以乡村为主体的；所有文化，多半是从乡村而来，又为乡村而设。[8]随着工业社会和信息社会对乡村文化的冲击，植根于农业社会的传统乡村文化在现代社会冲击下迅速衰落。和城市经济文化的强势相比，乡村文化更多属于一种亚文化。

改革开放以来城市化的迅速推进使大量乡村人口涌入城市，非农人口比例迅速增长。乡村高素质青年通过高考进入城市成为市民，在城市就业，很少回乡村，导致乡村村民文化水平严重不足。低生育率从城市开始向乡村蔓延，乡村一对夫妻生育两个子女的现象已非常普遍，三个及以上子女的家庭已非常罕见，“多子多福”的传统乡土观念早已不复存在，乡村老龄化、少子化问题日益严重。乡村人口年龄、文化结构的变迁导致传统乡土社会的瓦解。一般而言，处在乡村的老年人对待乡村文化有很强的情怀和依恋，而中青年特别是能够在城市立足的该类群体对乡村文化情怀比较淡漠，缺少传承乡村文化的积极性，乡村文化的传承出现了严重断层。随着乡村基础设施的日益完善，城市文化对乡村文化造成了巨大冲击，城市生活方式在乡村逐渐流行，乡村文化逐渐失去其存在发展的基础。随着普通话在乡村的流行，一些以方言为载体的乡村非物质文化遗产也面临着失传的风险。

在全国范围内，不仅城乡之间发展存在着严重的不平衡，乡村与乡村发展也存在着显著的不平衡性。经济发展程度较高的地区的村民对乡村文化的传承发展重视程度较高，并且亲力而为；而欠发达地区的村民首要考虑的是推动增收，而非进行文化建设。以眼前利益为是非，而不考虑长远发展为主要表征的小农思想在乡村仍然具有很强的影响力，客观上阻碍了乡村

表 3　2021 年城乡每万人拥有博物馆数量[9]

	人口数量（万人）[10]	博物馆数量	每万人拥有博物馆数量	定级博物馆数量	每万人拥有定级博物馆数量
城	91425	4425	0.0484	1038	0.0114
乡	49835	1758	0.0353	180	0.0036
全国	141260	6183	0.0438	1218	0.0086

先进文化的发展。

（三）当代乡村博物馆发展面临的挑战

党的十九大报告中指出：“我国社会主要矛盾已经转化为人民日益增长的美好生活需要和不平衡不充分的发展之间的矛盾。”这一论述在博物馆领域同样适用。乡村博物馆在全国范围内空间分布不平衡，总体呈现出东多西少、南多北少的局面。博物馆数量、质量同所在城市规模、级别形成显著正相关关系。目前我国乡村博物馆建设取得了长足的进步，但是与城市博物馆相比仍然差距较大（表 3）。规模大、级别高、博物馆定级等级高的博物馆集中于城市特别是少数大城市。乡村博物馆绝对数量低于城市，普遍缺乏人才、资金、藏品；展陈手段单一，且以未定级博物馆为主。乡村博物馆并未形成规模效应，并不能满足村民的文化需求。乡村文化的断层和衰退，对乡村博物馆的发展构成了严峻挑战。

城市建设中的同质化问题也反映在乡村博物馆建设、运营过程上。一些乡村博物馆在建设开放之前并没有通过详细论证，只是基层追求政绩的一种方式或为完成上级某种考核任务，缺乏对当地历史文化的思考，进而导致临近的乡镇博物馆展陈内容缺乏新颖性，造成社会资源的浪费。特别是在以官话为主体的平原地区，由于交通便捷，语言、艺术等层面存在着较高的相似性，文化表现形式和内涵也存在着一定的趋同现象。例如在东北平原地区，部分地区依据乡村振兴有关要求，开设了红色文化馆、农耕博物馆、民俗展示馆等博物馆，但因为没有经过详细论证，导致相同题材的不同博物馆展陈内容相似性较高。[11]一些乡村博物馆由于缺少资金、客流，或本身展陈质量问题，长期处在关闭状态，无法起到弘扬地方文化、增强村民凝聚力的作用。

乡村文化与乡村博物馆二者是一个统一整体，缺一不可。乡村文化振兴是乡村博物馆发展的基础，而乡村博物馆发展则关乎于乡村文化振兴的广度与深度。

三、以乡村博物馆为依托，构建多元、多层次乡村文化体系

早在民国时期，就有先贤进行大规模的乡村博物馆建设实验，但此时博物馆建设更多是吸收当时城市博物馆建设和国外经验，将城市博物馆建设理论复制到乡村。如 1927 年—1931 年实业家卢作孚在重庆北碚进行乡村博物馆建设，开设了科技馆、动物园、图书馆等公共文化服务机构。[12]中华人民共和国成立后，“大跃进”运动时期，中国乡村博物馆事业迎来发展高潮，但是当时的乡村博物馆突出反映政治运动。改革开放以后，中国乡村博物馆建设才认真考虑反映乡村在地文化问题。

2021 年发布的《中华人民共和国国民经济和社会发展第十四个五年规划和 2035 年远景目

标纲要》，将“提升公共文化服务水平”作为单独一章重点论述。2022年3月，文旅部、农业农村部等六部门联合印发《关于推动文化产业赋能乡村振兴的意见》，不仅廓清乡村文化产业矩阵的潜在资源要素，也为乡村博物馆的未来发展指明方向。

乡村文化表现形式多元，以“三农”文化、非物质遗产文化、革命文化、自然科学文化为主。没有乡村的全面振兴，就没有乡村文化的多元、繁荣发展。乡村文化和城市文化具有本质区别，因此乡村文化振兴和乡村博物馆发展，其模式构建应该有别于城市。笔者拟根据结对帮扶工作的实际经验，结合相关研究成果，提出乡村博物馆及其推动文化多元发展几点对策。

（一）增加乡村博物馆数量，为乡村多元文化发展提供充足的传播空间

乡村博物馆必须有一定的数量，形成规模效应，才能够起到推动乡村文化多元发展的作用。目前我国迎来了“博物馆热”，博物馆成为游客旅游的重要打卡地。无论是国有企事业单位，还是民企及个人，创办博物馆的热情都很高。企业和个人在创办博物馆时，政府部门为办馆主体提供政策和法律支持显得很有必要，要保护他们的合法经营权益，减少这些博物馆发展后顾之忧。只有最大限度调动社会资源投身乡村博物馆建设，乡村文化多元化才有更大的保存、展示空间。由于资源有限，且以中小型博物馆为主，乡村博物馆能够推出临时展览的能力明显不足。因此乡村博物馆数量增多，也意味着展览数量的增多，乡村在地文化才能有更大的传播途径和机会。

乡村存在着大量乡村记忆馆、村史馆、祠堂、宗庙、陈列室等具有博物馆一般特征的类博物馆机构，为保存在地文化发挥了巨大作用，但它们并不在国家文物局发布的全国博物馆名录之中。2021年5月，国家文物局等部门联合发布《关于推进博物馆改革发展的指导意见》，指出“实施类博物馆培育计划，鼓励将具有部分博物馆功能、但尚未达到登记备案条件的社会机构，纳入行业指导范畴，做好孵化培育。”[13]将乡村类博物馆纳入博物馆行业指导，以博物馆方式运营乡村类博物馆，提高乡村类博物馆展陈水平，增强博物馆文化传播能力，应该成为乡村博物馆和乡村文化发展的重要方向。纳入博物馆行业指导范畴的乡村博物馆，无论是否免费开放，都应有足够的开放时间，以发挥其文化传播职能。

（二）拓宽思路，深度挖掘乡村经济、文化特质

前文已述，乡村文化题材多元宽广，而非仅仅局限于“三农”文化。因此因地制宜，发掘在地的政治、经济、文化、科技特色，就成为在当地建设博物馆、保存在地特色文化的首要条件。

即使是同一性质的文化，在城乡的表现也有所差别。例如科学技术文化在城市表现为高校、研究所、科技馆等科学技术机构的研究成果的展示、推广，而在乡村多表现为自然文化景观，如地形地貌、动植物栖息地等。艺术在乡村主要体现乡村文化生活，而在城市主要反映城市生活。革命文化在城市表现为情报斗争、工人运动，而在乡村表现为武装斗争、农民运动。

以天津市蓟州区为例，该区地处天津市最远郊，是一个以农业和旅游业为主导产业的区。该区革命文化资源比较丰富。包森是我国现代著名革命家、军事家，抗日战争期间长期在冀东地区进行革命斗争。但是长期以来该地区却没有以包森革命事迹为主题的专题博物馆。冀东烈士纪念馆和盘山烈士纪念馆展陈主题都是对整个革命战争时期该区域革命斗争进行全方

表 4：城乡博物馆数量及文物系统博物馆所占比例 [15]

	文物系统国有博物馆	其他行业国有博物馆	非国有博物馆	总数	文物系统博物馆占比	非文物系统博物馆占比
城	2473	688	1264	4425	55.89%	44.11%
乡	779	254	725	1758	44.31%	55.69%
总数	3252	942	1989	6183	52.60%	47.40%

位概述，并不针对某一特定历史人物或历史事件。蓟州区穿芳峪镇东水厂村是冀东军区后方根据地，也是包森抗日战争期间养伤和最后牺牲的地方。包森在该村的住所一直得到了有效保护，2022 年蓟州区政府对该房屋旧址进行了修缮，开辟了一个小型陈列馆，将包森在抗日战争时期冀东革命斗争经历进行了完整展示。东水厂村目前是天津市乡村振兴示范村，目前已形成了以环村水系和包森陈列馆为中心，涵盖生态文化旅游、革命文化旅游、亲子文化旅游、高端民宿产业为主导的多层次文旅产业发展体系。利用既有遗址建设博物馆，并以该博物馆为中心进行文化和旅游的融合，并以此为契机进行其他文化资源开发，应该成为推动乡村文化多元发展的主要途径。

（三）结对帮扶，对乡村物质和精神文化帮扶实现双覆盖

乡村获得资源的能力相对有限，因此结对帮扶是乡村振兴的一项长期政策。帮扶政策通常由各级党委组织部或各级人民政府牵头，根据被帮扶乡村具体产业特色和文化特色来确定帮扶的主体单位。

乡村博物馆建设发展需要社会各界参与，而不仅仅是文物部门的职责。根据国家文物局发布的数据，我国非文物系统博物馆占据博物馆总数比重为 47.40%，乡村博物馆中非文物系统博物馆所占比达到 55.69%（表 4）。由于各个乡村历史文化背景、经济和文化区位等因素各具特色，各类企事业单位均可以成为乡村博物馆建设的主体单位。不同类型的帮扶主体也在客观上为乡村文化多元发展提供了条件。作为全国乡村博物馆建设试点三个省份之一，浙江省在博物馆结对帮扶领域走在全国前列，2022 年《浙江省乡村博物馆建设指南（试行）》中指出要在“十四五”时期在省内建成 1000 家乡村博物馆。乡村博物馆建设也是浙江省政府“浙文惠享”民生实事工程。浙江省博物馆成立了乡村博物馆建设指导专班，在全省范围内进行乡村博物馆帮扶工作；浙江省各地级市文物部门和规模较大的博物馆也都成立了类似机构，在本地级市辖区范围内开展乡村博物馆建设帮扶工作。该省省会杭州市则调动全市各种资源，在全市范围内对乡村博物馆进行结对共建。[14] 博物馆帮扶浙江模式值得全国推广。

帮扶主体通常规模大、行政级别高，资源雄厚，而被帮扶村经济文化资源禀赋普遍较差。因此在结对帮扶过程中，帮扶主体单位不能对乡村文化采取俯视视角，不能将乡村文化构建成为想象中的“低端文化”。帮扶中切实以“三农”问题为导向，因地制宜为村民提供文化服务。

近年来，一些农村年轻人虽然在大城市学习工作生活，但是并不愿意放弃农村户口。对于这类乡村青年，村党委可以发展这些青年为党员。在每个月的党支部集体学习、乡村户籍青年返乡期间，为村民普及文化知识，提高村民文化素养。这类青年既懂得乡村风俗习惯，

又有城市的视野，可以成为帮扶主体和帮扶村的桥梁，推动乡村文化和乡村博物馆建设。

（四）推动乡村记忆工程向纵深领域发展，乡村博物馆应突出乡村微观叙事

自19世纪晚期开始，博物馆开始逐渐发挥文化记忆功能，以此应对现代文明对传统文明的侵蚀。[16]第二次世界大战后，欧美发达国家和苏联都出现了造乡运动。我国在改革开放以后，在乡村博物馆与乡村历史文化记忆相结合方面也积累了大量实践经验。2013年中央农村工作会议指出：“农村是我国传统文明的发源地，乡土文化的根不能断，农村不能成为荒芜的农村、留守的农村、记忆中的故园。”[17]2014年山东率先在全省范围内开展“乡村记忆工程”，目前全国大多数省份都推出了符合本省实际的乡村记忆工程。2018年9月26日，中共中央、国务院印发《乡村振兴战略规划（2018—2022年）》明确提出：“支持有条件的乡村依托古遗址、历史建筑、古民居等历史文化资源，建设遗址博物馆生态（社区）博物馆、户外博物馆等，通过对传统村落、街区建筑格局、整体风貌、生产生活等传统文化和生态环境的综合保护与展示，再现乡村文明发展轨迹。”[18]“乡村记忆工程”是“记得住乡愁”“留得住乡情”的载体工程，是对乡村文化的记忆重塑，符合中国国情，带有鲜明的历史性和时代性。

乡村记忆的在地性，是乡村记忆工程实施的基础。部分村庄经济基础较好，也很重视文化建设，有编纂村庄档案、历史的传统。口述史材料是村庄档案材料的主体，它们着眼于乡村微观叙事，应该成为乡村博物馆展示内容的重点。由于乡村青壮年大量涌入城市，目前乡村历史主要靠处在乡村的老年人传承。而在传统的乡村社会，文化的传承主要是靠语言而非文字[19]，又因为时间跨度大、老年人记忆力和表达能力下降，甚至随时都有故去的可能，因此口述史资料的编纂工作刻不容缓。口述史材料可以是文字形式，也可以是音频、视频形式。高校、大型博物馆、档案馆等存档的档案、文书、影像资料以宏大叙事为主线，和乡村的微观叙事形成有效互补。这些机构应该成为乡村微观叙事的黏合剂。口述史材料应当经过大型研究机构的甄别，去伪存真，保证口述史料展示的真实性。

外来的专家学者也可以成为乡村记忆的主体，但是需要站在村民的视角去理解乡村文化。例如2017年由安徽大学新闻传播学院副教授左靖、中国美术学院建筑系教师周功钊、艺术家芬雷联合发起“方志小说：联合驻村写作计划”，在浙江松阳大东坝镇六村、贵州黎平茅贡镇地扪村、云南澜沧惠民镇翁基村、福建同安西柯镇后田村、广东东莞麻涌镇新基村开展联合在地写作，用文字文本、图像摄影、影像视频、声音档案、当代艺术等形式，再现并重建乡村文化。

目前在编辑乡村史料过程中，存在着大量没有书号和版权的内部刊物，这些材料可以被随意修改而不受任何法律保护，材料真实性和权威性无法获得保证。因此在微观叙事存档和传播的过程中，出版社可以扮演一个关键的角色。乡村叙事编纂成书，经审核无误后要及时出版，将叙事成果（包括纸质书籍和电子音像）用版权的形式加以确认。在乡村博物馆展出这些资料时，可以增加其权威性。

（五）推进数字乡村建设，推动乡村博物馆传播方式多元化

博物馆向公众开放之后，传播和教育就成为博物馆两大基础职能。只有将文化故事传播出去，博物馆保存、传播文化的职能才能得到充分发挥。随着博物馆与旅游的联系日益紧密，

逆城市化的发展和乡村旅游的发展，为乡村文化的发展提供了外部条件。乡村文化本身具有多元的特质，但是受制于硬件条件，乡村博物馆展陈方式和传播方式普遍比较单一，大多以实物和图片、文字陈列为主，在调动游客参与积极性方面动力不足。

展陈内容是博物馆文化传播的基础。就心理方面而言，观众通常不会在一个相对短的时间内和临近地域内参观主题雷同或相似的博物馆。这些主题相似的博物馆不会达到传播当地文化的效果，甚至会有反作用。对于地域相近、文化内涵和表现形式相近的乡村博物馆，应加强交流互通有无，或者通过政府或旅游企业部门牵头，对这些资源进行整合。不同乡村从不同主题、不同层次体现乡村文化，从而有效避免博物馆展陈内容的同质化，推动乡村文化多元化建设。

乡村博物馆可以在展陈结束部分设置一个体验区，该体验区和博物馆展陈主题应该密切相关，让观众深度体验博物馆所展示的文化内涵，提升文化影响力。例如新余农耕文化展示馆、安吉吟诗农耕文化展示馆等以传统农耕为主题的博物馆，在博物馆参观区外设置农耕文化体验区，让游客特别是来自城市的游客体验农耕文明，传承乡土文化。

著名传播学家马歇尔·麦克卢汉（Marshall McLuhan）根据人类传播方式的演变进程，将人类历史分为三个时期："口头传播、文字印刷传播时期和电子传播时期。"[20] 随着科学技术发展，博物馆展陈方式日益多元化，三种传播方式均可以在博物馆中找到自身位置。2016年12月，《"互联网+中华文明"三年行动计划》正式出台，为博物馆和科技的融合提供了新的发展方向。2022年5月中共中央办公厅、国务院出台《乡村建设行动实施方案》，提出"实施数字乡村建设发展工程"，为乡村博物馆传播功能增添了新动力。随着乡村振兴战略的稳步推进，有条件的乡村博物馆可以引入城市博物馆传播理念和传播方式，例如利用社交媒体推广乡村博物馆和乡村文化，为乡村文化传播插上先进科技的翅膀，让乡村文化传播方式更加直观、更加贴近大众。特别是以戏剧、方言、口技等以语言类为展览题材和以传统工艺、技艺为展陈主题的乡村非物质文化遗产类博物馆，因为单纯靠书面文字无法表达，更加需要依赖科技的力量，通过音视频或3D、AR、VR等方式将文化留存并发扬光大。

民国时期乡村建设"三杰"之一的梁漱溟先生曾指出："作乡村运动而不着眼整个中国问题，那便是于乡村问题也没有看清楚，那种乡村工作亦不会有多大作用。"[21] 这种论断在历史新时期仍然适用。上述提出的乡村博物馆发展及推动乡村特色文化发展策略，都要从乡村全面振兴和中华文明全面复兴的角度通盘考虑。

余论：推动乡村博物馆繁荣发展，让乡村文化振兴行稳致远

苏东海先生曾指出，博物馆可以分为"古代博物馆""近代博物馆""现代博物馆""当代博物馆"四个历史分期，并指出当代博物馆最大特征是"博物馆发展外化"。[22] 在新博物馆学理论占主导地位的"当代博物馆"时期，"博物馆发展外化"使博物馆已不再局限于某个特定空间，泛博物馆现象兴起。从更加广义的层面而言，乡村本身就是一个大型博物馆群落，是乡村本体文化的传承者和传播者。2022年7月文旅部、中国关工委联合推出"乡村是座博物馆"全国乡村旅游精品线路128条。让乡村

本体“博物馆化”，乡村整体可以视为一座开放的博物馆已有成功范例。在更大的博物馆空间内，乡村存在的各种要素都成为展品，村民成为乡村文化的守护人和代言人，公众可以在该开放空间内体验学习，连通古今。乡村博物馆化亦不失为乡村文化多样性表达的一种重要途径。

村民不一定是乡村博物馆建设推动的主导力量，但他们是乡村博物馆建设的真正主力军和受益人，真正盘活乡村生态、经济、社会发展，还是要靠村民自身的能动性。着眼于乡村经济文化发展是乡村博物馆发展的基础，也是乡村博物馆存在的目的。发展具有本土特色的地方文化，是乡村博物馆生存发展的基础。讲好乡村故事，传播乡村文明是乡村博物馆的神圣职责。

重建并振兴乡村文化、并不是将传统乡土文化进行简单复制与再现，而是站在今天更高水平的乡村振兴过程中为乡村文化振兴赋予新时代文化内涵。乡村博物馆的建设，也是基于当代对乡村文化的创新与重构。利用博物馆讲好中国故事是推动社会主义文化繁荣的重要组成部分。乡村博物馆应结合地方特色文化，紧跟时代步伐,向更高水平发展。繁荣乡村博物馆，也是乡村文化全面振兴的应有之义。

【注释】

[1] NYE J. Springing Tigers[N/OL]. India Today, 2016-10-12 [2021-11-08], http://indiatoday.intoday.in/story/if-indiacan-combine-its-hard-and-soft-powers-it-willbecome-a-smart-power/1/190557.html. 转引自孔达．多元”与“一体”——博物馆国际展览讲好中华民族共同体故事[J].博物院，2022（2）.

[2] 中华人民共和国农业农村部．中共中央 国务院关于做好2023年全面推进乡村振兴重点工作的意见[Z/OL].（2023-1-2）[2023-8-1].http://www.moa.gov.cn/ztzl/2023yhwj/zxgz_29323/202302/t20230214_6420463.htm。

[3] 中国社会科学院语言研究所词典编辑室．现代汉语词典

[M].7 版 . 北京：商务印书馆，2016 年版。

[4] 中国联合国教科文组织全国委员会秘书处 . 保护和促进文化表现形式多样性公约 [EB/OL].（2005-10-21）[2023-01-15].https://www.moe.gov.cn/srcsite/A23/jkwzz_other/200510/t20051021_81305.html.

[5] 苏东海 . 与国际博协博物馆学委员会主席鹤田总一郎对话录 [J]. 中国博物馆通讯，1987（4）.

[6] 中华人民共和国住房和城乡建设部：统计信息。https://www.mohurd.gov.cn/gongkai/fdzdgknr/sjfb/tjxx/index.html。本文统计 21 世纪以来全国村庄数量变动情况。2022 年统计数据尚未发布，本文采用 2001 年、2006 年、2011 年、2016 年、2021 年数据，每 5 年统计一次。

[7] 国家文物局年度报告信息系统：http://nb.ncha.gov.cn/museum.html。

[8] 梁漱溟 . 乡村建设理论 [M]. 上海：上海人民出版社，2011：10-11.

[9] 国家文物局年度报告信息系统：http://nb.ncha.gov.cn/museum.html。2022 年数据尚未发布，在此采用 2021 年数据。

[10] 国家统计局：《中华人民共和国 2021 年国民经济和社会发展统计公报》。http://www.stats.gov.cn/tjsj/zxfb/202202/t20220227_1827960.html

[11] 王毅 . 乡村振兴视域下农村文化振兴的困境与应对策略 [J]. 农业开发与装备，2022（11）：21.

[12] 卢国纪 . 我的父亲卢作孚 [M]. 北京：人民出版社，2014：75-80.

[13] 中央宣传部 国家发展改革委 教育部 科技部 民政部 财政部 人力资源社会保障部 文化和旅游部 国家文物局：《中央宣传部 国家发展改革委 教育部 科技部 民政部 财政部 人力资源社会保障部 文化和旅游部 国家文物局关于推进博物馆改革发展的指导意见》，2021 年 5 月 24 日。来自中华人民共和国中央人民政府官方网站：http://www.gov.cn/zhengce/zhengceku/2021-05/24/content_5610893.htm

[14] 结对共建，让博物馆走进百姓！杭州乡村（社区）博物馆走出高质量发展“特色之路”[N]. 杭州日报，2022-5-18（1-2）.

[15] 国家文物局年度报告信息系统：http://nb.ncha.gov.cn/museum.html。

[16] MACDONALD S.Memorylands: Heritage and Identity in Europe Today[M]. London & New York: Routledge, 2013: 138.

[17] 中华人民共和国农业农村部：《中央农村工作会议举行习近平、李克强作重要讲话》http://www.moa.gov.cn/ztzl/nygzh2013/2013nian/201312/t20131225_3723455.htm

[18] 中共中央，国务院 . 乡村振兴战略规划（2018-2022 年）》，来自新华网：http://www.xinhuanet.com/politics/2018-09/26/c_1123487123.htm

[19] 费孝通 . 乡土中国 [M]. 北京：人民出版社，2008：17-24.

[20] 麦克卢汉 M. 理解媒介——论人的延伸 [M]. 何道宽，译 . 北京：商务印书馆，2000：67.

[21] 梁漱溟 . 乡村建设理论 [M]. 上海：上海人民出版社，2011：20.

[22] 苏东海 . 博物馆演变史纲 [J]. 中国博物馆，1988（1）.

机构的专业性与组织的社会性
——新定义下的实践反思

白 杰（北京市文物局）
张 靓（首都博物馆）

摘要：本文以博物馆新定义入手，从作为专业性机构的博物馆和作为社会性组织的博物馆两个维度解构，联系实际反思博物馆高质量发展的内在逻辑，阐释新时代的博物馆事业，应着力把握好文化遗产之力、社会之力、博物馆之力的和谐统一，而在“三力”之中，博物馆自身的能力建构和人才培养已成最为关键要素。

关键词：专业性；社会性；新定义；新实践；“三力”和谐统一；高质量发展

从2016年至2022年，历经六年的讨论打磨，特别是经过2019年第25届ICOM京都大会的激烈辩析，终于2022年8月博物馆诞生了新版定义。这是集聚全球博物馆人智慧、得到相对集中认同的新定义，标志着博物馆组织的新发展里程，也代表着全球博物馆人自1946年公布首个官方定义以来，不断求索的与时俱进精神。纵观九版官方定义，从社会学的视角加以解构，不变者是对博物馆机构之专业性及其组织形态社会性的一次次强调，而其变者则体现了不同时代背景、不同发展阶段下的强调方式。而我们认知博物馆、定位博物馆并推动其发展、实现其价值的时代追求，也全部孕育于这变与不变之中。

一、作为专业机构的博物馆

著名社会学家李汉林先生曾对单位制进行过深度解读。如果对散落全球一个个博物馆进行特质提炼，那么其作为社会组织，是文化机构中的一个小门类。之所以被单独归类，正体现着其组织特质，也是我们这些业内人士所一再强调的，我们是专业性机构。而这种专业性也时常被社会混同于其他文化机构，从而以一种相对宽泛的属性影响了公众对博物馆特质的认知与认同。从这个意义上说，我们不断修正和强化博物馆定义，既是我们业内对角色的反复自我认知、思辨与认同，也是对社会认知博物馆的一次次正名。

Museum一词源于希腊女神缪斯，在希腊诸神中掌管文艺、美术、哲学；而文艺也好，美术也好，哲学也罢，这些都是人类智慧的结晶，所以博物馆存在的价值，正是为了保藏和呈现承载人类智慧结晶的物证，以使人类“从不同文明中寻求智慧、汲取营养，为人们提供精神支撑和心灵慰藉”[1]。为了实现这一初心，做到保藏好、呈现好，博物馆也即成了研究的场所,研究的目的正是探究智慧的真谛与成因，从而客观真实地阐发“智慧”，“以使人们在对待不同文明时，不只满足于欣赏其精美，而去领略其中包容的人文精神，不只领略其对以往人们生活的艺术表现，更让其中蕴藏的精神鲜活起来”。[2]于是物证、智慧成了博物馆最初的关键词，围绕物证、智慧的一切初心成为博物馆独特的专业性，而“博物馆对于观览者丝毫没有何等强制、压迫，以半娱乐的性质，全然出之于各人的自由意志，为民众最容易自己学习的一种动的教育。”[3]这使得博物馆在具有文化教育机构共同属性的同时，保有了鲜明的个性。

笔者曾从理论层面就博物馆定义的演进进行过梳理[4]，从中可以看出博物馆人对自身专业特质的深化认识过程，近百年前的中国博物馆人更用了“促进整个社会的进化之一种设施”[5]来对其加以概括。而对于这一“设施”的具体建构，张謇以“六端说”开中国博物馆建设的理论之基[6]。以“六端说”之一的“建筑之制”为例，张謇认为，博物馆既是传播知识的场域，又应是亲近自然的公园，他将交通便利、建筑别致、突出教育全部体现在了南通博物苑的建筑功能布局之中。其南馆为英式建筑，以文物和标本，分天产、历史、教育、美术四部分作为基本陈列的主展空间；中馆的样式是中西结合，二楼作为“测候所”，每天为当地提供天气预报服务；“北馆是当时南通场面最大的通贯梁建筑”[7]，既展鲸鱼标本，又展名家书画；博物馆周界范围内的非建筑空间则是露天陈列场所，特别是中馆与南馆之间的空地，被作为“中药坛”，成了与学校相呼应的教学实践基地空间。这些都从建筑的独特性上保障了博物馆的专业性机构特质。

张謇之后的建馆实践，如民国时期在先农坛太岁殿设立“古物保存所”[8]，将紫禁城的前朝部分辟为“古物陈列所”逐步对公众开放[9]；再如，首都博物馆于1981年建馆时曾以孔庙建筑群作为馆址[10]。这些实践都是在保护古建筑的前提下，对古建筑空间进行了博物馆专业化功能调整。20世纪90年代以来，随着上海博物馆、首都博物馆新馆的现代化博物馆建设实践，现代化博物馆建筑怎么建，这里面既有教训也有经验，体现了博物馆人与建筑设计师们的共同探索，也见证了两个群体共同认知博物馆特质、实现博物馆基本功能的艰苦历程。这其中的一些经典案例，之所以经典，正是两个群体共同突出博物馆专业功能的结果。如首都博物馆库房的环廊设计，既便捷了文物运输的安全保障，核心是成就了文物收藏空间的最高等级安全防范设置。再如，清华大学艺术博物馆因要兼具博物馆与美术馆的双重功能需求，所以将其中的一层展厅在设计上采取了“大挑高”，采用了不同于一般博物馆展厅通过较低空间设计即可满足需求的策略，为这个展厅量身设计满足现当代艺术展对展示空间的要求，即将一层1600平方米（另有100平方米放映区）的展区划分为三个可和可分的空间，层高从3.3米到8.5米不等，既满足功能需求，又力求建筑集约。

2015年，作为中华人民共和国行业标准的新版《博物馆建筑设计规范》公布，这无疑是对中华人民共和国成立以来、特别是改革开放以来，中国博物馆建设实践的一次经验概括；

如果从1905年张謇的初步探索算起，经历了110年。新版规范继20世纪九十年代简版之后，为建筑设计师按照更高标准的博物馆专业要求，进行建筑设计与功能布局提供依据。进入新时代，获得中国建设工程鲁班奖的中共中央北京香山革命纪念馆和正在建设中、即将于年内开放的上海博物馆东馆、首都博物馆东馆等都遵新版规范设计，标志着中国博物馆的专业化建设水平跃升到一个新的历史阶段。

如果将博物馆定义的2019年讨论稿与2022年的发布版做一对比，笔者认为，讨论稿的失败之处恰是对博物馆专业性特质的弱化与虚化，发布版的成功之处，则是以“博物馆以符合道德且专业的方式进行运营和交流”的表述，强调了博物馆的特质性与可及性，在再次客观陈述博物馆特殊功能的前提下，秉持“为社会服务”，并客观和实事求是地回应社会关切，强调了“在社会各界的参与下”以及其包容、多样、可持续性的开放互动态度。

二、作为社会组织的博物馆

从社会学的角度来看，现代社会是一个组织化的社会。组织无处不在，国际博协以组织形态存在，每一个具体的博物馆也以组织的形态而存在。组织与组织之间、人与人之间的交往互动都无法脱离组织的框架而进行。韦伯认为，组织是现代社会的核心制度，组织行为是人类中最强力和最有效的形式。在表述博物馆专业性的同时，我们都无法绕开其组织形态的社会性。博物馆作为社会性组织，其自身的组织建构也无时不在地受到社会变迁的影响，特别是近二百年间，博物馆组织在社会关系革新、组织制度革新、组织结构革新、组织工具革新四个维度上经历了快速的组织更新与发展。[11]而这种更新与发展的背后，是博物馆组织不断适应社会变迁并影响社会变迁的成长之路。

进入21世纪，全球一体化、文化多元化，都呼唤着愈发频繁的组织行为。博物馆面对以前所未有之方式展开的世界之变、时代之变、历史之变，也愈发频繁地经历着自组织自发与同类组织自觉的社会关系调整与行为范式革新，呈现出一些社会化的新特征：

一是博物馆数量迅速增加，结构更加多元。以北京为例，截至2022年末，市域内共有备案博物馆204家，其中央属65家、市属47家、区属47家、非国有45家；其中国家一级博物馆18家，数量居全国首位，另有二级10家、三级11家。当然，从全球视域来看，疫情等不利社会因素也造成相当数量博物馆的闭馆，甚至永久关闭，这无疑成了博物馆作为“非营利性常设机构”的最大挑战。

二是博物馆职能发生明显变化，以人为本的精神更加彰显，从传统的重视文物保护和研究功能，逐步转向更加突出文化传播和社会教育功能，更加在适应社会需求中强化教化的社会功能。首都博物馆“十三五”时期的收官展览“文物的时空漫步”，通过与腾讯公司的合作，以数字化展陈方式推出，疫情情况下，展期2个月，线下观众9.5万人次，线上观展突破2.2亿人次，皆以青少年为核心目标受众。一方面注重了观众的参与性与互动性，一方面强化了博物馆教育与学校教育在广度和深度上的互补。

三是博物馆在城市发展中的地位日趋重要。博物馆作为“向公众开放”的“研究、收藏、保护、阐释和展示物质与非物质遗产”的社会机构，是连接过去、现在和未来的纽带，是透视一座城市、一个地方以至一个民族、一个国家的重要窗口，代表着民众的历史记忆与社会的传承发展。以北京为例，全市16个区域内均有博物馆，朝阳区、东城区均有35家以上博物馆，居于数量之首；人均拥有博物馆最多的东城区，每10万人平均拥有博物馆数达4.4家。据北京市文物局统计，市域博物馆平均每年举办展览600多项，现场接待观众超过5000万人次。据国务院发展研究中心对“十三五”时期首都博物馆的跟踪研究显示，作为非营利性机构的首都博物馆，平均年拉动社会消费5亿元，年拉动城市GDP 8亿元。

四是面对愈发复杂的全球性挑战，博物馆在以文明交流超越文明隔阂、以文明互鉴超越文明冲突、以文明共存超越文明优势，从而服务人类命运共同体构建方面的社会作用更加凸显。当然，博物馆如何用好自身优势参与全球治理和社会建设，也直接导致了博物馆组织体系内部关于自身定义的全球大讨论，以2019年讨论稿为代表的定义表述，代表了博物馆试图为全球治理和社会建设做出更大贡献的积极愿景。其引发的争辩，核心是对What、How、Why的又一次集体反思，而2022版定义为组织体系的绝大多数成员所接受的根本原因，乃是如何既回应社会呼唤，也平心静气于当下的自身社会角色定位与组织权力可及。

三、高质量发展与新时代博物馆人

解构2022版博物馆新定义，无论是英文原版还是中文译稿的三个独立句子中，每一句都是将博物馆的专业性与社会性交融一体加以表达，既突出了博物馆组织的两大特征——专业性与社会性，也强化了这两大特征之间的你中有我、我中有你和须臾不可分割的内在逻辑以及格外凸显的社会性影响。首句，在表达“研究、收藏、保护、阐释和展示物质与非物质遗产”的专业性特质时，先强调了这一特质是置于“为社会服务”的属性之下的。次句，在单独表述“向公众开放”这一连结社会根本渠道的专业特质时，以客观认知组织权力的方式，表达了对组织权力、自我评价方式以及价值追求具有层次性与阶段性的当下共识。第三句，则更加鲜明地将“符合道德且专业”的专业性特质与“在社会各界的参与下”的社会性特质以并列的方式置于同等重要的地位，同时又将“教育、欣赏、深思和知识共享”的专业功能以“提供多种体验”的社会要求作为评判标准，形成了以社会性程度评判专业性功能的组织价值导向。这一导向成了2022版定义的鲜明立场，成了当前历史阶段下以定义加以确认的组织行为原则。

应该说，2022版定义既是历史的延续，也是时代的印记。而其获得组织体系内部的认同，不同于2019讨论版的命运，正是基于其对博物馆组织专业性与社会性的再强化，特别实现了二者关系与时代要求、现实可为的稳定性结构。当然，在经历了漫长的修改过程之后，这一定义带有妥协性，而妥协也喻示着可行与非冒进，在某种程度上，正如布鲁诺·布吕隆·索尔斯（Bruno Brulon Soares）所言，它承载着某种价值观的渴望；在笔者看来，这种渴望成为共识的前提仍是对自身当下组织权力的客观认知。而只有实事求是地认知组织权力，才有利于组织本身脚踏实地发展专业和脚踏实地“为社会服务”。

中国博物馆走过的百余年道路，实属不易。从1868年中国出现了博物馆，到1905年张謇创建南通博物苑，从1925年国立故宫博物院成立，到1934年中国共产党人在创业艰难之际组建中央革命博物馆，从1949年中华人民共和国成立全国仅有博物馆21家，到2021年底全国备案博物馆6183家。中国博物馆人伴随着中国的发展、中国博物馆事业的发展形成了积累，走向了成熟。应该说，中国的制度优势是博物馆实现高质量发展的重要保障，也造就了中国博物馆人在国际博物馆界的影响力和话语权。面对疫情，中国博物馆事业风景这边独好，即是明证。“中国各类博物馆不仅是中国历史的保存者和记录者，也是当代中国人民为实现中华民族伟大复兴的中国梦而奋斗的见证者和参与者。”[12]如果说，博物馆新定义代表了国际博物馆界对博物馆组织性质与价值追求的共识，那么，当我们回望中国博物馆之路并将其置于新时代的中国与世界时，笔者认为，中国博物馆的高质量发展，需要组织在专业性与社会性上的水乳交融，需要将文化遗产之力、社会之力与博物馆之力形成三足鼎立的稳定结构。

新时代，我们的国家与民族对文化遗产所蕴含的力量源泉形成了历史上最为广泛的思想共识。正如习近平同志所指出的，“文物承载灿烂文明，传承历史文化，维系民族精神，是老祖宗留给我们的宝贵遗产，是加强社会主义精神文明建设的深厚滋养。保护文物功在当代、利在千秋。”[13]进入新时代，我们距离实现中华民族伟大复兴无限接近，这也同时造就了我们民族对于中华文明探源的内在需要与动力。这一时代召唤下的保护文化遗产、增强文化自信，“以史鉴今、启迪后人”[14]，形成了中国博物馆高质量发展的内生动力。当然，世界面临百年未有之大变局，潮流与逆潮流激烈碰撞，也让这个世界愈发看清“文明交流互鉴，是推动人类文明进步和世界和平发展的重要动力。”[15]博物馆无疑是这一重要动力的组成，这再次为新时代中国博物馆的高质量发展提出了要求、寄托了厚望。

新时代，保护好、传承好人类文明，不仅是世界人民的共识，也成为孕育于中国社会内部的行动自觉。不容否定的是，博物馆的发展与社会经济的发展成正比。随着第一个百年奋斗目标的实现，孕育于社会并生发而成的博物馆事业发展推动力愈发强劲。政府无疑是社会力量中的最强者。进入新时代，党中央、国务院高度重视中国博物馆事业，密集出台相关政策。各级地方政府也愈发认识到，“在经济发展了的时候，应加大保护名城、保护文物、保护古建筑的投入，而名城保护好了，就能够加大城市的吸引力、凝聚力。二者应是相辅相成的关系。”[16]政府的倡导、引领也极大地激发了广大人民群众、各类社会组织保护文化遗产、保护身边文物的思想自觉与行动自觉，更直接推动了广泛的社会力量、社会资本参与博物馆建设与发展的主动性。还有一股不容忽视的力量源泉，就是广大人民群众对于民族文化、地方知识的渴求，在新时代达到了有史以来的新高。与这种需求相比，博物馆的知识供给无论量与质，还是便利程度都远没有满足需求，博物馆高质量发展首先需要供给侧发力。

党的二十大擘画了未来中国的发展蓝图，如何指导中国博物馆的高质量发展，笔者认为应着力把握好以下三个方面：

一是把文化遗产之力转化为博物馆对专业能力建设的强化。大到“加大文物和文化遗产保护力度，加强城乡建设中历史文化保护传承，建好用好国家文化公园”，小到“古建筑的保护、传统街区的保护、任何文物保护单位、文物保护点的保护，都需有专门业务知识和掌握国家文物法规政策才能保护好。”[17]这便是博物馆定义修订中一次次将机构的专业性加以具体地、通俗地予以明示表达的根本原因，既是对博物馆的组织辨识度的全世界昭告，也是对组织自身的内部鞭策。

二是强化博物馆社会属性，“必须完整、准确、全面贯彻新发展理念”，必须突出博物馆的社会功能建构，强化以人民为中心。既然博物馆是社会发展到一定阶段的产物，作为社会组织的一份子，其越是对社会的影响与日俱增并不断被社会赋予新的期待，则越要主动地融入社会发展，以赢得自身发展和服务社会发展。党的十八大以来，新发展理念引领着中国社会的新时代发展，只有完整、准确、全面贯彻新发展理念，博物馆高质量发展才可能真正融入社会发展，才可能与国家战略布局相对接，与社会功能建构相统一，而这一切的出发点和落脚点就是以人民为中心，将社会发展进步的一切创新成果转化为博物馆服务社会的能力，不断因社会之需推进中国博物馆组织的整体改革，不断因城市之需、地方之需和民众之需、社区之需，推进每一个博物馆单位组织的自身改革与能力建构。

三是“必须坚持科技是第一生产力、人才是第一资源、创新是第一动力”，身处新时代，博物馆人不仅要接续奋斗，更要培养后继之人。笔者对这一问题的认识本身，也经历了对三个实践阶段的反思。

如果说《博物馆建筑设计规范》是从博物馆建设源头确保了博物馆的专业性，而作为单位制自组织的每一个中国博物馆，其实都面临着内部专业化水平有待提高的问题，张謇“六端说”的另“五端”还远没有标准化、规范化。以首都博物馆为例，其对于自身藏品的整理、研究等专业性工作还有大量要做，其履行社会组织功能，提供更多高质量博物馆文化供给的量与质都有较大的不足与欠缺。所以还无力更大程度地为社会提供专业性与社会性服务，我在 2015 至 2021 年主政首都博物馆期间，最为遗憾的莫过于首都博物馆没能担负起城市总博物馆的作用，去支持与指导各区的博物馆建设，以及服务和帮助城市中的中小博物馆发展。这既有自身人力不足的缘故，更源于我们自身的能力不足。而当我们被动地去应对北京城市副中心建设中的“功能需求”，开始建设首都博物馆东馆（北京大运河博物馆）时，更加剧了自身的人才资源不足与专业能力不足，这让笔者对人才、科技、创新有了更深切的感悟。

2021 到 2022 年间，笔者对北京的 3 个城市社区博物馆做了一次调查研究，通过对这 3 个社区博物馆的解构[18]，愈发认识到文化遗产之力、社会之力、博物馆之力，这“三力”对于博物馆建构以至博物馆之城建设的内在逻辑。空竹博物馆、社区铁路博物馆、挺进军司令部旧址陈列馆，如果说上述三馆之成，首先基于城市中的文化遗产之力，而其所依托的社会之力则是遗产地人民的文化自觉及其推动下的政府组织的强力支撑，而博物馆之力的介入程度则与博物馆的样貌与水平成正比例。应该说，“三力”之中文化遗产力已与社会民众的认同度高度契合，这“一个半力”现已成为北京建设博物馆之城的坚实底座。为了解决社会组织的支撑、特别是资源支撑问题，北京出台了《北京市鼓励社会力量兴办博物馆的若干意见》，以人民为中心，以新时代首都发展和全国文化中心建设为引领，通过十条具体举措引导和鼓励社会资源支持博物馆事业发展，以丰富博物馆门类，优化体系布局。这一举措的核心是在社会之力中降低政府组织的比重，并有乡村振兴计划、中小型博物馆成长计划、类博物馆登记管理试点等具体政策和实施策略相支撑，目的都为了加大社会之力的基本盘。然而在此力加大的同时，博物馆之力的配比不足、供给不足的矛盾愈发凸显，既将博物馆人才不足的总体现状摆上了桌面，也给当下博物馆人投下了更多期许。三馆之中，空竹博物馆的建成得益于博物馆力的注入，而其水平下滑也源于此力之消。社区铁路博物馆的发展在某种程度上要归因于社区之力本身就包含了博物馆专业力量。而处于上升阶段的挺进军司令部旧址陈列馆务必要注意到空竹博物馆的前车之鉴。当我们为那些至今活跃于社会的退休博物馆人鼓掌点赞的同时，必须清醒看到处于博物馆大发展时代的博物馆专业人才不足和能力不足的现状。作为社会组织并代表着专业能力的博物馆，制约其服务社会、服务行业发展供给不足的根本原因，是人才不足、能力不足。

当下，博物馆处于建设的高峰期，我们生逢其时、身处其中，除了接近建设尾声的首都博物馆东馆，还有已完成外立面亮相的路县故城遗址展示工程，开始启动的大葆台遗址博物馆重建工程，以及规划建设中的中国长城博物馆、西山永定河博物馆等。这些都是当下社会对博物馆建设的需求与期待，当然，更多的需求与期待则蕴藏于基层社区，需要博物馆人本着专业的精神，本着建好一座博物馆服务社会更多人的信念，从设计蓝图开始把关，引领设计者更深入地理解《博物馆建筑设计规范》，更深层次地理解博物馆机构的专业性和组织的社会性。只有这样，才能更好地保障社会资源的有效利用，才能更好地保障中国博物馆建设水平的稳步提高，从而保障一座座专业化博物馆真正以人民为中心，满足社会功能需要，并使当下的博物馆人在这个过程中不断建构能力、不断增强服务社会的本领，从而不断地培养出后继人才。这应该是新版博物馆定义带给我们的最大启示。

【注释】

[1]习近平．文明交流互鉴是推动人类文明进步和世界和平发展的重要动力[J].求是，2019(9)．

[2]习近平．文明交流互鉴是推动人类文明进步和世界和平发展的重要动力[J].求是，2019(9)．

[3]陈端志．博物馆学通论[M]// 陈建明，主编．中国博物馆学历史文献选编(第一辑)．北京：文物出版社，2018：106.

[4]白杰．网络数字时代的博物馆——社会公共事件下的再思考[J].博物院，2020(2)．

[5]荆三林．博物馆学大纲[M]// 陈建明，主编．中国博物馆学历史文献选编(第一辑)．北京：文物出版社，2018：282.

[6]杜嘉乐．张謇博物馆理念对当下博物馆功能发挥的借鉴意义[J].艺术博物馆，2022(3)．

[7]杜嘉乐．张謇博物馆理念对当下博物馆功能发挥的借鉴意义[J].艺术博物馆，2022(3)．

[8]李飞．北京古物保存所考略——兼论其与古物陈列所之关系[J].中国国家博物馆馆刊，2016(9)．

[9]段勇．古物陈列所的兴衰及其历史地位述评[J].故宫博物院院刊，2004(5)．

[10]首都博物馆．首都博物馆口述历史(一九五三年至一九八一年)．北京：科学出版社，2021.

[11]白杰．网络数字时代的博物馆——社会公共事件下的再思考[J].博物院，2020(2)．

[12]习近平：2016年11月10日致国际博物馆高级别论坛贺信。

[13]习近平：2016年4月对文物工作的重要指示。

[14]习近平：2014年2月25日视察首都博物馆时的重要讲话。

[15]习近平．文明交流互鉴是推动人类文明进步和世界和平发展的重要动力[J].求是，2019(9)．

[16]习近平．《福州古厝》序[N].人民日报，2019-6-8(3)．

[17]习近平．《福州古厝》序[N].人民日报，2019-6-8(3)．

[18]白杰，张靓，罗征．生态博物馆理论及其北京实践——致敬中国博物馆学的杰出贡献者苏东海[J].博物院，2022(1)．

乡村博物馆建设：抵达可持续性与美好生活

周凯宇（嘉兴市文物保护所）

摘要： ICOM2022年布拉格大会通过的博物馆新定义强调了可及性、包容性、社区参与和可持续性的重要性。乡村博物馆作为地方特色文化和乡村历史记忆的保护、传承与阐释空间，深化了社会发展变革背景下博物馆从服务城市到融入乡村的拓展。在浙江省的建设实践过程中，乡村博物馆的可持续运营危机已初步显现，结合浙江省先行实例经验，乡村博物馆明确以促进人的生活健康与精神富足为使命定位，并通过研究和收藏乡村文化遗产、提供和打通知识共享途径、推动和实现产业融合发展等方式，完成博物馆可持续性的构建以及助力乡村美好生活的愿景。

关键词： 乡村博物馆；博物馆新定义；社会变革与博物馆；可持续发展；地方文化及多样性

在经历了诸多国家委员会的"重大分歧"[1]和长达三年的搁置后，2022年8月24日，在布拉格举行的第26届国际博物馆协会（International Council of Museums，ICOM）大会通过新的"博物馆定义"[2]：博物馆是为社会服务的非营利性常设机构，它研究、收藏、保护、阐释和展示物质与非物质遗产。向公众开放，具有可及性和包容性，促进多样性和可持续性。博物馆以符合道德且专业的方式进行运营和交流，并在社区的参与下，为教育、欣赏、深思和知识共享提供多种体验。相较2007年的版本[3]，此次的新定义认识到包容性、社区参与和可持续性的重要性。博物馆定义的修订进程并非专业语汇本身的研究进化，而是博物馆各利益相关方对进入21世纪以来博物馆现实生态的集中反射与持续研究，以期更好地适应已经经历和正在经历的社会和专业变革[4]。这种变革既指向在新冠肺炎疫情、新一轮技术革命等客观因素影响下的社会环境加速更迭，也内含在新时空条件下博物馆角色的重大变化。

基于概念上出现的调整，ICOM将2023年国际博物馆日主题确定为"博物馆、可持续性与美好生活"（Museums, Sustainability and Wellbeing），与联合国教科文组织（UNESCO）于2015年提出的呼吁[5]形成照应。我国博物馆事业发展走在这次重大调整的前沿，在2015年山东省"乡村记忆"工程的尝试之后，2021年中宣部联合多个国家部委出台的《关于推进博物馆改革发展的指导意见》极富前瞻性地提出“有效盘活基层博物馆资源”“倡导社区、生态、乡情村史博物馆等建设”。作为全国三个试点省份之一，浙江省将乡村博物馆建设任务列入《浙江省文物博物馆事业发展“十四五”规划》，并已在2022年初步完成了457家乡村博物馆项目的创建提升工作。然而，由于缺乏科学有效的理念指导和管理规范，正如来自山东省的经验所引发的隐忧[6]，乡村博物馆先驱者们正面临着认识与实践双重的压力，唯有正视并解决这些问题，才能使乡村博物馆在博物馆新定义中寻得适当的坐标，进而为乡村振兴战略实施作出应有的贡献。

一、乡村博物馆的缘起与演进

早在20世纪30年代初，博物馆作为一种从西方引进的用以开发民智的文化工具，已被纳入我国早期乡村现代化建设的规划探索之中[7]。随着第二次世界大战结束后国际政治文化环境的急剧变化，20世纪60年代以来，在新博物馆学（new museology）运动背景下，长期与城市紧密联系的博物馆在全球化、都市化的浪潮中重新检讨自己的定位，开始更多地向地方性倾斜，并调整自己的藏品征集收藏战略以及行动与服务方针。[8]作为这场影响深远的理念变革的中坚力量，生态（社区）博物馆在我国博物馆学界引发了广泛讨论[9]，并被政府视为城市化进程加速、大规模城乡建设持续展开背景下协调文化遗产保护与经济社会发展之平衡的有效手段加以推广[10]。有学者注意到“社区”（community）一词事实上涵盖了村落这一原始社区类型，试图用中国传统村落常见的宗庙祠堂来解释现代社区博物馆重构群体认同的运营目标[11]，亦有将乡村博物馆直接等同于地处乡村的生态（社区）博物馆的主张[12]。

经过一段时间的发展，博物馆学者们开始对被过度泛化的生态（社区）博物馆进行批判和反思，国内以安吉生态博物馆群为代表的所谓“第三代模式”的崛起，则使得生态（社区）博物馆原本的自我“界限”开始松动[13]，但在其理论框架中居于次要地位的小规模乡村博物馆却已经吸收了生态（社区）博物馆所推崇和发展的新方法，并从其发掘和维持地方自豪感的各色实践中深深获益[14]。关于“乡村博物馆”的概念，学界暂时没有明确、统一的界定[15]，《浙江省乡村博物馆建设指南（试行）》将乡村博物馆定义为：位于乡村范围内，传承中华优秀传统文化，弘扬社会主义核心价值观，以重点展示、传播、收藏和传承地域历史文化、特色文化、革命文化及乡村生产生活、非遗保护、产业发展见证物，向公众开放，具有博物馆功能的文化场馆。这一定义强调了乡村博物馆的地域性特征，对其形式上的可及性和内容上的多样性作出规定，并弱化了“整体保护”“活态保护”的理念从而与注重自身和周边环境关联的生态（社区）博物馆相区别。同时，文本对社区参与和动态发展的关注明显不足，也选择性地忽略了使命定位的具象化可能，作为乡村博物馆建设的指导性文件，这些缺陷将阻碍乡村博物馆可持续性的实现。

乡村博物馆本质上是一种地方博物馆，是以地理位置为标准被人为划分出来的博物馆类型，但其在很多方面与生态（社区）博物馆有着共通之处。结合博物馆新定义给出的核心要素，此处尝试对乡村博物馆定义如下：乡村博物馆是传承中华优秀传统文化和地方民族特色文化、弘扬社会主义核心价值观，以研究、收藏、保护、阐释和展示乡村地方历史、生产生活、民俗风情见证物为基本功能，由当地村民参与并主要为村民提供服务，具有可及性和包容性，促进人的精神与物质福祉的位于乡村范围内的公共文化空间。

二、可持续性的外延与内化

2015 年 9 月 25 日，在纽约总部召开的联合国可持续发展峰会通过《2023 年可持续发展议程》，明确提出 17 项可持续发展目标（Sustainable Development Goals，SDGs）。博物馆作为可持续发展的行动者、促进者和传播者[16]，基于非正式教育机构的自我定位，在“提供包容和公平的优质教育，让全民终身享有学习机会”（SDG4）方面发挥着不可替代的重要作用；博物馆是实现“可持续的城市和人类住区”（SDG11）具体目标的重要力量，尤其表现在努力保护和捍卫世界文化和自然遗产（SDG11.4）；同时，博物馆是“恢复可持续发展全球伙伴关系”（SDG17）的重要成员，其自身发展的可持续性也离不开 SDGs 的指引[17]。归结起来，SDGs 的实现需要博物馆，博物馆也需要 SDGs 的支撑[18]，在“可持续性”的命题下，博物馆开始重新评估和再选择自身的发展战略[19]，并对这一广阔命题进行外向与内向的区分。

基于 2023 年国际博物馆日主题，ICOM 强调博物馆是促进社区的福祉和可持续发展的关键因素，并重点聚焦“全球健康和福祉”（SDG3）、“气候行动”（SDG13）和“陆地生态系统”（SDG15）。相较美国在多元文化需求下自发形成的社区博物馆模式、法国在环保主义热潮影响下催生的生态博物馆[20]，英国推动“政策嵌入”式的社区博物馆经验更具实用主义色彩，社会包容、社区政策的推行要求社区来主导一系列社会问题的解决，博物馆则积极予以回应并建立了自身在社区的典范与影响，证明了博物馆可以在解决不平等、歧视并促进民众身心愉悦方面发挥更广泛甚至独特的作用[21]。反观我国，“坚持新发展理念”“坚持在发展中保障和改善民生”“坚持人与自然和谐共生”等可持续性目标已被列入国家基本方略。作为传统的农业大国，即使在城镇化率飞速增长的今天，乡村振兴、共同富裕等顶层设计的落地必然依靠农村基层力量的实行，乡村博物馆在“自上而下”的体制内不难找到自己的位置：一方面，乡村博物馆研究并阐释农村地域文化，提供相互沟通和交流的平台，增强地方社群认同感和凝聚力，以消除内部出现的种种矛盾与隔阂；另一方面，乡村博物馆并不回避沟通“中央—地方”的更广泛的社会责任，通过宣传和教育来影响甚至改造村民的生产生活方式，并发挥着不可替代的示范作用。

博物馆可持续发展是以博物馆高质量发展为目标，更好满足公众需求，更好服务于未来社会公共服务社会价值提升和国家文化软实力需要的一种发展理念和发展模式。[22] 可以说，博物馆可持续发展是为促进社会可持续发展服务的，博物馆在可持续性的内化过程中被演绎成一种方法而不是目的。政府主导下的乡村博物馆建设实践已经表现出对建设成果的过度关注和对运营手段的刻意忽视，乡村博物馆应当综合考虑生态环境、社会和经济三个方面制定可持续管理策略，以保证其系统合理、平衡地运作和博物馆功能的实现。

（一）生态环境可持续管理

博物馆可持续发展应从博物馆建设初期的功能需求设计开始，充分考虑基础设施建设对博物馆未来发展的影响。[23] 由于建筑行业中碳排放和资金的限制，现有建筑的翻新和再利用愈加流行[24]，乡村博物馆在旧有建筑基础上改造升级的做法十分普遍，既有利用旧有建筑空间进行重新布局设计的，也有与其他功能文化场馆共享同一空间及其内部设施的。乡村博物馆往往规模相对不大、藏品保存环境要求不高，在满足基本功能需求设计的前提下，采用这种避免资源损耗的方式建馆无疑是值得提倡的做法。建筑内部的“绿色”元素还包括使用节能照明镇流器和节能灯、使用太阳能等新能源以及安装雨水采集系统等，乡村博物馆应当倡导就地取材、变“废”为“宝”的设计理念并加以贯彻。

（二）社会可持续管理

博物馆参与社会趋向成熟，博物馆与社会参与的主体担当是目前面临的趋势和需要[25]，乡村博物馆是乡村生活的一分子，如何处理好与村民之间的关系将是一个长期议题。乡村博物馆必须以具体的、切合实际的举措来赢取村民们的信任，并且鼓励村民在博物馆建设运营中作出贡献。比如，考虑到留在农村的人群以老人和孩童为主，设计展品说明牌时应着重关注排版清晰可辨、用词范围符合文化水平等因素，以增加观众对说明牌的使用，鼓励阅读，促进观众参与、理解及意义构建[26]。乡村博物馆还应积极开展各类社会教育活动和公益服务活动，为村民提供自我展示、互动交流的非冲突平台，探索加强与教育、科技、医疗卫生、体育等行业机构的合作，以保障和改善人的健康生活状态。

（三）经济可持续管理

博物馆的经营之道是充分利用自己的资源开拓独特的市场。乡村博物馆发展面临的最大困境之一便是资金来源，作为一种管理模式尚未成熟的博物馆类型，乡村博物馆在资金筹措方面有更多的选择，除了向政府争取经费支持外，博物馆还可以向企业、个人募集赞助，并许诺战略合作品牌的名称在博物馆内出现。在一些产业高度集聚、非自足性极强的农村，企业、个人直接开办乡村博物馆的现象已是常态，这类乡村博物馆通常开辟专门研究、收藏、保护、阐释和展示区域展示并售卖当地特色的主要产品，在一定程度上补贴了博物馆日常运维的费用。

三、共创美好生活：行动与个案

使命定位是一个博物馆一切工作的出发点和落脚点，是其区别于其他博物馆、构建自身特色的根本。[27]在举国巩固拓展脱贫攻坚成果、全面推进乡村振兴和浙江省高质量发展建设共同富裕示范区的时代背景下，乡村博物馆的概念一经提出，便已站在了相当的政治高度上，并对人的生活健康和福祉表现出前所未有的关切。结合源自安吉的“美丽乡村”经验范式和浙江省乡村博物馆实践案例，可以将“类博物馆”转型为乡村博物馆、共创乡村美好生活的方法途径归结为以下几方面，聊作参考。

（一）保存乡村记忆，传承乡土文化

乡村博物馆首先是博物馆的一种类型，社会效益是博物馆事业发展的第一要务。《博物馆条例》（2015年）明确指出：“博物馆开放社会服务应当坚持为人民服务、为社会主义服务的方向和贴近实际、贴近生活、贴近群众的原则，丰富人民群众精神文化生活。”正如日本所谓“乡土博物馆”对地域性一以贯之的强调[28]，乡村博物馆必须以传承地方特色文化为鲜明特征，乡村博物馆的出现是“从群众中来”，发展更应“到群众中去”，将博物馆的教育、保护、研究和展示等基本功效融到乡村生活中去。位于海宁市周王庙镇的云龙蚕桑记忆馆以当地特色蚕桑产业为依托，主打丝织文化主题研学旅游品牌，在博物馆附近斥资1732万元打

造专门的蚕桑丝织研学基地“小云龙蚕桑乐园”，吸引本地乃至周边地市多个中小学与其达成长期合作，平均每年接待研学团队 1 万余人次；作为传统蚕桑生产基地和省级历史文化村，云龙村向来高度关注以文化“丝路”品牌驱动蚕桑产业创新发展，邀请数位省级工艺美术大师、非遗传承人出任研学教授，传承“剥丝绵技艺”非遗技艺，传播自然科学知识，提供独特文化体验；馆内存放了见证云龙村蚕桑产业发展历程的种种实物和影像资料，承载了村民们对蚕桑养殖业的深厚情感和共同记忆，展现了通过辛勤劳作实现脱贫致富的村民们身上百折不挠、坚韧不拔的奋斗精神。

（二）深化文旅融合，塑造美丽乡村

优秀的文艺成果不仅可以启迪民智、丰富人们的精神生活，还可以通过适当的旅游开发来赋能经济高质量发展。《浙江省文旅深度融合工程实施方案（2023—2027 年）》提出，要“建设乡村博物馆 1000 家，打造全国领先的全域博物馆品牌”，“大力培育文旅融合名镇”“积极发展乡村休闲旅游”。南湖区余新镇普光村是嘉兴市本级为数不多的承袭农耕文明、民族特色文化和优秀传统文化相对完整的村落，于 2018 年获评省级美丽乡村特色精品村、于 2021 年获评浙江省生态文化基地，生态旅游资源储量丰富，农文旅融合产业发展潜力巨大、优势明显。普光村农耕记忆馆紧邻村委会和文化礼堂，由闲置农民房改造而成，门前小院设有水车模型，建筑整体风格古朴、独具韵味；馆内陈列泥猫、盘扣、茶具等反映传统农村生产生活状况的各类展品 200 余件，结合当地四季生产各不相同的特色，分别设置了织布、养蚕、缝衣等展示单元；该馆一经改造落成，便迅速成为当地乡风民俗重要宣传阵地和村民、游客争相“打卡”的“网红”景点，并通过“我们的节日”主题活动和“重拾草绳记忆，品读农耕文化”馆校合作专题活动进一步扩大了影响力，被当地文化旅游部门誉为南湖区美丽乡村游线上的“明星项目”，成功地把“绿水青山”转化为“金山银山”、将县域文化资源转化为文化资产。

（三）助力产业升级，共创美好生活

现有乡村博物馆并非政府统筹规划建设的产物，而是以自发建立起来的文化空间为基础的，这些博物馆的出现自有其原因，也被赋予了相应的使命。占据多数的地方产业类博物馆往往有当地优势企业作为支持，平湖市独山港百年保温杯展览馆设在浙江嘉特保温科技有限公司厂区，是国内首家以保温容器为主题的展览馆，以保温杯的发展变化折射了中国轻工业的飞速发展；嘉善县江南窑文化博物馆的不少藏品出自当地名窑沈家窑，展现了干窑镇作为“千年窑都”的光辉历史和干窑人民传承烧窑记忆的当代故事；桐乡市泰丰斋姑嫂饼博物馆由当地“老字号”泰丰斋发起，观众不仅能了解姑嫂饼的历史、江南的文化，品尝到以姑嫂饼为代表的各种乌镇传统糕点，还可以亲手体验制作糕点的乐趣。基于地方特色产业建立的乡村博物馆不但有着行业博物馆的特质，还兼具了地方产业赋予其的鲜明特色，这类博物馆若利用得当，可以形成文化反哺产业本身的良性循环，比如在博物馆空间内以文化创意产品商店的形式直接销售产品；持续开展社会教育，普及行业基础知识，增强文化凝聚力，带动当地群众就地就近就业，让人才留在乡镇，以对冲乡村人口大量流失的现象；打造地方特色文化品牌，加强投资吸引力，形成、延伸产业链，深化分工协作，提高产业发展效率，真正实现“文化富民”。

四、结语

随着宏观政策对新农村建设的关注持续加强，比自发性的“类博物馆”更强调专业、比生态（社区）博物馆更重视具体的乡村博物馆应运而生。基于乡村独有的自然、历史、民族和文化资源，乡村博物馆在研究、收藏、保护、阐释和展示当地文化多样性的功能实现过程中，展现出参与式、可及性和包容性等特点。在优化自身以实现可持续发展之外，乡村博物馆积极承担促进实现可持续发展目标的社会责任，尤其表现在以促进人的生活健康和精神富足为使命定位方面。

建设乡村博物馆既要让偏居乡村的群众享受到高质量的博物馆公共文化服务，得到精神上的滋养，也要通过乡土文化展陈、文创产品展售、手工体验、风物特产供应、拓展教育、课程会议服务等方式，反哺美丽乡村建设，给村民们带来实实在在的切身利益和生活变化，实现“富脑袋”又“富口袋”的目标；建设乡村博物馆要通过“标准化”，走上规范化发展的快车道，更要突出“特色化”发展，努力让建成的每一家乡村博物馆都是独一无二的存在，成为这个区域内重要的文化枢纽和文化品牌。让乡村博物馆充满活力，绝非单纯汇聚丰富多样的乡土资源进行展示，而应注重以创新、整合的思维发掘乡土文化，并将其融入村民生活与乡村发展之中——让村民看到文化的价值，从而更加尊重先人的创造，承担传承、保护、发展的责任；也让村民看到资源利用所带来的切身利益，以及与之关联的文化提升为生活带来的变化。乡村博物馆的建设与可持续发展不仅有利于促进乡土资源保护、促进当代文化创造、促进乡村经济发展，同时对建立健全具有中国特色的博物馆体系有着重要意义。

【注释】

[1] 诺斯 V，英格斯曼 S，张俊龙．博物馆“新”定义被搁置了么——基于国际博物馆协会第25届大会讨论的批判性反思[J]. 博物院，2020（1）：28-29.

[2] New Museum Definition: A museum is a not-for-profit, permanent institution in the service of society that researches, collects, conserves, interprets and exhibits tangible and intangible heritage. Open to the public, accessible and inclusive, museums foster diversity and sustainability. They operate and communicate ethically, professionally and with the participation of communities, offering varied experiences for education, enjoyment, reflection and knowledge sharing.

[3] 2007年8月24日，在维也纳召开的第22届ICOM大会通过了《国际博物馆协会章程》，将博物馆定义如下：博物馆是一个为社会及其发展服务的、向公众开放的非营利性常设机构，为教育、研究、欣赏的目的征集、保护、研究、传播并展出人类及人类环境的物质及非物质遗产。（英文版：A museum is a non-profit, permanent institution in the service of society and its development, open to the public, which acquires, conserves, researches, communicates and exhibits the tangible and intangible heritage of humanity and its environment for the purposes of education, study and enjoyment.）

[4] 安来顺．变革环境下博物馆关键性认知的最大公约数——

ICOM 2019年京都大会以来博物馆定义修订的回溯[J]. 东南文化，2022(4):6-8.

[5] 2015年11月20日，在巴黎举办的UNESCO第38届大会通过了《关于保护和促进博物馆和收藏及其多样性、社会角色的建议书》(Recommendation Concerning the Protection and Promotion of Museums and Collections, Their Diversity and Their Role in Society)，内容指出：博物馆要促进争取正义、自由与和平对人类之教育、人类理性与道德上之团结；鼓励各国人民和社会从文化多样性中得到惠益；通过遗产资源，为文化间对话、社会和谐和可持续发展发挥重要作用；为创意产业、娱乐产业等提供机会，为提高公众的物质和精神福祉发挥作用。

[6] 王丽丽．浅析乡村博物馆未来走向[J]. 中国民族博览，2018(4)：222-223.

[7] 张文立．卢作孚与中国早期社区博物馆实践[J]. 博物院，2018(3)：35-40.

[8] 曹兵武．博物馆作为文化工具的深化与发展——兼谈社区博物馆与中国传统文化现代化问题[J]. 中国博物馆，2011(1)：46-53.

[9] 宋新潮．生态(社区)博物馆与变革中的博物馆[J]. 中国博物馆，2011(1)：10-14.

[10]2011年8月17日，国家文物局印发《关于促进生态(社区)博物馆发展的通知》，内容指出：促进生态(社区)博物馆发展，对于调动全社会保护文化遗产的积极性，推动文化遗产的有效保护和传承发展，建设中华民族共有精神家园，增强民族自信心和凝聚力，延续中华文脉，促进文化与经济社会全面协调和可持续发展，具有十分重要的现实意义。

[11]曹兵武．重构大变动时代的物人关系与社群认同——谈社区博物馆与新型城镇化及城市社区文化建设[J]. 中国博物馆，2014(2)：57-63.

[12]徐欣云．乡村博物馆的界定及社会价值研究[C]. 中国博物馆协会博物馆学专业委员会2016年“博物馆的社会价值研究”学术研讨会论文集：65-71.

[13]潘守永．生态(社区)博物馆的中国经验与学术性批判反思[J]. 东南文化，2017(6)：115-121.

[14]戴维斯 R，李明倩．地方，文化展示点和生态博物馆[J]. 中国博物馆，2019(1)：36-41.

[15]刘俊杰．河南省乡村博物馆研究[D]. 河南大学，2019.

[16]王思怡，宋汉泽．博物馆作为可持续发展的行动者，促进者和传播者——“博物馆与可持续发展2021国际学术研讨会”侧记[J]. 中国博物馆，2022(1)：125-126.

[17]周慎，吕晨欣．可持续发展的博物馆：内涵，实践及建设路径[J]. 中国博物馆，2022(4)：57-62.

[18]安来顺．融入可持续发展目标：博物馆“重塑”的一个重要努力方向[J]. 东南文化，2021(2)：10-14.

[19]安来顺，毛颖．国际化、高质量、可持续：中国博物馆事业发展的方向与战略——国际博物馆协会(ICOM)副主席安来顺先生专访[J]. 东南文化，2019(2)：6-15.

[20]尹凯．生态博物馆在法国：孕育与诞生的再思考[J]. 东南文化，2017(6)：97-102.

[21]赵慧君．社区·博物馆——从英国经验谈起[J]. 博物馆管理，2021(3)：36-43.

[22]张景嵋．博物馆可持续发展路径初探[J]. 文博，2021(2)：108-109，84.

[23]史瑶．论博物馆可持续发展之路——建设一座博物馆，从功能需求设计开始[J]. 博物院，2019(5)：93-100.

[24]阿姆布罗斯 T，佩恩 C. 博物馆基础(第4版)[M]. 南京：江苏凤凰文艺出版社，2022：340.

[25]张琨．博物馆参与社会[C]//杨瑾．开放与共享——博物馆学理论与实践新探索．北京：人民出版社，2019：239-245.

[26]瑟雷尔 B. 博物馆说明牌：一种解说方法[M]. 北京：社会科学文献出版社，2022.

[27]陆建松．博物馆运营应以使命为导向[J]. 中国博物馆，2020(2)：51-58.

[28]王思渝．日本乡土博物馆的源起、发展与现状[J]. 中国博物馆，2016(4)：57-63.

试论博物馆新定义对博物馆建筑理念之影响

冯 博（湖南科技大学）

摘要： 博物馆新定义的确立，将深刻影响博物馆界及相关领域，博物馆建筑亦然。本文试图以涉及博物馆学、建筑学、城乡规划等跨学科多元视野，来审视与研讨新定义所可能引起的博物馆建筑理念的种种变革。文中将阐释新定义对博物馆建筑的影响方式，并从多个维度对新定义加以解析，以“可及性”“包容性”“多样性”等各关键性术语为线索，结合一些具有前瞻性的现存案例，重点论述其对博物馆建筑理念的具体影响，最终综合以上内容，归纳出博物馆建筑所可能出现的若干发展趋势，并据此提出可行性建议。

关键词： 博物馆学；博物馆新定义；博物馆建筑；建筑理念

基金项目：2021 年度湖南省社会科学成果评审委员会一般课题（编号：XSP21YBZ027）

2022年8月在国际博物馆协会（International Council of Museums, ICOM）举办的布拉格大会上，博物馆新定义最终确立。这一事件于博物馆界有着里程碑式的重要意义。综合各方意见所形成的新定义，既体现了对博物馆传统概念的传承，也反映了当今博物馆所面临的现实生态，还表达了对博物馆未来愿景的期许。它将给博物馆界及相关领域带来深刻影响，博物馆建筑亦不例外。

一、博物馆新定义对博物馆建筑的影响方式

新定义将以何种途径影响博物馆建筑？参考建筑史可知，建筑的演变通常有两种缘由：一是实践方面获得某项工程技术上的进展，自下而上地改造了建筑理念；二是理念方面受到哲学、艺术等其他领域某种思潮的影响而革新，自上而下地改变了建筑实践。显然，新定义对博物馆建筑的影响途径将是第二种。博物馆定义的更新，将引起博物馆建筑的理念转变，进而影响其具体实践。从不同角度、不同层面去思考和讨论新定义对博物馆建筑理念的影响，应成为新时代博物馆建筑理论的重点之一。

新定义将从哪些层面影响博物馆建筑理念？从最根本的角度来说，新定义的价值导向将影响博物馆建筑理念作为基础的价值观，调整其设计与评价的逻辑与标准，进而影响其各

个具体层面。若细究新定义各方面对博物馆建筑理念各具体层面的影响，可归纳如下：1）规划层面：新定义对博物馆功能对象、受众群体的阐释，将影响它在场馆选址、场地规划等方面的观念。2）空间层面：新定义对博物馆功能对象、应提供体验、受众群体的阐释，将促进它对空间形态的反思与创新；3）功能层面：新定义对博物馆功能及其对象、应提供体验、受众群体的阐释，将改变它对各功能的理解与重视程度；4）造型风格层面：新定义对不同文化、艺术的态度，将引导它对不同风格特征的偏好；5）服务设施层面：新定义对博物馆受众群体及与其关系的阐释，将调整它对服务群体及对其态度的预设，从而影响服务设施的设计与评价理念。6）技术层面：新定义的某些价值导向，将影响它对不同技术的态度。

下面，我们从新定义的文本出发，以各关键性术语为线索，逐一解析其具体影响。

二、博物馆新定义对博物馆建筑理念的具体影响

首先，引用博物馆新定义文本如下：

博物馆是为社会服务的非营利性常设机构，它研究、收藏、保护、阐释和展示物质与非物质遗产。它向公众开放，具有可及性和包容性，促进多样性和可持续性。博物馆以符合道德且专业的方式进行运营和交流，并在社区的参与下，为教育、欣赏、深思和知识共享提供多种体验。[1]

相较2007年版博物馆定义（下称“07版定义”），“博物馆是一个不以营利为目的的、为社会和社会发展服务的、向公众开放的常设性机构。它为了教育、研究和欣赏之目的而获取、保存、研究、传播和展示人类及其环境的物质和非物质遗产”，新定义增加了多个关键性术语，且调整了一些用词与词序，体现了博物馆界对于新时代博物馆各个层面、各个维度的基本共识。

在研讨修订新定义时，ICOM曾采取六个维度搜集与分析数据来完成协商报告。“这六个维度是：博物馆作为一种实体的属性（entity）、博物馆的行为领域（action）、博物馆的功能对象（objective）、博物馆的价值观念（values）、博物馆提供的体验（experiences）和博物馆的受众群体（target）。”[2]这些维度涵盖了博物馆各方面概念，给予了我们探讨新定义对博物馆建筑理念的具体影响时可参考的理论框架。

（一）实体维度

此维度确定博物馆的实体属性，即“什么是博物馆”。新定义对此的回应为“向公众开放的”“非营利性常设机构”，与07版定义基本一致。显然，“博物馆”与“博物馆建筑”是本质不同的实体存在——博物馆是“机构”，而博物馆建筑是“空间”，是物理意义上的“人造的空间环境”。机构通常需要特定空间来运营，但更改、置换空间并不会真正影响机构的存在。2019年京都大会对新定义的提案中试图虚化“机构”，用复数的“空间”取代之（尽管此处“空间”不仅仅指涉建筑空间），颠覆了博物馆界的传统共识，且“对现在许多国家法定的博物馆注册登记和运行管理体系形成挑战”[3]，最终未能通过。这也说明了“机构”与“空间”存在本质区别。这一认识，是博物馆建筑理念的原点。

（二）行为/功能维度

此维度确定博物馆所执行的行为与功能，即“博物馆做些什么”。新定义对此的回应为“研究、收藏、保护、阐释和展示”，较07版定义的“获取、保存、研究、传播和展示”，

改换了用词及词序。最明显的改变，是“研究”的优先级被提升至首位。这说明“研究是当下世界范围内公认的博物馆最重要的功能，博物馆其他功能的激活与释放，都离不开博物馆对自身定位、需求以及知识生产的细致研究”[4]。

这项更动无疑将重点影响博物馆建筑理念的功能层面。目前，展陈区与藏品库区是博物馆建筑理念所强调的重点，而非研究用房区，因此设计规范规定展陈区与藏品库区建筑面积之和占总建筑面积的比例应为45%及以上，对其空间尺度、内部设施、照明、防火等方面均有细则规定；而将研究室归于业务与研究用房之中，相关规定较为简略。[5]虽然已有不少博物馆配置了研究所，其建筑空间、配套设施也基本满足需求，但这些具体个案的设计实践并未对博物馆建筑所通用的设计理念与规范产生较大影响。新定义着重强调研究功能的重要性之后，博物馆建筑理念对研究用房的重视程度也将提升，从而引起设计理论、规范与参考资料的变化，比如明确研究用房的面积占比、对其各项设施做更详细的规定、考虑多元化的研究需求等。这些更动既需结合科研建筑相关规范，也应秉持博物馆建筑自身特点，且将进一步落实在设计实践之中。

（三）对象维度

此维度确定博物馆各项功能的对象，即“博物馆研究、收藏与展示什么”。新定义对此的回应为“物质与非物质遗产”，基本延续07版定义，仅删去了“人类及其环境的”这一定语，从字面意义上来看，扩大了所涉范畴，增加了对象的多样性。

对象维度的变化对博物馆建筑理念的影响，主要涉及其空间与功能层面，具体集中在“何种空间对于展陈、收藏、研究此类对象是合适的”这一问题上，它也曾在非物质遗产的概念在博物馆界日趋明确时凸显出来。对此，生态博物馆从侧重地域文化与民族文化的角度给出了回答：它将某一特定区域内所有建筑、设施、景观全部纳入博物馆的范畴而就地原状保护，原住民可在此延续其生活状态与风俗习惯，从而留存住该地自然与文化两方面的物质与非物质遗产，并对其进行展示与研究。生态博物馆的出现对博物馆建筑理念有两方面影响：一是强调要在原有空间中保留与展示非物质遗产相关活动，而非新建空间并以影像、表演等方式再现之；二是将博物馆建筑理念延伸到区域规划、城乡规划的层面，视角更为综合与宏观。

随着新定义在对象维度上的微调，以及总结数十年来新博物馆学的实践成果，生态博物馆的理念或将进一步演化。与博物馆界关系密切的文化遗产界于20世纪末提出“文化线路”（cultural routes）这一概念，将原本孤立的古迹遗址、历史城镇、文化景观等置于一个动态联合系统之中加以整体性地保护、研究、展示。这启示我们，或可结合博物馆情境，以更宏观的视野考察更大范围内的物质与非物质遗产所构成的复合系统，进而在生态博物馆理念的延长线上，找到属于未来的博物馆建筑及其规划的新理念与新形态。以此角度审视“博物馆之城”及类似概念，不无裨益。

（四）价值维度

此维度确定博物馆的价值观，即“博物馆认同、遵循、推崇什么”。新定义对此的回应是“为社会服务”“具有可及性和包容性，促进多样性和可持续性”，较07版定义的“为社会和社会发展服务”，这一维度新增不少关键性术语，每一项均将引导博物馆建筑理念的价值观走向，也将间接影响到其多个具体层面，需要逐一分析。

可及性（accessibility，即可达性）：博物馆的“可及性”有两层含义：物理可及与哲学可及，前者主要指场馆空间在物理意义上由公众抵达进入的便捷程度及其基础设施的便利性；后者主要指特定资讯、知识或服务在信息传播的意义上触及公众并被接受的可能性。[6]

作为公共空间的博物馆建筑，其重要特性之一便是物理意义上的可及性。这决定于两个层级：于规划层级，场馆空间的地理位置与周边的交通路径为主导因素。它在整个城镇或村落中的偏僻程度越低，可及性越高；周边交通路径越完善合理，越方便进出，可及性越高。于建筑层级，场馆空间的开放程度与设施便利性为主导因素。它的建筑与场地越呈开放状态，越能接纳多股来自不同方向的车流人流，可及性越高；场馆设施的建设越充分地考虑了特定人群的需求，对该人群而言其可及性越高，例如，良好的无障碍设计对残障人士而言便提高了可及性。另外，藏品的可及性也在相当程度上依赖于建筑空间的设计，例如湖南吉首黄永玉艺术博物馆，经建筑大师张永和的巧妙设计，其藏品库在开放时可以转换成展厅，内里珍品也就呈现于观众面前（图1、图2）。

图1、图2　黄永玉艺术博物馆内部

在城乡规划、交通规划与建筑学的学科视野下，“公共空间可及性”这一主题已有不少研究成果，可根据数据模型做出定性、定质、定量的判定、评价与测算。这些理论工具亦可用于博物馆建筑的设计与评价之中。“作为城市客厅的博物馆”这一设计理念也与“可及性”关系密切。例如德国斯图加特国立美术馆，游客可以不进入场馆内部，而是通过步行道抵达并穿越场馆中央圆形的雕塑庭院去往其后方。精妙的设计联系起美术馆前后街区，又将内部庭院转化为露天的公共活动空间（图3、图4）。这种复合化设计策略试图“让博物馆的公共空间体系成为联系城市空间的媒介，……（借此）实现博物馆内部空间与城市外部空间的有机复合，从而形成一个提供公共服务、容纳城市生活、优化城市的环境品质以及空间格局的整体公共活动空间体系。”[7]这无疑大大增强了博物馆建筑的“可及性”。

图3、图4　斯图加特国立美术馆鸟瞰及庭院内景

新定义提及的“可及性”，主要影响博物馆建筑理念的规划、空间层面，强化了博物馆建筑开放便利、平易近人的一面。

包容性（inclusivity）：博物馆的“包容性”相关研究与实践在西方已有多年，虽有不同阐释，但讨论重点相当明晰，即“将博物馆的主要工作重点由之前的以‘物’——即展品和藏品为核心，改变为以‘人’——即公众、雇员、社区以及整个社会为核心”。[8]“包容性”和“可及性”“多样性”有紧密联系，但侧重点有所不同，它强调对不同文化背景、信仰、阶层、年龄、知识层次、健康状况的受众群体一视同仁的尊重、包容与支持，同时着力推进不同群体间平等包容的互动交流，以及社会各界人士对博物馆事务的积极参与。

于博物馆建筑而言，这首先意味着“包容性设计”（inclusive design）的理念。“包容性设计侧重于服务尽可能多的人。同传统的无障碍设计相比，包容性设计不再将残疾人、老年人等视为特殊设计的群体，而是将他们当作多样化人群的一部分。”[9]这就要求设计者考虑到不同人群的多样化需求与身心健康而在场地规划、建筑空间及内外设施上做出通用式设计，让每一个体都能平等、自信、独立地游览整个场馆。博物馆建筑的“包容性”还体现在为不同类型的受众群体设计不同空间，或是在同一空间为其提供不同的体验。例如伦敦自然历史博物馆。它从建筑空间层面实现了“索引博物馆”(index museum)的概念，其入口大厅两侧布置了一系列对称分布的、被称为“奇境壁龛”(Wonder Bays)的凹室空间，用以展陈数件极具代表性的精华展品（图5、图6）。这一特殊展厅如同索引目录，构成博物馆的缩影，从而“既可供入门级参观者在短时间内浏览馆内精华，又能帮助当时受教育程度不高的工人家庭简明扼要地领略到自然的奥妙”[10]，这同样体现了“包容性”。

新定义提及的“包容性”，主要影响博物馆建筑理念的功能、设施层面，深化了博物馆建筑人情化、人性化的一面，也肯定了其包容并蓄的文化特质。

图5、图6　伦敦自然历史博物馆大厅及其凹室

多样性（diversity）：2015年联合国教科文组织通过《关于保护和加强博物馆与收藏及其多样性和社会作用的建议书》，指出“博物馆是致力于展示人类自然与文化多样性的机构”“博物馆及其保管的遗产的多样性是博物馆的最大价值所在”。因此，博物馆应当对不同文明、文化、信仰、艺术风格等各方面的多样性予以充分尊重、支持、保护与展现。

博物馆建筑的多样性首先体现在物理意义上。设计者在有充分依据的基础上，可以采用多样化的技术手段，创造出丰富多样的建筑形体与空间，针对不同需求的人群提供多样化的游览流线、功能与体验；可以赋予不同场馆以多种风格，甚至在同一场馆中融合不同风格特征；也可以在设计中引入地方文化元素，以体现文化多样性。博物馆建筑的多样性还体现在概念意义上。“博物馆的学者（也）参与了描述性的阐释，改变着人们对建筑物以及藏品的看法。”[11]博物馆建筑可以在合情合理的前提下，作为文化符号被多角度、多层面地阐释，进而被公众多样化地解读与感受，来参与营造更有深度的博物馆情境。这也符合新定义在行为/功能维度中以“阐释”取代“传播”的深意：“阐释”侧重于观众的解读，暗示着意义的多样性，而“传播”侧重于信息的传达，暗示着意义的唯一性。[12]

新定义提及的“多样性”，主要影响博物馆建筑理念的风格、空间、功能等层面，强化了博物馆建筑丰富多元的一面。

可持续性（sustainability）：“可持续性”意味着人类和自然和谐共处，使当前发展不损害未来发展的可能性。博物馆界对该理念非常重视，2018年ICOM成立了关于博物馆与可持续性工作组，开展相关研究与实践。在“可持续性是渗透到博物馆所有层面的，要使其成为博物馆的思维方式和日常工作的组成部分”[13]这一思路的影响下，博物馆界力图使博物馆在促进社会、环境、经济这三个维度的可持续发展中起到积极作用。

于博物馆建筑而言，“可持续性”同样可从这些维度来思考：在社会维度，博物馆建筑可依托自身优势，为可持续性理念的研究、讨论、传播提供必要场所，并积极与当地社区合作，多方面塑造可持续发展文化。在环境维度，博物馆建筑自身便是最佳的践行者，因为“场馆空间内的环境友好型建筑与包容性设施直观体现博物馆的可持续发展理念”[14]。这就要求严格以绿色低碳、环保节能的标准来修建、维护和运营场馆，最大限度地降低它对环境的负面作用，为社会树立榜样。2016年国家发布《绿色博览建筑评价标准》，进一步推进了相关工作。在经济维度，博物馆建筑可力图在合理范围内重现“毕尔巴鄂效应”，以奇观般的场馆空间来刺激与带动当地的文化旅游产业，从而实现经济上可持续的良性发展。

新定义提及的“可持续性”，主要影响了博物馆建筑理念的规划、功能、技术层面，强化了博物馆建筑生态和谐、环境友好的一面。

“可及性”“包容性”“多样性”“可持续性”作为关键性术语首次出现在博物馆定义之中，于博物馆建筑而言，肯定了其开放、包容、多元、环保的特质，进一步明确了其理念中的重要元素，为之后博物馆建筑的设计与评价提供了新的理论依据。

（五）体验维度

此维度阐释博物馆应给受众提供何种体验。新定义对此的回应是“为教育、欣赏、深思和知识共享提供多种体验”，相较07版定义的“为了教育、研究和欣赏之目的”，一是明确了受众体验这一层面，而不是笼统归于目的层面，二是增添了术语“深思”“知识共享”，去掉了“研究”（study）。这一维度首次被明确独立出来，与旧定义类似表述又有较大更动，相关研究尚少，只能以个人理解来谈一下新增内容对博物馆建筑理念可能产生的影响。

深思（reflection，又译反思、沉思）：该术语英文原意为“反射”，引申为“针对某事物的认真细致的思考”。在博物馆情境之下，这里的“某事物”可能指的是展品，可能指的是景致，也可能指的是建筑的形态与空间。这一体验在新定义中的明确，可能给博物馆建筑带来一种适合沉思放空的空间形态。经过巧妙设计与布置，这一空间或是朝向某一特定展品，或是朝向周围的优美景致，或是朝向建筑空间本身，其氛围静谧安宁，适合漫步或端坐，并沉浸于自己的思绪之中。从建筑学的角度来看，这种空间既需要安静的环境，又并不限制公众进出，且应该无明确功能需求，属于一种半公共、半私密的特殊空间。对这种空间的构思，或可参考湖南长沙李自健美术馆的心灵空间。它坐落于水面之上，通高十米，宽敞透亮，正中央设有水盆与蒲团，头顶为一星云状的艺术吊灯，人们可以在此打坐冥想（图7、图8）。有必要时它也可作为多功能厅使用。

图7、图8 李自健美术馆心灵空间外观、内景

知识共享（knowledge sharing）：从博物馆的展示职能来说，展品是向观众传达信息与知识的主要工具。但就直接宣讲知识而言，报告厅才是主要场所。此处术语为“知识共享”，既非“学习”，又非“知识拓展”，也区别于另一项体验“教育”，它更应强调一种平等交流的氛围，而非单方面的传授与宣讲。按此思路，仅仅只是传统意义上的报告厅式的空间形态，或已不能充分满足需求。博物馆建筑的设计者们可能需要尝试一些能够灵活使用、灵活分隔的活动空间，作为知识共享的现实平台。为营造平等感，此类空间或许不应明确分出讲台与听众席，其空间感也应去中心化而更为均质。

体验维度的变化，主要涉及博物馆建筑理念的空间、功能层面。随着公众对文化消费的兴趣进一步高涨，将会要求博物馆提供更多活动，带来不同体验，如聚会晚宴、演艺活动、互动戏剧、情景解谜、行为艺术等。许多欧美大型博物馆，如伦敦自然历史博物馆、纽约大都会博物馆等，早已拥有了接办各类大型活动的能力与经验，国内博物馆则尚在探索之中。打造可满足各种活动需求、提供各种身心体验的不同空间形态，将成为今后博物馆建筑的重点工作之一。

（六）受众与关系维度

此维度阐释博物馆为谁服务、与其关系如何。新定义对此的回应是“社区的参与”“为社会服务”，对比07版定义，明确了“社区”的存在，且指出社区不仅仅是被服务的对象，也可以是积极参与博物馆事务的一方。此处所指为广义的社区，它不局限于特定地域，而是涵盖了拥有共同经历、爱好、关注话题等的各种社会群体。博物馆与社区的关系这一议题的相关研究已有多年，也催生了“社区博物馆”的概念。目前，“作为一种新公众与新议题，社区（共同体）甚至成了衡量博物馆社会责任和公共角色的试金石。”[15] 如何建立与不同社区间多样化的深度联系，是博物馆当下最重要的探索方向之一。

于博物馆建筑理念而言，这一维度的变化主要影响了规划、空间、功能层面。从服务当地社区的角度来说，需要考虑到对当地社区公众的可及性而合理规划选址；从服务更广义的社区/社群的角度来说，需要思考博物馆建筑如何针对某一特定社区提供合适场所，如何打造灵活多变、适应性强的空间来满足不同社区的不同需求与偏好。同时，“社区博物馆……提供了一种可能，即实现所有的建筑空间开放，实现各种类型的文化遗产开放；向全体公众开放，向不同学科开放。”[16] 例如福建福州市的三坊七巷社区博物馆，它将整个历史街区进行了整体性的保护与修缮，并利用原有民居设置了展示社区历史文化的若干场馆。如此，社区博物馆便不拘泥于一座建筑，而是扩展至整个街区。

三、博物馆新定义影响下的博物馆建筑发展趋势及相应建议

在从六个维度讨论了新定义对博物馆建筑理念的具体影响之后，我们可归纳总结出受新定义影响之后博物馆建筑可能出现的几大发展趋势：

第一，就所涉范围与层级而言，博物馆的物理空间将不仅仅停留在几座场馆的范围和建筑层级上，而将逐渐扩展至更大范围，并影响到区域规划乃至城乡规划层级。一方面，博物馆有成为城乡文化中心的趋势，需在规划层级预先考虑其场馆选址及配套设施，以最大程度实现其可及性；另一方面，“生态/社区博物馆”的理念将博物馆的实体边界从建筑外推到街区、聚落甚至更大区域（正如国内外多地对建设“博物馆之城”的呼吁），也意味着更为宏观的层级势必被卷入博物馆建设之中。

第二，就场地环境而言，无论是自然环境、人造环境或是社会文化环境，博物馆建筑都将秉持和谐共生的观念，与之更融洽、更紧密地结合起来。这意味着：1）通过合理的场地规划与空间设计，来实现博物馆建筑开放可及、亲切友好的特性；2）采用合适的建筑技术，来实现博物馆建筑生态环保、良性发展的特性；3）在设计中导入地方文化元素，使博物馆建筑体现并结合当地文脉，营造良好的城乡文化景观。

第三，就公众而言，博物馆建筑将更加人性化。这意味着博物馆建筑在各个层面都将按“以人为本”的原则加以优化，一方面将更加体现对不同群体的尊重与包容，另一方面将更方便灵活地针对每个人的需求与喜好来定制游览路线或提供其他服务。同时，博物馆建筑将更注重与当地社区的连接，为社区活动提供合适场所。

第四，就功能与体验而言，博物馆建筑将呈现更为合理、更丰富多样的状态。这意味着无论是对内部业务人员，还是对外来游客观众，其活动区域都将进一步优化调整，一方面能更合理地满足各种需求，尤其是新形势下的新需求，另一方面能够支持更多样化的功能，提供更多元化的体验。

据此，结合国内具体情况，笔者向相关业界提出自己的一些建议：

第一，进一步落实国家政策，进一步争取社会各界的关注与支持。2021年，国家出台《关于推进博物馆改革发展的指导意见》（下称《指导意见》），为博物馆事业给出宏观指引。由于博物馆的场馆建设越来越多地涉及更高的规划层级，势必要获得地方政府及其规划部门的支持与配合，这就亟需《指导意见》在地方上的进一步落实。而且考虑到博物馆建筑的设计难度、耗费资金以及可能带来的社会、经济与文化效应，还应当从社会各界尽可能争取到多角度、多方面的关注与支持。

第二，深化跨学科、跨专业的交流与合作。博物馆的场馆建设问题逐渐超越建筑学单一学科所能解决的范畴，除博物馆学外，还越来越多地牵涉到城乡规划、环境设计、风景园林、交通规划等其他学科，这无疑需要多个学科共同努力，促进交叉学科的诞生与发展，加强跨学科的协作。尤其应当加强博物馆界与建筑界、规划界的交流合作，消弭理念分歧带来的隔阂，为博物馆建筑的进一步发展带来积极影响。

第三，完善博物馆建筑设计理论与评价标准，推动博物馆建筑设计规范及相关资料的更新。新定义对博物馆建筑提出了更高的要求，需要更完备的、成系统的、专用的设计理论与评价标准作为基础，进而在具体实践上推动博物馆建筑的良性发展。同时，现行的2015年版

博物馆建筑设计规范已用七年，虽然就规范而论时间并不长，但博物馆定义的再度更新，博物馆业态的迅猛变化，呼唤着更贴近形势、更符合时代的设计规范。这不仅仅意指博物馆建筑设计规范的更新，甚至可能是“博物馆规划设计规范”的诞生。另外，相关参考资料与教材所用时日已长，亦需更新。

身处全球博物馆建设的浪潮之中，我们可以感受到博物馆相关业界日新月异的飞速变化。博物馆新定义的确立，仅仅只是一个新的开始。它的影响，将在接下来的数十年间逐渐显露出来。博物馆建筑的设计者也应迅速领会这一变革催生的新理念及其带来的新影响，从而紧跟时代潮流，呼应社会需求，为更广大的人民群众提供更优质、更亲和、更艺术的公共文化空间而努力。

【注释】

[1] 中国博物馆协会 . 国际博协特别全体大会通过新版博物馆定义 [EB/OL] .(2022-08-25) [2023-02-28] .https://www.chinamuseum.org.cn/cma/detail.html?id=12&contentId=12403.

[2] 安来顺 . 变革环境下博物馆关键性认知的最大公约数——ICOM 2019 年京都大会以来博物馆定义修订的回溯 [J] . 东南文化，2022 (04) : 8.

[3] 安来顺 . 今天的博物馆站在了哪里？——对 ICOM 博物馆定义修订的初步观察和分析 [J] . 东南文化，2020 (01) : 129.

[4] 杜歆雨 . 定义博物馆：关于国际博协博物馆定义提案的若干探讨 [J] . 文博学刊，2022 (03) : 56.

[5] 中华人民共和国住房和城乡建设部 .JGJ 66-2015 博物馆建筑设计规范 [S]. 北京：中国建筑工业出版社，2016.

[6] 李慧君 . 博物馆可及性职业道德规范——英国博物馆协会关于博物馆可及性的思考 [J] . 中国博物馆，2013 (01) : 91.

[7] 何小欣 . 当代博物馆的复合化设计策略研究 [D] . 广州，华南理工大学，2011：212.

[8] 王琦 . 博物馆的“包容性”及其在英国博物馆展览中的实践 [J] . 自然科学博物馆研究，2020 (06) : 07.

[9] 张斯 . 建筑包容性策划研究 [D]. 哈尔滨：哈尔滨工业大学，2021：12.

[10] 同 [8]：11.

[11] 卡里尔 D. 博物馆怀疑论：公共美术馆中的艺术展览史 [M]. 丁宁，译 . 南京：江苏美术出版社，2009：24.

[12] 同 [3]：129.

[13] 安来顺 . 融入可持续发展目标：博物馆“重塑”的一个重要努力方向 [J] . 东南文化，2021 (02) : 12.

[14] 周慎 . 可持续发展的博物馆：内涵、实践及建设路径 [J] . 中国博物馆，2022 (04) : 59.

[15] 尹凯 . 社区 (共同体) : 博物馆研究中的关键议题 [J] . 中国博物馆，2018 (03) : 23.

[16] 单霁翔 . 论社区博物馆与城市文化建设 [J] . 城市与区域规划研究，2011 (03) : 32.

国际知识的生产与应用：2022年博物馆新定义之辩

凌静源（巴黎第一大学）

摘要：本文旨在探讨2022年布拉格会议发布的博物馆新定义与中国博物发展实践问题。博物馆新定义尝试在博物馆领域建立行业发展共识，优化对专业概念表达的清晰度和准确性，促进国际沟通并推动行业发展。2022年博物馆定义的出台经历了多轮讨论甚至辩论，本文采用史学方法对博物馆新定义的生产过程进行回溯，同时采用人类学中的参与式研究法对博物馆新定义困境进行剖析，尝试深入理解国际博物馆协会知识生产中的方法、目标及诸多影响因子，并辅助使用语言学中的语料库分析研究法，翻译研究中的共时性分析法对新定义中的关键概念进行解构，从多学科切入以更好地理解2022年博物馆新定义，从而为博物馆学研究拓宽边界。

关键词：术语学；博物馆；博物馆学；博物馆定义；语境；包容性；文化多元；地方性；公众参与

全球化背景下，国际环境日趋复杂和多元，为了实现共同繁荣的发展目标，新的国际关系应运而生，即在冲突与碰撞中寻求沟通、理解与协作。继2019年“京都定义”争议喧嚣后，2022年布拉格会议中国际博物馆新定义终于为大多数专业委员会成员所认同，通过投票表决，成为未来几年全球博物馆行业发展的重要参考标准。

根据《拉鲁兹辞典》的释义，“定义”（法语 définir）是指“陈述该词所指的存在或事物的性质、品质、本质属性”[1]。根据《辞海》的释义，“定义”是“揭示概念的内涵或语词的意义的逻辑方法”[2]。对博物馆进行定义，意味着陈述博物馆的本质属性、揭示博物馆的内涵，对“博物馆”词语和概念进行精准而明确的表述，并且指定可以将博物馆与其他事物区分开来的特征，从而帮助理解和识别博物馆。由于知识生产者观点的差异、知识应用人群的差异以及知识媒介属性的差异，不同语境中“博物馆”词条呈现的语义可能会存在差异。这些差异一方面是世界文化多元性的具体表现，另一方面也是社会演进的具体表现，但与此同时，这些差异会给当下的博物馆专业发展和国际合作带来一定困难。为了应对这样的困难，有必要保障博物馆专业领域的表述尽可能清晰而准确，从而减少歧义。因此，持续更新国际通用的博物馆领域的专业术语势在必行。术语定义涉及多门学科，如语言学、逻辑学、信息科学和传播学。

“什么是博物馆？”是博物馆学领域探讨的最基础问题，在此基础之上，可以衍生出“什么是更加符合时代发展要求的博物馆”和“什么是更加符合区域发展要求的博物馆”等更加具体的问题。作为“为人类的各种生产提供理论和方法”[3]的全球知识生产工具，国际博物馆新定义，为国际博物馆的发展提供理论和方法依据。从这样的工作目标和影响来看，新博物馆定义同时是一个社会学问题。博物馆定义与博物馆职业道德准则互相作用，而“一个行业的职业道德准则对该行业秩序的发展及其法制的完善都具有重要意义”[4]。那么，博物馆新定义涉及法学问题。

此前，已有许多基于不同专业视角的关于博物馆定义的文献资料，多米尼克·布罗（法）以史学的方法回溯博物馆发展早期博物馆定义的演进，在法语文化语境中，史学家普遍将博物馆视为“记忆场所”；两次世界大战间期，欧洲的建筑师们开始思考区别于传统画廊式博物馆的“现代博物馆”，勒柯布西耶更是将博物馆等同于“展览机器”[5]构思出一种可扩展的方形螺旋形的连续且“功能性的空间”。在热拉尔·莫尼耶（Gérard Monnier）编辑的《法国现代建筑》一书的第 2 卷中，“博物馆”被放置在“文化设施”子条目下（第 220 页），与其他建筑类型平行。在第 3 卷第 4 章“项目”中，“博物馆”被放置于“公共服务建筑—文化设施（第 211 页）”子条目下。社会学家皮埃尔·布迪厄（Pierre Bourdieu）则将博物馆视为“社会区分”[6]的场所。20 世纪末，“社会区分”[7]引发的危机越发显现，博物馆行业不得不进行反思并作出革新。

近年，法国文献出版社出版了由玛丽·戈尔律、杰罗姆·弗霍马戈和多米尼克·布罗法主编的法国博物馆相关立法过程的梳理《2002 博物馆法的起源》，以及由杰奎琳·艾德尔曼主编的关于 21 世纪博物馆使命的报告《创建明日博物馆》，从公共政策与法律法规角度讨论博物馆以及博物馆在新的历史时期的社会责任。关于近年来的博物馆定义之争，朱丽叶·拉乌尔－杜瓦尔在《ICOM 就“博物馆的定义”展开热烈辩论》一文对京都会议的定义之争进行回顾。2019 年到 2022 年间，ICOM 内部多语种的关于博物馆新定义的讨论和辩论会议报告也是关于博物馆新定义研究的重要资料。

从目前可得的中文文献资料来看，有作者介绍了博物馆新定义的内容，有作者比对了不同版本的博物馆定义，然而，鲜有中文文献详细回溯新定义生产的过程并且从语言学和翻译研究的角度对新定义中的关键概念进行剖析。此外，由于刚刚问世，2022 年新定义与各国实践结合的相关研究仍然存在空缺。本文将对博物馆新定义的生产过程进行微观史回溯，同时采用人类学中的参与式研究法，依托国际博物馆协会的会议记录，借助语言学中的语料库分析研究法，翻译研究中的共时性分析法对新定义中的关键概念进行解析，从多学科切入以更好地理解 2022 年博物馆新定义，探究国际博物馆协会知识生产过程中的诸多影响因子。

跨学科研究法的优势在于可以能够更全面地探究博物馆本体及其相关的社会问题，以了解新定义作为现象背后的原因和影响因素。但是跨学科研究需要对研究对象非常了解，找到不同学科中适用的方法并且找到适合结合的点，受时间和精力限制，在没有强大团队支持的条件下，此研究方法可能会限制研究的深度。这就需要研究者加强与不同学科、不同专长的研究者和团队进行合作。

本文行文主要分为三个部分。第一部分对 2022 年博物馆新定义产生的过程进行回溯。关注对博物馆新进行定义时的工作目标和使用到的方法。第二部分聚焦新定义中的关键概念，并进行语境化解读。第三部分则对博物馆新定义与中国实践结合的可能性做出评估。

一 、2022 博物馆新定义的目标，方法及产生过程

（一）进行新定义的目标

进行 2022 年博物馆新定义的目标是结合学界和博物馆行业对 2019 年京都会议中博物馆定义的反馈，找到更加具有普适性的解决方案。具体来看，国际博物馆协会需要为全球博物馆发展找到一个既融入博物馆社会责任但又不过于强调政治价值的“不偏不倚”的定义。更加具体来看，进行博物馆新定义的分步工作目标首先是对数据进行处理，筛选出与博物馆存在映射关系的关键词和关键概念，再对关键词和关键概念等信息进行抽象化表述。

（二）进行新定义的方法

一般来说，进行术语标准化工作，首先需要“确定概念与概念之间的关系”，在此基础之上“分析和模拟概念体系”，“建立概念体系的表达方法”，“给概念下定义”，“用一种或多种语言为每个概念确定称谓”，最后用媒介来记录和表达术语（术语编纂）[8]。

进行 2022 年博物馆新定义的主要方法为语料库分析下的定性分析和定量分析。国际博物馆协会采用的语料库类型为平行语料库。例如，在定义的第四阶段，须将西语和法语的关键词条翻译为英语，同时标注出同一词汇在不同语言中词义的差异和“可译性”[9] 较弱的词汇。然后对已有词语进行分类汇总。分类汇总意味着将相同词根而不同词性的词汇归到同类别并进行术语编码。再对词语进行定性分析，如“三角分析” Triangulation des significations 即邀请语言学家、分析专家和博物馆学家等不同专长的专家对词汇进行交叉分析；跨组分析，组内分析。除了定性分析还需进行定量分析，其中最为典型的是语料库词汇词频分析，即对语料库中每个单词的出现频率进行计数并进行排序。另外是搭配分析，即监测单词在语言中一起出现的方式，对彼此靠近出现的单词对的搭配进行语法分析。(图 1) 以第二轮咨议报告为例，“博物馆”作主语时，动词可以是“研究”(76%)、“保管”(74%)、“收藏”(60%)、“展示”(60%)。对词汇搭配投票结果的排序有助于理解博物馆作为施动者是如何被认知的。(图 2)

图 1 版权 © 凌静源

（三）新定义的产生步骤

根据 ICOM 项目进度报告，博物馆新定义共经历了 12 个阶段，依次为：方法发布，第一轮咨议（东京会议后的总结讨论），第二轮咨议（关键词和关键概念），定性和定量分析，第二轮咨议结果发布（词汇和概念图表、数据和报

告），第三轮咨议（对相关的关键词和关键概念进行评估，意见反馈，修订），第三轮咨议的数据分析（根据第三轮咨议讨论结果和数据生成终版关键词和关键概念列表），生成草案（根据第三轮咨议的结果提交两个拟议的定义，产生 14 个提案），对草案进行讨论（将提案合并为 8—10 个，并选择大约 5 个进行发布），第四轮咨议（在博协平台发布提按，并收集内部意见反馈），生成终版报告（基于第四轮咨议对新定义进行评估、确认和发布），最后于布拉格会议对新定义进行投票表决。

图 2　版权 © ICOM

二、博物馆关键概念之辩

（一）“物”与“人”之辩

博物馆的核心应是物还是人？这是个争论了半个世纪的问题。“物”是博物馆的起点和基础。而“人”则是博物馆企图建立连接和提供更好服务的对象。博物馆要容纳藏品，组织展览并接待观众，又需要适合的场所和空间。欧洲博物馆界在经历了 20 世纪下半叶蓬勃的革新运动后，“人”愈发被放到了重要位置，而近年来新的辩论则是关于对媒介和数字化使用泛滥的反思，因而“物”又重新被重视起来。经历了持续的讨论和实践，博物馆工作者越来越意识到与其争论哪一方处于核心地位，不如两者并重：调和“物”与“人”之辨是 2022 年新定义中“为社会服务的”“向公众开放”和“可及性”等关键词产生的历史文化语境。

关于“无障碍”，1991 法国文化部发布的《博物馆物理和感官无障碍手册》提到“不仅仅指博物馆物理空间的无障碍，同时指参观者在进行博物馆探索过程中的行为和感知的无障碍。”2006 年联合国通过的《残疾人权利公约》其中的第九条，明确提出了“无障碍”要求，“在向公众开放的建筑和其他设施中提供盲文标志及易读易懂的标志；提供各种形式的现场协助和中介，包括提供向导、朗读员和专业手语译员，以利向公众开放的建筑和其他设施的无障碍”。

实现博物馆无障碍首先要考虑到建筑空间的可及性。博物馆建筑设计应方便残疾人进入和使用，提供无障碍通道、电梯、无障碍停车位。其次是要考虑到展品和信息的可及性，考虑到公众不同的感知方式和认知方式，提供视觉、听觉、味觉、嗅觉、触觉的多重感官信息传递渠道。同时要考虑到物理空间硬件设备的兼容性，促进博物馆不同部门之间的沟通与合作。比如有的博物馆虽然提供了轮椅，却没有与轮椅使用者视水平线高度一致的展品和阅读信息，或者无障碍电梯长期处于关闭状态，这就会给残疾人带来不便。

（二）开放性之辩

博物馆的服务对象是社会精英还是普罗大众？这是个自博物馆诞生之日就存在的难题。无论是博物馆建筑还是博物馆中呈现的物品大多都可以被认为是先进生产力的结晶。从藏品来源来看，许多物质文化遗产本来就出自社会精英之手或为社会精英所拥有。从参观和欣赏的角度来说，观赏雅致的文化艺术藏品通常需要观赏者拥有高度的专业知识和优良的教育背景。但是在大众崛起的“新世界”，博物馆不再是少数精英的特权，而是需要“面向公众开放”，而面向公众意味着面向不同年龄、性别、地域、职业、种族的公众，多样化的丰富性与异质性是相伴而生的。丰富性会促进新创新但也会带来冲突。为了降低这些冲突的危害，发挥多样性优势，政府、公共机构、非政府组织需要进行合作，加强包容性政策，促进社会文化多元化。这是博物馆新定义中“包容性”和“多样性”等关键词的历史文化语境。

“包容性”是一个源于社会学的概念，即“社会包容”，它所对应的是“社会排斥”，由勒内·勒努瓦（René Lenoir）在1974年出版的《被排斥者》（Les Exclus）一书中提出，此后在法语人文社科领域被广泛引用。起初的“社会排斥”是描述没有被传统社会保障覆盖的失业或低收入的个人或群体，因贫穷或所需资源和发展机会被剥夺，表现出空间隔离的状态。后来词义泛化为因个人特征与主流社会群体的特征或提倡的价值观不一致而被排除在社会主流群体之外的状态。社会排斥具体表现为各种形式的歧视，遭受歧视的受害者常常陷入焦虑和抑郁，从而引发“社会退缩”，导致被进一步排除在主流群体以外。

而“多样性” 同样可以溯源到社会学，尤其是其中的多元文化主义理论。20世纪后半叶，全球化浪潮下，国际人口流动使得不同的文化交汇碰撞，多元文化主义理论认为，应该反抗西方文化霸权对其他文化的压迫，不同的文化和习俗应该得到尊重，应该在多元文化的基础上推动社会向更加平等和开放的方向发展。

从理论上来说，“多样性”是事实，而“包容性”是一种选择。“包容”意味着否定排斥、隔离或歧视，是一种主动地将个人或群体纳入到一个更大的群体中的行为。在包容性社会中，每个社会成员都能找到自己的位置和自身存在的意义，有归属感和自主性，从而产生强大的社会凝聚力。“包容性”和“多样性”是相辅相成的。包容性的发展目标是促进文化多元，而促进文化多元，可以帮助公民拓宽视野，理解和尊重不同于自己的文化，从而有助于“开放性”并推动和谐社会的构建。

从实践层面来讲，世界各国针对社会排斥问题根据自身的社会特征采取不同的解决方案，以文化政策为例，比如，法国实施“融入”政策，一些移民国家实施“多元化”政策。这两种文化政策在21世纪似乎都陷入了困境，甚至某些西欧领导人用“失败”一词表达了对此前文化政策执行结果的失望。而“包容性”政策同样可以被认为是针对社会排斥问题而提出的的解决方案，且它更强调博物馆的主体性和功能性。它是否能够优于前两种解决方案，还有待博物馆实践活动来进一步检验。

（三）全球化与地方性之辩

在全球化的背景下，强调地域性会不会成为现代化的阻碍？现代化通常意味着标准化，而标准化常常通过对传统的否定以及对地域性的摈弃来实现。因此强调地域性被一些学者批评为是可能阻碍一个社会或国家的现代化进程的行为。诚然，过度强调地域性可能会限制人们对其他文化的接受，但本土文化被外来文化侵蚀和同化的弊端在于地方文化失去独特性，这与更大行政区域内以及国际范围的文化多元发展目标向左。全球化浪潮中文化身份的缺失和文化归属感的丧失，让人们陷入自我身份认同危机，而促进地方文化发展是增强文化自信的途径之一。从更加实用主义的角度来看，打造差异化文化品牌有助于旅游业发展，带来经济效益。

因此，地方博物馆的发展需要在现代化与地方文化之间寻求平衡，找到既可以促进现代化，又可以保护本土文化的方案。首先要做的是加强地方文化遗产保护政策，制定符合本地文化遗产的发展策略和计划；其次是打造不同类型的地方博物馆，用不同类型的馆藏如历史文物、不同形式的艺术作品或工艺品来为地方文化多样性提供多维度的物证，在物的基础上策划不同主题的展览对地方文化进行传播；与地方社区社群合作，邀请当地艺术家协会、学校和居民参与博物馆活动的策划和执行，有条件的可以对当地居民进行较为专业的博物馆讲解员培训；同时促进区域内的博物馆合作，发展线性遗产保护，打造区域博物馆矩阵。另外，积极寻求国际合作，在兄弟城市之间或者有共同文化遗产保护项目的城市间加深合作关系，发展博物馆公共外交。

三 、2022 年博物馆新定义与中国博物馆发展实践

2022 年布拉格会议的博物馆新定义强调博物馆的社会责任。那么讨论新定义与中国博物馆发展实践的问题时，在上文对博物馆承担的一般性的社会责任深刻理解的基础上，研究中国现阶段社会发展的特殊性，并探究处于这样的社会语境下中国博物馆发展与国际博物馆新定义可以结合的部分。

首先，地域歧视长期以来都是普遍存在的社会文化现象。地域歧视是基于人的原籍地、方言或当前所生活的地区对之的偏见。从历史上看，小农经济的传统生产方式和户籍制度使得人口移动受到严格控制，安土重迁的生活方式造就了较为保守的文化身份认同态度。那么在地方博物馆发展战略制定的时候，就应该充分考虑到当代社会问题，然后积极寻求有针对性地解决方案。针对地域歧视问题，博物馆可以做出力所能及的贡献。

以扬州的博物馆为例：扬州中国大运河博物馆展示了贯通南北的运河沿线城市的多元文化以及与水主题相关的多元文化：来自浙江杭州拱宸桥的镇水兽，江苏扬州邵伯镇的镇水铁牛，来自山东兖州的镇水剑，北京景山公园的镇水兽，以及四川成都都江堰渠首的三神石人。扬州中国雕版印刷博物馆可以举办与自身主题更加贴合的教育活动：如与印刷相关主题的讲座、工作坊、导览等，向公众传授有关其他地域文化中与印刷术相关的知识。这有助于人们更好地认识其他地区的文化，减少对其他地区的歧视和偏见。同时可以尝试与世界其他国家和地区的印刷主题馆或存在印刷主题展厅的博物馆建立联系，比如与位于法国南部城市里昂的印刷博物馆（Musée de l'Imprimerie et de la Communication graphique）以及位于法国东部的斯特拉斯堡城市历史博物馆（Musée Historique de la Ville de Strasbourg）（图 3）。来自不同地区的文物和艺术品，展示不同地域的历史文化，有助于消除人们对某些地区的误解和偏见，增加对其他文化的尊重和理解。

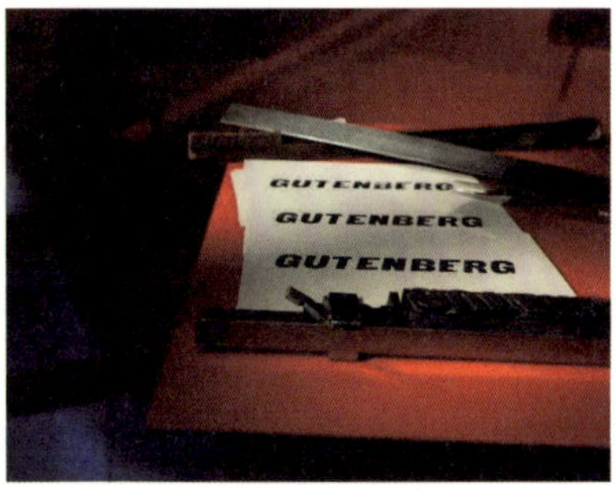

图 3 斯特拉斯堡城市历史博物馆的印刷设备馆藏 版权 © 凌静源

其次，博物馆存在“自身定位的认知局限”[10]，“一直作为知识权威、教育者的博物馆，一直持续在对公众制造一种更倾向于对立关系的教与学的心理投射”[11]。

针对这种现象，博物馆需要对自身进行重新定位。可以尝试策划与当地农业相关的展览：介绍当地种植、养殖、农业历史等方面的内容，可以策划当地居民进行生产劳作时使用的工具以及影像资料相关的展览，比如有条件的城市，如扬州，乡镇博物馆可以邀请扬州大学农学院的专家，进行病虫害防治的科普工作。

中国作为一个幅员辽阔，省、市、自治区众多、城乡层级众多的大国，地方文化繁荣多样，那么博物馆发展显然不会是千篇一律的，而“地方博物馆”扎根于地方，要具体结合当地历史文化、地理环境和社会组成，来制定符合当地发展需求的博物馆发展策略，促进开放包容的社会文化生态，促进文化多元。

结论

在开放与包容的理念下，博物馆可以将自身定位成一个能够让不同身份背景的人相遇并互动的平台，它可以向公众提供无障碍的物理空间和媒介设备，提供多元文化的内容，既促进本区域文化繁荣，又引导公众对其他区域文化进行理解和尊重。

2022年博物馆新定义是对上一版本的缺陷进行修正的结果，这个艰辛的过程体现了国际知识生产的复杂性。国际知识产出后仍需接受实践的检验。在将国际术语应用于某一个国家的实践中，需要对这些国际术语进行本土化处理，本土化处理的第一步是翻译工作。常用的国际术语翻译法包括归化法和异化法，在必要时可以借助注释。对国际术语进行翻译，需要参考已有的国际文献翻译版本，根据该国的文化语境来进行调整，可以邀请语言学家，博物馆学家共同商讨，以确保翻译的准确性和专业性。

有学者提出“国际博物馆协会的权威性，某种程度上限制了博物馆理论探讨的可能性与延展性”。这样的担忧有一定道理，因为亚洲国家在国际博物馆协会中普遍缺位，从2022新定义的多轮咨议来看，欧洲一直占有主导地位。我国在未来的国际会议中需要越来越多地参与讨论，向国际博物馆协会输出我国对博物馆的发展理念更新，而不是一直被动接受国际博物馆的关键概念。

【注释】

[1] https://www.larousse.fr/dictionnaires/francais/d%C3%A9finir/22691.

[2] 上海辞书出版社．辞海（第 7 版）[M]. 上海：上海辞书出版社，2020.

[3] 中国大百科全书 https://www.zgbk.com/ecph/words?SiteID=1&ID=42615&Type=bkzyb&SubID=60795.

[4] 王云霞，胡姗辰．《国际博物馆协会博物馆职业道德准则》的法律意义 [J]. 东南文化，2018（1）：93-98.

[5] 勒柯布西耶。

[6] 布迪厄 P. 区分 [M]. 巴黎：午夜出版社，1979.

[7] 同上。

[8] 周长青译，潘书祥校．术语工作原则与方法（ISO DIS 704）[J]. 中国科技术语，1998.

[9] 来源于尤金·奈达的翻译原理。

[10] 许潇笑．从“知识权威”到“公共知识生产体”——关于“博物馆定义”的思考 [J]. 中国博物馆，2018（4）：17-22.

[11] 同上。

中国博物馆协会博物馆学专业委员会 & 浙江省博物馆出版的学术研讨会论文集系列

《中国博物馆协会博物馆学专业委员会
论文集精粹》

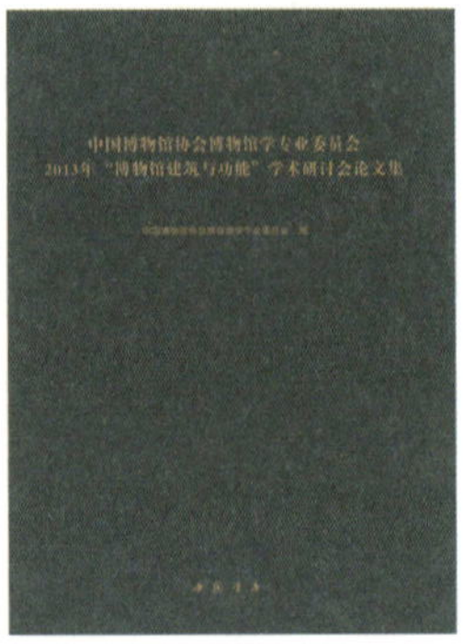

《中国博物馆协会博物馆学专业委员会
2013 年“博物馆建筑与功能”学术研讨会论文集》

《中国博物馆协会博物馆学专业委员会
2013 年“博物馆与教育”学术研讨会论文集》

《中国博物馆协会博物馆学专业委员会
2014 年“博物馆个性化研究”学术研讨会论文集》

《中国博物馆协会博物馆学专业委员会
2014 年“未来的博物馆”学术研讨会论文集》

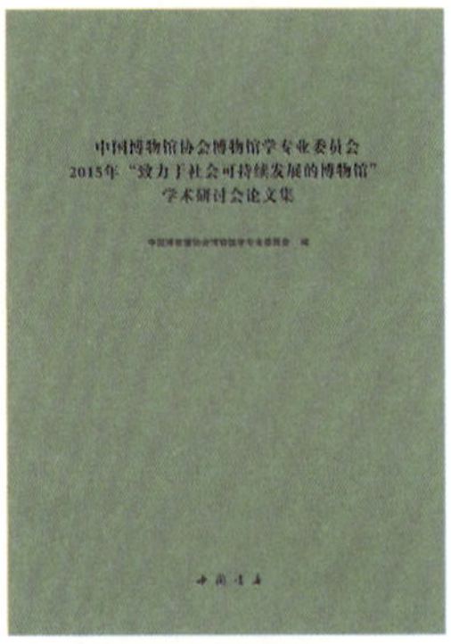

《中国博物馆协会博物馆学专业委员会
2015 年“致力于社会可持续发展的博物馆”
学术研讨会论文集》

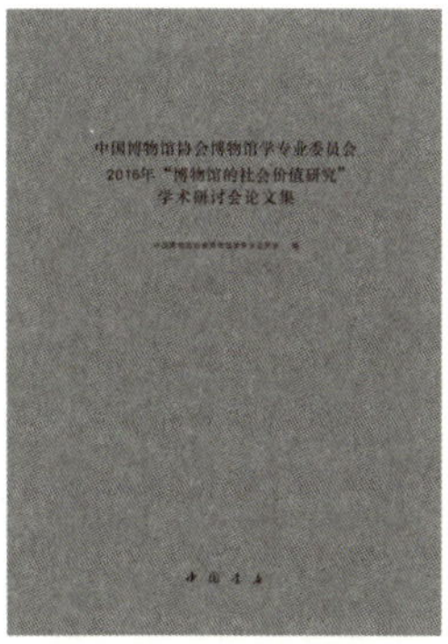

《中国博物馆协会博物馆学专业委员会
2016 年“博物馆的社会价值研究”
学术研讨会论文集》

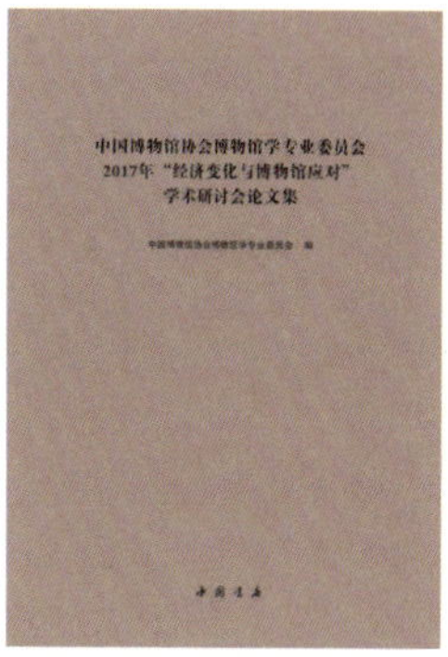

《中国博物馆协会博物馆学专业委员会
2017 年“经济环境变化与博物馆的应对”
学术研讨会论文集》

《中国博物馆协会博物馆学专业委员会
2018 年“理念·实践——博物馆变迁”
学术研讨会论文集》

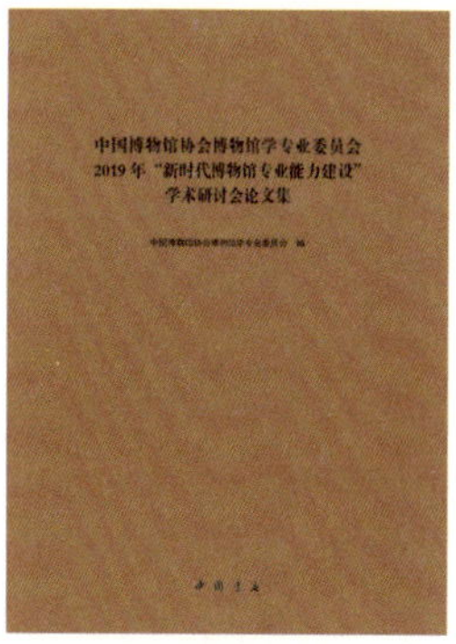

《中国博物馆协会博物馆学专业委员会
2019 年“新时代博物馆专业能力建设”
学术研讨会论文集》

《中国博物馆协会博物馆学专业委员会
2020 年“博物馆与中国特色话语体系构建”
学术研讨会论文集》

《中国博物馆协会博物馆学专业委员会
2021 年“博物馆与多元学科的关系”
学术研讨会论文集》

《中国博物馆协会博物馆学专业委员会
2022 年“提升中小博物馆质量 盘活基层博物馆
资源”学术研讨会论文集》

《中国博物馆协会博物馆学专业委员会
2023 年“博物馆新定义与中国博物馆高质量发展”
学术研讨会论文集》